《资本论》研究丛书

主编 陈 征 李建平

Das Kapital

对《资本论》若干理论问题争论的看法

下册

李建平 黄茂兴 黄 瑾 主编

海峡出版发行集团 THE STRAITS PUBLISHING & DISTRIBUTING GROUP | 福建人民出版社 FUJIAN PEOPLE'S PUBLISHING HOUSE

目　　录

下　　册

七、工资理论

“人力资本”概念悖论分析/吴宣恭 …… 721
马克思人力资本理论刍议/顾婷婷　杨德才 …… 735
马克思有人力资本理论吗？/李连波　谢富胜 …… 748
马克思的最低工资学说/谢富胜　陈瑞琳 …… 762
解读马克思的工资理论/方敏　赵奎 …… 780

八、资本积累理论

产品创新与资本积累/高峰 …… 799
产品创新与马克思的分工理论/孟捷 …… 816
关于“重新建立个人所有制”错误观点和错误翻译的几个问题/王成稼 …… 831
对错解曲解马克思“重建个人所有制”理论的辨析/卫兴华 …… 839
马克思“重建个人所有制”的思想探析/周宇　程恩富 …… 859
当代资本主义社会还存在“绝对贫困”吗？/胡莹 …… 871

九、资本流通理论

试论流通费用的分类及纯粹流通费用的补偿/洪远朋 …………………… 885
复活马克思的纯粹流通费用补偿范式/张洪平 丁堡骏 ……………… 890
纯粹商业流通费用的补偿来源及其补偿形式/魏宇杰 ………………… 900
马克思主义经济学的流通组织理论研究/宋宪萍 ……………………… 917

十、社会资本再生产理论

马克思再生产理论与可持续经济发展/刘思华 ………………………… 933
马克思的经济增长理论模型/吴易风 …………………………………… 943
基于马克思经济增长理论的经济危机机理分析/杨继国 ……………… 955
澄清对马克思再生产理论的认识误区/卫兴华 ………………………… 967

十一、平均利润和生产价格理论

转形问题研究/丁堡骏 ………………………………………………… 983
转形问题的最终解决/张忠任 ……………………………………… 1001
所谓“转形问题”的方法论症结/林金忠 ………………………… 1008
“转形”问题论争与20世纪马克思经济学在西方的命运/顾海良 … 1025
利润率的决定机制及其变动趋势研究/朱奎 ……………………… 1046
对国外学者非议马克思利润率下降规律的分析/彭必源 ………… 1062

十二、国际贸易理论

马克思主义的全球化理论及其从经典到现代的发展/张宇 ………… 1073
国际价值论对价值规律的修正及其意义/任力 王宁宁 ………… 1110
也谈国际价值规律及其作用的特征/何干强 ……………………… 1120
国际价值与等价交换/余斌 ………………………………………… 1137

十三、经济危机理论

马克思主义危机理论札记/林金忠 …………………………………… 1151
马克思主义危机理论和 1975—2008 年美国经济的利润率/谢富胜 李安 朱安东 …………………………………………………………………… 1177
金融资本的积累与当前国际金融危机/陈享光 袁辉 ……………… 1207
“六册结构”视野中的马克思经济危机理论/刘明远 ……………… 1220

十四、所谓“马克思恩格斯对立”问题

国外对恩格斯《资本论》第二卷编辑工作的评价/徐洋 …………… 1245
MEGA② 第Ⅱ部门与“《资本论》恩格斯编辑问题”/陈浩 ………… 1263
马克思放弃利润率趋于下降理论了吗？/谢富胜 汪家腾 ………… 1273
马克思恩格斯与李斯特/黄瑾 ……………………………………… 1290
马克思和恩格斯低估了李斯特吗？/高岭 卢荻 ………………… 1306

后记 ………………………………………………………………………… 1327

七
工资理论

“人力资本”概念悖论分析

吴宣恭*

近几年来，中国经济理论界频繁出现了有关劳动者拥有“人力资本”的论述，其中有的旨在强调人力以及人力的培育对经济发展的重要作用，主张发展教育事业，提高劳动者素质，并使劳动者得到相应的合理报酬。这些观点都具有积极和重要的意义。但是，就经济学理论的严谨性和科学性而言，劳动者的“人力资本”却是一个背离马克思主义资本理论，沿袭西方的庸俗资本观，并错误地将其嫁接到我国经济学的悖谬概念。

在中国，宣传劳动者“人力资本”概念的学者把人力当作资本，其基本根据是，人力能够自我增殖，可以获得或分享剩余，具有同其他资本一样的特征。本文从理论和实践方面质疑这种论据。拟先从资本与劳动力的本质关系去辨析资本范畴，分析劳动力与资本的对立关系，然后指出劳动力或人力根本不可能转化为劳动者的“人力资本”①，进而论证这一概念的悖谬性。

一、从经济关系的本质去把握资本范畴

要正确判断劳动力是不是、能不能成为资本，首先应全面把握资本的本质，分析劳动力与资本究竟存在什么关系。资本不是物，而是特定

---

* 吴宣恭：厦门大学经济研究所教授，博士生导师。

① “人力资本”理论的倡导者舒尔茨不区分劳动力和人力，认为人力资本是“体现于劳动者身上，通过投资形式并由劳动者的知识、技能和体力所构成的资本”，甚至还将“影响一个人的寿命、力量强度、耐久力、精力和生命力”的医疗保健费用也当作人力资本五大投资之一。但我国也有人主张二者的范围有所不同，本文暂不分析这些不同的意见，将二者作为相同概念使用。

历史条件下的一种生产关系，一种过程。要真正认识资本的本质，不能笼统地说它能够带来“剩余”，而且还要明确，这“剩余”是什么？它是怎样产生的？源泉是什么？由谁创造，归谁所得？体现了什么样的经济关系？产生的基本条件是什么？

1. 资本只能靠占有雇佣劳动者的无酬劳动使自己增殖，无酬劳动是产生“剩余”的唯一和真正的源泉。

马克思说：资本的“实质在于活劳动是替积累起来的劳动充当保存自己并增加其交换价值的手段”①。“一切剩余价值，不论它后来在利润、利息、地租等等哪种特殊形式上结晶起来，实质上都是无酬劳动时间的化身。资本自行增殖的秘密归结为资本对别人的一定数量的无酬劳动的支配权。”② 因此，比较确切地说，资本是靠占有劳动者的无酬劳动使自己增殖的价值。离开无酬劳动的占有便没有剩余价值，也就不存在资本。可见，要判断人力能不能成为劳动者的“资本”，关键在于，劳动力能不能得到自身提供的无酬劳动？（有关结论请见后文，但思维逻辑严谨的人从问题本身已不难得出答案。）

2. 资本必须以劳动力的买卖为前提。

资本之所以能够占有无酬劳动，使自己增殖，关键在于它购买到劳动力这种特殊的商品，它的使用能创造出大于自身价值的价值。在资本主义制度下，劳动者与生产资料相分离，只能通过出卖自己的劳动力，才能与生产资料相结合，进行劳动和生产，维持生活。劳动力出卖以后就归资本家支配和使用，劳动创造的全部价值只能归资本家所得。这个价值大于劳动力的价值，其余额就是剩余价值。马克思指出，“劳动力的购买是这样一种购买契约，按照这个契约，提供的劳动量，一定要大于补偿劳动力价格即工资所必需的量，也就是，一定要提供剩余劳动，——这是预付价值资本化或者说剩余价值生产的根本条件”③。

恩格斯在评价马克思学说的伟大意义时指出，他“研究了货币向资

---

① 《马克思恩格斯全集》第6卷，人民出版社1961年版，第488—489页。

② 《资本论》第1卷，人民出版社2004年版，第611页。

③ 《资本论》第2卷，人民出版社2004年版，第36页。

本的转化，并证明这种转化是以劳动力的买卖为基础的"①。"创造资本关系的过程，只能是劳动者和他的劳动条件的所有权分离的过程"。② 离开劳动力的买卖，离开劳动雇佣关系，就不可能了解剩余价值产生的必要前提和根本条件，也不能正确认识资本的本质。既然如此，在流通过程中作为商品出卖给资本家、在生产过程中被资本家驱使的劳动力，还能占有自己创造的剩余价值并使自身成为资本吗？

除了具有人身自由而一无所有的劳动者这一基本条件和历史前提以外，马克思还提出货币形成资本在数量上的条件。他说："不是任何一个货币额或价值额都可以转化为资本。相反地，这种转化的前提是单个货币占有者或商品占有者手中有一定的最低限额的货币或交换价值"。"单个的货币占有者或商品占有者要蛹化为资本家而必须握有的最低限度价值额，在资本主义生产的不同发展阶段上是不同的，而在一定的发展阶段上，在不同的生产部门内，也由于它们的特殊的技术条件而各不相同。"③ 因此，即使劳动者不是穷得"一无所有"，绝大部分也不可能成为资本家，而由于大生产对个体生产的排挤以及行业门槛的限制，他们连独立进行生产的可能性也不大，最终不得不走上被雇佣之路。这些因素客观上补充和强化了预付价值资本化的根本条件。

即使人力所有者具备独立生产的必需条件，出于投入和收益的比较，他也可能选择被雇佣的道路。这样，他与资本结成关系时仍然只是作为与生产资料相分离的劳动力所有者，所得到的仅是劳动力的价值或价格。比起一无所有的人，他顶多在被雇佣时多几分讨价还价的筹码，仍然不是资本的所有者，无法成为"人力资本"家。

总之，"资本关系以劳动者和劳动实现条件的所有权之间的分离为前提"④，以劳动力的买卖为根本条件。以此判断人力能否成为资本，就绕不过一个无法解决的矛盾，即如果人们想要成为资本的主体，就必须购买劳动力，支配、使用和剥削劳动力，但劳动力的所有者不可能购买自

---

① 《资本论》第 2 卷，人民出版社 2004 年版，第 22 页。

② 《资本论》第 1 卷，人民出版社 2004 年版，第 822 页。

③ 《资本论》第 1 卷，人民出版社 2004 年版，第 356、358 页。

④ 《资本论》第 1 卷，人民出版社 2004 年版，第 782 页。

己，剥削自己。这就是说，人力的所有者不可能成为自己的资本家，人力不可能成为资本。

3. 资本是使用劳动力产生剩余价值后才实现转化的。

马克思指出："在现实的运动中，资本并不是在流通过程中，而只是在生产过程中，在剥削劳动力的过程中，才作为资本存在。"① 他还说："只要劳动力在市场上流通，它就不是资本，不是商品资本的形式。劳动力根本不是资本；工人不是资本家，虽然他把一种商品即他自己的皮带到市场上去。只有在劳动力已经出卖，并入生产过程之后，就是说，只有在它不再作为商品流通之后，它才成为生产资本的组成部分：作为剩余价值的源泉"。②

资本家花钱购买了生产资料和劳动力，得到这些要素的支配权和使用权，自然成为生产过程的主人，享有使用这些要素的全部成果。马克思揭示，资本主义的劳动过程就是资本家消费劳动力的过程，它具有两个特点，一是工人在资本家的监督指挥下劳动，他的劳动属于资本家；二是产品是资本家的所有物，而不是直接生产者工人的所有物。正是在消费劳动力、剥削劳动力的生产过程中，实现了资本的自我增殖，体现出资本的功能和本质。

在资本的生产过程中，起主导作用的是资本家的意志，消费劳动力、剥削劳动力的是资本家，概言之，资本是资本家所有的。劳动者则是被驱使、被剥削的对象，处于无权的被动的地位，根本不是实施资本权能、获取资本收益的主体。如果说人力可以成为资本，那只能在人力被他人消费时才得以实现，但是，这时人力创造的产品和价值已经不归人力所有者所得了。可见，所谓被他人消费的人力能够使自身的价值自行增大并转化成为人力所有者的资本，显然是个悖论。

二、从资本的运动中理解劳动力与资本的矛盾

1. 从商品化过程看劳动力价值与使用价值的矛盾。

---

① 《资本论》第 3 卷，人民出版社 2004 年版，第 384 页。

② 《资本论》第 2 卷，人民出版社 2004 年版，第 231 页。

由于劳动者与生产资料相分离，丧失独立进行生产的可能，劳动力的使用价值，即能够生产商品和剩余价值的能力，对劳动者已经失去实际意义了，他只能将劳动力让渡给资本家去使用。然而，在一般的商品买卖中，卖者实现了商品的价值，就不得不放弃商品的使用价值，他在交易之后再也无权使用已经卖出的商品和享有使用该商品所得到的利益。根据这个商品交换的"永恒规律"，劳动者出卖了自己的劳动力以后，就得让出劳动力的使用价值，无权获得劳动创造的商品和剩余价值。因此，劳动力商品的二重性决定了：它不可能成为劳动者的"人力资本"。马克思多次指出："资本只有同非资本，同资本的否定相联系，才发生交换，或者说才存在于资本这种规定性上，它只有同资本的否定发生关系才是资本；实际的非资本就是劳动。"（马克思在撰写此文时尚未完全确立劳动力范畴，这里所提的劳动应理解为劳动力）"资本只有把劳动当作非资本，当作单纯的使用价值，才使自己成为资本。"①

2. 从资本运动过程看资本和劳动的真实关系。

资本不仅是一种关系，也是一个过程，"只能理解为运动，而不能理解为静止物"。它是在运动中发挥作用并体现出资本特征的。资本依靠对劳动力的支配，使它与别的生产要素相结合而发挥作用，产生剩余价值，从而实现自身的功能。这种关系以及人力要素和物质要素的地位和作用，从资本循环与周转的过程明白地显现出来。在流通中，只要劳动力没有被出卖，它就处在商品阶段，是与生产资料相分离的要素，根本不会成为资本的组成部分。这时，它还不是资本。马克思指出："G—A，劳动力的购买，决不是资本形态变化的交错，因为劳动力固然是工人的商品，但只有卖给了资本家，才变为资本。"② 就是说，当劳动者还能支配自己的劳动力时，它只是等待出售的商品，是潜在的生产要素，不能成为资本。"在现实的运动中，资本并不是在流通过程中，而只是在生产过程中，在剥削劳动力的过程中，才作为资本存在。"③ 但是，一旦劳动力被出卖而进入生产过程…P…，它就并入买者的资本，作为"生产资本的一

① 《马克思恩格斯全集》第46卷上册，人民出版社1979年版，第231、248页。

② 《资本论》第2卷，人民出版社2004年版，第131页。

③ 《资本论》第3卷，人民出版社2004年版，第384页。

个器官”发挥作用。生产过程是资本各个要素融合在一起发酵、进行增殖的过程，这个过程及其结果都属于资本家所有，劳动者的人力已经像皮一样交给资本家去鞣了，还可能独立化出来成为“资本”吗？

3. 从生产和再生产过程看资本与劳动力的对立和统一关系。

一方面，资本和劳动力在地位和利益上存在对立。因为，“在生产过程中，资本发展成为对劳动，即对发挥作用的劳动力或工人本身的指挥权。人格化的资本即资本家，监督工人有规则地并以应有的强度工作。其次，资本发展成为一种强制关系，迫使工人阶级超出自身生活需要的狭隘范围而从事更多的劳动”①。在这里，劳动者是被资本支配、剥削的对象，劳动者创造的产品和价值全部被资本家占有。更重要的是，从劳动者身上剥夺去的剩余价值还异化为统治自己的力量。马克思明确地指出这种对立关系：“一方是资本，另一方是劳动，两者作为独立的形态互相对立；因而两者也是作为异己的东西互相对立。与资本对立的劳动是他人的劳动，与劳动对立的资本是他人的资本。”②“工人本身不断地把客观财富当作资本，当作同他相异己的、统治他和剥削他的权力来生产，而资本家同样不断地把劳动力当作主观的、同它本身对象化在其中和借以实现的资料相分离的、抽象的、只存在于工人身体中的财富源泉来生产”③。这种对立关系还会随着资本主义的发展而加剧。“资本主义生产方式使劳动条件和劳动产品具有的与工人相独立和相异化的形态，随着机器的发展而发展成为完全的对立”④。所以，劳动力和资本虽然共处在一起，却各自作为对方的否定物而存在并发生关系。“资本只有作为非劳动，只有在这种对立的关系中，才成为资本”⑤。所谓劳动者具有自己的“人力资本”的说法，硬是将资本概念加到与其相对立的人力身上，完全是逻辑的混乱。

另一方面，作为资本的要素，劳动力和资本又存在互相依存的关系。

---

① 《资本论》第1卷，人民出版社2004年版，第359页。
② 《马克思恩格斯全集》第46卷上册，人民出版社1979年版，第222页。
③ 《资本论》第1卷，人民出版社2004年版，第659页。
④ 《资本论》第1卷，人民出版社2004年版，第497页。
⑤ 《马克思恩格斯全集》第46卷上册，人民出版社1979年版，第248页。

这首先表现在劳动力对资本存在依附性。在资本主义条件下，劳动力离开资本就"没有任何实现自己的劳动力所必需的东西"[①]，处于闲置状态，不仅无法发挥自身的作用，还会随着时光的流逝而消失。但它一进入资本主义的劳动过程，就被合并在生产资本之中，无法独立出来了。这种依附性使劳动者不能不处于一种屈从的地位，只能忍受资本的统治，作为企业劳动组织中的一员被迫实现资本的目标。"劳动力必须不断地作为价值增殖的手段并入资本，不能脱离资本，它对资本的从属关系只是由于它时而卖给这个资本家，时而卖给那个资本家才被掩盖起来。"[②] 其次，资本离不开劳动力。它只有攫取劳动力所创造的剩余价值时才实现其职能，才真正成为资本。离开对劳动力的剥削（或者对劳动者无酬劳动的占有），就不存在资本。"人力资本"理论把人力看成可以独立发挥作用、增殖自己的资本，而不懂资本只能靠剥削人力才存在。正是出于这种对资本关系及其本质的无知，导致概念自身的悖谬。

4. 可变资本不是劳动者的"人力资本"。

国内有的学者认为马克思的《资本论》已经具有"人力资本"的思想。其实，他们是将资本家的资本存在于劳动力要素的部分，即可变资本，歪曲为劳动者的"人力资本"，并把这种谬误强加到马克思身上。马克思一贯主张，劳动力只是一种生产要素，自身并不是资本，只有在它出卖给资本家以后，才根据资本家的意志同生产资料合并在一起，转化为能够运作的资本，成为资本的一种存在形式和表现形式。他说："只要工人作为劳动力的出卖者和资本家进行交易，他就是自己劳动力的所有者……但是在劳动过程中他们已经不再属于自己了。他们一进入劳动过程，便并入资本。作为协作的人，作为一个工作有机体的肢体，他们本身只不过是资本的一种特殊存在方式。因此，工人作为社会工人所发挥的生产力，是资本的生产力。"[③] 这种资本的特殊存在形式就是可变资本。似乎是为了避免人们的误解和歪曲，马克思在区分不变资本和可变资本时特地指出："一方的生产资料，另一方的劳动力，不过是原有资本价值

① 《资本论》第1卷，人民出版社2004年版，第197页。
② 《资本论》第1卷，人民出版社2004年版，第709页。
③ 《资本论》第1卷，人民出版社2004年版，第386—387页。

在抛弃货币形式而转化为劳动过程的因素时所采取的不同的存在形式。”[①] 就是说，劳动力和生产资料一样，“只不过是原有资本”，即原本就属于资本家的资本的不同存在形式。在《资本论》第二卷，马克思更是明白地说：“劳动力一经出卖而和生产资料相结合，它就同生产资料一样，成了它的买者的生产资本的一个组成部分。”[②] 但是，工人“劳动的创造力作为资本的力量，作为他人的权力而同他相对立。他把劳动作为生产财富的力量让渡出去；而资本把劳动作为这种力量占有。……因此，对于工人来说，他的劳动的生产性成了他人的权力”[③]。在这种关系下，劳动力已变成资本家所有的资本的一个部分，不归劳动者支配，也不能为劳动者带来任何剩余，对劳动者而言，毫无资本的功能。“劳动对于工人来说不是生产财富的力量，不是致富的手段或活动……只是由于消费劳动，资本在与工人的关系上才是作为资本的资本”[④]。可见，企图以马克思关于可变资本的论述充当“人力资本”的理论依据，只能是对马克思的笨拙的歪曲。

5. 分清劳动力、活劳动和物化劳动。

与人力有关的资源可分为两类：一类是人力自身，即与劳动者不可分离的劳动能力，包括劳动者的体力、智力和技能、素质等。它是潜在的、有待发挥的劳动能力；它的使用就是活劳动或“流动状态”的劳动力。这两种状态的劳动力都不能脱离主体而独立存在。另一类是能够与劳动者分开的其他东西，如技术、设计、发明、专利、产业信息、商誉和其他属于知识产权范畴的东西，它们是劳动之后创造的产品或由其构成的财产，属于凝固化的劳动、物化劳动、死劳动。马克思严格地区分了这些范畴，指出：“昨天发挥了作用的劳动并不是今天发挥作用的劳动。它的价值，加上它创造的剩余价值，现在是作为一种和劳动力本身不同的东西即产品的价值而存在的。”[⑤] 科学区分这些不同的范畴对正确

① 《资本论》第1卷，人民出版社2004年版，第242—243页。
② 《资本论》第2卷，人民出版社2004年版，第38页。
③ 《马克思恩格斯全集》第46卷上册，人民出版社1979年版，第266—267页。
④ 《马克思恩格斯全集》第46卷上册，人民出版社1979年版，第265页。
⑤ 《资本论》第2卷，人民出版社2004年版，第342页。

理解价值、剩余价值和资本、资本积累、劳动异化等有重要意义。

国为有人以技术、专利或其他知识产权投资入股当成"人力资本"存在的"证明"。这种意见实际上是混淆了劳动力和物化劳动，把"和劳动力本身不同"、由物化劳动构成，甚至是劳动的异化物、对立物的物质资本乔装充当"人力资本"，如非思维逻辑的差错，就是故意制造混乱，推销伪理论产品。

三、人力不能成为资本

1. 产生"剩余"不能使劳动力成为资本。

主张人力是资本，论据是它能自行增殖，产生剩余，具有资本的特征。这是站不住脚的。劳动力创造剩余存在两种情况。

第一种情况。在劳动者独立从事生产的条件下，劳动创造的价值都会大于再生产劳动力所需物质资料的价值，就是说，它可能产生剩余。而且，由于独立劳动者是全部生产要素以及劳动过程的主人，他可以获得自己创造的全部价值，包括增殖部分。但是，在这种条件下，劳动力只是劳动力，尽管它也可能产生剩余，却不是资本，不能成为"人力资本"。这就是马克思所说的："只要劳动者能为自己积累——只要他是自己的生产资料的所有者，他就能做到这一点——，资本主义积累和资本主义生产方式就是不可能的。为此所必需的雇佣工人阶级还没有。"① 可见，只凭人力能够创造剩余就称之为"人力资本"，是背离经济关系本质的肤浅观点，也是一种理论幻觉。

第二种情况。在资本主义关系中，雇佣工人的劳动创造了剩余价值，但是，由于劳动力已经出卖给资本家，劳动者创造的全部价值，包括剩余价值，都归资本家所得，劳动者得到的只是劳动力的价值或价格。在这种条件下，虽然存在着资本，但是，劳动力已经按照资本家的意志，同资本家所有的生产资料相结合，成为资本的可变部分，为资本家牟取

① 《资本论》第1卷，人民出版社2004年版，第879页。

最大限度利润服务。因此，它是资本家的资本，根本不属于雇佣劳动者所有。对此，马克思指出："如果说，劳动力只有在它的卖者即雇佣工人手中才是商品，那么相反，它只有在它的买者手中，即暂时握有它的使用权的资本家手中，才成为资本。"① 这时，劳动力已不可能脱离其他资本独立存在和发挥作用，不仅失去劳动的自主性，更遑论为劳动者带来剩余价值，怎么可能成为劳动者自己所有的"人力资本"?

可见，主张人力能够成为资本的观点摆脱不了"两难"困境：如果劳动者能够凭借自己的劳力取得剩余，他是独立自主的劳动者，不受别人剥削，就不存在资本关系，他也不能自己雇佣自己，成为自己的资本家，他的人力就不能成为资本。在人力能够创造出剩余价值、成为资本的存在形态时，它已经是资本家占有的资本的组成部分，人力所产生的剩余已经不归人力所有者而归人力购买者所有了，劳动者根本没有条件将自己的人力独立出来作为资本。

2. 劳动力的自然特点使它无法成为劳动者自己的"人力资本"。

(1) 对人身的依附性。劳动力是附着在人身上的一种能力，劳动者是它的天然载体。劳动力不可能离开人身而独立存在，也谈不上对自身载体的支配和剥削。然而，要成为资本，就需要剥削劳动者（或无偿占有劳动者提供的剩余劳动）。因此，人力要转化为资本，只能是自己剥削自己。这显然是前面指出过的悖论。

(2) 时效性。劳动力存在于一定的生命时间，因此，它与物质生产要素不同，是不能储存或积累的。如果它不能及时出卖和使用，就会随着时间的流逝而丧失。这个特点使劳动者始终处于被动的不利的地位，毫无讨价还价的能力。所以，人力不仅不能像货币和其他物资那样，通过积累达到必要的数量，实现资本化，而且还要被迫接受购买者的条件及时出卖，使劳动者处于被支配的处境，无法成为资本的所有者。

(3) 发挥作用的协作性。在资本主义关系中，劳动者只能在日益广泛和细化的协作体系中劳动。但是，协作是由资本家控制的，协作形成的集体生产力及其成果和利益也是资本家所有的。而且，劳动协作还反

---

① 《资本论》第2卷，人民出版社2004年版，第44页。

过来作为资本的强制力量，支配了劳动者。马克思深刻地指出，雇佣工人的“劳动的联系，在观念上作为资本家的计划，在实践中作为资本家的权威，作为他人意志——他们的活动必须服从这个意志的目的——的权力，而和他们相对立”①。所以，个别劳动力无法摆脱资本家所有、由资本家控制的协作体而拥有独立自主权利，不可能成为“人力资本”。

3. 劳动力的教育培养费用不能使劳动力转化为资本。

“人力资本”理论认为，人力质量的形成和提高需要花费成本，这种投资同投入于其他资本的投资一样，具有生产性，可得到预期的较高效益和收入，因而能够成为资本。舒尔茨说：“技能和知识是一种资本形态，这种资本在很大程度上是慎重投资的结果”。“我主张将教育看作一项投资，将其结果看作资本的一种形式”。“教育是一种人力资本。”连由夫妻组成的家庭生育和教育培养子女，在他眼里也变成是“儿童资本”（一种特殊的人力资本）的积累和增加。② 国内一些论著也持有相似的说法，有的甚至将它作为人力资本的规范定义，如：“我们给出人力资本的定义：人力资本是继工业经济之后与新的社会经济形态相对应的新的资本形式，它意味着向人投资而不是向物投资成为社会经济领域的主导现象”③。

这种讲法至少有双重的错误。首先，在劳动力上的必要投入是劳动力商品生产和再生产的要求。马克思在分析劳动力的价值时早就讲过：“为改变一般人的本性，使它获得一定劳动部门的技能和技巧，成为发达的和专门的劳动力，就要有一定的教育或训练，而这又得花费或多或少的商品等价物。劳动力的教育费随着劳动力性质的复杂程度而不同。”④ 可见，主张劳动力需要通过教育、训练，不断提高素质，不是“人力资本”论者的创新。但是，各种必要的投入只能使劳动力具备更高的复杂程度或熟练水平，使劳动力商品具有更大的价值，可以卖到更高的价钱。

① 《资本论》第1卷，人民出版社2004年版，第385页。

② ［美］舒尔茨：《人力资本投资——教育和研究的作用》，商务印书馆1990年版，第22、62、126、2页。

③ 莫志宏：《人力资本的经济学分析》，经济管理出版社2004年版，第47页。

④ 《资本论》第1卷，人民出版社2004年版，第200页。

这只是劳动力商品自身价值的形成过程，而不是劳动力创造剩余价值的过程，不能使劳动力借此就蛹化为资本。其次，劳动力必须投入生产才能将潜在的能力发挥出来，才能实现预期的增殖。如果无法独立或被雇用参加生产劳动，哪怕先前的教育培养费用再多，形成的人力质量再高，也“只能自怡悦，不堪持赠君”，让它在蹉跎岁月中白白流失。而如上所述，无论是独立生产或被雇劳动，都无法使人力转化为资本。

4. 对经济现实的肤浅和错误的解释。

一些人津津乐道比尔·盖茨从在汽车间编制软件开始建立起名盖全球的资本王国，将它作为“人力资本”的光辉典范。这是风马牛不相及的拉扯。实际上，比尔·盖茨与其合伙人最初的活动只是独立劳动者的生产劳动，其中不存在资本关系，他们的劳动力根本不是“人力资本”。以后，他们依靠出售自己劳动产品的收入，逐步积累起必要的货币资本额，雇用别的劳动者，获取剩余价值，成为资本家。这时，在企业内部确实有资本在发挥作用，但它是由生产资料与劳动者相结合而成的资本，与通常的资本毫无二致，不是“人力资本”。比尔·盖茨也不是靠“人力资本”获取巨额利润的“人力资本家”。在微软公司里雇用了成千上万的职工，其中多数是具有高度智力和技能的 PI（学科研究员，学术带头人）精英。可是，他们只不过是熟练的“白领工人”，只分别掌握整个庞大的软件系统中的个别甚至是细微部分的信息，得到的仅是较高的劳动报酬和奖赏，他们的劳动力根本不是什么“人力资本”。不仅如此，在几年前美国经济出现萧条时，硅谷成为全国失业率最高的地区，PI 精英们首先成为削减工资或解雇的对象，遭遇到比其他地区、其他产业部门的劳动者更惨的困境。据天极网 2004 年 8 月 9 日资料，有 72%的硅谷员工担心失业，而美国其他地区仅为 18%。San Jose 地区的失业率 2003 年为 9.1%，随着经济的复苏，2004 年 8 月降至 6.2%，但仍高于 6 月份全美 5.6%的失业率。其实，在经济萧条时高级管理人员和技术人员首先被解雇和降薪，已是西方世界人所熟知的规律了。这种现实对“人力资本”理论而言，不啻是无情的揶揄，因为，根据“人力资本”理论，这些精英还是典型的“人力资本家”哩！

四、政治经济学必须摈弃庸俗的资本概念

西方学者对于资本的认识，最初是从货币借贷关系的角度进行的，并将利息和生息能力归结为货币本身。亚当·斯密力图从经济关系去认识资本，认为资本是为了生产而积蓄起来的财富。资本家的收入一部分用于目前的消费，另一部分积累起来作为资本。他们向劳动者提供工具和原材料，生产劳动产品，从劳动产品的出售获得利润。可见，斯密已经初步认识到，资本是一部分人凭借对资本的所有权从工人劳动加到原材料的价值中获利，触摸到了资本所体现的人与人之间的关系。但是，斯密的认识是双重的、不连贯的。他没能将人与物之间关系的研究与人和人之间关系的研究统一起来，从而为他的后继者留下把资本看成是物的错误一面。新古典经济学主要从技术的角度（耐用、风险、技术变革等）来描述资本，将资本定义为用来生产产品的要素，目的在于通过迂回的方法，创造出更多的产品和劳务，获得利息、租金或利润。新古典综合派的萨缪尔森认为"在最普遍的意义上，资本是生产性的，因为通过放弃今天的消费，我们能在未来获得更多的消费"[①]。对他们来说，只要是能够用来生产产品、谋取利益的东西，都是资本。这种观点已经同那些将石头和棍棒也说成是资本的庸俗资本观相差无几了。[②]

西方"人力资本"理论强调人力投资对现代社会经济的巨大作用，为经济增长理论做出了重大贡献。但是，这一理论的奠基人对资本的认识仍然没有摆脱西方经济学的错误资本观。例如费雪将资本定义为能够产生一个收入流的任何资产，把具有这一属性的人力也当作资本。舒尔茨则认为："人力资本的显著标志是它属于人的一部分。它是人类的，因为它表现在人的身上；它又是资本，因为它是未来满足或未来收入的源

① ［美］萨缪尔森等：《经济学》（第14版）上册，首都经济贸易大学出版社1996年版，第505页。

② 罗伯特·托伦斯在《关于财富生产的论文》（1812）说："在人类对所追逐的野兽投出的第一块石头中，在人类对挂在树上而手不可及的果子打出的第一棒中，我们……发现了资本的起源。"

泉或两者的源泉。”[①] 以经济学革新者面貌出现的新制度经济学的资本观也没有脱离新古典经济学的樊笼。阿尔奇安的团队生产理论把所有的劳动力投入都说成是人力资本，在他与人合写的一篇论文里，把采摘桃子的工人也当作“专用的人力资本”[②]。

纵观“人力资本”理论的资本概念，不难发现它同庸俗资本观的共同弊端。这就是，把资本仅仅当成能够被利用来进行生产并在未来得到更大价值的物，回避资本是对劳动者无酬劳动的剥削关系，回避资本增殖的根源，掩盖剩余价值创造过程的真实关系，并进而把占有无酬劳动的功能荒谬地赋予提供无酬劳动和被剥削的对象身上。马克思在批判资产阶级学者囿于其基本立场的错误资本观时，一针见血地揭示：“在政治经济学家的头脑中，它们的这个资本主义灵魂和它们的物质实体非常紧密地结合在一起，以致在任何情况下，甚至当它们正好是资本的对立面的时候，他也把它们称为资本。”这恰好是对抹杀人力与资本对立关系的“人力资本”概念倡导者的惟妙惟肖的写照！

为了建立科学的政治经济学，必须还给劳动力（人力）和劳动力要素、劳动力资源以本来面目，摈弃庸俗的资本概念。

（原文发表于《经济学动态》2005 年第 10 期）

---

① ［美］舒尔茨：《人力资本投资——教育和研究的作用》，商务印书馆 1990 年版，第 40 页。

② 克莱因、克劳福特、阿尔奇安等：《纵向一体化、可挤占租金和竞争性缔约过程》，载盛洪主编：《现代制度经济学》（上册），北京大学出版社 2003 年版，第 209—210 页。

马克思人力资本理论刍议

顾婷婷　杨德才[*]

一、引　言

关于马克思是否对人力资本理论进行过研究的问题，理论界存在两种不同的观点。一种观点认为，马克思虽然没有明确提出人力资本的概念，但是人力资本的思想却充分体现在他的劳动价值理论之中，并且认为马克思的“劳动力”和舒尔茨的“人力资本”在本质上是一致的。持这种观点的学者较多，他们对马克思人力资本的概念、形成途径、定价等问题做了充分的研究。另一种观点则持相反意见，认为马克思并没有研究人力资本问题，不存在马克思的人力资本思想，“劳动力”也不能等同于“人力资本”，它们属于不同的范畴。

那么，马克思理论中是否包含人力资本思想呢？理论界争论的焦点在于马克思的“劳动力”是否等同于舒尔茨的“人力资本”。如果“劳动力”就是“人力资本”，那么马克思对于劳动力的相关理论就可以演化为他的人力资本思想；反之，则不能。而要准确判断两个概念的异同，必须要正确理解它们。马克思在《资本论》中明确地提出了劳动力的概念，认为劳动力或劳动能力是“人的身体即活的人体中存在的、每当他生产某种使用价值时就运用的体力和智力的总和”①。

---

* 顾婷婷：南京大学经济学院博士研究生，金陵科技学院讲师。杨德才，南京大学经济学院教授，博士生导师。

① 《资本论》第1卷，人民出版社2004年版，第195页。

对此，持肯定观点的学者认为这里的“体力和智力的总和”就是舒尔茨所说的存在于人体中的“健康、知识、技能和经验等”。持反对意见的则认为，这仅仅说明“劳动力”和“人力资本”之间有联系，并不表示劳动力等于人力资本，因为劳动力和人力资本之间存在差异性。首先，“劳动力存在的时间比人力资本要长久”，“劳动力与人类社会共始终”，而“人力资本是现代经济发展的产物”；其次，虽然劳动力和人力资本的使用价值都是劳动，但是人力资本的劳动“属于复杂程度很高的脑力劳动”；等等。[①] 可以看出，持反对意见的观点并没有真正理解人力资本的内涵，他们人为地将劳动力和人力资本进行切割，认为劳动力是低层次的，而人力资本是高层次的。这种片面的理解不能成为“劳动力”与“人力资本”在本质上是不一致的依据，进而认为马克思理论中不存在人力资本的思想。

本文认为，马克思理论中的“劳动力”与“人力资本”在本质上是一致的，马克思的劳动价值论等理论可以成为其人力资本思想的依据。通过对这些理论的深入研究可以探寻出马克思人力资本思想的生动内容及其实践意义。

二、马克思理论关于人力资本内涵的论述

1. 人力资本的本质特征：增殖性。

马克思的人力资本不仅仅表现为“体力和智力的总和”，作为“资本一般”的特殊形式，它还具备“资本”的本质特征。马克思理论中的资本是能够带来剩余价值的价值，它的本质特征表现为价值增殖，人力资本同样具备这一特征。正如马克思所论述的，劳动力的“使用价值本身具有成为价值源泉的独特属性”[②]，并且“能创造出比它本身价值更大的

① 陈谨祥、陈丽、朱喆：《马克思没有研究人力资本问题——兼论“劳动力”与“人力资本”的异同》，《求实》2009 年第 10 期。

② 《资本论》第 1 卷，人民出版社 2004 年版，第 195 页。

价值，这个超出的部分就是被资本家无偿占有的剩余价值”[①]。在“增殖”这一本质特征上，马克思理论中的“劳动力”与现代经济学中的“人力资本”是一致的。

2. 人力资本的一般特征：异质性和专用性。

马克思在分析工场手工业的分工协作时，注意到了人力资本的异质性和专用性特征。他通过对马车工场手工业分工协作发展的描述，发现通过分工协作“马车生产逐渐地分成了各种特殊的操作，其中每一种操作都固定为一个工人的专门职能，全部操作由这些局部工人联合体来完成”[②]。不止马车工场手工业，其他诸如织物等一系列工场手工业均是如此，最后演化成“每一个工人都只适合于从事一种局部职能，他的劳动力就转化为终身从事这种局部职能的器官”[③]。可见，不同的劳动者所具备的知识、技能、经验等各不相同，它们专用于商品生产的某一环节，表现出很强的异质性和专用性特征。因此，他们需要通过协作来共同完成某项商品的生产。

3. 人力资本的形成途径：教育、培训和干中学。

人力资本可以通过教育或培训形成，并且教育或培训费用包含在人力资本的价值中。正如马克思指出的那样，“为改变一般人的本性，使它获得一定劳动部门的技能和技巧，成为发达的和专门的劳动力，就要有一定的教育或训练，而这又得花费或多或少的商品等价物。劳动力的教育费用随着劳动力性质的复杂程度而不同。因此，这种教育费用……包括在生产劳动力所耗费的价值总和中”[④]。

马克思注意到干中学对人力资本形成、积累的重要意义，他认为：“经常重复做同一种有限的动作，并把注意力集中在这种有限的动作上，就能够从经验中学会消耗最少的力量达到预期的效果。又因为总是有好几代工人同时在一起生活，在同一些手工工场内共同劳动，所以，这样

① 《辞海》(缩编版)，上海辞书出版社1999年版，第1834页。
② 《资本论》第1卷，人民出版社2004年版，第391页。
③ 《资本论》第1卷，人民出版社2004年版，第393页。
④ 《资本论》第1卷，人民出版社2004年版，第200页。

获得的技术上的诀窍就能巩固、积累并迅速地传下去。”[①]

4. 人力资本的两种类型：高级人力资本和低级人力资本。

马克思对人力资本类型的区分源自他对简单劳动和复杂劳动的认识，他认为，简单劳动是指“每个没有任何专长的普通人的有机体平均具有的简单劳动力的耗费”[②]。复杂劳动则是“比社会平均劳动较高级较复杂的劳动”，它“比普通劳动力需要较高的教育费用，它的生产要花费较多的劳动时间，因此它具有较高的价值”。[③] 马克思认为复杂劳动本质上“只是自乘的或不如说多倍的简单劳动”[④]。可以看出，马克思间接地将人力资本分成高、低两级，其中低级人力资本从事简单劳动，高级人力资本则从事复杂劳动。

三、马克思的人力资本投资积累理论

马克思虽然没有建立明确、系统的人力资本投资积累理论，但是他的资本积累、工资等基本理论中蕴含了他对人力资本投资积累的一些独到见解，这些见解与现代人力资本投资积累理论有颇多相似之处且更深刻。

1. 人力资本积累的相关理论。

(1) 人力资本积累的内涵。要认识马克思人力资本积累的内涵，首先必须理解其资本积累的内涵。马克思认为，资本积累是“资本以不断扩大的规模进行的再生产”[⑤]，具体表现为“新创造的……价值（剩余价值——引者注）重新投入生产过程……作为具有更大价值的资本发挥作用。资本先是把……利润同……价值的自身区别开来，并把利润当作它增殖的尺度，随后……使利润同……它自身成为同一的东西，而这个增

① 《资本论》第1卷，人民出版社2004年版，第393—394页。
② 《资本论》第1卷，人民出版社2004年版，第58页。
③ 《资本论》第1卷，人民出版社2004年版，第230页。
④ 《资本论》第1卷，人民出版社2004年版，第58页。
⑤ 《资本论》第1卷，人民出版社2004年版，第671页。

大出利润的资本……重新开始同一过程。资本划了一个圆圈，作为圆圈的主体而扩大了，它就是这样划着不断扩大的圆圈，形成螺旋形”①。人力资本作为“资本一般”的特殊形式，它的积累也呈现出不断扩大的“螺旋形”特征，具体表现为随着人所拥有的知识和技能等的日益增加，人会以更快的速度积累更多的知识和技能。

(2) 人力资本积累的特征。第一，人力资本积累的过程具有动态性。人力资本积累的内涵显示它是一个动态的过程，马克思将这一过程扩展到社会经济发展层次。他认为，人力资本的积累是一个与社会经济发展相适应的过程，积累水平的提高“是大工业发展生死攸关的问题”，因为“在现代条件下，资本具有很大的流动性，社会内部的分工变革很快，劳动者如果不接受综合训练，不开发智力资源，是根本无法适应劳动的变换和全面流动性的”。② 这意味着从社会发展的角度看，人力资本的积累是一个永无止境的过程，因为社会经济的发展会不断地对人力资本的积累水平提出新要求。第二，人力资本积累的内容具有时效性。人力资本积累过程的动态性意味着其内容具有时效性，因为社会发展要求知识、技能等人力资本内容进行频繁更替，社会发展的速度越快，人力资本积累的内容更替越频繁，时效性越强。人力资本内容的时效性意味着其价值有贬值风险，为了降低风险，需要劳动者不断地对其人力资本进行投资积累，不断“接受综合训练”，不断“开发智力资源”，以适应不断发展的需要。

2. 人力资本投资的相关理论。

(1) 人力资本投资的重要性分析。马克思对人力资本投资重要性的认识体现在他的资本积累、劳动力价值、相对人口过剩等理论之中。

第一，人力资本投资的重要性表现为它是人力资本积累的第一步，即如果没有适当的人力资本投资就不会实现人力资本的积累。这一观点体现在马克思对资本积累的分析之中。他指出，资本积累源于资本家购买生产资料和劳动力商品的投资行为，然后通过生产、销售获得剩余价

① 《马克思恩格斯全集》第 46 卷下册，人民出版社 1980 年版，第 265 页。

② 于雁洁：《马克思哲学中“人力资本”思想的价值解读》，《人力资源管理》2012 年第 4 期。

值，剩余价值再次购买投资产品，形成资本积累的循环。在这里，投资是积累的第一步，如果没有资本的投资就不会有其质或量的积累，人力资本作为“资本一般”的特殊形式，同样适用这一关系。

第二，人力资本投资的重要性表现为它可以提升人力资本的价值。根据马克思的劳动力价值理论，“劳动力的价值，就是维持劳动力占有者所必要的生活资料的价值”①。它包括三个部分：劳动者本人所必需的生活资料的价值、劳动者养育子女所必需的生活资料的价值和劳动者的教育或培训费用。马克思对劳动力价值的论述反映了其对人力资本投资的认识。首先，他认为人力资本投资范围不仅包括教育或培训，还包括人力资本所有者的健康保健以及养育子女等多方面，它体现了人力资本世代叠交、传承的特性，因此更加全面；其次，点明了人力资本投资与其价值的关系，即增加人力资本投资可以提升人力资本的价值。

第三，人力资本投资的重要性还表现为它是适应技术发展、缓解结构性失业的必然要求。马克思在论述相对人口过剩理论时指出，技术的进步和机器的使用导致资本有机构成不断提高，即不变资本在社会总资本中所占的比重日益增加，可变资本所占的比重不断减少，导致相对过剩人口的产生，“因为对劳动的需求，不是由总资本的大小决定的，而是由总资本可变组成部分的大小决定的，所以它随着总资本的增长而递减”②。由此造成大量的工人从产业中游离出来，成为产业后备军，劳动力供给的绝对增加进一步扩大了相对过剩人口的规模。这些大量的、游离在产业之外的劳动人口的就业问题是一个关系社会稳定的重要问题。马克思指出，可以由不断扩大的旧产业部门和新兴的产业部门来吸收、消化，如资本积累产生的大量社会财富“疯狂地涌入那些市场突然扩大的旧生产部门，或涌入那些由旧生产部门的发展而引起需要的新兴生产部门……在所有这些场合，都必须有大批的人可以突然地被投到决定性的地方去，而又不致影响其他部门的生产规模。这些人就由过剩人口来提供”③。可见，生产技术的发展改变了产业对劳动者经验、技能等方面

---

① 《资本论》第1卷，人民出版社2004年版，第199页。
② 《资本论》第1卷，人民出版社2004年版，第725页。
③ 《资本论》第1卷，人民出版社2004年版，第729页。

的要求，产生大量失业劳动者，而新兴生产部门为其创造了就业机会，但是不同生产部门对知识、技能等方面的不同要求，需要劳动者重新学习、培训，即进行人力资本投资。所以说，人力资本投资是适应技术发展、缓解结构性失业的必然要求。

(2) 人力资本的投资收益理论。马克思的人力资本投资思想还体现在他的工资理论、劳动力价值、剩余价值率和一般利润率等理论之中，这些理论隐含了马克思对人力资本投资收益的一些观点。

首先，从马克思的工资理论、劳动力价值理论中可以发现人力资本投资收益的决定和影响因素。马克思认为，工资是劳动力价值或价格的转化形式，“劳动力的价值，就是维持劳动力占有者所必要的生活资料的价值”[①]，它不等于劳动力的价格，劳动力的价格受供求等外部因素影响围绕劳动力价值波动。可以说劳动力的价值内生地决定了不同水平人力资本的工资基础，而同一水平人力资本的具体工资差异则源于供求等外部因素的影响。这些论述解决了人力资本投资收益是如何决定以及受哪些因素影响的问题。

其次，从马克思对剩余价值率、利润率的研究中，可以推导出人力资本投资收益率变化的一般规律。马克思认为，如果把剩余价值看作是资本家全部预付资本的增加值，那么剩余价值就转化为利润，利润率则是剩余价值与全部预付资本的比率，即：$p'=\frac{m}{c+v}$，其中 p'，m，c+v，p，k 分别表示利润率、剩余价值、预付资本、利润和投资成本。投资收益率是投资所得全部收益与投资成本之比，即 $\rho=\frac{k+p}{k}=1+\frac{p}{k}=1+p'$，可见，利润率与投资收益率呈正向关系，二者之间存在相似的变化规律。马克思对利润率变化规律的认识来自于他对资本有机构成的分析，他认为，“资本主义生产……使总资本的有机构成不断提高，……结果是：在劳动剥削程度不变甚至提高的情况下，剩余价值率会表现为一个不断下降的一般利润率”[②]。即在资本主义生产方式下一般利润率呈现日益下降

---

① 《资本论》第 1 卷，人民出版社 2004 年版，第 199 页。

② 《资本论》第 3 卷，人民出版社 2004 年版，第 237 页。

的趋势，这一规律同样适用于投资收益率。人力资本作为“资本一般”的特殊形式，它的投资收益率也具备这样的规律特征，只是与资本下降的原因不同，人力资本投资收益率下降与知识、技能等的边际增长率下降、投资的边际成本上升以及年龄增长导致收益年限缩短等方面有关。

最后，马克思在阐述一般利润率的形成过程时揭示了预期投资收益率是人力资本投资决策的重要影响因素。马克思在介绍一般利润率的形成时指出，资本家的资本积累的目的是追逐更多的剩余价值，然而“因为不同生产部门……的资本……是按不同比率分为不变要素和可变要素的，它们所推动的活劳动不等，因而所创造的剩余价值从而利润也不等，所以，它们的利润率，即那个正好由剩余价值对总资本用百分比计算得出的利润率也就不同”①。利润率的不同导致资本家之间的激烈竞争，纷纷进入预期利润率较高的产业部门，期望获得更多的投资收益。虽然最后“这些不同的利润率，通过竞争而平均化为一般利润率”②，但是这期间资本家的投资决策行为反映了资本投资决策的重要影响因素——预期投资收益率，如果投资者预期到该行业或产业能够获得较高的投资收益率，他将对此进行投资；反之，则不投资。这一思想同样适用于人力资本的投资决策，如果人力资本所有者预期某一知识、技能、经验未来能够为其带来较高的回报率，他将对其进行投资；反之，则不投资。

四、马克思的人力资本运用理论

马克思指出的资本只有在运动中才能实现价值增殖，同样适用于人力资本。人力资本的投资积累只是其运用的前提，如果光积累不运用，人力资本价值难以实现，更无法获得增殖；如果运用不当，或者不能获得充分、完全的运用，人力资本的价值增殖功能会大打折扣，甚至投资难以回收。基于研究的需要，马克思所关注的人力资本运用问题侧重于

① 《资本论》第3卷，人民出版社2004年版，第167页。
② 《资本论》第3卷，人民出版社2004年版，第177页。

微观层次的个体人力资本的运用。

1. 认识到人力资本运用的有限性特征。

马克思认识到劳动力买卖中的产权问题，认为劳动力的产权具有可分离性，“劳动力所有者……把劳动力只出卖一定时间，因为他要是把劳动力一下子全部卖光，他就出卖了自己……他必须始终让买者只是在一定期限内暂时支配他的劳动力，消费他的劳动力，就是说，他在让渡自己的劳动力时不放弃自己对它的所有权”①。这体现了人力资本运用的有限性。

2. 隐含了充分运用人力资本的途径。

马克思指出，劳动力产权的可分离性可能带来道德风险问题，“如果工人利用他的可供支配的时间来为自己做事，那他就是偷窃了资本家”②。为了规避风险，资本家需要对劳动者监督管理，“把工人划分为劳工和监工”③。道德风险导致人力资本可能得不到充分运用，因此降低道德风险，充分运用人力资本是一个需要研究的重要问题。对此问题，马克思没有给出明确的答案，但是《资本论》的字里行间提示了“激励”的重要作用。《资本论》中资本家的“激励”有两种：正激励和负激励。

所谓负激励就是资本家通过监督、惩罚等强制手段来使用劳动力，“一切处罚都简化成罚款和扣工资”④。正激励则是通过物质、精神奖励等正面、积极的手段来提高劳动者工作的积极性，使劳动者主动地充分发挥其人力资本的作用。其中物质激励主要表现为工资、薪酬激励，即保证人力资本所有者能够获得与其人力资本价值相匹配的工资、薪酬，并且工资、薪酬水平要随劳动力价值的变化而适时调整。

3. 重视人力资本运用中与物质资本的匹配性。

马克思指出，“劳动力的使用就是劳动本身”⑤，而劳动过程是“人的活动借助劳动资料使劳动对象发生预定的变化”⑥ 的过程，在这个过程中

---

① 《资本论》第1卷，人民出版社2004年版，第195—196页。

② 《资本论》第1卷，人民出版社2004年版，第270页。

③ 《资本论》第1卷，人民出版社2004年版，第488页。

④ 《资本论》第1卷，人民出版社2004年版，第488—489页。

⑤ 《资本论》第1卷，人民出版社2004年版，第207页。

⑥ 《资本论》第1卷，人民出版社2004年版，第211页。

包括三个简单要素：有目的的活动或劳动本身、劳动对象和劳动资料。如果劳动过程“从其结果的角度，从产品的角度加以考察，那么劳动资料和劳动对象二者表现为生产资料，劳动本身则表现为生产劳动”①。在这里，“生产资料”和“生产劳动”不仅对应地表现为物质资本和人力资本，而且还在生产过程中相辅相成、缺一不可，否则，价值生产就不能实现。

马克思不仅关注到它们的相互依赖性，还论述了它们结构上的匹配关系。他指出：“劳动生产率不仅取决于劳动者的技艺，而且也取决于他的工具的完善程度。”② “劳动力应该在正常的条件下发挥作用。如果纺纱机在纺纱业中是社会上通用的劳动资料，那就不能让工人使用手摇纺车。他所用的棉花也应该是正常质量的棉花，而不应该是经常断头的坏棉花。否则……他生产一磅棉纱所耗费的劳动时间就会超过社会必要劳动时间，而这些超过的时间并不形成价值或货币。”③ 这一论述说明人力资本水平的运用程度、价值创造能力和其与物质资本水平的匹配程度相关。如果物资资本的水平低于人力资本，会降低生产效率；同样，如果人力资本的水平低于物资资本，则可能会导致物资资本的浪费。

五、马克思对人力资本与技术进步之间关系的分析

马克思人力资本思想的另一个重要方面，是对人力资本与技术进步相互关系的研究，这种研究贯穿于《资本论》的通篇之中。

1. 人力资本对技术进步的促进与阻碍作用。

马克思通过对机器发展历史的描述，说明了人力资本在推动技术进步方面的重要作用。马克思认为，人是技术进步的主体，若没有人的发明创造就没有技术的进步。他还指出，人力资本积累是技术进步的基本前提，影响着技术进步的速度和程度，“沃康松、阿克莱、瓦特等人的发

① 《资本论》第1卷，人民出版社2004年版，第211页。
② 《资本论》第1卷，人民出版社2004年版，第395页。
③ 《资本论》第1卷，人民出版社2004年版，第228页。

明之所以能够实现，只是因为这些发明家找到了相当数量的、在工场手工业时期就已准备好了的熟练的机械工人”①。

同时，马克思也注意到人力资本对技术进步的阻碍作用，这种阻碍在工人和资本家身上均有体现。首先，马克思认为工人出于对传统工艺的依赖或保护等原因会抵制机器的使用，如“17 世纪，反对……一种织带子和花边的机器的工人暴动几乎席卷了整个欧洲。……19 世纪最初 15 年，英国工场手工业区发生的对机器的大规模破坏（特别是由于蒸汽织机的应用），即所谓鲁德运动……”② 其次，资本家出于自身利益的考虑也会抵制机器的使用，因为“机器本身在某些产业部门的使用，会造成其他部门的劳动过剩，以致其他部门的工资降到劳动力价值以下，从而阻碍机器的应用，并且使机器的应用在资本看来是多余的，甚至往往是不可能的，因为资本的利润……是靠减少有酬劳动得来的”③。“抵制机器”的情况是“许多生产部门中劳动或多或少不完全从属于资本的现象继续存在，而且，即使这种现象初看起来和一般发展水平已不相适应，这种现象仍会继续存在”。④

2. 技术进步对人力资本的替代和激励作用。

马克思还关注到技术进步对人力资本的反向影响，他从机器的产生、发展导致农业和工业产业结构的变化着手，提出这种结构变化，不仅改变人力资本的内容和价值，也造成人力资本所有者的流动和迁移等问题。

马克思指出，机器的诞生和大量运用，促进了大工业的发展，改变了农业与工业的产业结构，产业结构的改变造成劳动者身份的变化，“过剩的农业工人转化为工厂工人”⑤，身份的改变对其知识、技能等提出新的要求，如果人力资本所有者接受并适应这一变化，则将推动产业转型；但如果人力资本所有者不愿意接受或者不能改变其知识和技能，将会导致矛盾升级，阻碍产业转型。机器对劳动力的替代还表现为妇女儿童等

① 《资本论》第 1 卷，人民出版社 2004 年版，第 439 页。
② 《资本论》第 1 卷，人民出版社 2004 年版，第 492—493 页。
③ 《资本论》第 1 卷，人民出版社 2004 年版，第 452 页。
④ 《资本论》第 3 卷，人民出版社 2004 年版，第 263 页。
⑤ 《资本论》第 1 卷，人民出版社 2004 年版，第 815 页。

弱势、低价值劳动力对正常成年男性劳动力的替代，如机器和现代耕作技术“迫使妇女和儿童也参加田间劳动，使工人的年龄不断下降”，由此造成“农业中男工过剩，并使他们的工资下降”，[①] 这种现象产生的原因是机器的发展降低了对人力资本的要求，造成人力资本价值的贬值，因此，人力资本只有不断投资积累，才能适应技术进步的步伐，其价值才可能不贬值。

马克思认为，技术进步对人力资本的影响还体现在人力资本的迁移和流动方面。他通过大量的文字描述了机器的使用造成人口的流动问题，如“由于使用机器耕种土地和大规模采用现代农业耕作法而引起的强迫移民”[②]。可以看出，马克思已经认识到现代人力资本的流动是技术进步的一个结果。

六、结论和启示

马克思虽然没有明确提出“人力资本”的概念，也没有系统地针对人力资本问题进行研究，但是仍然可以从他的著作中分析、总结出其人力资本理论。马克思的人力资本理论主要包括四个方面：基本内涵、投资积累、合理运用及其与技术进步之间的关系。它们与现代人力资本理论既有相似之处，如人力资本的特征和形成途径；也有所不同，如人力资本积累的“螺旋式”特征。马克思人力资本理论，不仅对现代人力资本理论的发展极其重要，也对我国当前转型社会中人力资本问题有重要的启示意义。

第一，人力资本的价值增殖特征。意味着人力资本是经济社会发展的源泉。我国要实现社会经济的转型发展，必须重视人力资本的作用。

第二，人力资本的动态性和时效性，意味着经济社会的转型必然会对人力资本内容提出新要求。这样，就可能导致新旧人力资本的交替，

---

① 《资本论》第 1 卷，人民出版社 2004 年版，第 798 页。

② 《马克思恩格斯全集》第 8 卷，人民出版社 1961 年版，第 618 页。

那么，如何在运用新型人力资本的同时，处理好已贬值的旧人力资本是转型社会不得不面临的重要问题。

第三，人力资本投资收益率的预期，是人力资本投资决策的依据之一。国家可以借助人力资本投资收益率的变化，来引导人力资本投资的方向，进而实现社会的转型发展。

第四，人力资本与技术进步的关系，意味着人力资本既可能是技术创新的动力，也可能是阻碍技术创新的重要力量。因此，正确引导、发挥人力资本在技术创新中的积极作用，是转型期人力资本政策的重要方面。

（原文发表于《当代经济研究》2014 年第 8 期）

马克思有人力资本理论吗?

——与顾婷婷、杨德才商榷

李连波　谢富胜*

一、马克思“人力资本理论”辨析

对于西方人力资本理论，主流经济学家和马克思主义经济学家一直都有争议。《当代经济研究》杂志 2014 年第 8 期发表了顾婷婷、杨德才《马克思人力资本理论刍议》① 一文，文章试图从马克思的相关著作中分析、总结出其人力资本理论。他们首先提出了马克思是否研究过人力资本理论的问题并总结了理论界两种对立的看法。他们认为，学术界赞同马克思经济学有人力资本理论的居多，并认为，马克思虽然没有明确提出人力资本的概念，但是人力资本的思想却充分体现在他的劳动价值理论之中，并且，认为马克思的“劳动力”和舒尔茨的“人力资本”在本质上是一致的。他们进而在此基础上从人力资本的基本内涵、人力资本的投资积累、人力资本的合理运用和人力资本与技术进步之间的关系四个方面总结出了马克思的人力资本理论。我们看到，这篇文章先是把劳动力和人力资本无条件地等同起来，这样就将马克思对劳动力的相关分析直接嫁接到人力资本上；然后又将人力资本看作为“资本一般”的特殊形式，这样又将马克思的资本理论嫁接到人力资本上。文中完全不谈劳动力与人力资本、人力资本与“资本一般”之间质的区别。接下来，

---

* 李连波：中国人民大学经济学院博士研究生。谢富胜，中国人民大学经济学院教授，博士生导师。

① 顾婷婷、杨德才：《马克思人力资本理论刍议》，《当代经济研究》2014 年第 8 期。

我们具体谈谈对文章中这些观点的看法。

第一，关于马克思的人力资本的基本内涵。作者将劳动力和人力资本混为一谈，将物质资本的特点强加到人力资本身上。他们认为“作为‘资本一般’的特殊形式”①，人力资本具备了资本的本质特征——增殖性。但马克思所说的增殖源于对工人的剥削，而人力资本呢？难道工人能自己剥削自己？马克思说机器体系的采用使工人成为机器的附属物，实现了对资本的实际隶属，体现了工人与资本的对抗性关系。作者却将之解读为人力资本的异质性和专用性特征，并将物质资本的一些特性嫁接过来，而完全没有考虑其中生产关系。教育、培训和经验的积累固然会促使劳动者的技能提高，使其可以从事更复杂的劳动，并得到与其劳动力价值相应的工资，但这并没有使他积累起资本，工人仍然没有摆脱被资本家剥削的命运，至多是这些教育培训使他成为更高级的打工者。

第二，关于马克思的人力资本投资积累理论。既然作者将人力资本看作是“资本一般”的特殊形式，自然就把马克思的资本积累理论直接移植到了人力资本上。他们认为，“如果人力资本所有者预期某一知识、技能、经验未来能够为其带来较高的回报率，他将对其进行投资；反之，则不投资”，因为投资“是人力资本积累的第一步”。② 那么问题来了，为什么生息资本的所有者不用做任何事情就可以躺在摇椅上靠利息过活，而人力资本所有者则不然。更现实的问题是，如果人力资本所有者没有资金进行这种投资，那他们就不得不从事蓝领工作，因为人总得先活下去——这才是“人力”的时效性。作者完全忽视了“人力资本”投资这种对现实资本的依赖性。此外，他们强调对人力资本的这种投资是“适应技术发展、缓解结构性失业的必然要求”③，并引用了马克思的相对人口过剩理论。但很不幸的是，失业在资本主义下是制度性问题，相对过剩求的人口也会持续存在，因而如果人力资本存在，那么总有一部分人的人力资本要闲置。

第三，关于马克思的人力资本运用理论。作者指出的三点：一是劳

① 顾婷婷、杨德才：《马克思人力资本理论刍议》，《当代经济研究》2014年第8期。
② 顾婷婷、杨德才：《马克思人力资本理论刍议》，《当代经济研究》2014年第8期。
③ 顾婷婷、杨德才：《马克思人力资本理论刍议》，《当代经济研究》2014年第8期。

动者只能在一定时期内出卖劳动力的使用权，无法像资本那样彻底转让自己的所有权；二是“资本家需要对劳动者监督管理”[①] 和激励，才能使人力资本得到充分运用；三是人力资本的运用需要有物质资本与之相匹配。但这恰恰说明了“人力”的非资本性质，说明了这种“人力资本”与“资本一般”质的差异。如果劳动者拥有的“资本”无法转让，也无法像借贷资本那样能够生息，那凭什么说劳动者拥有的这种东西是资本呢？他们在这里认为劳动力和人力资本质的差异是一些无关紧要的“特征”，而没有深究隐藏在背后的劳动对资本的隶属关系。

第四，关于马克思对人力资本与技术进步之间关系的分析。他们把马克思关于技术进步对工人的影响的分析引申为人力资本与技术进步的关系。资本主义制度下技术进步对工人的消极影响和工人对机器的破坏运动，恰恰说明了资本与劳动的对抗关系，而非是“人力资本”与技术进步的关系。在这里，他们将主体借换为人力资本，而不是工人，认为人力资本推动或阻碍技术进步、人力资本被迫迁移和流动，等等。

文章作者的基本错误在于，虽然他们一直在谈马克思的人力资本理论，却没有采用马克思的分析方法，没有真正理解马克思的劳动价值论和资本理论。相反，他们采用的是新古典经济学的资本定义。问题的焦点不像他们所说的在于劳动力和人力资本是否具有一致性，因为详细比较这两个概念的异同并没有任何意义，而在于他们在马克思主义经济学中提“人力资本”从一开始就大错特错了，这个概念与马克思主义经济学是不兼容的。他们认为马克思“没有系统地针对人力资本问题进行研究”[②] 也是不合实际的，马克思在《资本论》第二卷、第三卷都有对这种人力资本思想的批判，这是一个已经被马克思批判并彻底摒弃了的理论。

二、马克思对人力资本理论的批判

我们认为，现代西方经济学中的人力资本理论与马克思的思想毫无

---

① 顾婷婷、杨德才：《马克思人力资本理论刍议》，《当代经济研究》2014 年第 8 期。

② 顾婷婷、杨德才：《马克思人力资本理论刍议》，《当代经济研究》2014 年第 8 期。

关系；相反，马克思早就对古典经济学家类似的人力资本思想进行了严厉批判。试图总结马克思的人力资本思想，或构造一个马克思主义的人力资本理论，是没有根据的。马克思在《资本论》第二卷、第三卷中都有对这种人力资本思想的直接批判，他在第一卷阐述的劳动价值理论与人力资本理论是根本对立的，而马克思对资本的分析更进一步说明将人力作为资本是错误的。

1. 马克思社会总资本再生产理论与人力资本理论的对立。

马克思在《资本论》第二卷第三篇研究社会总资本的再生产和流通时，引进了个人消费，并考察了可变资本的循环。马克思认为：“年产品既包括补偿资本的那部分社会产品，即社会再生产，也包括归入消费基金的、由工人和资本家消费的那部分社会产品，就是说，既包括生产消费，也包括个人消费。”[①] 在这里马克思批评了一部分政治经济学家的一种流行的看法，他们认为，“对一个人是资本的东西，对另一个人就是收入；反过来说也是一样”[②]。从劳动力买卖的表面现象——工人卖出了自己的“商品”，“经济学辩护士们”形成了一种“歪曲”的看法：以货币工资形式支付给工人的可变资本取得了双重的存在，执行了双重职能，实现了两个资本。“他们说：同一个货币在这里实现了两个资本；买者即资本家把他的货币资本转化为活的劳动力，并把这个劳动力并入他的生产资本；另一方面，卖者即工人把他的商品——劳动力——转化为货币，并把货币作为收入来花费，正因为如此，他才能够不断地重新出卖他的劳动力，以便维持他的劳动力；因此，他的劳动力本身就是他的商品形式的资本，并且是他的收入的经常来源。”[③] 马克思批评了这种认为工人拥有资本的思想，“其实，劳动力只是劳动者的财产（它将不断自行更新，自行再生产），而不是他的资本。劳动力是他为了生存而能够不断出卖和必须不断出卖的唯一商品，它只有到了买者即资本家手中，才作为资本（可变资本）起作用”。他讽刺地指出：“在那些经济学家看来，一个人经常被迫不断重新把自己的劳动力，即把自己出卖给第三者，这就

① 《资本论》第2卷，人民出版社2004年版，第435页。
② 《资本论》第2卷，人民出版社2004年版，第489页。
③ 《资本论》第2卷，人民出版社2004年版，第491页。

证明他是一个资本家，因为他必须不断出卖‘商品’（出卖自己）。从这个意义上说，尽管奴隶由第三者把他作为商品一次永远地卖出去，但奴隶也是资本家，因为这种商品——劳动奴隶——的性质是，它的买者不仅每天迫使它重新劳动，而且每天还要给它生活资料，使它能够不断地重新再劳动。”[①]

在劳动力市场上，工人确实出卖了自己的“商品”——劳动力，但这个市场存在一些不对称性，因为“工人阶级是挣一文吃一文的，他们在能买的时候才买。而资本家……不是挣一文吃一文的。最大限度地增殖他的资本就是他的动机”[②]。也就是说，工人和资本家是生活在两种循环之中。“工人的商品即劳动力所完成的流通形式，是单纯以满足需要、以消费为目的的简单的商品流通：W（劳动力）—G—W（消费资料，第Ⅱ部类的商品）。这个流通过程的结果是：工人把自己作为供第Ⅰ部类的资本家使用的劳动力来维持，并且为了继续把自己作为劳动力来维持，他必须不断地重新反复这一过程A（W）—G—W。”[③] 这是第二种循环。对工人来说，他为了生存必须用这笔货币收入购买消费资料，并反复出卖自己的劳动力；资本家则通过购买劳动力使自己的可变资本不断循环。

这些“经济学辩护士们”之所以从劳动力商品买卖的表面现象产生这种歪曲的看法，认为工人也是出卖“商品”的资本所有者，是因为他们缺乏辩证看问题的方法。资本家的可变资本不可能执行双重职能，即“既作为资本家的资本，又作为工人的收入；而是同一个货币先在资本家手中作为他的可变资本的货币形式，从而作为可能的可变资本；当资本家把它转化为劳动力时，它就在工人手中充当所出卖的劳动力的等价物”[④]。代表资本家可变资本的那部分货币资本，在以工资形式支付给工人后只是作为工人的货币收入，这时资本家的可变资本仍以劳动力的形式持有在自己手里，“因为可变资本总是以某种形式保留在资本家手中，所以无论如何

---

① 《资本论》第2卷，人民出版社2004年版，第491页。
② 《资本论》第2卷，人民出版社2004年版，第497页。
③ 《资本论》第2卷，人民出版社2004年版，第492页。
④ 《资本论》第2卷，人民出版社2004年版，第490页。

也不能说，它会转化为某人的收入”[①]。也就是说，“可变资本在资本家手中作为资本执行职能；在雇佣工人手中则作为收入执行职能”[②]。

2. 马克思的生息资本理论与人力资本理论的对立。

马克思在《资本论》第三卷第五篇研究银行和虚拟资本问题时也批判了人力资本的思想。他首先从国债的情形引出了虚拟资本的定义。国家定期为自己的债权人支付利息，但借给国家的那笔资本本身已经由国家花掉了，“在这一切场合，这种资本，即把国家付款看成是自己的幼仔（利息）的资本，是幻想的虚拟的资本。这不仅是说贷给国家的金额已经不再存在。这个金额从来不是要作为资本支出的，不是要作为资本投下的，而只有作为资本投下，它才能转化为一个自行保存的价值”[③]。隐藏在背后的是“资本化”的原则——“人们把虚拟资本的形成叫作资本化。人们把每一个有规则的会反复取得的收入按平均利息率来计算，把它算作是按这个利息率贷出的一个资本会提供的收益，这样就把这个收入资本化了”[④]。按照资本化的逻辑，一切有规则的收入流后面都有一个确定的资本额与之对应，人力资本理论正是根据这一逻辑，将“人力资本”赋予定期取得工资流的工人——“在这里，工资被看成是利息，因而劳动力被看成是提供这种利息的资本”[⑤]，于是工人也成了资本家。对此马克思尖锐地批评道：“资本家们思考方式的错乱在这里达到了顶点，资本的增殖不是用劳动力的被剥削来说明，相反，劳动力的生产性质却用劳动力本身是这样一种神秘的东西即生息资本来说明。”[⑥]

如果工人确实拥有资本，成了人力资本家，那他应该可以像资本家一样单靠这笔资本的利息生活，而不用辛苦地工作。然而工人只有在被雇佣，并且在辛苦工作和为资本家带来价值增殖的情况下，才能获得这种利息。“在这里，不幸有两件事情和这种轻率的观念令人不快地交错

---

① 《资本论》第2卷，人民出版社2004年版，第500页。
② 《资本论》第2卷，人民出版社2004年版，第490页。
③ 《资本论》第3卷，人民出版社2004年版，第527页。
④ 《资本论》第3卷，人民出版社2004年版，第528—529页。
⑤ 《资本论》第3卷，人民出版社2004年版，第528页。
⑥ 《资本论》第3卷，人民出版社2004年版，第528页。

着：第一，工人必须劳动，才能获得这种利息；第二，他不能通过转让的办法把他的劳动力的资本价值转化为货币。其实，他的劳动力的年价值只等于他的年平均工资，而他必须由他的劳动补偿给劳动力的买者的，却是这个价值本身加上剩余价值，也就是加上这个价值的增殖额。”[①]

三、国内外马克思主义学者对人力资本理论的批评

从20世纪六七十年代人力资本理论创立以来，它就招致了诸多批评，既有来自西方主流学者的，也有来自马克思主义学者的。[②] 与主流学者不同的是，许多马克思主义学者的批评针对的不是这一理论本身存在的问题，而是这一理论的存在本身；其目的也不是为了对这个理论进行修补，而是从根本上揭示这一理论的反动性质，从而将之排除在马克思主义经济学之外。一些马克思主义学者认为，这一理论的一些观点虽然有一定的积极意义，但它与马克思科学的资本和劳动价值理论是对立的，因而与马克思主义经济学是不相容的。

1. 国外学者对人力资本理论的批评。

萨缪·鲍尔斯和赫伯特·金迪斯认为，人力资本理论将工资和劳动的交换等同于普通的商品交换，阶级关系都融入到了资本的概念之中。“在清除阶级作为经济学中心概念的各种努力中，人力资本理论是最新的、或许也是最后的一个步骤”。[③] “通过将其分析限制在外在和给定的个人偏好、原材料个人的技能以及可选择的生产技术之间的互动之上，人力资本理论正式将阶级与阶级冲突之间的关联，驱逐出对劳动力市场现象的解释之外。”[④]

资本主义不仅是生产，更是再生产，它的持续存在要求不断再生产出原有的阶级关系。鲍尔斯和金迪斯认为，人力资本理论并没有提供再

---

① 《资本论》第3卷，人民出版社2004年版，第528页。

② 谢富胜、李安：《人力资本理论与劳动力价值》，《马克思主义研究》2008年第8期。

③ 转引自郭庆松主编：《公共部门人力资源管理研究》，上海人民出版社2007年版，第4页。

④ 转引自郭庆松主编：《公共部门人力资源管理研究》，上海人民出版社2007年版，第5页。

生产的理论，它仅仅是一个抽象掉了社会关系而只专注技术关系的不完善的生产理论。这个理论对人力资本的需求、供给和回报率的解释作了标准化的处理，而经过处理后的概念与马克思经济理论是完全相背离的。首先，在人力资本的需求方面，人力资本理论接受了新古典主义的企业观，将企业视作是用以集合各种要素来生产产品的黑匣子，完全没有考虑资本对工人的控制权，将对人力资本的需求简单地视为以市场为中介的纯粹技术性的需求。其次，人力资本理论将人力资本的供给看作是个人选择的结果，即视为个人或其家庭为了自身利益的最大化，而对教育进行投资。然而，一些学者的研究表明，教育革新很少是为了满足大众的要求，而在更大程度上是由与大众相对立的精英们引进的，在本质上是由生产结构引导的。最后，人力资本理论对教育回报率结构差异的解释本质上也是错误的。对于为什么人力资源投资能获得正向净回报这个问题，鲍尔斯等人提出了一个不同于人力资本理论的解释。他认为，首先，教育投资增加了个体的劳动力；其次，教育使雇主能通过创造或选择个体激励模式，更轻松地从工人身上榨取劳动；最后，出于对劳动市场分割、阻止工人形成反抗资本家的联盟的需要，受教育的工人与未受教育的人相比能获得更高的收入。

N. 查特尔关注的是人力资本理论的概念结构及其理论基础。他认为，人力资本理论是以新古典主义的消费者选择理论（节约论）和生产函数理论（边际生产力理论）为基础。对于前者而言，人力资本投资只是个人或其父母的选择问题，是在考虑到机会成本的情况下，对立即工作还是继续接受教育的抉择问题；对于后者，人力资本理论假定个人的经济报酬等于其个人的边际生产投资，对子女教育的投资能够提高他们将来的生产力。查特尔认为，按照人力资本理论的逻辑，有形资本投资和人力资本投资两种类型出现了形式上的统一，“人力资本绝对报酬率最终合理性与有形资本绝对利息率的合理性是相同的。实际上，有形资本和人力资本之间的选择在此仅仅表现为一种资产组合的选择”①。不幸的是，

① 转引自［美］J. G. 施瓦茨：《资本主义的精妙剖析》，山东人民出版社 1992 年版，第 56—57 页。

这两种形式上的统一被两种本质上的区别打破了：第一，人力资本无法像有形资本那样转售或抵押，它的投资以一定量的有形资产为前提条件；第二，人力资本投资并不完全是对消费的节约，这里存在一种叠加，即有些父母对孩子的时间投资本质上是“闲暇消费”。

就人力资本理论的分配而言，查特尔认为它本质上也是新古典的。因为，在这里抽象掉了社会关系，将个体定义为平等的商品所有者，将劳动与普通商品等同起来，“所有人都是商品所有者，或者是有形资本或者是人力资本的所有者……个人之间的唯一区别是量的区别”[①]。查特尔认为，收入差别恰恰在于资本和劳动双方在交换中的地位根本不同，而人力资本理论在一开始就将资本主义制度下的资本与劳动的交换同简单商品交换之间区别抽象掉了。他分别从劳动和资本两个方面剖析了劳动力与其他商品的区别，得出的结论是，资本与劳动的交换实际上包含了两种经济关系：一种是劳动力和货币工资的交换关系；另一种是资本在生产过程中对工人劳动的榨取和占有关系。“实际上，在第二个关系中，我们在简单商品交换关系中所观察到的平等、自由和互惠被完全否定了……资本家以牺牲工人的利益而使自己变得更加富有……工人已经在最初的交换（工资合同）中把他的劳动力和对劳动果实的权力出卖了。”[②]因此，人力资本这个统一的概念掩盖了价值与价格、劳动与劳动力、劳动与资本的区别，是这一理论的基本错误，“人力资本理论把起资本创造者作用的劳动的特殊本质抽掉了……劳动从劳动者身上榨取而且被资本家所占有的这样一种冲突的资本主义生产关系的特殊本质，就被描写成与它相反的，一种调和的交换关系了……贯穿资本关系中的剩余价值的占有却在这个理论中根本就只字不提”[③]。

2. 国内学者对人力资本理论的批评。

吴宣恭认为，人力资本理论的一些观点有重要意义，“但是，就经济学理论的严谨性和科学性而言，劳动者的‘人力资本’却是一个背离马克思主义资本理论，沿袭西方的庸俗资本观，并错误地将其嫁接到我国

① 转引自［美］J.G. 施瓦茨：《资本主义的精妙剖析》，山东人民出版社1992年版，第59页。
② 转引自［美］J.G. 施瓦茨：《资本主义的精妙剖析》，山东人民出版社1992年版，第66—67页。
③ 转引自［美］J.G. 施瓦茨：《资本主义的精妙剖析》，山东人民出版社1992年版，第70—71页。

经济学的悖谬概念。”[①] 他认为，首先，从经济关系的本质来看，资本获得“剩余”的唯一源泉是工人的无酬劳动，而一无所有的劳动者只能接受雇佣，这时劳动者已经丧失了对自己劳动的支配权，他的人力带来的增殖已不属于自己。其次，从资本的运动过程来看，劳动力与资本之间充满了许多矛盾：劳动者出卖了自己的劳动力之后，就丧失了这个商品的使用价值，不能获得对它的使用带来的收益；它作为资本家资本的要素存在，这时资本家控制各要素增殖自己的资本；劳动力和资本在生产过程中既存在尖锐的对立，又互相依存；可变资本并非资本，只是资本家的资本中的“可变”部分；技术、发明和专利等仅仅是物化劳动，不能作为人力资本存在的证据。因此，人力是不能成为资本的，产生“剩余”并不能使劳动力成为资本，劳动力的自然特点——人身依附性、时效性和发挥作用的协作性——使其无法成为劳动者自己的人力资本，教育费用也并不能使劳动力转化为资本，“人力资本”对经济现实的解释是肤浅和错误的——大量本该是“人力资本家”的精英在危机时被解雇。他呼吁：“为了建立科学的政治经济学，必须还给劳动力（人力）和劳动力要素、劳动力资源以本来面目，摈弃庸俗的资本概念。”[②]

谢富胜、李安认为，主流经济学对人力资本理论的批评并没有触及核心问题——劳动力的形成问题。人力资本理论“从劳动力形成与资本形成在形式和技术上的相似性出发，把劳动力纳入了资本”[③]。他们认为，人力资本理论继承了新古典经济学庸俗的资本观，掩盖了资本主义生产方式不可调和的内在矛盾，因此，将之引入马克思主义经济学的做法是完全错误的，会造成马克思主义经济学分析范式的矛盾。他们还认为，人力资本理论虽然考虑到了劳动力的质对经济增长的作用，但是它错误地把积累知识和技能的过程看作是独立于资本积累的个人选择的结果。而事实是，劳动者的技能必须适应资本积累在不同阶段的需要，在特定阶段还要考虑劳动和资本之间的权力制衡关系，因此，劳动力的质与其价值并不是一一对应的关系。他们严厉批评了人力资本理论的教育观，

① 吴宣恭：《“人力资本”概念悖论分析》，《经济学动态》2005年第10期。
② 吴宣恭：《“人力资本”概念悖论分析》，《经济学动态》2005年第10期。
③ 谢富胜、李安：《人力资本理论与劳动力价值》，《马克思主义研究》2008年第8期。

认为它是脱离了社会关系的纯粹技术性的讨论，主张我们“应该从劳动力再生产和社会生产关系再生产两个角度综合地考察教育；教育是社会再生产过程的产物，并且服务于社会再生产过程”①。此外，这一理论的政策主张——通过扩大国民教育来缓解收入分配不公问题——是无效的，因为资本主义的国民教育服从于资本积累的需要，这一政策主张只会起到将不平等合法化的作用。

王海杰认为，马克思的资本理论和西方的资本理论分属两种完全不同的分析范式，人力资本理论具有新古典范式所固有的一系列缺陷。西方经济学家所说的“人力资本”实质上指的是人才资源，而“人力资本投资”只是将普通的人力资源转化为人才资源，将人力称为资本完全是出于技术分析上的需要。在马克思主义经济学的分析范式中，“人力”不具有资本的增殖性，可变资本也不是劳动者的资本。王海杰认为，这一理论与劳动价值论存在不可调和的矛盾和冲突，将其盲目嫁接到马克思主义经济学框架中只会增添混乱，在实践中会导致为私有化辩护的严重错误。他认为，将人力资本理论盲目嫁接到国内会导致两种恶果，“一是资本泛化造成了现有的经济理论的混乱，它以虚假的表象掩盖、模糊甚至颠倒了人们之间实质性的经济关系……二是将经济因素看作人类行为的唯一动因，把人的生活的优化以及对自身发展的追求都看成是牟利活动……误导了经济学以及其他人文科学的研究方向”②。

四、从资本的定义反思

要讨论马克思的“人力资本”理论，必须要明确马克思对资本的定义是什么。我们认为，“人力资本”这个范畴与马克思对资本的定义存在尖锐的对立，如果工人也成了拥有“人力资本”的资本家，马克思的资本范畴本身也就不存在了。

---

① 谢富胜、李安：《人力资本理论与劳动力价值》，《马克思主义研究》2008 年第 8 期。

② 王海杰：《西方人力资本理论的误区》，《政治经济学评论》2006 年第 2 期。

1. 马克思对资本的定义。

在《资本论》第一卷中，马克思将资本定义为在运动中谋求增殖的价值，“价值在这里已经成为一个过程的主体，在这个过程中，它不断地变换货币形式和商品形式，改变着自己的量，作为剩余价值同作为原价值的自身分出来，自行增殖着”，“价值成了处于过程中的价值，成了处于过程中的货币，从而也就成了资本”。[①] 马克思在整个第一卷中不遗余力地向我们说明，增殖是如何通过在“隐蔽的生产场所”中剥削工人实现的，在这个过程中资本作为异化的力量统治着工人，劳资之间充满了矛盾，“工人本身不断地把客观财富当作资本，当作同他相异己的、统治他和剥削他的权力来生产”[②]。因此，在马克思的资本理论中，资本自始至终是作为劳动的对立面出现的，一方的存在以另一方的存在为前提，“资本只有同非资本，同资本的否定相联系，才发生交换，或者说才存在于这种规定性上，它只有同资本的否定发生关系才是资本；实际的非资本就是劳动”[③]。将资本主义生产方式与其他生产方式区分开来的，正是这种特殊的榨取剩余价值的阶级关系——“资本不是物，而是一定的、社会的、属于一定历史社会形态的生产关系，后者体现在一个物上，并赋予这个物以独特的社会性质”[④]。大卫·哈维认为，“资本的本质就是资本和劳动在生产中的阶级关系，这种关系有利于系统性地生产和占有价值与剩余价值”[⑤]，把资本强加到它的对立面劳动身上，冲突的阶级关系就变成了调和的合作关系，马克思的资本范畴也就不存在了，更不用说所谓的马克思的人力资本理论了。

新古典经济学对资本的定义则将阶级关系排除在外，着眼于获得货币收入流的表面现象，将资本仅仅视为一种“物”。人力资本理论沿袭了这种资本观的错误逻辑，将资本赋予获得工资流的工人。它们将生产中的要素视为同质的要素，将生产中的不同当事人视为这种同质要素的所有者，因

---

① 《资本论》第1卷，人民出版社2004年版，第180—181页。

② 《资本论》第1卷，人民出版社2004年版，第659页。

③ 《马克思恩格斯全集》第30卷，人民出版社1995年版，第232页。

④ 《资本论》第3卷，人民出版社2004年版，第922页。

⑤ David Harvey, *A Companion to Marx's Capital*, Vol. 2 (London and New York: Verso, 2013), p. 87.

而都拥有对要素“报酬”的索取权。而所有这些要素都是同一个增殖过程的必要要素，因而也都是资本的要素，要素的所有者自然而然也被视为了资本所有者。总之，人力资本理论只看到了表面的要素所有权关系，没有看到劳动过程中的隶属关系，即没有看到劳动者本身是受资本所有者控制的，也没有看到劳动过程之外的关系，即没有看到劳动者不是自由的要素所有者，不能出卖他的要素，而是要靠反复地亲自使用自己的要素谋生。“‘人力资本’表述的正当性基于这样一个事实：各种技能与其他资产一样，组成了对于未来收入的要求。这完全是在新古典传统的意义上使用‘资本’。而早期的、经典的资本概念则包含和统合了两个不同的方面：对于未来收入的要求和产权，以及对于生产工具的控制。”[①]

2. 从资本主义的劳动力市场角度来分析人力资本理论。

“人力资本”的所有者无法像非人力资本所有者那样靠自己的资本致富，无法使自己成为资本家。他获得的也只是自己的劳动力再生产所需的生活资料而已，因而必须反复出现在劳动力市场上。资本绝对不会“让这些有自我意识的生产工具在它不断使他们的劳动产品从他们这一极移到资本那一极时跑掉”[②]。他在劳动力市场上拥有的独立性只是一种假象，“罗马的奴隶是由锁链，雇佣工人则由看不见的线系在自己的所有者手里。他的独立性这种假象是由雇主的经常更换以及契约的法律拟制来保持的”[③]。

在资本主义生产关系占统治地位的地方，劳动力市场会受到资本关系的调节，即劳动力再生产必须满足资本增殖的要求，保证资本主义阶级关系的再生产。大卫·哈维认为，一旦劳动和资本的阶级关系在生产中占主导地位，产生它的前提必然会发生转变。具体说来，货币、商品的流通和劳动力市场的运行也都会发生转变，以便支持甚至控制和规训生产领域中阶级关系的再生产。[④] 谢富胜和李安详细考察了工厂手工业、机器大工业、福特制大规模生产和后福特主义阶段中劳动者的技能和劳

---

① 郭庆松主编：《公共部门人力资源管理研究》，上海人民出版社 2007 年版，第 11 页。

② 《资本论》第 1 卷，人民出版社 2004 年版，第 661—662 页。

③ 《资本论》第 1 卷，人民出版社 2004 年版，第 662 页。

④ David Harvey, *A Companion to Marx's Capital*, Vol. 2 (London and New York: Verso, 2013), p. 88.

动力价值之间的动态关系，研究表明，“劳动力的质适应资本积累的变化而不断变化，并且劳动力的质与劳动力价值并非是一一对应的。劳动者的团结与分化是影响劳动力价值的重要因素。劳动者的知识、技能在劳动力市场中的价值实现等基本现象，只有结合劳资双方特定时期的权力关系才能得到正确的分析”①。因此，位于资本主义生产方式中心的始终是阶级关系和剩余价值的生产，只要资本和资本主义生产存在，劳动者就一直是被剥削者，永远也成不了资本家。

因此，正如鲍尔斯、金迪斯所说：“人力资本理论和其他新古典经济学一样，最终将人类幸福与不幸的根源，托付给人类本性（偏好和‘能力’）与这种本性自身的交互作用（种种技术与资源）。这一理论框架为几乎所有形式的压迫与不平等（在资本主义或国家社会主义）提供了一种优雅的道歉。因为它最终将个体或社会的不幸，或是归因于个人的缺点，或是归结于生产的不可避免的技术前提。简言之，它所提供的乃是一种对现状进行辩护的很好的意识形态。但是，在理解资本主义经济的运作或是迈向一种更有助于人类福祉的经济秩序方面，它却是一种蹩脚的科学。”②

（原文发表于《当代经济研究》2015 年第 2 期）

① 谢富胜、李安：《人力资本理论与劳动力价值》，《马克思主义研究》2008 年第 8 期。

② 转引自郭庆松主编：《公共部门人力资源管理研究》，上海人民出版社 2007 年版，第 16 页。

马克思的最低工资学说

谢富胜　陈瑞琳*

在马克思的经济理论体系中，工资问题无疑占有举足轻重的地位。1868 年 1 月，马克思在给恩格斯的信中谈到《资本论》中的“三个崭新的因素”，其中之一就是“工资第一次被描写为隐藏在它后面的一种关系的不合理的表现形式”。① 按照马克思的想法，工资理论有待于在《雇佣劳动》册中予以阐述。② 罗斯多尔斯基认为马克思后来放弃了六册计划，关于雇佣劳动的部分被并入了《资本论》第一卷中。③ 但是，罗桑批评罗斯多尔斯基对马克思工资理论的阐述只是摘抄了其成熟作品中广为人知的片段，而未能指明马克思观点的演变过程和其中存在的重要理论难题。④ 罗桑的评论实际上阐明了一个事实，也就是在马克思广博的著作文本中，马克思对工资的论述具有显著的阶段性特征。这也是为什么国际学术界在马克思有关工资问题上的丰富的，甚至是前后矛盾的文本基础上长期存在着争论的根源。不仅非马克思主义者不断对此展开猛烈攻击⑤，而且马克思主义者内部针对具体问题也存在理论上的分野。例如，大卫·哈维强调资本积累的社会需要是影响和决定劳动力价值主要力量，

---

* 谢富胜：中国人民大学经济学院教授、中国特色社会主义经济建设协同创新中心研究员。陈瑞琳，中国人民大学经济学院硕士研究生。

① 《马克思恩格斯全集》第 32 卷，人民出版社 1974 年版，第 12 页。

② 《马克思恩格斯全集》第 13 卷，人民出版社 1962 年版，第 52 页。

③ ［联邦德国］罗曼·罗斯多尔斯基：《马克思〈资本论〉的形成》，魏埙等译，山东人民出版社 1992 年版，第 59 页。

④ Bob Rowthorn, *Capitalism*, *Conflict*, *and Inflation* (London: Lawrence&Wishart, 1980), p. 182.

⑤ Kenneth Lapides, *Marx's Wage Theory in Historical Perspective*: *Its Origins*, *Development*, *and Interpretation* (Westport: Praeger, 1998), pp. 237—257.

认为受到广泛关注的生存工资假说、供需平衡等多个视角都只是它的衍生理论；[①] 莱博维奇则主要关注阶级斗争对工资的影响。[②] 因此，马克思在不同时期的文本中阐述的工资理论，必须以发展的眼光放置在特定历史背景下去理解。

作为马克思工资理论一个组成部分的最低工资学说，在其早期文本中常常与平均工资一起出现。马克思早期有关工资的论述是建立在古典经济学基础之上的，确实将平均工资看作是生理上最低限度的工资。尽管恩格斯在 1885 年德文版《哲学的贫困》的脚注中予以纠正，但是将平均工资视为最低工资的看法仍然存在。[③] 事实上，这一问题早在《经济学手稿（1861—1863 年）》中透过“最低限度的工资”到“工资的最低限度”这一术语的转变便得到初步回答。因此，只有基于马克思文本发展的脉络进行仔细的梳理，我们才能完整地理解马克思的工资理论以及包含其中的最低工资学说。孟氧细致地梳理了马克思早期工资理论的演变过程，并对“最低工资”这一概念进行了解读。[④] 遗憾的是，他的解读并没有注意到马克思成熟的工资理论中的最低工资学说，而对这一点的理解正是区分马克思与古典经济学、区分马克思的最低工资理论与拉萨尔工资铁律的关键。下面我们首先回顾古典经济学的生存工资理论，然后在第二部分梳理马克思早期文本中的工资理论，第三部分着重阐明马克思成熟的工资理论中的最低工资学说，最后是结论与启示。

一、古典经济学的生存工资理论

第一部最低工资法颁布于 1894 年的新西兰，但最低工资政策及相关讨论可以一直追溯到中世纪的英国。1348 年突然爆发的黑死病使英国人

---

① David Harvey, *The Limits to Capital* (London and New York: Verso, 2006), p. 182.

② ［加］莱博维奇：《超越〈资本论〉——马克思的工人阶级政治经济学》，崔秀红译，经济科学出版社 2007 年版，第 113—116 页。

③ 《马克思恩格斯全集》第 4 卷，人民出版社 1958 年版，第 95—96 页。

④ 孟氧：《马克思的工资理论与拉萨尔的工资铁则》，《马克思主义研究》1985 年第 3 期。

口骤减三分之一，面对劳动力短缺和随之而来的工人议价能力增强，各地的庄园主开始积极游说议会，要求以法律的形式限制工人罢工、遏制劳动力成本上涨。在此背景下于1349年颁布的《劳工条例》相当于规定了法定最高工资，这一制度直到1563年《学徒法令》的出台，才以"之前限定的工资水平在部分地区太低以至于给底层劳动者带来了极大的痛苦和负担"为由正式废除[①]，并迅速被1604年增设的最低工资条款所取代。受重商主义的影响，14—17世纪的英国议会为了巩固国家政权、维护传统工商业道德，采取了严格的劳动管制和工业管制，尤其在16—17世纪，政府实际上承担起保障工人阶级基本生存权利的责任。[②] 因此，威廉·配第在1662年《赋税论》中写道，"我们一方面把限制贫民的工资，使其不能有一点积蓄以备应付失去工作能力或失业时的需要，看成是理所当然之事，另一方面又让他们饿死，那显然是极不合理的"[③]。在他看来，工资既不能低到生理界限之下，也不能高到会使劳动者偷懒的程度。事实上，政府应该同时设定最低和最高工资，"使劳动者只能得到适当的生活资料。因为如果你使劳动者有双倍的工资，那么劳动者实际所做的工作，就只等于他实际所能做和在工资不加倍时所做的一半。这对社会说来，就损失了同等数量的劳动所创造的产品"[④]。

随着18世纪工业革命的兴起，政府权力逐渐削弱，资本主义发展带来的自由主义倾向开始受到关注。在此时期发展起来的重农学派更多地强调竞争关系，认为工资应是供求双方讨价还价的结果，但是工人在与资本的关系中处于劣势地位，"只有双手和辛勤劳动的单纯工人，除了能够把他的劳动出卖给别人以外，就一无所有"，工资"不能完全由他本人来决定；这是他同那个购买他的劳动的人双方协议的结果。后者尽力压低这一价格；由于他有一大群工人可资挑选，他便优先选用那个讨价最低的工人"，因此工人内部的竞争使得"工资只限于为维持他的生活所必

---

① Alfred E. Bland, Philip A. Brown, Richard H. Tawney, *English Economic History: Select Documents* (New York: Macmilan, 1919), p. 15.

② E. Lipson, *The Economic History of England* (London: A. &C. Black, 1947), p. 251.

③ [英] 威廉·配第《配第经济著作选集》，陈冬野等译，商务印书馆1981年版，第19页。

④ [英] 威廉·配第《配第经济著作选集》，陈冬野等译，商务印书馆1981年版，第85页。

需的东西"。[①] 也就是说，平均而言工资将趋于生存工资。

亚当·斯密的工资理论大体上与重农学派的观点类似，既认同工资取决于劳资两方所订的契约，也认同"雇主虽常居于有利地位"[②]。不过他还抽象出"劳动的自然报酬或自然工资"这一概念，将工资与劳动力的再生产联系起来，"在大多数场合，工资还得稍稍超过足够维持生活的程度，否则劳动者就不能赡养家室而传宗接代了"，并将这一标准定性为"符合一般人道标准的最低工资"，"在相当长的期间内，即使最低级劳动者的普通工资，似也不能减到这一定标准之下"。[③] 尽管斯密没有明确指出，但反映人道标准的最低工资本身就暗含了李嘉图和之后马克思反复提到的历史和道德的因素，因而与绝对生理学意义上的最低工资区分开。因此斯密口中的最低工资，更多地等价于生存工资，只是在它作为最低界限的工资的意义上，才表现为最低。此外，斯密还提到了工资与劳动力规模相互影响的机制，后来被马尔萨斯发展为著名的人口原理。斯密认为，工资的提高会鼓励劳动者结婚生子，其结果是造成市场上劳动供给的增加，从而反过来压低工资，回到社会正常水平，"像对其他商品的需求必然支配其他商品的生产一样，对人口的需求也必然支配人口的生产"[④]。

大卫·李嘉图在斯密的基础上，将"让劳动者大体上能够生活下去并不增不减地延续其后裔所必需的价格"定义为劳动的自然价格，正式把生存工资的内涵确定下来，并明确提出了平均工资趋于自然价格，即生存工资的观点。"劳动的市场价格不论能和其自然价格有多大的背离，它也还是和其他商品一样，具有符合自然价格的倾向。"[⑤] 与斯密类似，

① ［法］杜尔阁：《关于财富的形成和分配的考察》，南开大学经济系经济学说史教研组译，商务印书馆1961年版，第21页。

② ［英］亚当·斯密：《国民财富的性质和原因的研究》，郭大力、王亚南译，商务印书馆2002年版，第66页。

③ ［英］亚当·斯密：《国民财富的性质和原因的研究》，郭大力、王亚南译，商务印书馆2002年版，第66—67页。

④ ［英］亚当·斯密：《国民财富的性质和原因的研究》，郭大力、王亚南译，商务印书馆2002年版，第70页。

⑤ ［英］大卫·李嘉图：《政治经济学及赋税原理》，郭大力、王亚南译，商务印书馆1976年版，第77—78页。

在李嘉图的理论中，除了资本的转移之外，促使劳动的市场价格围绕着其自然价格上下波动的另一种机制也是抽象的人口规律："当高额工资刺激人口增加，使劳动者的人数增加时，工资又会降到其自然价格上去……当劳动的市场价格低于其自然价格时……只有在贫困已经使劳动者的人数减少，或劳动的需求已经增加之后，劳动的市场价格才会再提高到自然价格上。"[①] 此外，李嘉图还特意分析了习惯的影响，认为"劳动的自然价格不能理解为绝对固定和恒常不变的，即使用食物和必需品价值也是如此。它在同一国家的不同时期中是有变化的，在不同的国家差别就十分大。这一点基本上取决于人民的风俗习惯"[②]，从而将劳动的自然价格与生理必需品价值区分开来。

然而，穆勒在总结李嘉图的工资理论时，仍然将李嘉图的"劳动的自然价格"替换成"最低工资率"，认为"这或是从物质上使人口得以维持的最低工资率，或是人民借以维持人口的最低工资率"。[③] 虽然他也提到这一最低限度本身是可以变动的，"特别是在其为可以称作道德的最低限度的这种限度、而不是物质的最低限度的时候"，但是他却坚持认为"在现在的社会情况下，必须认为竞争是工资的主要调节者，习惯和个人的性格只起修正的作用，而且这种作用也比较小"。[④] 正因如此，穆勒以会增加失业为由强烈反对以任何法律形式设定工资下限。[⑤]

马尔萨斯分析英国的"济贫法"时提道："我不能用货币提高一个穷人的地位，不能用货币使他的生活境况大为好转，而不相应地降低其他穷人的生活。"[⑥] 他将低工资看作是对人口增长的积极抑制，不仅可以鼓

---

① [英] 大卫·李嘉图：《政治经济学及赋税原理》，郭大力、王亚南译，商务印书馆 1976 年版，第 78 页。

② [英] 大卫·李嘉图：《政治经济学及赋税原理》，郭大力、王亚南译，商务印书馆 1976 年版，第 78—80 页。

③ [英] 约翰·穆勒：《政治经济学原理》(上)，胡企林、朱泱等译，商务印书馆 1991 年版，第 384 页。

④ [英] 约翰·穆勒：《政治经济学原理》(上)，胡企林、朱泱等译，商务印书馆 1991 年版，第 380—385 页。

⑤ [英] 约翰·穆勒：《政治经济学原理》(上)，胡企林、朱泱等译，商务印书馆 1991 年版，第 402—403 页。

⑥ [英] 马尔萨斯：《人口原理》，朱泱、胡企林、朱和中译，商务印书馆 1992 年版，第 32 页。

励储蓄、惩罚堕落和挥霍，还能阻碍不能养家糊口的男子结婚成家，“与其鼓励人口增长，然后让匮乏和疾病对其加以抑制，还不如从一开始就让预见与担忧来抑制人口”①。在他看来，底层劳动者之所以生活困苦，是由于他们“漫不经心和大手大脚的习气”，所有助长这种风气又不能增加生活资料的法律都只会产生更多的穷人，因此消除贫困的第一步应是放开所有限制，使劳动市场处于绝对自由的状态。② 这一理论根源无疑可以一直追溯到斯密，只不过前人简略提及的影响工资的其中一种方式在这里被放大成了最主要的工资决定机制。

古典经济学的生存工资理论与抽象的人口规律相结合，最终被彻底庸俗化为拉萨尔的工资铁律，其最直接的结论是平均工资只能趋于绝对最低工资。习惯和道德等因素被彻底抛弃，只剩下“劳动人民所以贫困，只是因为他们数量众多”这一劳动者间的尖锐对立。③ 当前主流经济学对最低工资就业效应的关注，也不过是这一系列理论模型化后的现代版本。

二、马克思早期的工资理论：异化劳动与生存工资的结合

马克思最初关于工资的阐述直接建立在古典经济学的生存工资理论之上，但即使是在那个时候，其理论也表现出极强的批判性④。从定义来看，二者并无实质性区别。《1844 年经济学哲学手稿》中，“最低工资”被定义为“工人在劳动期间的生活费用，再加上使工人能够养家活口并

① ［英］马尔萨斯：《人口原理》，朱泱、胡企林、朱和中译，商务印书馆 1992 年版，第 35 页。

② ［英］马尔萨斯：《人口原理》，朱泱、胡企林、朱和中译，商务印书馆 1992 年版，第 37 页。

③ 陈志瑞、石斌编：《埃德蒙伯克读本》，中央编译出版社 2006 年版，第 267 页。

④ 针对马克思早期工资理论究竟来源于亚当·斯密还是大卫·李嘉图，目前学术界还存在着不同的观点。孟氧认为马克思在《1844 年经济学哲学手稿》中，对工资的最初表述只借鉴了斯密的最低工资概念，因此他的早期工资理论应主要来源于斯密。但罗桑强调马克思在 1844—1847 年对政治经济学的潜心钻研以及恩格斯的影响，使他的观点发生了显著的变化。罗桑从《哲学的贫困》和《共产党宣言》等马克思的早期作品中清晰地看到了李嘉图的影子，尤其是在《哲学的贫困》中。他认为在那里最低工资被表述为“劳动的自然价格”，反映出早期马克思对李嘉图工资理论的认同和参考。

使工人种族不致死绝的费用”[①]。而在《哲学的贫困》中，最低工资被抽象为“劳动的自然价格”[②]，这里马克思不仅完全借用了李嘉图提出的术语，甚至也默认了古典经济学关于“工资等价于最低工资”的说法。

尽管马克思几乎完全借用了古典经济学中的基本概念，然而，正如孟氧所指出的，他围绕着这些概念所展开的论述已经显示出与前者明确的理论分野，这首先表现为异化劳动理论的提出。运用与古典经济学完全相同的逻辑，马克思在《1844年经济学哲学手稿》中一开始便从资本家的联合、生产劳动的专用性和工人的生存压力这三个方面论证了工人相对于资本家的弱势地位，但他并没有停在这里，而是以此为出发点，进一步分析了市场竞争和分工如何在推动社会高速发展的同时使工人永久地陷入贫困。在他看来，工资平均而言表现为生存工资并以此为限，恰恰是资本主义生产方式最值得质疑的地方。工人生产的商品越多，其获得的却越少。劳动产品成为与劳动者本身相对立的异己力量，反过来统治和奴役工人。这种异化关系，是由工人作为出卖劳动的无产者加入生产过程所决定的，而后者又与私有财产直接相连，反映的正是两大阶级之间的持续对立。在阶级对立下，工资作为异化劳动的一个结果，从长期来看无疑只能趋于其绝对最低值。在马克思看来，古典经济学只关注工资变动的表象而不分析其背后的阶级冲突，是将工人退化成“劳动的动物”“仅仅有最必要的肉体需要的牲畜”，需要彻底的革新。[③] 事实上，马克思对古典经济学概念的沿用从一开始就带有批判的色彩。在“异化劳动”这一章的开头，马克思这样写道：“我们是从国民经济学的各个前提出发的。我们采用了它的语言和它的规律。……我们从国民经济学本身出发，用它自己的话指出，工人降低为商品，而且是最贱的商品；工人的贫困同他的产品的力量和数量成正比；竞争的必然结果是资本在少数人手中积累起来，也就是垄断的更可怕的恢复；最后，资本家和靠地租生活的人之间、农民和工人之间的区别消失了，而整个社会必

① 《马克思恩格斯全集》第42卷，人民出版社1979年版，第49页。
② 《马克思恩格斯全集》第4卷，人民出版社1958年版，第94页。
③ 《马克思恩格斯全集》第42卷，人民出版社1979年版，第57页。

然分化为两个阶级，即有产者阶级和没有财产的工人阶级。”① 可见，这里对原有框架的继承本身就是一种策略性的选择，是为了突出其中的逻辑漏洞。如果因此就认为马克思此时对工资问题的认识与古典经济学完全一致，则是舍本逐末了。

早期马克思恩格斯批判的另一个视角是以马尔萨斯为主要代表的绝对人口过剩理论。它首先由恩格斯在《政治经济学批判大纲》中提出，在那里恩格斯详细地分析了资本主义生产所特有的周期性，他认为是相对于有效需求而言的生产的周期性过剩带来了经济危机，造成了失业和贫困，并不是生产力水平绝对不能满足工人的需要。他讽刺马尔萨斯的人口理论意味着“人口总是威胁着生活资料……当地球上还只有一个人的时候，就已经人口过剩了”②。恩格斯还在其经济周期理论中最早提出了“产业后备军”这一概念。③ 但同时他也认同斯密的观点，认为工资与生育率和死亡率相互决定，“这种情形和任何其他商品的情形完全一样：如果工人不够，他们的价格（即他们的工资）就上涨，他们就生活得比较好些，结婚的人多起来，出生率逐渐提高，养活的孩子也多起来，直到有了足够的工人为止；如果工人太多，价格就下跌，失业、贫困、饥饿以及由此而引起的疾病就都出现了，而疾病就会消灭‘过剩人口’”④。1847 年 12 月，马克思写了一篇名为《工资》的手稿，作为《雇佣劳动与资本》的补充。在这个手稿中，马克思将工资变动主要归之于分工和机器生产的发展，他认为这会使劳动过程日益简单化，从而使儿童、女工都成为潜在劳动力，加剧工人之间的竞争。正因如此，“提高工资的主要条件是生产资本的增加和尽快增长”⑤，而不是人口减少。这是马克思对古典经济学人口理论的重大突破，工资水平不再仅仅依附于人口波动，而主要是受资本积累的影响。在《政治经济学批判（1857—1858 年草稿）》中，马克思进一步把对过剩人口的分析纳入资本积累的一般规律

① 《马克思恩格斯全集》第 42 卷，人民出版社 1979 年版，第 89 页。
② 《马克思恩格斯全集》第 1 卷，人民出版社 1956 年版，第 617—618 页。
③ 《马克思恩格斯全集》第 2 卷，人民出版社 1957 年版，第 369 页。
④ 《马克思恩格斯全集》第 2 卷，人民出版社 1957 年版，第 365 页。
⑤ 《马克思恩格斯全集》第 6 卷，人民出版社 1961 年版，第 649 页。

之中，提出“资本的趋势是：既增加劳动人口，又把劳动人口的一部分不断地变成过剩人口，即在资本能够利用他们之前先把他们变成无用的人口”[①]。这一规律最终在《资本论》中取得了科学的形式，成为马克思的相对过剩人口理论，与古典经济学的绝对过剩人口理论针锋相对。不过，马克思也没有完全否认劳动力规模与工资之间存在相互作用，只不过他反对将其看成最重要的机制，他在《资本论》第三卷中写道，工资提高会“缓和那些使工人后代减少和绝灭的影响，使结婚变得容易，由此使工人人口逐渐增加”，但这同时也会“使创造相对剩余价值的方法(机器的采用和改良）得到采用，由此更迅速得多地创造出人为的相对过剩人口”。[②] 资本的和自然的人口规律同时存在于资本主义生产方式之中，它们相互作用共同影响着工资水平，也被工资水平所影响。

不可否认的是，在马克思早期的工资理论中，确实存在着一些不足。首先，他还没有区分劳动与劳动力，错误地把劳动看成是一种商品，而把工资理解为劳动的价格。[③] 尽管在《经济学手稿（1861—1863 年）》中，马克思已经将工资重新表述为“劳动能力的平均价格”，但是直到 1865 年，他仍在公开演讲中使用“劳动的市场价格”这样的说法。[④] 可见，在相当长的时间内，马克思确实没有认识到只有劳动能力可以作为商品出卖，劳动本身必须在具体的生产过程中与生产资料相结合才有意义。这一点要等到《资本论》第一卷完成后才被彻底地阐明。

其次，马克思在早期著作中对价值理论的阐释也是很不充分的。交换价值、使用价值以及货币作为价值的表现，体现的不是物而是一种社会关系，这些基本问题在《哲学的贫困》中都有初步涉及，但是只有建立在完整的资本积累、循环和周转理论之上的价值理论才能清楚地解释货币资本作为社会关系而存在的内涵。直到《政治经济学批判（1857—1858 年草稿）》“资本章”的最后，马克思才阐明劳动价值论和剩余价值论的科学内容，而劳动力价值表现为工资是对资本本质的掩盖，同样要

① 《马克思恩格斯全集》第 46 卷上册，人民出版社 1979 年版，第 378 页。

② 《资本论》第 3 卷，人民出版社 2004 年版，第 243 页。

③ 《资本论》第 3 卷，人民出版社 2004 年版，第 359 页。

④ 《马克思恩格斯全集》第 16 卷，人民出版社 1964 年版，第 164 页。

等到《资本论》第一卷完成之后。

最后，工资与最低工资这两个概念在其早期写作中始终未作明确区分。1847 年 12 月马克思在布鲁塞尔德意志工人协会做了一系列关于工资的演说，以此为基础的演说内容在 19 世纪 80 年代又被正式整理成以《雇佣劳动与资本》为名的小册子，在工人间流传。1891 年恩格斯对它进行了修订，成为马恩著作中第一本系统性地讨论工资问题的作品。在这本小册子里，马克思清楚地写道："这种维持生存和延续后代的费用的价格就是工资。这样决定的工资就叫做最低工资。"[①] 在《共产党宣言》《共产主义原理》中也有很多类似的表述。[②] 在《1844 年经济学哲学手稿》中，马克思甚至还严厉批评了提高工资的努力，认为它们"既不会使工人也不会使劳动获得人的身份和尊严"[③]，不过是给奴隶更多酬劳而已。在《经济学手稿（1861—1863 年）》中，马克思开始有意识地剔除工资理论中的古典色彩，将工资重新定义为"劳动能力的平均价格"，但是它仍然与最低工资概念没有区别开来。[④]

然而，在这个时期，马克思并非始终秉持"工资必须趋于其绝对界限"的观点，这以马克思对工会问题转变看法为突破口。1853—1856 年，受克里米亚战争的影响，欧洲的粮食价格不断攀升，而工人的工资却持续下降，工人阶级忍无可忍开始频繁罢工。也正是在分析当时的社会问题时，马克思才逐渐意识到雇佣劳动作为商品的特殊性，它的价格决定不能完全依据供求规律来解释，而必须考虑两个阶级的力量对比。"在同一个工业部门里一再罢工，同一些'干活的'一次又一次要求再增加工资充分说明，按照供求规律，工人们早已有权得到更高的工资，他们之所以没有得到更高的工资，只是由于企业主们钻了工人们不熟悉劳动市场状况的空子罢了。"[⑤] 这意味着在马克思看来，工资不再必须等于其绝对最低水平，而是也取决于工人阶级与资产阶级的斗争。工会存在的意

① 《马克思恩格斯全集》第 6 卷，人民出版社 1961 年版，第 485 页。
② 《马克思恩格斯全集》第 6 卷，人民出版社 1961 年版，第 481、359 页。
③ 《马克思恩格斯全集》第 42 卷，人民出版社 1979 年版，第 101 页。
④ 《马克思恩格斯全集》第 47 卷，人民出版社 1979 年版，第 52 页。
⑤ 《马克思恩格斯全集》第 9 卷，人民出版社 1961 年版，第 377 页。

义，第一次被明确确立了。

作为《资本论》的写作准备，马克思撰写了《政治经济学批判（1857—1858年草稿）》，继续强调工会的重要性，但是涉及工资决定的却只有只言片语。他在“资本章”中反复提到未写成的“工资学说”，并强调为了更好地研究资本，此处必须对工资问题进行简化。[①] 在马克思1858年写给恩格斯的信里，他解释到自己因病痛而无法按计划完成《政治经济学批判》，并给出了自己的“六册计划”，其中在第一篇“资本一般”中，需要“假定工资总是等于它的最低额。工资本身的运动，工资最低额的降低或提高放在论雇佣劳动的那一部分去考察。……只有这样，才能在研究每一个别关系时不致老是牵涉到一切问题”[②]。由此可见，此时的马克思已经认识到工资运动的复杂性，他之所以仍然坚持让工资等于最低工资，只是暂时把它当成一个可以简化资本理论的技术性假设。[③]

三、马克思成熟的工资理论中的最低工资学说

马克思的工资理论直到1865年《工资、价格和利润》和1867年《资本论》第一卷的出版才最终走向成熟。马克思的成熟工资理论是劳动价值论、资本积累理论和相对过剩人口理论的有机结合。马克思创立的劳动二重性学说使古典政治经济学的劳动价值论成为完全科学的价值理论；马克思对劳动与劳动力的区分使其透过现象揭示出资本主义条件下工资的本质。通过分析资本主义积累过程中资本有机构成的不断提高，马克思阐明了资本主义生产方式所特有的人口规律——相对过剩人口规律。“资本在两方面同时起作用。它的积累一方面扩大对劳动的需求，另一方面又通过‘游离’工人来扩大工人的供给。”[④] 尽管对劳动的需求可能随

① 《马克思恩格斯全集》第46卷上册，人民出版社1979年版，第241、247、414页。

② 《马克思恩格斯全集》第29卷，人民出版社1972年版，第300页。

③ 莱博维奇也强调过这个问题，“通常被人们当作马克思的观点的有关真实工资不变的结论，实际上不过是方法论上为了分析方便所作的假设”。参见［加］莱博维奇：《超越〈资本论〉——马克思的工人阶级政治经济学》，崔秀红译，经济科学出版社2007年版，第43页。

④ 《资本论》第1卷，人民出版社2004年版，第737页。

着生产力的发展和总资本的不断扩大而绝对提高，但是相对于总资本的增速而言，“资本主义积累不断地并且同它的能力和规模成比例地生产出相对的，即超过资本增殖的平均需要的，因而是过剩的或追加的工人人口”①。因此，工资的变动由资本积累规律和社会与自然人口规律共同决定，也受阶级斗争的影响。②

随着劳动力价值工资理论的完善，马克思还阐明了相对独立的最低工资学说。关于最低工资的说法不再使用《经济学手稿（1861—1863年）》中出现的“最低限度的工资（minimum wage）”，转而修正为“工资的最低限度”（wage minimum）③。“劳动力的价值”“劳动力价值的最低限度”“劳动力的价格”即工资，以及“工资的最低限度”即最低工资这四个概念之间开始有了明确的区分。劳动力的价值是“维持劳动力占有者所必要的生活资料的价值”，④ 而劳动力价值的最低限度是“维持身体所必不可少的生活资料的价值”⑤。劳动力价值存在一个下限本身就表明前者并不是绝对最低水平，它“应当足以使劳动者个人能够在正常生活状况下维持自己……和其他商品不同，劳动力的价值规定包含着一个历史的和道德的要素”⑥，并且是一个不断变化的量，相应的，作为劳动力价值的表现形式的工资也不是固定的，“已定的只是它的具有很大弹性的最低界限”⑦，即绝对意义上的最低工资。

为了与庸俗经济学划清界限，马克思在《资本论》中专门对拉萨尔和马尔萨斯进行了批判。针对工资基金理论，马克思从资本有机构成理

---

① 《资本论》第1卷，人民出版社2004年版，第726页。

② 马克思在很多地方都提到了阶级斗争对工资的影响，却都没有做详细的分析。莱博维奇认为这是因为《资本论》中有关工资的讨论都是围绕着资本展开的。如果从雇佣劳动的视角出发，阶级斗争将成为工资决定的一个关键性环节。

③ 值得注意的是，“工资的最低限度”这一说法早在1844—1845年就由恩格斯提出了。在《英国工人阶级的状况》中，“生存所必需的工资”“工资的最低限度”“最低工资”这几种表述都被用来描述满足工人基本生活需求的“这一点点聊胜于无的东西”。参见《马克思恩格斯全集》第2卷，人民出版社1957年版，第360—363页。

④ 《资本论》第1卷，人民出版社2004年版，第199—201页。

⑤ 《资本论》第1卷，人民出版社2004年版，第201页。

⑥ 《资本论》第1卷，人民出版社2004年版，第199页。

⑦ 《资本论》第1卷，人民出版社2004年版，第705页。

论出发，认为工资的规模并不是一个固定不变的量，它取决于社会资本中不变资本与可变资本的比例，而这一比例会随着资本积累的进行而不断改变。他提出工人的规模只会相对于资本的需求而出现过剩，绝对意义上的人口过剩是不存在的。[①] 庸俗经济学家把工资的资本界限说成是工资的社会自然界限是偷换概念。[②] 这里，“工资的社会自然界限”和“工资的资本界限”对应的正是“工资的最低限度”和“最低限度的工资”这一组概念[③]。

工资的最低限度与最低限度的工资最显著的不同是：前者只界定了工资的一个评判标准，旨在提供一个可以考量劳动者是否仍保有其基本生存权利的经济指标，类似于“贫困线”的概念；而后者则直接与工资的波动挂钩，暗示着工资仿佛天然就受到约束。而事实却是，工资的变动从来都没有一个强制性的下限，正如“商品交换的性质本身没有给工作日规定任何界限”[④] 一样。马克思用丰富的历史材料不止一次地阐明资本家如何利用各种手段将工人的工资压低到纯粹生理的最低界限以下，譬如英国反雅各宾战争时期的农场主[⑤]、圈地运动中发起农业革命的资本家[⑥]。此外，不论是古典经济学还是马克思早期的论述，都用“最低限度的工资”来分析工资的平均趋势。而马克思在《资本论》第一卷中引入“工资的最低限度”，主要是想说明劳动力作为商品的特殊属性。在他看来，工资之所以不能像其他商品的价格那样任意的波动，是因为雇佣劳动“不卖出去，对工人就毫无用处，不仅如此，工人就会感到一种残酷的自然必然性：他的劳动能力的生产曾需要一定量的生存资料，它的再生产又不断地需要一定量的生存资料”[⑦]。劳动力的价值“应当足以使劳

---

① 《资本论》第1卷，人民出版社2004年版，第728页。

② 《资本论》第1卷，人民出版社2004年版，第705页。

③ 恩格斯在1875年《给奥·倍倍尔的信》中也评价道：“我们的人已经让拉萨尔的‘铁的工资规律’强加在自己头上，这个规律的基础是一种陈腐不堪的经济学观点，即工人平均只能得到最低的工资。”参见《马克思恩格斯全集》第19卷，第5页，人民出版社1963年版。也就是说，拉萨尔的工资铁律反映的正是“最低限度的工资”。

④ 《资本论》第1卷，人民出版社2004年版，第271页。

⑤ 《马克思恩格斯全集》第16卷，人民出版社1964年版，第164—165页。

⑥ 《资本论》第1卷，人民出版社2004年版，第834—835页。

⑦ 《资本论》第1卷，人民出版社2004年版，第201—202页。

动者个人能够在正常生活状况下维持自己"[①]，而劳动力价值的最低限度是"人每天得不到就不能更新他的生命过程的那个商品量的价值"[②]，价格降到它之下，"劳动力就只能在萎缩的状态下维持和发挥"[③]。

尽管从资本的逻辑看，工资由供求决定；但从劳动的逻辑看，劳动能力不卖出去，"工人就会感到一种残酷的自然必然性"[④]，工资必须在其最低界限之上。一方面，最低工资直接反映身体的基本物质需求，低于它，劳动者会得饥饿病；另一方面，最低工资也与超时劳动紧密相连，小时工资率越低，工人为了挣得勉强糊口的收入就不得不工作更长的时间。因此，工资一旦突破其绝对最低限度，会使"人的劳动力由于被夺去了道德上和身体上正常的发展和活动的条件而处于萎缩状态"[⑤]，要么因为忍饥挨饿而过早死亡，要么因为过度劳动而未老先衰。

在关于工作日的论述中，马克思指出，虽然单个资本有追求无限扩张的冲动，但是对剩余劳动的索取必须受到有效的遏制。因为私人资本通过突破劳动者的生理界限而攫取的剩余价值，是以整个工人阶级的劳动退化为代价，而这个代价将最终由所有资本共同承担。资本积累依赖于社会再生产的不断反复和更新，社会再生产的核心又在于各种生产要素的补偿问题，尤其是劳动力的再生产问题，因此"工人的这种不断再生产或永久化是资本主义生产的必不可少的条件"[⑥]。但是资本家的短视和贪欲，常常使他们无视这些前提，如果不对此进行约束，单个资本会毫不犹豫地为了私人利益铤而走险。马克思曾写道："现代工业的全部历史都表明，如果不对资本加以限制，它就会不顾一切和毫不留情地力求

① 《资本论》第1卷，人民出版社2004年版，第199页。

② 《资本论》第1卷，人民出版社2004年版，第201页。

③ 《资本论》第1卷，人民出版社2004年版，第201页。

④ 《资本论》第1卷，人民出版社2004年版，第202页。

⑤ 《资本论》第1卷，人民出版社2004年版，第307页。

⑥ 《资本论》第1卷，人民出版社2004年版，第659页。莱博维奇以此为突破口，认为雇佣劳动的循环与资本的循环是相互依赖但又相对独立的两个过程，只涉及自身总量运动的资本是片面的、不充分的，必须以劳动力和消费品之间的不断转化为前提。因此，"在资本循环本身中，已经存在着一个超越了这一循环的特性"。参见［加］莱博维奇：《超越〈资本论〉——马克思的工人阶级政治经济学》，崔秀红译，经济科学出版社2007年版，第62—66页。

把整个工人阶级弄到这种极端退化的绝境。”[①] 所以“为了‘抵御’折磨他们的毒蛇，工人必须把他们的头聚在一起，作为一个阶级来强行争得一项国家法律，一个强有力的社会屏障，使自己不致再通过自愿与资本缔结的契约而把自己和后代卖出去送死和受奴役”[②]。值得注意的是，马克思在分析争取提高工资的具体方法时，除了提出限制工作日外，还提出当工人不能影响工作日时，可以采取提高工资的方法。[③] 他发现，“劳动价格越低……由此造成的工人之间的竞争，使资本家能够压低劳动价格，而劳动价格的降低反过来又使他能够更加延长劳动时间”[④]。可见，法定最低工资与限制工作日实际上是互为补充的两种社会保障制度，它们具有同样的理论基础。

四、结论和启示

对马克思不同时期文本的梳理揭示了其工资理论发展的历程。马克思早期的工资理论是对古典经济学生存工资理论的继承，随着马克思理论体系的完善，马克思的工资理论已经彻底与古典经济学划清界限。工资作为劳动力价值的货币表现区别于劳动力价值的最低限度，其运动主要由资本积累过程与产业后备军来调节。不同于古典经济学，马克思的最低工资学说只是其工资理论的一个组成部分，它与工作日理论相辅相成，以劳动力商品的特殊性为出发点，论证了国家干预工资决定的必要性。

在其成熟时期的著作中，马克思明确区分了两组重要的概念，即劳动力价值与工资，以及劳动力价值的最低限度与工资的最低限度。尽管工人阶级相对于资产阶级的弱势地位使得第一组概念不断在现实中趋近第二组概念，这却并不意味着它们本身具有什么内在的一致性。二者在理论内涵上是根本不同的，这并不受彼此在表现形式上相似性的影响。

① 《马克思恩格斯全集》第16卷，人民出版社1964年版，第161页。
② 《资本论》第1卷，人民出版社2004年版，第349页。
③ 《马克思恩格斯全集》第16卷，人民出版社1964年版，第161页。
④ 《资本论》第1卷，人民出版社2004年版，第629—630页。

劳动力的价值是一个伸缩性很大的可变量，既包含生理上的因素，也包含历史的道德的因素。相应地，劳动力价值的货币表现形式——工资，更是处于不断的波动之中，甚至在市场中其他因素都不变时，也常常是一个变动的值。相比之下，劳动力价值的最低限度和工资的最低限度在特定时期特定历史条件下则往往是不变的，它们反映的都是生理意义上的绝对界限。低于这一界限，不仅社会再生产无法正常进行，还会带来劳动力的萎缩和种族退化。然而，正如劳动者本身所具有的社会性一样，这一绝对界限也是针对全社会而言的。单个资本家在不断追逐剩余价值的过程中，并不会天然地感受到它的强制力。这正是“最低限度的工资”与“工资的最低限度”的根本不同。只要工人还没有作为一个统一的阶级与资本相抗衡，只要关于工资的谈判还是以局部的、零散的形式进行，实际工资就有突破它的社会最低限度的可能。这一可能性的实现，不仅对于产业工人是毁灭性的，对整个资产阶级也是毁灭性的，由劳动力整体退化带来的社会成本将最终由所有资本家和劳动者共同承担。从这个意义上说，运用国家强制力以法律的形式对工资水平设限，也就是说，实行最低工资制度，对资本和劳动而言都至关重要。

事实上，早在1691年约翰·洛克就对此进行过论述，强调政府应该运用法律的强制力来保障劳动者的工资，避免社会大灾难的发生。他说：“这种拉和抢一般发生在地主和商人之间，因为劳动者所得到的份额一般是仅足糊口，这使他们没有时间或机会来想这些事情，或（采取共同行动）与富人们争夺他们的一份；除非有某种共同的大灾难使他们在一种普遍的纷扰局面中联合在一起，使他们无所顾虑而鼓起胆量来用武力夺取自己的所需；在这种情形下他们有时会突然袭击富人，并且像洪水一样地把一切都冲掉。但是，除了在失职和不良的政府的错误管理下，这种事情是很少出现的。”①

然而，只要浏览一下马克思引用的英国资本主义发展早期的历史资料就不难发现，马克思口中的“种族退化”和洛克口中的“共同的大灾

---

① ［英］约翰·洛克：《论降低利息和提高货币价值的后果》，徐式谷译，商务印书馆2009年版，第68页。

难”曾多么经常地表现为现实。英国官方派去考察工人阶级贫困状况的斯密斯医生，不仅在1863年撰写的工业蓝皮书中详细讨论了“平均至少需要多少碳素和氮素，才刚好能够‘防止饥饿病’并发现，“这个数量大约与棉织工厂的工人在极度贫困压迫下实际上所能够得到的菲薄养料相等”；[①] 也在第二年公布的《第六号公共卫生报告书》内写道，“在调查属于农业人口的家庭时发现，这些家庭有五分之一以上得不到必需的最低限度的含碳食物，有三分之一以上得不到必需的最低限度的含氮食物，并且在三个郡里（伯克郡、牛津郡和索美塞特郡），缺乏含氮食物是通常的现象”。[②] 同样的，1863年公布的《童工调查委员会报告书》中也提到，“陶工这一类人，不论男女，在体力和智力方面都是居民中最退化的部分”“不健康的儿童，反过来又要成为不健康的父母”“有增无已的人种退化是不可避免的”“斯泰福郡的居民，若不是经常有邻近地区的居民流进来，若不是与比较健康的居民群通婚，他们的退化程度是还会更加厉害的”。[③]

近20多年来，中国底层劳动者的生存状况同样堪忧。程连升分析1991—2005年中国劳动力市场长期加班与就业困难的并存，提出这是20世纪90年代以来“重资轻劳”的社会政策造成的[④]；朱玲对国内农村流动人口进行抽样，发现其中超时劳动的现象严重，近26%的工人每天工作超过12小时，他们之所以选择加班主要是受生活所迫，“小时工资越低，迁移工人超时劳动概率越高”，“挣钱全凭加班”的现象对工人的生理和心理健康造成了极大的危害。[⑤] 李钟瑾等也发现中国私有企业工人的工资长期低于生存工资的水平，“工资过低和劳动超时成为私有经济发展模式的双生儿”，中国私营经济在过去30多年获得的高额利润主要的来源不是技术创新，而是不断压低劳动报酬强行拉开的私人生产成本与社

---

① 《马克思恩格斯全集》第16卷，人民出版社1964年版，第6页。

② 《马克思恩格斯全集》第16卷，人民出版社1964年版，第6—7页。

③ 《马克思恩格斯全集》第16卷，人民出版社1964年版，第8页。

④ 程连升：《超时加班与就业困难——1991—2005年中国经济就业弹性下降分析》，载《中国经济史研究》2006年第4期。

⑤ 朱玲：《农村迁移工人的劳动时间和职业健康》，《中国社会科学》2009年第1期。

会生产成本之间的差距。[1] 在最新的研究中，潘毅等对富士康工人的调研表明低工资与超时劳动仍然广泛存在，为了维持日常生活消费，一线工人被迫长期加班，工资水平甚至成了制造业企业控制劳动者的手段之一。[2] 恩格斯曾经这样评价19世纪英国的经济发展："英国工业的威力仅仅是靠野蛮地对待工人、靠破坏工人的健康、靠忽视整代整代的人在社会关系、肉体和精神方面的发展的办法来维持的。"[3] 中国作为一个社会主义国家理应避免类似情况的发生。

相对于发达国家而言，发展中国家劳动力市场的特殊性在于受经济水平的制约，其工会的发展程度受到严重限制，而针对底层劳动者的劳动保护、工作福利以及社会保障也长期缺位，这直接导致部分个体的基本劳动权益经常性地受到资本的侵犯。尽管最低工资制度本身存在局限，它不能从根本上改变资本的短期行为，企业可以选择不遵守，也可以采取"打擦边球""钻空子"的方式使劳动者的收入明升暗降。事实上，在当前中国，最低工资已然日益演变成基本工资、平均工资。但是，毫无疑问，最低工资制度法律效力的不断增强，仍然能够对私营经济施加一定的限制，把社会工资水平控制在可接受的范围内，避免种族退化等极端情况的出现。在短期内工人话语权得不到显著改善的现状下，依托国家强制力对资本进行限制将是培育经济长久竞争力的必然选择。

（原文发表于《教学与研究》2016年第8期）

---

① 李钟瑾、陈瀛、齐昊等：《生存工资、超时劳动与中国经济的可持续发展》，《政治经济学评论》2012年第3期。

② Pun Ngai, Jenny Chan, "Global Capital, the State, and Chinese Workers: The Foxconn Experience," *Modern China*, Vol. 38, No. 4 (2012).

③ 《马克思恩格斯全集》第2卷，人民出版社1957年版，第462页。

解读马克思的工资理论

方　敏　　赵　奎*

一、问题的提出

资本与雇佣劳动是资本主义生产方式的两极。按照马克思的研究计划，在完成对资本和利润的研究之后，还要专门对雇佣劳动和工资问题进行研究。《资本论》作为对“资本”——尤其是“资本一般”——的理论论述，对雇佣劳动和工资问题的论述并没有充分展开，也不是最终的版本。我们在《资本论》中可以看到，马克思在分析资本主义工资的时候，为我们提供了三种理论视角和分析思路，分别是劳动力价值理论、资本积累理论和阶级斗争理论。按照劳动力价值理论，工资是劳动力价值或价格的转化形式，工资的变化取决于劳动力价值的变化。① 按照资本积累理论，工资取决于劳动力市场供求因素的作用。② 按照阶级斗争理论，实际工资水平由作为阶级的资本家与工人的议价力量决定，只要工人没有联合起来，工资往往会被压低到生活费的下限。③ 这三种工资理论的出发点看似完全不同，但是在《资本论》和马克思的其他经济学著作中都可以找到相关的重要的论述。由此引出的问题是：这三种工资理论

* 方敏：北京大学经济学院副教授。赵奎：北京大学经济学院博士研究生。

① Kenneth Lapides, “Henryk Grossmann on Marx's Wage Theory and the ‘Increasing Misery’ Controversy,” *History of Political Economy*, Vol. 26, No. 2 (1994).

② Fred Gottheil, “Increasing Misery of the Proletariat: An Analysis of Marx's Wage and Employment Theory,” *Canadian Journal of Economics and Political Science*, No. 2 (1962).

③ [英] 乔安·罗宾逊：《论马克思主义经济学》，纪明译，商务印书馆 1962 年版。

是互相独立的还是内在统一的？它们阐述的是不同的工资运动规律还是同一规律？总之，在马克思的经济理论体系中，是否存在着逻辑一致的工资理论？

长期以来，学界对于马克思的工资理论也存在着不同的看法。比如，菲利浦·哈维认为，马克思的工资理论要比通常理解的远为复杂，这种复杂性使马克思可以更加灵活地应对各种逻辑上和经验上的批评，但是同时也使其理论自身有许多矛盾，难于辩护。[①] 欧内斯特·曼德尔（Ernest Mandel）认为，马克思早期在《雇佣劳动与资本》（1849 年）中提出的工资理论是错误的，完全是对李嘉图理论的沿袭，直到《工资、价格与利润》（1865 年），马克思才完成了自己的工资理论，强调阶级斗争对工资的决定作用。[②] 而鲍博·罗素恩（Bob Rowthorn）则认为，马克思成熟期的作品与早期作品在分析框架上基本一致，只是在术语的使用和趋势的判断上有所不同，对问题的处理也更加复杂。[③]

由此可见，理解马克思在工资问题上的基本逻辑，搞清楚这三种工资理论之间的关系，对于理解马克思经济学是非常必要的。本文通过阐述这三种工资理论的内涵，探讨它们是如何统一起来的。

二、劳动力价值与工资

马克思对待工资与他对待价值、价格、剩余价值、利润等范畴一样，采取了质的分析和量的分析。分析工资的质是为了说明工资现象（形式）的本质，分析工资的量是为了说明工资的运动规律。

《资本论》第一卷第六篇分析了工资的质，认为它是劳动力的价值或价格的转化形式，并在形式上和观念上错误地表现为劳动本身的价值或

---

① Philip Harvey, "Marx's Theory of the Value of labour Power," *Socialism Research* (Summer, 1983).

② Ernest Mandel, *The Formation of the Economics Thought of Karl Marx* (New York: Monthly Review Press, 1971).

③ Bob Rowthorn, *Capitalism, Conflict and Inflation: Essays in Political Economy* (London: Lawrence&Wishart, 1980).

价格。马克思指出，工资的这种歪曲的表现形式对于资本主义生产方式“具有决定性的重要意义”，掩盖了真实的资本主义生产关系，造成了工人的自由幻觉及其与资本家相互平等的法的观念，成为庸俗经济学的辩护遁词。[①] 马克思通过区分劳动力和劳动，在劳动价值学说的基础上，逻辑一致地解释了剩余价值的来源。

工资作为劳动力价值的转化形式，它的量自然就是由生产劳动力的价值规律决定的。由于劳动力只存在于活的个体当中，其生产和再生产必须依靠一定数量的生活资料才能维持，因此“生产劳动力所必要的劳动时间，可以归结为生产这些生活资料所必要的劳动时间，或者说，劳动力的价值，就是维持劳动力占有者所必要的生活资料的价值”[②]。

用维持劳动力所需的生活资料的价值规定劳动力自身的价值，这一理论上的转换是否成立、是否合理、是否符合劳动价值学说，在学界是有争议的。[③] 本文认为，把劳动力的价值归结为生活资料的价值并不意味着劳动力的价值来源只是消费资料价值的转移。《资本论》第一卷指出，构成劳动力价值的内容主要有三项：(1) 维持劳动者本人所需的生活资料的价值；(2) 维持劳动者家庭所需的生活资料的价值；(3) 为使劳动力获得一定的技能所需的教育和训练的费用。关于第三项，马克思说“要有一定的教育或训练，而这又得花费或多或少的商品等价物”[④]。我们知道，教育除了使用必要的物质手段以外，还会耗费教育者的脑力或体力，这些劳动同样会物化在劳动力的使用价值当中。按照劳动价值学说，劳动力的价值应该包括物化在劳动力当中的全部社会劳动，既包括已经被物化在消费资料或教育手段中的过去的劳动，也包括教育等新的劳动的物化部分。

---

① 《资本论》第 1 卷，人民出版社 2004 年版，第 619 页。

② 《资本论》第 1 卷，人民出版社 2004 年版，第 199 页。

③ 比如，菲利浦·哈维认为，马克思在分析劳动力商品的价值决定时，没有考虑到吃饭、穿衣等生产性消费方面的活劳动，因此是从劳动价值论跳跃到了生产费用论。进一步讲，如果劳动力的价值（资本主义商品价值构成中的 v）等于生活资料的价值，则劳动价值论就可能陷入循环论证。本文认为，第一点批评是不恰当的。生产劳动是有目的、有意识的创造使用价值（在这里是劳动力）的活动。它一方面把生活资料的价值转移到个体的生命力当中，另一方面还使劳动者获得一定的劳动技能。前者表现为劳动者的个人消费过程，后者包括教育或训练等劳动过程。第二点批评（劳动价值论成为循环论证）则超出了本文的讨论范围。

④ 《资本论》第 1 卷，人民出版社 2004 年版，第 200 页。

还有的学者指出，除了《资本论》提到的上述(1)(2)(3)三项内容之外，马克思还考虑了影响工资的三个因素：(4)工作日的长度；(5)劳动强度；(6)劳动生产力。[①] 随着资本主义的发展，这些因素的共同作用会导致劳动力价值上升，从而提高实际工资。[②] 本文认为，不应该把(4)(5)(6)列为决定劳动力价值或工资水平的一般理论因素或本质规定，这几项只是在(1)(2)(3)的范围内说明不同的劳动力可能存在价值或工资水平差异的原因。比如关于工作日的长度和劳动强度，马克思指出："劳动力的发挥即劳动，耗费人的一定量的肌肉、神经、脑等等，这些消耗必须重新得到补偿。支出增多，收入也得增多。"[③] 关于劳动生产力，马克思指出："劳动力的教育费用随着劳动力性质的复杂程度而不同。"[④] 但是对于考察雇佣劳动和工资的一般规定而言，这些差别及其原因应该被抽象掉，可以暂时忽略。

导致劳动力的价值发生变化的根本因素是生产或再生产劳动力的社会条件，即生产力和生产关系的条件。生产力方面，如果消费资料的生产率普遍提高，劳动力的价值就会下降。这也成了相对剩余价值生产方法的基础。生产关系方面，马克思在《雇佣劳动与资本》中指出："我们的需要和享受是由社会产生的；因此，我们在衡量需要和享受时是以社会为尺度，而不是以满足它们的物品为尺度的，因为我们的需要和享受具有社会性质，所以它们是相对的。"[⑤] 马克思在《经济学手稿（1861—1863 年）》中又指出："工人作为工人而生活所需要的生活资料，在不同的国家，不同的文明状况下当然是不同的。"[⑥]《资本论》则更加明确提出："所谓必不可少的需要的范围，和满足这些需要的方式一样，本身是历史的产物，因此多半取决于一个国家的文化水平，其中主要取决于自由工人阶

---

① Philip Harvey, "Marx's Theory of the Value of labour Power," *Socialism Research* (Summer, 1983).

② Kenneth Lapides, "Henryk Grossmann on Marx's Wage Theory and the 'Increasing Misery' Controversy," *History of Political Economy*, Vol. 26, No. 2 (1994).

③ 《资本论》第 1 卷，人民出版社 2004 年版，第 199 页。

④ 《资本论》第 1 卷，人民出版社 2004 年版，第 200 页。

⑤ 《马克思恩格斯选集》第 1 卷，人民出版社 1995 年版，第 350 页。

⑥ 《马克思恩格斯全集》第 32 卷，人民出版社 1998 年版，第 48 页。

级是在什么条件下形成的，从而它有哪些习惯和生活要求。因此，和其他商品不同，劳动力的价值规定包含着一个历史的和道德的要素。”①

对于劳动力商品及其价值规定的这种特殊性质，古典经济学家——如《资本论》中提到的桑顿、托伦斯等人——也有所认识。李嘉图曾经指出：“劳动的自然价格不能理解为绝对固定和恒常不变的，即使用食物和必需品价值也是如此。它在同一国家的不同时期中是有变化的，在不同的国家差别就十分大。这一点基本上取决于人民的风俗习惯。一个英国劳动者的工资如果只够购买马铃薯而不能买其他食物，只够住一间土房子，他就会认为自己的工资低于自然律，不足以供养一家人口。但在‘人命贱’和需要容易满足的国家中，这种微薄的自然需要就往往被认为已经足够了。现在英国农舍中所享用的许多享用品，在我国历史上较早期时期中一定被认为是奢侈品。”②

从这些论述中可以看到，劳动力价值的特殊规定当中存在着两类性质不同的因素：一类是地理和气候等自然因素，使得不同国家的劳动力对衣、食、住和取暖的自然需要有所不同。另一类是风俗习惯、文明程度以及马克思所说的阶级形成的社会条件等社会的历史的因素。第一类因素规定了劳动力在生理上绝对必需的最低界限，以便“使劳动者个体能够在正常生活状况下维持自己”。第二类因素表面劳动力价值的决定受生产关系的制约，具有伸缩和变动的特性。不过，马克思在指出劳动力的需要“主要取决于自由工人阶级是在什么条件下形成的”这一重要观点之后，并没有进一步说明这些条件指的是什么。因为他在这里的主要任务是说明工资的本质，把它作为分析资本主义生产的理论前提。马克思很清楚这一点，至于“工人需要水平的变动问题，以及关于劳动能力的市场价格围绕这个水平上下涨落的问题都属于工资学说，不属于这里研究一般资本关系的范围。在对这个问题的进一步研究中将表明，不管工人的需要水平假定较高还是较低，对结果来说是完全没有关系的。唯一重要的事情是，要把这个水平看作是既定的，一定的。一切不是同这

① 《资本论》第1卷，人民出版社2004年版，第199页。

② ［英］大卫·李嘉图：《政治经济学及赋税原理》，商务印书馆1976年版，第81页。

个水平的既定的量而是同它的变量有关的问题，属于对雇佣劳动的专门研究，而不涉及雇佣劳动与资本的一般关系”[①]。所以，他在研究剩余价值生产和再生产的时候，都把工资或劳动力的价值假定为一个定值。这么做当然是合理的。但是当研究对象转为工资问题，除了指出工资的质的规定之外，还应包含劳动力价值随着工人阶级所处的社会历史条件的变化而变化的理论。本文认为，这些条件是由马克思的资本积累理论和阶级斗争理论得以说明的。

三、资本积累与工资

劳动力作为一个整体即工人阶级在资本主义条件下被不断地生产和再生产出来，这是随着资本主义积累过程完成的。资本积累“不仅生产商品，不仅生产剩余价值，而且还生产和再生产资本关系本身：一方面是资本家，另一方面是雇佣工人”[②]。其中，工人依靠工资进行个人消费（“同时也包括技能的世代传授和积累”），实现了资本主义再生产的一个要素即劳动力的再生产。因此，工资是实现劳动力再生产的必要条件。

在资本积累过程中，社会劳动生产率作为最强有力的杠杆，推动资本有机构成不断提高，造成资本对劳动的相对需求以及这种需求的增长和预付资本量的增长比起来，以递增的速度减少。[③] 资本积累由此不断地并且同它的能力和规模成比例地生产出相对过剩人口。与此同时，劳动力的供给也增加了。这主要表现在三个方面：第一，由于新机器的普遍采用，操作变得简单化了，熟练工人为非熟练工人所代替，男工为

① 《马克思恩格斯全集》第32卷，人民出版社1998年版，第49页。

② 《资本论》第1卷，人民出版社2004年版，第666—667页。

③ 李嘉图在《政治经济学及赋税原理》中“论机器”时也谈到了资本对劳动的替代。他认为这是资本家对工资水平变化所作的理性选择。马克思则认为资本有机构成的变化来自技术进步，是单个资本在竞争中不断追求超额剩余价值的结果。李嘉图认为机器对劳动的替代只在短期内减少劳动需求，资本积累在长期内又会吸收剩余劳动力。马克思则认为资本积累在长期内会从供求两方面作用，造就一支产业后备军。罗宾逊夫人指出，马克思避开有关生产要素的均衡比例问题，虽然有些粗糙，却集中发展出了一套资本主义的动态运动理论。（［英］乔安·罗宾逊：《论马克思主义经济学》，纪明译，商务印书馆1962年版。）

女工所代替，成年工为童工所代替；第二，竞争的加剧造成城市小生产者，甚至中小资本家破产，转变为雇佣劳动者；第三，世界市场的形成促进了资本的全球流动，将许多前资本主义社会的劳动力纳入资本的运动当中。因此，资本积累的同一过程既造成劳动力供给的绝对增加，又造成劳动力需求的相对（有时甚至是绝对）减少，造就了一支绝对隶属于资本、随时可供剥削的产业后备军。随着资本主义经历危机、萧条、复苏、繁荣的周期循环，产业后备军相应地收缩和膨胀，并在劳动力市场上调节工资一般水平的波动。在繁荣时期，产业后备军相对收缩，工资水平上升；在危机时期，产业后备军相对膨胀，工资水平下降；而在整个产业周期内，工资水平则与劳动力价值相适应，并围绕劳动力价值波动。[①] 这就是服从价值规律和资本积累规律的资本主义工资运动规律。

古典经济学家也看到了积累对工资的影响，例如著名的“李嘉图调节机制”。李嘉图认为，如果工资超过劳动力的“自然价格”（即劳动力的价值），就会刺激人口和劳动力供给增长，最后把工资拉回到“自然价格”；如果工资低于“自然价格”，就会造成贫穷和劳动者人数减少，从而把工资拉升到“自然价格”。这种调节机制为庸俗经济学的所谓“劳动基金”学说提供了注脚。庸俗经济学甚至把它作为一种教条，认为工资或工人所需的生活资料是“由工艺所确定的”一个固定的量，从而“把劳动基金的资本主义界限改写成劳动基金的社会的自然界限”。[②] 马克思指出，每种具体的、历史的生产方式都有其特殊的人口规律。资本主义生产方式特有的人口规律就是相对过剩人口，这是这种生产方式存在的条件，它“在人类过去的任何时代都是看不到的，即使在资本主义生产的幼年时期也不可能出现”[③]。工人人口的过剩是相对于资本实现价值增殖的需要而言的，是受资本主义运用生产力的特殊方式所限制的。古典经济学或庸俗经济学的错误在于，把资本主义条件下的人口规律理解为自然规律，把劳动力的供求机制和价格机制理解为非历史的规律，完全

① 《资本论》第1卷，人民出版社2004年版。
② 《资本论》第1卷，人民出版社2004年版，第705页。
③ 《资本论》第1卷，人民出版社2004年版，第729页。

放弃了对资本主义生产方式特殊的、历史的性质的考察。

直到今天，有的学者仍然在这个问题上制造混乱。比如，泰一皮尤·翁（Nai－Pew Ong）提出，马克思关于资本积累的两种均衡机制——资本有机构成不变和资本有机构成提高，分别对应于李嘉图调节机制和产业后备军调节机制。[①] 在资本有机构成不变的情况下，资本积累对劳动力的需求相应扩大，工资相应提高，进而使利润减少，影响积累的意愿和速度。一旦积累水平降低，工资就会下降。这也就是李嘉图的调节机制。泰一皮尤·翁由此认为李嘉图的调节机制不同于马尔萨斯的人口原理，不依赖于人口的自然出生率，而是取决于资本积累对劳动力的需求，因此可以说也是马克思的工资决定机制。泰一皮尤·翁只看到了劳动力需求这一方面，没有看到李嘉图的调节机制在供给这一方面仍然是以马尔萨斯的人口原理为基础的。马克思不仅否定“资本的运动依存于人口量的绝对运动”，并且指出“工资的降低和对工人剥削的相应提高，会使积累重新加快，而与此同时，低工资又会抑制工人阶级的增长”的观点也是错误的，它“把调节工资的一般变动或调节工人阶级即总劳动力和社会总资本之间的关系的规律，同在各个特殊生产部门之间分配工人人口的规律混为一谈了”。这种调节机制解释的“只是某一特殊生产部门的劳动市场的局部波动……只是工人人口按照资本的需要的变动而在各投资部门之间的分配”[②]。也就是说，资本根据工资水平的变化改变积累水平，实际上只是资本在利润平均化趋势的引导下在各个部门之间进行重新分配的过程。如果说存在着“由资本积累而引起的劳动价格的提高”的可能，并且积累可能由于工资的提高而削弱，使工资重新降到适合资本增殖需要的正常水平，不过是表明“正是资本积累的这些绝对运动反映为可供剥削的劳动力数量的相对运动……用数学上的术语来说：积累量是自变量，工资量是因变量，而不是相反”[③]。

还有的学者提出，马克思对马尔萨斯的批评有失偏颇，甚至是过激

---

① Nai－Pew Ong, “Marx’s Classical and Post—Classical Conceptions of the Wage,” *Australian Economic Papers* (1980).

② 《资本论》第1卷，人民出版社2004年版，第734—736页。

③ 《资本论》第1卷，人民出版社2004年版，第715页。

的。他们认为马克思在分析经济危机时也强调了人口规模的重要性。[①] 塞缪尔·霍兰德（Samuel Hollander）提出，马克思的积累理论同样依赖于人口因素，即必须存在一定的人口增长率[②]。阿林·科特霍尔（Allin Cottrell）和威廉·达里蒂（Wiliam Darity）则把问题引向马克思是否建立了独立于人口增长率的产业后备军理论：第一，在人口增长率稳定且适当的情况下，资本积累是否会产生日益增长的产业后备军；第二，人口增长率大幅减少是否仍然不会对产业后备军的运动产生影响。在他们看来，第一点成立，但第二点不成立。[③] 这些学者在谈论资本积累与人口和工资的关系时，把资本主义生产方式特有的、"内生的"人口规律与某个阶段既定的、"外生的"人口规模对工资的影响混为一谈。《资本论》的这一段话说得再清楚不过："劳动的需求同资本的增长并不是一回事，劳动的供给同工人阶级的增长也不是一回事，所以，这里不是两种彼此独立的力量互相影响。骰子是假的。资本在两方面同时起作用。它的积累一方面扩大对劳动的需求，另一方面又通过'游离'工人来扩大工人的供给，与此同时，失业工人的压力又迫使就业工人付出更多的劳动，从而在一定程度上使劳动的供给不依赖于工人的供给。劳动供求规律在这个基础上的运动成全了资本的专制。"[④]

无论是李嘉图的调节机制还是马尔萨斯的人口原理，在解释工资运动的时候，要么把劳动力的需求方面置于问题的核心，要么把劳动力的供给方面置于核心。马克思则把资本和资本的运动（积累）置于核心，因为在资本主义条件下，人口只是作为雇佣劳动才为资本所需，才能获得生产从而谋生的机会。劳动价值论包含供求分析。劳动力的供求变化是使工资内在地趋向劳动力价值的调节机制。马克思并没有否定劳动力供求对工资水平的影响，而是反对从纯生理的角度，而不是从生产关系

---

① Bob Rowthorn, "*Capitalism, Conflict and Inflation: Essays in Political Economy* (London: Lawrence&Wishart, 1980).

② Samuel Hollander, "Marx and Malthusianism: Marx's Secular Path of Wages," *The American Economic Review*, No. 3 (1984).

③ Allin Cottrel, William A. Darity, "Marx, Malthus, and Wages," *History of Political Economy*, Vol. 20, No. 2 (1988).

④ 《资本论》第 1 卷，人民出版社 2004 年版，第 737 页。

的角度考察人口问题，反对以自然的、非历史的方式解释劳动力的运动机制。这是马克思与古典经济学、庸俗经济学乃至新古典经济学解释工资运动规律的根本区别。在资本主义条件下，供求决定工资的调节机制是以资本积累对劳动力供求两方面的“内生”决定作用机制为前提的。相对过剩人口是“劳动供求规律借以运动的背景”①。

四、阶级斗争与工资

通过阐明资本主义积累的一般规律，马克思揭示了工人阶级作为一个整体如何在实质上从属于资本。资本积累过程通过对劳动力供求两方面的决定作用，“把工人钉在资本上，比赫斐斯塔司的楔子把普罗米修斯钉在岩石上钉得还要牢”②。在供求作用于工资一般水平的劳动力市场上，另外一个重要因素进入了我们的视线，即工人阶级与资本家阶级之间的斗争。

斯密、李嘉图等优秀的古典经济学家也曾谈到阶级斗争对工资的影响。斯密指出，工人和资本家“的利害关系绝不一致，劳动者盼望多得，雇主盼望少给。劳动者都想为提高工资而结合，雇主却想为减低工资而联合”。但是，因为“雇主的人数较少，团结较易。加之，他们的结合为法律所公认，至少不受法律禁止。但劳动者的结合却为法律禁止”，所以雇主常常居于有利地位。③ 李嘉图强调了工资与利润在分配关系上的冲突。“假定谷物和工业制造品总是按照同一价格出售，利润的高低就会与工资的高低成反比……如果工资由于谷物腾贵而上涨（这是绝对肯定的），他们的利润就必然会下落。”④ 工资与利润的反向关系被李嘉图用来反对谷物法，反对地主阶级及其地租收入。但是，斯密和李嘉图关心的

① 《资本论》第1卷，人民出版社2004年版，第736页。

② 《资本论》第1卷，人民出版社2004年版，第743页。

③ ［英］亚当·斯密：《国民财富的性质和原因的研究》（上），郭大力、王亚南译，商务印书馆2009年版，第61页。

④ ［英］大卫·李嘉图：《政治经济学及赋税原理》，郭大力、王亚南译，商务印书馆1976年版，第92页。

只是阶级斗争对于工资的量的影响。他们从未把工人阶级与资本家阶级之间的斗争上升为资本主义生产方式不可避免的、核心的利益斗争。

马克思在《雇佣劳动与资本》中也仅仅指出了工资和利润的反向关系。但是，他在《工资、价格和利润》中则进一步明确：（1）工人和资本家共同分享雇佣劳动创造的新价值，一方分得的愈多，另一方分得的就愈少；（2）劳动力的价值是由生理因素和历史因素构成，前者构成劳动力价值的最低界限，后者则是一个变量，可能扩大，也可能缩小；（3）工资和利润可以在一定范围内变化，因为“在最高利润率的这两个界限之间可能有许多变化。利润率的实际水平只是由资本与劳动之间的不断斗争来确定，资本家总想把工资降低到生理上所容许的最低限度，把工作日延长到生理上所容许的最高限度，而工人则在相反的方面不断地对抗。归根到底，这是斗争双方力量对比的问题”[①]。在《经济学手稿（1861—1863年）》中，劳资间的力量对比和阶级斗争成为了决定工作日长度的根本因素。马克思指出，“我们知道，实际上，一种商品是低于或高于它的价值出售，取决于买者和卖者的力量对比（这种对比每次都由经济决定）。同样，工人在这里是否提供超过正常量的剩余劳动，取决于工人能够对资本的无限贪求进行抵抗的力量。然而，现代工业的历史告诉我们，资本的无限贪求从来不会由于工人的分散的努力而受到约束，而斗争必然首先采取阶级斗争的形式，从而引起国家政权的干涉”[②]。在《资本论》中，马克思使用大量的篇幅论述了雇佣劳动与资本围绕工作日长度展开的斗争。资本家坚持他作为买者的权利，工人也坚持他作为卖者的权利。然而双方的交换关系并没有给工作日和剩余劳动规定任何界限。“于是这里出现了二律背反，权利同权利相对抗，而这两种权利都同样是商品交换规律所承认的。在平等的权利之间，力量就起决定作用。所以，在资本主义生产的历史上，工作日的正常化过程表现为规定工作日界限的斗争，这时全体资本家即资本家阶级和全体工人即工人阶级之间的斗争。”[③] 虽然围绕工作日界限进行的斗争不能直接等同于争取工资

① 《马克思恩格选集》第2卷，人民出版社1995年版，第94—95页。

② 《马克思恩格斯全集》第32卷，人民出版社1998年版，第206—207页。

③ 《资本论》第1卷，人民出版社2004年版，第271—272页。

的斗争，但是二者的性质是一样的，都是工人阶级与资本家阶级围绕有酬劳动与无酬劳动的划分进行的斗争。这种经济斗争——从前面的引文中可以看到，马克思指出斗争必然采取阶级斗争的形式，工人的分散抗争对资本没有约束力——由彼此的力量对比决定。经济斗争还会上升为政治斗争。

马克思主义经济学家希法亭在论述阶级斗争决定工资的问题时指出，资本家和工人围绕劳动契约的斗争经历了三个阶段：第一个阶段，个别工厂主同各个工人相对立；第二个阶段，个别工厂主同工人组织进行斗争；第三个阶段，企业家组织联合起来同工人组织相对立。在不同的阶段，由于资本家和工人的组织程度和联合程度各不相同，因而力量对比也各不相同，围绕劳动契约斗争的结果也各不相同。希法亭还特别强调作为无产阶级组织的工会在斗争中的作用。工会的职能是消除工人个体之间在劳动市场上的竞争，争取对劳动力供给的垄断权。一个强大的工会，可以增强工人作为一个阶级的斗争力量。[①] 这种分析已经十分接近现代经济学关于劳动力市场结构的分析了。

虽然阶级斗争理论十分重要，不仅体现了马克思经济学的革命性，而且在解释工资问题方面比资本积累理论具有更加能动和积极的色彩，但是这并不意味着它是马克思工资理论的核心内容。在这一点上，本文不同意罗默等人的观点。约翰·罗默在《马克思主义经济理论的分析基础》中提出“现代的马克思主义理论应当持有的是阶级斗争决定真实工资这个一般性观点”[②]。他的理由是：劳动力价值理论和资本积累理论都不足以对工资进行均衡分析，在这两种理论中，真实工资都存在着某种程度的不确定性。只有阶级斗争理论——比如，假定工人阶级的斗争目标是保持劳动收入份额不变——才满足均衡分析的要求。对于采取新古典方法的罗默来说，就像李嘉图一样，重要的问题只是如何决定“劳动的自然价格”或均衡工资水平。这个工资只能由劳动力的市场供求和交换双方的市场议价能力决定。但是这样一来，劳动力的供给和需求又成

① ［德］鲁道夫·希法亭：《金融资本》，福民译，商务印书馆 2007 年版，第 406—421 页。

② ［美］约翰·罗默：《马克思主义经济理论的分析基础》，汪立鑫、张文瑾、周悦敏译，上海人民出版社 2007 年版，第 165 页。

了两个独立的、无关的因素。比如，劳动力的供给由人口的增长率决定，劳动力的需求由投资或积累决定。至于“劳动供求规律借以运动的背景”——劳动隶属于资本的资本主义性质——则完全消失了。

我们再次强调，马克思并不否认劳动力供求对工资的影响。但是，“如果以为劳动和任何一种商品的价值归根到底是由供给和需求决定的，那就完全错了”[①]。因为，首先供求只是调节市场价格围绕价值的一时的波动，但是不能说明价值本身。资本积累理论最重要的结论就是：供求决定工资的规律是以资本积累对劳动力供求两方面产生的“内生”决定作用为前提的。如果丢掉了这个“劳动供求规律借以运动的背景”，也就丢掉了马克思关于资本主义最重要的理论之一。劳动力市场作为直接决定工资水平的场所，阶级斗争确实是在这一领域产生直接效果的。但是，决定阶级间的力量对比，进而影响劳资双方市场议价能力的根本因素，是工人阶级和资本家阶级在资本主义生产方式中的地位。《资本论》一直在阐述这样一个根本原理：劳动力市场提供了劳资双方形式上完全平等的假象，但是只要我们离开交换领域这个“天赋人权的真正伊甸园”，进入资本主义（剩余价值）的生产过程和再生产过程（积累），就可以看到双方的实质上的不平等。[②]

而且，马克思没有盲目夸大阶级斗争在资本主义条件下的作用。虽然他号召工人阶级不应该“停止利用偶然机会使生活暂时改善的尝试”（马克思称之为“日常斗争”），但是他也指出：“工人阶级也不应夸大这一日常斗争的最终效果”。因为只要工人阶级还不能团结起来消灭雇佣劳动制度，工人提高工资的努力“在一百回中有九十九回都只是为了维持现有的劳动价值”[③]。雇佣劳动本身只是资本主义的产物。工人与资本家的斗争受这个历史生产方式的制约。斗争只是延缓工资下降的趋势，而不改变它的方向；只是服用止痛剂，而不是祛除病根。除非斗争能够彻底废除雇佣劳动制度，否则它还不得不服从资本主义本身的经济规律和发展规律。在资本主义条件下，工资斗争有它的限制：一方面工资必须

---

① 《马克思恩格斯选集》第2卷，人民出版社1995年版，第63页。

② 《资本论》第1卷，人民出版社2004年版，第204—205页。

③ 《资本论》第1卷，人民出版社2004年版，第97页。

保证劳动力的再生产，从而为资本实现价值增殖提供前提条件；另一方面工资又不能破坏资本实现价值增殖的目的，不能影响资本积累，或者使工人无须再以出卖劳动力为生。概括起来就是：争取工资的斗争不得不服从资本主义积累的一般规律。“一旦工人发现，他们本身之间竞争的激烈程度完全取决于相对过剩人口的压力；一旦工人因此试图通过工联等等在就业工人和失业工人之间组织有计划的合作，来消除或削弱资本主义生产的那种自然规律对他们这个阶级所造成的毁灭性的后果，这时，资本和它的献媚者政治经济学家就大吵大叫起来，说这是违反了‘永恒的’和所谓‘神圣的’供求规律。……一旦有不利的情况妨碍建立产业后备军，从而妨碍工人阶级绝对地隶属于资本家阶级，资本就……企图用强制手段来阻碍它发挥作用。”① 因此，阶级斗争不是决定工资的独立因素，更不是首要因素。相反，阶级间的力量对比以及劳资双方的市场议价能力归根结底是由资本积累对劳动力供求两方面的决定作用支配的。

五、三种理论的统一

通过阐释马克思的三种工资理论，并与其他学说进行比较，本文认为这三种理论并非互相独立或不相干的。在马克思的理论体系中，我们可以找到统一的、逻辑一致的工资理论。

劳动力价值理论是工资理论的起点。该理论对工资做出了质的规定。工资与价格、利润等范畴一起，构成了资本主义生产体系的表象，也是庸俗经济学的理论要素。马克思从事政治经济学批判的目的就是要找出表象背后隐藏的生产关系，从而构建一套更抽象、更深层、更本质的经济学理论体系。通过马克思的分析，我们看到价格的背后是由社会劳动物化或凝结形成的价值，利润的背后是资本家凭借生产资料的所有权和生产过程的控制权占有的工人的剩余劳动，工资的背后则是生产或再生产雇佣劳动力所需的社会劳动，即劳动力的价值。把劳动价值论的基本

① 《资本论》第1卷，人民出版社2004年版，第737—738页。

逻辑用于分析劳动力这种特殊商品是马克思的一大理论贡献，也为他解释剩余价值如何在等价交换的基础上产生提供了必要的前提。

劳动力商品的特殊性在于，它的价值除了受自然条件、生产率等物质性因素影响之外，还包含了“历史的和道德的因素”，其中最重要的是劳动者阶级形成的社会条件。在劳动力市场上，这一社会条件的直接体现就是工人阶级与资本家阶级围绕工资率、工作日长度、工作强度等展开的斗争。这种斗争，在劳动力市场上还表现出法权上的平等性，然而一旦我们“把资本主义生产过程联系起来考察，或作为再生产过程来考察”，这种平等的假象就立刻消失了。资本主义的积累过程及其一般规律通过对劳动力供求两方面的决定作用，形成了对劳动的“专制”，使劳动绝对地从属于资本。从资本积累的角度看，工人个体的分散的“游击式的搏击”在劳动力市场竞争面前不堪一击。由资本积累决定的劳动力供求状况以及由这种状况决定的阶级力量对比，构成了工资斗争的资本主义界限。在这个限度内，工资围绕劳动力价值波动或趋于劳动力价值。也只是指这个限度内，当工人阶级团结起来，迫使资本家为了价值增殖的需要而不得不让步①，从而持久地争取到更高的工资水平，扩大了满足自身需要的手段的范围，才能在新增的需要的推动下使劳动力价值获得历史性的提高。资本主义工资的运动规律要打破“资本的专制”，只能彻底消灭雇佣劳动制度。② 这才是符合历史唯物主义的资本主义工资理论。

劳动力价值理论是马克思工资理论的起点。资本积累理论是理解资本主义工资运动规律的枢纽。资本的运动决定了工资的运动，从而构成了资本主义生产方式运动的两极。由此，马克思提出了一个与劳动价值论逻辑一致的并由资本主义生产方式内生地决定的工资理论。它向我们揭示了隐藏在具有表面的平等假象的劳动力市场背后的、起支配作用的规律。在此基础上，政治经济学才能进一步地“从抽象上升到具体”，考

---

① 迈克尔·莱博维奇指出：“资本内在的扩张冲动要求它努力增加资本实现的方式，丰富商品销售的方式。在出卖商品上所付出的努力，即创造新的需要和让消费者满意的新模式的努力，伴随着资本的成长而扩大了。”（［加］莱博维奇：《超越〈资本论〉——马克思的工人阶级政治经济学》，崔秀红译，经济科学出版社 2007 年版，第 49 页。）

② 《马克思恩格斯选集》第 2 卷，人民出版社 1995 年版，第 97 页。

察雇佣劳动内部的工资水平差别以及不同的工资形式等问题。但是无论如何，我们不能像庸俗经济学和新古典经济学那样，仅仅停留在流通领域或交换领域，在考察劳动力的市场调节机制——劳动力供求状况、劳资双方议价能力等因素如何影响工资——的时候忘记资本主义的生产关系。

（原文发表于《政治经济学评论》2012 年第 3 期）

八

资本积累理论

产品创新与资本积累

高　峰*

一

马克思的资本积累学说是研究资本主义经济发展与演变的理论基础。近年来，国内有学者将产品创新问题纳入马克思的资本积累理论，将之放在资本积累过程的矛盾运动中考察。孟捷同志的论著是突出的代表。① 他从资本积累的结构性矛盾即剩余价值生产和剩余价值实现的矛盾中，从获取相对剩余价值要以不断的使用价值的实现为前提这个相对剩余价值生产的内在条件中，推演出产品创新的必然性，进而又深入揭示了重大产品创新以及相关新兴产业的发展在周期性地解决积累过程结构性矛盾中的作用。它通过创造新的需求和扩大社会分工来刺激资本加速积累并带动经济迅速增长。这样，通过把产品创新引入积累过程，既克服了熊彼特学派在分析资本主义长波时脱离资本积累内在矛盾而单纯地强调技术创新因素的缺陷；同时也发展了由曼德尔首创的马克思主义的长波理论，进而克服了曼德尔强调长波两个转折点具有不对称性的观点，论证了长波上升阶段的内在性质。可以说，这一学术成果，是马克思主义资本积累理论研究的一个重大进展。

---

* 高峰：南开大学经济学系教授、博士生导师。

① 参见孟捷：《马克思主义经济学的创造性转化》，经济科学出版社 2001 年版；孟捷：《产品创新与马克思主义资本积累理论》，载张宇、孟捷、卢荻主编：《高级政治经济学——马克思主义经济学的最新发展》，经济科学出版社 2002 年版。

但是，论著也提出了一些有待斟酌的观点，同时还有一些问题需要进一步讨论。

二

第一个问题：引入产品创新，是否会动摇马克思资本积累理论的基础?

我们知道，马克思的资本积累理论，是以工艺创新（或称生产过程创新）的技术假定为前提。他把相对剩余价值生产看作是资本主义经济具有特征性的剥削手段，认为资本家会不断变革生产方法，提高劳动生产率，以获取额外剩余价值和相对剩余价值。由此必然推动资本的技术构成和有机构成的上升趋势，而资本有机构成的上升则成为一般利润率趋于下降的根本条件。可见，马克思确实是在资本主义制度关系内从工艺创新和生产率增长这个技术假定出发，推导出资本积累过程中一系列内在规律的。正是基于这一点，孟捷同志指出："从产品创新的角度看，全部三卷《资本论》建立在不适当的假定基础上。一旦取消这些假定，马克思主义关于资本积累的理论就会呈现出另一个面貌。"[①] 那么，引入产品创新，真的会否定这一技术前提，从而颠覆马克思资本积累理论的一系列推导吗？我认为，现在还不能匆忙地下此结论。

产品创新的引入虽然重要，但并不能否定工艺创新和生产率增长在资本积累过程中的普遍性和重大意义。

首先，工艺创新和产品创新作为技术创新的两种基本类型，其区别是相对的。工艺创新的源泉，如果撇开劳动者积极性的发挥程度不谈，无非来自两个方面：改善劳动者的组织形式和提高劳动者的生产技能，以及改进和变更生产工具和其他生产资料。从提高生产率的幅度和潜力看后者起着更根本的作用，劳动者生产技能的提高和组织形式的改善在很大程度上是与生产资料的变革相适应的。因此，工艺创新在大多数情

① 孟捷：《产品创新与马克思主义资本积累理论》，载张宇、孟捷、卢荻主编：《高级政治经济学——马克思主义经济学的最新发展》，经济科学出版社 2002 年版，第 260—261 页。

况下，同时就是机器设备、原材料和能源等资本品的产品创新。只有纯粹消费品的创新才是与工艺创新不同的狭义的或严格意义上的产品创新。还有一些产品创新，兼具有资本品创新和消费品创新的两重性。例如火车的发明，当它用于运货时是（广义的）生产工具，当它用于运客时则具有消费品的性质。特别应该指出的是，并不是只有消费品的创新才能产生新的产业部门和扩大社会分工，由资本品创新所引起的工艺创新同样起着这种作用。像蒸汽机和内燃机的发明，就带动了钢铁工业、煤炭工业、石油工业和机器制造工业等一系列新兴产业部门的兴起与发展。生产资料的变革，生产过程的"迂回"化，正是扩大社会分工和新部门、新行业出现的重要推动力量。由此可见，如果笼统地谈产品创新，并把它与工艺创新截然对立起来，进而否定工艺创新也具有促进社会分工和创造新产业的作用，显然是不合适的。

其次，能够诱发资本主义经济上升长波的重大产品创新，必须是或主要是能够引起根本性工艺创新的重大的资本品创新。因为只有这样的重大技术创新才能形成一系列强大的新兴产业部门，并大规模地改造传统产业部门的技术基础，由此产生的巨大投资需求与一般利润率的上升相结合，便成为推动资本迅速积累和经济较长期增长的内在动力。我们可以看看长波的历史。18 世纪后期到 19 世纪中期的第一次资本主义长波和 19 世纪中期到 19 世纪末期的第二次资本主义长波，显然是由蒸汽机的发明和工业革命所引起的。19 世纪末期内燃机和电力的发明，则引发了 19 世纪末期到 20 世纪中期的第三次资本主义长波。而从 20 世纪中期开始的第四次长波，则应首先归功于电子技术和电子计算机的发明。所有这些引起生产领域乃至社会生活发生根本变革的重大技术创新，都不是或首先不是单纯的消费品创新，尽管它们在带动一系列资本品和工艺创新群集的同时也派生出大量新的消费品。有些学者特别强调火车和汽车的发明在推动投资和新产业部门兴起中的作用。且不说这两者都不是单纯的消费品，就其发明来说，它们也应看作是更根本的技术创新的派生物。没有蒸汽机的发明就不可能有蒸汽火车的出现，不发明内燃机现行汽车的出现也是不可想象的。

第三，随着资本主义发展到较高阶段，由于剩余价值生产与剩余价值实现的矛盾逐渐加剧和市场问题趋于尖锐化，纯粹消费品创新的重要性的确在不断上升。狭义的产品创新即消费品创新与工艺创新的直接动机确有不同：前者的目的是扩大市场，后者则是为了提高劳动生产率。[①] 但是，任何新消费品（不论是崭新类型的消费品还是现有消费品的革命性改进）出现后，如不能通过工艺创新迅速提高劳动生产率，使其成本大幅度下降，就不可能在居民中普及而扩大市场。几乎所有重要的新型消费品在开始问世时都是极其昂贵的，只有富人才能购买或享用。只有通过工艺创新大幅度地提高劳动生产率来降低成本，才能逐渐扩大市场。因此，消费品创新的市场效应又必须以工艺创新的生产率效应为基础。例如汽车，从 19 世纪 80 年代开始出现汽车到 20 世纪初，汽车是极其昂贵的奢侈品，直到福特汽车公司通过装配线生产大幅度提高劳动生产率，汽车的生产成本才逐渐降下来。1920 年，福特公司把每辆汽车的生产周期从 21 天缩短到 14 天，到 1931 年更减少到 50 小时。汽车生产率的提高，装配线这种劳动组织的创新固然起了根本性的作用，它也确实节约了固定资本；但不要误解为汽车工业的发展不需要大量投资。汽车生产实际上是一个资本密集型部门。20 世纪 80 年代，美国交通部曾估算过，建立一个具有最低有效规模的新的汽车装配厂的建设成本在 2 亿美元以上，而一个完整的汽车生产企业应包括发动机厂、变速箱厂、零部件厂和装配厂四个主要部分，其共同建设成本则高达 12 亿至 14 亿美元。[②] 可见，重要的消费品创新不仅需要大量的研发投资，而且在推出新产品后还要投入巨额资本进行工艺创新以提高生产率。

工艺创新的重要性并不因消费品创新趋于频繁而降低，还可从劳动生产率增长率变化的历史记录中显示出来。20 世纪与 19 世纪相比和二次大战后与战前相比，消费品创新相对于工艺创新总的来说其重要性是上升的，但发达资本主义国家的劳动生产率增长率并未表现出放慢的趋势。根据肯德里克提供的资料：在美国工业化过程的几个不同时期中，劳动生产率的年平均增长率是逐渐提高的，从 1889—1919 年的 1.6，上升到

---

① 陈英：《技术创新的二重经济效应与企业的技术选择》，《南开经济研究》2003 年第 3 期。

② W. 亚当斯、J. W. 布洛克：《汽车工业部门》，载［美］W. 亚当斯主编：《美国的产业结构》（英文版），1990 年，第 110 页。

1919—1948 年的 1.9，再上升到 1948—1966 年的 3.0。这种劳动生产率增长率的不断提高，既是由于科学技术的进步和劳动质量的改善，也与按劳动投入平均计算的资本存量的不断增长有关。[①] 麦迪森计算的更长时期的多国数据也表现出类似的动态。

表 1　主要发达国家不同时期劳动生产率（每工作小时国内生产总值）的变化（年平均复合增长率）

	美国	法国	德国	荷兰	英国	日本
1820—1879	1.10	—	—	—	1.16	0.09
1879—1913	1.88	1.74	1.87	1.27	1.13	1.89
1913—1950	2.48	1.87	0.60	1.31	1.66	1.85
1950—1973	2.71	5.11	5.99	4.78	3.12	7.69
1973—1992	1.11	2.73	2.69	2.21	2.18	3.13

资料来源：A. 麦迪森：《世界经济二百年回顾》，改革出版社 1997 年中译本，第 19 页表 2—6。

从上表看出，尽管各个国家不同时期的劳动生产率增长率存在着波动与差异，但总的看来，20 世纪相对于 19 世纪，战后相对于战前，劳动生产率是趋于增长的。这有力地证明了，消费品的日益多样化和消费品创新的日趋频繁，并没有降低工艺创新和提高劳动生产率在资本积累过程中的普遍性和重要性。这同时也说明，为什么时至今日，资本主义国家仍然把生产率增长当作是经济增长过程中最重要的指标之一。

这里还涉及一个问题：究竟应该如何对技术创新进行分类？熊彼特首先提出创新群集在资产主义经济发展中的作用，但他的创新概念是比较宽泛的。门斯区分了三种不同类型的技术创新：基本创新引起了完全新兴产业的创立；改进型创新被看作是在已建立的活动领域中的进一步发展；第三类是所谓的虚假创新，它们事实上不能算作创新。杜因更进了一步，把技术创新分为四类：导致新行业创立的主要产品创新；现有行业的主要产品创新；现有行业的工艺创新；基本部门（如钢和炼油）的工艺创新。[②] 杜因对技术创新的分类虽然更加细化，但容易引起一种误

① J. W. 肯德里克：《美国战后的生产率趋势 1948—1969》（英文版），1973 年，第 41 页。

② ［荷］范·杜因：《经济长波与创新》，上海译文出版社 1993 年版，第 119、158 页。

解：以为能够创立新行业的技术创新只是与工艺创新完全不同或无关的纯粹消费品的产品创新。这当然是不符合实际的。事实上，能够引起新行业出现的重大技术创新，既可能是重要的原创性的消费品创新，如洗衣机、电冰箱、电视等的发明形成了各种家用电器部门，也可能是作为重大工艺创新基础的重要的资本品创新，如蒸汽机、内燃机、电动机、计算机等的发明促进了钢铁、煤炭、石油、机器制造、新型材料、计算机硬件、计算机软件等部门的形成与发展。而作为诱致资本主义经济上升长波的重大技术创新，则如前所述更可能是能够引起生产技术基础和整个社会生活根本变革的、以重大资本品创新为基础的重大工艺创新。正是这种重大的资本品创新有可能带动技术创新的群集，从而推动较长期的迅速资本积累。

由此可见，如果我们把产品创新的概念扩展到既包括消费品创新也包括资本品创新，这个产品创新的概念将更加具有解释力。但这样来理解，产品创新与工艺创新就不能截然区分甚至对立起来了，因为资本品创新与工艺创新是密不可分的，甚至可以说是同一过程的两种提法。而且这样一来，产品创新的引入就不仅没有排斥反而包容了工艺创新的概念。既然工艺创新和生产率增长在资本积累过程中的普遍性和重要意义并未由于产品创新的引入而被否定，那么，也就不能断言马克思资本积累理论的基础已经动摇。

三

第二个问题：马克思关于一般利润率下降趋势规律的理论是否因产品创新的引入而死亡？或如孟捷同志所说：这样的规律在“马克思主义经济学中”已属于“死去的部分”[①]。

这个问题可以看作是第一个问题的另一种表达，上一节的分析似乎已经给予了否定的回答。但也还有一些直接相关的问题需要进一步讨论。

---

① 孟捷：《马克思主义经济学的创造性转化》，经济科学出版社 2001 年版，第 178 页。

孟捷同志认为：利润率下降规律“在马克思那里是一个不受具体历史时间框架约束的抽象趋势，与资本积累的现实动态漫无联系”。同时，“马克思从未交代，一般利润率下降与稍后论述的剩余价值生产及其实现的矛盾，究竟存在着怎样的联系”，而根据《资本论》第三卷第十五章来猜度，“剩余价值生产与剩余价值实现的矛盾从属于一般利润率下降规律”。他强调：如果联系到资本积累的动态过程，特别是周期性危机和长波萧条阶段的发生，则应该把剩余价值生产与剩余价值实现的结构性矛盾作为资本积累分析的中心，把一般利润率下降置于这个资本积累结构性矛盾的基础上重新予以解释。①

这个批评部分地看无疑是正确的。马克思在论述一般利润率下降这个资本积累过程的长期趋势时，这种趋势与资本积累过程中的波动之间的关系的确不清晰。但《资本论》是一部未完成的著作，尤其第三卷具有明显的草稿性质。因而这可以看作是马克思遗留给后人需要继续研究的重要问题之一。从《资本论》三卷的现有结构来看，剩余价值生产与剩余价值实现的矛盾是在第三卷第三篇“利润率趋向下降的规律”论述了规律本身及起反作用的因素之后在第十五章的第一节中明确提出的，似乎从属于一般利润率下降规律。但这种猜度的根据不一定充分。因为：第一，第十五章第一节的标题是“概论”，在概论中提出剩余价值生产与剩余价值实现的矛盾，对于决定利润率下降以及在利润率下降中反映出来的各种矛盾显然具有统领和基础的性质。第二，如果阅读马克思的《经济学手稿（1857—1858 年）》即可注意到，作为该手稿主体部分的“资本章”也分为三篇，第一篇资本的生产过程，第二篇资本的流通过程，第三篇资本是结果实的东西（利息、利润、生产费用等等），基本上已形成《资本论》的总体结构。正是在第二篇的开头部分，马克思就已经提出了剩余价值生产与剩余价值实现的矛盾，将它看作是资本的基本矛盾，并在其基础上阐明了生产过剩危机的必然性。利润率下降趋势的问题是在第三篇中提出的。由此显然也不能推断，在马克思的心目中，

① 孟捷：《马克思主义经济学的创造性转化》，经济科学出版社 2001 年版，第 105、107、110 页。

剩余价值生产与实现的矛盾从属于一般利润率下降趋势规律。

马克思对利润率下降的长期趋势和利润率的周期性下降的理论解释是不同的。他始终是把剩余价值生产与实现的矛盾当作危机期间利润率下降的根本原因，首先把危机看作是一种生产过剩的危机或实现危机。"一切现实的危机的最后原因，总是群众的贫困和他们的消费受到限制"①。马克思从未用资本有机构成的提高来说明危机；恰恰相反，他认为，危机期间的利润率下降是由资本价值构成的一种"特殊"的下降而触发的。"只要资本同工人人口相比已经增加到既不能延长这些人口所提供的绝对劳动时间，也不能增加相对剩余劳动时间（后一点在对劳动的需求相当强烈从而工资有上涨趋势时，本来就是不可能的）；就是说，只要增加以后的资本同增加以前的资本相比，只生产一样多甚至更少的剩余价值量，那就会发生资本的绝对生产过剩；……在这两个场合，一般利润率也都会急剧地和突然地下降，但是这一回是由资本构成的这样一种变化引起的，这种变化的原因不是生产力的发展，而是可变资本货币价值的提高（由于工资已经提高），以及与此相适应的、剩余劳动同必要劳动相比的相对减少。"② 这段引文的意思不过是说：在高涨后期由于资本的过度积累和资本对劳动的需求极端旺盛，工人的工资上涨造成成本上升（其表现则是资本价值构成下降），从而导致利润率的下降。这也表明，在利润率的周期下降和利润率的长期下降趋势中，资本有机构成变动的机制作用是不完全相同的。

马克思既然把剩余价值生产与实现的矛盾看作是危机期间利润率下降的根本原因，那为何不用它来说明利润率的长期下降趋势呢？按照我的理解，剩余价值生产与剩余价值实现的矛盾尽管是资本的基本矛盾，但这个矛盾并不是一直处于尖锐化状态，假设如此，资本主义生产就无法存在了。这个矛盾只是在商业循环中周期性地激化和在长期波动中结构性地激化，并造成一般利润率在危机期间的周期性下降和在长波萧条时期的结构性下降。马克思把危机前夕和危机期间一般利润率的下降归

① 《资本论》第3卷，人民出版社1975年版，第548页。
② 《资本论》第3卷，人民出版社1975年版，第280页。

因于剩余价值生产与剩余价值实现的矛盾，是把它看作一种周期性的现象（在19世纪中后期，马克思还没有也不可能洞察到资本主义长波的存在），这种周期性的现象与利润率的长期趋势显然是不能等同的。他必须揭示出利润率长期下降趋势的直接决定因素：这就是资本有机构成的提高，而这种趋势又是资本在相对剩余价值生产驱动下采用以节约劳动为主的工艺创新的必然结果。用资本有机构成的提高来论证一般利润率下降的长期趋势，是否就意味着否认剩余价值生产与剩余价值实现的矛盾的基础作用呢？我不这样认为。马克思既然把这个矛盾看作是资本的基本矛盾，它当然始终存在并制约着资本的运动。资本有机构成提高只是为一般利润率下降趋势提供了一个直接的条件，使单位资本在生产领域中只能雇佣更少的劳动从而榨取到较少的剩余价值。但如果不存在剩余价值生产与剩余价值实现这个基本矛盾，资本生产的产品不需要出售而实现其价值，或者资本可以超越社会需求的限制任意提高产品的价格等等，那么，即使资本的技术构成从而价值构成提高，资本的利润率也可以不下降，甚至根本谈不到什么利润率的问题。可见，当马克思把一般利润率下降趋势归因于资本有机构成的提高趋势时，资本主义生产所特有的剩余价值生产与剩余价值实现的这个基本矛盾，已经是不言自明的暗含的基础和前提了。

马克思在分析一般利润率下降趋势问题时，虽未明确提出但已暗示了利润率的波动。当他谈到危机前夕一般利润率的突然下降时，便意味着在此之前的利润率可能是上升的。马克思还拿出一章专门讨论对利润率下降起反作用的各种因素，他虽然认为这些促进利润率上升的力量从长期看不会取消利润率下降的规律，但强调“这个规律只是作为一种趋势发生作用；它的作用，只有在一定情况下，并且经过一个长的时期，才会清楚地显示出来”①。这也意味着在一定情况下一般利润率可能上升。资本主义经济发展的历史已经表明，促使利润率下降的力量始终与促使利润率上升的力量互相交织，因而利润率的长期下降趋势体现在利润率的波动之中，主要在周期的收缩阶段和长波的相对停滞时期现实地表现出来。关于利润率的长期趋势和利润率的周期波动之间的联系，我在较

① 《资本论》第3卷，人民出版社1975年版，第266页。

早时期的一部著作中曾作出以下推测："推动资本有机构成上升的力量主要发生在周期的扩张阶段，推动利润率下降的力量主要发生在周期的收缩阶段；尽管扩张大部分时期资本有机构成上升并未直接导致利润率下降，而收缩时期直接推动利润率下降的力量也不是资本构成的提高。但是，扩张时期资本有机构成上升提高了整个周期生产技术和资本构成的平均水平；收缩时期资本价值构成下降则主要是由于生产要素利用程度的差别和要素贬值程度的差别所造成的，一般不会退回到周期上升前的水平。当下一个周期的扩张时期到来，资本构成将在这个较高的基础上继续上升。同样，利润率在周期的收缩阶段急剧下降后，虽然在下一个周期扩张阶段会重新上升，但由于资本构成的平均水平已经提高，利润率不一定能恢复到前一个周期的平均水平。"[①] 这个关于利润率长期趋势与利润率周期波动的关系的推测，对于利润率长期趋势与利润率长期波动的关系，似乎大体上也是适用的。当然，对这种联系的理解不应绝对化。同前一个周期的平均水平相比，后继周期的资本有机构成较低和一般利润率较高并非绝对不可能：特殊的（经济的或政治的）重大历史事件也可能大幅度地把某个国家的一般利润率提高到一个新水平，第二次世界大战期间美国利润率的急剧上升就是突出的例子。因此，对于一般利润率的长期下降趋势，既不应理解为一般利润率的直线下降，也不应理解为任何一个较后时期的利润率一定比前一时期的利润率低。利润率的下降趋势体现为资本经营中经常存在的一种压力，这种压力会周期性地（短周期地和长周期地）强化并突显出来。下面是关于美国经济中一般利润率长期下降趋势的经验数据。

表 2 战后美国经济中的利润率趋势（1948—1990）

平均利润率%	1948—1959	1959—1969	1969—1973	1973—1979	1969—1979	1979—1990
制造业部门	25.0	24.6	16.6	14.0	15.05	13.0
非农非制造业部门	11.0	11.1	10.4	10.3	10.3	9.1
非农业私人部门	19.9	20.8	18.3	16.3	17.1	15.0

资料来源：R. 布伦纳：《繁荣与泡沫》（2002 年英文版），第 21 页。

① 高峰：《资本积累理论与现代资本主义——理论的和实证的分析》，南开大学出版社 1991 年版，第 392 页。

总之，理论分析和实证资料都表明，利润率的长期下降趋势是在利润率的周期波动和长期波动之中得以贯彻的。同时，由于利润率的周期下降和利润率的长期下降趋势的直接决定因素和条件有所不同，因此用利润率周期下降的直接原因分析来否定马克思的利润率下降趋势规律理论，似乎也是不妥的。

四

第三个问题：如何在资本积累基本矛盾的基础上引入产品创新来解释长波?

在作了上述澄清之后，现在可以正面讨论我们的中心问题了，即究竟如何通过引入产品创新并将其与资本积累的基本矛盾的运动结合起来说明长波。

首先要问：在长波的萧条时期，为什么必然会酝酿出重大的技术创新（包括资本品创新和消费品创新)？这个问题不解决，仍然不能把长波萧条阶段出现的重大技术创新看作是资本积累运动规律的内生因素。

按照我的认识，萧条时期资本之间竞争的空前加剧，可能是推动资本大力从事技术发明和技术创新的动力。长波萧条时期资本所受到的利润率下降的压力是最强烈的。个别资本摆脱利润率下降的方法不外两种：一是进一步从事工艺创新以降低成本，以便在竞争激烈的市场上占有更大的份额；二是进行消费品创新来开辟新的消费品市场。对于广大的生产资料部门来说，它们此时在进行工艺创新的同时可能更重视产品创新，而它们创新的产品主要是资本品，其目的是要为消费品部门提供效率更高的机器设备和生产资料以扩大自身的市场，结果则是促进了消费品部门的工艺创新。当出现某种新的消费品时，生产资料部门也会为它们提供新的和效率不断提高的设备。正是长波萧条时期的巨大竞争压力，促使个别资本为减少利润损失乃至提高利润率，努力在现有科学知识存量的基础上去寻求技术上的突破。20 世纪以来随着大公司的兴起，有组织的研究与开发得到空前的发展，它们更有力量从事技术创新，甚至通过并购把小企业开发的新技术据为已有。所有资本这样共同行动，便成为重大技术发明出现的经济温床。

门斯把缺乏创新看作是长期萧条的主要原因，并认为基本创新只有在萧条开始以后才能被采用。“只有在周期的波谷，当利用殆尽的技术所带来的利润低得令人不堪忍受时，资本才能克服对承担风险的厌恶，并依赖于可能会获得的基本创新。”换言之，基本创新将在长波萧条阶段成群出现。但有些学者对此论断持怀疑和批评态度，认为门斯的假说在经验方面的论据不可靠。[①] 与门斯相对立的是施莫克勒的观点：认为技术创新只有在有利的经济气候下由需求的引导才能发生，如在扩张时期，萧条只会使创新的潮流减缓。杜因对这两种不同观点采取了折中的分析态度。他在更细致地区分技术创新类型的基础上断言：现有行业的产品创新主要发生在萧条阶段和复苏阶段；导致新行业出现的产品创新主要发生在复苏和繁荣阶段；现有行业的工艺创新和基本部门的工艺创新则大多分别发生在萧条阶段和繁荣阶段。[②] 且不说这样细分长波阶段的标准是否容易把握，把形成新部门的技术创新仅仅归因于狭义的产品创新也是不妥的，这一点前面已经指出。但杜因的分析仍有参考价值。可以大体认为：现有部门的产品创新和工艺创新大多出现在长波的相对停滞时期(杜因所说的衰退和萧条阶段)；而导致新部门产生的重大工艺创新和产品创新则应主要发生在长波的上升时期（杜因所说的复苏和繁荣阶段)。杜因的下述分析是有道理的：“创造新行业的主要产品的创新有可能在一个萧条阶段出现。不过，当对重置投资需求的增加将萧条阶段的悲观状态转变为一个更为乐观的经济前景时，它们就更有可能在复苏阶段被采用。带有较大风险的规划只有在一个有利的经济气候下才能实施。”[③]

那么，如何理解能够产生上升长波的有利的经济气候呢？按照曼德尔的观点，只有在一般利润率已经开始上升的诱使下，资本才会对基本创新可能形成的新部门进行大规模投资，而利润率转向上升又是由多种

---

① 转引自［荷］范·杜因：《经济长波与创新》，上海译文出版社1993年版，第121页。
② ［荷］范·杜因：《经济长波与创新》，上海译文出版社1993年版，第159页。
③ ［荷］范·杜因：《经济长波与创新》，上海译文出版社1993年版，第158—159页。

因素单独或共同决定的。[①] “社会积累结构”学派更进一步认为，需要一系列制度变化为资本提供一个稳定而有利的投资环境和乐观的利润预期，大规模投资于重大新技术和新兴部门才有可能。孟捷同志批评了曼德尔的观点，在强调产品创新的基础上指出：“仅当既有部门生产既有产品时，积累率才仅仅是已实现利润量和利润率的函数。当积累转向新部门时，与创新能力相关的预期利润就成为决定性的因素。个别资本作为产品创新主体，其利润预期不止取决于既有利润率水平，而且反映了企业创新能力与其未来收益之间的关系。也就是说，利润预期很大程度上是个别资本主动设定的结果。”[②] 但问题在于，投资于产品创新及相关新部门的个别资本之所以有良好的利润预期并能够主动设定较高利润，是因为他们相信其创新产品具有现实的或至少是潜在的巨大需求。从这个意义来说，发明和创新主要还是由需求拉动的。这既适用于日常的技术发明也适用于重大的技术创新。

由此可见，良好而稳定的投资环境，潜在或现实的巨大需求，和以此为基础的乐观的利润预期，是重大技术创新（不只是产品创新）得以实施、大规模资本投向新兴产业部门并带动扩张性长波的基本条件。

重大的技术创新群集一旦出现，便会大大推进资本积累的速度和规模。首先是与重大技术创新相关的一系列新兴产业部门的形成，需要大规模的投资，其较长的持续时间依存于创新产品及相关部门的生命周期。其次是传统部门技术基础的改造，这也需要大量投资。如 19 世纪末 20 世纪初蒸汽机工厂改为电力驱动，20 世纪上半期制造业中装配线的推广，二战后工厂的半自动化和自动化，20 世纪末期工业和服务业的计算机化和网络化等。曼德尔指出：“工业革命和第一、二、三次技术革命的连续阶段……大体上与下列机器体系相配合：手工操作（并由手工生产的）机器由蒸汽机来推动；机械操作（并由工业生产的）机器由内燃机来推动；装配线联合机由机器熟练操作者来看管，并由电动机提供动力；流水线生产机则并入

① ［比］厄尔奈斯特·曼德尔：《晚期资本主义》，黑龙江人民出版社 1983 年版，第四章。

② 孟捷：《产品创断与马克思主义资本积累理论》，载张宇、孟捷、卢荻主编：《高级政治经济学——马克思主义经济学的最新发展》，经济科学出版社 2002 年版，第 268 页。

到由电子学引导的半自动体系之中。”① 这种大规模的投资需求同时也带动了大规模的消费需求。迅速的资本积累增加了就业，促进了工资上涨，使居民的消费需求不断扩大，在重大技术革命带动下出现的一系列消费品创新，如20世纪涌现的种类繁多的家用电器，也为居民创造出新的消费需求，并形成了许多新兴的消费品行业。正是这种投资需求和消费需求的相互影响，积累和利润的相互促进，投资和收入循环互动之间的乘数效应和加速效应，推动了经济的持续增长，暂时缓和了生产与消费的矛盾，使扩张性长波最终得以形成和持续。但这里需要明确的是，消费需求的扩大固然重要，并对经济增长起着最终的制约作用（这一点后面还要谈到），但直接推动扩张性长波的主要力量是投资。从西方国家的统计数据看，居民个人消费支出在国内生产总值中所占的比重虽然最大，但其增长率的波动相对较小，而私人国内总投资和非住宅固定资本投资这两个反映资本积累的主要指标的增长率在不同时期的波动是最大的。长波上升时期的主要特点是持续高涨的资本积累率。可见，与周期性扩张阶段相似，真正带动扩张性长波的直接力量是投资，只不过在重大技术创新和新兴产业部门形成的基础上，投资的力度更大，持续的时间更长而已。

由于扩张性长波的物质基础是重大的技术创新（包括产品创新）及其新兴产业部门的发展，它也必然依存于创新技术及新兴产业部门的生命周期。在这一发展过程中，那些相互关联的创新技术和新兴部门可能存在着生命循环的“共时化”，但这种“共时化”不可能扩展到所有部门。在创新技术和新兴部门迅速发展的成熟阶段，在超额利润的诱使下，如果部门的垄断程度和进入壁垒不高，或者大企业具有强大的资本转移力量，可能有大量的外部资本流入，从而在一定的产业范围内形成利润率的平均化。② 但不同部门利润率的平均化，决不意味着不同部门资本有机构成水平的趋同。不同部门资本有机构成（以及资本周转速度）的差

① ［比］欧内斯特·曼德尔：《资本主义发展的长波——一个马克思主义的解释》，北京师范大学出版社1993年版，第44页。

② 有必要强调，在垄断势力强大的经济中，尽管利润率平均化规律仍在起作用，但形成全社会的平均利润率是很困难的。详细分析请参阅高峰：《发达资本主义经济中的垄断与竞争》，南开大学出版社1996年版，第十一章。

异，并非是由于它们处于生命周期的不同阶段，而主要是因为它们技术基础的重大差别。马克思在界定资本有机构成的概念时明确指出："第一个比率是建立在技术基础上的……这个比率在不同的生产部门是极不相同的，甚至在同一个产业的不同部门．也往往是极不相同的"[①] "这个比率形成资本的技术构成，并且是资本有机构成的真正基础"[②]。就一个部门发展的纵向比较而言，在生命循环晚期时其资本有机构成往往高于其生命循环的初期，但这并不意味着那些生命循环趋同的部门其资本构成也会趋同，或者处在生命循环初期的部门的资本构成必然比处在生命循环晚期的部门较低。可以设想：钢铁部门和石油冶炼部门即使处在生命循环的初期，它们的资本构成也要比处在生命循环晚期的造纸业或纺织业的资本构成高得多。总之，在长波的上升时期，必然存在着新兴产业部门和传统产业部门的差异。而新兴产业部门的生命周期即可能在支配扩张性长波中起着主导作用。

任何重要的技术创新和新兴产业部门，在经过一个较长时期的发展之后，当其技术的应用得以普及，或产品的需求趋于饱和，其发展的潜力即逐渐衰竭。这时由于投资增长率的开始放慢，投资对收入的负乘数效应和收入对投资的负加速效应都将起作用，生产与消费的矛盾也将重新突出起来。事实上，在长波的上升时期，生产与消费的矛盾从未消失，而是在逐渐积累。投资迅速增长的时期资本利润率的上升，在很大程度上是由于实际工资的增长落后于生产率的增长；工资份额的下降和利润份额的上升会降低社会的边际消费倾向和平均消费倾向，而社会需求的这种相对滞后未能及时显露，是因为当时较高的投资率对经济扩张的带动起着主导作用。直到扩张性长波的较后阶段，由于过度的资本积累和劳动市场趋紧，实际工资的持续增长才可能提高工资份额。但此时的利润率可能由于生产和消费矛盾的加剧已经开始下降。由此而引发的投资率的放慢甚至下降，便会使资本主义经济出现结构性的转折，开始进入长波的萧条阶段。

---

① 《资本论》第3卷，人民出版社1975年版，第162页。

② 《资本论》第3卷，人民出版社1975年版，第162页。

需要指出的是，用剩余价值生产与剩余价值实现之间矛盾的结构性加剧来解释长波向下转折时期一般利润率的先行下降，是完全正确的，但还不够。产品实现的困难有两种主要表现：一是由于产品积压和订货不足而降低企业的开工率，二是企业之间由于竞争加剧而被迫放慢产品价格的上涨甚至不得不降低价格。这是从需求方面对利润的限制。但与此同时，企业生产成本上升的压力也在加强：整个扩张性长波时期平均资本构成的上升提高了企业的资本成本，开工率的下降会使资本成本中的固定部分更为加重；原材料和能源价格的上涨又提高了资本成本中的流动不变资本部分；繁荣末期工资份额的上升则提高了劳动成本。正是来自供给方面的成本上升和来自需求方面的消费不足结合起来对利润形成挤压，才会使一般利润率下降。仅有需求方面的限制是不足以降低利润率的。这就是谢尔曼在解释周期性危机时所提出的“硬果夹”式的利润挤压理论。这个理论在解释周期和危机时具有较强的说服力。尽管用它来说明长波还有许多问题需要研究，但原则上应该说对于长波分析也是适用的。

虽然我们在某些方面作了澄清、修正和补充，提出了若干需要讨论的问题，但必须再次强调，在资本主义基本矛盾（剩余价值生产与剩余价值实现的矛盾）的基础上引入产品创新来分析长波，是对马克思资本积累理论研究上的一个重大的进展。它的重要理论意义在于：第一，将马克思关于资本积累的长期动态理论，放在一个结构性变动的基础上来进行研究。在概念上资本主义经济已经不是在产品不变和产业结构不变的基础上的发展，而是在新产品、新部门不断出现和产业结构不断重组的基础上的演变。这就使得资本积累过程的研究更符合现实，也更具有解释力。第二，推进了对资本主义经济长波的研究。这种研究在探讨资本主义经济在积累过程中的实际演变和阶段性发展具有特殊的重要意义。马克思对资本积累过程中的许多基本变量的动态分析，如积累率、剥削率、资本有机构成、一般利润率等，更重视它们的长期趋势，而对它们在积累过程中的波动，只有一些零星的涉及（如在分析危机问题时）或并不十分明确的暗示。但这些变量在周期中以及特别是在长波中的变动，却正是我们研究现实的资本积累过程所应该特别关注的。虽然国内外已有一些学者在这方面做了不少工作，但在资本积累基本矛盾的基础上引入产品创新，体现了长波研究中的一种新思路。它力图把熊彼特学派技术创新的长波理论与曼德尔的马克思主义的长波理论结合起来。试图论证重大产品创新群集（包括资本品和消费品）出现的内在必然性，同时也强调了一般利润率变动在资本主义经济长期波动中的主导性作用。第三，在引入产品创新时把资本积累过程的基本矛盾放在基础性地位，是坚持马克思主义传统和方法的核心标志。强调剩余价值生产与剩余价值实现之间矛盾的结构性恶化是扩张性长波转入萧条长波的基础性原因，这一论断尤其具有重要的理论和现实意义。

（原文发表于《当代经济研究》2003 年第 4 期）

产品创新与马克思的分工理论

——兼答高峰教授

孟　捷*

在一篇题为《产品创新与资本积累》的论文里，高峰教授对我在《马克思主义经济学的创造性转化》等论著中发表的理论观点[①]，提出了一个全面的、建设性的批评。他首先肯定了我在理论上所做的尝试，指出："近年来，国内有学者将产品创新问题纳入马克思的资本积累理论，将之放在资本积累过程的矛盾运动中来考察。孟捷同志的论著是突出的代表。他从资本积累的结构性矛盾即剩余价值生产和剩余价值实现的矛盾中，从获取相对剩余价值要以不断扩大的使用价值的实现为前提这个相对剩余价值生产的内在条件中，推演出产品创新的必然性……可以说，这一学术成果，是马克思主义资本积累理论研究中的一个重大进展。"[②]另一方面，高峰教授又就一些具体问题提出了商榷，他所提出的问题包括：引入产品创新，是否会动摇马克思资本积累理论的基础？马克思关于一般利润率下降趋势规律的理论是否因产品创新的引入而失效？等等。

这些批评有的是中肯的，有的可能是由我的表述不当所造成的，或者也可能是出于纯粹的误解。不过，尽管存在着若干意见分歧，但双方业已就下述问题达成了共识。第一，必须把产品创新引入马克思主义资本积累理论，而不是把产品创新看作可以抽象掉、不予考虑的因素。第二，必须在资本积累的基本矛盾（即剩余价值生产和剩余价值实现的矛盾）的基础上，把产品创新引入马克思的资本积累理论。在我看来，正是由于形成了这些共识，批评和反批评才可能是建设性的。

---

* 孟捷：清华大学《资本论》与当代问题研究中心教授，博士生导师。

① 参见孟捷：《马克思主义经济学的创造性转化》，经济科学出版社 2001 年版。

② 高峰：《产品创新与资本积累》，《当代经济研究》2004 年第 4 期。

一、产品创新和资本积累

“引入产品创新是否会动摇马克思资本积累理论的基础?”——这是高峰教授所质疑的第一个问题。

在先前的著述中，我提出：“从产品创新的角度看，全部三卷《资本论》建立在不适当的假定基础上。一旦取消这些假定，马克思主义关于资本积累的理论就会呈现出另一个面貌。”①

需要补充的是，《资本论》中那些“不适当的假定”，出现在《资本论》第三卷讨论利润率下降的第十三章，马克思明确地写道：“这里完全撇开了下述情况：随着资本主义生产以及与之相适应的社会劳动生产力的发展，随着生产部门以及产品的多样化，同一个价值量所代表的使用价值量和奢侈品的量会不断增加。”②

高峰教授反对我的上述基本论断，他认为：“产品创新的引入虽然重要，但并不能否定工艺创新和生产率增长在资本积累过程中的普遍性和重大意义。”③ 为此，他提出了以下三点具体的理由。

首先，工艺创新和产品创新的区别是相对的，“工艺创新在大多数情况下，同时就是机器设备、原材料和能源等资本品的产品创新。只有纯粹消费品的创新才是与工艺创新不同的狭义的或严格意义上的产品创新。还有一些产品创新，兼具有资本品创新和消费品创新的两重性”。

其次，高峰教授指出，“能够诱发资本主义经济上升长波的重大产品创新，必须是或主要是能够引起根本性工艺创新的重大的资本品创新”。

最后，消费品创新也离不开工艺创新的作用，“重要的消费品创新不仅需要大量的研发投资，而且在推出新产品后还要投入巨额资本进行工艺创新以提高生产率”。

---

① 孟捷：《产品创新与马克思主义资本积累理论》，张宇、孟捷、卢荻主编：《高级政治经济学——马克思主义经济学的最新发展》，经济科学出版社 2002 年版，第 260—261 页。

② 《马克思恩格斯全集》第 25 卷，人民出版社 1974 年版，第 244 页。

③ 高峰：《产品创新与资本积累》，《当代经济研究》2004 年第 4 期。

此外，高峰教授还认为，我在产品创新的名目下只分析了消费品创新对于资本积累的意义，没有提出一个产品创新的一般理论。

下面，本文将从两个问题着手，对高峰教授的意见给予回应：第一个问题是，如何理解两类创新的区别及其相互之间的关系；第二个问题是，我们是否在分析中排除了资本品创新，仅仅考察了消费品创新对于资本积累的意义。

有必要事先说明的是，关于区分两类创新在方法论上的合理性，即便在新熊彼特派经济学家中也存在着争论。[①] 我们所接受的，是门施(Mensch)、范·杜因（van Duijn）和库姆斯—克莱因克耐希特(Coombs—Kleinknecht）的分类传统。按照这个传统，产品创新和工艺创新不仅可以在经验研究中适当地区分开来，更重要的是，两者对于资本积累的意义是不同的，这正是门施把“基本创新”（建立新部门的产品创新）从其他创新中划分出来时在方法论上的考虑。[②] 我先前的著作接受了门施所开创的这种分类方法。

如果接受两类创新的划分，接下来的问题就是，如何看待两者之间的关系。高峰教授认为，产品创新虽然重要，但并不能否定工艺创新和生产率增长在资本积累过程中的普遍性和重大意义。高峰教授为此而提出的上述三点理由，就其本身而言无疑都是正确的。但是，如果从这三点理由进而推断，和产品创新相比，工艺创新对于推动资本积累具有更为根本的意义，那就未免有些牵强了。

应该承认，在先前的论著里，我过多地强调了两类创新在资本积累中的不同作用和意义，这样做或多或少地给人的印象是，似乎可以把两类创新各自的作用机械地对立起来。在今后的研究中，应该更谨慎、更辩证地对待工艺创新和产品创新之间的关系。

可以这样来概括两类创新之间的关系：一方面，产品创新是以工艺创新为基础的。这体现在，第一，从较长期看，工艺创新和生产率增长

---

① 譬如弗里曼等人和克莱因克耐希特之间的争论，参见 Alfred Kleinknecht，*Innovation Patterns in Crisis and Prosperity*（London：Macmillan，1987），p. 68.

② Gerard Mensch，*Stalemate in Technology*：*Innovations Overcome the Depression*（Cambridge，Massachusetts：Ballinger Publishing Company，1979），pp. 47—48.

不只是推动了资本积累内在矛盾的发展，同时也为产品创新和新部门的出现做了铺垫，例如，马克思曾针对相对剩余价值生产指出："由于生产力提高一倍，以前需要使用100资本的地方，现在只需要使用50资本，于是就有50资本和相应的必要劳动游离出来；因此必须为游离出来的资本和劳动创造出一个在质上不同的新的生产部门，这个生产部门会满足并引起新的需要。"① 第二，正像高峰教授所提到的，对新产品而言，如果不提高生产率即进行工艺创新，就不可能为新产品创造出足够的需求，使奢侈品变成大众消费的必需品，而生产新产品的新行业也就不能获得进一步的发展。

但另一方面，资本主义生产毕竟是以特定使用价值为基础的生产，任何工艺创新和生产率进步都是围绕着特定的使用价值生产而进行的。在资本积累过程中，单纯的工艺创新和生产率进步会加剧使用价值和交换价值的矛盾，并借此而加剧剩余价值生产和剩余价值实现的矛盾。在这一过程中，以工艺创新和生产率进步为基础的价格竞争，将不再是竞争的唯一重要手段，就像熊彼特所说的："在迥然不同于教科书所说的资本主义现实中，有价值的不是那种竞争（按：指传统的价格竞争），而是新商品、新技术、新供应来源、新组织形式的竞争……这种竞争比其他竞争有大得多的效率，犹如炮轰和徒手攻击的比较。"②

因此，就两类创新的关系而言，较稳妥的看法是把它们作为互为前提、彼此补充的关系。工艺创新和生产率进步并不具有凌驾于产品创新之上的更重要的意义。

产品创新和工艺创新还可以在下述意义上区分开来：工艺创新和生产率的增长有助于造成某种产品物质上的丰裕，而产品创新则会不断地再生产出物质上的相对匮乏。在这里，丰裕是相对于具体某种产品而言。

资本主义一方面造就了物质生产的潜在丰裕，另一方面又使物质匮乏制度化；一方面群众的许多基本需要尚未得到满足，另一方面又直接地或间接地强迫他人生产以满足个别人的奢侈需要。

---

① 《马克思恩格斯全集》第46卷上册，人民出版社1979年版，第391—392页。

② ［美］熊彼特：《资本主义、社会主义与民主》，商务印书馆1999年版，第148—149页。

高峰教授还认为，我在讨论产品创新的时候，我排除了资本品创新，仅仅考察了消费品创新——这个批评纯粹是对我的误解。为了便于解释清楚，有必要介绍一下我在先前的著作中提出来的基本理论观点。正如高峰教授所认同的，我是从资本积累的基本矛盾出发来引入产品创新的，并把这个基本矛盾界定为剩余价值生产和剩余价值实现之间的矛盾，即使用价值和价值之间的矛盾，看作推动资本积累的基本矛盾激化的动力。为了分析剩余价值生产和剩余价值实现之间的矛盾，我引入了一个最先由日本学者置盐信雄提出来的再生产均衡条件①，即：

$$aS_1^t + aS_2^t = S_{1c}^{t+1} + S_{2c}^{t+1} + S_{1v}^{t+1} + S_{2v}^{t+1} \quad (1)$$

该式的左端是当一个再生产时期结束时两大部类各自生产出来的剩余价值中未消费的部分，也可以看作是两部类资本家的意愿积累，a为意愿积累率。右端则代表决定剩余价值实现的需求项目，S_c 和 S_v 分别表示剩余价值中用于购买新资本品和雇佣新工人的支出，即两部类资本家的实际积累。上标 t 和 t+1 在这里表示剩余价值生产和实现在时空及概念上的差异。

第（1）式表明，生产出来的剩余价值的实现程度，取决于两部类资本家自己的实际积累。按照《资本论》第一卷的说明，已实现的剩余价值是资本积累的源泉。而新的均衡条件则揭示了相反的关系：在宏观层面，两部类资本家阶级的实际积累是剩余价值实现的决定条件。马克思再生产图式所蕴含的这个结论，和卡莱茨基的著名观点是一致的——是资本家阶级的投资决定了他们所能得到的利润，而不是相反。卡莱茨基曾在这个观点的基础上进一步提出：投资的决定因素，是全部政治经济学的最重要的问题。可是，卡莱茨基本人也没有解决这个“最重要的问题”，他和同时代的凯恩斯一样受到总量分析的限制，没有分析为熊彼特所注重的、在总量的表面下经济结构的变化，没有深入研究投资于产品创新对于资本积累的意义。正是在这一点上，我们曾指出，有必要把马克思—卡莱茨基传统和新熊彼特派的产品创新理论结合起来。

---

① Nobuo Okishio, “On Marx's Reproduction Scheme,” *Kobe University Economic Review*, Vol. 34 (1988): 7, 15—16.

积累或投资是“资本主义机构的主动轮”。但是，从剩余价值生产和剩余价值实现的矛盾来看，投资不能单纯地以工艺创新为目的，纯粹的工艺创新在长期内会加剧社会总资本的实现困难，导致过度竞争和通货紧缩；投资必须以新产品、新行业为对象，而新产品既可以是直接消费品，也可以是生产资料或中间产品。弗里曼和卢桑（卢桑是葡萄牙学者，在先前的著作里，我们曾按英语发音译为卢科）曾指出，历史上每一次工业革命都具有以下特点，即会出现一种或几种在经济中得到普遍运用的核心投入，例如，像钢铁、电力、半导体芯片等。[①] 虽然这些核心投入的使用会在相关行业引起工艺创新，但毕竟这是前所未有的、新的投入品，因此，这是产品创新，或者是可以和工艺革命相结合的产品创新，而不是单纯的工艺创新。这种核心投入品的生产会形成新的行业，并因此而扩大社会分工的体系，以解决实现问题。正是在上述分析的意义上，我们主张，投资于产品创新与投资于工艺创新可以而且必须在概念上适当地区分开。虽然工艺创新和生产率的增长在资本积累过程中具有某种普遍性，但这种普遍性并不意味着我们可以忽略产品创新和工艺创新在分析上的区别，也不意味着在考察资本积累和利润率下降时可以把产品创新抽象掉（在《资本论》里，马克思正是这样做的，不过，在《资本论》的两部重要手稿，即《经济学手稿（1857—1858 年）》和《经济学手稿（1861—1863 年）》里，马克思都强调了产品创新及其在资本积累中的重要性）。总之，在先前的著述中，我们从未将注意力仅仅集中在消费品创新的意义上，而是力图提出一个适用于所有产品创新的一般理论框架。

“马克思关于一般利润率下降的理论是否因产品创新的引入而失效?”——这是高峰教授提出来的第二点质疑。

我曾指出，《资本论》第三卷的利润率下降理论包含着下述错误：利润率下降建立在剩余价值生产条件即有机构成的变化的基础上，而不是建立在生产和流通、剩余价值生产和剩余价值实现的矛盾基础上。另一

① Chris Freeman and Francisco Louca, *As Time Goes By*: *From the Industrial Revolutions to the Information Revolution* (Oxford University Press, 2002).

方面，马克思将一般利润率下降作为资本主义经济运动规律中最重要的一条规律，但是正如曼德尔曾指出的，这一规律在马克思那里是一个不受具体历史时间框架约束的抽象趋势，与资本积累的现实动态毫无联系。[①]

高峰教授主张，要区分利润率的周期性下降和长期下降。他说："马克思把危机前夕和危机期间一般利润率的下降归因于剩余价值生产和剩余价值实现的矛盾，是把它看作一种周期性的现象，这种周期性的现象与利润率的长期趋势显然是不能等同的。"在他看来，可以直接用资本积累的基本矛盾来解释利润率的周期性下降，而利润率的长期下降则仍然要用有机构成的提高来解释。接着高峰教授自己提出了问题："用资本有机构成的提高来论证一般利润率的下降趋势，是否就意味着否认剩余价值生产与剩余价值实现的矛盾的基础作用呢？我不这样认为。"

高峰继续写道："马克思既然把这个矛盾看作是资本的基本矛盾，它当然始终存在并制约着资本的运动。资本有机构成提高只是为一般利润率下降趋势提供了一个直接的条件，使单位资本在生产领域中只能雇佣更少的劳动从而榨取到较少的剩余价值。但如果不存在剩余价值生产与剩余价值实现这个基本矛盾，资本生产的产品不需要出售而实现其价值，或者资本可以超越社会需求的限制任意提高产品的价格等，那么，即使资本的技术构成从而价值构成提高，资本的利润率也可以不下降，甚至根本谈不到什么利润率的问题。可见，当马克思把一般利润率下降趋势归因于资本有机构成的提高趋势时，资本主义生产所特有的剩余价值生产与剩余价值实现的这个基本矛盾，已经是不言自明的暗含的基础和前提了。"[②]

在这里，——如果我们没有理解错的话——，高峰教授所认可的资本积累基本矛盾的作用，只限于约束垄断价格的形成，即要求资本产品按其价值出售。的确，如果资本产品可以高于价值出售，就不会产生利润率下降的问题。但问题是，资本积累基本矛盾的作用和影响并不限于

---

① 参见孟捷：《马克思主义经济学的创造性转化》，经济科学出版社2001年版，第105页。

② 高峰：《产品创新与资本积累》，《当代经济研究》2004年第4期。

此。在先前的著作中，我们还提出，《资本论》第三卷在讨论利润率下降的时候，事实上假定生产出来的剩余价值全部得到实现，在马克思使用的利润率公式 r=S/K 中，S 指的是生产出来并全部实现的剩余价值。资本积累基本矛盾对利润率长期运动的约束还可能体现在，首先，利润率不仅会因有机构成提高而下降，而且会因剩余价值实现困难而加剧下降；其次，实现困难会使马克思所讲的利润率下降和利润量上升这两者并存的现象不复成立。高峰教授能对此回避不谈，是因为他预先在方法论上区分了利润率的周期性下降和长期下降，并把这些可能性从利润率长期下降中抽象掉了。

这样，问题就绕回到如下形式：有没有可能在资本积累和利润率的现实运动之外构造一个抽象的利润率“长期下降”趋势？鉴于利润率的长期下降是由于有机构成提高而引起的，问题就可进一步归结为：有机构成提高是否能在理论上当作一个长期规律？对这个问题，高峰教授在他自己先前的著作中曾经讨论过，而且给出了与他现在的看法不同的结论，我们不妨从他的《资本积累与现代资本主义》一书里摘引一段（顺便说一下，这本书迄今为止仍然代表着国内研究资本积累理论的最高水平）：“总的看来，资本有机构成提高的必然性，马克思的论证是不够充分的，后来的马克思主义者也没有提出有分量的论据。某些赞成资本有机构成提高规律理论的经济学家也承认，这个问题还需要进一步讨论。甚至有人认为，资本价值构成的提高本来就不能用数学推导来证明，而应看作是马克思的一个经验命题。不管怎样，这个问题有待理论上的进一步探讨。我们现在可以做的，是对经验材料进行分析，研究资本价值构成变动的实际情况究竟如何。在理论暂时不能作结论的地方，只好看事实究竟说些什么。”①

曼德尔主张，利润率动态应该纳入具体的时间框架来考察，我赞同这个观点。高峰教授提到了和古典危机联系在一起的利润率的周期性下降，但利润率运动还可以和经济长波联系起来。在我们看来，应该加以区分的，不是高峰教授谈到的利润率的周期性下降和长期下降，而是与

① 孟捷：《马克思主义经济学的创造性转化》，经济科学出版社 2001 年版，第 111 页。

古典周期相联系的利润率动态和与长波相联系的利润率动态。关于这两种利润率动态之间的区别，以及资本积累基本矛盾在其中的作用，我曾提出了以下假说："剩余价值生产和剩余价值实现之间的矛盾作为资本积累的结构性矛盾，既可以解释古典经济周期，也可用以解释资本积累的长波。两种现象的区别在于，长波产生的基础，是通过重大产品创新蜂聚建立起来的新兴产业部门的生命循环；而正常的经济周期作为短期波动，可以看作前述矛盾在主导产业部门既定不变的基础上运动的结果。"①利润率动态也应该在这样的基础上来解释。

二、产品创新与两类分工的发展

在先前的著作里，我写道："资本主义生产方式只有在一个不断扩容的分工体系中才能繁盛起来。产品创新及新兴产业部门的建立，在质上扩大了劳动的社会分工体系，使得'劳动（从而剩余劳动）的质的差别的范围不断扩大，越来越多样化，本身越来越分化'，由此扩大了既有的交换价值体系，为资本创造了对等价值的新的源泉。卢森堡在强调资本积累的地域空间的重要性的时候，忽略了分工和交换价值体系的内生性扩张。资本可以通过这种内生空间的创造，周期性地克服它在运动中、在时间中遇到的界限。"②

毫无疑问，这些认识还是粗浅的，应进一步深化。产品创新和分工的发展始终是联系在一起的，但分工发展的具体机制还有待进一步的分析。

早在《德意志意识形态》里，马克思就强调了分工的极端重要性，他说："一个民族的生产力发展的水平，最明显地表现于该民族分工的发展程度。任何新的生产力，只要它不是迄今已知的生产力单纯的量的扩大（例如，开垦土地），都会引起分工的进一步发展。"③

---

① 高峰：《资本积累与现代资本主义》，南开大学出版社1991年版，第81页。

② 孟捷：《马克思主义经济学的创造性转化》，经济科学出版社2001年版，第103页。

③ 《马克思恩格斯选集》第1卷，人民出版社1995年版，第68页。

在《经济学手稿（1861—1863年）》里，马克思系统地分析了分工，并研究了从古希腊以来的分工思想史，提出分工“是政治经济学的一切范畴的范畴”①。后来出版的《资本论》第一卷，基本上没有超出《经济学手稿（1861—1863年）》中已有的思想。而且，由于马克思在《资本论》里抽象了产品创新，分工在理论上的极端重要性甚至有所弱化。今天，如果我们想要全面了解马克思关于分工的思想，还须求助于《经济学手稿（1861—1863年）》。

在《经济学手稿（1861—1863年）》里，马克思把劳动的社会分工称作“第一类分工”，把工厂内部的分工称作“第二类分工”。他说：“第一类分工是社会劳动分成不同的劳动部门；第二类分工是在生产某个商品时发生的分工，因而不是社会内部的分工，而是同一个工厂内部的社会分工。”② 在《资本论》里，马克思也曾概括了这两类分工的区别③，这些观点是为大家所熟悉的，有人甚至据此认为，马克思片面地强调了两类分工之间的对立。而在《经济学手稿（1861—1863年）》里，则提出了两类分工的相互促进、协同演进的思想，这一思想一般而言不太为人所熟悉，我们尝试着把这一思想概括为以下两个方面。

第一，两类分工是相互促进、相互产生的。马克思说：“很清楚，(1)这种分工（按：指第二种分工）以社会分工为前提。只是由于在商品交换中发展起来的社会劳动的分化，不同的劳动部门才互相分离，使每个特殊部门从事专门劳动，在这种专门劳动内部又可以分为几个部分。(2)同样也很清楚，第二类分工又必然会发生反作用，扩大第一类分工。首先，因为第二类分工与所有其他的生产力的共同之处，就是会缩短生产某种使用价值所需要的劳动，因而就为一个新的社会劳动部门腾出了劳动。其次，——这是第二类分工所特有的，——因为第二类分工能够通过它的分解过程把一个专业划分为若干部分，结果是同一个使用价值的各个组成部分现在可以被当作彼此互相独立的不同商品来生产，或者也可以说，同一个使用价值的不同种类，过去属于同一个生产领域，现

① 《马克思恩格斯全集》第47卷，人民出版社1979年版，第304页。

② 《马克思恩格斯全集》第47卷，人民出版社1979年版，第305页。

③ 《马克思恩格斯全集》第23卷，人民出版社1972年版，第393—395页。

在由于个别生产领域的分解而属于不同的生产领域。”[①]

在和上述引文不远的另一个地方，马克思把两类分工之间相互作用的关系称为“分工导致了进一步的分工”[②]。

在上述引文中，第（1）点即社会分工对工厂内部分工的促进作用，可以看作“斯密定理”的运用，即工厂内部分工的发展是以市场规模的扩大为基础的。这样说是因为，在马克思那里（譬如在《资本论》第二卷），市场被理解为在社会分工中并立的、不同部门的生产活动间的相互联系。

第二，在上述认识的基础上，马克思为自己进一步提出了一个问题，他写道：“下面我将进一步研究：为什么那种通过商品交换互相补充成整个社会生产、并通过竞争和供求规律对这种社会生产的各个代表发生作用的社会内部的分工，会同那种标志资本主义生产特征、完全消灭工人的独立性并使工人变成在资本指挥下的社会机构的部件的工厂内部的分工，并行不悖地一起向前发展。”[③] 应该指出，马克思虽然提出了这个问题，但并没有就此给出一个全面、深入的答案，只为我们留下了一些重要的提示。在设定了上述问题后，马克思转而考察了斯密的分工理论，他反复指出，斯密的缺点是，没有把第二类分工即工厂内部的分工“理解为特殊的、别具一格的、标志着资本主义生产方式的特征的形式”[④]。马克思自己力图论证这一点，提出工厂内部的分工除了要求社会分工已经达到了相当高的水平、各个生产领域已经相互分离之外，还要求许多工人在资本的指挥下结合在一个工厂里，也就是说，资本必须达到相当的规模。[⑤]

其实，不仅第二类分工是资本主义生产方式所特有的形式，第一类分工从其具体的实现形式来看，也带有资本主义的标志。在谈到社会分工时，马克思的措辞是：“那种通过商品交换互相补充成整个社会生产、

---

① 《马克思恩格斯全集》第 47 卷，人民出版社 1979 年版，第 304—305 页。
② 《马克思恩格斯全集》第 47 卷，人民出版社 1979 年版，第 309 页。
③ 《马克思恩格斯全集》第 47 卷，人民出版社 1979 年版，第 309 页。
④ 《马克思恩格斯全集》第 47 卷，人民出版社 1979 年版，第 306 页。
⑤ 《马克思恩格斯全集》第 47 卷，人民出版社 1979 年版，第 307、336 页。

并通过竞争和供求规律对这种社会生产的各个代表发生作用的社会内部的分工。”因此，可以说马克思在此处所谈论的劳动的社会分工，并不是适用于一切社会的抽象范畴；在讨论两类分工的关系时，马克思也没有把劳动的社会分工看作工厂内部分工的抽象一般的前提。马克思着眼于劳动的社会分工的具体实现形式，并力图考察这种“通过商品交换互相补充成整个社会生产、并通过竞争和供求规律对这种社会生产的各个代表发生作用的社会内部的分工”，与工厂内部分工之间的关系。马克思最后发现，这两类分工其实是“一致的”，也就是说，彼此构成了一个有机的整体，“可以得出结论说，社会内部的自由的、似乎是偶然的、不能控制的和听凭商品生产者的任意行动的分工同工厂内部的系统的、有计划的、有规则的、在资本的指挥下进行的分工是一致的，而且这两种分工是齐头并进地向前发展的，通过相互作用而相互产生”[①]。

马克思接下来立刻和别的社会形式做了类比：“相反，在社会分工表现为固定的法律、外在的法规并受规章支配的社会形式中，作为工厂手工业的基础的分工并不存在，或者只是偶然见到并处于初级阶段。例如，行会规章规定了一个师傅可以雇用的徒弟的非常低的最高限额。正是这种情况，妨碍着师傅发展成为资本家。因此，分工自然就从工场内部被排除了。(这一点还要比较详细地叙述。)”[②]

这个类比表明，在马克思看来，如果社会分工不具有资本主义的实现形式，工厂内部分工也难以得到发展。由此可以看出，《经济学手稿(1861—1863年)》里所讨论的两类分工相互作用、相互产生的关系，是一种存在于资本主义生产方式之中的关系。马克思的这个类比，还使我们产生联想——能否将这个观点运用到和现实社会主义计划经济的类比中去呢？两类分工的关系在现实社会主义计划经济中会采取什么样的形式呢？

在马克思所设想的分工的发展过程中，一方面，存在着两类分工的差别和对立，另一方面，两类分工又相互促进、相互产生，使“自由的、

① 《马克思恩格斯全集》第47卷，人民出版社1979年版，第356—357页。
② 《马克思恩格斯全集》第47卷，人民出版社1979年版，第357页。

似乎是偶然的、不能控制的和听凭商品生产者的任意行动的”局面不至陷于完全崩溃，并有可能达成某种平衡或秩序。对于这两方面的矛盾关系，《资本论》第一卷提供了以下重要的论述：“在（资本主义）工场手工业中，保持比例数或比例的铁的规律使一定数量的工人从事一定的职能；而在商品生产者及其生产资料在社会不同劳动部门中的分配上，偶然性和任意性发挥着自己的杂乱无章的作用。诚然，不同的生产领域经常力求保持平衡，一方面因为，每一个商品生产者都必须生产一种使用价值，即满足一种特殊的社会需要，而这种需要的范围在量上是不同的，一种内在联系把各种不同的需要量连接成一个自然的体系；另一方面因为，商品的价值规律决定社会在它所支配的全部劳动时间中能够用多少时间去生产每一种特殊商品。但是不同生产领域的这种保持平衡的经常趋势，只不过是对这种平衡经常遭到破坏的一种反作用。”①

这种“保持平衡的经常趋势”与“平衡经常遭到破坏的”反趋势，是一对具有互补性的矛盾，资本主义经济的发展就是这两种趋势的不断相互转化。马克思的这个思想，和现代演化经济学家的思想是惊人的一致的，让我们从先前的文章里摘引一段：“纳尔迅和温特是上个世纪80年代以来出现的、方兴未艾的‘演化经济学’的代表人物，他们曾正确地指出：自亚当·斯密以来，经济学所关注的首要问题是，由各种分散决策所产生的经济活动，如何形成了整个经济中的秩序。对于演化经济学来说，秩序并不等于均衡，秩序毋宁说存在于均衡和非均衡的互补性之中。以研究技术创新和长波理论而知名的弗里曼和卢桑，也在方法论上论述了与此相关的问题，他们使用了‘协调’这一概念(coordination)，指出：‘协调概念解释了，为什么存在着非均衡过程，以及非均衡过程为什么会受到约束……为什么结构性的不稳定性持续地存在着，但又不会驱使整个系统朝向爆炸性毁灭。’另一方面：‘存在着协调这一事实并不意味着就存在着和谐或均衡，不管均衡在意识形态的意义上指的是资本主义经济的一般特征，或者在其精确意义上指的是市场体系所具有的持久的动态稳定性特征。’两位作者还写道：‘马克思已经

① 《马克思恩格斯全集》第23卷，人民出版社1972年版，第394页。

预见到‘资本主义作为整体’的协调过程的重要性，并把协调解释为各种基本趋势和反趋势——也就是冲突——的结果。’”[①]

弗里曼和卢桑对马克思的理解是非常正确的。必须强调指出的是，马克思的关于资本主义市场经济存在着“协调”机制的思想，和传统马克思主义对市场经济的某些评价之间是有矛盾的。在《反杜林论》里，恩格斯曾经提出“个别工厂中的生产组织性和整个社会中生产的无政府状态之间的对立”[②]，是资本主义生产方式的基本矛盾。按照恩格斯的观点，资本主义市场经济事实上不可能内生地形成“协调”机制，无法达成任何秩序，只能导致“整个社会中生产的无政府状态”，带来混乱和危机。这个观点日后在马克思主义经济学中产生了深远的影响，并且不断被强化。到了第二国际理论家那里，争论的焦点成为，资本主义经济将以何种方式不可避免地走向崩溃。在列宁那里，为了解决恩格斯提出的矛盾，提出了整个经济将变成一个大工厂的思想，这样一来，由于把个别工厂扩大到全社会，工厂内部分工和劳动的社会分工的区别就消失了。显然，如果今天我们还坚持这类传统观点不变的话，那就等于默认，马克思主义经济学无法提供一个合理的理论，以解释发展市场经济的必要性。[③]（参见下图1对传统马克思主义、新古典经济学和演化经济学的三种不同观点的描述）

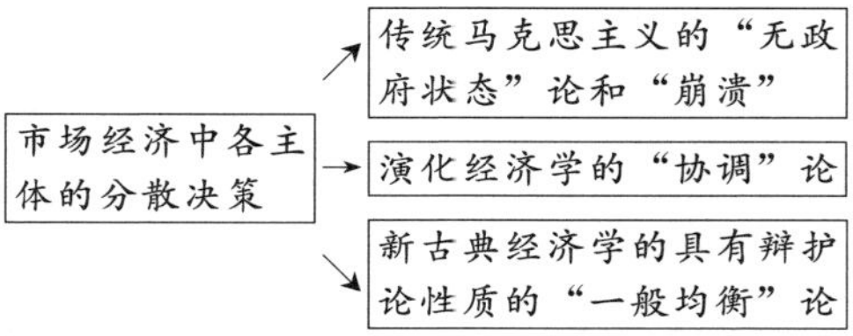

图1　从市场经济各主体的分散决策中所产生的三种理论结果

① 孟捷：《劳动价值论与资本主义再生产中的不确定性》，《中国社会科学》2004年第3期。弗里曼和卢桑的观点见于Chris Freeman and Francisco Louca，*As Time Goes By*：*From Industrial Revolution to the Information Revolution*（Oxford University Press，2002），p. 120，121.

② 《马克思恩格斯选集》第3卷，人民出版社1995年版，第624页。

③ 传统马克思主义留下的空白自然就被新古典经济学填补了。与传统马克思主义彻底否定市场经济具有协调两类分工并达成某种经济秩序的思想相反，新古典经济学通过市场均衡的概念在意识形态上制造了对市场经济的非批判的物神崇拜。

马克思在《经济学手稿（1861—1863年）》里强调两类分工的相互作用和协同演进的时候，没有像恩格斯那样，仅仅从对立的角度来考察两类分工，也没有从根本上否定市场经济在协调两类分工的关系，从而达成某种秩序上所起的作用。在经典作家的文本中，这样的思想是极为珍贵的，它为我们在今天发展一种科学的市场经济理论提供了出发点。

（原文发表于《当代经济研究》2004年第9期）

关于“重新建立个人所有制”错误观点和错误翻译的几个问题

王成稼*

一、“重新建立个人所有制”的内涵

“重新建立个人所有制”是马克思在1867年出版的《资本论》第一卷第二十四章第七节论述资本主义积累的历史趋势时提出来的。他以英国封建社会末期典型的历史事实为依据，把生产方式的产生、发展和消亡作为自然历史过程进行了分析和阐释，并认为资本主义生产方式的产生、发展和消亡也是一个自然历史过程。资本主义社会实现了生产社会化，生产过程由个人行为转变为社会行为。生产社会化大大提高了生产技术和劳动生产率，但同时也产生了资本主义基本矛盾。这说明，资本主义生产关系已不适合社会生产力的发展，如马克思指出的“生产资料的集中和劳动的社会化，达到了同它们的资本主义外壳不能相容的地步”。同时也表明，在资本主义生产方式下发展起来的社会生产力，为解决资本主义基本矛盾准备了充分的物质条件；由资本主义生产过程本身的机制所训练、联合和组织起来的工人阶级，为解决这一矛盾准备了充分的精神条件。而解决的途径就是剥夺剥夺者，无产阶级取得政权，用社会主义公有制代替资本主义私有制。

马克思在历史和逻辑相一致的基础上，强调重建或恢复“个人所有制”的重要意义。他说，“资本主义的私有制，是对个人的、以自己劳动

* 王成稼，中国社会科学院经济研究所教授。

为基础的私有制的第一个否定。但资本主义生产由于自然过程的必然性，造成了对自身的否定。这是否定的否定。这种否定不是重新建立私有制，而是在资本主义时代的成就的基础上，也就是说，在协作和对土地及靠劳动本身生产的生产资料的共同占有的基础上，重新建立个人所有制”①。马克思虽然没有明确提出所有制关系演进过程的起点就是“个人所有制”，但强调它的终点是重建或恢复“个人所有制”，也就是在生产资料公有制的基础上重建或恢复（原文是 wiederherstllen）“个人所有制”。因此，“重新建立个人所有制”的内涵是在生产资料公有制的基础上重建生活资料个人所有制，而不是重建生产资料个人所有制。

二、对“重新建立个人所有制”内涵认识的错误观点

对“重新建立个人所有制”内涵认识的错误观点认为“重新建立个人所有制”是重建生产资料的“个人所有制”，其中一种观点认为是重建私有制，另一种观点认为是重建公有制。对第一种错误观点，马克思在后来的版本中已明确指出，“重建个人所有制不是重新建立私有制”，但有人受形而上学的否定之否定规律迷惑，认为“重新建立个人所有制”的逻辑起点是生产资料私有制，否定之否定以后，应在更高形式上重建或恢复私有制。持第二种错误观点的人是被黑格尔唯心主义哲学盖在否定之否定这一规律上面的神秘面纱迷住了眼睛，看不见它是一个普遍起作用的“自然、历史和思维的发展规律”，历史上的典型人物就是杜林先生。《资本论》第一卷第一版面世后，他第一个跳出来说马克思借助黑格尔的否定之否定方法说明“从十六世纪以来通过上述方法实现的个人所有制的消灭，是第一个否定。随之而来的是第二个否定，它被称为否定的否定，因而被称为‘个人所有制’的恢复，……这种新的‘个人所有

① 《资本论》第1卷，人民出版社2004年版，第874页。

制'……正表现出黑格尔的更高的统一"[①]。杜林认为马克思混淆个人所有制与公有制的区分，随意编造出"这种新的'个人所有制'在马克思先生那里同时也称为'公有制'……马克思先生安于他那既是个人的又是公共的所有制的混沌世界"的言论。这完全是杜林强加给马克思的。

杜林对马克思的挑战在当时社会思想领域中造成极其恶劣的影响。因此，马克思和恩格斯决定由恩格斯主笔二人合作，对杜林的错误观点进行反击，出版了《反杜林论》。恩格斯在序言中说："我的这部著作如果没有他的同意就不会完成"，"在付印之前，我曾把全部原稿念给他听，而且经济学那一编的第十章《〈批判史〉论述》就是由马克思写的"。[②] 由此可充分肯定恩格斯对"重新建立个人所有制"内涵的阐释完全是马克思的原意，是最权威的阐释。然而，时至今日，杜林的影响依然存在，在我们国内还有某些学者和教授，特别是从事马克思主义经济思想史研究的教授，仍坚持杜林强加给马克思的观点，硬说恩格斯的解释是错误的。

恩格斯经马克思首肯的解释是："处于这个'混沌世界'的不是马克思，而又是杜林先生自己。""靠剥夺剥夺者而建立起来的状态，被称为以土地和靠劳动本身生产的生产资料的公有制为基础的个人所有制的恢复。对任何一个懂德语的人来说，这就是，公有制包括土地和其他生产资料，个人所有制包括产品即消费品。"[③] 马克思在《资本论》中设想了一个自由人联合体，即按社会主义原则组织起来的联合体，"这个联合体的总产品是一个社会产品。这些产品的一部分重新用作生产资料。这一部分依旧是社会的。而另一部分则作为生活资料由联合体成员消费。因此，这一部分要在他们之间进行分配"[④]。这里把二者区分得清清楚楚，恩格斯说："甚至六岁的儿童也能明白这一点"。马克思在《哥达纲领批判》中也极其明确地指出，在生产资料公有制的条件下，劳动者除了个人的消费资料，没有任何东西可以成为个人的财产。[⑤]

---

① 《马克思恩格斯选集》第 3 卷，人民出版社 1972 年版，第 169 页。
② 《马克思恩格斯选集》第 3 卷，人民出版社 1972 年版，第 49 页。
③ 《马克思恩格斯选集》第 3 卷，人民出版社 1972 年版，第 170 页。
④ 《资本论》第 1 卷，人民出版社 2004 年版，第 96 页。
⑤ 《马克思恩格斯全集》第 19 卷，人民出版社 1963 年版，第 21 页。

马克思和恩格斯用《反杜林论》一书的三章编成的《社会主义从空想到科学的发展》小册子中写道："资本主义的占有方式……让位于那种以现代生产资料的本性为基础的产品占有方式：一方面由社会直接占有，作为维持和扩大生产的资料，另一方面由个人直接占有，作为生活和享乐的资料。"① 在这里，马克思和恩格斯把从社会主义生产方式中产生的社会主义占有方式，即社会直接占有生产资料，个人直接占有生活资料，划分得明明白白。

混同论者之所以陷入"混沌世界"，在方法论上是由于抓不住黑格尔形式逻辑的合理内核，片面强调"重新建立个人所有制"的逻辑起点是生产资料所有制，否定之否定后，怎么会变成生活资料所有制？百思不得其解。因此，顽固地断定生产资料既是个人的又是公共的。他们忽视了马克思提出"重新建立个人所有制"不是片面的单从某一点上提出的，而是全面的即从生产方式中产生的占有方式的演变、从生产的目的和手段、从所有制的主体和客体、从产品的生产和分配、从消费品的分配和消费的关系上综合考查分析提出的。生产方式和从中产生的占有方式的演变分三个阶段：第一阶段，分散的个体劳动者直接与生产资料相结合，生产的产品是用于劳动者个人及其家庭的消费。第二阶段，社会化大生产的发展，剥夺了劳动者的生产资料，生产的产品不是自给自足，而是由生产资料的所有者用于获取利润。第三阶段，劳动者重新占有生产资料，重新与生产资料直接结合，实现了生产资料公有制，生产的产品部分作为生产资料用于扩大再生产，部分作为生活资料用于劳动者个人的全面发展。个人所有制就是通过这样一个自然历史过程和否定之否定相一致的逻辑过程产生出来的。

三、关于"重新建立个人所有制"的错误翻译

对"重新建立个人所有制"的错误翻译主要有以下三方面。

---

① 《马克思恩格斯全集》第19卷，人民出版社1963年版，第241页。

第一，“在资本主义时代的成就的基础上，也就是说，在协作和对土地及靠劳动本身生产的生产资料的共同占有的基础上，重新建立个人所有制”应译为“在资本主义时代的成就即协作和在土地及靠劳动本身生产的生产资料公有制的基础上，重新建立个人所有制”。首先，从译文上看，生产资料“公有制”原文是“Gemeinbesitz”，属于生产关系的范畴，译为“共同占有”，这从辞典上是找不到根据的。认为共同占有不是公有或公有制，而是共同使用，更是错上加错，因为不仅在译文上，而且在理论上乜离开了马克思的本意。其次，从译者经济学和哲学基础看，他们把时代搞混了，马克思的原意不是在资本主义生产方式的基础上“重新建立个人所有制”，而是在“剥夺剥夺者以后”，在无产阶级取得国家政权以后，在社会主义时代，在社会主义生产方式的基础上，“重新建立个人所有制”。在资本主义社会劳动者被剥夺了生产资料和生活资料，为生存不得不出卖劳动力的条件下，以什么为基础来重新建立个人所有制?

第二，关于“Gemeinbesitz”的翻译。正确翻译“Gemeinbesitz”对正确理解“重新建立个人所有制”的内涵十分重要。首先，“Gemeinbesitz”由形容词“gemein”和名词“Besitz”合成的，只有一种含义，即“公共财产，公有制”。（见商务印书馆、上海译文出版社、外语教学与研究出版社出版的《德汉词典》）这与世界图书出版公司出版的最具权威性的《杜登通用德语词典》的解释也是完全一致的。其次，在马克思亲自修订出版的《资本论》第一卷第一版、第二版上都明确写道“在生产资料公有制的基础上重新建立个人所有制”。在《反杜林论》的引文中也明确写道，“公有制为基础的个人所有制”，而且把“为基础”三个字加上了着重号，以提示人们不要陷入把个人所有制与公有制混为一谈的“混沌世界”。

有人对马克思和恩格斯很不理解，认为马克思所说的“重新建立个人所有制”是建立生产资料公有制，只是在文字上遇到了矛盾，即在生产资料公有制基础上建立生产资料公有制，同义反复。所以，恩格斯才将“重新建立个人所有制”解释为重建生活资料的个人所有制。这完全是强加给马克思和恩格斯的，他们从未把个人所有制与公有制画等号。在这种公有制基础上建立公有制的同义反复的逻辑错误，正是等同论者的荒唐之处。他们还说恩格斯的这种解释又引起了种种质疑。所以，马克思在《资本论》法文版中做了重要修改，即将德文第一版、第二版中的"生产资料的公有制"修订为生产资料的"共同占有"。生产资料的共同占有不是公有制。所以，把重新建立的个人所有制解释为生产资料公有制是完全合乎逻辑的。这种臆想和编造更加荒唐。因为，第一，"Gemeineigentum"改为"Gemeinbesitz"后，其内容并没有改变，也是指公共所有制。公共所有制"Gemeineigentum"和个人所有制"Idividuelles Eigentum"都包含"Eigentum"。从文字上看，前者指生产资料，后者指生活资料，为防止把个人所有制误解为生产资料个人所有或生产资料公有制，马克思才这样改动的。第二，即使把生产资料公有制译为生产资料共同占有，这与马克思恩格斯著作中生产资料的所有和占有，在通常的情况下也是通用的。马克思在《政治经济学批判》中论述一般所有制时说："一切生产都是个人在一定社会形式中并借这种社会形式而进行的对自然的占有。在这个意义上，说所有制（占有）是生产的一个条件，那是同义反复。"[①]

上述臆想和编造产生的原因除把资本主义时代的成就译成等于协作加公有制而忽略二者间的中介环节外，另一个原因是把自己的思维锁定在资本主义时代的成就框框内，把公共所有改译为共同占有，进而把共同占有解释为共同使用。译者避开马恩著作中关于占有生产资料的理论，而用个别的例子来论证"共同占有不是公有或公有制，而是共同使用"，并论证说："在马克思的著作中'占有'（Besitz）一般是指'使用'并不是指'所有'。例如：'可以设想有一个孤独的野人占有东西。但是在这种情况下，占有并不是法的关系'"[②]。这种翻译和论证都是错误的：第一，根据德汉词典的解释，Besitz这一名词有两层含义：占有或获得某物；所有物、财产、产业，并没有"使用"之意。第二，拿"一个孤独的野人"占有或获得某物不是法的关系（那个时代根本就没有法的存在）来证明现代有法可依的社会非孤独的文明人的占有不是法的关系，这一

① 《马克思恩格斯选集》第2卷，人民出版社1972年版，第90页。

② 冯文光、张钟朴：《法文版〈资本论〉的独立科学价值》，黑龙江人民出版社1985年版，第186页。

点也值得商榷。难道说资本家占有生产资料“不是法律意义上的实际占有吗?”难道《物权法》规定的对物的占有也不是法律意义上的实际占有吗？第三，如果把翻译家上述引文前后联系起来看，就会看出马克思并不是否定占有与法的关系，而是肯定二者之间的关系。马克思说：“黑格尔论法哲学，是从主体的最简单的法的关系即占有开始的，这是对的。”又说：“占有倒总是以这个‘比较具体的法的范畴’为前提的”①。

有些不懂德语的教授和学者在上述误导下，在马克思论述资本主义时代生产资料的集中和劳动的社会化的进程中寻找生产资料的共同占有不是所有而是使用的证据。他们说，小生产者的“生产方式是以土地和其他生产资料的分散为前提的。它既排斥生产资料的积聚，也排斥协作……一旦资本主义生产方式站稳脚跟，劳动的进一步社会化，土地和其他生产资料进一步转化为社会地使用的即公共的生产资料”，这里的用词是生产资料的社会使用，即共同使用，但使用的原文是“ausgebeutete”，而不是“Gemeinbesitz”，这两个词是不能等同的。还有的教授错误地搬用马克思的话论证说，“这里的‘共同占有’如马克思解释的是指‘一切生产资料因作为结合的、社会的劳动的生产资料使用’”。这里“使用”的原文是“Gebrauch”，而不是“Gemeinbesitz”，这两个词也不能等同。

关于“Gemeinbesitz”的翻译应以德汉词典和德语词典为据，译为公有制或公共财产，不应随意译为共同占有。公共财产是主体行为的对象，而共同占有则是主体行为本身，二者是有区别的，这在马恩著作的用词上也是严格区分的，翻译时需要加以注意，否则就会产生误导。如，在《哥达纲领批判》的某一译著中有一处甚至把“Gemeingut”（公共财产、公有制）也误译为“共同占有”，另外一处“一个集体的、以共同占有生产资料为基础的社会”②，应译为“一个集体的、以生产资料公有制为基础的社会”。

第三，关于“Individuelles Eigentum”的翻译。“Individuelles Eigentum”翻译为“个人所有制”没有错，但有些抽象，易引起误解。从中国

① 《马克思恩格斯全集》第46卷上册，人民出版社1979年版，第39页。
② 《马克思恩格斯全集》第19卷，人民出版社1963年版，第20页。

学术界对它的内涵长期争论不休并至今未取得共识的实际情况看，译为“个人财产”或“个人所有权”更贴近实际，更符合其真正的内涵，不仅不会产生误解，而且会让人们从生活中亲身感受到消费品的充足和法律的保护对每一个人的全面发展的重要意义。

（原文发表于《经济纵横》2009年第2期）

对错解曲解马克思“重建个人所有制”理论的辨析

——评杜林对马克思的攻击和谢韬、辛子陵及王成稼的乱解错解

卫兴华*

引　　言

王成稼先生在《当代经济研究》发表多篇错解马克思关于重新建立个人所有制的文章，大肆用诬蔑性的语言批判这种解读：重建个人所有制是重建被资本主义消灭了的劳动者生产资料所有制，即公有制基础上的个人所有制，即马克思所说的联合起来的社会的生产资料个人所有制(这也是我的观点)。他批驳说：这是杜林的观点，“杜林阴魂不散”，是“对马克思的污蔑”，是“篡改”，“居心何在”？还不如《炎黄春秋》所刊发的谢韬、辛子陵的观点正确，等等。

2010年，王先生在《河北经贸大学学报》第1期、第5期的“经济学批判”栏目也连续发表文章，就“重建个人所有制”问题同我辩驳。其内容都是在《当代经济研究》发表的误解、错解之词，了无新意，而且继续表现出他的理论思维和逻辑表述的混乱。只举几例：首先，明明杜林攻击马克思所讲的在公有制基础上重建个人所有制“既是个人的又是社会的（公有的）”，并诬之为“混乱混沌沌的杂种”，王成稼竟说“既是个人的，又是社会的”是“杜林的臆想”，是杜林的观点。明明杜林是将其作为马克思的观点进行攻击，怎么在王成稼手中变成杜林的观点了呢？难道杜林是将自己的观点攻击为马克思的“混混沌沌的杂种”

* 卫兴华：中国人民大学经济学院荣誉一级教授，博士生导师。

吗？而且我和其他学者批驳杜林对马克思的“既是个人的，又是社会的”观点的攻击，认同马克思观点的正确。王先生就诬之为是顽固坚持杜林的观点！是杜林“阴魂不散”！其实，无论将马克思所讲的公有制基础上的个人所有制解读为生产资料个人所有制，或解读为消费资料个人所有制，都可以概括为“既是个人的，又是社会的”所有制。看来，王先生是主张社会主义所有制，要么只能是公有的，否定个人的；要么只能是个人的，排斥公有的。但他没有任何说明和论证！

其次，王成稼硬说杜林将公有制基础上的个人所有制，错解为生产资料公有制基础上的公有制，因此是“混混沌沌的杂种”。王先生没有提出任何论证和论据，来说明杜林把个人所有制理解为生产资料公有制。若果如此，二者还有什么不能统一的矛盾呢？还攻击什么呢？我在本文的后面要证明：杜林是把重建个人所有制错解为重建被资本主义消灭了的个体私有制，因而与公有制相矛盾，不能统一。因此认为讲社会主义所有制既是公有的，又是个人的，等于说既是公有的，又是个体私有的，是自相矛盾的混乱观点。

最后，举一个王成稼在《河北经贸大学学报》2010 年第 1 期大作中与我辩驳的一段话，看看他的理论逻辑怎样高明。他说：“卫教授却拘泥于否定的否定的框框，片面强调用生产资料社会主义公有制取代资本主义私有制，把马克思和恩格斯讲的在社会主义时代重建和实现个人所有制的言论拉回到资本主义时代，说‘生活资料由联合体成员消费’问题，与论述资本主义发展的历史趋势时所讲的三种所有制的‘否定的否定’‘重新建立个人所有制’是完全不相关的问题。”试问：读者有谁能看懂王先生这段话是在主张什么，反对什么？在乱的思维和表述中夹杂着无理纠缠。他批评我“拘泥于否定的否定的框架，片面强调用生产资料社会主义公有制取代资本主义私有制”。马克思讲资本主义发展的历史趋势时，提出了“否定的否定”原理，并用这一原理说明三种生产资料所有制的“否定的否定”。这是马克思的观点和本意。我转述和按其本意解读重建个人所有制问题，怎么被指责为“拘泥于否定的否定框框”了呢？王先生显然是不赞同这种“拘泥”的。他要撇开“否定的否定”原理，另搞一套。那是他的自由，但不能强加于人，让别人也跟着走。

王先生指责我"片面强调用生产资料社会主义公有制取代资本主义私有制",这本是马克思主义的科学社会主义所坚持的一个基本原理,怎么说我是"片面强调"呢?王成稼反对"片面强调",究竟主张什么呢?他是要离开马克思主义的基本原理,搞消费资料个人所有制的否定的否定,是主张用社会主义生活资料个人所有制,否定资本主义所有制。认为资本主义消灭了封建社会末期的消费资料个人所有制,而且,资本主义不存在消费品的个人所有制,社会主义要恢复和重建封建社会末期的生活资料个人所有制。这种奇谈怪论既毫无理论依据,也与实际生活相悖。王成稼还指责我的言论"是要拉回到资本主义时代",简直是不着边际的胡言乱语。

为了进一步说明王成稼对杜林攻击马克思观点的谬误实质的错解、乱解,对《炎黄春秋》所载谢韬、辛子陵错误观点的错解、乱解和无端吹捧,对我和相同观点的学者的观点错解、乱解和无理指责,需要进一步提供依据和论证。首先,从《资本论》不同版本差异的考证上弄清杜林为什么要攻击马克思"既是个人的,又是社会的"社会主义所有制模式;再弄清谢、辛对"个人所有制"解读的错误,表明王成稼竟将他们的错误当作正确,当作符合马克思的本意,并借力谢、辛的谬误作为论战武器,批评对方;然后对王成稼的理论观点、思维逻辑、外语水平、文字表述等进行系统剖析与评述。

一、不同版本的比较和杜林的攻击

马克思在《资本论》第一卷中论述资本主义的历史趋势时,提出了资本主义私有制"否定的否定"观点:"从资本主义生产方式产生的资本主义占有方式,从而资本主义的私有制,是对个人的、以自己劳动为基础的私有制的第一个否定。但资本主义生产由于自然过程的必然性,造成了对自身的否定。这是否定的否定。这种否定不是重新建立私有制,而是在资本主义时代的成就的基础上,也就是说,在协作和对土地及靠劳动本身生产的生产资料共同占有的基础上，重新建立个人所有制。”[①]

这段话在1867年出版的《资本论》第一卷德文第一版中是这样讲的：“资本主义生产方式和占有方式，从而资本私有制是对个人的、以自己劳动为基础的私有制的第一个否定。对资本主义生产的否定，是它自己由于自然过程的必然性而造成的。这是否定的否定。这种否定重新建立个人所有制，然而是在资本主义时代成就的基础上，在自由劳动者的协作的基础上和他们对土地及靠劳动本身生产的生产资料的公有制上来重新建立。”[②]

《资本论》第一卷法文版（1872—1875年以分册形式出版）中关于资本主义私有制“否定的否定”是这样写的：“同资本主义生产方式相适应的资本主义占有，是这种仅仅作为独立的个体劳动的必然结果的私有制的第一个否定。但是，资本主义生产本身由于自然变化的必然性，造成了对自身的否定。这是否定的否定。这种否定不是重新建立劳动者的私有制，而是在资本主义时代成就的基础上，在协作和共同占有包括土地在内的一切生产资料的基础上，重新建立劳动者的个人所有制。”[③]

对比一下上述三个版本中的同一段内容的论述，可以看出以下几点差异。

1. 上述第一段引文，出自恩格斯校订的《资本论》第一卷第四版(1890年)。其中讲到“在资本主义时代的成就的基础上”，后面接着讲“也就是说，在协作和共同占有包括土地在内的一切生产资料的基础上”。用“也就是说”将前后两句话联结起来，从文法结构上容易被解读为所谓“资本主义时代的成就”，就是指后面讲的“协作和土地及由劳动生产的生产资料的共同占有”。问题产生了：如果讲“协作”是资本主义时代的成就，可以认同。但能够说土地和其他生产资料的“共同占有”也是资本主义时代的成就吗？这里又涉及对“共同占有”概念的不同解读问题，如果将其解读为生产资料公有制，显然不是资本主义时代的成就。于是有的学者将其解读为生产资料的共同占用或使用，如机器、厂房等

① 《马克思恩格斯选集》第2卷，人民出版社1995年版，第269页。

② 《资本论》德文第一版中译本，经济科学出版社1987年版，第731页。

③ 《资本论》第1卷法文版中译本，中国社会科学出版社1983年版，第826页。

由工人共同使用。但这样解读并不符合原意。马克思这里显然讲的是：在土地和其他生产资料公有制或社会所有制的基础上，重新建立个人所有制。这里讲的“共同占有”就是共同所有。马克思有时将所有和占有概念区别开来，但更多的是两者通用。如讲“商品生产所有权规律转变为资本主义占有规律”，这里的“占有”与“所有”同义。德文第四版中讲“资本主义占有方式，从而资本主义私有制”，就是把资本主义占有和资本主义所有作为含义相同的概念使用。上面第二段引文出自《资本论》德文第一版。这里没有“也就是说”一语，而且协作是讲“自由劳动者的协作”，不是指资本主义时代的协作。同样，法文版中，也没有“也就是说”一语。显然，“也就是说”一语是后来加上的一个使解读容易偏离原意的赘语。

2. 上述第二段所引德文第一版中的论述只讲这种否定的否定是“重新建立个人所有制”，第四版也是“重新建立个人所有制”。而法文版中则是讲“重新建立劳动者的个人所有制”，所指更明确，就是重新建立被资本主义否定了的劳动者的生产资料个人所有制。

3. 在德文第一版中，没有讲否定资本主义所有制并不是要“重新建立私有制”，而第四版中讲了。但第四版中讲“这种否定不是重新建立私有制”，语意并不清晰。因为资本主义也是私有制，私有制并未被否定，因而不存在“重新建立”私有制的问题。法文版中讲得更明确和准确：否定资本主义私有制，“不是重新建立劳动者的私有制”，即不是重新建立被资本主义私有制否定了的个体劳动者的私有制。而是在公有制的基础上，重新建立劳动者的个人所有制。

对马克思所讲的社会主义要在生产资料公有制的基础上重新建立劳动者的个人所有制的理论，学界在改革开放以前，都以恩格斯的解读为依据。那就是：在社会主义制度下，生产资料归公共所有，消费资料归个人所有。恩格斯的解读，是驳斥杜林对《资本论》中讲的在公有制的基础上重新建立个人所有制理论的攻击的。杜林反对马克思用黑格尔否定的否定“一类蠢话”来论述三种所有制的变革。他指责说：“从16世纪以来通过上述方法实现的个人所有制的消灭，是第一个否定。随之而来的是第二个否定，它被称为否定的否定，因而被称为‘个人所有制’

的恢复，但这已经是以土地和劳动资料的公有为基础的高级形式了。既然这种新的‘个人所有制’在马克思先生那里同时也称为‘社会所有制’，那么这里正表现出黑格尔的更高的统一，在这种统一中，矛盾被扬弃，就是说按照这种文字游戏，矛盾既被克服又被保存……马克思观念的混混沌沌的杂种，并不使这样的人感到惊奇……马克思先生安于他那既是个人的又是社会的所有制的混沌世界，却让他的信徒们自己去解这个深奥的辩证法之谜”[①]。显然，杜林认为，生产资料公有制与个人所有制是不能结合或并存的。因为他心目中的“个人所有制”，就是被资本原始积累消灭了的个体劳动者的“个人所有制”。应提醒学界注意两个问题：其一，杜林把马克思讲的“重新建立”，简单理解为“恢复”，即“恢复”被资本主义否定了的劳动者的生产资料个人所有制。其二，杜林对马克思《资本论》的评论，是《资本论》第一卷于 1867 年 9 月出版后不久的同年 12 月，发表于《现代知识补充材料》杂志第 3 期。杜林反对黑格尔的辩证法，因而也反对马克思运用黑格尔“否定的否定”的“一类蠢话”。其实，马克思的阐述方法，并不是黑格尔的阐述方法。马克思看了杜林对《资本论》的评论后，非常不满。他于 1868 年 3 月 6 日致库格曼的信中说：“我现在能够理解杜林先生的评论中的那种异常尴尬的语调了。就是说，这是一个往常极为傲慢无礼的家伙，他俨然以政治经济学中的革命者自居。……他在进行欺骗，这一半是出自本意，一半是由于无知。他十分清楚地知道，我的阐述方法不是黑格尔的阐述方法，因为我是唯物主义者，而黑格尔是唯心主义者。”[②] 杜林之所以反对马克思用“否定的否定”来阐述三种所有制的变革，反对马克思讲的社会主义所有制是公有制基础上的个人所有制，有其理论认识上错误的原因：(1) 他反对黑格尔的辩证法，从而认为马克思是从黑格尔的抽象的“否定的否定”中，演绎出未来社会主义公有制和个人所有制的统一；(2) 杜林所理解的“个人所有制”就是《资本论》第一卷德文第一版中讲的被资本主义私有制否定了的“个人的、以自己劳动为基础的私有制”。《资本

① 《马克思恩格斯选集》第 3 卷，人民出版社 1995 年版，第 472 页。
② 《马克思恩格斯文集》第 10 卷，人民出版社 2009 年版，第 280 页。

论》第一版、第二版中既没有第四版中所讲的，否定的否定“不是重新建立私有制”，更没有法文版中更明确说明的“不是重新建立劳动者的私有制”。根据法文版的说明，就可以了解，马克思主张“重新建立”的个人所有制，不是与公有制相对立的个体劳动者的以私有制为基础的个人所有制，而是以公有制为基础的个人所有制，也就是与公有制相统一的个人所有制。

二、“重新建立个人所有制”的本意究竟是什么？

中国改革开放以前，学界一般按恩格斯的解读来理解重建的个人所有制，就是消费资料的个人所有制。恩格斯在《反杜林论》中反驳杜林时说：“我们先把否定的否定撇开一边，来看看‘既是个人的又是社会的所有制’。杜林先生把这叫作‘混沌世界’，而且他在这里令人惊奇地确实说对了。但是很遗憾，处于这个‘混沌世界’之中的不是马克思，而是杜林先生自己。”“靠剥夺剥夺者而建立起来的状态，被称为以土地和靠劳动本身生产的生产资料的社会所有制为基础的个人所有制的恢复。对任何一个懂德语的人来说，这也就是说，社会所有制涉及土地和其他生产资料，个人所有制涉及产品，那就是涉及消费品。”[①] 人们相信，恩格斯对马克思论著的阐述最具有权威性，而且，恩格斯在《反杜林论》的序言中告诉人们：“我的这部著作不可能在他（指马克思——引者注）不了解的情况下完成，这在我们相互之间是不言而喻的。在付印之前，我曾把全部原稿念给他听，而且经济学那一编的第十章（《〈批判史〉论述》）就是由马克思写的”[②]。因此，根据上述两条理由：一是恩格斯对马克思论著的解读最权威；二是《反杜林论》的原稿恩格斯念给马克思听过。改革开放以前，人们便对恩格斯讲的“重新建立个人所有制”是消费品的个人所有深信不疑。我在改革开放前的《资本论》教学中，也

① 《马克思恩格斯选集》第 3 卷，人民出版社 1995 年版，第 473 页。
② 《马克思恩格斯选集》第 3 卷，人民出版社 1995 年版，第 347 页。

曾是这样解读的。而且，在改革开放以前，学界一般不会也不敢对马恩著作提出质疑和不同意见。

改革开放以来，学界的思想在不断解放，认识到任何政治权威和理论权威的论著和观点都不可能句句是真理。对马克思的“重新建立个人所有制”，学界提出种种与恩格斯不同的解读，而且，多年来一直不断地在讨论和争辩。之所以会产生不认同恩格斯的解读的多种解读，主要是出于这样的考虑：第一，《资本论》中讲“否定的否定”，是指三种生产资料所有制的否定的否定，即资本主义私有制否定了个体劳动者的私有制，资本主义私有制又要被社会主义公有制所否定。不应是用社会主义消费品的个人所有制去否定资本主义生产资料私有制，人类历史上不存在用消费品所有制取代生产资料所有制的事情，这两者是完全不对称和不是同一层次的东西。第二，消费品的个人所有制，就是指生活消费品归个人所有，也可以说归私人所有。马克思恩格斯著作中一贯重视所有制问题，因为所有制是生产关系的基础。马克思主义讲所有制一般都是指生产资料所有制。讲“消灭私有制”“与传统的所有制决裂”也都是讲消灭生产资料私有制，与传统的生产资料私有制决裂。不存在也不会提出消灭消费品的私有制或个人所有制问题。第三，劳动者消费品的个人所有制并没有被资本主义消灭，雇佣工人用工资购买消费品也归个人所有，因而不存在“重新建立”消费品个人所有制问题。

但是，在对重建消费品的个人所有制提出质疑和对个人所有制的多种解读中，有些显然是完全背离原意的，而且体现了作者偏离社会主义的政治倾向性。例如，《炎黄春秋》2007 年第 6 期谢韬和辛子陵撰写的《试解马克思重建个人所有制的理论与中国改革》一文。文章一开头就批评社会主义公有制和国有化：“长期以来，占统治地位的理论宣称公有制、国有化是社会主义的最高原则，隐瞒马克思关于公有制、国有化基础上重建个人所有制的主张，这一理论上的修改，后果极其严重。我们认为，重建个人所有制，对社会主义国家来说，是个行之则可以一言兴邦，违之则可以一言丧邦的大问题。”事实上根本不存在隐瞒马克思重新建立个人所有制理论的事情。《资本论》中译本中“重新建立个人所有制”的论述，全文白纸黑字印着，凡是读《资本论》的人都会看到，参与《资本论》教学与研究的师生都会注意到这一观点。而且，我国多年来学界对此问题进行了不断的讨论和争鸣，怎么能无中生有地断言被“隐瞒”了呢！问题更在于，他们对个人所有制作了私有化的解读，断言马克思“重建个人所有制”的设想，就是：第一步，把资本家的大公司、大工厂收归国有；第二步将其回归人民，重建个人所有制，而重建个人所有制的形式就是股份公司，就是股票。其说，作为社会主义所有制形式的个人所有制，“是一种以个人私有制为基础的均富状态”。将该文分散的说法概括起来，就是：先把资本主义大公司大工厂收归国有，然后分给每个个人私有，其形式是股份公司。“人人有份，这就是公有制。”将这种解读加之于马克思，是强加的不实之词。马克思预计社会主义制度下，连商品货币关系都不存在了，哪会将股份公司和股票作为社会主义公有制的形式，作为重建的个人所有制？美英等资本主义国家的股份公司比中国更长久、更成熟、更发展、更社会化，马克思恩格斯并不认为这种社会化的股份公司改变了资本主义性质，成为社会主义公有制的形式。谢、辛断言个人私有再变成股票就是公有，这就变成公有就是私有、私有就是公有、亦私亦公的奇特逻辑了。

谢韬教授20世纪80年代曾任中国人民大学副校长，当时我们曾和谐友好相处。看到他的文章后，我打电话给他：“你主张社会民主主义的观点，我不讨论，你对重建个人所有制的观点，我也不从政治倾向上讨论。但我认为你对《资本论》中有关问题的解读，对重建个人所有制的观点，不符合马克思的原意，理解错了，我愿进行商榷和讨论。”他当然不会也不能反对，表示“可以”“欢迎”。

在此期间，中央编译局马克思主义理论研究和建设工程课题组接受任务，要求就谢、辛关于重建个人所有制的观点进行评论。我是该工程“马克思主义经典著作基本观点课题组”的成员，是子课题的首席专家。这个写作任务由我承担。我完稿后送交中央编译局，编译局局长和多位专家赞同我对重建个人所有制的解读和对谢、辛论文不指名的评论。论文送审后，中央领导作了批示，让《光明日报》近期发表。《光明日报》于2007年9月25日以《正确理解马克思关于重建个人所有制的理论观点》为题发表。定稿后刊发的论文，对我原稿稍作删减和调整，对个别字句如谢、辛的“全篇论文都文不对题”之类都被删去。将原论文标题《不要随意错解马克思“重建个人所有制”的理论观点》，改成正面论述的标题。不过，中央编译局工程办于2007年8月20日在《研究成果》第126期将我的论文按原稿全文刊出，发给有关领导和专家。由于报纸篇幅所限，难以展开论述，我又在《经济学动态》2008年第6期发表了《关于股份制与个人所有制问题的研究》一文，对股份制问题和重建个人所有制问题，既进行了正面解读，也对谢、辛的有关观点进行了较系统的评论。

我对“重新建立个人所有制”的解读和主要观点是：马克思的论著中把个人所有制分成两种：一种是孤立的单个人的个人所有制，也就是个体劳动者的生产资料私有制或个人所有制；另一种是联合起来的社会的个人所有制，也就是社会主义要建立的以公有制为基础的个人所有制。两种个人所有制都是生产资料的个人所有制。前一种是与小私有制相一致的个人所有制；后一种是与公有制相统一的个人所有制，也可以说既是公有的（社会所有的）也是个人的。讲公有制或社会所有制，是从社会整体即“共同体”来着眼的；讲个人所有制，是从组成为“共同体”的每个劳动者个人着眼的。它表明，社会主义生产资料公有制或社会所有制，不是抽象的与各个劳动者利益无关的所有制，不是“人人皆无”的公有制。每个劳动者个人，都是所有者集体中的一分子，都是与公有制利益相关的主人翁。如果社会主义公有制的共同利益，不能实现为劳动者的个人利益，就不是社会主义所要求的公有制。如果国家所有制名为全民所有制，但与社会成员的个人利益无关，国有经济的发展不能惠及广大劳动者个人，就徒有“全民所有”其名。从中国社会主义实践中可以领会到马克思将社会所有制与个人所有制统一起来的理论和实际意义。

为了论证马克思重建个人所有制不是重建消费品的个人所有制，而是重建生产资料的个人所有制，可以提出诸多理由和论据。

第一，《资本论》中所讲的否定的否定，第一个否定“是对个人的、以自己劳动为基础的私有制”的否定。这里显然是指对劳动者的生产资料“个人的”私有制的否定，不是讲对消费品的私有制或消费品的个人所有制的否定。因此，社会主义需重新建立的不是消费品的个人所有制，而是被资本主义否定了的劳动者的生产资料个人所有制。如法文版所指出的，“不是重新建立劳动者的私有制”，这里讲的“劳动者的私有制”，显然是指生产资料私有制。既然需要重建的不是劳动者的生产资料的私有制或个人所有制，与其相对应的只能是生产资料公有制和与公有制相统一的生产资料个人所有制。再者，马克思所讲的否定的否定，是三种生产资料所有制的相继否定，而与消费品的所有制无关。

第二，从马克思主义的科学社会主义和国际社会主义运动来看，生产资料所有制问题一贯受到重视，因为它是一定生产关系体系的基础。而消费品的个人所有，不决定生产关系体系的性质和所有制的变革。搞所有制的改造，也是生产资料所有制的改造，不存在消费品所有制的改造问题。马克思讲“资本主义的历史趋势”，讲社会主义所有制否定资本主义所有制，是生产资料所有制的变革问题，不是消费品所有制的变革问题。只要看一下马克思紧接在“重新建立个人所有制”的下面的一段话，就会理解得更清楚了。“以个人劳动为基础的分散的私有制转化为资本主义私有制，同事实上已经以社会的生产经营为基础的资本主义所有制转化为社会所有制比较起来，自然是一个长久得多、艰苦得多、困难得多的过程。前者是少数掠夺者剥夺人民群众，后者是人民群众剥夺少数掠夺者。”这段话是对三种生产资料所有制“否定的否定”的评论，它说明：资本主义“掠夺人民群众”、使劳动者个人的分散的私有制转化为社会化的资本主义所有制，是一个长久的过程。因为是少数掠夺者掠夺多数人民群众。而以社会主义公有制（社会所有制）取代资本主义所有制，不像第一种否定历时那么长、那么困难。因为是占多数的人民群众剥夺少数掠夺者。这段话中所讲的都是生产资料所有制的转化，不是消费品的所有制转化。

第三，恩格斯对马克思著作的解读和评价最具有权威性，可以说，99%以上是准确的，符合原意的，但不是100%的绝对准确。有的学者依然坚持将马克思讲的重建个人所有制解读为消费品个人所有制，重要根据就是恩格斯的解读，而且原稿读给马克思听过。然而我提出一个反证，至今没有学者能提出反驳。这个反证是：恩格斯在提出对“重建个人所有制”的解读的《反杜林论》中，对《资本论》第一卷第二十二章第一节所讲的“商品生产所有权规律转变为资本主义占有规律”的解读并不符合原意。第二十二章是阐述“剩余价值转化为资本”即资本主义扩大再生产的，是揭示资本积累中资本与雇佣劳动关系的本质的。马克思的本意是讲，在扩大再生产中，资本家和工人都按商品生产所有权规律办事：资本家承认工人的劳动力所有权，工人承认资本家的资本所有权，实行等价交换。这表现为交换领域的“平等”“公平”。然而，在剩余价值转化为资本的扩大再生产中，资本家是用从工人剥削来归自己占有的剩余价值的一部分，作为追加的资本，随之，用追加的可变资本再去购买追加的劳动力，生产出更多的剩余价值，再归资本家占有。这种资本主义占有，是以商品生产所有权规律为前提和出发点的，前者不但不否定后者，反而是后者必然导致的结果。而恩格斯在《反杜林论》中对此的解读是：“商品生产达到一定的发展程度，就转变为资本主义的生产。”① 这显然不符合原意，发达的商品生产转变为资本主义生产的问题，在《资本论》第四章的开头就讲了，是讲资本主义产生的条件。我 30 年前在《〈资本论〉研究资料和动态》第 7 期就提出这个问题，当时，避开了恩格斯的解读，只针对中苏学者的错解而提出。以后又就恩格斯的解读提出讨论和质疑。在《经济学动态》2008 年第 6 期解读重建个人所有制问题时，也提出《反杜林论》中对《资本论》的这两处解读不符合马克思原意。多年来，之所以没有任何学者对我质疑的恩格斯的第二个解读提出反驳，因为这个问题的理论是非是浅显易明的。但既然恩格斯将《反杜林论》的内容念给马克思听过，怎么会出现这处不符原意的解读呢？谁都难以回答。但由此可以引出一个问题：既然肯定《反杜林论》中对《资本论》讲的商品生产所有权规律转变为资本主义占有规律的解读不符原意，为什么和怎么能绝对肯定对重建个人所有制的解读就完全符合原意呢？有什么理论根据呢？

第四，从中译本的马克思著作看，凡提及“个人所有制”的地方，都是指生产资料所有制，还找不到一处讲消费品个人所有制。马克思在

---

① 《马克思恩格斯选集》第 3 卷，人民出版社 1995 年版，第 506 页。

许多地方讲到生产资料的个人所有、个人占有、归全体个人支配、个人所有制等。例如，《共产党宣言》中指出：消灭私有制，将“全部生产集中在联合起来的个人手里”[①]。这里所讲的个人，不是单个的、孤立的个人，即不是个体劳动者的个人，而是联合起来的个人。将“全部生产集中在联合起来的个人手里”，也就是实行生产资料公有制，这种公有制的生产资料是归由众多个人组成的联合体所有，同时也是归组成联合体的全体个人所有，是公有与个人所有的统一。在《德意志意识形态》一书中又提出，“联合起来的个人对全部生产力的占有，私有制也就终结了”[②]。所谓消灭私有制，是消灭生产资料私有制。所谓联合起来的个人对全部生产力总和的占有，也是对全部生产资料的占有，与消费品的占有无关。这里所讲个人占有，同样不是孤立的、单个个人的占有，而是联合起来的个人占有。是联合体的生产资料公有制与组成联合体的所有个人的个人所有制的统一。

在《德意志意识形态》一书中，还有这样一段话：“共产主义和所有过去的运动不同的地方在于：它推翻一切旧的生产关系和交换关系的基础，并且第一次自觉地把一切自发形成的前提看做是前人的创造，消除这些前提的自发性，使这些前提受联合起来的个人的支配。”[③] 所谓“推翻一切旧的生产关系和交换关系的基础”，是指消灭自发形成的一切生产资料私有制，建立生产资料公有制。公有的生产资料是社会主义的前提，它“受联合起来的个人的支配”，也是讲与公有制相统一的生产资料的联合起来的个人所有制。

在《经济学手稿（1861—1863 年）》中，马克思更具体地讲：资本家的所有制，“只有通过他的所有制改造为非孤立的单个人的所有制，也就是改造为联合起来的社会个人的所有制，才可能被消灭”[④]。这段话中明确地将个人所有制分为两种：一种是孤立的单个人的个人所有制；一种是联合起来的社会的个人的所有制。两种个人所有制都是指生产资料

① 《马克思恩格斯选集》第 1 卷，人民出版社 1995 年版，第 294 页。
② 《马克思恩格斯选集》第 1 卷，人民出版社 1995 年版，第 130 页。
③ 《马克思恩格斯文集》第 1 卷，人民出版社 2009 年版，第 574 页。
④ 《马克思恩格斯全集》第 48 卷，人民出版社 1985 年版，第 21 页。

的个人所有制。因为这里所讲的是资本家的生产资料所有制被另一种生产资料所有制改造的问题。这里没有讲公有制，只讲“联合起来的社会的个人的所有制”，实际上就是公有制。

在《法兰西内战》中，马克思又指出：巴黎公社“是要想把现在主要用作奴役和剥削劳动的手段的生产资料、土地和资本完全变成自由的和联合的劳动的工具，从而使个人所有制成为现实”①。显然，这里讲的个人所有制，是指“生产资料、土地和资本”的个人所有制，也就是将资本主义用以奴役和剥削劳动者的手段，变成自由的、联合劳动的劳动者的工具，实现个人所有制。

总之，马克思无论讲作为个体劳动者的孤立的、单个的个人所有制，还是讲联合起来的社会的个人的所有制，都是指的生产资料个人所有制，不是讲消费品的个人所有制。

三、王成稼的错解与乱解

王成稼在《当代经济研究》2007 年第 10 期发表了《论“重建个人所有制”逐步实现共同富裕》一文。此文名义上是批评谢、辛的观点，但是他根本没有弄清楚谢、辛的观点错在哪里，实际上是肯定他们的解读正确，并借此批评主张重建生产资料个人所有制的观点。王成稼以恩格斯的解读做根据，继续坚持重建消费资料个人所有制的观点，本来可以用摆事实讲道理的平和态度相互交流和讨论，然而，他以非理性的姿态对主张重建生产资料个人所有制的观点进行无理的挞伐。说什么这种解读远不如谢、辛的解读正确，并责问持这种解读的学者“居心何在”？在《当代经济研究》2009 年第 9 期发表的论文中，他再次肯定和赞扬谢、辛对马克思的解读正确，并用他们的观点反驳我的观点，说什么“卫教授一方面说，生活资料的个人所有制并未被消灭……这正是谢、辛二位先生批评的社会上存在的忽视‘个人所有制’思想的表现”。本来讨论和争

① 《马克思恩格斯选集》第 3 卷，人民出版社 1995 年版，第 59 页。

论的正是“个人所有制”问题，何来忽视“个人所有制”？其实意见分歧在于：王成稼主张重新建立的个人所有制是重建封建社会末期劳动者的消费资料个人所有制；我主张重建被资本主义否定了的、劳动者的、与公有制相统一的生产资料个人所有制；而谢、辛的观点是主张生产资料回归私人所有。王文认为谢、辛的重建“个人所有制”观点正确，正确在哪里？正确在生产资料“回归”私人吗？

王成稼在《当代经济研究》连续发表多篇文章，同我争论。他以德文专家自居，大量搬弄德文来解读。然而，他的德语水平和中文水平实在不敢领教，充满错解、曲解、乱解，语法不通，思维不清，逻辑混乱，是非颠倒，而且使用了许多诋毁性语言。这里，只就他的主要观点做点评析。

1. 王成稼搬出种种有关词典，证明德语中的“个人所有制”只能解读为消费资料的个人所有制。然而，即使不懂德文的学者，也可以从理论和事实逻辑上来推断他的论断是不实之词。第一，如果德语中的“个人所有制”只有消费品个人所有之意，那么，杜林作为德国人，其德语水平应高于王先生，他怎么会不懂“个人所有制”的德文本意，还需要恩格斯去纠正呢？第二，我们前面引证了多条马克思关于生产资料个人所有制的论述，还没有见到一条关于消费品个人所有制的语句。王文辩解说：马克思讲过，在联合体中，生产资料是归社会的，“生活资料由联合体成员消费”，这就是讲消费资料个人所有制。这个论据不能成立。因为马克思只讲“消费品由联合体成员消费”，并没有用“消费品个人所有制”概念。王先生是把自己的推断强加给马克思。

2. 王成稼多篇论文的一个根本错误，是既曲解马克思关于社会主义所有制是公有制基础上的个人所有制，竭力反对“既是公有的（社会的），又是个人的”，又错解杜林对马克思个人所有制的攻击。王成稼时而说，“既是公有的，又是个人的”所有制，是杜林的观点和臆想，时而又说这是杜林强加给马克思的污蔑。这两种自相矛盾的武断，表现出王先生对马克思理论理解的惊人的“能力”！本来，马克思讲，消灭资本主义私有制后，要建立公有制基础上的个人所有制，就表示社会主义所有制是公有制（社会所有制）和个人所有制的统一。无论将个人所有制解读为生产资料的个人所有制，还是解读为消费品的个人所有制，都可以说既是公有的或社会的，又是个人的。杜林正是攻击马克思关于公有制与个人所有制相统一的观点。因为他认为二者不能并存和统一。其所以如此，是由于杜林把个人所有制只理解为被资本主义所有制否定了的劳动者的个人所有制，这种个人所有制是小私有制，当然不能与社会主义公有制相统一。王成稼硬说，杜林是把个人所有制错解为生产资料公有制，如果真是这样，杜林就不会认为公有制与个人所有制存在矛盾，并将其攻击为“矛盾既被克服又被保存”的“混混沌沌的杂种”了，不会胡说什么“混沌世界”了。

3. 撇开王成稼主张重建封建社会末期消费资料个人所有制的理论是非暂先不谈，他对马克思讲的两种个人所有制的解读，也充满了自相矛盾、极端混乱的现象，真成了“混混沌沌的杂种”。他先是反对把孤立的、单个人的个人所有制，解读为个体劳动者的生产资料私有制，又在多篇文章中反对把“联合起来的社会的个人的所有制”解读为生产资料公有制或与公有制相通的个人所有制。他说，如果把重建个人所有制解读为公有制，就是主张“在公有制的基础上重建公有制”了。如果把个人所有制“解读为生产资料个人所有制，又说它是经过否定的否定建立起来的公有制。这种公有制基础上的公有制，是明显的同义反复的逻辑错误”。但在同一篇文章中他一转手又说：马克思“把生产资料所有制分为两类：一是‘孤立的单个人的所有制’，与其相对立的是‘联合起来的社会个人的所有制’。前者是私有制，后者是公有制”。(《当代经济研究》2010 年第 12 期第 47 页）这样解读很好！因为，王先生事实上承认了：无论“孤立的单个人的所有制”的私有制也好，还是“联合起来的社会个人的所有制”的公有制也好，都是指生产资料的所有制。这两种个人所有制就是两种生产资料所有制。两者都扯不上消费品的个人所有制。也就否定了王先生宣称德文中的个人所有制只能是消费品的个人所有制的武断。令人惊异的是王先生又坚持“个人所有制”只能是消费资料的个人所有制！

4. 王成稼在《当代经济研究》2010 年第 12 期发表的《恩格斯解读“个人所有制”最符合马克思原意》一文中，对马克思多处讲的生产资料个人所有制的论述进行了乱解、歪解、错解，他用一种新的错解为他的前一种错解辩护。王先生的论文中几乎每一段话，都存在文理不通、逻辑混乱的弊病，限于篇幅难以一一辨析。兹就他对马克思的几条论述的歪解、错解进行评论，以辨明是非。

第一，《共产党宣言》中讲，无产阶级取得政权后，要把“全部生产集中在联合起来的个人手里”。这与把全部生产资料集中在由国家代表的劳动人民手中是一样的意思。这里是讲生产资料所有制的问题，与消费品个人所有无关。而王先生辩驳说，这里讲的是公有制，不是讲生产资料个人所有制。“因为任何个人都不能把全部生产集中在自己手中”。他把原文“联合起来的个人”，篡改为“任何个人”即单个个人。王先生只承认这是讲公有制，而否定也是讲个人所有制。这就把生产集中在联合起来的“个人手里”的“个人所有”否定了。王先生承认这里是讲生产资料公有制没有错，但生产资料公有制毕竟不是王先生坚持的消费品的个人所有制。王先生又抛出了他的悖理的逻辑：公有制“是消费资料个人所有制重新建立和实现的基础和前提条件，怎么能说不沾边呢？丰富的个人财产是联合体成员个人自由全面发展的条件”。这显示了王先生高超的理论水平。他认为讲公有制，就等于讲消费资料个人所有制。理由是前者是后者的基础和条件。然而，生产资料个人所有或生产资料公有，固然是消费品个人所有的条件，但不能由此论断：马克思讲个人所有就是讲消费品个人所有。再者，生产资料私有制难道不也是消费品个人所有制的前提条件吗？还有：公有制下的消费资料个人所有制，等于人人都有“丰富的个人财产”吗？

第二，马克思讲的“孤立的单个人的所有制”和“联合起来的社会的个人的所有制”，不是消费品的个人所有制。这本来是已经讲得很清楚的观点，但由于与王成稼的观点相对立，他不认同。反过来对别人表达得十分清楚的观点加以逻辑混乱的歪解、曲解，他说卫教授“把这二者都错误地当成了在公有制的基础上重建的个人所有制。他还特别强调‘个人所有制即联合起来的社会的个人的所有制’，这是既是‘个人的又是公有的所有制’的另一种说法，都是‘混沌世界’”。他还说：“‘《资本论》中所讲的重建个人所有制，是重建被资本主义否定了的劳动者的生产资料个人所有制'，但不是重建'作为各个私人的'或'孤立的单个人'的个人所有制，这都是私有制，而不是《资本论》所讲的重建个人所有制。"接下来，他说"'是建立与公有制相统一的联合起来的社会的个人所有制，这里又出现了一个个人所有制，这是第四个个人所有制，很遗憾，都不是要重建的个人所有制。这第四个个人所有制，其实是公有制，与公有制相统一的公有制，显然是同义反复的思维逻辑错误"。我全文引王先生的这段话，是让读者识别一下，能否看懂王先生究竟在讲什么，想说明什么？他转述我的观点，也是一片胡言乱语。说我把两种个人所有制"都错误地当成了在公有制基础上重建的个人所有制"。我明确地说明："孤立的单个人的所有制"是被资本主义否定了的个体劳动者的私有制，重建个人所有制，不是重建这种个人所有制，马克思也明确说明"不是重建劳动者的私有制"。王先生竟无中生有地把这个荒唐的观点强加于我。重新建立的个人所有制，是联合起来的社会个人的所有制。在马克思的著作中，对社会主义所有制有三种提法：其一是直接讲公有制（社会所有制、公共占有制）；其二是讲"联合起来的社会的个人的所有制"，其内涵与公有制是一致的；其三是公有制基础上的个人所有制，将公有和个人所有统一起来。三种提法文字上虽有不同，但其内涵是相同的。讲社会主义所有制是公有制与个人所有制的统一，既是社会的，又是个人的，更明确地表明社会主义所有制的本质。不能把杜林对马克思理论的攻击，当作杜林的观点或杜林强加于马克思的观点。

王成稼在这段话中还讲："这第四个个人所有制，其实是公有制。"这话不错。但既然承认所谓"第四个"个人所有制（联合起来的社会的个人的所有制）是生产资料公有制，不是消费品的个人所有制，也就否定了他断言德文中的个人所有制只是消费品的个人所有制的武断之词。他在多篇论文中是反对把重建个人所有制解读为公有制的，可是王先生在这里也把"联合起来的社会个人的所有制"解读为公有制，岂非自相矛盾？

第三，在《法兰西内战》中，马克思说："把现在主要用作奴役和剥削劳动的工具的生产资料、土地和资本变成自由集体劳动的工具，以实现个人所有权。"我引用这段话时，主张这里的"个人所有权"译作"个人所有制"。同时可以清楚地看出，马克思这里讲的个人所有制是生产资料、土地和资本的个人所有制，不是消费品的个人所有制。王成稼对此也进行了辩驳，又是一片歪理。他说："卫教授对中央编译局的译文，做了两处改动：一是把个人所有权改为个人所有制……译为个人所有制更清晰。二是卫教授断言马克思明确讲的是'生产资料、土地和资本的个人所有制'，卫教授在这里又一次曲解马克思的本意。马克思的本意是：把生产资料、土地和资本现在主要用于奴役和剥削劳动的工具变成自由集体劳动的工具，这样才有基础和前提条件，'以实现个人所有权'。当然是指消费资料个人所有权。如果是指'生产资料、土地和资本'的个人所有权，这不是私有制吗？还是马克思讲的共产主义吗？"

我不懂德文，我是从理论逻辑上推理，认为这段话中的"个人所有权"译作"个人所有制"更明确。三先生以德文专家的姿态予以否定。然而，这段出自《马克思恩格斯全集》第四十八卷（1985 年版）的译文，在 1995 年出版的《马克思恩格斯选集》第三卷中进行了改译，将原译文"变成自由集体劳动的工具，以实现个人所有权"，改译为"变成自由的和联合的劳动的工具，从而使个人所有制成为现实"。这表明，王成稼的德语水平并不高明。再者，这段话明确地讲的是生产资料等的个人所有制，而他竟诬我这样解读是"又一次曲解马克思本意"。他在多篇论文中一再指责我"曲解""惯于篡改"，实际上，王成稼的多篇论文是曲解和篡改的堆积。谁不赞同他的曲解和篡改，他就反诬谁。他用曲解、乱解和颠倒马克思观点的眼光看别人的正确解读，必然会颠倒是非，诬指别人。马克思的这段话讲"从而使个人所有制变为现实"，明明是指将原由资本家作为剥削奴役的工具的生产资料，变成由劳动者联合体掌握的自由劳动的工具，就使个人所有制成为现实，怎么能曲解为"当然是指消费资料个人所有权"呢？王先生断言讲"生产资料、土地和资本的个人所有权"是指私有制，可是他忘了马克思讲的"联合起来的社会个人的所有制"不是私有制，他自己在前面也肯定是"公有制"，怎么一转眼又变成私有制了呢？又是自相矛盾与混乱！杜林将重建的个人所有制错解为重建私有制，王先生错解杜林观点，硬说杜林把重建个人所有制解读为公有制。而王先生自己把重建的个人所有制，时而解读为消费品个人所有制，时而解读为公有制，这里又解读为私有制。真是一片混乱，随心所欲，信口开河！

第四，马克思明确地指出，社会主义要将资本家的生产资料所有制改造为“联合起来的社会的个人的所有制”。王成稼竟然否认这是讲个人所有制，他说：“马克思从未讲过它们是个人所有制，这是卫教授臆想出来的”。在他看来，“个人的所有制”不是“个人所有制”，因为前者有“的”，后者无“的”。这就是王先生高明的德语水平和汉语水平！看来，理论是非王成稼先生是难以分得清的，是非对错只好由读者去评说了。

（原文发表于《河北经贸大学学报》2014 年第 3 期）

马克思“重建个人所有制”的思想探析

周　宇　程恩富*

马克思在《资本论》第一卷分析资本主义积累的历史发展趋势时，提出在终结了资本主义制度的未来社会应“重建个人所有制”。

对这个命题应如何解释，20 世纪以来中外理论界一直在进行激烈的争论，至今尚无一个明确的结论。这个问题，由于事关对未来共产主义社会的理解，事关中国社会主义建设和改革的基本方向，因而被公认为是政治经济学研究领域的尖端性问题，甚至被一些学者称为这个领域的“哥德巴赫猜想”。

本文认为，目前有关这个问题的大多数观点恐怕已偏离了正确的理解方向。综合马克思、恩格斯的著作来看，他们对于未来共产主义社会的所有制形态已表述得非常清楚，立足于这些清楚无误的表述，“重建个人所有制”这个命题实际不难理解。后人出现了很多误解，在很大程度上，是由于这里所使用的是否定之否定的表述方式引起了误解和猜测，也阻碍了人们对这个问题的准确认定和联系实际的思考。

一、《资本论》中的原叙述和恩格斯《反杜林论》作出的“重建消费资料个人所有制”的解读

“从资本主义生产方式产生的资本主义占有方式，从而资本主义的

* 周宇：山东财经大学经济学院副教授，硕士生导师。程恩富：中国社会科学院马克思主义研究院院长，博士生导师。

私有制，是对个人的、以自己劳动为基础的私有制的第一个否定。但资本主义生产由于自然过程的必然性，造成了对自身的否定。这是否定的否定。这种否定不是重新建立私有制，而是在资本主义时代的成就的基础上，也就是说，在协作和对土地及靠劳动本身生产的生产资料的共同占有的基础上，重新建立个人所有制。”①

这是马克思关于“重建个人所有制”的原叙述，他使用了否定之否定的辩证法表述方法。

后来，杜林攻击马克思在这里描述了一个“既是个人的又是公共的所有制”的“混沌世界”，留下了“深奥的辩证法之谜”。

为了反驳杜林的攻击，恩格斯在《反杜林论》中专门对这段话进行了解释，他指出：“靠剥夺剥夺者而建立起来的状态，被称为以土地和靠劳动本身生产的生产资料的公有制为基础的个人所有制的恢复。对任何一个懂德语的人来说，这就是，公有制包括土地和其他生产资料，个人所有制包括产品即消费品。”

恩格斯又引用《资本论》书中所述，说马克思为了使甚至六岁的儿童也能明白，还在同书中描述了一个“自由人联合体，他们用公有的生产资料进行劳动，并且自觉地把他们的许多的个人劳动力当做一个社会劳动力来使用”；“这个联合体的总产品是社会的产品。这些产品的一部分重新用作生产资料。这一部分依旧是社会的。而另一部分则作为生活资料由联合体成员消费。因此，这一部分要在他们之间进行分配。”②

对于恩格斯的这个解释，后来的列宁也完全赞同，他为批判俄国民粹派而写的《什么是“人民之友”以及他们如何攻击社会民主党人?》这部书中，就转摘了恩格斯与马克思的上述言语，并加注写道：“对任何一个懂德语的人来说（懂俄语也一样，米海洛夫斯基先生，因为译文完全准确），这就是，公有制包括土地和其他生产资料，个人所有制包括产品即消费品。”③

恩格斯在《反杜林论》一书的序言中曾提到，该书所阐述的世界观，

---

① 《资本论》第1卷，人民出版社2004年版，第874页。

② 《马克思恩格斯全集》第20卷，人民出版社1971年版，第143—144页。

③ 《列宁选集》第1卷，人民出版社1995年版，第37—38页。

绝大部分是由马克思所确立和阐发的，只有极少部分是属于他自己的。事实上，这部著作如果没有马克思的同意就不会完成。恩格斯还指出，在书付印之前，他曾把全部原稿念给马克思听，而且书中经济学那一编的第十章《〈批判史〉论述》就是由马克思写的。由此可见，《反杜林论》一书基本可以认为是恩格斯和马克思合写的，恩格斯对“重建个人所有制”的科学解释应是马克思赞同的。

对于什么是“重建个人所有制”，中外出现了各种各样的新旧说法，比如：“劳动者个人对于生产资料的联合占有制”①，“溶解于公有制之中的生产资料个人所有制”②，“社会主义公有制基础上人人都有一份的个人所有制”③，“生产资料公有制基础上的真正的劳动力个人所有制”④，“劳动者的劳动个人所有制”⑤，“社会主义劳动者对自己的劳动及其产品的局部个人所有制”，“既不是公有制，也不是私有制的劳动者所有”，“人人皆有的私有制”⑥，等等，还有认为家庭联产承包责任制就是马克思“重建个人所有制”的初步体现⑦。

今天，在理论界还有一种比较流行的说法是将它同股份制这种形式联系起来，比如认为财产的社会化、公众化、股份化是走向“重建的”

---

① 戴道传：《论公有制基础上的个人所有制》，《江汉论坛》1981年第3期。

② 罗郁聪、王瑞芳：《“重新建立个人所有制”辩》，《中国经济问题》1983年增刊。卢钦堂：《马克思说的“重新建立个人所有制”究竟是什么意思?》，《经济科学》1983年第4期。黄世雄：《如何理解“重新建立个人所有制”》，《经济理论与经济管理》1983年第6期。孔陆泉：《“个人所有制”和我国现阶段基本经济制度》，《学习与探索》2010年第3期。

③ 梁万成：《马克思讲的“个人所有制”就是指生活资料的个人所有制吗?》，《江淮论丛》1982年第2期。卫兴华：《究竟怎样理解马克思提出的“重建个人所有制”的理论观点》，《当代经济研究》2010年第6期。

④ 宋远肇：《生产资料公有制基础上的劳动力个人所有制》，《学术月刊》1983年第7期。肖源：《生产资料公有制基础上的劳动力个人所有制》，《经济理论与经济管理》1985年第4期。

⑤ 牛养商：《论社会主义劳动个人所有制》，《经济问题探索》1985年第10期。刘德福、陈述君：《论马克思的“个人所有制”》，《学习与探索》1989年第1期。

⑥ 吉铁肩、林集友：《社会主义所有制新探》，《中国社会科学》1986年第3期。葛守昆：《马克思的“个人所有制”就是劳动者所有制》，《马克思主义研究》1986年第3期。孙连成、林慧男：《马克思恩格斯是如何看待私有制的》，《光明日报》1988年12月19日。

⑦ 李萌：《论马克思“重建个人所有制”与农村家庭联产承包责任制》，《中共乐山市委党校学报》2008年第3期。

个人所有制的途径[①]；还有人干脆就说股票体现了社会所有与个人所有的统一，体现了公有制与私有制的统一，体现了生产资料与生活资料的统一[②]。

对于上述观点[③]，在这里已无法一一作出评论，但我们认为这些看法都有欠妥当。为什么必须坚持马克思认同的恩格斯的解释呢？在我们看来，王成稼先生发表于《经济研究》1990 年第 1 期上的长文《正确理解“重新建立个人所有制”》中，已作了比较透彻的分析。

当然，经济学界在这个问题上认识的混乱状态，表明经济学家只有理解黑格尔和马克思关于否定之否定的辩证法表达方式，这个讨论才能形成共识。

二、从《哥达纲领批判》看马克思的“重建个人所有制”

有一点是明确的，就是马克思的“重建个人所有制”之说，谈的是对未来共产主义社会的经济制度的构想。而他对共产主义经济制度最成熟、最详尽的表述，是在《哥达纲领批判》之中。《哥达纲领批判》写于 1875 年，是在《资本论》第一卷德文版（1867 年）出版的 7 年多以后。从思想发展、成熟的过程来看，用马克思在该文中所述，诠释《资本论》第一卷中的有关概念、命题，无疑是合理的。人们既然质疑恩格斯的解释，认为他未必能够理解马克思的原意，那么这里就根据马克思自己所著的《哥达纲领批判》来分析。

---

① 厉以宁：《进一步开展公有制形式的探讨》，《经济导刊》2002 年第 3 期。

② 谢韬、辛子陵：《试解马克思重建个人所有制的理论和中国改革》，《炎黄春秋》2007 年第 6 期。

③ 从 20 世纪 70 年代起，在日本的马克思研究者当中，曾围绕着这个问题发生过争论，形成了将个人所有制理解为“个体所有制”并由此建立“市民社会”的社会主义的平田清明派和捍卫恩格斯解释的林直道派这两大派观点。另外，川下正道等将个人所有制理解为在社会主义公有制基础上“个人占有生产资料和享受这种状态”。详情可参见［日］冈本博之等主编：《马克思〈资本论〉研究》，刘焱等译，山东人民出版社 1993 年版，第 292—294 页。

马克思在这一著作中，将未来共产主义社会划分为两个阶段。其中，他对于共产主义第一阶段的阐述比较多，指出这个时期的共产主义社会，是一个集体的、以共同占有生产资料为基础的社会。由于它在经济、道德和精神诸方面还带着其所脱胎出的那个旧社会，即资本主义社会的痕迹，更由于受到社会生产力发展水平的限制，因此，在社会成员的消费资料分配上，实行的是按劳分配制度。即每一个生产者，在作了各项扣除之后，从社会方面正好领回他所给予社会的一切。他所给予社会的，就是他个人的劳动量。具体实施办法是：每个生产者从社会方面领得一张证书，证明他提供了多少劳动（扣除他为社会基金而进行的劳动），而他凭这张证书从社会储存中领得和他所提供的劳动量相当的一份消费资料。一方面，由于生产资料公有，对于生产者个人来说，除了自己的劳动，谁都不能提供其他任何东西；另一方面，除了个人的消费资料，没有任何东西可以成为个人的财产。虽然在这种分配制度下，没有阶级差别，每个人都像其他人一样只是劳动者，生产者的权利和他们提供的劳动成比例、消费资料在生产者间的分配遵循等量劳动交换原则。但是，生产者之间的这种劳动权利平等原则，仍然属于资产阶级法权的范畴。在事实上，由于各生产者的天赋条件、家庭情况等不尽相同，劳动权利的平等也不会造成他们之间平等分配的结果。而这种分配不平等的状况，只有到了共产主义高级阶段才会得到改变。

对于共产主义高级阶段，《哥达纲领批判》中只有一段比较简单的描述：“在共产主义社会高级阶段上，在迫使人们奴隶般地服从分工的情形已经消失，从而脑力劳动和体力劳动的对立也随之消失之后；在劳动已经不仅仅是谋生的手段，而且本身成了生活的第一需要之后；在随着个人的全面发展生产力也增长起来，而集体财富的一切源泉都充分涌流之后，——只有在那个时候，才能完全超出资产阶级法权的狭隘眼界，社会才能在自己的旗帜上写上：各尽所能，按需分配！”[①]

综观马克思在《哥达纲领批判》中所述，可以认为他已为《资本论》中所说的“协作和对土地及靠劳动本身生产的生产资料的共同占有的基

① 《马克思恩格斯全集》第19卷，人民出版社1963年版，第22—23页。

础上，重新建立个人所有制”，提供了明确的解释。从资本主义社会中脱胎而出的共产主义社会初级阶段，生产资料公有制和按劳分配后的个人消费资料私有，这是两个基本特征。在生产资料公有制基础上重建消费资料个人所有制，恩格斯的这个解释是很符合马克思的思想的。而马克思本身又是在指出了生产资料公有制的基础上紧接着说“重建个人所有制”的，所以将其理解为在消费品方面重建个人所有制，从逻辑上讲是顺理成章的。为了更明确地表述这一点，恩格斯还在《反杜林论》的德文版中，把“重建”改译为“给予”或“分配”，在公有制的基础上作为给予的对象，那只能是消费品了，而不能理解为生产资料个人所有制。

总而言之，在马克思的总体思想中，重新建立的“个人所有制”只限于个人消费品；未来新社会要建立的生产资料公有制是全社会的，而不是多元化的所有制。一些论著把马克思的这一论断看成是社会主义的经济模式，或用现行的政策措施去附会马克思论断的含义，这些做法其实都是错误的。[①]

至于为什么要说“重建”，马克思在《哥达纲领批判》里有明确的回答：生产方式的性质变了，消费资料的分配方式当然需要重建。[②] 重建后的个人消费资料在性质上是属于个人或私有的，而“私有制”一词已被人习惯于专指生产资料私有制，可能为了避免混淆，所以用了“个人所有制”来代称。马克思在 1871 年所著的《法兰西内战》中，提到巴黎公社“曾想把现在主要用作奴役和剥削劳动的工具的生产资料、土地和资本变成自由集体劳动的工具，以实现个人所有权”[③]，应该也是与此相关的一种表述方式。

从马克思的《哥达纲领批判》所述来看，对于“重建个人所有制”的阐释要比恩格斯在《反杜林论》中丰富得多。按照马克思这里的分析，在共产主义初级阶段，按劳分配后的消费资料明确为生产者个人私有，分配原则是一个人以一种形式给予社会的劳动量，又以另一种形式全部领回来。这种规定仍然具有资产阶级权利性质，因为它强调劳动所有权，

---

① 程恩富：《什么是重建“个人所有制”》，《社会科学报》1989 年 11 月 23 日。

② 《马克思恩格斯全集》第 19 卷，人民出版社 1963 年版，第 23 页。

③ 《马克思恩格斯全集》第 17 卷，人民出版社 1963 年版，第 362 页。

在分配上体现的是等量劳动相交换的精神。而由劳动所有权决定的、作为等量劳动相交换结果的消费资料个人所有制具有资产阶级权利性质，也明示了这种"个人所有制"肯定会存在于共产主义社会初级阶段。那么，到了共产主义高级阶段则发生了改变，由于消灭了旧的社会分工，消除了脑力劳动和体力劳动的对立，劳动已不仅是个人谋生的手段，而且成了人生活的第一需要，即人不劳动就失去了存在的意义。而伴随着个人的全面发展，社会生产力的水平已达到使集体财富的一切源泉都充分涌流出来的程度，人类社会在消费资料分配上将实行各尽所能，按需分配，这种分配方式完全超越了资产阶级权利的狭隘眼界。随着按需分配的实现，人类社会进入了共产主义高级阶段，这种体现资本主义法权的"个人所有制"就无存在的必要。但是，体现个人消费自由和方便的部分消费资料"个人所有制"则并不一定消亡。

从20世纪50年代以来，首先在日本创办的山岸村（后在其他6个国家也有发展）带有明显共产主义社区性质的实践中，曾经取消一切消费资料的个人和家庭私有，但近些年便有所改变，允许少量消费资料属于个人和家庭所有。此案例便是一个现实例证。

否定之否定的逻辑能够帮助我们思考这样的问题。不过，对于马克思"重建个人所有制"的理解为什么有那么大的争议，症结也在于如何看待他这里的否定之否定逻辑。马克思这里为什么要坚持使用这种表达方法，原因仅仅是因为喜欢，所以就"起劲地摆弄"黑格尔的辩证法吗？恐怕值得深入思考。

三、"重建个人所有制"否定之否定逻辑的中心是"个人所有制"：《共产党宣言》在这个问题上的诠释意义

那些质疑马克思赞同恩格斯解释的论著，虽然提出的观点各异，但有一个共同之处，就是认为如果把重建"个人所有制"理解为重建"消费资料的个人所有制"，就背离了否定之否定规律。因为这里作为否定之

否定起点的是“个人的、以自己劳动为基础的私有制”，即指的是生产资料所有制。它被生产资料的资本主义私有制否定。而第二个否定的结果不能导致“消费资料所有制”。否则，前后概念不对称，在逻辑上违背了同一律，也不符合否定之否定的规律。

然而问题在于，这么浅显的一个逻辑问题，难道马克思、恩格斯就不知道吗？当初，杜林就是在否定之否定的表述方式上攻击马克思的，恩格斯驳斥杜林，作出了“个人所有制”就是“消费资料的个人所有制”的解释。难道他和马克思就没有思考过，这里的否定之否定表述在逻辑上有什么问题？马克思本人对这段辩证法的表述方式是很坚持的，在1872年出版的、由他亲自修订的法文版《资本论》第一卷中，这段话只是略有改动，变为：“这种否定不是重新建立劳动者的私有制，而是……在协作和共同占有包括土地在内的一切生产资料的基础上，重新建立劳动者的个人所有制。”[①] 马克思加上了两个“劳动者的”限定语，应是要帮助读者理解他的意思。他希望读者怎么来理解呢，我们看这两个“劳动者的”限定的是什么就明白了：是“私有制”，是“个人所有制”。理解他这段表述的关键环节就在这里。

这就是说，马克思这段话前后对称的中心概念实际是“个人所有制”或“个人私有制”，否定之否定的起点是生产资料和消费资料均属个体私有的小生产者“个人所有制”，它为资本主义的“个人所有制”即资本家的大私有制所否定，第二次否定的结果又造成了一种“个人所有制”，不过是在生产资料公有制基础上的个人消费资料所有制。马克思在这里运用了“正—反—合”的辩证法手法来揭示所有制发展轨迹和规律。而我们只有搞懂了其形式上概念的对称性与内容上概念的非对称性或可变性，才能认识到，正是出于形式上表述否定之否定规律的概念对称的需要，他才没有直接点明而只是隐含了“重建个人所有制”的对象和范围——消费资料。这样，都是在“个人所有制”的同一形式上运用否定之否定的表述方法，但其经济内容却不完全重复和同一。可见，马克思的这段名言和恩格斯的解释并未违背否定之否定规律，而恰好是这一规律的绝

① 《资本论》第1卷法文版中译本，中国社会科学出版社1983年版，第826页。

妙表述。[①]

从《资本论》第一卷讨论内容来看，我们的这种理解显然是合理的。马克思是在《所谓原始积累》一章的最后部分，展望整个资本主义积累的历史趋势时，提出要“重建个人所有制”的。在内容安排上，经典作家以分析原始积累的实质开始，明确指出所谓原始积累不过是小生产者和生产资料分离的历史过程，该过程形成了资本和与之相适应的生产方式的前史，而对农民土地的剥夺是形成资本原始积累全部过程的基础。[②]也就是说，资本主义原始积累的中心问题，就是小生产者的“个人所有制”被消灭的问题。为了使读者明确这一点，马克思在接下来的现代殖民理论这一章里，还继续指出：小生产者的私有制和资本主义私有制是两种完全不同的私有制；若小生产者的私有制不能被消灭，在劳动者依然能够占有土地的地方，资本主义私有制就无从建立。这里，他再次强调了小生产者“个人所有制”被消灭是资本主义生产方式得以建立的前提条件，因而综合来看，在资本原始积累这个问题框架内，“个人所有制”或“个人私有制”无疑是其中心概念。这也决定了我们对于马克思在这里提出的“重建个人所有制”应如何理解。

但是，马克思这里为什么要刻意凸显“个人所有制”呢？翻阅马克思、恩格斯的有关文献，《共产党宣言》中的有关论述可能会为我们提供一把适宜的钥匙，帮助解开这个谜团。看看《共产党宣言》开始就说什么吧：“一个幽灵，共产主义的幽灵，在欧洲游荡。为了对这个幽灵进行神圣的围剿，旧欧洲的一切势力，教皇和沙皇、梅特涅和基佐、法国的激进派和德国的警察，都联合起来了。有哪一个反对党不被它的当政的敌人骂为共产党呢？又有哪一个反对党不拿共产主义这个罪名去回敬更进步的反对党人和自己的反动敌人呢？从这一事实中可以得出两个结论：共产主义已经被欧洲的一切势力公认为一种势力；现在是共产党人向全世界公开说明自己的观点、自己的目的、自己的意图并且拿党自己的宣言来反驳关于共产主义幽灵的神话的时候了。”[③]

---

① 程恩富：《不应误用“重建个人所有制”》，《社会科学报》2004 年 3 月 18 日。

② 洪远朋：《新编〈资本论〉教程》第 1 卷，复旦大学出版社 1988 年版，第 415、416 页。

③ 《马克思恩格斯选集》第 1 卷，人民出版社 1995 年版，第 271 页。

《共产党宣言》开篇之言说明什么呢，说明马克思那个时代，共产主义理想在欧洲已是一个被妖魔化的事物了。而在经济领域，共产主义所承受的一大“罪名”就是：“有人责备我们共产党人，说我们要消灭个人挣得的、自己劳动得来的财产，要消灭构成个人的一切自由、活动和独立的基础的财产。”① 而共产主义承受这样的“罪名”似乎也不是完全“无辜”，因为早先的有些空想社会主义者们没有完全说清楚这个生产资料公有制与某些消费资料可以私有的双重制度的并存问题。像欧文就说：“私有财产过去和现在都是人们所犯的无数罪行和所遭的无数灾祸的根源”“在合理组织起来的社会里，私有财产将不再存在。”② 德萨米在那里大声疾呼：“公有制！公有制！所有可能达到的善和美都概括在这一个名词之中了。”为了实现公有制，他号召人们要勇于献身，牺牲自己的自由、权利和私人财产。③ 他们的观点可以说是有代表性的。而这样的观点正好就给资产阶级妖魔化共产主义思想提供了有利的借口。

《共产党宣言》的发表，就是为了澄清科学社会主义与各种顶着“社会主义”之名的既有思潮的区别，反击资产阶级对共产主义的诬蔑和攻击。所以，《共产党宣言》中明确指出：“共产主义并不剥夺任何人占有社会产品的权力，它只剥夺利用这种占有去奴役他人劳动的权力。”“资本不是一种个人力量，而是一种社会力量。因此，把资本变为公共的、属于社会全体成员的公共财产，这并不是把个人财产变为社会财产。这里所改变的只是财产的社会性质。它将失掉它的阶级性质。”而对于上述空想社会主义者们的宣教，《共产党宣言》中这样指出：“随着这些早期的无产阶级运动而出现的革命文献，就其内容来说必然是反动的。这种文献倡导普遍的禁欲主义和粗陋的平均主义。”总之一句话，虽然“共产主义革命就是同传统的所有制关系实行最彻底的决裂”④，但这场革命并不是完全要消灭“个人所有制”。

---

① 《马克思恩格斯选集》第 1 卷，人民出版社 1995 年版，第 286 页。

② ［英］罗伯特·欧文：《欧文选集》第 2 卷，柯象峰等译，商务印书馆 1981 年版，第 11、13 页。

③ ［法］泰·德萨米：《公有法典》，黄建华等译，商务印书馆 1982 年版，第 26 页。

④ 《马克思恩格斯选集》第 1 卷，人民出版社 1995 年版，第 288、287、303、293 页。

然而，《共产党宣言》的发表，并不意味着资产阶级对无产阶级要"消灭个人财产"的诬蔑和攻击就会结束。作为无产阶级革命理论家的马克思在此后的著述中，也必然会注意这个方面。在《资本论》第一卷中，他刻意强调在终结资本主义制度的未来社会要"重建个人所有制"，应该就是要在深厚的理论工作和系统分析的基础上，进一步表明共产主义者的立场、观点和行动目标，以回击各类反动势力的不实之词。想通此逻辑，显然有助于正确理解马克思所使用的否定之否定表述方法。

四、结　语

综观马克思和恩格斯的著作，沿着《共产党宣言》——《资本论》第一卷——《哥达纲领批判》——《反杜林论》的思路，实际已不难看出，经典作家围绕着"重建个人所有制"这个命题的科学界定和制度形式，以及怎样理解这里的否定之否定逻辑，都有相关的阐述甚至是明确的解释，已形成一个比较完整、严密的逻辑体系。我们分析的结论有两个：其一，马克思、恩格斯和列宁均精通否定之否定规律，他们自己的反驳性解释具有权威性和准确性。马克思正是运用"正—反—合"的辩证法观点来揭示所有制发展轨迹和规律的，出于形式上表述否定之否定规律的概念对称的需要，才没有直接点明而只是隐含"重建个人所有制"的对象和范围——消费品。这样，便都是在"所有制"的同一形式上运用否定之否定的表述方法，而其经济内容却不完全重复和同一。也就是说，资本主义生产资料所有制否定的是生产资料和消费资料均属个体私有的"个人所有制"，而否定资本主义所有制的结果，则是在生产资料公有制基础上重建消费资料可属私有的"个人所有制"（在共产主义社会，消费资料可分属个人或社会，其实际分属的结构会不断变化）。只有搞懂形式上概念的对称性与内容上概念的非对称性或可变性，才能认识到马克思主义经典作家的这段名言及其解释不仅没有背离否定之否定规律，而且恰好是这一规律的绝妙表述。其二，马克思、恩格斯和列宁一贯主张纯粹的社会主义或共产主义社会是实行生产资料的全社会所有制（撇开向社会主义社会过渡的时期），因而未来社会需要重建的个人所有制不可能是生产资料的合作所有制和股份所有制。据此，没有必要和理由用现行的理论和体制（股份制、农村联产承包制等）去附会马克思论断的含义。

可见，只要我们从思想上回到马克思、恩格斯和列宁的思路上来，坚持他们的基本逻辑，从总体上把握其有关著述，而不是只抓住只言片语，并随意地裁剪当下中国经济现实，那么，这个政治经济学中的“哥德巴赫猜想”的比喻，应该是不会出现的。

（原文发表于《马克思主义研究》2012 年第 1 期）

当代资本主义社会还存在“绝对贫困”吗?

胡　莹*

一、绝对贫困和相对贫困的内涵

财富与劳动相分离是资本和劳动进行交换的必要规律，这种分离就是工人的绝对贫困。马克思指出：“工人的绝对贫困……无非是说，劳动能力是工人唯一能出售的商品，工人只是作为劳动能力与物质的、实际的财富相对立。”[①] 绝对贫困是指在资本主义生产方式下劳动与财富的分离，即劳动者被剥夺了包括生产资料和生活资料在内的一切物的财富，而劳动与生产资料的分离是劳动者的生活资料被剥夺的根源所在。绝对贫困指工人所处的除了拥有自身的劳动能力以外，其他一无所有的状况。马克思认为，无产阶级的绝对贫困表现了资本主义社会中基本阶级的对抗关系。“被剥夺了劳动资料和生活资料的劳动能力是绝对贫困本身”[②]，劳动能力由于被剥夺了劳动资料即被剥夺了通过劳动占有自然因素所需的物的条件，它也就被剥夺了生活资料。所以，仅仅考察生活质量范围的贫困状态，而忽视生产资料占有上的贫困状态，这既不符合马克思关于绝对贫困的原意，也不符合马克思一贯的立场和分析方法，更不符合无论是现在还是过去资本主义社会的基本现实。从无产阶级的劳动从属于资本这一前提出发，只要在资本主义社会中无产阶级的劳动从属于资

* 胡莹，中山大学教育学院讲师，法学博士。

① 《马克思恩格斯全集》第47卷，人民出版社1979年版，第40页。

② 《马克思恩格斯全集》第47卷，人民出版社1979年版，第39页。

本，那么绝对贫困就一直会存在。绝对贫困是一般性规律，但该规律的表现形式是具体的、多样的。“绝对”一词一般是讲无条件的意思，指不受任何限制。这里的绝对贫困其实也是有条件的，即在资本主义生产方式的制度框架之下。在资本主义制度条件下，无产阶级贫困化是绝对的，它是一切客体都完全被剥夺的劳动的可能性。

马克思曾经指出：“不管工人的报酬高低如何，工人的状况必然随着资本的积累而恶化。”① 这句话经常作为阐释马克思关于绝对贫困的观点而被引用。但是，这句话似乎是不可理解的，为什么报酬高时也必然随着资本积累而日趋恶化呢？在马克思看来，资本主义的生产过程是价值增殖过程和生产关系再生巩固过程的统一。马克思在这句话的前面曾说：“一切生产剩余价值的方法同时就是积累的方法，而积累的每一次扩大又反过来成为发展这些方法的手段。”② 生产剩余价值的方法无非是使用提高劳动生产率的相对剩余价值的生产方法和延长劳动日或提高劳动强度的绝对剩余价值的生产方法，也就是加强剥削从而获取更多剩余价值的方法。工人的报酬即使提高了，劳动者对于资本的隶属关系进一步加深，并逐步从“形式上的隶属”发展到“实质上的隶属”。

马克思在《剩余价值理论》一书中评价李嘉图时指出：“他更应该理解，仅仅以剩余价值为目的的即以生产者群众的相对贫困为基础的生产形式，绝不能像他一再说明的那样，是财富生产的绝对形式。”③ 从马克思的这句话来看，工人的相对贫困是指在以剩余价值为目的的资本主义生产的条件下，工人必须把自己创造的价值的一部分无偿地交付给资本家占有。马克思所说的相对贫困是从以剩余价值为目的的生产所决定的分配关系的角度考察的。资本主义生产是“以剩余价值为目的即以生产者群众的相对贫困为基础的”。

在马克思关于无产阶级贫困化的理论中，绝对贫困与相对贫困并不是位于同一层次上的两个相对立的概念。绝对贫困是指工人除了拥有自身的劳动能力以外，并不占有其他生产资料；而相对贫困是指资本家无

① 《资本论》第1卷，人民出版社2004年版，第743页。

② 《资本论》第1卷，人民出版社2004年版，第743页。

③ 《马克思恩格斯全集》第26卷第3册，人民出版社1974年版，第135页。

偿占有工人在剩余劳动时间中创造的价值，而工人只得到他的劳动力的价值。绝对贫困与相对贫困之间的关系，就是生产和分配之间的关系。生产决定分配。生产出来的产品构成了分配的客观对象，它决定了分配的内容。同时，在生产过程中，劳动者与生产资料的结合方式决定了收入分配的特定形式。"有了这种本来构成生产的一个要素的分配，产品的分配自然也就确定了。"① 在马克思看来，生产与分配两者——而不仅仅只有分配——都具有历史性。生产性的分配推动再生产的正常运行。绝对贫困指向的是资本主义的生产关系，而相对贫困指向的是资本主义的分配关系。前者决定了后者，生产资料上的一无所有决定了工人创造的剩余价值被无偿占有，绝对贫困是相对贫困的根源；后者反过来强化了前者，资本家无偿占有剩余价值的分配，结果进一步加深了劳动力与财富的分离，相对贫困是绝对贫困的积累和再生。

马克思关于无产阶级贫困化的理论是一个完整的科学整体，它是不容割裂的。在绝对贫困和相对贫困中都存在着一个共同的东西："是劳动把劳动客观条件——因而也是把劳动本身所创造的客体性——看作是他人财产的关系：劳动的异化。"② 马克思关于无产阶级贫困化的理论，是从分析资本主义的生产过程、揭示资本主义社会的经济运动规律所得出的科学结论。生产剩余价值是资本主义生产方式的绝对规律。在剩余价值规律和资本主义积累一般规律的作用下，资本主义经济的发展过程是资本积聚和集中的过程，同时也是无产阶级经济状况趋于恶化的过程。马克思依据资本主义积累的一般规律，揭示了资本积累所引起的资产阶级的财富积累与无产阶级的贫困积累两者之间的内在联系，科学地论证了资本主义制度下无产阶级贫困化的必然性。

二、误解的澄清

在国内外学术界的相关争论中，马克思所说的绝对贫困经常被误解

---

① 《马克思恩格斯选集》第2卷，人民出版社1995年版，第14页。

② 《马克思恩格斯全集》第46卷上册，人民出版社1979年版，第519页。

为以下几种含义：(1) 工人物质生活水平的绝对下降或物质生活状况的绝对恶化；(2) 实际工资的下降；(3) 工资低于劳动力商品的价值。根据第一种理解而对马克思的无产阶级贫困化理论作出否定的观点比比皆是，这也是该理论受到“挑战”和“攻击”的主要原因。根据这一种理解，有不少学者提出了这样的疑问：无产阶级的绝对贫困到底是一种规律，还是偶尔发生的现象？如果说它是一种规律，那么资本主义社会工人物质生活条件得到改善的事实该如何解释？于是，部分学者指出，无产阶级的绝对贫困只是偶尔发生的现象，如战争时期和经济危机时期等。有的学者按照第二种理解，根据资本主义社会工人实际工资有时上涨的现实否定了马克思关于无产阶级绝对贫困的学说。还有的学者指出，工资低于劳动力价值意味着工人及其家属得不到维持正常的物质和文化生活水平所必需的生活资料及劳务。随着生产力和科学技术的发展，工人及其子女的消费资料的数量和教育培训的费用存在着上升趋势，但消费品的价值又日益下降。所以，即使工人得到较过去更多更好的消费品，也不意味着工资等于或超过了劳动力价值。[①] 以上三种对绝对贫困的内涵的阐释，确切地说，应该是对绝对贫困的表现形式的理解。工人物质生活状况的绝对恶化、实际工资的下降和劳动力价格低于价值都是马克思所说的绝对贫困的具体表现。但不能因为这三种具体表现形式的消失而否定绝对贫困的存在，绝对贫困还存在其他表现形式，如失业、债务负担增加和收入水平的相对下降，等等。总之，一切反映劳动与生产资料和生活资料相分离的现象都是绝对贫困的具体表现，既包括物质生活上的贫困，也包括精神生活和政治生活上的贫困等。

不少学者认为，无产阶级的相对贫困就是同资产阶级相比，无产阶级在整个社会收入中，得到的份额越来越小。这种认识来源于马克思所说的一段话：“资本的积累通过使资本家及其同伙的相对财富增多而使工

---

① 马克思指出：“必须考虑到决定劳动力的价值量的变化的一切因素：自然的和历史地发展起来的首要的生活必需品的价格和范围，工人的教育费用，妇女劳动和儿童劳动的作用，劳动生产率，劳动的外延量和内涵量。”(《资本论》第1卷，人民出版社2004年版，第644页。) 劳动力价值由于包含复杂的社会因素、历史因素和道德因素，因而是难以量化的。所以，对劳动力价格价值的实际差额难下定论。

人的状况相对恶化，此外，还通过使工人的相对剩余劳动量增加（由于分工等等），使总产品中归结为工资的份额减少的办法使工人的状况恶化”①。马克思还指出：“阶级和阶级相互之间的状况，与其说决定于工资的绝对量，不如说更多地决定于比例工资。”② 工人工资在国民收入中比重的下降是相对贫困的表现之一，而不能等同于相对贫困本身。资本家无偿占有工人在剩余劳动时间中创造的价值，而工人只得到他的劳动力的价值。换言之，工人只得到他所创造的价值的相对部分。这种工人为自己劳动的时间和为资本家劳动的时间的比例关系，就是工人的相对贫困。马克思的无产阶级相对贫困理论着眼于资本对劳动所创造的剩余价值的无偿占有，而劳动力价值即工人工资与剩余价值之间的数量比值的变动并不能改变无偿占有的事实。收入总额是平均收入水平与人口数量的乘积。无产阶级和资产阶级在国民收入中所占份额之比，既受到剩余价值率的影响，也受到两者数量对比的影响。剩余价值率下降或工人数量的增加都有可能造成工人工资比重的上升。即便将相对贫困直接等同于剩余价值率的上升，工资比重的上升也不完全是由与这样的相对贫困相反的力量即剩余价值率的下降引起的。更何况，马克思所说的相对贫困不是指剩余价值率的上升，而是指剩余价值本身的存在。

长期以来，在马克思主义政治经济学的研究和教学中，我们对马克思关于无产阶级贫困化的理论都习惯于从绝对贫困化和相对贫困化两个方面来分析。事实上，在马克思的著作中并没有无产阶级“绝对贫困化”和“相对贫困化”的提法。当年伯恩斯坦否认了无产阶级贫困化理论，考茨基在对他进行批判时首次提出了绝对贫困化和相对贫困化这两个范畴。后来列宁在批判伯恩斯坦和考茨基的时候就把它沿用了下来。考茨基把无产阶级贫困化理论区分为相对贫困化和绝对贫困化，并把绝对贫困化即无产阶级物质生活状况的绝对恶化作为一个规律提了出来。这样，他就把马克思所表述的一条统一的无产阶级贫困化规律割裂开来了。从此，关于无产阶级贫困化理论上的争论就围绕着绝对还是相对问题纠缠不清。列

① 《马克思恩格斯全集》第26卷第3册，人民出版社1974年版，第389页。
② 《马克思恩格斯全集》第26卷第2册，人民出版社1973年版，第477页。

宁在《资本主义社会的贫困化》中指出："工人的贫困化是绝对的，就是说，他们简直愈来愈穷，生活更坏，吃得更差，更吃不饱，更要挤在地窖和阁楼里。"① 这段话通常被认为是列宁给"绝对贫困化"所下的定义，即无产阶级的绝对贫困化是指无产阶级的物质生活水平的绝对下降或者物质生活状况的绝对恶化。其实，这段话是列宁为了反驳资产阶级和修正主义者对贫困化理论的攻击，结合当时德国和俄国的实际情况，提出无产阶级不但"相对贫困化"了，而且也"绝对贫困化"了。1902 年，针对普列汉诺夫的第二个党纲草案，列宁曾强调，他不主张说绝对的日益劳苦和贫困。同年在对火星报编辑部协商委员会的党纲草案的意见中列宁也说："'不断遭到各种各样的贫困'——这是从我的草案中抄来的，不很恰当。我没有说过不断遭到贫困。"② 这说明，列宁并不同意把工人和劳动群众生活水平的降低描绘成经常现象和长期趋势，因为它与历史发展的事实不符。

马克思的无产阶级贫困化理论中的"贫困化"，指的是无产阶级趋于贫困的趋势与方向。"化"，指的是某种定向的趋势。绝对贫困和相对贫困是无产阶级贫困化的根源所在。由于劳动力和生产资料的分离，以及由此决定的资本对剩余价值的无偿占有，使得无产阶级的贫困成为资本主义社会的一种稳定的发展趋势。以各种形式在各个层面出现的贫困是贫困化的具体表现，在这些表现中，既包括实际工资的下降和劳动力价格价值之差等被误认为是"绝对贫困"或"绝对贫困化"的现象，也包括无产阶级的收入在国民收入中的比重下降等被误认为是"相对贫困"或"相对贫困化"的现象，还包括在物质贫困之外无产阶级所遭受的精神生活和政治权利的贫困。各种贫困现象都植根于马克思所说的绝对贫困，即劳动与生产资料相分离的状况。

三、当代资本主义社会"富裕中的贫困"问题

在当代资本主义社会还存在马克思所说的绝对贫困吗？答案是肯定

① 《列宁全集》第 18 卷，人民出版社 1959 年版，第 430 页。
② 《列宁全集》第 6 卷，人民出版社 1959 年版，第 48 页。

的。当代资本主义生产关系的基础依然是资本主义私有制，资本与雇佣劳动的对立仍是当代资本主义的基本特征，这一点是不容否定的。资本主义基本矛盾在当代突出表现为生产能力的无限增长和社会有效消费需求有限增长的矛盾。这一矛盾在当代集中暴露了资本主义的弊端，凸显出资本主义生产关系的历史局限性。这些矛盾依然支配着当代资本主义的发展，决定着当代资本主义的基本格局和基本走向。

但是，在当代资本主义社会，劳动者对于生产资料的占有不再处于一无所有的状态。科学技术的迅猛发展使得生产的分工越来越精细化，生产力水平对生产资料的占有格局提出的社会化要求愈益强烈。资本主义生产关系开始在不断的自我调整中去应对社会生产力发展提出的新要求。具有改良性质的、调整资本占有方式的资本社会化措施被提出来了，其中最典型的方法是员工持股计划（Employ Stock Ownership Plan，简称 ESOP)。员工持股计划是美国律师路易斯·凯尔萨（Louis Kelso）提出的。他指出，如果仅仅少数人掌握和拥有资本，那么势必剥削和主宰广大的非资本所有者——无产阶级。凯尔萨还进一步提出了“民主资本主义”的概念。走向民主资本主义的直接途径就是采取经济措施使每个公民都有权成为资本工人，广为人知的方法就是员工持股计划。对大资产阶级来说，小额资本的社会化并不会影响其垄断地位，而且政府也为实施员工持股计划的企业给予一定的税收优惠；对广大劳动者来说，他们也愿意用劳动收入购买小额股票，以期获得更多收入，因此员工持股计划受到社会各界人士的欢迎。员工持股计划并不是神奇的。现今的员工持股计划计划多是着力于获得狭隘的财政目标，而并不是要与工人建立摆脱偏见的联系。事实上，工人作为小股东不可能同资本分享权力，相反，资本却通过职工持股制把雇员的储蓄同企业效益联系起来，并得到员工忠于企业的好处。正如马克思所说的：“积累量是自变量，工资量是因变量，而不是相反。”① “当雇佣工人仍然是雇佣工人的时候，他的命运是取决于资本的。所谓工人和资本家的利益一致就是这么一回事。”②

---

① 《资本论》第1卷，人民出版社2004年版，第715页。

② 《马克思恩格斯全集》第6卷，人民出版社1961年版，第491页。

1979—2000年间，美国最富有的1%的家庭得到了收入增长的38.4%，占最富有的20%的家庭总份额（74%）的一半以上。最穷的20%的家庭仅得到0.8%。2003年美国的家庭总数是111278000户，最富有的1%就是1112780户。这些家庭所分享的份额比构成最贫穷的22255600个家庭要高出48倍。① 财富是由那些可以保证将来有源源不断的收入的资产构成的。在美国，财富的集中度比收入的集中度更高。最富有的1%的美国人现在拥有的财富高达16.8万亿美元，比位于底层90%的人多出了2万亿。然而，“太多的美国人把财富的高度集中仅看作是一个病态社会的症状，而不是病因所在”②。不仅在资本主义社会发展的相对稳定阶段存在着马克思所说的绝对贫困，而且正是这样的绝对贫困造成了资本主义经济发展的危机。金融资源聚集在经济阶梯的顶层，从而使得普通家庭无法用极少的收入维系实体经济的强劲发展。富裕的投资者们难以从实体经济领域获得高额回报，于是便把金融市场变成了无规则可循的赌场。财产价格在近些年里经过了大幅度的膨胀，无疑能为富人们带来更多的收入，从而使得资本的集中度更高，劳动力与财富相分离即绝对贫困的状况进一步加深了。政治优先权是由高度集中的财富所定义的。“在不平等愈益严重的时代，富裕者解除了对借贷市场的管制，运用任何必要的手段创造了一个富人可以无限制地变得更加富有的尔虞我诈的环境。”③

那么，在当代资本主义社会还存在马克思所说的相对贫困吗？资本对剩余价值的无偿占有，这是资本主义生产方式的固有属性，即使实施利润分享制也不能改变。20世纪80年代，美国经济学家威茨曼(M. L. Weitzman) 指出：“我们需要新的手段，经济系统本身也需要有根本性的修补”，当务之急是“通过改变劳动报酬的性质来触及现代资本主

---

① Michael D. Yates, “A Statistical Portrait of the U. S. Working Class,” *Monthly Review*, Vol. 56 (2005): 20—21.

② John Cavanagh and Chuck Collins, “The Rich and the Rest of Us.,” *The Nation*, Vol. 285 (2008): 12.

③ John Cavanagh and Chuck Collins, “The Rich and the Rest of Us.,” *The Nation*, Vol. 285 (2008): 12.

义经济的运行方式，并直接在个别厂商一级矫正根本的结构缺陷”。[①] 他认为资本主义制度中现存的工资制度非常不合理。在这种工资制度下，工人的工资额是固定的，与企业的经营状况无关。资本家为了支付工资成本，必然缩小生产规模，维持高价，滞胀的根本原因就在于此。如果资本家和工人就工资问题所进行的谈判中，确定的不再是具体的工资额，而是“分享比率”，即确定在企业未来的收益中，多少归资本家所有，多少归工人所有，那么滞胀将自动消失。威茨曼将这种分配制度称作分享制度，实行这种制度的经济叫分享经济。在利润分享制下，资本家承诺对全部利润进行扣除并分配给工人，体现了一定程度的让步。而且，工人的全部收入中包括了一部分利润，工人的收入随着利润的增减而增减，这在一定范围内改变着工人与资本家收入之间此消彼长的对立，在一定程度上缓和了劳资矛盾。

利润的实质是剩余劳动，是工人无酬劳动的凝结。在资本主义条件下，工人参与对利润的分享，决不意味着工人能够独占全部的利润。分享利润只能在一定范围内减少工人的无酬劳动，工人创造的大部分的剩余价值仍然归于资本家享有。其实，试图从分配角度入手来完善资本主义制度的设想，并不是什么新鲜东西。早在 19 世纪，杜林就认为“资本主义的生产方式很好，可以继续存在，但是资本主义的分配方式很坏，一定得消失”[②]。对此，马克思指出，“那些把生产当作永恒真理来论述而把历史限制在分配范围之内的经济学家是多么荒诞无稽”[③]。在生产过程中，劳动者与生产资料的结合方式决定了收入分配的特定形式。利润的分享属于分配领域，它不能反过来决定生产资料的归属和生产关系的实质。虽然在一定范围内工人能够参与利润的分享，但最终决定是否让工人参与利润分享以及分享比例多少的还是资本家，资本依然支配着雇佣劳动。

从 1950—1990 年，美国的利润份额（利润额在国民收入总额中所占

① ［美］马丁·L. 威茨曼：《分享经济——用分享制代替工资制》，林青松等译，中国经济出版社 1986 年版，第 2 页。

② 《马克思恩格斯全集》第 20 卷，人民出版社 1971 年版，第 323 页。

③ 《马克思恩格斯选集》第 2 卷，人民出版社 1995 年版，第 14 页。

的比重）年均下降率为1.9%，从1950年的24%下降到1990年的12%。除了1961—1964年和1982—1985年这两个时期之外，利润份额一直在下降。相反，工资份额在战后时期相对稳定，工资份额从1953年的57%攀升到1970年的61%，而后缓慢下降，至1990年时工资所占份额为60%。[①] 但是，利润率和利润份额的下降并不意味着利润总额的下降。“在衰退和复苏时期，根据通货膨胀而调整的资本收入增长了32.2%，而真实补偿（工资与福利收益）却只有1.2%。这样，自2001年第一季度以来，公司部门真实收入增长的主体（84.6%）是资本收入。”[②] 从2001—2004年，当上一个经济周期结束、衰退开始以来，美国的公司利润增长了62.2%。在战后以来所经历的其他复苏期的同一时点，这一数据的平均值只不过是13.9%。而劳动补偿总额（薪水与雇员福利的总和）仅增长了2.8%，远远低于第二次世界大战以来的历史平均记录值9.9%。[③] 美国非工业工人的真实小时工资在1972年达到顶峰，而在2006年跌落至1967年的水平。工资和薪水支出占国内生产总值的比重从1970年的53%下降到2006年的46%。[④]

收入与财富的不平等不断扩大，这会产生出资本主义长久以来未能解决的难题：积累的过程取决于工资的不断降低，而它最终却要依赖以工资为基础的消费来支持经济增长和投资。依靠国内借债消费的刺激来解决由收入差距扩大所造成的过剩危机，成为推动美国经济增长的重要手段之一。对那些位于中等收入水平的家庭来说，债务负担已经达到了1995—2004年间的最高水平。自1995年以来，这类家庭的借贷服务支出占其可支配收入的百分比提高了4个百分点，比其他收入集团要高出20%。最高收入水平的家庭债务负担自然是最低的，不及可支配收入的

---

① Jack L. Miller and John Gowdy, “Vertically Integrated Measures of the Rate of Profit in the Unites States 1950—90,” *The Review of Income and Wealth*, Vol. 38 (1998): 558.

② Michael D. Yates, “A Statistical Portrait of the U. S. Working Class,” *Monthly Review*, Vol. 56 (2005): 29.

③ John Miller, “Slow Wage Growth But Soaring Profits in the Current Recovery,” *Dollars & Sense*, Vol. 255 (2004): 37.

④ John Bellamy Foster, “The Age of Monopoly-Finance Capital,” *Monthly Review*, Vol. 61 (2010): 5.

10%。所有这一切都表明了家庭债务分布的阶级性，经济压力更多地是由低收入阶层、工人阶级家庭来承担的。激增的家庭债务负担为拖欠和破产打下了铺垫。低收入群体的债务负担，成为当代资本主义相对贫困的一种新的表现形式。美国居民消费债务占可支配收入的百分比已经从1975年的62%上升到2005年的127.2%，增长了两倍多。[①] 尤其是2005年的数据已经超过了100%，这表明即使不追加任何新的消费，消费债务就已经超出了可支配收入能够支付的范围。如果继续借债，以债偿债，那么消费债务与可支配收入之间的缺口可能会越来越大。美国经济中的总体私人债务从1970年占国内生产总值的110%增加到2007年占国内生产总值的293%（包括公众持有的政府债务在内的债务总计从1970年占国内生产总值的150%增加到2007年占国内生产总值的346%）。周期性信用危机使得金融动荡越来越明显。债务的增长如同毒瘾一样，为了得到相同的刺激效果，人们需要越来越多的毒品，而主体的身体状况却在缓慢恶化。在20世纪70年代，每新增1美元的债务就能使美国的国内生产总值增加60美分，而在21世纪的头十年里这一数据下降到20美分。[②]

但是，剩余价值已经不仅仅为资本家阶级一方独占了，这是一个不争的事实。除了利润分享制之外，当代发达国家剩余价值分配关系的变化，还表现在以下几个方面：第一，知识和才干作为复杂劳动的独立形态获得了一部分剩余价值，如经理股票期权制等。第二，剩余价值的一部分转化为企业的法人财产，不再属于哪一个个人，其支配和使用都服从于出资者的整体意志和利益。这部分转化为法人财产的剩余价值更具有较多的社会占有性质。第三，国家以社会利益代表者的身份占有的剩余价值越来越多。国家税收既有来自劳动者，也有来自资本家剩余价值的，这为政府履行社会职能提供了经济条件。而这一部分国家占有的剩余价值中有一部分通过转移支付的方式转让给社会所有，保障了普通劳动者的利益，有利于社会公平的实现。这些情况从一定程度上改变了资本和劳动的关系，提高了工人的物质生活水平。部分剩余价值以各种形

---

① John Bellamy Foster, “The Household Debt Bubble,” *Monthly Review*, Vol. 58 (2006): 3.

② John Bellamy Foster, “The Age of Monopoly-Finance Capital,” *Monthly Review*, Vol. 61 (2010): 4.

式对劳动者的返还，为劳动者获得劳动的物质条件提供了可能。教育和科学技术的发展、劳动素质和劳动层次的提升，使劳动者有可能凭借人力资本的积累而实现阶级流动。这两种情况都有利于打破少数有产者对资本的垄断。劳动有可能直接成为资本——劳动力资本，可能直接支配物质资本，这种趋势为资本主义向社会主义转变的历史必然性提供了新的佐证。

在当代资本主义社会无产阶级的贫困从经济因素的贫困逐渐转向非经济因素的贫困，如人格的不健全、人性的异化、阶级意识的丧失以及各种心理危机的存在等，其中最主要的表现形态就是人对资本的全面依赖。资本在世界范围内同劳动的对立，无产阶级不仅在形式上局部地，而且从实质上在全世界范围内全面依赖于资本。伴随着资本主义生产方式的全球扩张，马克思所说的绝对贫困和相对贫困也经历了一个全球化的过程。在全球化进程中，资本流向世界，而利润流向西方。世界各地越来越多的劳动者不再拥有他们的生产资料和劳动产品，除了自己的劳动力以外一无所有。

在当代，一国范围内的贫困和全球性贫困都与过去生产力水平落后时期的贫困不同，它是生产力获得高度发展后的富裕社会中的贫困。这种富裕中的贫困问题被认为是世界面临的最大挑战之一。“最勤劳的工人阶层的饥饿痛苦和富人建立在资本主义积累基础上的粗野的或高雅的奢侈浪费之间的内在联系，只有当人们认识了经济规律时才能揭露出来。”[①] 在过去、现在或将来的资本主义社会中，只要存在劳动者和生产资料之间的分离，那么马克思所说的绝对贫困和相对贫困就必将存在。

（原文发表于《马克思主义研究》2011年第6期）

① 《资本论》第1卷，人民出版社2004年版，第757页。

九

资本流通理论

试论流通费用的分类及纯粹流通费用的补偿

洪远朋*

一、试述流通费用的分类

马克思在《资本论》第二卷第六章分析流通费用的问题。马克思把流通费用分为三类：第一节分析第一类，纯粹流通费用；第二节分析第二类，保管费用；第三节分析第三类，运输费用。马克思非常明确地把流通费用分为三类。但是，几乎在所有的政治经济学教材中，却都把流通费用分为两类：生产性流通费用和纯粹流通费用，也就是把运输费用和保管费用都划分为生产性流通费用。那么，流通费用到底是分为两类好，还是三类好呢？我们认为，马克思把流动费用分为纯粹流通费用、保管费用、运输费用三类是很有道理的。

第一类，纯粹流通费用，是指完全非生产性的费用，它不创造使用价值，也不创造价值。马克思说："他和别人一样劳动，不过他的劳动的内容既不创造价值，也不创造产品。"① "无论如何，用在买卖上的时间，是一种不会增加转化了的价值的流通费用。"②

第三类，运输费用，马克思认为是生产费用，这是因为运输是生产过程在流通过程的继续。马克思说："产品总量不会因运输而增大。……但是，物品的使用价值只是在物品的消费中实现，而物品的消费可以使

* 洪远朋：复旦大学经济学院教授，博士生导师。

① 《资本论》第2卷，人民出版社2004年版，第149页。

② 《资本论》第2卷，人民出版社2004年版，第150页。

物品的位置变化成为必要，从而使运输业的追加生产过程成为必要。因此，投在运输上的生产资本，会部分地由于运输工具的价值转移，部分地由于运输劳动的价值追加，把价值追加到所运输的产品中去。”①

但是，保管费用（或储蓄费用）既不同于纯粹流通费用，又不同于运输费用，它是一种既是生产性的，又是非生产性的具有二重性的费用。所以，马克思没有把它和运输费用一起列入生产费用，而是另列一类，即作为第二类。

第二类，保管费用，这种具有既是生产性的，又是非生产性的二重性的流动费用具体表现在哪些方面呢？

第一，保管费用不能增加商品的使用价值，所以，是非生产性的；但它可以保存使用价值，使商品变贵，又具有一定的生产性。所以，它是生产上的非生产费用。马克思说：“商品变贵而不追加商品使用价值的费用，对社会来说，属于生产上的非生产费用”②。

第二，保管费用，对社会来说，是社会财富的扣除，是非生产性的；对单个资本家来说，可以成为发家致富的源泉，也可以说是生产的。马克思说：“从社会的观点看，它们又可以是单纯的费用，是活劳动或对象化劳动的非生产耗费，但是正因为这样，对单个资本家来说，它们可以起创造价值的作用，成为他的商品出售价格的一种加价”，“成为发财致富的源泉”。③“储备形成的费用仍然是社会财富的扣除，虽然它是社会财富的存在条件之一。”④

第三，正常的保管费用加入商品价值是生产的，但要具备两个条件：一是满足社会需要的储备量；二是储备要与生产时间相适应。不正常的保管费用不能加入商品价值，是非生产的。如果“储备的形成就是流通的停滞，由此引起的费用就不会把价值加到商品上”⑤。

第四，保管费用作为价值形式转化的时间，是非生产性的。“如果形

① 《资本论》第2卷，人民出版社2004年版，第167—168页。
② 《资本论》第2卷，人民出版社2004年版，第154页。
③ 《资本论》第2卷，人民出版社2004年版，第154页。
④ 《资本论》第2卷，人民出版社2004年版，第166页。
⑤ 《资本论》第2卷，人民出版社2004年版，第163页。

成商品储备所需要的流通费用，只是产生于现有价值由商品形式转化为货币形式的时间……那么，这些流通费用和第一节所列举的流通费用的性质就完全相同。”① 保管费用作为保存价值而花的费用，又具有生产性。“这些费用的目的本身不是价值的形式转化，而是价值的保存，而价值存在于作为产品，作为使用价值的商品中，因而只有通过产品的保存，使用价值本身的保存，价值才能得到保存。”②

所以，我们认为把保管费用看作与运输费用一样，完全是生产性的流通费用，从而把流通费用分为纯粹流通费用和生产性流动费用两类，是值得商榷的。看来，应该恢复马克思本来的分类法。第一类纯粹流通费用，完全是非生产性的流通费用；第二类保管费用，具有既是生产性的，又是非生产性的二重性质的流通费用；第三类运输费用是生产性的流通费用。

二、关于纯粹流通费用的补偿问题

《资本论》第二卷第六章第一节就是分析纯粹流通费用问题的。关于纯粹流通费用的补偿问题，中国 20 世纪 50 年代中期曾经讨论过，最近有些文章也谈到这个问题。大体上有三种意见：

第一种意见认为，纯粹流通费用只能从剩余价值中得到补偿。

第二种意见认为，纯粹流通费用是由商业资本家加在商品的现实价值之上，通过提高商品的价格来补偿。

第三种意见认为，商业劳动都是生产劳动，商业的全部费用包括纯粹流通费用都可以增加商品的价值。

我是同意和主张第一种意见的，理由是：

第一，纯粹的商业买卖活动，是非生产劳动。商品的买卖只是价值形式的变换，买卖所引起的广告费、簿记费、通讯费、营业员的工资等，

---

① 《资本论》第 2 卷，人民出版社 2004 年版，第 156—157 页。

② 《资本论》第 2 卷，人民出版社 2004 年版，第 157 页。

这些纯粹流通费用是商品买卖过程中所引起的非生产性开支，不能增加商品使用价值，也不能增加商品的价值，对全社会来说，它是一种虚费，马克思说："一切只是由商品的形式转化而产生的流通费用，都不会把价值追加到商品上。这仅仅是实现价值或价值由一种形式转变为另一种形式所需的费用。投在这种费用上的资本（包括它所支配的劳动），属于资本主义生产上的非生产费用，这种费用必须从剩余产品中得到补偿，对整个资本家阶级来说，是剩余价值或剩余产品的一种扣除"①。

第二，为什么纯粹流通费用只能从剩余价值中得到补偿呢？这只是因为社会产品价值是由不变资本、可变资本和剩余价值三个部分组成。价值构成中的不变资本部分，是旧价值的转移，必须重新用来购买生产中的生产资料，因此不能用它来补偿纯粹流通费用；价值构成中的可变资本部分，必须维持劳动力的再生产，也不能补偿纯粹流通费用。所以纯粹流通费用只能由价值构成中的剩余价值部分来补偿。

有些同志认为纯粹流通费用可以通过商品加价来补偿。商品加价就是通过提高商品的价格来补偿。但充其量这只是补偿的形式，而没有回答补偿源泉，讨论纯粹流通费用的补偿问题，不是探讨补偿的形式，而是分析补偿的源泉。

有些同志认为纯粹商业活动也是生产劳动，全部纯粹流通费用都是生产费用，都可以追加到商品价值中去，这是值得认真研究和探讨的问题。近来，在生产劳动的讨论中，有些同志把一切商业劳动（包括纯粹商业劳动）都算生产劳动，认为他们都可以创造价值，我认为这些同志有点扩大生产劳动含义的倾向，而这些扩大是由于以下混淆造成的：

第一，把必要劳动与生产劳动相混淆。商业劳动是必要劳动，但不是生产劳动。马克思说："如果一种职能本身是非生产的，然而是再生产的一个必要的因素，现在这种职能由于分工，由多数人的附带工作变为少数人的专门工作，变为他们的特殊行业，那么，这种职能的性质本身并不会改变。"②

---

① 《资本论》第2卷，人民出版社2004年版，第167页。

② 《资本论》第2卷，人民出版社2004年版，第148页。

第二，把与生产有关的劳动与生产劳动相混淆。商业劳动是与生产有关的劳动，但不是生产劳动，有什么劳动与生产是毫无关系的呢？如果与生产有关的劳动都是生产劳动，那么，所有劳动都是生产劳动，也就没必要区分生产劳动与非生产劳动了。

（原载于《〈资本论〉难题探索》，山东人民出版社 1985 年版，第 278—283 页。转引自《论〈资本论〉——洪远朋〈资本论〉研究文集》，复旦大学出版社 2013 年版，第 189—192 页）

复活马克思的纯粹流通费用补偿范式

张洪平　丁堡骏*

在《资本论》第三卷第一至三篇中，马克思撇开了商业资本，在一般规定性上考察了平均利润和生产价格范畴。在第四篇中，马克思又将商业资本引入了利润率平均化过程分析，对平均利润和生产价格范畴作了更切近的规定。在此基础上，马克思对纯粹流通费用的补偿问题做出了科学的解答。马克思的纯粹流通费用补偿范式在学术界引起了多年的广泛争论。在中外经济学界，各种修改范式层出不穷，一个时期以来，由于受计划经济体制的思想束缚，似乎是对马克思的修改范式统治了中国经济学界。然而，在中国进行 30 年的市场化改革之后，我们再回过头来研究这个问题恐怕又会得出不同的结论。本文试图对复活马克思的纯粹流通费用补偿范式作些探讨。

一、马克思关于流通费用补偿的分析范式

1. 商业资本的利润。假定某社会一年中预付的总产业资本＝720c＋180v＝900，剩余价值率为 100％，生产出的商品资本的总价值或总生产价格是 720c＋180v＋180m＝1080。对于总剩余价值或总利润 180，预付总资本 900，平均利润率是$\frac{180m}{720c+180v}$＝20％。现在，假定加进了商业资

* 张洪平：吉林大学经济学院副教授，经济学博士。丁堡骏：吉林财经大学马克思主义经济学研究中心教授。

本 100，作为购进商品所用的商品资本（资本 B）。这个资本（B＝100）一定要参与平均利润的分配，因此，社会总资本则为 1000，总剩余价值仍为 180，这时平均利润率为 18%。就是说，产业资本家出售商品给商业资本家是按照 720c＋180v＋162m＝1062 的价格出售的，商业资本家出售商品是按照 1062＋18＝1080 的价格将商品出售给消费者。这样，商业资本家为自己的资本 100 取得了 18%的平均利润。

2. 纯粹的费用的补偿。马克思把流通费用分为生产性流通费用和非生产性流通费用。生产性流通费用，增加商品的价值，其补偿是由商品的出售价格的增加部分来补偿。而非生产性流通费用却不能增加商品的价值。因此，其补偿表现出若干复杂的情况。马克思假定商业资本除了支付商业资本（B）以外又支出了 50 的纯粹流通费用，那么，这时商业资本则为 150。社会总资本为 1050，平均利润率为 $\frac{180}{1050}=17\frac{1}{7}\%$。产业资本家将商品出售给商业资本家，是按照 $720c+180v+154\frac{2}{7}=1054\frac{2}{7}$ 的价格，商业资本出售商品是按照 $1054\frac{2}{7}+25\frac{5}{7}+50=1130$ 的价格，这样，他为自己的资本 150 取得了 $17\frac{1}{7}\%$的平均利润，收回了为流通费用所支出的 50。可见，纯粹流通费用尽管不形成现实的价值追加，但却作为形成名义价值的要素进入商品的出售价格中。这就是马克思纯粹流通费用补偿的数字分析范式。

二、学术界围绕马克思流通费用补偿范式所展开的争论

1. 卢森贝主张对马克思关于流通费用补偿范式进行修正。

卢森贝就对马克思流通费用补偿公式的总体认识上指出：“马克思在那里的前后文中只是从流通费用参加利润率平均化的观点来研究流通费

用，而不是把它们当作剩余价值的扣除额来考察它们。”[①] 卢森贝的推理很简单，首先纯粹流通费用只能从生产领域中所创造的商品价值方面得到补偿。商品价值等于 c＋v＋m，而 c＋v 将补偿生产资本的不变资本和可变资本。因此，纯粹流通费用只能从 m 方面得到补偿。其次，因为这种纯粹流通费用还是作为商人资本的一部分投入的，所以它还要作为投资来参与利润率平均化过程，取得相应的平均利润。根据这些理由，卢森贝开始对马克思的流通费用补偿公式进行修正。按照马克思的前提，商人资本等于 100，纯粹流通费用等于 50，卢森贝的做法是，第一，50 流通费用要从剩余价值（180m）中扣除，第二，这 50 的流通费用同时还要参与平均利润率的平均化。这样，平均利润率等于 $\frac{180—50}{900+100+50}$ @ 12.38%。按照这个平均利润率，产业资本家将商品卖给商业资本家的价格是 720c＋180v＋(720c＋180v)12.38%@900＋111 @1011，商业资本家把这些商品再卖给消费者的价格是 720c＋180v＋(720c＋180v)12.38%＋100×12.38%＋50＋50×12.38%＝1011＋12.38＋50＋6.19 @1080。

2. 卢森贝的这种解释和订正，在日本学者中引起广泛争论。

森下支持卢森贝的解释和修正。针对上述马克思的流通费用的例解说，森下认为：马克思对以等价交换为前提，认为商业劳动是非生产劳动的这部分的说明，不能说是天衣无缝的。“在这里，只要按照马克思的基本原理作适应的解释，进行适当的修正，就够了”。宇野也说，如果除开卢森贝关于产业资本中流通费用的处理问题从那种独特的见解中产生的“疑问”外，他支持卢森贝关于把流通费用从剩余价值中扣除的处理本身。当然，日本也有井田喜久治等针对卢森贝对马克思流通费用补偿公式的修正提出了质疑。井田喜久治对以卢森贝以至森下为代表的订正提出疑问，拥护马克思的例解，其论据大体有以下两点：第一，所谓“从剩余价值中扣除”，只是指出了流通费用的“补偿源泉”，而无论如何回答不了所谓补偿问题。为了能把流通费用的补偿问题当成现实中的一个问题，“剩余价值”必须转化为利润，在这两者之间，存在着极多的中

---

① ［苏］卢森贝：《〈资本论〉注释》第 3 卷，生活・读书・新知三联书店 1963 年版，第 184 页。

项，“卢森贝把从剩余价值中的扣除，把以前的说明当成论据，直接回答流通费用的补偿问题的方法，就是这样一个问题”。第二，卢森贝的批判是同“价值和价格在某种场合是直接一致的，或者应当是直接一致的前提”结合在一起的，但是这一前提是一个错误前提；其次，在总价值＝总生产价格这一命题的关系来说，“这两者和商业的出售价格的不一致”的确是从“承认这一等式是解决流通费用的补偿问题的前提”中产生的。另外，流通费用的追加是作为“名义价值”追加的，不过，“正是由于商业劳动是非生产劳动，所以这种追加不能在名义以外”，这种“名义”性质通过追加事先被扣除的部分是不能说明的。再有，大岛清之和江原又七郎都论述了井田久喜治的观点，认为它是虽不充分但多少注意到这一名义价值问题的宝贵理论。

山口重克针对井田久喜治的观点即“从剩余价值中扣除”的问题是补偿流通费用的源泉问题，是属于第二卷的层次问题，而流通费用在现实中是怎样被补偿的问题则属于第三卷的层次问题进行了评价，认为这也把逻辑层次不同当成了问题，并指出，在马克思那里尽管也存在层次混乱，但井田对卢森贝的批判，却不能成为马克思的拥护论。

森下二次也详细地探讨了井田久喜治的批评，其反驳论点主要有二：第一，可以这样理解，卢森贝的算式没有说明直接来自剩余价值的无媒介的扣除，而宁可说现实中已被消费的资本价值转化为成本价格，与此相适应的剩余价值为利润是中项；第二，在马克思的意义上的理论展开附加名义价值，并非是风马牛不相及的事，把向具体上升解释为利润的分裂，是生产价格理论展开的方法。

川端宏同意山口重克的意见，但批评说，在这里，在必须以某种形式修正马克思的例证的范围内，由于流通费用的回收问题不明确，所以宇野和森下的两种看法，两方面的批判只能以不彻底而告终。

3. 中国 20 世纪 50 年代关于纯粹流通费用补偿问题的争论。

江诗永在《经济研究》1956 年第 4 期发表了《论商业利润与纯粹流通费用的补偿问题——一个理论问题的研究》一文。江诗永认为，“纯粹流通费用中的不变资本部分，能提高商品的名义价值，从价格中得到补偿”，“纯粹流通费用中的可变资本部分（商人垫支的工资）不能提高商品价格，只能从剩余价值中得到补偿”。关于纯粹流通费用中的可变资本部分如何不能提高商品价格，如何在剩余价值的扣除中得到补偿，江诗永做了详细的探讨。江诗永假设商人用在可变资本上的这一部分纯粹流通费用为 10 元，则它首先要从总剩余价值 180 元中得到补偿，否则，商业资本家将得不到平均利润。其次它还要加入商人所垫支的总资本中去与产业资本家共同平均分配剩下的剩余价值。这时平均利润率将是 $\frac{180-10}{720+180+100+50+10}=\frac{170}{1060}\cong16\%$。产业资本家取得利润 900 元 $\times$ $16\%=144$ 元，将商品按照 900 元 $+144$ 元 $=1044$ 元的价格卖给商人。商人则按照 1130 元的价格卖给消费者，取得剩余价值 1130 元 -1044 元 $=$ 86 元。减去纯粹流通费用 $50+10=60$ 后，得纯利 26 元。这样商业资本家的利润率将等于 $\frac{26}{100+50+10}\cong16\%$。产业资本家和商业资本家都得到 16%的平均利润。

《经济研究》1956 年第 5 期发表了樊弘的短文《评“论商业利润与纯粹流通费用的补偿问题”》。樊弘明确指出：马克思把黑的写在白的上，明白地说，当 $K\neq0$ 时，商业资本家出售商品的售卖价格 $=B+Bp'+k+kp'+b+bp'$。然而江诗永先生说当 $K\neq0$ 时，商业资本家出售商品的售卖价格 $=B+Bp'+k+kp'$。江诗永先生把 $b+bp'$ 丢掉了。樊弘认为，这“是对马克思的纯粹流通费用理论的一大误会。”

徐毓楠在《经济研究》1956 年第 5 期，发表了《纯粹流通费用的补偿问题》一文。在这篇文章中，徐毓楠表示不同意江诗永纯粹流通费用补偿观点，并提出了自己的关于纯粹流通费用的补偿方法：假设 k 代表成本价格，m 代表剩余价值，c_I 和 c_h 分别代表产业资本和商业资本，b 和 K 分别代表纯粹流通费用中的可变资本和不变资本部分。如果有纯粹流通费用存在，则平均利润率就是 $\frac{\sum m-\sum(b+K)}{\sum c_I+\sum c_h}$，产业资本家将商品卖给商人的价格，将是 $k+c_I\frac{\sum m-\sum\ (b+k)}{\sum c_I+\sum c_h}$，商人的商品的出售价格将是 $k+c_I\frac{\sum m-\sum(b+K)}{\sum c_I+\sum c_h}+b+K+c_h\frac{\sum m-\sum(b+K)}{\sum c_I+\sum c_h}$。很明显，如果把各种商品的售价加在一起，则总价格$=\sum k+\sum m$，也就是总价格等于总价值。

蒋学模在《经济研究》1956 年第 6 期上发表了《关于纯粹流通费用的补偿问题——兼评江诗永同志关于这一问题的论证》一文。蒋学模首先一般地阐述了他对马克思纯粹流通费用的补偿范式的理解，然后对江诗永的上述观点进行了商榷。在一般地阐述纯粹流通费用补偿时，提出了一个二者必居其一的选择问题：第一种可能的形式，是产业资本家将商品批售给商业资本家的时候，事先已将商业资本家所须支出的纯粹流通费用计算在折扣内，而商业资本家仍按商品的价值出售。例如有商品甲，假定这种商品的价值为 1000，商业资本家应得的平均利润为 50，商业资本家在推销这种商品时所必需的纯粹流通费用为 50。按照这种形式，产业资本家应将价值 1000 的商品按照 900 的批发价格售给商业资本家，商业资本家则将这种商品按其价值 1000 出售给消费者，取回在购买价格上的垫支资本 900，得到商业利润 50，并取回纯粹流通费用 50。另一种可能的补偿形式，是将这种价值 1000 的商品按 950 的批发价格出售给商业资本家，商业资本家将这种商品按高出商品价值的 1050 的价格出售，取回在购买价格上的垫支资本 950，得到商业利润 50，并收回纯粹流通费用 50。在这两种可能形式中，蒋学模认为，唯一实际上可能的形式是后一种，即由各个商业资本家将纯粹流通费用加在商品价格上来取得补偿。因为，为了实现商品形态变化，各行各业所需垫支的纯粹流通费用是极不一致的。假如各种商品在销售时所必需的纯粹流通费用，分别由各个部门的产业资本家在批售商品时从现有商品的价值中扣除，那就必然会使各部门产业资本家所得的利润率极不一致，而这是违反平均利润率规律的客观要求的。在这一认识的基础上，蒋学模坚持了商品价值 1080，而在商业资本家手中按 1130 出售的马克思的分析结论。

《经济研究》在 1956 年第 6 期还刊发了宋承先的《关于纯粹流通费用的补偿问题——对蒋学模和江诗永二同志关于这个问题的若干论点的商榷》一文。宋承先在这篇文章中，将纯粹流通费用的补偿方式概括为三种形式：第一种形式，全部纯粹流通费用都直接地从剩余价值中得到补偿。这种补偿方式的特点是，商品的售卖价格等于商品的现实价值。

第二种形式，认为全部纯粹流通费用都是由商业资本家把它加在商品的现实价值之上，从售卖价格中收回来的。按照这种补偿形式，商品的售卖价格等于商品的现实价值加全部纯粹流通费用之和。第三种形式，纯粹流通费用中属于不变资本部分，是由上述第二种形式得到补偿，纯粹流通费用中属于可变资本部分，则是由上述第一种形式得到补偿。按照这种补偿形式，商品的售卖等于商品的现实价值加纯粹流通费用中属于不变资本部分的费用。

在这样概括了纯粹流通费用补偿的各种可能的方式以后，宋承先表示他还是赞成江诗永所提出和阐述的第三种方式。在对江诗永论证的不完善之处进行了补充的同时，对第一种补偿方式和第二种补偿方式进行了商榷。

4. 马克思的纯粹流通费用补偿范式被修正，修正范式统治了中国经济学界。

中国除了20世纪50年代进行上述的争论以外，后来一直没有再进行较多的研究和讨论。从讨论的结果来看，讨论中的各派观点并没有哪一家说服了其他观点而被公认。不过从学术界后来的情况看，似乎是卢森贝对马克思的修正已成主流。例如北京大学《资本论》教学组编写的《〈资本论〉释义》认为："马克思所以说商人出售商品的价格为1130，是因为没有在180的剩余价值中，扣除纯粹流通费用50自身的补偿。由于纯粹流通费用的补偿来源只能是产业部门所创造的剩余价值……因此，实际上的平均利润率应是$\frac{180-50}{900+100+50}=12.38\%$的"[①]。再如卫兴华、顾学荣主编《政治经济学原理》也用完全相同的方法得出平均利润率＝12.38％。商业资本家从产业资本家那里按照900＋900×12.38％＝900＋111.43＝1011.43的价格购买商品，然后再按照1011.43＋150×12.38％＋50＝1011.43＋18.57＋50＝1080的价格，把商品卖给消费者的结论。

① 北京大学经济系《资本论》教学组编：《〈资本论〉释义》第3卷，北京出版社1986年版，第203页。

三、复活马克思纯粹流通费用补偿范式

1. 马克思纯粹流通费用补偿范式的数学表述。

关于马克思流通费用补偿范式前面已经作了阐述，下面我们给出马克思纯粹流通费用补偿范式的数学表述。

按照马克思的分析，我们假定：K 和 b 分别代表纯粹流通费用中的不变资本和可变资本部分，B 代表直接投在商品买卖上的资本，P′代表平均利润率，Y 代表产业资本家出售商品的价格，η 代表商业资本家出售商品的价格，那么，纯粹流通费用为 K＋b＝50，这时商业资本则为 B＋K＋b＝150。社会总资本为 C＋V＋B＋K＋b＝1050。因此，我们将马克思纯粹流通费用补偿的数字分析范式上升为数学公式形式可表示为：

平均利润率 $p=\dfrac{m}{C+V+B+K+b}$

产业资本家将商品出售给商业资本家的价格为：$Y=(C+V)+(C+V)p$

商业资本家出售商品的价格为：$\eta=Y+K+b+(B+K+b)p$

这就是马克思的纯粹流通费用的补偿范式。

2. 复活马克思纯粹流通费用补偿范式的必要性和意义。

(1) 还市场经济流通费用补偿的本来面目。马克思纯粹流通费用补偿范式反映了市场经济的规律，是科学的。马克思模式和卢森贝、江诗永模式等各种修正模式差别就在于纯粹流通费用的补偿方式。马克思的分析是和资本主义经济运行的现实相吻合的。资本主义经济运行的现实情况是，这种纯粹流通费用，是由商业资本家以预付资本的形式预先投入的。在商品出售时，通过商品出售价格的加价形式加入商品的出售价格，通过商品的销售收入的形式返回商业资本家手中来实现补偿的。马克思模式反映了资本主义市场经济的这一运行形式。马克思模式是一种向后推进的补偿方式，我们把它称为后推补偿方式。而卢森贝和江诗永则认为，这种纯粹流通费用的全部或其中的可变资本部分，由产业资本

的剩余价值来直接补偿或扣除。产业资本家生产剩余价值在前，商业资本家补偿流通费用在后，这是一种由后向前探伸的前探补偿方式。后推补偿方式和前探补偿方式的本质区别就在于，前者是从现代市场经济现实和资本主义经济竞争时代的商业资本家利益诉求的角度，对资本主义市场经济的剩余价值分配进行理论分析。这种理论分析反映了资本主义经济本质和运行全貌的经济关系。

（2）澄清了流通费用补偿源泉与具体补偿形式之间的关系。马克思纯粹流通费用补偿范式是对剩余价值理论所进行的从抽象上升到具体的理论阐述和说明。这是符合马克思从抽象上升到具体的基本理论原则的，是科学的研究方法。它既反映了资本主义经济的本质关系，即剩余价值生产、流通和分配的关系，同时也反映资本主义经济运行层面的经济关系。纯粹流通费用由产业资本的剩余价值来直接补偿或扣除，这种前探补偿方式将马克思的纯粹流通费用补偿理论仅仅停留在马克思《资本论》第二卷的抽象分析阶段，片面地强化关于流通费用补偿源泉的说明，忽略了马克思对纯粹流通费用补偿中的具体补偿形式与途径的分析。我们不能用这种抽象分析阶段的个别结论去直接代替和解决丰富多彩的市场经济现实，不能将流通费用补偿源泉与流通费用在现实中的具体补偿形式相混淆。

（3）强调了各方投资主体的经济利益。从前探补偿理论所反映的经济利益来看，它忽视了作为独立投资主体的商业资本家的商业纯粹流通费用的投资性质，也忽视了作为独立投资主体的产业资本家的经济利益。试想：有哪个产业资本家会把商业资本家的投资及其经济风险都承担下来。换句话说，没有哪个产业资本家会把自己的经营利润拿去给商业资本作纯粹流通费用投资。马克思的纯粹流通费用补偿范式恰恰反映了产业资本和商业资本的投入和补偿的经济利益关系，强调了各方投资主体的经济利益。

（4）顺应了市场经济发展的时代要求。前探扣除的补偿方式之所以能够在中国占了上风，并长期统治经济学界，主要是由于它反映了计划经济的调拨补偿方式的现实。它忽视流通领域纯粹流通费用投资的资本性质，否定纯粹流通费用投资和运行的经济过程和程序，在市场经济条件下这一理论的悖理之处已经日益显现。人们身处市场经济之境，商人资本用于纯粹流通费用的资本，无论是不变资本还是可变资本，都必须首先是商业资本家的投资。投资就要有经济风险，这种经济风险必须由商业资本家独立承担。既然我们已经承认社会主义经济是市场经济，那么，作为社会主义市场经济的独立的投资主体的商业资本的独立投资地位必须得到承认和尊重，产业资本家的经济利益也不能以计划调拨的方式随意地予以否定。因此，恢复马克思的纯粹流通费用补偿范式是市场经济发展的时代要求，具有重要的理论价值和现实意义。

由于篇幅所限，对讨论中的某些具有代表性的修改范式的评论，以及讨论中的难点问题，例如商品高于其内在价值出售是不是对价值规律的否定的解决，我们将另外行文进行阐述。

（原文发表于《当代经济研究》2008 年第 12 期）

纯粹商业流通费用的补偿来源及其补偿形式

魏宇杰*

马克思在《资本论》第三卷商业利润的论述中提出了一个“真正的困难”——纯粹流通费用的补偿形式问题，即如果纯粹流通费用列入资本成为商品价格的一个新的组成部分，那么似乎与商业资本的本质相矛盾，而如果不列入资本，那么又与平均利润率规律相矛盾。[①] 马克思在论证中选择了前一种方案，并提出了“名义价值”的概念。然而，大部分日本学者主张对马克思这一观点进行修正，认为纯粹流通费用不创造价值，应当从剩余价值中直接扣除，而不是追加到商品价值上。[②] 本文围绕纯粹流通费用的补偿问题，重新梳理马克思对商业利润“真正困难”的解决思路，进而明确名义价值的概念内涵。

一、一个“真正的困难”与两种“不同的解法”

马克思在《资本论》第三卷商业利润的分析中首先探讨了这一利润的来源及其获取形式，即商人资本通过参与利润平均化过程而获得了“商品价值中没有被生产资本计算到商品的生产价格中去的部分”[③]。紧接着，马克思转向了一个更为现实的复杂问题，即纯粹流通费用的补偿问

---

* 魏宇杰：清华大学研究生院助理研究员，工学博士。

① 《资本论》第3卷，人民出版社2004年版，第328页。

② ［日］佐藤金之郎等编：《〈资本论〉百题论争（三）》，山东人民出版社1992年版，第236页。

③ 《资本论》第3卷，人民出版社2004年版，第320页。

题。马克思之前的讨论都假定商人资本仅仅是“商人预付的货币资本”（记为B），并没有将纯粹流通费用考虑进来。纯粹的商业流通费用是“为了实现商品的价值、使之由商品转化为货币或由货币转化为商品，对商品交换起中介作用所必需的”[①] 费用，具体包括事务所、纸张、邮资等不变资本以及作为雇佣工人工资的可变资本。马克思明确讲道：“在这些费用中，我们在这里唯一感兴趣的部分，是花费在可变资本（记为b——引者注）上的那部分。”[②]《资本论》第三卷中多次强调的“困难”“真正的困难”就在这一部分费用上。马克思说：“就商业雇佣工人来说……困难在于：既然商人本身的劳动时间和劳动不是创造价值的劳动……他用来购买商业劳动力的可变资本的情况又是怎样的呢?”[③] 这里，如果仅仅是商人自己劳动，自己经营买卖过程中的所有环节的话，那么困难就不是困难，他的劳动力耗费的补偿就可以完全合乎概念地从他所获得的利润中扣除。但是，现在出现了新的情况，商人资本家将原本自己负责的业务交给了商业雇佣工人，并预付了称为“可变资本”的费用。直观上理解，这部分费用的的确确是资本家付出的费用，按理来说应当“作为成本支出而列入预付的商人资本中”[④]。可是这样一来就会和商业资本的本质相矛盾，因为商业资本所以能作为资本行使职能并获得一部分利润，并不像产业资本那样推动了他人的劳动创造了新价值，而是因为仅仅执行了买卖的职能。作为可变资本的流通费用代表的是他人的劳动，不是商业利润获取所依赖的形式，因而不符合商业资本的本质。可是，反过来再看，如果不列入资本，这又和利润率平均化的规律相矛盾，因为资本家投入资本目的在于获得更多的利润，结果现在出现了资本家多付了一部分费用反而没有行使资本职能获得更多利润的情况，那资本家又为什么要多付这部分费用呢？总之，是否“作为成本支出列入商人资本”，关键在于是否要把这部分代表“他人劳动”的费用作为资本来看待。概括地讲，如果这部分费用是资本，那么就与纯粹商业资本既不创造价值

① 《资本论》第3卷，人民出版社2004年版，第321页。
② 《资本论》第3卷，人民出版社2004年版，第322页。
③ 《资本论》第3卷，人民出版社2004年版，第327—328页。
④ 《资本论》第3卷，人民出版社2004年版，第328页。

也不创造剩余价值的本质相矛盾；如果不是，那么就和利润率平均化的规律相矛盾。

“真正的困难”还不止于此。只有当对于纯粹流通费用是否是资本的讨论进一步涉及它在再生产过程中补偿形式的时候，才能更加明显地看出其中的问题所在。

马克思进一步论述道：“商品的出售价格必须……除了补偿b的现在追加出现的利润之外，足以补偿所支付的工资，即商人的可变资本b本身”[①]。马克思说，“造成困难的就是这后者”[②]。如果这部分费用是资本，那么就存在通过商品销售收回这个预付资本的必然关系，完全可以作为“价格的一个新的组成部分”[③]。但是，如果这部分费用不是资本，那么就“仅仅是用B+b获得的利润的一部分，即只对商业工人来说表现为工资，而对商人自己来说表现为他的可变资本的单纯补偿”[④]。这里很明显，这部分费用是否列入资本直接涉及它的补偿形式。如果纯粹流通过程的这部分费用是资本，那么它就必然要作为价格的一部分通过销售而获得补偿，但是按照商业资本的本质规定，纯粹的商业流通过程既不创造价值也不创造剩余价值，那么这里“价格的新的组成部分”就根本不属于被出售的商品价值的任何一部分，因为商品价值的创造完全是直接生产过程的事情。那么，这部分费用的补偿来源又是什么呢？这让人不得不兼顾“补偿来源”的问题——如果不列入资本，那么这部分费用就可以用利润进行补偿了。但是，这样一来，按照马克思的话来说：“商人从他预付的B+b中获得的利润，就会只等于按照一般利润率应归B所有的利润，加上他以工资形式支付的但本身不会提供任何利润的b”[⑤]。资本家预付了费用b，但却没有参与利润率的平均化过程。显然，如果纯粹流通费用不列入资本的话，在其补偿形式上又与利润率平均化的规律相矛盾。可见，在第一种方案中，补偿来源似乎是个问题，而在第二种方案中，

① 《资本论》第3卷，人民出版社2004年版，第329—330页。
② 《资本论》第3卷，人民出版社2004年版，第330页。
③ 《资本论》第3卷，人民出版社2004年版，第330页。
④ 《资本论》第3卷，人民出版社2004年版，第330页。
⑤ 《资本论》第3卷，人民出版社2004年版，第330页。

如果兼顾了补偿来源，那么补偿形式就出现了矛盾。这正是“真正的困难”所在。

针对这一“真正的困难”，马克思给出的解法是“这样一个要素……会作为一个形成名义价值的要素加入商品的出售价格”①。马克思把前面所述的“商人预付的货币资本”设为B，“把在执行这个职能时消耗的不变资本（物质上的经营费用）”设为K，“把商人投入的可变资本”设为b。② 设平均利润率为p′，并假设商人资本一年只周转一次。那么，商品的实际出售价格就是：

$$
\begin{aligned}
P_{\text{Merchant-Consumer}} &= B(1+p)+(K+p)(1+p) \\
&= C+K+b+m
\end{aligned}
$$

而产业资本家卖给商人的生产价格就是：

$$
\begin{aligned}
P_{\text{producer-Merchant}} &= B \\
&= C+m-[(K+b)p'+Bp']
\end{aligned}
$$

其中，$p'=\dfrac{m}{C+B+K+b}$，C为产业资本，m为总的剩余价值。可见，马克思的解法是将不变资本K和可变资本b直接加到商品价值之上，通过商品的销售最终收回或补偿这一部分的预付资本。

卢森贝及很多日本学者对马克思的上述解决方案是不满意的。卢森贝认为可变资本b是利润的一部分，应该通过利润来补偿预付的纯粹流通费用。③ 森下二次也支持卢森贝的解释和修正，认为“马克思对以等价交换为前提，认为商业劳动是非生产劳动的这部分的说明，不能说是天衣无缝的”④。此外，宇野也同样支持卢森贝关于把流通费用从剩余价值中扣除的处理方案。⑤ 这一处理办法在日本一般说来是几乎被接受了，成为“通说”。森下二次也支持这一说法的理由有以下三点。

---

① 《资本论》第3卷，人民出版社2004年版，第321页。

② 《资本论》第3卷，人民出版社2004年版，第330页。

③ [苏] 卢森贝：《〈资本论〉注释》第3卷，生活·读书·新知三联书店1963年版，第184页。

④ [日] 佐藤金之郎等编：《〈资本论〉百题论争（三）》，山东人民出版社1992年版，第236页。

⑤ [日] 佐藤金之郎等编：《〈资本论〉百题论争（三）》，山东人民出版社1992年版，第236页。

第一，纯粹流通费用是非生产性费用，不论是不变资本还是可变资本，都既不生产价值，也不实现价值，只是从技术上帮助完成资本的职能，不存在通过商品销售收回这个预付资本的必然关系。[①] 森下认为原本意义上的可变资本是产业资本的一部分，是为生产过程中生产价值及剩余价值的劳动力预付的资本；而商业劳动不生产价值和剩余价值，甚至还不是实现价值和剩余价值的劳动。实现价值和剩余价值只是“直接投在商品买卖上的资本”的职能。[②] 森下就此鲜明地指出：“商业劳动者只是从技术上帮助执行这个职能，因而也就不存在销售商品来收回这个预付资本那种关系。”[③] 对商业资本中的不变资本来说，森下同样认为“这里也不存在通过商品销售收回这个预付资本的必然关系”，因为商品经营的物质设备，其价值并不能因为商业劳动而转移到被买卖的商品上——这一点与商业劳动本身不创造价值和剩余价值一样，并且商品经营的物质设备也不是应该实现本身价值的商品。[④]

第二，基于第一点论证，既然商业劳动既不生产价值，又不能使不变资本的价值转移，那么在理论上就没有理由把纯粹流通费用追加到商品价值上。[⑤] 森下指出，现在的理论研究是以商品按价值销售为前提的，而商业劳动既不生产价值，又不能使不变资本的价值转移，所以预付的流通费用根本就不应该以追加价值的形式加入商品价值中。反过来讲，如果预付的流通费用通过提高商品价格的方法得到补偿，那么很显然这违反了理论研究的前提。森下认为，如果按照马克思的解法，商人资本家出售给消费者的价格是 C＋K＋b＋m，这无疑是在生产过程创造出的总价值 C＋m 之外，又增加了作为纯粹流通费用的 K＋b。

第三，综合以上两点，纯粹流通费用的补偿就只剩下一条途径，即只能从总剩余价值 m 中收回。[⑥] 既然不能通过商品加价的方式补偿预付的流通费用，那么商品在从商人出售给消费者时就会按照产业资本生产

① ［日］森下二次也：《现代商业经济论》，中国商业出版社 1989 年版，第 70—71 页。
② ［日］森下二次也：《现代商业经济论》，中国商业出版社 1989 年版，第 71 页。
③ ［日］森下二次也：《现代商业经济论》，中国商业出版社 1989 年版，第 71 页。
④ ［日］森下二次也：《现代商业经济论》，中国商业出版社 1989 年版，第 71 页。
⑤ ［日］森下二次也：《现代商业经济论》，中国商业出版社 1989 年版，第 71 页。
⑥ ［日］森下二次也：《现代商业经济论》，中国商业出版社 1989 年版，第 72 页。

出来的价值进行销售，即 C＋m。而商品价值 C＋m 中的 C 又必须用来补偿产业资本家已经消耗掉的不变资本和可变资本。因此，如果要从销售价格中补偿预付的纯粹流通费用，就只能从总的剩余价值 m 中收回。所以，日本“通说”的实质也就在于此——不仅可变资本 b 而且不变资本 K 的补偿都应该从总的剩余价值中扣除。“通说”对平均利润率进行了修正：

$$p' = \frac{m - (K+b)}{C+B+K+b}$$

商品的实际出售价格就是：

$$\begin{aligned} P_{\text{Merchant-Consumer}} &= B(1+p)+(K+b)(1+p) \\ &= C=m \end{aligned}$$

而产业资本家卖给商人的生产价格就是：

$$\begin{aligned} P_{\text{Merchant-Consumer}} &= B \\ &= C+m-[(B+K+b)p+K+b] \end{aligned}$$

通过二者价格之差，商人资本家既获得了 B＋K＋b 作为资本分享总剩余价值而带来的利润，也补偿了纯粹流通费用 K＋b。与马克思的解法相区别的是，K＋b 在日本“通说”中并非是在商品价值上的加价，而是从总剩余价值中扣除了一部分进行补偿，虽然 K＋b 都是作为出售价格的一部分。

国内学术界也对这一问题展开过激烈的争论，江诗永认为：“纯粹流通费用中的不变资本部分，能提高商品的名义价值，从价格中得到补偿”，而“纯粹流通费用中的可变资本部分不能提高商品价格，只能从剩余价值中得到补偿”。[①] 此后，徐毓枬和蒋学模先后发表文章予以商榷，都认为江诗永的观点是错误的。徐毓枬的观点是，“从整个资本家阶级看，纯粹流通费用是由剩余价值中得到补偿的，从个别资本家来看，纯粹流通费用是由提高价格得到补偿的”，给出的平均利润率公式和日本学者的是一致的。[②] 蒋学模认为马克思给出的补偿方案是正确的。[③] 张洪平

① 江诗永：《论商业利润与纯粹流通费用的补偿问题——一个理论问题的研究》，《经济研究》1956 年第 4 期。

② 徐毓枬：《纯粹流通费用的补偿问题——一个尝试性的解决》，《经济研究》1956 年第 5 期。

③ 蒋学模《关于纯粹流通费用的补偿问题——兼评江诗永同志关于这一问题的论证》，《经济研究》1956 年第 6 期。

和丁堡骏在《复活马克思的纯粹流通费用补偿范式》一文中，综述了学术界围绕马克思流通费用补偿范式所展开的争论，认为马克思的补偿范式是正确的，反映了市场经济运行的实际经济关系，描述了产业资本和商业资本的投入和补偿的经济利益关系，并指出恢复马克思的补偿范式是市场经济发展的时代要求，具有重要的理论价值和现实意义。①

二、纯粹流通费用的补偿来源及其本质内涵

纯粹流通费用，作为一种非生产费用，产生于商品作为商品的经济形式中。商品是价值和使用价值的统一，但是这种统一并不是自然的统一，而是在商品的形式运动中实现的统一。在这一过程中，人类劳动内在的等同性，取得了外在的劳动产品等同的价值对象性这种物的形式，而生产者内在的劳动的那些社会规定借以实现的生产者关系，取得了外在劳动产品的社会关系的形式。② 这种内在关系外在化的过程，就是交换的过程，就是不断从商品形式变换为货币形式或从货币形式变换为商品形式的过程。而纯粹流通费用就是“为商品的流通而支出的”③，它的补偿来源也存在于商品的流通过程中。

纯粹流通费用的耗费，在本质上是由交换的必然性决定的。所谓交换行为，就是在一种形式的价值同另一种形式的价值的交换中，“通过另一种商品来确立一种商品的价值，从而把商品作为交换价值加以实现”④的行为。起初，商品的价值还只是观念地存在于生产者的头脑中，而交换行为恰恰实现了“交换对象的作为价值的规定”，即外在地寻找到了另一种商品与其等价，从而这种等价物也获得了反映观念的象征形象。⑤ 马克思早在《经济学手稿（1857—1858 年）》中，就已经反复强调“确立

---

① 张洪平、丁堡骏：《复活马克思的纯粹流通费用补偿范式》，《当代经济研究》2008 年第 12 期。

② 《资本论》第 1 卷，人民出版社 2004 年版，第 91 页。

③ 《马克思恩格斯全集》第 48 卷，人民出版社 1985 年版，第 425—426 页。

④ 《马克思恩格斯全集》第 46 卷下册，人民出版社 1980 年版，第 135—136 页。

⑤ 《马克思恩格斯全集》第 46 卷下册，人民出版社 1980 年版，第 135—136 页。

两个商品等价的行为，显然不会给价值本身添加任何东西”；不仅如此，马克思还强调，对于这种形式上的变换，“流通时间要花费劳动时间，那么，这就是对流通的价值的一种扣除”①。马克思举了个例子，“假设有两个相互进行交换的劳动者，一个是渔夫，一个是猎人，那么，他们两人在交换中损失的时间，既不提供鱼，也不提供猎物，而是对他们两人创造价值……的时间的一种扣除……这些流通费用，交换费用，只能是对他们两个人的全部生产和他们所创造的价值的扣除”②。反过来讲，“如果A本人能够生产一切东西，那他就不会用一部分时间去同B进行交换，或把自己的产品转化为货币，再把货币转化为产品了”③。可见，马克思在手稿中，就已经认识到纯粹流通费用是商品形式变化所必须耗费的费用，这种费用只是使商品的形式发生了变化，并不增加商品的价值，反而是对商品价值的一种扣除。在《经济学手稿（1861—1863年）》中，马克思同样讲道，“商品价值的一部分必须转化为事务所、钢笔、墨水、纸张和办事员工资等等，也就是说，商品本身的一部分要同这些东西相交换”④。马克思在《资本论》第二卷中更是明确地指出：“一般的规律是：一切只是由商品的形式转化而产生的流通费用，都不会把价值追加到商品上。这种费用必须从剩余产品中得到补偿，对整个资本家阶级来说，是剩余价值或剩余产品的一种扣除，就像对工人来说，购买生活资料所需的时间是损失掉的时间一样。”⑤ 马克思指出，“为流通过程预付资本……必须从商品的价值中得到补偿；这些商品的一部分价值必须再转化为这种流通费用”⑥。所以，纯粹流通费用“仅仅是实现价值或价值由一种形式转变为另一种形式所需的费用”，其补偿来源就是商品总价值。⑦

纯粹流通费用的耗费，在分工发展的历史过程中表现为不同的形式。起初，那些只有较少部分是为市场生产的独立的直接生产者，“买卖所费

① 《马克思恩格斯全集》第46卷下册，人民出版社1980年版，第136—137页。
② 《马克思恩格斯全集》第46卷下册，人民出版社1980年版，第137—138页。
③ 《马克思恩格斯全集》第46卷下册，人民出版社1980年版，第128页。
④ 《马克思恩格斯全集》第48卷，人民出版社1985年版，第428页。
⑤ 《资本论》第2卷，人民出版社2004年版，第167页。
⑥ 《资本论》第3卷，人民出版社2004年版，第325页。
⑦ 《资本论》第2卷，人民出版社2004年版，第167页。

的时间，就是他们的劳动时间的一种扣除，因而，他们总是（在古代和中世纪）力图把这种事情留到节日去做”[①]。对这些小的独立商品生产者来说，纯粹流通费用以“本来的面目表现出来：表现为他的生产职能的中断和价值的牺牲”[②]。随着生产力水平的发展，两个独立生产者都认为在他们之间安插一个第三者作为中介人，如果第三个人把自己的时间用在这个流通过程上，前两个生产者能够节约时间的话，那么商品流通就“可以由一个人用他的全部时间来干这件事情”[③]。在资本主义社会中，“本来应该由整个生产资本家阶级这样来使用的那部分生产资本，被集中在单个商人的手中，这些商人既承担使流通职能继续运行下去的任务，也承担由这种继续运行所产生的进一步的流通费用”[④]。这种分工事实上减少了流通的商品价值的损失。“如果这些业务使生产者能够创造的价值多于在没有这种分工的条件下所创造的价值，而且多到在支付这一职能之后还有剩余，那么，它们事实上就增加了生产”[⑤]。一方面流通业务独立后，生产者可以有更多时间用于价值的创造，并且流通过程的加快本身也会反过来促进生产的发展；另一方面，即使生产者将纯粹流通费用从已创造的价值中扣除之后，也会有较大的剩余。所以，从这个意义上看，在分工发展之后，流通业务独立为一项由专人负责的工作，并且相关费用的补偿来源依然是已创造的商品价值。对此，不论是前资本主义社会，还是资本主义社会都是一样的。随着生产力进一步发展，商人出现之后，又进一步产生了商业雇佣工人。由于“如果每个商人所拥有的资本，只够他本人用自己的劳动来周转，那就会发生商人资本的无限分散……商业资本独立地进行活动的利益，就会大部分丧失掉……别的流通费用，如分类、发送等等的费用也会增加”，对商业职能来说，“不管是大规模地完成还是小规模地完成，都要花费同样多的劳动时间”，因此雇佣工人“集中的现象在商人业务中比在产业工场中出现得早”。[⑥] 即使

① 《资本论》第 2 卷，人民出版社 2004 年版，第 147 页。
② 《马克思恩格斯全集》第 50 卷，人民出版社 1985 年版，第 64 页。
③ 《马克思恩格斯全集》第 46 卷下册，人民出版社 1980 年版，第 129 页。
④ 《马克思恩格斯全集》第 48 卷，人民出版社 1985 年版，第 433 页。
⑤ 《马克思恩格斯全集》第 46 卷下册，人民出版社 1980 年版，第 139 页。
⑥ 《资本论》第 3 卷，人民出版社 2004 年版，第 328—329 页。

纯粹流通费用中独立出来一部分，专门用作购买商业工人劳动力的可变资本，这种费用的补偿来源仍然没有发生变化。资本的价值增殖决定于“生产阶段的持续时间……乘以这种生产阶段在一定时间内的周转或更新的次数”①。极限地看，资本价值增殖的最大限度就是流通时间为零。流通时间不仅不增加商品价值，反而是生产时间的扣除，是资本价值增殖的障碍，是商品价值的扣除。正如马克思指出的：“总生产资本把它所生产的剩余价值的一部分交给商人资本，也给它补偿商品资本停留在流通领域中的费用”；②“流通代理人的工资……并非由预付资本来补偿，而是由剩余产品或剩余价值来补偿，非生产费用是剩余价值的扣除”③，“这就好像是把产品的一部分转化为一种机器，用来买卖产品的其余部分。这种机器是产品的一种扣除。它虽然能够减少在流通中耗费的劳动力等等，但不参加生产过程。它只是流通费用的一部分”④。对资本主义生产来说，如果假定工人的工资能够买回劳动力商品本身的价值以及再生产中不变资本的补偿是按照原价值补偿的话，那么纯粹流通费用的补偿来源就进一步具体化为剩余价值了。综上所述，即便纯粹流通费用的耗费由于分工的发展而表现为不同的形式，不论是小商品生产者或是资本主义商品生产者的附带工作，还是“这种职能不再是生产职能的附带部分，而从生产职能中分离出来，独立为特殊的、专门委托的当事人的职能”⑤，抑或是由雇佣工人代理完成，这种职能所耗费的纯粹流通费用的性质都不会发生改变：第一，不创造价值，也不创造剩余价值；第二，这种费用的补偿来源是商品总价值或总剩余价值。

三、纯粹流通费用的补偿形式及其运动过程

补偿形式不同于补偿来源，不能将二者混为一谈。补偿来源是在本

---

① 《马克思恩格斯全集》第46卷下册，人民出版社1980年版，第134页。
② 《马克思恩格斯全集》第49卷，人民出版社1982年版，第349页。
③ 《马克思恩格斯全集》第50卷，人民出版社1985年版，第64页。
④ 《资本论》第2卷，人民出版社2004年版，第150页。
⑤ 《资本论》第2卷，人民出版社2004年版，第151页。

质抽象的层次上进行探讨的，而补偿形式是具体的、现象层面的运动形式。马克思《资本论》第三卷中所谓的“真正的困难”并不是补偿来源的问题，而是当商人资本家雇佣工人时所预付的可变资本到底以什么形式获得补偿的问题。关于这一点，日本“通说”认为这些费用应该直接从剩余价值中扣除。这与其说是对补偿形式的探讨，倒不如说只是对补偿来源的分析罢了。关于补偿形式的探讨需要厘清以下三个问题，才能为“真正的困难”提供一个正确的解法。

第一，纯粹流通费用中用于购买商业劳动力的可变资本是否应该作为“资本”列入商人资本中？这一问题的关键在于用这部分费用购买的商业劳动力，表现出何种的社会性质。商人资本家之所以要购买劳动力，根本动机不在于个人消费，而在于对剩余价值的追逐。这就是说，当需要实现的价值和剩余价值不断增多时，商人自身的劳动已经不能够承载相应的价值实现需求了，因而就需要更多的劳动力。商业工人的劳动力作为一种商品就适应了这种需求，并自然地具有一种独特的使用价值，即通过商业雇佣工人的劳动，商业资本能够占有剩余价值，从而作为总资本的一部分分享总剩余价值。因此，商业雇佣工人出卖的劳动力商品是商业资本利润的源泉，也正是凭借着这一独特的有用性，商业才能够大规模地、以资本主义的方式进行经营。这种独特的有用性满足了社会——更确切地是商人资本家——一定的需要，通过交换进入到了社会需求体系中。然而，商业资本家支付给工人的“只是再生产他特有的劳动能力的费用”。在这种二重的社会性质中，对商业资本家而言，一方面支付给商业工人的越少，另一方面迫使商业工人在必要劳动时间以外的无酬劳动时间越多，他就能够以较少的费用实现更多的剩余价值。虽然从创造的剩余价值的量上并没有增加，但是却能够使商业资本家在单位时间内“占有”并“实现”更多剩余价值。所以，纯粹流通费用购买的商业劳动的社会性质，表现为一种“资本的生产力”，表现为“属于资本本身的形式”。从这一意义上看，商业雇佣工人绝不仅仅是从技术上帮助完成资本的职能。如果像森下认为的雇佣劳动仅仅是技术上的活动，那么这相当于抽调了商品流通过程的资本主义性质。所以，纯粹流通费用中用于购买商业劳动力的可变资本应该作为“资本”列入商人资本中。而纯粹流通费用的补偿形式也以资本关系为基础。

第二，作为资本预付的商业雇佣工人工资，应该以什么形式获得补偿，“价格的一个新的组成部分”，还是“利润的一部分”？流通过程承担了资本主义总过程中实现商品价值的职能。资本“只有通过自己实现价值的职能，才能在再生产过程中作为资本执行职能”[①]。作为资本的纯粹流通费用同样也不例外。它虽然不是“在商品生产本身中支出的”，但却是“使商品实现为价值所必需的”，进而是完成整个资本过程，使商品再生产得以进行所必需的。[②] 正如马克思所说，纯粹商业流通费用是为了实现商品价值而“被消灭并且必须被消灭的价值”[③]。这些价值是生产上的非生产费用，但却是商品流通中的生产费用，是必须同时实现的商品的再生产费用。因而，并非像森下所说的那样，这些费用“不存在通过商品销售收回这个预付资本的必然关系”，它必须被再生产出来，它是下一周转过程为实现商品价值所必需的费用。森下所论述的“理论研究是以商品按价值销售为前提的”是不错的，但是这里加的名义价值并非凭空加上去的，并且也并非像森下论述的那样由于商业劳动不创造价值、不变资本不转移价值而加的不是价值的东西。加的恰恰是实现商品价值所必需耗费的价值，加的恰恰是再生产费用。正是由于这一特殊性，马克思以“名义价值”称之。纯粹流通费用作为成本支出而包括在商业资本的职能中，那么它就不可能摇身一变，直接成为商业利润的一部分。所以，日本“通说”的解法是错误的，一方面承认这种费用是资本，另一方面又将这种资本直接地看作是利润的一部分。所以，纯粹流通费用的补偿形式如马克思所说是作为“价格的一个新的组成部分”通过销售而获得补偿，即商品的最终出售价格为：

$$P_{\text{Merchant-Consumer}} = B(1+p)+(K+b)(1+p) = C+K+b+m$$

既然这部分费用不直接地构成剩余价值的一部分，那么它们又如何在现实的运动中从作为补偿来源的总剩余价值中获得补偿，从而实现其

① 《马克思恩格斯全集》第 48 卷，人民出版社 1985 年版，第 434 页。
② 《马克思恩格斯全集》第 48 卷，人民出版社 1985 年版，第 425—426 页。
③ 《马克思恩格斯全集》第 48 卷，人民出版社 1985 年版，第 427 页。

真正的本质内涵呢？所以，第三个问题是，在商业资本的运动中，纯粹流通费用如何以“加价”的补偿形式从总剩余价值的补偿源头获得补偿？

马克思举了一个例子。[①] 100 个从事商品经营活动的小店主每年付给产业资本家 539000，从而获得实际价值为 544500 的商品，二者之间相差 5500。[②] 这部分相差的价值就是产业工人生产的商品总价值的一部分，但却是“没有被生产资本计算到商品的生产价格中去的部分”[③]，最终会在小店主出售给消费者时以商业利润的形式回到小店主手中。在商品总价值为 544500 的基础上，小店主在出售时进一步追加了 5500，“一部分是流通费用，一部分是生产费用（包括利润，不过这是小店主本身作为资本主义生产者所创造的）”。[④] 而同时，马克思假设工人工资为 55 万。这样一来，一方面小店主出售了价格为 55 万但实际商品价值不足 55 万的商品，而另一方面工人工资为 55 万，即工人劳动力商品的价值为 55 万。从中可以看出，工人虽然用 55 万的工资交换到了实际价格为 55 万的商品，表面上看是公平的，但是实际上，实际价格为 55 万的商品其价值不足 55 万。

为进一步阐述纯粹流通费用的运动形式，沿着马克思例证的基本思路，设计以下例证。假设产业资本和商业资本每年只周转一次，资本主义生产总过程是简单再生产的过程，并且不考虑固定资本的补偿问题，纯粹流通费用只包括商业雇佣工人的工资，剩余价值率为 100%。

例证：纯粹流通费用为 100，即商业雇佣工人工资为 100。

第Ⅱ部类生产消费资料，资本有机构成为 2000C＋500V，生产剩余价值为 500m。因而，商品总价值为 3000。产业资本家将这些商品卖给商人时，按照 2734.5 的生产价格进行了出售，让出了 265.5 的商业利润。商人又进一步追加了 100 的纯粹流通费用，即商业工人的工资。最后，商人将这些商品出售给消费者的时候，是按照 3100 的价格出售的，但是商品的实际价值只有 3000，因为商业资本既不创造价值也不创造剩余价

① 《马克思恩格斯全集》第 48 卷，人民出版社 1985 年版，第 235 页。

② 《马克思恩格斯全集》第 48 卷，人民出版社 1985 年版，第 235 页。

③ 《资本论》第 3 卷，人民出版社 2004 年版，第 320 页。

④ 《马克思恩格斯全集》第 48 卷，人民出版社 1985 年版，第 235 页。

值。可以验证，该算例符合平均利润率规律，即产业资本家的利润率等于商业资本家的利润率等于平均利润率，具体如下式：

$$\frac{234.5m}{2000c+500v}=\frac{265.5m}{2734.5B+100v}=9.38\%$$

这里出现的情况如表1所示，一方面，产业资本家和商业资本家预付了总量为3100的资本，另一方面，实际生产出来的商品价值3000小于预付资本的量。可以看出，商品的出售价格偏离了商品的价值，更确切地说，是商品价格大于商品的实际价值（不考虑市场供求对价格的影响）。在实际的交换过程中，由于商品是“天生的平等派”，所以价格高于价值的部分将按比例平均地、平等地分摊在所有消费者中。也就是说，所有消费者将按比例不能买到与价格在量上相等的商品价值。需要说明的是，这里的“消费者”按照马克思在《资本论》第二卷社会总资本的再生产理论，指的是第Ⅱ部类的产业艺术家、产业工人、商业资本家、商业工人以及其他部类作为消费资料购买者的专家和工人。[①] 例如，第Ⅱ部类不变资本，作为总预付资本3100的一个比例部分，在交换中会从实际价值只有3000的商品中分得相同比例的一部分商品，如下式：

$$\frac{2000}{3100}\times3000=1935.48<2000$$

相应地，可以计算出其他部分实际获得的价值，最终得到的结果如表1所示。从表1可以看出，如果不存在纯粹流通费用名义加价的话，那么预付资本的各个部分都将获得相等的价值补偿。但是如果存在名义加价的话，那么消费者手中的货币量就要多于实际生产的商品价值，这之间的差额或价值扣除将在交换平等的原则下在社会意义上按比例分配。换句话说，市场上的交换者按购买量的比例，平均分担了商品形式转换过程中的价值耗费，即纯粹流通费用。所以，从这个意义上讲，纯粹流通费用以名义加价的形式，从商品总价值中获得了补偿。

进一步，如果假定不变资本与可变资本的补偿是按照价值进行等价补偿的，那么资本家只有从自己的剩余价值中多扣除一部分，使得这两

① 《资本论》第2卷，人民出版社2004年版，第441页。

部分预付资本按照实际价值进行回收。这样，纯粹流通费用就以名义加价的形式，从商品总剩余价值中获得了补偿。

表 1　存在名义加价与不存在名义加价情况下预付资本各个部分实际补偿的价值

	预付资本	存在名义加价时		不存在名义加价时实际获得的价值
		实际获得的价值	价值的扣除	
第Ⅱ部类不变资本补偿	2000C	1935.48	64.52	2000
第Ⅱ部类工资加利润	500V+234.5m	710.81	23.69	734.5
商业利润	265.5m	256.94	8.56	265.5
商业工人工资	100	96.77	3.23	—
总计	3100	3000	100	3000

四、名义价值的概念内涵

马克思“名义价值”的概念，是纯粹流通费用补偿形式的核心概念。这一概念可以概括为三个层次。

第一，名义价值本身是价值，是实实在在的对象化的一般人类劳动，是为商品形式的转化而付出的必需费用，最终要从商品的总价值和总剩余价值中扣除。

名义价值是在实现商品交换过程中预付在原料、机器、工人工资等部分上的费用。不论是哪一种，它们都是实实在在的对象化的一般人类劳动，是由其他产业资本家通过推动他人劳动而创造出来的商品价值。现在，这些商品由商人资本家购买并投入到流通过程中。但是，这些价值不是为了增加商品本身的价值，而是为了完成从商品到货币的转换。因而，这些价值不是生产商品使用价值的费用，而是属于生产上的非生产费用，属于再生产费用。从这一点上看，名义价值的最初来源就是商品总价值。

第二，名义价值虽然本身是价值，但又不是局限于价值层次的概念，而是在价格层次对商品价值的“名义”追加，是纯粹流通费用实现的历史形式。

之所以会有名义价值的概念，原因就在于商人资本既不创造价值又不创造剩余价值，因而商品形式转化过程中预付的一部分费用不可能添加到已有的商品价值之中。但是，这部分费用又必须收回并得到补偿，那就只有一条补偿途径，即跳出价值层次，到现象运动的价格层次上去寻找解决问题的答案。这种现实的补偿形式就是“名义”加价，名义地追加到商品价值之上作为价格的一个新的组成部分。这样一来不考虑供求影响的话，商品的价格就会高于商品的实际价值，而高出的部分将按比例平均地分配到各个消费者那里。这种分配所采取的形式同样是与商品流通相适应的一种历史形式。

只有理解了名义价值概念的内涵，才能进一步明白马克思两次提出名义价值概念时所持有的不同态度。在讨论商业利润的获取形式时，马克思说道：“商人把产业资本家按……商品价值卖给他的商品……高于它的价值出售，并且把商品的名义价值超过它的实际价值的这个余额攫为己有”[①]。事实上，如果这部分利润是在商品价值的基础上通过加价而获取的，那么就会产生矛盾，即社会总利润的和由于商业利润的“加价”而大于所创造的总剩余价值。所以，马克思这里持否定态度。但是，在第二个论述中，马克思说道，“商人……总是还要预付一个追加的资本，用来购买和支付这种流通手段……这样一个要素……会作为一个形成名义价值的要素加入商品的出售价格”[②]。在这里，马克思持肯定态度。

第三，名义价值，是一种形式规定，是价值实现的界限，随着生产力水平的提高将逐渐被扬弃。

马克思的“经济范畴”是一种“形式规定”,[③] 名义价值概念也不例外，同样是物质存在与本质存在的辩证统一。名义价值，在本质上是价值，其补偿来源就是商品总价值或总剩余价值。同时，名义价值在形式

---

① 《资本论》第3卷，人民出版社2004年版，第315页。

② 《资本论》第3卷，人民出版社2004年版，第321页。

③ 王峰明：《经济范畴与“形式规定”——马克思经济学本质观的哲学基础和当代价值》，《天津社会科学》2014年第2期。

上，又决定于特定历史阶段下的经济关系和生产关系。也就是说，既然名义价值的追加和补偿都是源于商品作为商品形式的流通过程，那么它的补偿形式也就离不开这一特定的经济关系。所以，它的补偿形式体现为“加价”这一特殊的方式，并通过价格与价值的差额实现纯粹流通费用在所有消费者之间的平均分担。正是在这一现实的运动中，名义价值实现了作为价值的本质存在。

在资本主义生产关系下，名义价值的形式运动被赋予了新的内涵。如果商业工人的必要劳动时间相比它本身的无酬劳动越少，商人资本家就能以更高的效率占有一定量的资本，或者说在一定的时间内占有并实现更多的剩余价值。从这一意义上看，追加的名义价值的量的大小，集中体现了商品的流通效率。对资本来说，它的必然趋势除了要不断地提高直接生产过程的劳动效率外，还要力求使纯粹流通费用等于零，或流通时间等于零，即扬弃自身，扬弃流通时间对自身增殖的限制，扬弃通过资本形态变化的各个阶段的必要性。[①] 社会总资本的这一历史趋势在现实运动中具体体现为单个资本在生产力水平以及周转时间上竞争。对追加到商品价值上并作为价格新的组成部分的名义价值也是如此，存在个别名义价值与平均名义价值的差别。投在同一部门的各个资本之间的竞争，会在平均化的过程中形成一个平均的名义价值。对那些想方设法缩短流通时间、降低名义价值的那些商业部门，其个别名义价值低于社会平均名义价值，从而赚得超额利润。同样地，对那些流通时间较长、名义价值较高的商业部门，其个别名义价值高于社会平均名义价值，从而就会损失一个相应的部分——这就是说他在商品价值上追加了太多的价值，以至于在市场平均加价下（即平均名义价值）丧失了竞争力。

（原文发表于《当代经济研究》2016 年第 3 期）

---

① 《马克思恩格斯全集》第 46 卷下册，人民出版社 1980 年版，第 133 页。

马克思主义经济学的流通组织理论研究

宋宪萍*

近年来，在需要持续创新的后福特生产方式中，流通组织脱颖而出。根据各年度《财富》世界500强的公司排名情况，除2006年由于油价攀升的原因，埃克森美孚石油公司获得第一名，沃尔玛获得第二名外，从2001年到2007年，以小镇零售业起家的沃尔玛连续多年保持世界500强第一，沃尔玛等流通组织惊人的增长速度和经营业绩，使流通组织展示出勃勃生机。然而现实的热度并没有唤起理论研究的深度，目前对企业组织的研究，主要集中在生产组织领域，是用生产组织的范式来套用在流通组织的研究上，这必然有失偏颇。本文尝试从马克思主义经济学的视角，来梳理、挖掘马克思主义经济学中的流通组织理论，旨在充实、完善流通组织理论。

一、马克思的流通组织理论

马克思的流通组织理论体系并不是单纯建立在对流通组织的分析上，而是把流通组织和生产组织有机结合起来，在生产组织与流通组织的动态结合中展开分析。

1. 从商品的内在矛盾出发研究流通组织。

随着商品价值形式的发展，产生固定地充当一般等价物的商品——货币。货币出现以后，使商品流通分离成两个相对独立的阶段，即卖和

---

* 宋宪萍：北京理工大学讲师，经济学博士。

买。卖和买不仅在空间上是分离的，而且在时间上也是不一致的。卖是商品的第一形态变化，即商品转化为货币；买是商品的第二形态变化，即货币转化为商品。对流通组织来说，商品的第一形态变化是决定性的，“是商品的惊险的跳跃”，“这个跳跃如果不成功，摔坏的不是商品，但一定是商品所有者”。[①] 当“每个商品的形态变化系列所形成的循环，同其他商品的循环不可分割地交错在一起。这全部过程就表现为商品流通”[②]。马克思严格区别了商品流通与直接的产品交换，认为“商品流通不仅在形式上，而且在实质上不同于直接的产品交换”[③]。他强调，商品流通是一系列无休止的社会性交换行为，而直接的产品交换则是一种偶然的个别的交换行为，不是商品流通。同时马克思批驳了这样一种观点：“有一种最愚蠢不过的教条：商品流通必然造成买和卖的平衡”[④]。他认为商品流通使物的人格化和人格的物化的对立在商品形态变化的对立中取得了发展的运动形式，“这些形式包含着危机的可能性”[⑤]。尽管“商品流通是资本的起点。商品生产和发达的商品流通，即贸易，是资本产生的历史前提”[⑥]，但马克思的目的在于揭示资本主义生产的实质，当货币转化为资本，资本主义生产的秘密离不开流通，又不能从流通中产生，这时马克思就把资本在流通领域所经历的形式变换和物质变换假定为前提。

2. 从流通本身在再生产中的职能来研究生产组织中的流通问题。

由于马克思的研究目的在于揭示资本的运动过程，所以是从资本的运动内容来探讨资本主义的发展轨迹，因此就统一于生产组织中来研究资本的流通过程。

在这里，为了对资本的流通给予深入的分析，揭示资本的运动规律，实际上是撇开流通组织来进行分析的。但是如果把流通组织考虑进来的话，资本流通的一些运动规律对流通组织也是适用的。因为，在马克思看来，“货币资本和商品资本，在它们以其作为特殊营业部门的承担者的

---

① 《资本论》第1卷，人民出版社2004年版，第127页。
② 《资本论》第1卷，人民出版社2004年版，第133—134页。
③ 《资本论》第1卷，人民出版社2004年版，第134页。
④ 《资本论》第1卷，人民出版社2004年版，第135页。
⑤ 《资本论》第1卷，人民出版社2004年版，第135页。
⑥ 《资本论》第1卷，人民出版社2004年版，第171页。

职能和产业资本并列出现时，也只是产业资本在流通领域时而采取时而抛弃的不同职能形式由于社会分工而独立化的和片面发展的存在形式”[①]。货币资本循环与商品资本循环都是产业资本循环的一部分，只不过是由于分工而使这两种职能由不同于生产组织的流通组织来承担而已，流通组织就是执行货币资本和商品资本职能的专业性组织，所以资本流通的原理对流通组织也同样适用。另外从研究视角来看，马克思是本着从抽象到具体的原则来进行的，在对资本的生产过程与流通过程进行论证的基础上，马克思才在第三卷展开了对流通组织等具体的现象进行分析，对流通组织等具体现象的分析是以前两卷对抽象的资本的生产与流通为基础的，因而从马克思的研究视角来看，资本流通的原理对流通组织也同样适用。

马克思认为，资本主义现实再生产过程是直接生产过程和流通过程的矛盾统一体，《资本论》第一卷只是揭示资本主义再生产的本质，仅仅停留在这一认识上是不够的，还必须进一步考察这一本质所采取的形式，这就是资本流通过程。马克思指出，对于资本的流通过程而言，“这个过程的总体就是再生产过程的形式”[②]。分析资本主义再生产的本质时，是把再生产形式暂时抽象掉了，在《资本论》第二卷中则要来研究资本再生产形式本身——资本的流通过程，研究资本在流通过程中所经过的价值形式和实物形式的不断更替和补偿的运动，揭示资本流通的本质和规律。

资本主义的总流通过程是由各个独立又互相交错和互相补偿的单个资本的运动组成的，这是一个极其复杂的过程。为了使问题由简单到复杂，马克思首先从社会资本中抽出单个资本，把它作为在社会总资本中独立执行职能的组成部分来进行分析。马克思把单个资本的运动表现为资本形式的变化及其循环。产业资本在运动中，依次采取货币资本形式、生产资本形式、商品资本形式。和资本三种形式相适应，资本的循环也有三种：货币资本的循环、生产资本的循环和商品资本的循环。马克思

---

① 《资本论》第2卷，人民出版社2004年版，第66页。

② 《资本论》第2卷，人民出版社2004年版，第392页。

在这里分析了循环形式本身，分析资本在不同阶段所具有的不同形式和所完成的不同职能，并对资本循环的内容作出了完整的规定："产业资本的连续进行的现实循环，不仅是流通过程和生产过程的统一，而且是它的所有三个循环的统一"①。正是这种特殊的运动形式显示出资本的流通过程不同于一般商品流通过程。一般商品流通只是价值形式的变化，货币只是作为交换的媒介，而资本的流通过程则是作为能自行增殖的独立价值的资本的形式变化，它采取循环的形式，并且是一个不断的循环过程。资本运动的这种特殊形式是资本本质的必然表现形式，这是资本流通的质的规定。

资本周转则是从量的方面对资本流通的研究，马克思分析了制约资本周转速度的各种因素和它们在加快资本周转中的作用，深刻揭示了资本家竭力加速资本周转的真正秘密。马克思进而分析社会总资本的再生产和流通，研究社会资本运动的目的在于揭示既定前提下社会资本运动的内在联系，社会资本运动正常进行所必须具备的条件，亦即社会总资本再生产过程中，在价值上如何实现，在物质方面如何补偿。马克思认为各大部类之间，延伸开来就是要求各部门之间的生产必须要有正确的比例，资源必须在各类生产之间进行合理的配置，否则再生产的正常秩序就会遭到破坏。这样马克思从生产过程与流通过程相统一的角度，把资本主义再生产的质的规定性与量的规定性完整地呈现了出来。

3. 从分工的视角单纯研究流通组织。

这主要包括三个方面：

第一，流通组织的产生。马克思认为由于产业资本循环经历不同的阶段，执行不同的职能，这就为不同组织之间实行分工、分别承担不同的职能，即生产组织专门负责剩余价值的生产，流通组织专门经营商品实现剩余价值，提供了可能；同时社会分工的发展与市场规模的扩大，又为流通组织的独立化提供了条件。马克思指出："商品经营资本无非是生产者的商品资本，这种商品资本必须经历它转化为货币的过程，必须在市场上完成它作为商品资本的职能；不过这种职能已经不是表现为生

① 《资本论》第2卷，人民出版社2004年版，第119页。

产者的附带活动，而是表现为一类特殊资本家即商品经营者的专门活动，它已经作为一种特殊投资的业务而独立起来。”① 这样，独立的流通组织就产生了，流通组织的出现缩短了资本的流通时间，节约了流通资本，加速了资本周转，极大地推动了经济的发展。马克思对历史与逻辑从来是并重的，“以上我们是从资本主义生产方式的角度，并且在资本主义生产方式的界限内，来考察商人资本的。但是，不仅商业，而且商业资本也比资本主义生产方式古老，实际上它是资本在历史上更古老的自由的存在方式”②。马克思认为从历史上来讲，流通组织比生产组织出现得更早，这是资本主义早期社会的真实写照，正是流通组织的发展壮大，才导致了资本主义大生产的推广。

第二，流通组织的运作。既然流通组织是执行商品资本的职能，是实现剩余价值，因此马克思认为流通组织得到的商业利润是生产组织中的产业工人创造的剩余价值的一部分。在流通组织的活动中，商人必须支付一定的商业流通费用。马克思把流通费用分为三种：第一种是纯粹流通费用，包括：（1）买卖时间引起的费用。资本由商品到货币和由货币到商品的形态转化，就是资本家进行交易，执行买进和卖出的职能，由此需要耗费一些费用。（2）由簿记引起的费用。（3）由货币引起的费用。第二种是保管费用，第三种是运输费用。其中第一种流通费用不能创造价值，需要进行价值补偿；后两种流通费用可以增加商品的价值，补偿不成问题。在流通组织的运营上，马克思认为流通组织周转速度越快，它周转的商品数量就会越多，而将这一定量的商业利润分摊到单位商品上去的份额就必然越少。“商业加价的多少，一定资本的商业利润中加到单个商品的生产价格上的部分的大小，和不同营业部门的商人资本的周转次数或周转速度成反比”③，这也就是我们常说的“薄利多销”。

第三，流通组织的规模。马克思认为流通组织的规模要受到两个方面的限制，即生产和消费。他指出，生产时间“对商人资本的周转来说是第一个界限。第二……商人资本的周转最终要受全部个人消费的速度

① 《资本论》第3卷，人民出版社2004年版，第301页。
② 《资本论》第3卷，人民出版社2004年版，第362页。
③ 《资本论》第3卷，人民出版社2004年版，第347页。

和规模的限制”[①]。处于生产与消费沟通桥梁的流通，其组织规模并不是无限扩大的，流通组织必然要受到生产条件与消费条件的限制，生产、流通、消费应处于一个协调的有机体内，否则就会有危机的可能性，因为马克思认为由于分工的发展，流通组织的出现本身就蕴含着危机的可能性，正如他指出的：“由于商人资本的独立化，它的运动在一定界限内就不受再生产过程的限制，因此，甚至还会驱使再生产过程越出它的各种限制。内部的依赖性和外部的独立性会使商人资本达到这样一点，这时，内部联系要通过暴力即通过一次危机来恢复。”[②] 在马克思看来，流通组织的出现本身就蕴含着危机的可能性，如果再不与生产相适应，后果将不堪设想。

二、巴兰和斯威齐的流通组织理论

巴兰和斯威齐作为“马克思主义经济学家”[③]，对流通组织理论表现出了高度的关注。他们在分析社会经济剩余的利用时，认为经济理论在传统上主要集中于投资和消费两个领域，指出：“自然，在新古典经济学家的理论中，由于他们集中注意于市场的平衡机构，整个资本主义的长期趋势的问题在半个世纪以上实际上是完全看不见的。”[④] 就消费本身来说，他们认为在垄断条件下，要想解决消费不足的问题，不仅要注意到经济剩余的生产以及吸收方式的充足与否问题，还要注意到经济剩余的“利用方式”——即流通方式。在巴兰和斯威齐看来，流通组织所从事的流通活动在整个经济中的作用已非同小可，“原来是这个制度（资本主义制度——作者注）的比较不甚重要的特征，现在已经发展到成为它的决

---

① 《资本论》第 3 卷，人民出版社 2004 年版，第 338—339 页。

② 《资本论》第 3 卷，人民出版社 2004 年版，第 339 页。

③ ［美］保罗·巴兰、保罗·斯威齐：《垄断资本——论美国的经济和社会秩序》，商务印书馆 1977 年版，第 1 页。

④ ［美］保罗·巴兰、保罗·斯威齐：《垄断资本——论美国的经济和社会秩序》，商务印书馆 1977 年版，第 111 页。

定性神经中枢之一。就其对经济的影响而论，超过它的就只有军国主义了。在社会存在的所有其他方面，它的无孔不入的影响是无与伦比的”。[①]对于流通组织的地位，他们的评价是相当高的。

那么在现代条件下，流通组织是如何进行销售的呢？或者说在现代决定商品价值实现的决定因素是什么呢？巴兰和斯威齐认为，价格竞争这种传统的吸引公众惠顾的手段在作用上已经大为降低，“广告”成为经济学的不同领域都越来越引起关注的手段。他们用了大量篇幅来对广告、包装等销售手段进行详细的分析，得出这样的结论：“销售和生产努力彼此相互渗透以致实际上不可分辨，这种状况的出现，引起了社会必要生产成本的构成以及社会产品本身的性质的深刻变化。”[②] 因此，在一体化条件下，生产组织与流通组织相互融合，生产成本与销售成本是不可分的。并以汽车为例，来说明销售活动和生产活动互相渗透的范围和程度，以及在表面上不是销售成本而在实际上却融合在生产成本之中的销售成本的巨大数量。可见，巴兰和斯威齐的观点与马克思也是一脉相承的，在生产组织与流通组织的关系方面他们是一致的，但是巴兰和斯威齐认为促进流通的主要方式在于广告、包装，没有进一步考察组织的作用，更没有考察生产组织与流通组织的演进历程，以及未来的演进趋势，在这方面还是有遗憾的。

三、布雷弗曼的流通组织理论

在巴兰和斯威齐的著作发表差不多10年后，哈里·布雷弗曼的《劳动与垄断资本》问世了。在此书中，布雷弗曼对垄断资本主义发展中的技术变化以及由此引起的劳动过程作了全面的分析，对应用和发展马克思的理论做出了重要贡献。由于布雷弗曼考察的是各种劳动过程在各种

① ［美］保罗·巴兰、保罗·斯威齐：《垄断资本——论美国的经济和社会秩序》，商务印书馆1977年版，第113页。

② ［美］保罗·巴兰、保罗·斯威齐：《垄断资本——论美国的经济和社会秩序》，商务印书馆1977年版，第127—128页。

职业内部的演变以及劳动在各种职业之间的转移，所以在他考察了美国企业组织的变迁动力及原因后指出，流通组织的出现是分工的结果，而且随着分工的深化，流通组织的地位将越来越重要，“假如工程技术机构曾经是第一需要的话，那么，后来销售机构在职能方面的重要性迅速超过了它”[①]。尤其在看到现代大公司具有“纵的和横的综合趋势”[②] 后，他认为在公司内部，“销售方面考虑的问题变得如此重要，以致工程技术部门的结构本身也充满了这种考虑，而且往往从属于这种考虑”[③]，并且指出：“由于销售在公司职能的一切领域里占支配地位，大量劳工就流入了销售系统”[④]。

这样，布雷弗曼的劳动过程理论就不仅体现在生产组织中，而且体现在了流通组织中。布雷弗曼认为：“就零售业来说，值得注意的是，虽然经营商店的‘技能’早已被分解了，并且所有有决定性的方面都归属于管理部门，可是一场变革还在酝酿之中；这种变革将使零售工作人员大体上成为类似工厂机械操作工那样的人，其类似的程度是任何人从来都想象不到的。”[⑤] 也就是说，无论是生产工人还是零售工人作为受雇工人来说，他们的劳动被分解为一般的、不断重复的各种标准化动作，流水线生产的出现使手脑的分离、概念和执行的分离达到了极为严格的程度，管理部门取得了对装配速度的绝对控制，工人的劳动强度达到了非常高的程度，劳动者成为一个工具而已，从而产生了机器对工人的专制。在这些方面，零售工人与生产工人并没有任何不同。显然，布雷弗曼关于流通组织内部工人状况的分析，是与马克思对企业组织的分析一脉相承的，丰富了马克思的流通组织理论。

---

① ［美］哈里·布雷弗曼：《劳动与垄断资本——二十世纪中劳动的退化》，商务印书馆 1979 年版，第 230 页。

② ［美］哈里·布雷弗曼：《劳动与垄断资本——二十世纪中劳动的退化》，商务印书馆 1979 年版，第 233 页。

③ ［美］哈里·布雷弗曼：《劳动与垄断资本——二十世纪中劳动的退化》，商务印书馆 1979 年版，第 235 页。

④ ［美］哈里·布雷弗曼：《劳动与垄断资本——二十世纪中劳动的退化》，商务印书馆 1979 年版，第 235—236 页。

⑤ ［美］哈里·布雷弗曼：《劳动与垄断资本——二十世纪中劳动的退化》，商务印书馆 1979 年版，第 330—331 页。

四、马克思主义经济学中流通组织理论研究的特征

在马克思主义经济学中，关于流通组织的研究，无论是从哪个角度来进行，都体现出马克思主义经济学研究的一般范式，即用联系的、发展的观点来看待问题。流通组织的研究体现出与生产组织的研究息息相关的特征，流通组织理论的研究是在与生产组织的联系中展开的，是在与生产组织的发展变化中展开的。

首先，马克思主义经济学认为，流通组织和生产组织是社会化大生产中的有机系统，应该联系生产组织来考察流通组织。在社会化大生产活动中，生产组织负责生产者利用劳动工具对劳动对象进行加工，流通组织则负责把新生产出来的产品如何转移到消费者手里，并向生产者反馈消费者的意见，没有生产组织，流通组织就是无米之炊，没有流通组织，生产组织的价值就得不到实现。马克思指出："资本主义生产过程，就整体来看，是生产过程和流通过程的统一。"[①] 他又说："在商品生产中，流通和生产本身一样必要，从而流通当事人也和生产当事人一样必要。"[②] 从马克思《资本论》的逻辑结构来看，他是把生产组织和流通组织作为资本主义生产方式的共同组成部分来看待的。恩格斯根据第二次科技革命后社会化大生产条件下生产与流通的现实情况，在《反杜林论》中说："政治经济学，从最广的意义上说，是研究人类社会中支配物质生活资料的生产和交换的规律的科学。生产和交换是两种不同的职能……所以都有多半是各自的特殊的规律。但是另一方面，这两种职能在每一瞬间都互相制约，并且互相影响，以致它们可以叫作经济曲线的横坐标和纵坐标。"[③] 显然，恩格斯是将生产和流通看成是一个有机统一体的范畴。在研究流通组织的过程中，马克思主义经济学认为必须联系生产组

① 《资本论》第3卷，人民出版社2004年版，第29页。
② 《资本论》第2卷，人民出版社2004年版，第144页。
③ 《马克思恩格斯选集》第3卷，人民出版社1995年版，第489页。

织来进行，尽管是在考察流通组织，但必须看到生产组织通过流通组织向消费者销售商品，并通过流通组织向消费者购买生产要素，正是生产组织、流通组织、消费者组成一个社会化大生产的有机系统，是一个不可分割的整体，二者相互制约、互相决定、互为媒介，是一个矛盾的统一体，不可能脱离一方去谈另一方的作用。

其次，马克思主义经济学认为，应该从一定的历史阶段来研究流通组织问题。“商品生产和商品流通是极不相同的生产方式都具有的现象，尽管它们在范围和作用方面各不相同。因此，只知道这些生产方式所共有的、抽象的商品流通的范畴，还是根本不能了解这些生产方式的本质区别，也不能对这些生产方式作出判断。”① 对于流通组织的发展趋势，马克思主义经济学认为：“我们对未来非资本主义社会区别于现代社会的特征的看法，是从历史事实和发展过程中得出的确切结论；脱离这些事实和过程，就没有任何理论价值和实际价值。”② 所以，流通组织与生产组织一样，总是一定社会发展阶段上的流通组织。人类社会经历了极不相同的发展阶段，不同社会发展阶段的流通组织形式、方式都是不同的，我们所要研究的流通组织只能是某一特定社会发展阶段的流通，不处在一定社会发展阶段的抽象的流通组织一般，在现实中是不存在的。在马克思主义看来，政治经济学本质上是一门与不断变化的条件相适应的历史性科学，必须根据现实情况的变化而不断发展，生产组织与流通组织一样都要随着客观环境的变化而变化。对此，恩格斯曾作过这样的说明：“人们在生产和交换时所处的条件，各个国家各不相同，而在每一个国家里，各个世代又各不相同。因此，政治经济学不可能对一切国家和一切历史时代都是一样的。……谁要想把火地岛的政治经济学和现代英国的政治经济学置于同一规律之下，那么，除了最陈腐的老生常谈以外，他显然不能揭示出任何东西。因此，政治经济学本质上是一门历史的科学。”③

---

① 《资本论》第1卷，人民出版社2004年版，第136页。

② 《马克思恩格斯全集》第36卷，人民出版社1975年版，第419—420页。

③ 《马克思恩格斯全集》第20卷，人民出版社1971年版，第160—161页。

五、马克思主义经济学中流通组织理论研究的现代应用

自20世纪二三十年代以来，生产方式一直是采用福特制生产方式，就是在大规模生产方式中采用部件互换、专用设备和工具、劳动分工和流水线生产等，来降低成本和价格。在这种生产方式下，“大规模生产方式的固定成本极高，要求装配线总是处于满负荷运转的状态，以保证低成本的实现。为此，原材料和零部件的充足供应和稳定的产成品销售市场都是非常必要的。因此，大规模生产商不仅要关心生产，还要关心从原材料到生产和销售的整个物流”①。大量生产企业的出现使流通成为它必须要面对的新问题，如此大量的产品被生产出来，传统的批发商、自营商、代理人和零售商无法胜任这样的销售任务。大量生产的企业便向前结合进入销售领域，建立起自己的遍布国内国际市场的销售分支机构，为了保证生产的稳定性，大量生产的企业又向后结合进入采购领域，建立了自己的采购分支机构。这样，大量生产的企业通过纵向结合的战略发展成为多功能、多单位的公司制企业，生产组织与流通组织一体化为一个大型企业，即钱德勒所说的“大量生产与大量分配的结合”“现代工业企业——今日大型公司的原型——是把大量生产过程和大量分配过程结合于一个单一的公司内面形成的”② “这些大公司的活动已不仅限于协调生产过程中材料的流动，他们所管理的是从原料供应者开始，经由所有的生产和分配过程，一直到达零售商或最终消费者的整个流程”③。为保证原材料和零部件的充足供应和稳定的产成品销售市场，生产组织通过前向与后向一体化把流通组织纳入到自己企业内部，成为大型企业，实现了规模经济，提高了生产效率，满足了当时市场对产品的大量需求。

① ［美］B. 约瑟夫·派恩：《大规模定制——企业竞争的新前沿》，中国人民大学出版社2000年版，第21页。

② ［美］小艾尔弗雷德·D. 钱德勒：《看得见的手》，商务印书馆2004年版，第328页。

③ ［美］小艾尔弗雷德·D. 钱德勒：《看得见的手》，商务印书馆2004年版，第327页。

然而20世纪80年代后，市场环境发生了巨大变化，市场变得越发的扰动，随着人们基本物质生活需要得到满足，人们开始追求个性化发展，个性本身的相异和多变，导致市场需求多样化，市场细分不断变化，产品批量越来越小，在一定范围的市场内很难形成传统意义上的规模生产优势，另外科技进步和个性化需求又使得知识—技术—产品更新周期越来越短。这样，在福特制生产方式下，一方面生产的产品以各种形式积压，企业开工不足，资源极大浪费；另一方面市场需求无法满足，尽管经济全球化趋势加快也无法改变这个现实，因此如何将大规模生产和品种多样化结合起来就成为一个关键问题。

在吸收日本“精益生产”思想，并结合信息技术尤其是弹性制造系统的基础上，美国于20世纪90年代中期以后逐渐形成了后福特制生产方式。后福特制生产方式的目标，是低成本地满足客户个性化而又快速多变的需求，后福特制生产方式必须要解决的关键问题是：既要生产无限的多样化产品，同时又不能因产品多样化而导致额外的成本的增加。在这种情况下，以生产组织为中心而实行的生产组织与流通组织一体化形式的局限性越来越明显，庞大的组织系统难以应付瞬息万变的市场情况，因此在后福特制生产方式下，国际上越来越多的企业实行纵向分解，垂直分离，这样生产组织与流通组织成为相互独立的实体。某一组织为完成一定任务，需要与不同的生产商、供货商、销售商组成企业联合体，选择这些合作伙伴的依据是他们的专长、竞争能力和商誉，这样生产组织与流通组织就形成一个动态联盟。无论是生产组织还是流通组织，都要严格履行企业合约，利益同享，风险共担。当任务或产品寿命终结时，联盟企业自行解散或缔结新的联盟。这样，联合其他企业而组成的这种动态联盟，就可以大大缩短产品上市时间，加速产品的改进发展，使产品质量不断提高，也能大大降低公司开支，增加收益，有效地解决了大规模生产和品种多样化之间的矛盾，使得不同组织的利润创造实现最大化。在这种利用信息技术打破时空阻隔的动态组织结构中，生产组织与流通组织不同成员之间的关系一方面是相互独立的，企业成员之间不具有相互依存关系，组织成员只是为了在完成核心企业组织的某项研究、生产和供销任务等不同的功能而临时组合而成；另一方面，企业成员之间的关系是一种动态关系。组织成员基于市场机遇建立、调整和瓦解，处于动态变化之中，没有固定的核心企业，按照环境和企业内部功能的变化而不断调整，根据目标不同可能互为核心企业和成员企业。它们因为某一特定任务而存在，因该项特定任务的完成而解散，不像企业集团或战略联盟稳固，且相互之间的核心地位也因任务的不同而发生变化。

从以上可以看出，从福特制生产方式到后福特制生产方式，流通组织的演进并不是单一的自我发展过程，而是与生产组织的演进高度关联，并且生产组织与流通组织的关系与地位随着生产方式的改变而变迁，这充分印证了马克思主义经济学的流通组织理论。

（原文发表于《教学与研究》2009 年第 3 期）

十

社会资本再生产理论

马克思再生产理论与可持续经济发展

刘思华*

10 年前，我在《理论生态经济学若干问题研究》（广西人民出版社 1989 年版）一书中指出："现代经济社会再生产是生态经济再生产的理论，不仅如实地反映了现代经济社会再生产的实际运转过程，而且符合马克思的社会再生产原理。"现在，我们继续高举马克思主义再生产的理论的旗帜，深化生态经济再生产理论研究，创立以生态经济再生产理论为中心内容的可持续发展经济再生产理论，是历史的必然。它既符合 21 世纪现代人类生存与发展的客观需要，又是知识经济条件下把马克思主义再生产理论推向前进的需要。

一、马克思的社会再生产图式是物质资料再生产理论模式

从经济学说思想史来说，魁奈的《经济表》是对资本主义生产与流通问题的第一个系统的分析，但因它只是局限于物质生产领域，与其说为分析社会资本的生产开辟了道路，不如说是为分析物质资本的再生产开辟了道路。所以，我们可以断言，魁奈的《经济表》只是初步地创造性地设计了物质资料再生产理论模式，而又没有真正完成这一历史任务。古典经济学的杰出代表亚当·斯密在社会资本再生产理论的许多方面，不仅没有比他的前辈有所前进，反而有决定性的退步。这突出表现在他

---

* 刘思华：中南财经政法大学经济学院教授，博士生导师。

认为商品价值仅由可变资本（v）和剩余价值（m）构成，而排除了不变资本的价值（c）。这个错误观点被马克思讥讽为“斯密教条”。与此有直接关系的是，斯密对商品实物形态的分析又混同了个人消费和生产消费，错误地把生产消费当作个人消费。斯密之后的资产阶级古典经济学家都被“斯密教条”所禁锢，使“斯密教条”成了政治经济学的“正统信条”。马克思彻底破除了这种“正统信条”，科学地批判了古典经济学再生产理论的错误，“纠正了斯密的上述两点错误（从产品价值中抛掉不变资本，把个人消费和生产消费混同起来），才使马克思有可能建立起他的关于资本主义社会中社会产品实现的卓越理论”①。

马克思的这个卓越理论包含着两条基本原理，正如列宁明确指出的：“马克思的理论所依据的基本前提是下面两个原理。第一个原理，资本主义国家的总产品和个别产品一样，是由下面三个部分组成的：(1) 不变资本，(2) 可变资本，(3) 额外价值（即剩余价值——引者注）。……第二个原理，必须区分资本主义生产的两大部类：第Ⅰ部类是生产资料的生产，即用于生产消费、用于投入生产的物品的生产，不是由人消费而是由资本消费的物品的生产；第Ⅱ部类是消费品的生产，即用于个人消费的物品的生产。”② 这样，马克思在经济思想史上首次科学地阐明了资本主义的社会总资本再生产过程和产品的实现条件，揭示了物质资料再生产的最一般的规律性，从而创立了科学的社会再生产理论模式。

列宁在反对俄粹派和“合法马克思主义者”斗争中，捍卫和发展了马克思的社会再生产理论模式。他在《再论实现论问题》中强调指出：“请读者注意：马克思把社会总产品按产品的实物形式分为两大部类：（Ⅰ）生产资料；（Ⅱ）消费品。然后又把这两大部类的产品各按价值要素分为三部分：(1) 不变资本；(2) 可变资本；(3) 额外资本。”③ 这是关于社会总产品构成原理的第一次明确的概括，是对马克思的社会再生产理论模式的一个贡献。列宁还把资本有机构成提高的因素纳入马克思

① 《列宁全集》第3卷，人民出版社1984年版，第32页。
② 《列宁全集》第3卷，人民出版社1984年版，第33页。
③ 《列宁全集》第4卷，人民出版社1984年版，第68页。

的再生产公式，创造性地设计了一套新的扩大再生产公式，发展了马克思的扩大再生产公式。无论是马克思的扩大再生产图式，还是列宁的扩大再生产图式，在一定意义上来说，就是经济增长的理论图式，即是物质资料再生产理论模式。对此，斯大林在批判雅罗申柯所说的“马克思的再生产公式不符合社会主义社会的经济规律”的错误观点时明确指出：“马克思的再生产公式决不只限于反资本主义生产的特点；它同时还包含有对于一切社会形态——特别是对于社会主义社会形态——发生效力的许多关于再生产的基本原理。马克思的再生产理论的这些基本原理，比如关于社会生产分为生产资料的生产与消费资料的生产的原理；关于在扩大再生产下生产资料生产的增长占优先地位的原理；关于第一部类和第二部类之间的比例关系的原理；关于剩余产品是积累的唯一源泉的原理。关于社会基金的形成和用途的原理；关于积累是扩大再生产唯一源泉的原理”①。这些原理都是同经济增长有密切关系的原理，它们实质上是物质资料再生产理论模式的原理。从斯大林这段概括清楚看出，他把马克思的再生产图式的一些原理，看成是马克思的全部再生产理论。即用对马克思的再生产公式的研究来概括马克思的全部再生产理论。这是对马克思主义经济学说的误解。

这个误解混同了物质资料生产过程和社会全面的生产过程，错误地把物质再生产当作整个社会再生产。这就替我们研究马克思主义再生产理论设置了一个严重的误区：把马克思的再生产图式当作马克思的全部再生产理论。长期以来，苏联和我国对社会主义社会再生产理论的研究，主要是集中在经济增长理论及其有关问题，以物质产品的再生产为主要研究对象和研究内容，把生产关系的再生产放在一个次要的和服从的地位，很少或基本不涉及劳动力再生产，它完全排除精神再生产和生态环境再生产。这就使社会再生产理论的研究，不能全面地反映国民经济运行和现代经济社会再生产运动的真实全貌，难以适应现代经济社会发展的客观需要。

① 斯大林：《苏联社会主义经济问题》，人民出版社1952年版，第64页。

二、马克思主义的三种生产理论是马克思主义经济学说的重要组成部分

现在，我们走出把马克思的再生产图式当作马克思的全部再生产理论的误区，就很清楚地看到，马克思的再生产图式作为物质再生产理论模式，只是马克思主义再生产理论的最基本的、最重要的组成部分。正如程福祜主编的《环境经济学》（高等教育出版社 1993 年版）一书中所说的那样："只要我们进行认真的研究，就会发现，马克思、恩格斯从他们的早期著作到晚期著作，有大量论述涉及自然再生产或环境再生产的问题，这些论述又都直接和物质资料再生产、人类生命的再生产有机相联，形成'三种生产'的思想，构成马克思主义经济学说的重要组成部分。可惜的是，马克思主义'三种生产理论'一直没有被我国以及前苏联等许多国家的经济学界发掘并加以应用。"并呼吁："今天，世界人口和环境的严峻现实表明，必须对三种生产理论进行宣传，并作进一步研究使之在实践中得以运用。"其实，从 80 年代到 90 年代前期，包括程福祜和笔者在内的一些生态经济学者，提出和阐述"三种生产理论是环境的再生产、物质资料的再生产和人类自身的再生产相互适应理论"和"四种生产理论是人口、物质、精神和生态再生产相互适应与协调发展的理论"，就其理论渊源的角度来说，就是源于马克思主义三种再生产理论。对此，我们需要作几点必要的简略论述。

第一，马克思和恩格斯在创立和发展马克思主义的过程中，两种生产理论像一根红线，贯穿在马克思主义的历史唯物主义和政治经济学体系之中。马克思在其早期著作如《1844 年经济学哲学手稿》一书中就已经有了两种生产的思想，它为马克思和恩格斯合著《德意志意识形态》一书作了理论准备。他们在该书中首先明确提出两种生产的概念："这样，生活的生产——无论是自己生活的生产（通过劳动）或他人生活的生产（通过生育）——立即表现为双重关系：一方面是自然关系，另一方面是社会关系……"这就明白无误地告诉我们，"自己生活的生产"

(即物质的生产)和“他人生活的生产”(即人类自身的生产)当成“生活的生产”的相辅相成的两个方面,同时存在,是相互制约的关系。其后,在创立马克思主义政治经济学体系的过程中,马克思又把两种生产理论引进他的经济学说体系之中。不仅在《〈政治经济学〉导言》这篇重要著作中,特别是在《资本论》巨著中,论述了两种生产之间的关系,并把资本主义生产中人的生产,首先是劳动力的再生产,放在资本主义再生产过程之中进行考察,阐明了资本主义生产方式与劳动者再生产的内在联系,揭示了资本主义相对人口过剩规律的本质。马克思和恩格斯的晚年著作中,如马克思的《哥达纲领批判》这篇现代社会主义主要著作之一,在谈到生产条件的分配时,仍然把生产条件区分为“物质的生产条件”和“人身的生产条件”。尤其是恩格斯的《家庭、私有制和国家的起源》这部马克思主义国家学说主要著作之一,论述一切问题的贯穿始终的基本论点,就是两种生产理论。自从恩格斯在这部著作中丰富和发展了他和马克思在《德意志意识形态》中明确提出的两种生产理论发表后,就受到了许多人的责难甚至诽谤,其中有俄国的资产阶级社会学家和政论家米海洛夫斯基和资产阶级历史学家卡列也夫等人,还有苏联一些著名哲学家和经济学家包括罗森塔尔、尤金等人,他们认为两种生产理论是“不确切的”,甚至说恩格斯“犯了一个错误”。其实,20世纪尤其下半个世纪现实生活实践的发展,充分证明,犯了错误的不是恩格斯,而是罗森塔尔、尤金等人。这是历史的结论。

第二,马克思和恩格斯在创立马克思主义经济学说体系的过程中,不仅把二种生产理论,而且把三种生产理论引入政治经济学体系之中。马克思和恩格斯的早期著作《关于费尔巴哈的提纲》《德意志意识形态》,就明确指出:“环境正是由人来改变的”[①],环境是“历史的每一阶段都遇到有一定的物质结果”“人和自然以及人与人之间在历史上形成的关系,都遇到有前一代传给后一代的大量生产力、资金和环境”。[②] 其后,马克思在《〈政治经济学批判〉导言》里对环境的生产和再生产作了论述:物

① 《马克思恩格斯选集》第1卷,人民出版社1995年版,第59页。
② 《马克思恩格斯全集》第3卷,人民出版社1956年版,第43页。

质资料的“生产实际上有它的条件和前提，这些条件和前提构成生产的要素。这些要素最初可能表现为自然发生的东西。通过生产过程本身，它们就从自然发生的东西变成历史的东西了，如果它们对于一个时期表现为生产的自然前提，对于另一个时期就是生产的历史结果了”[①]。这些论述表明，环境是人类世世代代通过劳动创造出来的。是人类生产的历史结果。因而，马克思和恩格斯把环境生产纳入了生产的范畴，这是马克思主义环境再生产的基本观点。

第三，马克思主义再生产理论，不仅阐明了物质生产和人的生产的相互关系；而且阐述了物质生产和环境生产的相互关系。马克思主义认为，要使物质资料生产不断进行，首先必须具备生产物质资料再生产的条件，即首先必须有环境的再生产，不断地生产新的生态环境。这样，才使环境的生产为物质的生产提供前提；而物质的生产则为环境的生产提供条件，两者相互依存、相互作用。马克思在《资本论》中正是通过对人与自然之间的物质变换关系的考察，来研究资本主义劳动过程和生产过程，不仅仅是把生态环境作为人类生活的永恒条件来探讨的，更重要的是揭露资本主义生产如何破坏了人与自然之间的物质交换关系，使资本主义生产与再生产发生危机。因此，马克思在揭示农业生产的本质特征时明确指出：“经济的再生产过程，不管它的特殊的社会性质如何，在这个部门（农业）内，总是同一个自然的再生产过程交织在一起。”[②]这就确定无疑地说明了，农业再生产是农业经济系统再生产和自然生态系统再生产相互交织与相互作用的生态经济再生产。尽管当时马克思是针对农业再生产系统作出的科学论断，但却反映马克思的确是把自然再生产纳入了生产的范畴，因而马克思主义的再生产理论包含着生态再生产理论。这是毫无疑义的。

第四，马克思主义再生产理论不仅揭示了物质生产与生态生产的内在联系，而且揭示了生态生产和人的生产的内在联系。恩格斯在《自然辩证法》中说过，“随着对自然规律的知识的迅速增加，人对自然界施加

---

① 《马克思恩格斯选集》第 2 卷，人民出版社 1972 年版，第 99—100 页。

② 《资本论》第 2 卷，人民出版社 1975 年版，第 399 页。

反作用的手段也增加了”[①]。他甚至说：“动物仅仅利用外部自然界，单纯地以自己的存在来使自然界改变；而人则通过所作出的改变来使自然界为自己的目的服务，来支配自然界。”[②] 这就是说，物质生产为环境生产提供手段，并能不断再生产出符合人类需要的环境。因此，人类进行环境生产，都是从人的自身需要出发的，即是为了维持和再生产自己的生命。于是人与环境、人的生产和环境生产是相互依存、休戚与共的关系，正如恩格斯的一句名言所说的：“人本身是自然界的产物，是在他们的环境中并且和这个环境一起发展起来的”[③]。所以，人类为了维护和再生产自己的生命，必须“调节他们和自然之间的物质变换”，并“通过运用和开发自动发生作用的自然力来提高人的劳动力”[④]。“改变自然界，为自己创造新的生存条件”[⑤] 还要使自然界最适于人类本性、最适于人类能力的发展。不仅如此，而且“人的智力是按照人如何学会改变自然界而发展的”[⑥]。这些都是马克思主义为了环境再生产对人类自身再生产重大作用的基本观点。

最后，我们必须强调指出的，马克思的不朽的《资本论》这部伟大科学巨著，不仅论述了三种生产的相互关系，而且揭示了三种生产运动是一切社会形态的共同规律。因此，《资本论》中蕴含了丰富的三种生产的理论财富，至今还没有完全发掘出来。当代马克思主义经济学家要在现实生活实践中不断探索现代经济社会再生产的新情况、新问题，使马克思主义三种生产理论随着实践的发展而不断深化与发展，这是我们的历史责任。

三、四种再生产模式是对马克思主义再生产理论的重大发展

至此，人们会问，既然马克思的社会再生产理论至少要包括三种生

---

① 《马克思恩格斯选集》第 3 卷，人民出版社 1972 年版，第 457 页。
② 《马克思恩格斯选集》第 3 卷，人民出版社 1972 年版，第 517 页。
③ 《马克思恩格斯全集》第 20 卷，人民出版社 1971 年版，第 38—39 页。
④ 《马克思恩格斯全集》第 26 卷第 1 册，人民出版社 1972 年版，第 22—23 页。
⑤ 《马克思恩格斯全集》第 20 卷，人民出版社 1971 年版，第 574 页。
⑥ 《马克思恩格斯选集》第 3 卷，人民出版社 1972 年版，第 551 页。

产理论，那么，为什么马克思建立再生产图式时，把考察的范围仅仅局限于物质生产领域，基本上没有涉及非物质生产领域，而形成了一种单一的物质再生产理论模式呢？这与当时马克思研究的目的和任务有关，也是由当时社会生产力的发展水平和生产活动等多方面的实际情况所决定的。

第一，马克思是在特定历史条件下创立再生产图式的。这个时代是19世纪中期资本主义发展处于上升时期，是传统的机器大生产的技术发展处于上升阶段。资本主义社会生产活动和社会劳动力的绝大部分都集中在物质生产领域，即是资产阶级和无产阶级主要分布在物质生产的各个部门，因而物质生产领域是资产阶级和无产阶级生存与发展、对抗和冲突的基本阵地。而非物质的生产活动规模不大，对整个社会经济发展的作用，不像现在这样巨大和突出，因而舍象掉非物质生产活动并不影响再生产图式的科学性和正确性，何况马克思研究资本主义再生产的历史使命主要是揭示资本主义私有制及其必然表现（生产无政府状态）怎样导致资本主义再生产的比例经常破坏和周期性的生产过剩的经济危机的可能性，揭露资本主义再生产固有的各种对抗性矛盾，论证资本主义再生产的本质、规律及其发展趋势，从而指明资本主义制度必然被社会主义制度所代替，以此来武装无产阶级，并鼓舞他们为推翻资本主义制度而英勇斗争。

第二，马克思创立再生产理论，是处于传统的机器大生产的技术发展时期，科学、教育、文化等“知识形态”产品生产和产出的规模、水平还没有成为衡量社会生产发展水平的决定性标志，精神生产还没有成为整个社会再生产的最重要的关键的组成部分。因而，资本主义生产在这个领域的所有表现，同整个生产比起来是微不足道的，因此可以完全置之不理。所以，马克思以至后来的列宁研究社会再生产理论都没有把社会的精神再生产包括在社会再生产之内，而被舍象掉了。

第三，马克思所处的传统的机器大生产的技术发展时期，人口、资源、环境等生态问题处于积累过程，还没有达到尖锐化的程度而直接成为关系世界各国的经济发展和社会进步，及人类当前和未来的生存与发展的严重问题。因此，人类经济活动与自然生态发展关系，从总体上来看，生态再生产与整个社会再生产基本相适应，所以，马克思以至后来的列宁把资本主义经济运行当作资本主义生产与再生产过程来研究，创立和发展再生产模式，也都没有把生态再生产纳入社会再生产模式之中。

总之，马克思社会再生产模式舍象掉了的人口再生产、精神再生产、生态再生产，这是有其深刻的社会历史原因的，我们不能苛求前人。

长期以来，中国对马克思社会再生产理论的研究和讨论，基本上是研究物质资料再生产模式，很少研究和讨论人口再生产，也很少研究和讨论精神再生产，更谈不上研究和讨论生态再生产。20 世纪 80 年代中后期，我和一些生态经济学者，按照马克思主义的三种生产理论，不仅把人的生产和环境生产纳入社会生产范畴，而且把精神生产纳入了社会生产范畴，建立了四种再生产模式。这是马克思主义再生产理论随着实践的发展而不断丰富和完善的重要表现。然而，最近几年来，中国有些环境经济学者研究环境与经济、人与环境的关联时，仍然没有把精神生产纳入社会生产的范畴，排除在整个社会再生产实际运行过程之外。这是一种片面性。它阻碍着我们正确认识社会再生产的全过程，使我们不能科学揭示现代经济社会再生产发展的规律性，也就不可能把马克思社会再生产理论推向前进。

在此，我只想着重说一点，当今，人类社会发展正在进入知识经济时代，或者说正在进入可持续发展时代。21 世纪现代社会经济发展具有三个显著特点：一是现代市场经济发展的全球化，或者说现代经济发展的市场化，二是现代生态运动的全球化，或者说现代经济发展的生态化，三是现代知识革命的全球化，或者说现代经济发展的知识化。这三大历史潮流的统一，推动着现代经济社会再生产运动把大量的现代知识，运用于满足人类需要的各种物质和非物质产品的生产、流通、分配和消费的各个方面，其中，最主要是精神产品和生态产品的生产和再生产。在这种情况下，如果仍然把精神和生态环境的生产活动排除在社会总的生产过程的研究之外，就使得这种研究失去了它的系统性、整体性和科学性，无法从总体上来考察现代社会经济运行与发展和整个社会再生产运动的真实全貌。因此，从人类社会生产发展的本源来说，四种生产运动，不仅是农业经济社会再生产运动规律，而且是工业经济社会再生产运动规律，更是知识经济时代的社会再生产运动规律，只有在这个时代，才能真正为四种再生产相互适应与协调发展的客观规律充分发挥作用开辟广阔的道路。因此，我们沿着马克思主义再生产理论的思路探索知识经济时代的社会再生产理论，把马克思当年建立社会再生产图式时舍象掉的人口再生产、精神再生产、生态再生产等纳入现代经济社会再生产实际运转过程之中，真正建立起四种再生产相互适应与协调发展的现代经济社会再生产模式，它在本质上是知识经济时代的可持续发展经济再生产模式。这是根据现实社会经济运动来验证、丰富和发展马克思主义再生产理论，从而充分显示这个理论在现时代的强大生命力。我们完全可以肯定地说，理论和实践已经证明，并将继续证明，马克思主义再生产理论是当代人和子孙后代生存与发展的理论基础，它永远指引着全人类走可持续经济发展道路的正确方向。这是马克思主义再生产理论的科学地位与历史趋势。

（原文发表于《马克思主义研究》1999 年第 3 期）

马克思的经济增长理论模型

吴易风*

在经济增长理论史上，是马克思第一个系统地制定了科学的经济增长理论，是马克思主义经济学家费里德曼第一个建立了马克思主义经济增长数学模型。

一、马克思经济增长理论的创立过程

熟悉经济增长理论史的美国著名经济增长理论家多马说："增长模型……可以追溯到马克思。"① 西方经济学家所说的马克思的增长模型指的是马克思的社会资本再生产理论。马克思创立社会资本再生产理论的过程就是创立经济增长理论的过程。

马克思在经济思想史上第一次制定了社会总资本再生产和流通的科学理论体系。这一理论体系是批判地继承英国和法国古典经济学有关理论遗产的成果，也是批判"斯密教条"的成果。马克思抓住了研究社会资本再生产的核心问题，即社会总产品一方面在实物形式上如何补偿，另一方面在价值形式上如何补偿的问题。

马克思创立社会资本再生产理论时，首先科学地建立了两个基本前提。这两个前提曾经是长期困扰英国和法国古典经济学家的难题。这两个前提就是：社会总产品在价值形式上由不变资本、可变资本和剩余价

* 吴易风：中国人民大学一级教授，博士生导师。

① ［美］E. 多马：《经济增长理论》，郭家麟译，商务印书馆1983年版，第20页。

值三个部分构成；在实物形式上由生产生产资料的第Ⅰ部类和生产消费品的第Ⅱ部类两个部分构成。

马克思在《经济学手稿（1857—1858年）》中第一次提出了劳动二重性学说，区分了不变资本和可变资本，解决了新价值创造和旧价值转移问题。这就为研究社会资本再生产奠定了重要的理论基础。

马克思在《经济学手稿（1861—1863年）》中清算了“斯密教条”的错误：一方面批判了斯密在价值形式上漏掉不变资本的错误，另一方面批判了斯密在实物形式上混同个人消费和生产消费的错误。批判和纠正斯密的错误，就为正确解决社会资本再生产问题铺平了道路。马克思在对“斯密教条”的批判中确立了自己的社会资本再生产理论的两个基本前提，建立了社会总产品的价值构成原理和社会总产品的实物构成原理。

马克思在1865—1870年期间完成的《资本论》第二卷第一稿和第二稿中，进一步研究了社会资本再生产理论。在第一稿中，马克思研究了社会资本简单再生产的实现过程、扩大再生产的实现过程、再生产的连续性和间断性等问题，并阐述了研究社会资本再生产的方法论问题。在第二稿中，马克思进一步阐述了社会资本简单再生产理论。

马克思在1881年写成的《资本论》第二卷第八稿中，明确提出并详细阐述了社会资本扩大再生产的实现过程和实现条件。至此，马克思的社会资本再生产和流通理论体系最终完成。

从以上简要的历史考察中可以看到，马克思从19世纪50年代末开始研究社会资本再生产问题，到80年代初最终完成自己的社会资本再生产理论，经历了20多年的漫长过程。马克思对古典经济学家的再生产理论观点的认识是逐步深化的。正是在逐步深入地批判地继承古典经济学家有关理论遗产的过程中，在逐步深入地批判“斯密教条”的过程中，马克思逐步形成、发展和最终完成了社会资本再生产和流通理论的科学体系，即经济增长理论的科学体系。

二、马克思经济增长理论的科学体系

马克思的社会资本再生产和流通理论体系即经济增长理论体系内容十分丰富，主要包含以下几个主要组成部分。

1. 个别资本再生产和社会资本再生产的关系。个别资本再生产属于微观经济领域，社会资本再生产属于宏观经济领域。马克思从未像后来西方经济学家那样把微观经济领域和宏观经济领域隔离开来或孤立起来进行考察，而是在它们固有的相互联系和相互依存中分别加以研究。在研究社会资本再生产时，马克思看到，相互联系的个别资本的总和构成社会资本或社会总资本，相互依存的个别资本行为的总和构成社会资本行为，相互交错的个别资本运动的总和构成社会资本的运动。微观经济领域的个别资本和宏观经济领域的社会资本既有共性，又有区别。

2. 两种基本前提或两种构成原理。马克思通过对英国和法国古典经济学家的社会资本再生产理论的批判和继承，彻底弄清楚了研究社会资本再生产时必须同时考察“以产品补偿产品”和“以价值补偿价值”这一关键问题。从实物形式考察，马克思把社会总产品划分为两个部类：生产生产资料的第一部类和生产消费资料的第二部类；从价值形式考察，马克思把社会总产品划分为三个组成部分：不变资本 c、可变资本 v 和剩余价值 s。前者是研究社会资本再生产的第一个基本前提，即实物构成原理；后者是研究社会资本再生产的第二个基本前提，即价值构成原理。

3. 社会资本简单再生产的实现条件或平衡条件。简单再生产是没有资本积累从而生产规模不发生变化的再生产。马克思从两个基本前提出发，通过深入研究，发现了社会资本简单再生产的实现条件或平衡条件。

设两大部类 t 时期社会总产品价值量公式分别为：

$$\text{Ⅰ}: c_{1t}+v_{1t}+s_{1t}=w_{1t} \tag{1}$$

$$\text{Ⅱ}: c_{2t}+v_{2t}+s_{2t}=w_{2t}$$

按照马克思的说明，用等式

$$v_{1t}+s_{1t}=c_{2t} \tag{2}$$

表示社会资本简单再生产的实现条件或平衡条件。等式（2）的含义是：第一部类的可变资本 v_{1t} 与剩余价值 s_{1t} 之和，等于第二部类的不变资本 c_{2t}。这就是说，生产生产资料的第一部类的资本家和工人对消费资料的需求，在价值量上等于生产消费资料的第二部类的资本家对生产资料的需求。

从社会资本简单再生产的实现条件或平衡条件即等式（2）可以导出：

$$w_{1t}=c_{1t}+c_{2t} \tag{3}$$

等式（3）的含义是：第一部类全部产品的价值之和，等于第一部类与第二部类的不变资本价值之和。从这个条件还可以导出：

$$w_{2t}=(v_{1t}+s_{1t})+(v_{2t}+s_{2t}) \tag{4}$$

等式（4）的含义是：第二部类全部产品的价值之和，等于第一部类与第二部类的可变资本与剩余价值之和。

满足了上述条件，社会资本简单再生产就得以正常进行。

4. 社会资本扩大再生产的实现条件或平衡条件。扩大再生产是发生资本积累从而生产规模扩大的再生产。马克思同样从两个基本前提出发，通过深入研究，发现了社会资本扩大再生产的实现条件或平衡条件。

设 Δc_{it}，Δv_{it}，α_i 分别表示第 i（i=1，2）部类追加的不变资本、可变资本和积累率。按照马克思的说明，用等式

$$v_{1t}+\Delta v_{1t}+(1-\alpha_1)s_{1t}=c_{2t}+\Delta c_{2t} \tag{5}$$

表示社会资本扩大再生产的实现条件或平衡条件。

等式（5）的含义是：第一部类原有的可变资本价值、追加的可变资本价值与本部类资本家用于个人消费的剩余价值之和，等于第二部类原有的不变资本价值与追加的不变资本价值之和。

从社会资本扩大再生产的实现条件或平衡条件即等式（5）可以导出：

$$w_{1t}=(c_{1t}+\Delta c_{1t})+(c_{2t}+\Delta c_{2t}) \tag{6}$$

等式（6）的含义是：第一部类全部产品价值之和，等于第一部类与第二部类原有的不变资本价值与追加的不变资本价值之和。

从等式（6）还可以导出：

$$w_{2t}=v_{1t}+v_{2t}+\Delta v_{1t}+\Delta v_{2t}+(1-\alpha_1)s_{1t}+(1-\alpha_2)s_{2t} \tag{7}$$

等式（7）的含义是：第二部类全部产品价值之和，等于第一部类与

第二部类原有的可变资本价值、追加的可变资本价值、用于资本家个人消费的剩余价值之和。

满足了上述条件，社会资本扩大再生产就得以正常进行。

5. 社会资本再生产的实现条件或平衡条件会转变成失常的条件。马克思发现了社会资本再生产的实现条件或平衡条件，同时指出，自发的资本主义生产方式不可能经常满足这种实现条件或平衡条件。

前面讨论社会资本再生产的实现条件或平衡条件时，以技术不变为前提，假定资本有机构成是不变的。资本有机构成定义为不变资本与可变资本之比，即 $k_i=c_{it}/v_{it}$（$i=1$，2）；剩余价值率定义为工人生产的剩余价值与可变资本之比，即 $e_i=s_{it}/v_{it}$（$i=1$，2）。由于资本家每期将一个固定的比例 α_i 用于积累和投资，所以每个部类的投资为

$$I_{it}=\alpha_i\cdot s_{it} \tag{8}$$

生产的扩大需要同时增加劳动力和生产资料，所以有如下等式

$$I_{it}=\Delta c_{it}+\Delta v_{it} \tag{9}$$

因为假设不存在技术进步，资本有机构成是不变的，则有

$$\frac{\Delta c_{it}}{\Delta v_{it}}=\frac{c_{it}}{v_{it}}=k_i \tag{10}$$

由（8）、（9）、（10）三式得

$$\Delta v_{it}=\frac{\alpha_i}{1+k_i}s_{it} \tag{11}$$

由（10）、（11）两式得

$$\Delta c_{it}=\frac{k_i\alpha_i}{1+k_i}s_{it} \tag{12}$$

设 g_{vi}，g_{ci} 分别为可变资本和不变资本的增长率，则有

$$g_{vi}=\frac{\Delta v_{it}}{v_{it}}=\frac{\alpha_i}{1+k_i}e_i \tag{13}$$

$$g_{ci}=\frac{\Delta c_{it}}{c_{it}}=\frac{\alpha_i}{1+k_i}e_i \tag{14}$$

由（11）、（12）可以看到 $g_{vi}=g_{ci}$，并且二者均决定于剩余价值率 e_i 和技术条件 k_i。

如果资本主义经济增长保持平衡，则两部门的经济增长率必然相等，

即 $g_{v1}=g_{v2}$，反之亦然。由（13）式得

$$\frac{\alpha_1}{1+k_1}e_1=\frac{\alpha_2}{1+k_2}e_2 \tag{15}$$

如果我们假定剩余价值率相等，即 $e_1=e_2$，那么我们由（13）式得到

$$\frac{\alpha_1}{\alpha_2}=\frac{1+k_1}{1+k_2} \tag{16}$$

（16）式表明，资本主义经济要达到均衡状态，两个部类的资本家的积累——投资率必须保持相应比例。但是，资本主义不存在什么机制使得两部类的资本有机构成满足相应的比例使（16）式始终成立。另外，虽然资本主义经济的完全竞争市场会使各部门形成一个一般利润率，但难于使各部门的剩余价值率相等，即难于保证 $e_1=e_2$ 成立，从而难于保证（15）式成立。所以，一般来说，$g_{v1}=g_{v2}$ 不能始终成立，资本主义生产方式不可能经常满足这种实现条件或平衡条件。

马克思指出："这种生产方式所特有的、使交换从而也使再生产（或者是简单再生产，或者是扩大再生产）得以正常进行的某些条件"，会"转变为同样多的造成过程失常的条件，转变为同样多的危机的可能性；因为在这种生产的自发形式中，平衡本身就是一种偶然现象"。[①]

马克思的社会资本再生产理论是科学的经济增长理论。社会资本简单再生产可以看作是宏观经济的零增长，社会资本扩大再生产可以看作是宏观经济的正增长，社会资本缩小再生产可以看作是宏观经济的负增长。马克思的社会资本再生产理论是完整的经济增长理论。其中的扩大再生产理论把静态分析动态化，把短期分析长期化。

在《资本论》第二卷问世后的几十年中，西方经济学家无力解读马克思的社会资本再生产理论。马克思独立地拓荒的这个科学领域，不仅在恩格斯撰写《资本论》第二卷第二版序言时是"至今几乎还没有人进入的领域"[②]，而且直到剑桥学派的琼·罗宾逊发表《论马克思主义经济

① 《资本论》第2卷，人民出版社2004年版，第557页。

② 《资本论》第2卷，人民出版社2004年版，第25页。

学》时，“这一领域大部分仍未有人耕耘过”[①]。

同过去相比，西方学者今天对马克思社会资本再生产理论的领悟和评价发生了相当大的变化。英国经济学家罗尔对这类现象作了解释。他说：“对马克思在社会科学中的地位作出严肃而不偏不倚的评价的可能性，是随着科学本身的进步和其周围的社会形势之间的相互作用而变化的。在经济学中新分析工具的发展，对于马克思的概念给予了新的看法，从而使人们能够判断这种概念可能具有的分析价值”[②]。

现在，西方经济学家已能解读马克思的社会资本再生产理论。他们懂得，马克思的社会资本再生产理论特别是马克思的扩大再生产理论，就是经济增长理论。西方经济学家现在并不讳言马克思在经济增长理论方面所作的开创性贡献，而且承认存在“马克思的增长理论”，承认“马克思是一位增长理论家”[③]。

三、费里德曼建立的第一个马克思主义经济增长数学模型

西方经济学家现在不仅承认存在马克思的经济增长理论，以及马克思是一位经济增长理论家，而且承认最早建立经济增长的数学模型的不是西方经济学家，而是马克思主义经济学家。

20 世纪 20 年代，苏联马克思主义经济学家费里德曼从苏联经济的实际情况出发，对马克思的经济增长理论进行了创造性的研究。他在经济增长理论方面的第一项研究成果是 1927 年发表的论文《关于美国 1850—1925 年和苏联 1926/27—1940/41 年国民经济结构和动态的思考》。他在经济增长理论方面的代表作是 1928 年发表的论文《论国民收入增长速度的理论》。这篇论文是费里德曼当时向苏联国家计划委员会提交的一份关于苏联国民经济长期发展的报告，后来分两次连载在苏联《计划经济》

---

① ［英］乔安·罗宾逊：《论马克思主义经济学》，商务印书馆 1962 年版，第 80 页。

② ［英］埃里克·罗尔：《经济思想史》，商务印书馆 1981 年版，第 282 页。

③ J. C. Wood（ed.），*Karl Marx's Economics* Ⅲ（London：Routledge，1988），p. 172，p. 165.

1928 年 11 月号和 12 月号上。费里德曼的任务是向当时苏联国家计划委员会提供经济增长原则和经济增长模型。

设 S_A 为 A 部类生产的剩余价值，S_B 为 B 部类生产的剩余价值，K_A 和 K_B 分别为 S_A 和 S_B 部分的资本总额，H_{S_A} 和 H_{S_B} 分别为 S_A 和 S_B 新产生的和消费资料的价值，则社会总资本为 $K=K_A+K_B$，扩大再生产条件下所形成生产资料的全部新价值为 $H_S=H_{S_A}+H_{S_B}$，$C\left(=\frac{H_s}{K}\right)$、$C_A\left(=\frac{H_{S_A}}{K_A}\right)$和 $C_B\left(=\frac{H_{S_B}}{K_B}\right)$分别为资本运用的效率，$\Gamma_c$、$\Gamma_{cA}$、$\Gamma_{cB}$ 为资本运用效率 C、C_A、C_B 的增长速度，则有

$$\Gamma_c=\frac{\Delta C}{C},\ \Gamma_{cA}=\frac{\Delta C_A}{C_A},\ \Gamma_{cB}=\frac{\Delta C_B}{C_B}$$

则经济增长率

$$T=\frac{\Delta H_S}{H_S}=\frac{d\ln H_S}{dt}=\Gamma_c+\Gamma_k=\Gamma_c+\frac{C\Delta K}{H_S}$$

$$T_A=\frac{\Delta H_{S_A}}{H_{S_A}}=\frac{d\ln H_{S_A}}{dt}=\Gamma_{cA}+\Gamma_{kB}=\Gamma_{cA}+\frac{C_A\Delta K_A}{H_{S_A}}$$

$$T_B=\frac{\Delta H_{S_B}}{H_{S_B}}=\frac{d\ln H_{S_B}}{dt}=\Gamma_{cB}+\Gamma_{kB}=\Gamma_{cB}+\frac{C_B\Delta K_B}{H_{S_B}}$$

这说明，国民收入和收入部分的增长速度等于相应资本增长速度和运用资本的效率之和。T 取决于相应的资本扩大的积累和资本的效率，但资本积累和资本积累的速度之间并不存在相互依赖关系。

费里德曼的增长模型的理论基础和出发点是马克思分析社会资本再生产的两个基本前提或两种构成原理。对此，西方经济学家是很留意的。美国经济增长论者多马在《苏联的增长模型》一文中评论费里德曼的研究成果时说："从历史观来说，无论他获得的成就有多么重要，他的成果基本上很类似于、并且可以还原为（后来）西方发展的那些成果。"[①] 这是多马看到的一个方面，实际上是承认费里德曼的经济增长模型对后来的西方经济增长模型所产生的重大影响。另一方面，多马发现："费里德

① ［美］E. 多马：《经济增长理论》，商务印书馆 1983 年版，第 230 页。

曼是从马克思有名的总生产分类公式开始的：一个经济的总生产（W）分为第一部类——生产资料……和第二部类——消费资料，每一部类的生产以C（不变资本），V（可变资本）和S（剩余价值）来表示。”西方经济学家在借鉴马克思主义增长理论时，所不能接受的正是马克思关于社会总产品的价值构成原理。

西方经济学家解读了费里德曼从自己的两个部类的增长模型中推导出的两个原理。第一，关于两个部类资本存量比率 K_A/K_B 的原理。结论是，较高的增长率要求生产生产资料的第一部类具有较高的资本存量比率。第二，关于两个部类之间投资分配的原理。结论是，投资沿不变的增长路线按照既定的资本存量比率在两个部类之间进行分配。这两个原理表明，在资本产出比率已知时，生产生产资料的第一部类的资本存量比率越高，相应地，投入生产生产资料的第一部类的资本增量的比率越高，增长率就越高。费里德曼认为，计划委员会的任务主要是确定两个部类的资本产出比率和资本存量比率。

西方经济学家对费里德曼的研究成果的评价有几点值得注意。第一，他们承认，苏联经济学家费里德曼的经济增长模型在时间上领先于西方经济学家的经济增长模型。例如，对费里德曼有研究的埃尔曼说：“就增长理论來说，费里德曼的著作远早于当代西方的著作”[①]。第二，他们事实上区分了马克思主义经济增长理论和西方经济增长理论。例如，多马认为费旦德曼是一个“忠实的马克思主义者”[②]，埃尔曼认为费里德曼“是社会主义经济增长理论……的奠基者之一”[③]。第三，他们承认马克思主义经济学家根据马克思增长理论建立的增长模型在学术水平上也领先于西方的增长模型。例如，多马说：“在各经济学派中……马克思主义者最接近于发展一种经济增长的重要理论。……苏联文献里也的确出现了一些非常精致而有趣的增长模型”“这些苏联模型较之西方国家类似的尝

① ［英］约翰·伊特韦尔等编：《新帕尔格雷夫经济学大辞典》第2卷，经济科学出版社1996年版，第321页。

② ［美］E. 多马：《经济增长理论》，商务印书馆1983年版，第230页。

③ ［英］约翰·伊特韦尔等编：《新帕尔格雷夫经济学大辞典》第2卷，经济科学出版社1996年版，第321页。

试有更高的发展”。[①]

“动态”和“增长”原本是费里德曼首先在自己的论文中用来研究经济增长的两个术语。后来，人们在哈罗德的代表作《动态经济学》和多马的代表作《经济增长理论》的书名中看到了费里德曼影响的影子。

四、几 点 结 论

从以上对马克思增长理论和费里德曼的马克思主义增长数学模型的论述中可以得出几点结论：

1. 马克思在社会资本再生产理论方面进行了长达 20 多年的科学拓荒，独立地开辟了后来被称为经济增长理论的新领域。马克思创造性地建立了两个基本前提或两种构成原理，在正确的前提下创立了严密的、完整的社会资本再生产理论体系。马克思在这个领域的科学成就不仅在他自己的时代全然是开创性的，而且在半个多世纪中他开创的这个科学领域几乎还无人进入。这不能不说是科学史上一种相当罕见的现象。

2. 苏联马克思主义经济学家在 20 世纪 20 年代开始尝试建立马克思主义经济增长理论的数学模型。费里德曼在这一方面的科学成就令世人瞩目。他的成果既引起了后来研究马克思主义经济增长模型的马克思主义经济学家和非马克思主义经济学家的重视，又引起了后来研究凯恩斯主义经济增长模型的西方经济学家的重视。

3. 马克思增长模型的一个重要特征是，它是经济增长理论史上第一个两部类增长模型（在现代西方经济增长理论中一般称为“两部门模型”）。从建模角度看，与哈罗德—多马模型、新古典增长模型等单部门模型相比，两部门模型具有一些独到的优势，如更加贴近经济现实、利于据此建立计量模型、利于分析经济增长的动力因子等。正因为如此，从 20 世纪 90 年代开始，新增长理论家基本上采用两部门模型构建各种不同的增长模型。

① ［美］E. 多马：《经济增长理论》，商务印书馆 1983 年版，第 230 页。

4. 西方经济学家长期以来对马克思怀着偏见，不是恶意攻击，就是盲目批判。当他们有人认识到马克思是一位严肃的理论家，并把马克思作为一位严肃的理论家来对待时，他们发现了马克思的经济增长理论。在马克思的科学理论的启示下，他们尝试制定自己的经济增长理论，建立他们自己的经济增长模型。西方经济学家对经济增长理论的研究至今也已经有半个多世纪的历史。一大批西方学者建立了各种各样的增长模型。他们相互批判，不断地用新的模型替代旧的模型。应该说，在为数众多的西方经济增长模型中，有一些是有实际意义的，但是，这些模型赖以建立的理论基础都是西方经济学，涉及生产理论、效用理论、生产要素分配理论、一般均衡理论，其中最主要的是生产理论和一般均衡理论。自索洛 1957 年开始采用总量生产函数方法构造增长模型后，总量生产函数在西方经济学增长模型中得到了广泛运用。但是，正如罗宾逊夫人等剑桥经济学家所指出的那样，总量生产函数概念和函数中的变量—总量资本概念都存在问题。沃尔特斯在研究加总问题和总生产函数后说："在研究加总问题之后，人们可能很容易产生怀疑，在很多场合是否要使用总量生产函数这样的概念。我们在现代经济中所发现的竞争和技术条件的多样性表明，我们不能切实满足加总的基本要求。"① 作为西方经济学增长理论思想基础的一般均衡论主要表现为一种思维的产物，表现为一些经济学家对市场机制这只"看不见的手"的一种信念，而不是对经济现实的合理近似。因此，就总体而论，建立在这些理论基础上的经济增长理论和模型也就不可能是真正科学的理论和模型。而马克思则以劳动价值论和剩余价值理论为基础，建立了科学的增长理论和模型。

5. 马克思主义经济增长理论可以从不同角度进行研究。这里仅从采用数学方法的角度看，研究经济增长理论的任务是：第一，如何用简洁的数学模型正确地、准确地、精确地表达马克思用图式表达的经济增长理论；第二，如何用数学模型表达马克思关于经济增长的平衡条件在生产的自发形式中经常遭到破坏，因而不可避免地发生周期性生产过剩经

① A. A. Walters, "Production and Cost Functions: An Econometric Survey," *Econometrica* 31 (1963): 1[illegible].

济危机的理论；第三，如何用数学模型表达马克思关于科学技术在经济增长中的重要作用以及有机构成不断提高条件下的经济增长理论；第四，如何将经济增长的理论研究和应用研究有效地结合起来。在研究这些问题时，以往的马克思主义经济学家和非马克思主义经济学家关于马克思经济增长模型的研究成果，以及西方经济学家关于以西方经济理论为基础的各种经济增长模型的研究成果，在不同程度上对我们都有借鉴意义。

（原文发表于《经济研究》2007 年第 9 期）

基于马克思经济增长理论的经济危机机理分析

杨继国*

一、导　　论

在马克思经济学中，市场经济的经济危机根源于资本主义的基本矛盾，即生产的社会化和生产资料的私人占有之间的矛盾，以及由此引起的生产相对过剩。但是，对于这个总根源究竟是如何导致危机发生的机理分析，马克思经济思想史上却一直存在争论。主要有如下四种不同的解说：一般利润率趋向下降论，资本有机构成提高论，比例失调论，消费不足论①。其实，这些解说分别都重点从马克思关于经济危机机制的一个方面去分析，它们互相并不冲突。马克思对资本主义经济危机的分析，立足于唯物史观，运用辩证的矛盾分析方法，分别在不同的地方，从生产、交换、消费和社会经济制度诸方面对经济危机的机制进行了系统全面的分析。用现代宏观经济学的术语来说，除了资本主义私有制这个总根源外，马克思分别从供给（生产）、需求（消费）、市场波动（交换）进行了全方位的阐述。

本文试图从马克思经济增长理论的角度，来全面地分析马克思经济学的资本主义经济危机产生的机理。本文研究的是"真实经济"的周期和危机，立足于基本理论分析，故作出如下前提假定：（1）储蓄全部来

* 杨继国：厦门大学经济学院教授，博士生导师。

① ［美］保罗·斯威齐：《资本主义发展论——马克思主义政治经济学原理》，商务印书馆 1997 年版。

自剩余价值；(2) 全部人口为劳动人口；(3) 封闭经济；(4) 不考虑货币的因素。

二、马克思的经济增长模型与经济周期的关系

以增长模型为表现形式的现代增长理论是现代宏观经济学的一个重要组成部分。不过，马克思是经济思想史上第一个以模型的方式研究经济增长的经济学家；半个多世纪后哈德罗等人才在马克思的启示下建立了第一个所谓“现代增长模型”，从而开启了现代增长理论。马克思的增长模型就是马克思的“再生产模型”。不过，马克思的再生产模型是个“均衡”模式，即假定储蓄率、剩余价值率和资本有机构成不变，寻找宏观经济均衡增长的条件。实际上，马克思是想说明，在资本主义生产方式下，这些“均衡”增长条件是不可能具备的，因而也不可能有均衡的经济增长。

国内有研究者把马克思的再生产模型转换成“现代增长模型”形式。最早开始这方面研究的是宋则行教授[①]，石景云教授、吴易风教授也进行了研究[②]。杨继国则放开储蓄率、剩余价值率和资本有机构成不变的假定，对马克思再生产模型进行了“非均衡”的拓展研究[③]，并且发现马克思的再生产增长模型包含有现代增长模型各流派的基本“形式”[④]。

马克思的再生产模型中可以推导出如下增长模型[⑤]：

$$g=\frac{s'(1+m')}{1+q}$$

其中，g 表示经济增长率，$s'=(\Delta c+\Delta v)/(v+m)$，表示投资率（储

① 宋则行：《马克思经济增长理论探索》，《当代经济研究》1995 第 1 期。

② 石景云：《马克思社会再生产理论及其运用》，厦门大学出版社 1987 年版；吴易风：《经济增长理论：从马克思的增长模型到现代西方经济学家的增长模型》，《当代经济研究》2000 年第 8 期。

③ 杨继国：《对扩大再生产模型的“扩展”研究》，《厦门大学学报（哲学社会科学版）》2002 年第 2 期。

④ 杨继国：《马克思的增长理论与现代增长理论比较研究》，《南开经济研究》2001 年第 4 期。

⑤ 杨继国：《马克思经济学“辩证均衡”理论体系初探》，《当代经济研究》2005 年第 7 期。

蓄率），$q=c/v$ 代表资本有机构成，$m'=m/v$，为剩余价值率。

模型表明，增长率 g 与储蓄率 g' 和剩余价值率 m' 正相关，与资本有机构成 q 负相关。在假设储蓄率 s' 和剩余价值率 m' 不变的条件下，g 将随着 q 的变化而反向变化。

在扩大再生产模型中，马克思假设资本有机构成、储蓄率和剩余价值率不变，则经济保持“常量”速度持续均衡增长。这与此模型的结论是一致的，这说明这个模型是马克思模型的一个转化形式。马克思再生产模型的假设条件的含义，实际上是假设没有技术进步或劳动生产率保持不变。这显然与资本主义市场经济增长的现实不符。如上述，马克思实际是说明资本主义增长不具备这些条件。在资本主义经济中，资本家为了追求超额利润最大化，会不断地改进技术，从而提高劳动生产率。当考虑技术进步和劳动生产率提高的因素后，资本有机构成会不断提高，即 q 值有“递增”的趋势，而储蓄率和剩余价值率只能在有限的范围变化，长期看可以假设其不变。所以，经济增长率 g 会呈递减趋势。增长率 g 低到某个值，比如“0”时，经济增长停滞，这时如果没有外部因素使其反弹，则经济增长率会急速下降到“负值”，这就是“经济危机”的爆发过程。[①] 危机爆发后，大量企业倒闭，大量的原有生产能力和生产设备被迫退出生产领域，从而强制改变了 c 与 v 的比例，即资本有机构成“降低”。从模型分析，q 值降低，g 开始上升，经济开始缓慢复苏，直至 g 增长到一个新的高度，资本有机构成再次提高时，g 开始下降，新的经济危机开始，进入新一轮经济周期。

如果在 q 不变的前提下提高储蓄率，短期内能提高经济增长率，但这是以降低消费率为前提的。消费率降低导致总需求下降，从而利润率下降导致减少投资，使储蓄超过投资，最终使经济失衡，经济增长速度降低。已有研究证明，即使储蓄率和剩余价值率不断提高，也会导致动态的经济增长率递降；经济增长率在经过一个短暂的上升过程后，降低的速率会更快。[②] 马克思的增长模型说明，资本主义经济增长一定是“非

---

① 这里是假定，实际上经济危机爆发中，经济增长率可能没降到“负数”。

② 杨继国：《扩大再生产模型的“扩展”研究》，《厦门大学学报（哲学社会科学版）》2002 年第 2 期。

均衡”的，这个非均衡状态发展到一定程度就会出现经济危机，经济增长也就周期性进行。在生产方式不变的前提下，危机过后的新一轮的经济增长一定是在淘汰落后技术的基础上，在更加先进的技术水平上增长，这也意味着下一轮的资本有机构成会比上一轮更高。因此，在没有其他外力介入的条件下，经济危机的程度和经济波动的幅度也是越来越大。因为，市场解决危机是手段同时也是产生危机的原因。一轮危机的解决，将为更大一场危机积蓄足够的能量。

仅从模型看，经济增长速度的降低只是在“低水平”状态下实现“均衡”，怎么是“非均衡”呢？问题在于，当经济达到一个较高水平“均衡”时，其存量资本和劳动供给达到相应的“高水平”；增长率的下降必然使资本和劳动力“相对过剩”。换言之，资本市场和劳动力市场处于“超额供给”的非均衡状态；从现象上看，即是“非市场出清”。不过，这里的非市场出清不是前提，也不是像“非均衡学派”理论那样，认为是由于价格粘性、工资粘性和利率粘性等非完全市场竞争导致的，而是在保持完全竞争和完全信息的假定前提下，价值规律辩证动态发展的必然。

三、对增长模型与经济危机的进一步分析

危机的出现是由于“资本有机构成”这个“变量”的变化，即它有不断上升的趋势，由此导致了经济增长率的降低，直至低到一定程度，一个“强制”的反作用力使现有资本一部分被闲置下来，甚至被毁灭，从而强行调节了“资本构成”，使“增长”成为可能。这样一个周而复始的过程，就是资本主义经济危机周期性爆发的过程。这个分析虽然在“逻辑”上没有问题，但仅仅停留于表面分析。我们需要知道的是，资本有机构成提高为什么导致危机？通过一个包含资本有机构成的“利润率”模型，我们发现，资本有机构成提高导致一般利润率下降，而利润率是资本主义生产的目的，似乎这就是经济危机的原因，可是，一般利润率下降又是由什么引起的呢？只有弄清楚了这整个的传导机制，才谈得上

真正理解了经济危机，同时对一些传统的关于危机看法上的分歧，才能有一个客观而科学的评论。

1. 资本有机构成提高导致一般利润率下降，从而导致经济危机周期性发生。

我们知道，利润率模型中包含一个资本有机构成，而且正是这个资本有机构成的提高会导致一般利润率下降。设 p'为利润率，则

$$p'=m'/(1+q)$$

证 $p'=m/(c+v)=m/v/[(c+v)/v]=m'/(1+q)$

此式中，资本有机构成如果不断提高，则利润率 p'不断下降。实际上，经济增长模型中 g 的下降的直接因素是 q 的上升，但如果要追溯，为什么 q 上升会导致 g 下降，则追溯到的第一层原因则是：利润率下降。由于利润率下降，当降到某个临界点时，绝大部分投资就会停止，经济危机发生。

不过，经济思想史上对利润率下降规律一直存在争议。在上式中，如果剩余价值率能够上升，即使资本有机构成上升，只要后者上升的速度不比前者快，则利润率 p'不一定下降。这是个静态分析。实际上，动态看，剩余价值率上升意味着劳动价值 v 的份额相对减少，且这个减少的速度是递增的。这样，一定会使资本有机构成以更快的速度提高。为了使这个问题比较直观，我们做个极端的假设，再来观察他们的关系。设 v=0，即新创造的价值全部转化为剩余价值。这样，m/c 是利润率极限。因为 v 等于零，m 的积累全部转化为 c，则 m/c 趋向于零：

$$\lim_{v\to 0}\frac{v+m}{c+v}=\frac{m}{c};\ \frac{m}{c}\to 0$$

也即：当 m 不断变为 c 时，p'趋向于 0。这说明，即使利润率等于极限利润率，剥削率无穷大，利润率也趋向于零。剩余价值率的提高不能证明一般利润率不会下降。一般利润率下降的规律成立。一般利润率下降将导致经济危机的机理如下。

资本有机构成提高→一般利润率下降→个别资本家为维持利润率而提高劳动生产率→大家提高劳动生产率→资本有机构成更加提高→一般利润率下降，但资本供给过剩，变得更便宜，资本替换劳动→人口过剩，

同时，资本有机构成提高→一般利润率下降→量的扩张以保证利润量→竞争加剧，垄断，资本集中→资本有机构成再提高→一般利润率再降→价值规律强制解决矛盾：经济危机爆发→危机调整了资本有机构成比率，经济复苏——再到下一个周期。

综上，结合增长模型，资本有机构成提高导致一般利润率下降，一般利润率下降导致经济增长率下降，增长率下降导致经济危机。

一般利润率下降导致经济衰退和过剩，引发经济危机的逻辑是清楚的。不过，还有一个逻辑问题需要解决：经济危机是周期性爆发的，而一般利润率下降是个“长期的趋势”，如何引发危机的“周期性”？甚至有研究者认为，利润率的缓慢变动与危机没有关系。[①] 其实，所谓一般利润率下降的趋势，不能理解为“直线式”下降，平均利润率也是波动的，即在较短时期内有上升也有下降，这个波动正是导致经济周期的直接原因。[②]

假定 P' 为平均利润率，P'_1 为 T_1 周期的最高利润，P'_2，P'_3，P'_4 依次为第 T_2，T_3，T_4 周期的最高平均利润率。

如下图所示：

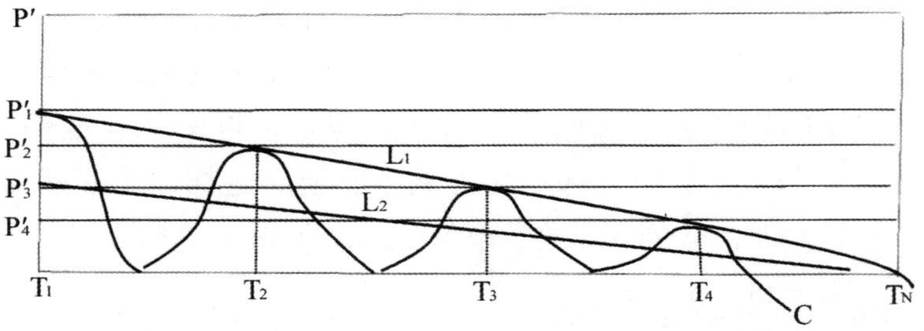

上图的逻辑是，利润率升到一个极点后，资本有机构成也随即升高，从而阻止利润率上升，开始反向运动；当一般利润率为零时，投资停止，经济进入谷底；经过一段调整然后平均利润率开始回升直至下一个周期的顶点。T_N 为 N 个周期后，最高平均利润率降至“零”的点。由于此处

① ［美］保罗·斯威齐：《资本主义发展论——马克思主义政治经济学原理》，商务印书馆 1997 年版，第 167 页。

② 张光照、张力上：《西方马克思主义经济学》，经济科学出版社 2001 年版，第 213 页。

没有了平均利润率上升的空间，在没有“外力”调控的前提下，整个经济体系崩溃。

坐标图中，有三条线：其中，斜线 L_1 是各周期中的最高平均利润率的连线，L_2 为各时期平均利润率的“平均线”。曲线 C 为各时点的平均利润率线。L_1 和 L_2 均用来说明一般利润率的长期趋势是呈下降趋势的，但这并不妨碍短期内平均利润率可以上升。正是短期内平均利润率的波动导致了经济周期的出现。由于每次经济危机的结束伴随技术更新和进步，在一个更高平均技术水平上起步，因而平均资本有机构成也随着经济周期的出现而递次上升，由此导致了每次经济周期的“最高平均利润率”递减，这个递减的趋势就是所谓“一般利润率下降”的趋势。

实际上，上图也可以看成一个经济周期模型。利润率的变化趋势就是经济增长率变化的趋势，不同只在于绝对数的差异，相对的变化趋势是一致的。马克思的增长模型也证明这一点。把马克思的原始增长模型变形，可以导出一个包含利润率的模型①。

马克思的原始增长模型为：

$$g=\Delta k/(c+v)$$

如果我们将 $\Delta k/(c+v)$ 的分子分母同时除以 m，则

$$g=(\Delta k/m)\cdot[m/(c+v)]$$

其中，$\Delta k/m=s$ 为剩余价值储蓄率；$m/(c+v)=p'$ 为利润率。代入上式，得

$$g=p's$$

即利润率与经济增长率呈正相关关系。

2. 技术进步与经济增长的矛盾。

上面分析表明，资本有机构成提高是导致经济增长率下降，甚至是经济危机爆发的一个关键变量。而资本有机构成作为一个模型的变量与西方经济学中的“资本产出比例”有类似作用，从某种角度说，它反映了增长模型中的“技术关系”。长期看，资本有机构成提高意味着技术进步。这就出现一个矛盾：技术进步是经济增长的发动机，即技术进步促

① 杨继国：《马克思的增长理论与现代增长理论比较研究》，《南开经济研究》2001 年第 4 期。

进经济增长，而模型表明的是技术进步导致了经济危机。

市场经济的增长和危机的过程正是这对“矛盾”产生和克服的过程。经济增长取决于资本积累与劳动生产率的提高；可是，劳动生产率的提高意味着资本有机构成的提高，资本有机构成的提高又是资本积累的结果。似乎资本有机构成提高有利于经济增长。可是，模型却告诉我们，资本有机构成提高导致利润率趋于下降，进而导致资本主义经济增长下降。如何认识这一“自相矛盾”的现象呢？

劳动生产率提高的关键是技术创新，技术创新导致资本技术构成的提高，技术构成反映了劳动节约的程度，同时“降低劳动力价值”，因而导致价值构成也提高。如果二者方向一致，就是资本有机构成的提高。动态看，虽然劳动生产率提高导致劳动力价值降低的同时，单位商品价值也降低，即这意味着 c 也随劳动生产率提高而降低，即它有与资本的技术构成反向变化的趋势，阻碍资本有机构成提高；但是，资本技术构成提高的速度与其引起的资本价值构成的正向变化和反向变化谁的变化快，就决定了最终二者的变动方向。由于劳动力价值 v 与 c 一同降低的同时，剩余价值在增加，积累在加速，新增资本中 c 的部分在更快的增长，显然，技术进步促进资本有机构成的正向变化的速度快于反向变化的速度，即技术进步引起资本有机构成提高的结论成立。不过这个解释并没有解决经济增长与技术进步的“矛盾”，产生矛盾的原因及矛盾的解决途径的秘密，要在“资本有机构成”内部去寻找。

3. 资本有机构成的“秘密”。

资本家投资的目的是利润，如果没有利润自然就没有投资；因此，利润率下降导致投资下降比较好理解。但一般利润率为什么会下降呢？从利润率公式分析，是“资本有机构成提高”导致了一般利润率下降。可是资本有机构成提高导致利润率下降的内在机制是什么呢？

我们知道，资本构成包含资本的技术构成和资本的价值构成两个层面。所谓资本有机构成，是指资本构成的这两个层面的变化趋势是一致的：即随着技术进步（资本技术构成的提高），资本的价值构成不断提高；换言之，从经济增长的角度看，不变资本的增长与技术进步正相关，而可变资本的增长与技术进步负相关。也即是，资本的积累速度快于工资（劳动力价值）的增长速度。我们还是从增长模型来分析变量 q 究竟应该怎样变化才能保证经济增长不周期性变化，或者不出现经济危机。换言之，寻找“持续稳定增长”的条件。

前面我们已经证明，剩余价值率与储蓄率提高短期虽然可以提高经济增长率，但长期看不但不能提高增长率，反而加速经济波动。因为，s'，m'与 q 变化的相关性，即它们本身存在函数关系，因而先不考虑 s'、m'的变换，集中分析 q 的变化。实际上，只要 q 不变，s'，m'则不变。而这三个变量都不变，显然，将有一个不变的增长率 g。换言之，q 不变是经济持续稳定增长的条件。我们还可以证明，持续稳定的增长率是价值公式中所涉及的所有变量 c，v 及 m 的增长率都相等，且等于总的价值（经济）增长率。

设资本构成不变，即 $c/v=\Delta c/\Delta v$，故 $\Delta v/v=\Delta c/c=(\Delta c+\Delta v)/(c+v)$；由于前面的内容可知，$(\Delta c+\Delta v)/(c+v)=g$，所以，经济增长率g=不变资本 c 的增长率=可变资本 v 的增长率。同理还可证，g=剩余价值 m 的增长率。

这里把 q 称为“资本构成”，或者资本的价值构成，而不称为“资本有机构成”；因为资本有机构成是反映资本技术构成变化趋势的资本价值构成。q 表示的是资本有机构成，则 q 不变意味着没有技术进步（资本技术构成不变）。没有技术进步的增长从长期看不但与马克思的剩余价值理论冲突，实际中也是不可能的。因此，在研究经济增长时，一定以技术进步为前提。也就是说，在资本技术构成不断提高的前提下，能否是资本的价值构成不变，成为经济能否持续稳定增长的关键。

在市场经济条件下，随着劳动生产率的提高，必然加速积累，剩余价值规律和资本主义生产目的决定了增长中 v 的相对缩小和 c 的相对增大，也即资本有机构成一定不断提高。换言之，市场经济没有自动保证资本价值构成 q 不变的机制，也就是，市场经济中没有保证经济均衡稳定增长的条件，必然会出现经济周期，出现经济危机。

资本价值构成 q 不能保持不变的秘密在于：（1）它反映的是资本主义分配关系。由于剩余价值 m 的越来越大的部分转为 c，q 的提高意味着分配给资本家的部分的增长率大大地高于分配给劳动者的部分的增长率，即$\Delta m/m>\Delta v/v$。(2) 它反映了宏观经济中的投资大于消费的关系。剩余价值中，用于资本家的消费部分由于资本家人数很少可以忽略不计，即使考虑资本家的消费，也是用于积累的部分增长远远大于用于消费的部分。这样，我们可以粗略地把资本价值构成的比例看成是积累与消费的比率，其变化趋势就是积累与消费的变化趋势。资本价值构成的提高意味着投资的增长率快于消费的增长率，即$\Delta c/c>\Delta v/v$，从而导致经济失衡。

设有“最优资本有机构成”存在，用q^*表示。所谓最优资本有机构成，就是在其他条件不变前提下，保证经济最优增长的资本有机构成。当$q<q^*$时，经济开始增长，且增长率递增，直至$q=q^*$；当$q>q^*$，增长率开始下降，直至增长难以为继；在没有外力作用前提下，随着q达到一个“极值”，经济危机爆发。经济危机通过消灭部分不变资本存量c，重新使$q<q^*$，新一轮经济周期开始。

4. 经济增长“矛盾”的解决。

市场机制是通过“危机”解决矛盾的。有无不通过危机解决的办法？

从模型分析，解决矛盾的办法就是保持经济持续稳定增长。在技术进步前提下，即资本的技术构成提高前提下，如果能让资本价值构成保持不变，则有一个不变的增长率g，如果能保持不变的$q=q^*$，则维持最优增长率。

资本技术构成提高保持资本的价值构成不变，就是让经济增长率等于劳动者价值v的增长率，也就是工资与经济增长保持同等增长速度。这意味着劳动者分享利润，这在资本主义生产方式中市场机制是不具有这个功能的。这需要在市场机制外施加一个“外力”，即政府的宏观调控。当然，政府的宏观调控不可能完全做到这点，但能够做到使技术进步条件下，q值上升减缓，延缓危机发生；或者使经济周期的“波幅”缩小。

四、结论及政策思路

本文在严格假设条件下，即封闭经济和不考虑货币和信用条件下，从马克思经济增长理论的角度研究经济周期和危机的产生机制，并由此提出预防和调节危机的政策思路。马克思增长模型告诉我们，导致经济周期和危机的直接变量是资本有机构成的提高。技术进步条件下，市场经济中这是必然的，说明市场机制本身没有解决危机的机制，需要市场机制外的“外生”调节变量。如果能在技术不断进步条件下，即在资本技术构成不断提高条件下让资本价值构成保持不变，或者说，让不变资本和可变资本与宏观经济保持相同的增长率，则经济可维持稳定可持续增长，消除经济周期和危机。

按照这个思路，作为市场体制的“外生变量”的政府反周期和危机的宏观政策措施，应该围绕如何调高劳动者收入，使其增长率不致偏离经济增长率太远进行，即调节“资本价值构成”变量。纵观当代市场经济国家的宏观经济政策和反危机措施，都或多或少地围绕这个中心：如最低工资制度、失业保障制度、劳动者利润分享制度、工会参与谈判制度、福利制度、收入调节税制等，无不增加劳动者的实际收入。我们可以把这些措施的结果看成是增加经济增长模型中的 v，以达到调节资本价值构成跟不上资本技术构成增长速度的问题。除了建立和完善这些保障和提高劳动者收入水平的制度外，针对中国情况，还应注意如下措施。

第一，直接提高劳动力价值。就是加大对普遍提高劳动者素质方面的投入，即加强人力资本投资，尤其加强对低收入者在教育、医疗等方面的公共投入，以提高劳动力价值本身，从而增加劳动力价值在总价值中的比重。劳动力价值比重的大小还与国家的经济结构有关。在国际分工中主要从事低附加值的加工生产，进入低端产业链，而又高度外向型的产业结构是导致劳动者收入份额缩小的关键；应该调整产业结构，加强自主创新，提高劳动的知识和技术含量，即产品的国际竞争力。

第二，加强第三产业的发展。第三产业的发展滞后一方面制约了第一、第二产业的发展，同时，第三产业是“低资本有机构成”的产业，能降低整个社会的“资本有机构成”。

第三，反危机措施中通过“扩大投资”拉动需求，只是一个短期措施，有可能造成长期的更大问题。从增长模型分析，资本有机构成提高导致消费需求大大缩减，信用体系遭到破坏，利润率极低，市场机制已不能拉动投资。经过“危机”的破坏性强制调节，通过公共投资，在短期内可启动经济增长；但是问题没有得到解决，某些“无效”投资造成资源浪费；生产性投资又可能导致资本有机构成提高加快，生产更加过剩，为以后更大危机埋下隐患。所以，反危机应该“长”“短”兼顾，短期措施应立足解决货币和信用方面的危机，而长期措施应立足建立增长劳动者收入的长效机制。

（原文发表于《经济学家》2010年第2期）

澄清对马克思再生产理论的认识误区

卫兴华*

创建和发展中国特色社会主义政治经济学，是以马克思的政治经济学为其首要理论思想来源的。中国特色社会主义政治经济学是对马克思主义政治经济学的继承与创新。它既要根据时代的变化和中国改革和发展的实践，与时俱进地致力于马克思主义政治经济学的发展和创新，又需要系统准确地理解和把握马克思主义经典作家阐述的经济学基本原理和方法。然而，纵观当前学界的理论研究，这两方面都既有成就，又存在欠缺。

马克思的政治经济学博大精深，对马克思主义经典作家经济学的学习与研究，贵在学好用好，学好才能用好。如果学错或学歪了，不但不能正确地指导实践，还会形成对实践的误导。本文就学界研读马克思再生产理论存在的三个认识误区进行辨析：一是普遍存在对内涵扩大再生产和外延扩大再生产范畴的认识误区，二是将外延型和内涵型的扩大再生产同粗放型和集约型的生产混同，三是对马克思这一重要观点的解读杂乱不清——所使用资本和所消费资本之差额的增大，成为决定积累规模的因素。本文从马克思有关论著的整体性和系统性上，按其深层次的原本理论思想进行梳理，以消除认识误区，回归其真谛。

目前，中国进入经济发展的新常态，应对经济下行压力，需要加快转变发展方式，进行供给侧结构性改革，尤其要努力增加合理有效的投资，更好地发挥投资对经济增长的关键作用，全面激发制造业投资活力，增强制造业核心竞争力的质量和效益。准确把握马克思再生产理论，对

* 卫兴华：中国人民大学荣誉一级教授、博士生导师。

于实现上述任务具有重要的指导意义。

一、内涵扩大再生产和外延扩大再生产的认识误区

社会主义的根本任务是发展生产力，即扩大生产规模和不断提高劳动生产率。这涉及马克思在《资本论》中提出的扩大再生产的两种方式：内涵扩大再生产和外延扩大再生产。长期以来，在政治经济学的教学和研究中，一般把内涵扩大再生产解读为利用新的技术设备提高生产效率；而把外延扩大再生产解读为在原有的生产技术水平上扩大生产规模，不存在新科技的应用和效率的提高，并被说成是马克思的观点和原理。然而，这实际上是对马克思原意的误读和错解。为了说明这种错误的普遍性，有必要引证一些具有权威性的论著与辞典中的解读，以探明究竟。

20世纪80年代初，鉴于中国以往一段时期发展中出现“左”的失误，全国组织学习《资本论》第二卷，重点为马克思关于再生产的理论。配合这次学习，中央有关部门组织几位经济学家撰写了《学习马克思关于再生产的理论》一书作为全国学习读本。书中关于内涵扩大再生产和外延扩大再生产的解读，被当作马克思的观点宣讲，产生了广泛影响。该书提出：“所谓外延的扩大再生产，是指单纯依靠增加生产要素的数量，即依靠增人、增资、增设备、增投料，扩大生产场所来扩大生产规模。这里没有生产技术的进步，没有生产要素质量的变化，没有社会生产效率的提高。所谓内涵的扩大再生产，是指生产规模的扩大是依靠生产技术的进步，依靠生产要素质量的改善，依靠提高活劳动和生产资料的效率取得的。”① 从这种解读中可以看出，所谓外延扩大再生产就是单纯依靠增加投入来扩大生产规模，不提高生产效率，是原有水平的重复建设。而所谓内涵扩大再生产，则不提增加投入，似乎只在原有投入条件下，提高技术水平和生产效率来扩大生产规模。在以后出版的各种论

① 中共中央书记处研究室编：《学习马克思关于再生产的理论》，人民出版社、中国社会科学出版社1980年版，第313页。

著和重要辞典中，都重复这种解读，只是在文字表述上有所差别而已。例如，《〈资本论〉辞典》中这样解读：外延扩大再生产是指，“在生产技术和生产要素的质量和劳动生产率不变的条件下，单纯依靠增加生产要素的数量……增加投资，增加设备，增加原材料和劳动力，并扩大生产场所而实现的扩大再生产”[①]。内涵扩大再生产是“依靠生产技术进步，改善生产要素的质量，提高生产要素的利用率来实现的扩大再生产”[②]，也没有提到投入的增加。再如，《马克思主义辞典》中这样讲：内涵扩大再生产是“依靠提高生产资料的效率和劳动效率而扩大生产规模”，外延和内涵两种扩大再生产的“区分不在于有没有积累，有没有追加投资，而在于这个积累是用于单纯地增加生产条件的数量，还是用于提高生产条件的素质和效率。前者是外延的扩大再生产，后者是内涵的扩大再生产”[③]。还有其他多本论著和经济学辞典的雷同解读，就不一一引证了。内涵与外延两种扩大再生产的方式，是马克思在《资本论》中提出的新概念。为了准确地把握其本意，需要弄清下面几个问题。

第一，扩大再生产，无论是内涵的还是外延的，都需要有新的资本投入。即使通过技术改造、利用新的技术设施，搞内涵扩大再生产，也需要有一定的资本投入。

第二，增加资本投入，扩大生产，主要靠资本积累，即剩余价值资本化。预付资本额增大即增加新的资本投入，可以扩大生产，但本文不能认同曾经流行的提法——以为“积累是扩大再生产的唯一源泉”。无论从马克思的原意看，还是从经济发展的实际情况看，固定资本的折旧费，也可用于扩大生产。

第三，马克思在《资本论》第二卷中，有两处论述了内涵与外延的扩大再生产问题。一处是阐述，不通过剩余价值资本化的积累，而是利用固定资本的折旧费投入原企业，进行扩大再生产。另一处是阐述，扩大再生产需将积累的资本或用于建设新工厂，或用于扩大原企业的规模。只有将这两处的论述联系起来理解，才能准确把握马克思关于这个问题

---

① 宋涛主编：《〈资本论〉辞典》，山东人民出版社1988年版，第604页。

② 宋涛主编：《〈资本论〉辞典》，山东人民出版社1988年版，第604页。

③ 许征帆主编：《马克思主义辞典》，吉林大学出版社1987年版，第155页。

的本意。但在有关论著和辞典中，一般只根据前一处的论述，即利用固定资本的折旧费扩大企业生产规模，而做出内涵与外延扩大再生产相区别的论断。而且对这一处论述的解读也存在纰漏。

第四，需要将马克思这一关于固定资本折旧的论述，与企业扩大再生产的实际情况联系起来解读。请仔细阅读马克思在《资本论》第二卷第二篇第八章固定资本和流动资本中所讲的一段话："固定资本价值中这个转化为货币的部分，可以用来扩大企业，或改良机器以提高机器效率。这样，经过一段或长或短的时间，就有了再生产，并且从社会的观点看，是规模扩大的再生产。如果生产场所扩大了，就是在外延上扩大；如果生产资料效率提高了，就是在内涵上扩大。"① 有必要说明"如果生产场所扩大了，就是在外延上扩大"这句话的含义。这里马克思并没有说，生产场所扩大排斥效率的提高。从企业的实际情况看，增加投入无论靠资本积累或靠折旧费，二者既可以简单地扩大厂房或车间，增加同类机器设备，以扩大生产规模，而未伴随效率的提高；又可以在扩大场所的同时，增添先进的机器设备，利用新的技术，提高生产效率，实现再生产的扩大。即外延扩大生产，并不必然排斥效率的提高。如果企业新投入的资本，不用于扩大场所，也不用于增加机器设备，在此情况下，就只能用于企业内部的技术改造与革新，用技术含量高的新机器设备置换部分已经折旧完了的旧机器设备。这就是一个企业内部利用折旧费投入所进行的内涵扩大再生产。从一个企业看，外延扩大再生产不一定排除新机器设备的利用和效率的提高。内涵扩大再生产也可以在技术设备和效率不变的情况下实现。比如，原来企业的工人劳动实行两班制轮换，在工作场所不扩大、机器设备不变的情况下，现在改成三班制劳动，生产资料（原材料等）和劳动的投入增加了，但技术和效率并未提高。

第五，不能忽略《资本论》第二卷第二篇第十七章剩余价值的流通中的论述，马克思写道："积累，剩余价值转化为资本，按其实际内容来说，就是规模扩大的再生产过程，而不论这种扩大是从外延方面表现为

① 《马克思恩格斯文集》第6卷，人民出版社2009年版，第192页。

在旧工厂之外添设新工厂，还是从内涵方面表现为扩充原有的生产规模。”[①] 这里论述的资本积累，不再是仅从一个企业内部考察生产的扩大，而是既从企业内部、又从企业外部建立新工厂两个维度的考察。事实上，无论资本主义国家或社会主义国家，进行扩大再生产有两点是共同的。其一，利用折旧基金的扩大再生产，一般只在企业内部进行。由于折旧基金比积累的资本在量上相对较小，难以建立新的工厂，只能用于在原企业扩大场所、增加机器设备，或是对整个企业进行技术改造，提高资本效率。在扩大生产场所、增添少量机器设备的场合，并不排除改用技术水平提高了的先进机器设备。其二，从社会角度来看的企业发展和扩大，可以根据资本积累的规模，将新增加的资本或是用于扩大原企业的生产，或是扩建新的工厂。扩大原企业就属于内涵型，扩建新企业就属于外延型。这里不涉及以有无技术和效率的提高为标准、划分内涵型和外延型扩大再生产的问题。从实际经济发展情况来看，进行扩大再生产，无论采取扩大原有企业的方式，或是新建企业的方式，既可以只是原有技术水平和机器设备的扩大，又可伴随先进机器设备的增加或更新，它们的技术和效率也提高了。从社会生产力、科技水平不断提高的发展规律来说，建立新工厂或扩大原企业，新的资本投入都会力求采用技术水平较高的机器设备。

马克思主义的经济理论，必须既符合经济发展实际，又能指导实际。我国经济新常态下正在进行的供给侧结构性改革，以科技创新为驱动，重在提高发展的质量与效率，提高产品的质量和效能，既要减少和消除产能过剩的重复建设，又要创建高新技术产业。无论搞内涵扩大再生产或外延扩大再生产，都需要遵循上述马克思相关论述的原则。如果错误地认为外延扩大再生产，无论是建立新企业，还是扩大原企业工作场所、增添新的机器设备，都没有新科技的运用和效率的提高，以此指导实践，必然碰壁，且与经济增长方式的转变相悖。

---

① 《马克思恩格斯文集》第 6 卷，人民出版社 2009 年版，第 355 页。

二、错将外延、内涵与粗放、集约等同

长期以来，中国学界认为外延与粗放同义，内涵与集约同义。基于这种误解，前些年中央提出中国经济增长方式由粗放型转向集约型时，有些学者认为，这也就是中国的经济发展由外延型转向内涵型。这种推理既不符合马克思主义经济理论的本意，也不符合中国社会经济发展的实际。

由于这种误解出自有影响乃至权威性的论著和辞典，因而有必要引证其中的一些有关讲解，以辨明究竟。《学习马克思关于再生产的理论》读本这样宣讲："所谓内涵的扩大再生产……有时也把它叫做'集约的'扩大再生产，而把外延的扩大再生产叫做'粗放的'扩大再生产"[①]。也就是说，这是同一内容的两种称谓。内涵的扩大再生产等于集约的扩大再生产；外延的扩大再生产等于粗放的扩大再生产。《〈资本论〉辞典》这样解释：内涵的扩大再生产"是一种向生产的深度发展，向集约的方向发展的扩大再生产，因此有时也称之为'集约的扩大再生产'"[②]；外延的扩大再生产"是以生产的广度发展为特征的，因此又称之为'粗放的扩大再生产'"[③]。《现代经济辞典》的"集约扩大再生产"词条将其解释为"可视同内涵扩大再生产"[④]；"粗放扩大再生产"词条被解释为"可视同外延扩大再生产"[⑤]。总之，众口一词，几乎找不到不同解读的论著。

学界之所以把外延与粗放、内涵与集约这两对概念等同起来，追根溯源，主要有两方面的原因。一是在外文如德文和英文中，粗放与外延是同一单词（extensive），集约与内涵也是同一单词（intensive），据此将其含义等同。但是，无论是中文还是外文，一字多义或一词多义的解读

---

① 《学习马克思关于再生产的理论》，人民出版社、中国社会科学出版社1980年版，第313页。
② 宋涛主编：《〈资本论〉辞典》，山东人民出版社1988年版，第431页。
③ 宋涛主编：《〈资本论〉辞典》，山东人民出版社1988年版，第604页。
④ 刘树成主编：《现代经济辞典》，凤凰出版社、江苏人民出版社2005年版，第482页。
⑤ 刘树成主编：《现代经济辞典》，凤凰出版社、江苏人民出版社2005年版，第149页。

都很多。马克思用德文写的著作，把这两对概念的不同含义是区分清楚了的。逻辑学关于概念外延与内涵的定义，不能置换成经济学概念的粗放和集约。二是由于把马克思外延与内涵的扩大再生产理论解释得不准确，随之就易被理解为与粗放和集约是同义的。

如上所述，错误的解读把外延扩大再生产视为没有技术进步和没有效率提高的重复建设，而把内涵扩大再生产视为必然是依靠提高技术水平和提高生产效率来扩大生产规模。目前讲到粗放型生产，一般是指高投入、高消耗、低产出、低质量、低效益；而讲到集约型生产，则必然是低投入、低消耗、高产出、高质量、高效益。于是，很容易既将粗放同错解了的外延混同，又把集约与错解了的内涵混同。在误读的前提下，讲外延型生产，就以为只是扩大生产规模，没有技术进步和效率的提高，也是粗放型生产；讲内涵型生产，就以为只是以技术和效率的提高增加产出，也是集约型生产。

现在需要弄清集约与粗放的本意及其内涵的发展。集约与粗放最初涉及农业经营的两种方式。粗放经营意味着扩大耕地面积以增加产量，集约经营意味着在同一块土地上增加投入、提高单位面积产量。马克思说过："所谓集约化耕作，无非是指资本集中在同一块土地上，而不是分散在若干毗连的土地上。"① 至于追加投资的效率如何，原来并无固定关联。集约和粗放作为一种经营方式，其概念在李嘉图的著作中也提到过，但与马克思的观点不完全一致。根据马克思的论述，最初在农业中的粗放经营并非现在人们所一般理解的、效益低下的"广种薄收"；集约经营也并非一定是精耕细作，提高了原有土地单位面积产量和效率。对农业生产中的集约经营和粗放经营的概念及其含义，要有历史的和整体的考察与把握。当一个国家或地区存在大量未被占有并待开垦的土地时，可以通过扩大耕地面积增加产出，这便是粗放经营。新开垦的土地既可能是中等地、劣等地，也可能是优等地。这也是马克思符合历史实际情况的观点。如果新耕作的土地比较肥沃，收益自然会提高，这便是高效率的粗放型经营。而李嘉图认为，农业发展是由优等地向劣等地发展，其

---

① 《马克思恩格斯文集》第7卷，人民出版社2009年版，第760页。

间要等到优等地和中等地都被占用完，才向劣等地发展。马克思则认为，即使新耕作的土地不是优等地，但这种土地“至少已在土壤表层积累了许多易溶解的植物养料，以致无须施用肥料，甚至只须粗放耕作，也能长期获得收成”①。扩大这种土地耕种面积成本低，是广种多收。即使单位面积产量不很高，但因成本低，剩余产品率会提高。马克思说：“一个家庭可以粗放耕作比如说 100 英亩。每英亩的产量虽然不大，但 100 英亩将提供相当多的剩余产品。”② 从人类发展的历史看，由粗放经营转向集约经营，是各国都会经历的。在可耕土地尚未被完全开垦时，粗放经营较显著；当耕地被充分开发、完全占用后，自然需要重视集约经营，提高单位面积产量。在科学技术水平不变的条件下，加倍投入资本通常无法获得加倍或更高的收入。现在讲集约经营，是通过科技创新、管理创新提高单位面积产量，既重视产量，更重视效率与效益。

不仅如此，当无法继续扩大耕地面积时，人们会在原不宜耕作的山林地带等开荒造田，甚至毁林造田。这种广种薄收的粗放型经营，往往是低技术、低效益的。当代随着生产力发展和科技不断创新，发达国家的农业生产致力于应用现代化科技，大幅提高农业劳动生产率。这是新的集约经营方式，集约经营概念的内涵也随之发展了。随着经济发展，农业粗放和集约的经营方式被扩展和应用到其他生产部门，尤其是工业部门。我国提出转变增长方式，由粗放型增长方式转变为集约型增长方式，主要是就工业部门来讲的。即优化资源配置，重视科技创新，降低成本，提高质量和效率。由于把被误解的“内涵”与现代意义上的“集约”等同，把被误解的“外延”与当前讲的“粗放”等同，中央提出的增长方式由粗放型向集约型的转变，就被错解为由外延型向内涵型增长的转变。其实，外延扩大再生产可与集约经营相统一，内涵扩大再生产也能与粗放经营相统一。

例如多年前新建的上海宝钢，是外延扩大再生产，但它利用先进技术设备，绝非粗放型经营。再如我国的高铁建设，也是应用最先进技术

---

① 《马克思恩格斯文集》第 7 卷，人民出版社 2009 年版，第 756 页。

② 《马克思恩格斯文集》第 7 卷，人民出版社 2009 年版，第 756 页。

的外延扩大再生产，与粗放经营无关。从实践上看，主张由外延扩大再生产转向内涵扩大再生产是悖理的。统计资料显示，我国每年都有大量新增企业，截至 2016 年 7 月，全国各类市场主体已达 8078.8 万户，在大众创业下企业数量逐月上升，仅 2016 年前六个月平均每天新登记的企业就高达 14000 户。这种外延扩大再生产能否定或限制吗？我们反对低水平重复建设，提倡老企业挖潜改造、提高效率。但这绝不意味着，应排斥外延扩大再生产，不要增加新的各类企业。实施创新驱动发展战略，无论内涵扩大再生产还是外延扩大再生产，都要增加资本投入，着力于科技创新、制度创新、管理创新，以提高质量与效率。我国积极兴建的高新技术产业，既是外延扩大再生产又是集约经营，是两者的内在结合。

再回到农业生产上来。不应简单地将提高亩产量视作集约经营，而是要计算投入产出比，计算效率、效益的高低。改革开放前有过追求“亩产千斤”的热潮。有的地方靠大量投入达到千斤指标，但效益和实惠下降，甚至亏损，出现了越高产越穷的不正常现象。同样，工业生产也不能以产量、GDP 论英雄，应重在降低成本，提高质量、效率与效益，提高科技含量，提高劳动生产率。这才谈得上集约型生产。在一定条件下，“粗放”和“外延”、“集约”和“内涵”，又有相合之处。就农业生产来说，如搞毁林开荒，在贫瘠的土地上扩大耕种面积，是外延扩大再生产，也是当前讲的粗放经营。而精耕细作、采用新技术，提高单位土地面积产量，是内涵扩大再生产与现代集约经营的统一。但不同概念依然具有各自原本的内涵，并不等同。

三、所用资本与所费资本之差增大对积累作用的理解盲区

马克思在《资本论》第一卷第七篇“资本的积累过程”第二十二章“剩余价值转化为资本”阐述扩大再生产问题时，提出了决定资本积累量的几个因素，其中一个因素是“所使用的资本与所消费的资本之差额的增大”。这个差额的增大怎样会成为扩大资本积累的因素呢？对这个问题

的解读，国内外的专家学者们一直模糊不清。

马克思是这样阐述的："随着资本的增长，所使用的资本和所消费的资本之间的差额也在增大……劳动资料在或长或短的一个时期里，在不断反复进行的生产过程中，用自己的整体执行职能……而它们本身却是逐渐损耗的……也就是一部分一部分地把自己的价值转移到产品中去……它们越是整个地被使用而只是部分地被消费，那么，它们就越是像我们在上面说过的自然力如水、蒸汽、空气、电力等等那样，提供无偿的服务。被活劳动抓住并赋予生命的过去劳动的这种无偿服务，会随着积累规模的扩大而积累起来。"① 所使用的资本是指投入生产的机器设备厂房等全部固定资本。所消费的资本，是指根据固定资本的使用年限和磨损状况逐年转移到新产品中的价值部分，也就是折旧基金。有学者曾将所消费的资本解读为，扣除价值转移部分后尚存的固定资本价值部分，这显然是误读。②

为分析问题方便起见，这里只考察作为固定资本主要部分的机器。假定开办新工厂，投入10台机器，每台机器10万元，共100万元，机器的寿命期为10年，每年转移到新产品中的价值共10万元。即所使用的资本为100万元，第一年消费的资本为10万元，下一年，机器的价值又转移10万元，以此类推。假定生产6年后，价值转移60万元。这时所使用的资本和所消费的资本差额为40万元。只利用40万元价值的10台机器，继续发挥着原值100万元机器的功能。机器的原价值逐年转移，但其使用价值即机器的功能并不随着其价值转移的程度而同步减弱。这与无偿使用的自然力一样。而且，预付资本额越大，所使用资本和所消费资本的差额就越大。如果机器为20台，总价值为200万元，每年转移价值为20万元，6年后，价值转移共计120万元，与所使用资本的差额为80万元。即折旧后总价值只剩80万元的20台机器，仍能发挥原值200万元机器的基本功能。

问题只讲到这里是不够的。"差额的增大"怎样会成为决定资本积累

① 《马克思恩格斯文集》第5卷，人民出版社2009年版，第701—702页。

② 洪文达：《资本积累与无产阶级贫困化》，华东人民出版社1954年版，第21页。

扩大的因素呢？无代价地利用自然力，能成为决定资本积累扩大的因素吗？由于马克思在这里没有具体和明确地说明这一问题，形成了后人理解的难点。

中外有些政治经济学教材乃至《资本论》导读、解读之类的著作，讲到资本积累问题，竟对《资本论》上述所讲的、决定资本积累扩大的因素只字未提。有的虽然提到了，但仅重复《资本论》的原话，没有任何说明。当考茨基还是马克思主义者时，他写的《马克思的经济学说》[①]一书虽然讲到了决定资本积累的因素，但对“差额增大”这一因素完全避开不提。因为他没有弄清马克思的原意。有的著作用自己的语言解释《资本论》的有关论述，但依然没有回答需解释的问题。

中国一位受尊敬的《资本论》翻译家和研究者，在《关于马克思的〈资本论〉》一书中，讲解了所使用资本与所消费资本差额增大的关系，但关于差额增大怎样扩大积累的解释，显然不中腠理。他说：“这个差额愈大，即固定资本消耗得愈少，产品价值或价格中用来补偿资本耗费的部分也就愈少。其结果或是产品变得低廉。”[②] 他又讲：由于商品变得低廉，资本家一方面可以减少其消费基金，增大积累基金；另一方面会降低劳动力的价值，增加剩余价值，扩大积累规模。其实，固定资本价值转移的减少与商品价格的高低无关。而且，马克思这里是从单个企业来考察的，“差额的增大”影响不了整个社会商品的价格，更降低不了劳动力价值。

固定资本的价值转移，实际上涉及折旧费怎样利用的问题。马克思对工厂管理怎样具体处理固定资本折旧费，原先并不熟知，需请教恩格斯。1862 年 8 月 20 日马克思写信给恩格斯：“你是实践家，有一点必定知道得很清楚，这就是：假定某一个企业在开业时，它的机器价值等于一万二千英镑，这些机器平均使用 12 年，如果每年投到商品上一千英镑，那末机器的价格在十二年内就得到补偿。亚·斯密以及他的追随者都这样说。但是事实上这只是一个平均数，能使用十二年的机器，和有

---

① ［德］考茨基：《马克思的经济学说》，区维译，生活·读书·新知三联书店 1958 年版。

② 郭大力：《关于马克思的〈资本论〉》，生活·读书·新知三联书店 1957 年版，第 141 页。

十年生命或有十年役力一匹马相似。虽然这匹马在十年以后要用新马来替换，但是如果说这匹马每年要死去 1/10，这在事实上毕竟是不对的。……机器在第二年比第一年运转得更好。无论如何，在这十二年中总不是每年都要以实物形式替换机器的 1/12 的吧？预定每年用来补偿机器1/12的基金将怎样办呢？这笔基金实际上不就是用于扩大再生产的，同收入转化为资本的一切情况无关的积累基金吗？”[①]

1862 年 9 月 9 日，恩格斯给马克思回信说：“关于机器损耗也是这样，虽然我确信，在这个问题上你走入了歧途。要知道，损耗期并不是一切机器都相同的。但这个问题等我回来以后再详谈。”[②] 然而恩格斯把回复拖延了。过了几年，到 1867 年 8 月 24 日，马克思写信给恩格斯再次提出这一问题。“我在好几年前曾写信告诉你，在我看来积累基金就是这样形成的，因为资本家在用流回的货币补偿固定资本以前，在这期间已经使用了这种流回的货币。你曾经在一封信中有些粗略地表示反对这种看法。后来我发现，麦克库洛赫把这种折旧基金说成是积累基金。我确信麦克库洛赫决不会想出什么正确的东西来，所以就把这件事丢开了。……你作为一个厂主一定会知道，在必须以实物形式去补偿固定资本以前，你们是怎样处理那些为补偿固定资本而流回的货币的。你一定要回答我这个问题（不谈理论，纯粹谈实际）。”[③] 1867 年 8 月 26 日，恩格斯初步回答了马克思的问题，并且承诺改天将做出详细回答，并将附上计算表。他表示要询问几个工厂主，看处理办法是否具有一般性。“问题在于：在机器的最初费用为 1000 英镑的情况下，第一年扣除 100 英镑，按照惯例，第二年是扣除 1000 英镑的 10%呢，还是扣除 900 英镑的 10%，依此类推。我们用的是后一种办法……这使计算变得非常复杂。”[④] 第二天即 8 月 27 日，恩格斯用较长的篇幅并列了两个计算表，回答了马克思。因恩格斯的图表计算复杂，篇幅又长，这里不便引证。可以肯定的是，马克思早已从理论上考虑到，固定资本转移的价值即折旧基金可以

① 《马克思恩格斯〈资本论〉书信集》，人民出版社 1976 年版，第 168—169 页。
② 《马克思恩格斯〈资本论〉书信集》，人民出版社 1976 年版，第 169 页。
③ 《马克思恩格斯文集》第 10 卷，人民出版社 2009 年版，第 269—270 页。
④ 《马克思恩格斯文集》第 10 卷，人民出版社 2009 年版，第 270 页。

用作积累基金，只是对怎样具体处理不知详情。他向恩格斯的询问，最初没有得到认同和正面回答。再加上马克思看到作为庸俗经济学家的麦克库洛赫，也把折旧基金作为积累基金，心中以为“狗嘴里长不出象牙来”，便放下了这一观点。但马克思毕竟还得弄清楚这一问题，最终通过恩格斯的调查研究，用具体事例给予了解释。这证明马克思原有的理论推断是符合实际的。但《资本论》第一卷出版时，对折旧基金怎样转化为积累基金还未得到具体材料的佐证，所以马克思只做了抽象的说明。而在《资本论》第二卷中，马克思明确指出，折旧基金成为积累基金，可以用于内涵扩大再生产或外延扩大再生产。

马克思写道：“虽然固定资本，如上所述，继续以实物形式在生产过程中发生作用，但它的价值的一部分，按照平均损耗，已经和产品一起进入流通，转化为货币，成为货币准备金的要素，以便在资本需要以实物形式进行再生产时来补偿资本。固定资本价值中这个转化为货币的部分，可以用来扩大企业，或改良机器以提高机器效率……从社会的观点看，是规模扩大的再生产。……这种规模扩大的再生产，不是由积累——剩余价值转化为资本——引起的，而是由从固定资本的本体分出来、以货币形式和它分离的价值再转化为追加的或效率更大的同一种固定资本而引起的。”[①] 年预付总资本规模越大，所使用资本和所消费资本的差额越大，会有更多的折旧基金用于积累。在前例中，假定某企业有 10 台机器，共计 100 万元。可使用 10 年，每年折旧 1/10，即 10 万元。现在从次年折旧起，每年用 10 万元折旧费增添一台新机器。因为新增机器也要折旧，愈往后折旧费就越高于 10 万元，可增加更多的机器，扩大生产。如果机器扩大为 20 台，共计 200 万元。即便依然使用 10 年，所使用资本与所消费资本的差额扩大了。原来所使用资本为 100 万元，每年消费 10 万元。现在所使用资本为 200 万元，每年消费 20 万元，差额扩大了一倍，折旧费也增大了一倍，可以有加倍的折旧基金用于积累基金。可见，所用资本和所费资本差额的增大这一因素，在马克思所指出的决定积累规模的诸因素中，并不是无足轻重的，它对积累规模的扩大有着重

① 《马克思恩格斯文集》第 6 卷，人民出版社 2009 年版，第 192 页。

要作用。因此，马克思和恩格斯才多次予以论述。

总之，解读马克思的著作，学好理论真谛，必须从整体性和系统性上把握其完整的科学理论观点，还必须联系社会经济发展的实际，显示理论的科学性。对马克思的再生产理论，既要准确把握其真意，用以指导中国经济发展，又要根据中国经济发展的实践进程，由表及里地进行理论发展与创新。中国提出科学发展观，着力于创新驱动发展，践行创新、协调、绿色、开放、共享的新发展理念。其中，投资尤其是固定资本更新的升级换代，是必须牢牢抓住的关键环节。澄清对马克思再生产理论的认识误区，把握和运用马克思的再生产理论，对于中国特色社会主义政治经济学的理论系统化和供给侧结构性改革实践的深入，都有重要的现实意义。

（原文发表于《中国社会科学》2016 年第 11 期）

十一

平均利润和生产价格理论

转形问题研究

丁堡骏[*]

在1894年出版的《资本论》第三卷中，马克思系统地阐述了他的价值转化为生产价格的理论。此后，西方经济学家普遍将马克思的这一理论称为转形问题（transformation problem），并把它视为马克思劳动价值论的核心。在近百年的西方经济思想史上，转形问题谜一般地吸引了许许多多的经济学家，他们或者就转形问题向马克思提出挑战，或者试图完善和发展马克思的转形理论。在国内，有关劳动价值论研究的文献浩如烟海，然而，对转形问题予以足够重视的实在不多。本文试图就马克思的价值转形理论和西方经济学家对转形问题研究的若干主要方面作些探讨。

一、扩大的马克思价值转化模型

马克思在《资本论》第三卷第九章中，运用数学图表模式解决了投入要素按价值计算的转形问题。为了便于后面的讨论，我们将这种要素投入按价值计算的马克思价值转形理论称为简单的马克思价值转化模型。如果以 C_i 和 V_i（i=1，2，3，…，n）分别表示第 i 个生产部门中所耗费的按价值计算的不变资本和可变资本，以 S_i 表示剩余价值，以 ρ_i 表示产品的价格—价值系数，再以 r 表示平均利润率，则 n 个生产部门的简单的马克思价值转化模型可用方程组表示为：

* 丁堡骏：吉林财经大学马克思主义经济学研究中心教授。

$$
\begin{aligned}
&\rho_1(C_1+V_1+S_1)=(1+r)(C_1+V_1)\\
&\rho_2(C_2+V_2+S_2)=(1+r)(C_2+V_2)\\
&\cdots\cdots\cdots\cdots\cdots\cdots\cdots\cdots \qquad (1.1)\\
&\rho_n(C_n+V_n+S_n)=(1+r)(C_n+V_n)\\
&r=\frac{\sum S_i}{\sum(C_i+V_i)}
\end{aligned}
$$

在方程组（1.1）中，C_i、V_i 及 S_i 是已知量，其余的 n+1 个变量（即 ρ_1，ρ_2，…，ρ_n 及 r）是未知量。这是一个由 n+1 个方程所组成的含有 n+1 个未知量的方程组。这个方程组显然有唯一的一组解，从而将价值体系转化为生产价格体系。转化的结论是平均利润总额与剩余价值总额相等、生产价格总额与商品价值总额相等。

马克思在转形分析上也给后人留下了长期争论未能解决的问题，这就是投入要素生产价格化之后的价值转形问题。我们把要素投入生产价格化的马克思价值转形理论称为扩大的马克思价值转化模型。为了建立扩大的马克思价值转化模型，我们必须分别考虑不变资本投入生产价格化、可变资本投入生产价格化和不变资本投入与可变资本投入同时生产价格化条件下的转形问题。

1. 不变资本投入生产价格化。

因为一个价值转化体系（或生产过程）的投入要素只是上一个价值转化体系的社会总产品的一部分，所以，按生产价格计算的投入要素的价格可以高于、低于或等于它们的内在价值。我们不妨假定在Ⅰ—Ⅴ这五个生产部门中不变资本投入的价值依次为 82、75、61、87 和 98，却依次按 80、70、60、85 和 95 的生产价格购进。在其他条件与马克思《资本论》第三卷中的假设相同的情况下，价值转化过程如下页表 1 所示。在这里我们看到：

第一，Ⅰ—Ⅴ这五个生产部门的利润率和平均利润率分别与马克思《资本论》第三卷中的相应部分相等。不论资本Ⅰ按生产价格支付 80C 所购买的生产资料价值是 80 还是 82，在确定利润率时剩余价值都被资本 100（即 80C＋20V）除。因此，在这两种场合，资本Ⅰ的利润率等于 20％。Ⅱ、Ⅲ、Ⅳ、Ⅴ各部门的情形可依此类推，剩余价值总额（$\sum S$）

等于平均利润总额（ΣP），都等于110，与马克思《资本论》第三卷中的相应部分相等。这说明在使不变资本生产价格化的扩大的马克思价值转化模型中，剩余价值分割的基本结论并不改变。

表 1

资本	剩余价值率	剩余价值	利润率	转移的旧价值	商品价值	成本价格	平均利润率	平均利润	生产价格	生产价格与价值之差
Ⅰ 80C+20V	100%	20	20%	82	122	100	22%	22	122	0
Ⅱ 70C+30V	100%	30	30%	75	135	100	22%	22	122	—13
Ⅲ 60C+40V	100%	40	40%	61	141	100	22%	22	122	—19
Ⅳ 85C+15V	100%	15	15%	87	117	100	22%	22	122	+5
Ⅴ 95C+5V	100%	5	5%	98	108	100	22%	22	122	+14

第二，在这个使不变资本生产价格化的扩大的马克思价值转化表中，商品价值总和为Σ(C+V+S)=623，而生产价格总和为Σ(K+P)=610，二者不等。这是因为，旧价值只能通过生产过程中工人的具体劳动如数转移，所以在不变资本投入中作为前提的生产价格与价值的差额，便会直接反映在转移的旧价值上，也必然直接反映在新产品价值上。因此，就某一特定生产部门来讲，“商品的费用价格和价值之间的差额是由双重原因产生的：一方面是那些构成新商品生产过程的前提的商品的费用价格和价值之间的差额，另一方面是实际加到生产费用上的剩余价值和[按预付资本] 计算的利润之间的差额”①。例如，就第Ⅱ个生产部门来看，生产价格和价值之间的差额为－13。其中－5是由上一个生产过程（或价值转形体系，下同）的商品生产价格和价值之差造成的，是我们所考察的价值转形体系的既定的前提，只有－8才是我们所考察的生产过程中商品按预付资本计算的利润与实际加到成本价格上的剩余价值之间的差额；就第Ⅰ个生产部门来看，生产价格和价值之间的差额是0，这并不

① 《马克思恩格斯全集》第26卷第3册，人民出版社1972年版，第182页。

说明在我们所考察的这个生产过程中商品按预付资本计算的利润与实际加到成本价格上的剩余价值相一致，而只是说明：在我们所考察的生产过程中商品按预付资本计算的利润高于实际加到成本价格之上的剩余价值部分（22－20＝2），与上一个生产过程提供的、作为新商品生产过程的前提的不变资本投入的生产价格低于价值的部分（82－80＝2），互相抵消；第Ⅲ个部门及以后各部门的情况依此类推。就五个生产部门整体而言，生产价格总额减去价值总额即 610－623＝－13，恰好与不变资本投入中作为前提存在的生产价格与价值的差额相等。这说明，不变资本投入中的“费用价格和价值的这种差额将作为先决要素转入新商品的价值”[①]。

2. 可变资本投入生产价格化。

现在我们假定在Ⅰ—Ⅴ这五个生产部门中不变资本投入的价值和生产价格一致，依旧分别为 80、70、60、85 和 95；而五个生产部门所使用的劳动力价值依次为 18、27、36、14 和 3，却依次按 20、30、40、15 和 5 的生产价格购进。在其他条件不变的情况下，马克思价值转化过程如表 2 所示。

表 2

资本	剩余价值率	剩余价值	利润率	再生产的可变资本	商品价值	成本价格	平均利润率	平均利润	生产价格	生产价格与价值之差
Ⅰ 80C＋20V	100％	20	20％	20	120	100	22％	22	122	＋2
Ⅱ 70C＋30V	100％	30	30％	30	130	100	22％	22	122	—8
Ⅲ 60C＋40V	100％	40	40％	40	140	100	22％	22	122	—18
Ⅳ 85C＋15V	100％	15	15％	15	115	100	22％	22	122	＋7
Ⅴ 95C＋5V	100％	5	5％	5	105	100	22％	22	122	＋17

在这里，我们看到，第一，Ⅰ—Ⅴ这五个生产部门的利润率和平均利润率也分别与马克思《资本论》第三卷中的相应部分相等。不论部门

① 《马克思恩格斯全集》第 26 卷第 3 册，人民出版社 1972 年版，第 182 页。

Ⅰ按生产价格支付20V所购买的劳动力的价值是18还是20，在确定利润率时剩余价值都被100（即80C+20V）除。因此，在这两种场合利润率都等于20%。Ⅱ、Ⅲ、Ⅳ、Ⅴ各部门的情形可依此类推。剩余价值总额（∑S）等于平均利润总额（∑P），都等于110。这说明在使可变资本生产价格化的扩大的马克思价值转化模型中，剩余价值分割的基本结论仍旧不变。

第二，在这个使可变资本生产价格化的扩大的马克思价值转化表中，不论资本Ⅰ按生产价格支付的20V所购买的劳动力的价值是18还是20，资本Ⅰ都要求劳动者在生产过程中按20再生产可变资本。Ⅱ、Ⅲ、Ⅳ、Ⅴ各部门的情形可依此类推。正如马克思所说："可变资本，无论它的价值和费用价格之间有多大差额，总是由构成新商品的价值组成部分的一定劳动量补偿的，至于新商品的价值是恰好表现在新商品的价格上，还是高于或低于价格，那是无关紧要的。"[①] 因此我们看到下文表4中除资本中的20V、30V、40V、15V和5V各项包含着可变资本的价值与生产价格之差外，其余各项都与马克思《资本论》第三卷转形表中的数据相同。可见，可变资本投入生产价格化并不影响马克思的生产价格总额与价值总额相等的结论。

3. 不变资本与可变资本同时生产价格化。

我们假定在Ⅰ—Ⅴ这五个生产部门中不变资本投入的价值依次为82、75、61、87和98，却依次按80、70、60、85和95的生产价格购进；同时，这五个生产部门中所使用的劳动力的价值依次为18、27、36、14和3，却依次按20、30、40、15和5的生产价格购进。在其他条件不变的情况下，马克思的价值转化过程如表3所示。

表3其实是由表1和表2合并而成的，很多要点已于表1和表2的分析中作了说明。因为表3是包括不变资本和可变资本在内的全部成本生产价格化的价值转化图表，所以我们把它看作是扩大的马克思价值转化模型的典型图示。

① 《马克思恩格斯全集》第26卷第3册，人民出版社1972年版，第181—182页。

表 3

资本	剩余价值率	剩余价值	利润率	转移的旧价值	再生产的可变资本	商品价值	平均利润率	平均利润	生产价格	生产价格与价值之差
Ⅰ 80C＋20V	100%	20	20%	82	20	122	22%	22	122	0
Ⅱ 70C＋30V	100%	30	30%	75	30	135	22%	22	122	－13
Ⅲ 60C＋40V	100%	40	40%	61	40	141	22%	22	122	－19
Ⅳ 85C＋15V	100%	15	15%	87	15	117	22%	22	122	＋5
Ⅴ 95C＋5V	100%	5	5%	98	5	108	22%	22	122	＋14
合计		110		403	110	623		110	610	－13

让我们换一种方式来表示扩大的马克思价值转化模型。我们仍以 C_i、V_i 和 S_i（i＝1，2，…，n）分别表示第 i 个生产部门的不变资本价值、可变资本价值和剩余价值，以 ρ_i 表示产品的价格—价值系数，以 r 表示平均利润率；再设 α_i 和 β_i（i＝1，2，…，n）表示第 i 个生产部门不变资本投入和可变资本投入的价格—价值系数，则 n 个生产部门借助利润率平均化而进行的扩大的马克思价值转化模型可表示为：

$$
\begin{aligned}
&\rho_1(C_1+\beta_1V_1+S_1)=(1+r)(\alpha_1C_1+\beta_1V_1)\\
&\rho_2(C_2+\beta_2V_2+S_2)=(1+r)(\alpha_2C_2+\beta_2V_2)\\
&\cdots\ \cdots\quad \cdots\quad \cdots\quad \cdots\ \cdots\quad \cdots\quad \cdots\\
&\rho_n(C_n+\beta_nV_n+S_n)=(1+r)(\alpha_nC_n+\beta_nV_n)\\
&r=\frac{\sum S_i}{\sum(\alpha_iC_i+\beta_iV_i)}
\end{aligned}
\qquad (1.2)
$$

在方程组（1.2）中，C_i，V_i，S_i，α_i 及 β_i 是已知量，ρ_1，ρ_2，…，ρ_n 及 r 是未知量。这个由 n＋1 个方程组成的含有 n＋1 个未知量的方程组显然有唯一的一组解。这组解可将价值体系转化为生产价格体系。下面我们就用表 3 的数据予以说明。

先把表 3 中的，C_i、β_i、V_i、S_i 和 $C_i+\beta_iV_i+S_i$ 的数据整理成为表 4

所示的价值计算体系。根据表 3 的假设，我们知道 $\alpha_1=\frac{80}{82}$，$\alpha_2=\frac{70}{75}$，$\alpha_3=\frac{60}{61}$，$\alpha_4=\frac{85}{87}$，$\alpha_5=\frac{95}{98}$，$\beta_1=\frac{20}{18}$，$\beta_2=\frac{30}{27}$，$\beta_3=\frac{40}{36}$，$\beta_4=\frac{15}{14}$，$\beta_5=\frac{5}{3}$，把所有这些数据代入方程组（1.2），解此方程组得 $\rho_1=100\%$，$\rho_2=97.8\%$，$\rho_3=86.5\%$，$\rho_4=104.3\%$，$\rho_5=112.9\%$，$r=22\%$；由此我们引出生产价格计算体系如表 5 所示。

表 4

	转移的旧价值 C_i	再生产的可变资产 $\beta_i V_i$	新创造的剩余价值 S_i	产品价值 $C_i+\beta_i V_i+S_i$
Ⅰ	82	20	20	122
Ⅱ	75	30	30	135
Ⅲ	61	40	40	141
Ⅳ	87	15	15	117
Ⅴ	98	5	5	108
合计	403	110	110	623

表 5

	不变资本 $\alpha_i C_i$	可变资本 $\beta_i V_i$	平均利润 $r(\alpha_i C_i+\beta_i V_i)$	生产价格 $(1+r)(\alpha_i C_i+\beta_i V_i)$
Ⅰ	80	20	22	122
Ⅱ	70	30	22	122
Ⅲ	60	40	22	122
Ⅳ	85	15	22	122
Ⅴ	95	5	22	122
合计	390	110	110	610

可见，运用方程组（1.2）从价值计算体系向价格计算体系转化时，平均利润总额等于剩余价值总额的结论依然成立；生产价格总额减去价值总额等于不变要素投入的生产价格与价值的差额。这样我们已分别用图表模型和数学方程式模型成功地解决了要素投入生产价格化的价值转形问题。

现在我们总结一下扩大的马克思价值转化模型的结论。在扩大的马

克思价值转化模型中，平均利润总额与剩余价值总额相等依然成立，即

$$\sum P=\sum S \tag{1.3}$$

而生产价格总额与商品价值总额相等，却转化为生产价格总额减去价值总额等于按生产价格计算的不变资本总额与按价值计算的不变资本总额之差，即

$$(1+r)\sum_{i=1}^{n}(\alpha_i C_i+\beta_i V_i)-\sum_{i=1}^{n}(C_i+\beta_i V_i+S_i)=\sum_{i=1}^{n}\alpha_i C_i-\sum_{i=1}^{n}C_i \tag{1.4}$$

或

$$\sum_{i=1}^{n}Q_i^t(k+p)-\sum_{i=1}^{n}Q_i^t(C+\beta V+S)=\sum_{j=1}^{m}Q_j^{t-1}(k+p)-\sum_{j=1}^{m}Q_j^{t-1}(C+\beta V+S) \tag{1.5}$$

在（1.5）式中，$\sum_{i=1}^{n}Q_i^t(k+p)$表示时间序列 t 期 n 个生产部门产品的生产价格总和，$\sum_{i=1}^{n}Q_i^t(C+\beta V+S)$表示时间序列 t 期 n 个生产部门产品的价值总和，$\sum_{j=1}^{m}Q_j^{t-1}(k+p)$表示时间序列 t－1 期生产出来的、在 t 期产品生产过程中充当不变资本的 m 个生产部门的部分产品的生产价格，$\sum_{j=1}^{m}Q_j^{t-1}(C+\beta V+S)$表示时间序列 t－1 期生产出来的、在 t 期产品生产过程中充当不变资本的 m 个生产部门的部分产品的价值。就（1.3）式来说，平均利润总额与剩余价值总额相等。我们可以得出结论：在扩大的马克思价值转化模型中，马克思关于剩余价值在各资本家集团之间分配的结论依然正确。(1.5）式是一个迭代方程，马克思的劳动价值论在这里得到了进一步的论证和发展。如果我们把各个相互影响的价值转形体系联系起来进行考察，那么，在这里考察的扩大的马克思价值转化模型的社会总产品的一部分同样会作为投入要素影响下一个价值转形体系的生产价格与价值的偏离。这种影响的界限受第Ⅰ部类①的资本有机构成与社会资本平均构成的差额调节。若在时间序列 t－1 期的价值转形体系中，第Ⅰ部类的资本有机构成越是高于社会资本的平均构成，则时间序列 t 期的价值转形体系的不变资本投入的生产价格就越是高于其价值，因而其产出品的生产价格就越是高于其价值；反之，若在时间序列 t－1 期的价值转形体

---

① 这里所说的第Ⅰ部类是从社会总产品的最终用途划分的生产资料生产部类，它包括转形表中的 n 个生产部门，以下所说的第Ⅰ部类也是这个意思。

系中第Ⅰ部类的资本有机构成越是低于社会资本的平均构成，则时间序列 t 期的价值转形体系的不变资本投入的生产价格就会越低于其价值，因而其产出品的生产价格就会越是低于其价值；若在时间序列 t－1 期的价值转形体系中第Ⅰ部类的资本有机构成与社会资本平均构成相一致，则时间序列 t 期的价值转形体系中不变资本投入的生产价格与价值相等，因而与简单的马克思模型的结论相同。因此，扩大的马克思价值转化模型中社会总产品的生产价格与价值之间存在着一个稳定的数量差额。如何认识这一差额？这一差额的存在是不是意味着价值规律难以成立？首先，这一差额与“虚假的社会价值”不同，它有劳动作为它的价值实体。它是时间序列中 t－1 期的生产过程或价值转形体系中的剩余价值分割的结果。如果这个差额为正，则意味着为时间序列 t 期生产过程提供不变资本的 t－1 期生产过程中的一定生产部门资本有机构成高于社会资本的平均构成，因此，多实现的这个差额以 t－1 期生产过程中资本有机构成低于社会资本平均构成的生产部门的较多的剩余劳动作为实体；如果这个差额为负，则说明为时间序列 t 期生产过程提供不变资本的 t－1 期生产过程中的一定生产部门资本有机构成低于社会资本平均构成，因此，少实现的这个差额就以 t－1 期生产过程中的这种生产部门中较多的剩余劳动为实体。其次，如果我们把按照时间顺序依次进行的各个价值转形体系排列起来，则每个价值转形体系的生产价格和价值的上述数量差额都可由前一个时间序列 t－1 期为之提供不变生产要素的价值转形体系中的剩余价值来说明。这个动态过程作为一个整体来看，生产价格总额与价值总额仍然相等。可见，运用线性方程组（1.2）和迭代方程（1.5）足以证明马克思的生产价格总额与价值总额相等的结论。因此，扩大的马克思价值转化模型并没有否定简单的马克思价值转化模型，它比简单的马克思价值转化模型更丰富、更具体，是简单的马克思模型的发展形式。

二、数学方法与转形研究

肯尼思·梅（K. May）于 1948 年首次提出：“马克思使用的计算，

主要是用作文字论证的补充说明，他的文字论证将过程和横断面分析结合在一起了，这样的计算即使对今天现有的数学技巧来说，也是做不到的。”[①] 其后，米克（R. L. Meek）在 1963 年出版的《劳动价值学说的研究》一书中也持类似的观点。米克指出：“《资本论》中简单算术例解的作用和李嘉图所著《原理》一书中例解的作用很相似，而与近代数理经济学家大部分著作中例解的作用完全不同。这些算术例解的目的在于说明论证（或论证中的各个步骤），而不在于证明它们；并且，它通常只是在极其基本的方面进行的。如果说，《资本论》中的任何论证是否站得住脚，要看马克思的算术例解是否正确或是否完备，那就严重地误解了他所采取的方法。”[②] 近年来，国内部分学者研究转形问题时，也大都沿用了上述观点。

上述观点归纳起来涉及这样两个方面：一是数学计算在马克思《资本论》研究方法中的地位和作用问题，二是数学方法在经济学研究中是否有局限性的问题。

我们首先来看第一个方面。马克思主义政治经济学中最根本的研究方法是唯物辩证法，数学可以作为经济学研究的一个重要的分析手段。在《资本论》中，马克思非常成功地把经济关系的质的方面与经济关系的量的方面的分析有机地结合起来，揭示了资本主义经济运动的规律。特别是在《资本论》第三卷第九章，马克思在对转形过程作了五项假定之后，运用数学图表模式成功地解决了要素投入按价值计算的转形问题。任何一个掌握现代数学方法的人，如果真的读懂了马克思的《资本论》，那么他必然会得出如下的结论：马克思在解决转形问题时，已将数学方法限制在通俗解释转形问题绝对必要的最低限度之内了。马克思认为，一门科学只有成功地运用数学时，才算达到了完善的地步。因此，决不能因为马克思为通俗化的目的而尽量使用简单的数学，就误认为马克思否定数学方法对经济分析的意义。事实上，任何一个人，如果他将数学图表看作是马克思转形理论分析文字阐述的不必要的补充说明，那么，

---

① ［英］《经济学杂志》1948 年 12 月号，第 598 页。

② ［英］罗纳德·米克：《劳动价值学说的研究》，商务印书馆 1963 年版，第 221 页。

他肯定不会真正掌握马克思的转形理论。如果抽掉马克思转形理论中的数学，马克思的转形理论就难以成为严密而精确的科学理论。在唯物辩证法的基本原则指导下，在科学抽象法、逻辑方法和历史方法的基础上，数学方法对经济分析具有重要作用。今天，在马克思已经完成了转形分析的基础上，完全有可能也有必要进一步在数学方法方面完善和发展马克思的这一理论。

现在我们来看第二个方面。按上述学者的看法，数学方法之所以在经济学分析中不起重要作用，主要是因为“数学方法在政治经济学领域中的应用具有很大的局限性”，定量分析要以定性分析为前提，不能本末倒置。如果以定量分析要以定性分析为前提来说明数学方法在经济学分析中作用的局限性，那么，我们说，数学方法运用的这种局限性，并不是经济分析的特征，这种局限性在任何其他领域同样存在。在物理学研究中，如果物理过程没有分析清楚，例如当做用力的方向没有分析清楚时，盲目进行数学运算那肯定是会出现错误的。在化学领域中，如果对化学反应过程没有分析清楚，同样不能进行正确的数学运算。但是我们并没有听到任何人特别声明数学方法在物理学或化学领域中的应用具有很大的局限性。今天，现代数学的日益发展，为经济分析提供了有效的定量分析的手段；日益复杂的经济现象和经济过程的概括和研究又为现代数学的发展提供了研究材料。可见，数学方法在政治经济学领域中的应用有局限性的说法并不能成立。

当然，强调数学方法在转形分析中的作用并不意味着在转形分析或更广的经济分析领域否定经济学方法的特殊性。强调数学方法在转形分析中的作用和强调经济学方法的特殊性是并行不悖的。经济学方法的特殊性使经济学不同于其他科学，但并不因此使数学方法在经济学领域的应用与数学方法在其他科学领域的应用有本质区别。任何一门科学应用数学方法都必然要有理论前提，而这个理论前提必须靠这门科学的特殊方法来提供。这一点，我们在对鲍特凯维兹研究传统的分析中会看得更加清楚。

三、评鲍特凯维兹研究传统

现代西方学者对马克思劳动价值论和剩余价值论的研究，也不乏有庞巴维克式的攻击。但这种攻击的非科学性是显而易见的，因此，这方面的资料也只有历史的价值，而不再为现代研究者所重视。当斯拉法的标准商品和标准体系开始广为人知以后，人们开始希望斯拉法体系能为转形研究提供一种新的思路；但是，当人们认识到斯拉法的标准商品的不变性非常有限之后，便很快放弃了这种打算。因此，20 世纪 80 年代以来西方学者对转形问题卓有成效的研究，仍然是沿袭鲍特凯维兹模型所提供的研究传统进行的。下面我们就来讨论鲍特凯维兹模型。

拉地斯·冯·鲍特凯维兹（Ladislaus von Boitkiewicz 1868—1931）于 1906—1907 年先后发表了《马克思体系中的价值计算和价格计算》和《论〈资本论〉第三卷中马克思的基本理论结构的改正问题》两篇文章，试图修正马克思价值转化模型。鲍特凯维兹把经济划分为三个部门，这就是：Ⅰ. 生产资料生产部门；Ⅱ. 工人的消费资料生产部门；Ⅲ. 资本家的奢侈品生产部门。在简单再生产条件下，价值计算体系如下：

$$\begin{cases} \text{I} \quad C_1+V_1+S_1=C_1+C_2+C_3 \\ \text{II} \quad C_2+V_2+S_2=V_1+V_2+V_3 \\ \text{III} \quad C_3+V_3+S_3=S_1+S_2+S_3 \end{cases} \tag{3.1}$$

如果价值转化为生产价格，那么，生产价格就会同价值发生偏离。鲍特凯维兹用 X、Y 和 Z 分别表示生产资料、消费资料和奢侈品的价格—价值系数，用 r 表示平均利润率。在简单再生产条件下，当成本价格也生产价格化时，上述价值计算体系就转化为如下的价格计算体系：

$$\begin{cases} \text{I} \quad (C_1X+V_1Y)(1+r) = (C_1+C_2+C_3)X \\ \text{II} \quad (C_2X+V_2Y)(1+r) = (V_1+V_2+V_3)Y \\ \text{III} \quad (C_3X+V_3Y)(1+r) = (S_1+S_2+S_3)Z \end{cases} \tag{3.2}$$

在这个体系中，C_i、V_i 和 S_i（i=1，2，3）是已知的价值量，若再能求出 X、Y、Z 和 r，便可以由已知的价值体系引出生产价格体系。然而，这是一组有 4 个未知量（X、Y、Z 和 r）、仅有 3 个方程式的方程组，因此，这个方程组有无数组解。为了求得这组方程有唯一解，以便使价值转形有确定的含义，鲍特凯维兹假定第Ⅲ部门是生产黄金的，黄金作为货币商品转化以后价格和价值并不发生偏离，故设 Z＝1。这样在减少一个变量以后，就可以求出上述 3 个方程所组成的方程组的 X、Y、r 值，从而可以由已知的价值体系引出生产价格体系。

表 6　价值计算

	不变资本	可变资本	剩余价值	产品价值
Ⅰ	225	90	60	375
Ⅱ	100	120	80	300
Ⅲ	50	90	60	200
合计	375	300	200	875

鲍特凯维兹以表 6 的数值为例，展示了由价值体系到生产价格体系的转化。把表 6 中的 C_i、V_i 和 S_i 数值代入（3.2）式，令 Z＝1，解这组方程得 $X=\frac{32}{25}$，$Y=\frac{16}{15}$，$r=\frac{1}{4}$，由此而引出的生产价格体系如表 7 所示。

表 7　价格计算

	不变资本	可变资本	平均利润	生产价格
Ⅰ	288	96	96	480
Ⅱ	128	128	64	320
Ⅲ	64	96	40	200
合计	480	320	200	1000

根据以上计算，鲍特凯维兹发现：总利润等于总剩余价值，但总价格却大于总价值。鲍特凯维兹认为："总价格大于总价值，这是因为第三部类（作为价值与价格尺度的货物来自这一部类）的资本有机构成是相对低的。但总利润与总剩余价值的数字相等，则是用作价值与价格尺度的货物属于第三部类的结果。"①

现在我们将鲍特凯维兹模型与扩大的马克思价值转化模型进行对比。

① 转引自［英］罗纳德·米克：《劳动价值学说研究》，商务印书馆 1963 年版，第 219 页。

首先，我们将鲍特凯维兹模型中的（3.1）方程组和（3.2）方程组转化为如下（3.3）方程组：

$$\begin{cases} X\ (C_1+V_1+S_1)=(1+r)(XC_1+YV_1) \\ Y\ (C_2+V_2+S_2)=(1+r)(XC_2+YV_2) \\ Z\ (C_3+V_3+S_3)=(1+r)(XC_3+YV_3) \end{cases} \tag{3.3}$$

将方程组（3.3）与扩大的马克思价值转化模型中的方程组（1.2）相对比，我们看到：第一，鲍特凯维兹模型只包括三个生产部门，这是因为他把简单再生产这个与转形问题无关的条件加了进来。再生产的条件是否得到满足涉及的是价值或生产价格能否实现为货币价格的问题，因而与价值转形没有关系。第二，鲍特凯维兹模型中没有平均利润率的计算公式。他不理解马克思价值转形分析的实质——利润通过平均利润率转化为平均利润，因而他在寻找方程组的唯一解时遇到了困难。他假设第Ⅲ部门是黄金的生产者，因此而 Z=1，这样就完全误解了马克思所说的价值到生产价格的转化，把价值到生产价格的转化误解为价值到货币价格的转化。第三，鲍特凯维兹模型中假设三个生产部门的不变资本投入的价格—价值系数相等，为了简化对问题的分析这样假设无可非议。然而，进一步假设不变资本投入的价格—价值系数与生产部门Ⅰ的产出品的价格—价值系数相等，就混淆了造成商品生产价格和价值之间出现差额的两重原因。马克思说："商品的费用价格和价值之间的差额是由双重原因产生的：一方面是那些构成新商品生产过程的前提的商品的费用价格和价值之间的差额，另一方面是实际加到生产费用上的剩余价值和[按预付资本] 计算的利润之间的差额。"① 第四，再来看看鲍特凯维兹模型中价值计算体系与扩大的马克思价值转化模型中的具体劳动转移的生产资料的旧价值和工人的抽象劳动创造的新价值。这里的关键问题在于，再生产出的可变资本价值究竟是等于劳动力的价值，还是等于劳动力的生产价格？鲍特凯维兹对劳动二重性学说一无所知，虽然在产品价值构成的第一项上幸运地按要素价值写下了 C_i，但是在考虑再生产的可变资本价值时却毫不犹豫地选择了劳动力价值 V_i。因此，在鲍特凯维兹模型

① 《马克思恩格斯全集》第 26 卷第 3 册，人民出版社 1972 年版，第 182 页。

中产品价值等于 $C_i+V_i+S_i$。但是，马克思认为，"可变资本，无论它的价值和费用价格之间有多大差额，总是由构成新商品的价值组成部分的一定劳动量补偿的"①。因此，在扩大的马克思价值转化模型中商品价值等于 $C_i+\beta_i V_i+S_i$。从这里我们看到：扩大的马克思价值转化模型中的价值体系与生产价格体系是密切相关的，价值是劳动创造的价值，生产价格是价值的转化形式。而鲍特凯维兹模型中的价值体系与价格体系已经脱离了这种关系。先任意假设两个数字集合，然后按数学方法在这两个集合之间建立一种映射关系，这就是鲍特凯维兹模型的本质，也是鲍特凯维兹以后的西方各种转化模型的共同本质。在这里，问题的关键不在于两个集合之间的映射关系，而在于这两个集合是如何选择的。具体来说，关键在于价值体系是如何构建的。扩大的马克思价值转化模型用劳动二重性学说说明商品的价值是 $C_i+\beta_i V_i+S_i$；而鲍特凯维兹模型却将资本未实际支付的生产资料价值 C_i、劳动力价值 V_i 与新创造的剩余价值 S_i 相加来构建价值体系。因为劳动力价值实际上要转化为一定的消费资料的价值，所以鲍特凯维兹模型中的价值是生产资料价值、消费资料价值（这两部分均由其他生产过程或价值转形体系创造）和新产品中包含的剩余价值的机械相加。可见，鲍特凯维兹模型的错误不在于他运用数学方法，而在于他在运用数学方法时缺乏正确的理论前提，因而误用了数学方法。从本文第一部分的分析我们可以看出，数学方法正确运用的前提是运用马克思的科学抽象法通过分析生产商品的劳动二重性提供出来的。这一点是受鲍特凯维兹研究传统影响的西方学者长期忽略的。

其次，我们按照扩大的马克思价值转化模型来分析怎样由鲍特凯维兹的价值体系引申出价格体系。我们从表 6 和表 7 看到，鲍特凯维兹假定三个部门的不变资本价值依次为 225、100 和 50，但分别按 288、128 和 64 的生产价格购进；三个部门的可变资本所购买的劳动力的价值依次为 90、120 和 90，但分别按 96、128 和 96 的生产价格购进。三个部门不变资本投入的价格—价值系数依次为 $\alpha_1=\dfrac{228}{225}$，$\alpha_2=\dfrac{128}{100}$，$\alpha_3=\dfrac{64}{50}$；三个

---

① 《马克思恩格斯全集》第 26 卷第 3 册，人民出版社 1972 年版，第 181 页。

部门可变资本投入的价格—价值系数依次为 $\beta_1=\frac{96}{90}$，$\beta_2=\frac{128}{120}$，$\beta_3=\frac{96}{90}$。在剩余价值率为 100%的条件下，可得价值计算体系如表 8 所示。

表 8　价值计算

	不变资本 C_i	可变资本 $\beta_i V_i$	剩余价值 S_i	产品价值 $C_i+\beta_i V_i+S_i$
Ⅰ	225	96	96	417
Ⅱ	100	128	128	356
Ⅲ	50	96	96	242
合计	375	320	320	1015

把上述数据代入（1.2）式，解此方程组，得：$\rho_1=1.289$，$\rho_2=1.007$，$\rho_3=0.926$，$r=0.4$，由此可引出价格体系如表 9 所示。

表 9　价格计算

	不变资本 $\alpha_i C_i$	可变资本 $\beta_i V_i$	平均利润 $r(\alpha_i C_i+\beta_i V_i)$	生产价格 $(1+r)(\alpha_i C_i+\beta_i V_i)$
Ⅰ	288	96	153.6	537.6
Ⅱ	128	128	102.4	358.4
Ⅲ	64	96	64	224
合计	480	320	320	11120

平均利润总额等于剩余价值总额，都等于 320；生产价格总额减去产品价值总额等于 1120－1015＝105，按生产价格计算的不变资本总额减去按价值计算的不变资本总额等于 480－375＝105，故生产价格总额减去价值总额等于按生产价格计算的不变资本总额与按价值计算的不变资本总额之差。可见鲍特凯维兹若真正理解了劳动价值论，他就不会列出表 8 所示的价值体系，也不会有表 7 所示的价格体系。

最后，鲍特凯维兹虽然声称在他的体系中保证了总利润等于总剩余价值，但它却与扩大的马克思价值转化模型中的这一结论具有完全不同的性质。在鲍特凯维兹模型中，总利润与总剩余价值相等是因为“用作价值与价格尺度的货物属于第三部类的结果”，是假设 Z＝1 的结果；而扩大的马克思价值转化模型中，总利润与总剩余价值相等则是因为部门之间竞争引起的剩余价值分割的结果。

从以上对鲍特凯维兹模型的分析可以看出，鲍特凯维兹模型的致命弱点在于，它割断了价值体系与价格体系的经济学联系而去追求建立二者之间的纯粹数学关系。鲍特凯维兹试图补充和发展马克思的价值转形理论，然而他并不理解马克思的这一理论，结果是严重地歪曲了马克思的价值转形理论。鲍特凯维兹以后几乎所有用数学方法研究转形问题的西方学者都是如此。事实上，温特尼茨模型、米克模型和塞顿模型等虽然都有许多对于认识转形问题有益的东西，但他们都没有抓住问题的要害。问题的关键在于如何构建价值集合或价值体系，如何认识价值体系与价格体系的经济学联系。鲍特凯维兹模型的价值体系是由 $C_i+V_i+S_i$ 构成的，温特尼茨、米克、迪金森和塞顿等模型的价值体系也都是这样来构建的。[①] 这是鲍特凯维兹研究传统的本质。鲍特凯维兹及其以后的所有西方转形论者都不理解马克思的劳动二重性学说，都不理解生产过程中工人的劳动一方面作为具体劳动转移生产资料的旧价值，同时另一方面又作为抽象劳动创造新价值。在新价值创造中资本要求工人按其实际支付的劳动力的生产价格再生产可变资本，在此基础上为资本生产剩余价值。他们不理解马克思的价值转形是从新产品的价值向新产品的生产价格的转化，而是相反把马克思的这一理论误解为从新产品生产过程开始时资本所购买的生产资料的价值、劳动力价值（实际上资本并没有支付这些价值，实际支付的是这些要素的生产价格）加上剩余价值到生产过程结束时新产品生产价格的转化。这样，他们就割断了价值体系与生

---

① 塞顿提出的“简单例证”的价值体系为：

	C	V	S	a
Ⅰ	80＋	20＋	20＝	120
Ⅱ	10＋	25＋	25＝	60
Ⅲ	30＋	15＋	15＝	60

其生产价格本系是：

	CP	VP	SP	aP
Ⅰ	96＋	12＋	36＝	144
Ⅱ	12＋	15＋	9＝	36
Ⅲ	36＋	9＋	15＝	60

从这一简单例证可以看出，作为塞顿模型出发点的价值体系仍然是鲍特凯维兹所采用的 $C_i+V_i+S_i$。

产价格体系之间的经济学联系，而去追求建立二者之间的纯粹数学关系，在经济学宫殿上作数学游戏。

（原文发表于《中国社会科学》1999 年第 5 期）

转形问题的最终解决

张忠任*

转形问题，是经济学上著名难题之一。自1907年德国统计学家鲍特凯维兹从数学角度提出以来，90多年来曾发生过两次世界性大论战（特别是萨缪尔森与森岛通夫之争①）。

一、问题的提起

转形问题（the transformation problem），即价值向生产价格转化问题，其数学含意是一个如何建立两个不同的体系之间的联系的问题，可以归结为从一个已知的体系导出一个未知的体系的问题。也就是把价值作为已知的，把生产价格作为未知的，从已知的价值体系出发来导出未知的生产价格体系的问题（实际上是求价值与生产价格之间的变换系数）。

众所周知，马克思的转形需要满足三个条件，即转形后必须有平均利润总额等于剩余价值总额，按价值计算的成本总额等于按生产价格计算的成本总额，生产价格总额等于价值总额，这三个条件在政治经济学的教学当中通常被称为“三个等于”。从数学来看，这“三个等于”当中只要有任意两个被满足了就可以同时满足第三个。

总之，用数学语言可以对转形问题的含义作如下界定：转形问题就

---

* 张忠任：日本岛根大学教授。

① 令人啼笑皆非的是作为马克思的反对者的萨缪尔森，竟然用投入产出表方式正确地表示出了两大部类关系；而以马克思的拥护者的面孔出现的森岛通夫，却从一开始便全搞错了。当然，他们的结论都是错误的。

是在满足“两个等于”能够同时成立的条件下，从已知的价值体系出发来导出未知的生产价格体系的问题。

下面，就本文所用的符号作一简单的说明。

(1) c_i、v_i、m_i 和 w_i 分别表示第 i 部门的不变资本、可变资本、剩余价值和总价值。(c_i+v_i) 是第 i 部门的资本总额，也称为成本，用 h_i 表示，显然 $h_i=c_i+v_i$。

(2) e($=m_i/v_i$，i=1，2，…，n) 表示第 i 部门的剩余价值率。

(3) $k_i(=c_i/v_i)$ 表示第 i 部门的资本有机构成。

(4) $\pi_i[m_i/(c_i+v_i)]$ 表示第 i 部门的利润率。

(5) $H_i(=C_i+V_i$，大写的 C_i 和 V_i 为生产价格下的第 i 部门的不变资本和可变资本) 表示第 i 部门的生产价格下的成本。

(6) r 是平均利润率，$S_i[=rH_i=r(C_i+V_i)]$ 为第 i 部门的平均利润。

(7) P_i 是第 i 部门的生产价格总额，显然 $P_i=H_i+S_i=(1+r)H_i$

各部门的剩余价值率相同；资本有机构成不变；固定资本当年周转，不存在折旧问题；流动资本 1 年周转 1 次（总之，无论何种资本，其年周转率假定为 1)。

二、认识上的两大谬误

第一个重大谬误是，把两大部类错误地等同于两个部门（或两个产业)。两大部类和两个部门的区别是显而易见的。

第二个重大谬误是，以鲍特凯维兹为始作俑者，企图从简单再生产均衡关系出发来建立转形方程式。这一误解也是相当严重的。

毫无疑问，转形是一个动态的历史过程（这当然也应该能够用一个数学模型反映出来)。但是，鲍特凯维兹所提出的，迄今为止所争论着的，却是这一动态的历史过程完成之后，即转形的条件业已具备时价值与生产价格的关系，而不是价值形成生产价格的动态过程。而再生产方程式，无论简单再生产还是扩大再生产，所反映的都是前后两年之间的关系，即第 t 年与第 t+1 年的关系，是不能用来反映当年的供求均衡关系的。

即转形的条件业已具备时价值与生产价格的关系是当年关系（马克思的数据和鲍特凯维兹及其以后的数据都是以年为单位的，尽管我们可以提出时点上的转形问题）。

n（n>2）部门的当年供求均衡关系，可用以下方程式来表示：

$$\sum_{j=1}^{n}c_{ij}+v_i+m_i=\sum_{i=1}^{n}c_{ij}+y_i=w_i \quad (i=1,\ 2,\ \cdots,\ n) \tag{1}$$

公式（1）可称之为价值体系。同样，生产价格也存在同样的当年供求均衡关系：

$$\sum_{j=1}^{n}C_{ij}+V_i+S_i=(1+r)(\sum_{j=1}^{n}C_{ij}+V_i)=\sum_{i=1}^{n}C_{ij}+Y_i=P_i \quad (i=1,2,\cdots,n) \tag{2}$$

公式（2）中，最重要的部分是下面的公式（3）：

$$(1+r)(\sum_{j=1}^{n}C_{ij}+V_i)=P_i \quad (i=1,2,\cdots,n) \tag{3}$$

三、转形的一般数学公式

令 x_i 表示生产价格对价值的偏离率，即 $P_i=x_iw_i$（i=1，2，…，n）。这些偏离，将通过矩阵 $C=[c_{ij}]$，也就是通过 $C_{ij}=x_ic_{ij}$（j=1，2，…，n）渗透到各部门的不变资本中去。接着，令 y 表示可变资本 v_i 的偏离率，即 $V_i=yv_i$（i=1，2，…，n）。把它们代入到公式（3）中去，就得到如下 n 个方程式：

$$(1+r)(\sum_{j=1}^{n}x_jc_{ij}+yv_i)=x_iw_i \quad (i=1,2,\cdots,n) \tag{4}$$

式（3）与式（4）虽然是等价的，但是却通过偏离率 x_1，x_2，…，x_n，y，建立起了生产价格系统与价值系统的联系。为使式（4）有解，还需要两个方程式。我们知道，对平均利润率马克思是有定义的。把这个定义式作为第 n+1 个方程：

$$r=\sum_{i=1}^{n}m_i/\sum_{i=1}^{n}(c_i+v_i) \tag{5}$$

另一方面，式（4）并不能保证生产价格总额等于价值总额，需要有一个方程：

$$\sum_{i=1}^{n} x_n w_i = \sum_{i=1}^{n} w_i \tag{6}$$

把式（4）、式（5）和式（6）合起来，以 x_1，x_2，…，x_n，y，r 作为未知数，就是我们所期冀的转形公式或叫作转形模型。

下面我们用数例来检验一下转形模型是否有效。在检验之前，必须对数据作一点技术上的处理。因为，在理论上，不变资本的分布矩阵 C $=[c_{ij}]$是 c_1，c_2，…，c_n 的前提，而在马克思及鲍特凯维兹的数例中，我们只知道作为合计结果的 c_1，c_2，…，c_n，不变资本的分布矩阵 C 就不得而知了。但是，对于转形模型来说 C 又是不可或缺的。既然马克思的数例本身是虚构的，不妨虚拟一下 c_1，c_2，…，c_n 的原型。在满足投入产出表的构造条件（$c_{ij} \geqslant 0$，$\sum_{i=1}^{n} c_{ij} \leqslant w_i$）的前提下，将 c_i 进行分解，$c_i = \sum_{i=1}^{n} c_{ij}^*$ 使（* 在这里的意思是虚拟的），我们便得到了一个各行的合计结果分为 c_1，c_2，…，c_n 的不变资本的分布矩阵 C^*，把 $C^* = [c_{ij}^*]$ 称之为诱导矩阵。只要满足投入产出表的构造条件，对 c_i 的分解可以是任意的。

我们先看一下鲍特凯维兹 1907 年解不开的那个有名的数例（见表 1）。

表 1　鲍特凯维兹数例

部门	c	v	m	w
1	225	90	60	375
2	100	120	80	300
3	50	90	60	200
合计	375	300	200	875

表 2　对鲍特凯维兹数例的转形

部门	不变资本	可变资本	平均利润	总生产价格
1	221.3046	91.8477	92.7859	405.9382
2	98.3576	122.4636	65.4285	286.2497
3	49.1788	91.8477	41.7856	182.8121
合计	368.8410	306.1590	200.0000	875.0000

我们采用一种并不具有一般性但却极为简单的分解方法，令 $\overset{*}{c}_{ij}=c_i/3$ (i=1，2，3)，便得到一个诱导矩阵。把该诱导矩阵及其他数据代入转形模型，转形的结果见表 2。

我们再看一个五部门的数例（见表 3)，这是马克思《资本论》中的例子，转形的结果见表 4。

表 3　五部门的数例

部门	c	v	m	w
1	80	20	20	120
2	70	30	30	130
3	60	40	40	140
4	85	15	15	115
5	95	5	5	105
合计	390	110	110	610

表 4　五部门数例的转形

部门	不变资本	可变资本	平均利润	总生产价格
1	80.8350	19.2599	22.0209	122.1158
2	70.7306	28.8899	21.9165	121.5370
3	60.6262	38.5198	21.8121	120.9582
4	85.8872	14.4449	22.0731	122.4052
5	95.9915	4.8150	22.1774	122.9840
合计	394.0705	105.9295	110.0000	610.0000

四、逆转形公式

以上所讨论的由价值转化为生产价格的问题可称之为顺转形问题 (the direct transformation)，而由生产价格转化为价值的问题则称之为逆转形问题（the inverse transformation)。从数学上来看，逆转形相当于顺转形的反函数。

令 X_i 表示总价值 w_i 对生产价格 P_i 的偏离率，即 $w_i = P_i X_i$（$i=1, 2, \cdots, n$）。这些偏离，将通过矩阵 $C=[c_{ij}]$，也就是通过 $C_{ij}=x_i c_{ij}$（$j=1, 2, \cdots, n$），渗透到各部门的不变资本中去。接着，令 Y 表示生产价格下的可变资本 V_i 的偏离率，即 $v_i = YV_i$（$i=1, 2, \cdots, n$）。把它们带入到公式（1）中去，再加上剩余价值率 e 的计算公式，就得到如下逆转形公式。

$$\left.\begin{aligned} &\sum_{j=1}^{n} C_{ij} X_j + (1+e) V_i Y = P_i X_i (i=1, 2, \cdots, n) \\ &\sum_{i=1}^{n} P_i X_i = \sum_{i=1}^{n} P_i \\ &e = \sum_{i=1}^{n} \sum_{j=1}^{n} r(C_{ij} X_j + V_i Y) / \sum_{i=1}^{n} V_i Y \end{aligned}\right\} \tag{7}$$

西方的经济学家常说，价值是看不见的，价格是看得见的。利用这一逆转形公式，可以使看不见的价值，通过看得见的价格也成为看得见的。

五、结　束　语

由于篇幅的关系，本文并不能对转形问题的研究史进行全面总结。但是，仍然想简单回顾一下对这一问题的解决有直接、间接关系的几项研究。有直接关系的，当数鲍特凯维兹、塞顿和萨缪尔森。有间接关系的则为斯拉法，斯拉法的著作里虽然根本没有涉及转形问题，但是，本文模型的最后完成，实在是来自斯拉法的《用商品生产商品》一书的启发。

鲍特凯维兹的系数法（本文的方法也属于系数法，可以说是鲍特凯维兹方法的继续）开创了用数学手段研究转形问题之先河。但是，鲍特凯维兹方法却存在着一个根本缺陷。从理论上来看，这一缺陷在于想把两大部类硬扩充成三大部类，并且试图利用简单再生产的均衡关系来作为转形的中介。从数学上来看，由于其理论上的缺陷，带来了公式上的先天不足。

塞顿第一个把投入产出法的分析方法用于转形问题研究，这是很大的一个进步。但是可惜他却把不变资本和可变资本混在一起了。萨缪尔森正确地把马克思的两大部类关系用投入产出表方式正确地表示了出来，却没能发现两大部类与一般产业部门的区别。

20 世纪 80 年代以后，关于转形问题的研究仍然层出不穷，但是却有离马克思的本意越来越远的倾向。一是试图通过对马克思的整个价值理论体系重新认识来解释转形问题，例如弗利等的新抽象劳动理论等。二是试图以投入产出方法为基础，对不变资本和可变资本的系数进行进一步的细化，来寻找价值与生产价格的关系。例如，混沌经济学大师古德茵就做过这种尝试。还有一些人则去修改马克思的条件，即把“两个等于”化为“一个等于”，或者对“等于”的内容进行牵强附会的各种解释，实际上等于否定了马克思的转形理论。

由鲍特凯维兹提起的转形的数学相关问题，由本文大概可以画上一个句号了。

（原文发表于《数量经济技术经济研究》2001 年第 2 期）

所谓“转形问题”的方法论症结

林金忠[*]

一、背景及问题的提出

所谓“转形问题”，所针对的是马克思关于价值转化为生产价格的论述。关于“转形问题”的争论，或许最初可追溯到19世纪末欧根·庞巴维克对《资本论》的攻击，以及20世纪初鲁道夫·希法亭对此作出的反驳。但现在一般认为，首次正式提出“转形问题”的，当数德国柏林大学统计学教授鲍特凯维兹分别发表于1906年、1907年的两篇论文《关于马克思体系中价值计算和价格计算问题》《对马克思〈资本论〉第三卷基本理论结构的修正》。若由此算起，所谓“转形问题”的争论迄今已逾百年。

虽然时间跨度称得上久远，但“转形问题”争论并非如某些国内学者所渲染的那般“重大”。事实上，鲍特凯维兹的论文发表后约30年间都没引起学界关注。若非以研究马克思经济理论而闻名于西方的美国学者保罗·斯威齐在20世纪40年代对鲍特凯维兹的过度溢美的推崇和夸大其词的推荐，后者的论文很有可能就会湮没在卷帙浩繁的经济思想史文献之中，恐怕压根儿就不会出现所谓“转形问题”争论。斯威齐的推崇和赞美才是实际诱发“转形问题”争论的真正动因。事实上关于“转形问题”争论的几乎所有文献也都是在20世纪40年代后才出现的。我们还应注意到的事实是：这一争论在西方经济学界最为“热闹”的时候

---

* 林金忠：厦门大学经济研究所教授，博士生导师。

是在20世纪六七十年代，即使在那时候，参与的学者也并不多；自20世纪80年代初以后，这一争论在西方经济学界实际上已经消退了。然而，恰恰是在西方学界业已消退之后，它在国内却被一些马克思主义政治经济学者重新捡起和“回锅炒热”，虽然也谈不上是国内具有广泛意义的一个研究热点，但还是有一部分国内学者似乎依旧乐此不疲，有人甚至还把所谓“转形问题”说成经济学的“哥德巴赫猜想”呢。

纵观所谓“转形问题”争论的有关文献，可以注意到一个颇具普遍性的问题，即：似乎还没看到其中任何一篇文献实际顾及马克思一贯的方法论以及基于这一方法论的马克思独特的叙述逻辑。常见的实际做法是，争论中某人从另一个人的文章乃至数学模型中引出问题，而后构建自己的数学模型，接着便乐此不疲地沉迷于代数求解。绝大多数文献至多都只是个别地引证马克思的有关论述[①]。简言之，“转形问题”争论文献存在的一个突出问题就是脱离马克思的论述本身，其中问题的症结则在于忽视乃至无视马克思的方法论。

基于这一情况，我们在探讨所谓“转形问题”时，回到马克思的论述本身就显得尤为重要。而要领会马克思的论述本身以及马克思的原意，就必须注重马克思的方法论和叙述逻辑。这就必须围绕着两个基本问题去说事，即：马克思究竟说了什么？他为何那样说？本文试图由此入手，从方法论视角回答一些与所谓“转形问题”争论本身直接相关并彼此关联的基本问题，包括：在马克思的整体叙述逻辑中，所谓“转形问题”是否属于一个真实和恰当的问题？为何会有所谓“转形问题”？有关争论的症结何在？

二、马克思的整体叙述逻辑中并不存在所谓“转形问题”

从宽泛意义讲，价值转化为生产价格问题或所谓“转形问题”涉及

---

① 这里且不说有些人实际上并没有真正读懂马克思的论述本身，还有的人（比如保罗·萨缪尔森）甚至故意歪曲马克思（见本文末尾提供的证据）。

从《资本论》第一卷到第三卷的整体逻辑结构安排。总的线索是，第一卷所阐明的本质面上抽象层次的价值范畴，第三卷在现象面上的生产价格范畴上得到具体再现；这一线索所体现的乃是马克思一贯的从抽象上升到具体以及逻辑与历史统一的方法论原则。但这样讲似乎犹嫌过于宽泛，实际发生的所谓“转形问题”争论主要乃涉及第三卷，或者更为确切地讲，争论的焦点所直接涉及的是第三卷的第一篇和第二篇。因此，我们可以缩小范围，就这两篇来分析马克思叙述逻辑的整体结构，从中探究所谓“转形问题”的起因。

第三卷第一篇是从成本价格这个范畴开始的，第一章所阐述的是：一旦资本家将剩余价值视为其全部预付资本所带来的，那么，剩余价值就转化为利润，而全部预付资本则转化为成本价格，与此同时剩余价值率也就随之转化为利润率。该篇接下来各章（第二至七章），马克思一方面论述了利润率这一现象形态的范畴是如何遮蔽了其本质规定即剩余价值率的，另一方面他花费不少篇幅讨论了利润率高低的决定。从叙述逻辑的总体而言，第一篇仅仅是为第二篇的理论叙述提供一个必要的铺垫而已。

在第二篇的头一章（即第八章）直到结尾处，问题才被真正提出。在那里，马克思概括了前面的分析，并提出了与人们所争论的“转形问题”直接相关的问题，他说：“这样，我们已经指出，在不同产业部门，与资本的不同的有机构成相适应，并且在一定限度内与资本的不同的周转时间相适应，不同的利润率占着统治地位；因此，即使在剩余价值率相等的情况下，利润和资本量成正比，从而等量资本在相等时间内提供等量利润的规律（作为一般的趋势），——假定周转时间相等，——也只适用于有机构成相等的资本。以上所述，和我们直到现在为止的全部论述一样，是建立在同一基础上的，即商品是按照它们的价值出售的。另一方面，毫无疑问，如果撇开那些非本质的、偶然的、互相抵消的差别不说，对不同产业部门来说，平均利润率的差别实际上并不存在，而且也不可能存在，除非把资本主义生产的整个体系摧毁。所以，在这里，价值理论好像同现实的运动不一致，同生产的实际现象不一致，因此，理解这些现象的任何企图，也好像必须完全放弃。”[①] 由这段引文不难看

① 《资本论》第3卷，人民出版社2004年版，第171页。

出，马克思清醒地意识到了：至此为止的理论分析所揭示的本质面上的价值理论原理，与现象面上的经济生活现象之间仍旧存在着明显的不一致。事实上，李嘉图学派也正是因为无法解决劳动量决定价值量与等量资本获取等量利润之间的矛盾而最终走向解体的。其实，这一矛盾与马克思这里所讲的“不一致”是同一个问题。那么，如何去解决这一问题呢？在第八章的最后一段，马克思按文本叙述逻辑的一般要求做了可以连接上下文的必要交接，他说：“从本册第一篇可以得出，不同的生产部门，不管资本的有机构成如何不同，只要为生产产品所预付的资本部分相等，其产品的成本价格总是相等的。……成本价格的这种等同性，形成各个投资竞争的基础，而平均利润就是通过这种竞争确定的。”① 实际上，在这个交接中，已经为问题的答案提供了线索，即：解决上述问题的关键是利润率平均化，而利润率平均化的关键在于部门之间的竞争。

带着问题以及对这一问题的答案线索，马克思转入了直接涉及所谓“转形问题”的关键一章即第九章。在这一章中，可以清楚地看出马克思的思路：在资本有机构成存在差异的条件下，解决价值转化为生产价格这一问题的关键在于利润率平均化，即引入一般利润率（平均利润率）这个范畴。所谓“转形问题”正是由此而生，我将在后文专门地对此展开进一步分析。

在第九章基本阐明了价值转化为生产价格这一关键之后，接着马克思又以三章篇幅对此做了进一步的具体拓展和补充说明。第十章主要阐述现实竞争如何导致利润率平均化，其中一个关键环节是引入市场价值这一范畴以解释部门内利润率是如何平均化的，在此基础上方能解释部门间由投资竞争而导致的利润率平均化，从而从逻辑上阐明了价值转化为生产价格的机理。很明显，这也等于是进一步阐明了第九章的论断：“生产价格以一般利润率的存在为前提；而这个一般利润率，又以每个特殊生产部门的利润率已经分别化为同样多的平均率为前提。”② 也可以说，这等于对第九章业已论及、但仍嫌抽象或简单的利润率平均化原理在现

① 《资本论》第 3 卷，人民出版社 2004 年版，第 172 页。

② 《资本论》第 3 卷，人民出版社 2004 年版，第 176 页。

实历史进程的进一步具体再现，所体现的也正是马克思一贯的方法论。第十一章从工资变动如何影响生产价格这个侧面，对利润率平均化原理加以专题性质的具体拓展。而该篇最后一章（第十二章）则纯属一个简短的补充说明。

以上概述表明，从整体看，马克思的叙述逻辑乃是一环紧扣一环，充分展现了从抽象上升到具体以及逻辑与历史统一的方法论原则。在这里，整体叙述逻辑与它所贯穿的方法论原则乃是彼此内洽的。单从第三卷第一篇和第二篇的总体逻辑结构来看，丝毫不存在什么问题。本文之所以花费笔墨去概述马克思的上述总体逻辑结构，目的在于说明这样一点，即：我们很难从整体叙述逻辑中提出所谓的“转形问题”，因为这种叙述逻辑本身并不存在所谓“转形问题”的起因。

三、所谓“转形问题”的起因

那么，所谓“转形问题”究竟是如何产生的呢？可以明白地说，它的起因主要有两个方面：一方面是起因于马克思的第九章叙述文本中文字表述上的“疑点”，另一方面是起因于他的那些“例解”，或者说他在举例说明中的具体数值计算。

先讲前一个方面的起因。最常被引用也最容易引起疑惑，从而也最常被曲解的，莫过于第九章中的一段文字，即：“当然，以上所说，对商品成本价格的规定是一种修正。……生产价格，是涉及有酬劳动加上不以特殊生产部门本身为转移的一定量无酬劳动之和。”① 据说，正是这一段文字，引起人们的疑惑，因而成为所谓“转形问题”长期争论的源头之一。②

这段话之所以最容易引起疑惑乃至常被曲解，主要是因为：在这段文字中，马克思力图把价值与生产价格这两个分别属于不同逻辑层次的

---

① 《资本论》第3卷，人民出版社2004年版，第184—185页。

② 曾枝盛：《国外学者关于劳动价值论的百年论争回顾和思考》，《中国人民大学学报》2002年第6期。

范畴"协调"起来，以表明价值转化为生产价格并没有损坏其叙述逻辑的内在一致性，故而他的文字表述就势必要不断地穿梭于两个不同逻辑层次之间，这样也就容易引起疑惑，造成误解乃至曲解。误解乃至曲解主要来自这样一些语句，如："因为生产价格可以偏离商品的价值，所以，一个商品的包含另一个商品的这个生产价格在内的成本价格，可以高于或低于它的总价值中由加到它里面的生产资料的价值构成的部分。""如果在一个特殊生产部门把商品的成本价格看作和该商品生产中所消费的生产资料的价值相等，那就总可能有误差"。[①] 包括鲍特凯维兹在内的一些学者，从这些语句中找到了"计算质疑"，由此提出所谓的"转形问题"。

其实，疑惑、误读乃至曲解的主要根源在于：解读的人忽视了马克思一贯的方法论原则以及体现这种原则的独特叙述逻辑。如果联系他所一贯遵循的从抽象上升到具体的方法论原则，以及本质规定不可能等同于其具体现象形态的叙述逻辑，那么，这段话在文字表述上尽管是不断地穿梭于两个不同逻辑层次的范畴之间，但叙述逻辑本身并不存在什么问题。人们之所以把它变成了问题，主要是撇开或无视这种叙述逻辑，仅仅揪住了原本属于不同逻辑层次的范畴在量上的不一致，并着眼于马克思的那些"例解"而大做文章。

再说后一个方面的起因。从所谓"转形问题"的争论文献来看，论者都把注意力集中于马克思的那些"例解"和其中的具体数值计算，从中挑出"计算质疑"，并据此再将所谓"转形问题"转换为数学求解方法或技术问题。

什么是"例解"？"例解"是马克思用语的中文翻译。[②] 查《资本论》英文版，"例解"所对应的是"illustration"一词。[③] 该词的意思是：用图形或图表来举例，使得所要表达的东西显得更通俗或更生动活泼，以帮助人们更容易地理解那些原本不容易理解的事物或道理。[④] 简而言之，

---

① 《资本论》第 3 卷，人民出版社 2004 年版，第 184—185 页。

② 《资本论》第 3 卷，人民出版社 2004 年版，第 181 页。

③ Karl Marx，*Capital*，Vol. 3，translated by Institute of Marxism-Leninism（USSR）（Moscow：International Publishers，1959）.

④ 《朗曼英语词典》（Marriam-Webster Inc.，1984）对该词的解释是：An example that explains or clarifies something；a picture or a diagram that helps to make something clear or attractive.

“例解”与日常用语“打个比方”其实是类似的意思。马克思在论述价值转化为生产价格时，除了较为抽象的叙述，也辅之以一些“例解”。使用“例解”这种表达形式，其用意无非乃出于这样一种考虑，即尽可能地给读者以更多的直观或“实感”，使得读者能够通过具体例子更为容易地获得领会。

然而，诚如列宁所说的，“任何比喻都是有缺陷的”①，马克思使用“例解”这种表达形式似乎也给他带来了一些不利。不利乃源于这样一种潜在的冲突，即：在方法论层面上讲，从价值转化为生产价格乃是属于辩证思维逻辑中一个经济范畴的本质外化过程，也就是说，在这一过程中范畴本质面的规定性转化为现象面的具体表现形式，这就决定了对这样一个过程的叙述方法本质上应是辩证逻辑演绎的抽象方法。而“例解”只是具体举例说明，它本身并没有逻辑层次，而当它被赋值、被数学公式化并用于数值计算时，就很容易在不知不觉间偏离了辩证逻辑演绎过程；使用“例解”这种表达形式，往往纠结于数值计算上的一致性，却反而背离了作为范畴的本质外化过程的辩证思维逻辑本身。

在《对马克思〈资本论〉第三卷基本理论结构的修正》一文中，鲍特凯维兹正是由上述那段文字中的“疑点”，以及由马克思使用的“例解”入手，提出了他所谓的“计算质疑”。所谓“计算质疑”，所指的是马克思在计算生产价格时，使用的是不变资本和可变资本的价值再加上以此为基础的平均利润率，亦即采用这样一个计算公式：“$c+v+(c+v)p'$ ＝生产价格”（其中 p'表示平均利润率）。在鲍特凯维兹看来，使用不变资本和可变资本的价值来计算是不合适的，应该使用投入要素的价格来计算才是合适的。据此，他认为马克思的转化过程只完成了一半，亦即在理论上存在着“不足”，而他提出的“转形问题”的数学模型正是旨在弥补这一“不足”。

我以为，鲍特凯维兹的论文之所以被广为关注，主要并不是因为论文本身，而是因为斯威齐的过度溢美的推崇和夸大其词的推荐，也正是因此之故才引发了所谓“转形问题”的争论。斯威齐在其专著《资本主

---

① 《列宁选集》第1卷，人民出版社1995年版，第663页。

义发展论》一书中是如此夸赞鲍特凯维兹的："在对马克思的理论体系进行批评的人中，只有博尔特凯维奇一人，把握住价值规律的全部意义及其用法。此外，我们又将看到，正是博尔特凯维奇，他为从逻辑上无可置辩地证明马克思方法的正确性奠定了基础。这个事实使他有资格博得这样的尊称：既是一个马克思理论的批判家，又是一个对马克思理论有重要贡献的人。"① 在为他自己编辑出版的文集《欧根·庞巴维克的〈卡尔·马克思及其体系的终结〉和鲁道夫·希法亭的〈庞巴维克对马克思的批评〉：附鲍特凯维兹的论文》一书所写的编者导言中，斯威齐不仅附和了鲍特凯维兹的"计算质疑"，甚至还要将后者对马克思的指责提到很高的理论意义上加以推崇，他写道："毫无疑问地，在上述方法（指鲍特凯维兹指责马克思采用'c＋v＋(c＋v)p′＝生产价格'这样一个计算公式——引者注）中存在着一个缺陷。c和v这两项乃直接从价值图式（value scheme）中拿来的，它们尚未转化为生产价格的图式（the price of production scheme）。换言之，投入是以价值来衡量的，而产出则是以生产价格来衡量。显而易见，这是不对的。在今天的产出中有很大一部分将变成明天的投入，因此很明显，为了确保前后一致，它们就必须以相同单位来衡量（they must be measured in the same terms）。马克思本人意识到了这里存在的难处，即便他能活着完成第三卷，也不大可能解决这一问题。然而，问题确实在那儿，对于价值与生产价格之间关系的处理，在逻辑上是无法令人满意的。"②

然而，在推崇和赞美之余，斯威齐并没有认真说明一个关键问题，即，鲍特凯维兹以那样的方式提出所谓"计算质疑"，本身是否恰当？或者说，为什么可以断定马克思的"计算""在逻辑上是无法令人满意的"呢？从上面引文不难看出，斯威齐未曾首先对问题本身加以必要审视，便无条件地接受和复述了鲍特凯维兹似是而非的所谓"计算质疑"。我认

---

① ［美］保罗·斯威齐：《资本主义发展论——马克思主义政治经济学原理》，商务印书馆2009年版，第102页。

② Paul M. Sweezy, *Karl Marx and the Close of His System by Eugen von Bohm-Bawerk and Bohm-Bawerk's Criticism of Marx by Rudolf Hilferding* (New York: Augustus M. Kelley, 1949).

为，不论是鲍特凯维兹的“计算质疑”，抑或是斯威齐的推崇和赞美，都是源于对马克思叙述逻辑的无知或无视。

一方面，倘若我们从马克思整体的叙述逻辑去看问题，那么，并不存在鲍特凯维兹所谓的“计算质疑”。在马克思整体的叙述逻辑中，生产价格范畴乃是通过辩证逻辑演绎的抽象方法从价值范畴中转化而来的，而这种转化经过了多个环节的逻辑演绎，所遵循的是从抽象上升到具体以及逻辑与历史统一的方法论原则，并非如鲍特凯维兹所说的是通过数学公式计算出来的。马克思确实使用了一些貌似数学表达形式的等式和运算符号，如：“资本Ⅰ＝100所生产的商品的总价值就＝80c＋20v＋20m＝120”“固定资本的损耗10c＋流动资本400(c＋v)＝410”“生产价格则是成本价格410＋利润50（500的10%）＝460”“成本价格就＝k－np”“总利润P就＝p＋p_1”“k＋P＝k＋p＋p_1”“生产价格总是＝k＋20”“社会平均资本的构成＝m_c＋n_v”“生产价格＝k＋kp′”，如此等等。[①] 并不难看出，这些都不是真正意义上的数学表达或推导，而仅仅只是“例解”，其用意无非是为了实现更为直观的表达，从而让读者更容易理解而已。然而，鲍特凯维兹所抓住的恰恰就是这些“例解”，却撇开了马克思整体上的叙述逻辑，他把马克思关于价值转化为生产价格的叙述逻辑归结为“c＋v＋(c＋v)p′＝生产价格”这样一个计算公式，由此而提出所谓的“计算质疑”。这种提出问题的方式本身就是不恰当的，也是对马克思的一种曲解，这是因为，在这样一种归结之下，马克思整体的叙述逻辑已被悄然消解于简单的数学等式之中。

另一方面，鲍特凯维兹指责马克思“计算”生产价格时，使用不变资本和可变资本的价值，而不使用投入要素的价格，因而就导致了所谓“转形问题”。这种指责也是没有道理的。我们且不说马克思的生产价格范畴并非是“计算”出来的，实际上，在前面提到的那一段最容易引起误解乃至曲解的引文中，马克思已经反复地说明了这一点：从不变资本和可变资本的价值转化为成本价格，从而从价值转化为生产价格，在特

① 《资本论》第3卷，人民出版社2004年版，第175、177、179、180、183、185页。

定的具体生产部门中“总可能有误差”、一般是有“偏差”的[1]；这些范畴间的转化，原本就是从本质面的范畴转化为现象面的范畴，而本质与现象是难以恰好重合的，正如马克思所言：“如果事物的表现形式和事物的本质会直接合而为一，一切科学就都成为多余的了”[2]。反过来讲，倘若依照鲍特凯维兹的说法，马克思直接地采用要素价格来计算生产价格，那么，在方法论层面也将等同于停留在现象面上以价格说价格（正如资产阶级经济学者们所习惯做的那样），如此，实际上也就取消了范畴间的转化问题了，从而也就违背了马克思所一贯遵循的从抽象上升到具体的方法论原则。由此可见，鲍特凯维兹的这种指责实际上恰好暴露出他对马克思一贯的方法论以及体现这一方法的叙述逻辑的缺乏了解。

四、所谓“两个总计相等”之说

在所谓“转形问题”的争论文献中，大抵都会提到“两个总计相等”。所谓“两个总计相等”，指的是“总剩余价值＝总利润”及“总价值＝总生产价格”。马克思的确说过这样的话：“这样，Ⅰ—Ⅴ的商品的总价格是同它们的总价值相等的，也就是说，是同Ⅰ—Ⅴ的成本价格的总和加上Ⅰ—Ⅴ所生产的剩余价值或利润的总和相等的……同样，如果把社会当作一切生产部门的总体来看，社会本身所生产的商品的生产价格的总和等于它们的价值的总和。”[3] 在所谓“转形问题”的争论中，一些学者正是抓住了此话，将它归结为所谓“两个总计相等”命题，视之为“转形问题”论证的基本命题和基本参照系，并据此去设计各式各样的数学计算模式（鲍特凯维兹模型、斯拉法标准体系，如此等等）。令人奇怪的是：这些人中似乎没有人愿意回到马克思的论述本身，并从马克思的叙述逻辑整体地去领会他的本意，而是只会抓住马克思作为“例解”的计算细节及其技术性层面来寻找“质疑”，仿佛“发现新大陆”似的，

① 《资本论》第3卷，人民出版社2004年版，第185页。
② 《资本论》第3卷，人民出版社2004年版，第925页。
③ 《资本论》第3卷，人民出版社2004年版，第179页。

竭力去挑剔其中的毛病并借此大做文章。

首先，我们应该注意到这样两点。第一，马克思说到“两个总计相等”乃是作为“例解”提出的，其实在第三卷第九章中所有的数字计算和表达都是作为“例解”提出的。也就是说，在马克思的叙述语境中，所谓“两个总计相等”根本就不是什么“命题”。第二，马克思之所以提出“两个总计相等”这个“例解”，其用意是很明确的，那就是在于说明：价值乃是生产价格之本质和基础，而生产价格则是价值的表现形式；剩余价值乃是利润的本质和基础，而利润则是剩余价值的现象形态；在利润率平均化趋势背后，起作用的依旧还是价值规律。马克思还郑重交代说，利润率在不同生产部门间的平均化过程，“像本册第一篇所作的那样，它们要从商品的价值引申出来。没有这种引申，一般利润率（从而商品的生产价格）就是一个没有意义、没有内容的概念”[①]。从价值引出生产价格，在理论叙述上既遵循了从抽象上升到具体的方法论原则，也遵循了逻辑与历史统一的方法论原则，或用马克思的话来说，“把商品价值看作不仅在理论上，而且在历史上先于生产价格，是完全恰当的”[②]。

其次，马克思一再声明：“生产价格以一般利润率的存在为前提；而这个一般利润率，又以每个特殊生产部门的利润率已经分别化为同样多的平均率为前提。”“这些不同的利润率，通过竞争而平均化为一般利润率，而一般利润率就是所有这些不同利润率的平均数。”[③]“商品按照它们的价值或接近于它们的价值进行的交换，比那种按照它们的生产价格进行的交换，所要求的发展阶段要低得多。按照它们的生产价格进行交换，则需要资本主义的发展达到一定的高度。”[④]也就是说，只有在资本主义发展到市场经济十分发达的阶段上，部门内和部门间的竞争才有可能导致利润率的平均化，从而价值才有可能转化为生产价格，而价值规律则是伴随着这一平均化过程。为了说明在这样一个过程中价值依旧还是基础，马克思才使用了“两个总计相等”这个“例解”。

---

① 《资本论》第3卷，人民出版社2004年版，第176页。

② 《资本论》第3卷，人民出版社2004年版，第198页。

③ 《资本论》第3卷，人民出版社2004年版，第176—177页。

④ 《资本论》第3卷，人民出版社2004年版，第197页。

再次，依照马克思一贯的叙述逻辑，利润率的平均化，从而价值转化为生产价格，乃是资本主义生产方式下作为一种历史趋势的规律。"这样一个一般的剩余价值率，——像一切经济规律一样，要当作一种趋势来看，——是我们为了理论上的简便而假定的；但是实际上，它也确实是资本主义生产方式的前提，尽管它由于实际的阻力会多少受到阻碍，这些阻力会造成一些相当显著的地方差别，例如，为英国的农业短工而制定的定居法就是如此。但是我们在理论上假定，资本主义生产方式的规律是以纯粹的形式展开的。实际上始终只存在着近似的情况；但是，资本主义生产方式越是发展，它同以前的经济状态的残余混杂不清的情况越是被消除，这种近似的程度也就越大。"① 也就是说，资本主义生产方式的发展越是达到理想的完满状态，这一规律在形式上也就得到了越为充分的呈现，即越是"以纯粹的形式展开"。但谁都知道，在资本主义现实中理想的完满状态显然是不存在的，正如新古典经济学所讲的理想的完全竞争状态在现实世界里也并不存在一样。

最后，马克思还不止一次地解释说，利润率平均化过程作为资本主义生产方式下的一个规律，本身乃是一种趋势，不可能会等同于数学公式意义上的精确计算，而只能是一个通过"两个总计相等"这个"例解"来说明的一个近似表达。他说："总的说来，在整个资本主义生产中，一般规律作为一种占统治地位的趋势，始终只是以一种极其错综复杂和近似的方式，作为从不断波动中得出的、但永远不能确定的平均数来发生作用。"② 在《资本论》第三卷第十章中，马克思在阐述生产价格与价值的量的关系时，频繁地使用"接近于""近似的"等词，其实也是此意。③ 也就是说，所谓"两个总计相等"乃是以"趋势"的形式描述了经济世界的规律，它并不是一个可以被简单地固定下来的数学等式。然而，在所谓"转形问题"的争论中，每个乐此不疲者几乎无一例外地都把"两个总计相等"视为"证明"马克思"转形问题"之是否成立的核心命题和参照标准，为此他们花样翻新地去设计各式各样的数学模型。这里显

---

① 《资本论》第3卷，人民出版社2004年版，第195—196页。
② 《资本论》第3卷，人民出版社2004年版，第181页。
③ 《资本论》第3卷，人民出版社2004年版，第193—195页。

然存在着对马克思方法论乃至马克思本意的误解乃至曲解。

五、结语：所谓“转形问题”的症结在于方法论

从上述针对所谓“转形问题”所做的一些分析不难看出，问题的症结在于方法论，也就是说，论者撇开或漠视马克思一贯的方法论，依照自己的不正确理解去解读马克思关于价值转化为生产价格的论述。如果回到马克思的论述本身，遵循他的方法论原则以及体现这种原则的叙述逻辑，那么，所谓“转形问题”其实并没有什么问题，据此而展开针对马克思劳动价值理论的种种攻击也是无的放矢的。

研读马克思的著述便不难看到这样一点，马克思乃是一位极其注重方法论的思想家，对于自己学说中所贯穿的方法论有着高度的自觉。所谓马克思独特的方法论，在一般和宽泛意义上讲即是指唯物辩证法。在政治经济学的阐述层面上，作为方法论的唯物辩证法具体化为辩证思维逻辑，体现于马克思政治经济学的独特的叙述逻辑。这种独特的叙述逻辑乃是辩证思维逻辑在政治经济学研究中的具体运用，它直接体现于经济范畴间的辩证逻辑演绎，借此以确证唯物史观所揭示的社会生产方式在资本主义阶段之历史发展规律。关于经济范畴间的辩证逻辑演绎所必须遵循的方法论，马克思曾在《经济学手稿（1857—1858年）》“导言”部分的“政治经济学的方法”这一节里得到较为集中的阐述，它就是从抽象上升到具体以及逻辑与历史统一的原则。具体地说则包括许多内容，如对辩证思维的完整过程的把握［可以概括为“具体（前一种具体）→抽象→具体（后一种具体）”这样一个图式］、辩证思维逻辑的唯物主义基础、叙述逻辑应该从最简单的范畴开始等。

马克思政治经济学方法论的独特性就在于：它深入到事物本质面，同时它还通过辩证逻辑演绎将本质面范畴得到具体再现，从而不仅让我们看到了事物历史演进的规律性，而且还让我们真正看清了现象的本质和真相。相对于资产阶级经济理论而言，这种政治经济学方法论的优势是显而易见的。依照辩证思维逻辑，外部世界的发展越是达到高级阶段

或臻于完满状态，或者说，经济范畴越是成为最具丰富内容的具体范畴，其本质规定性却反而越是被遮蔽或掩盖了。或者可以一般地说，越是处于历史发展之高级阶段上的越为具体的范畴，其本质规定性就越是被重重遮蔽或掩盖。比如，从剩余价值率到利润率，再到平均利润率（一般利润率），一方面反映了从简单范畴到具体范畴的历史发展进程，但另一方面，资本剥削关系的本质却也被逐次遮蔽或掩盖起来了。恰恰正是因为这个缘故，才使得从抽象上升到具体的叙述逻辑尤显格外重要。循着从抽象上升到具体的范畴间演绎的思维进路，以及逻辑和历史统一的原则，从最简单也最抽象的范畴开始，通过辩证逻辑演绎加以层层剥开，使得最简单也最抽象的范畴在其本质面上得到思维的具体再现。通过这样一种思维的具体再现，现实世界的具体发展给范畴的本质规定性所带来的重重遮蔽也就随之得到了消解，于是我们才得以看到了事物及其变化的本质和真相，从而真正领会了马克思所说的“被理解了的世界本身才是现实的世界”① 这句话的真实含义。

与此相比，资产阶级经济理论在方法论上的最显著特点就在于它停留于现象面上，满足于对经济现象的描述、图解和就事论事式的分析。即使是马克思比较重视的英国古典经济学，也只是在一定程度上触及经济现象的本质面研究，但由于它根本上缺乏正确的历史观和科学的方法论，因而总体而论依然还是停留于现象面上。其实马克思很早就看到了这一点，在《1844 年经济学哲学手稿》中他写道：“国民经济学（这里是指古典经济学——引者注）从私有财产的事实出发。它没有给我们说明这个事实。它把私有财产在现实中所经历的物质过程，放进一般的、抽象的公式，然后把这些公式当作规律。它不理解这些规律，就是说，它没有指明这些规律是怎样从私有财产的本质中产生出来的。……［我们］不要像国民经济学家那样，当他想说明什么的时候，总是置身于一种虚构的原始状态。这样的原始状态什么问题也说明不了。国民经济学家只是使问题堕入五里雾中。他把应当加以推论的东西即两个事物之间的例如分工和交换之间的必然关系，假定为事实、事件。神学家也是这样用

① 《马克思恩格斯全集》第 46 卷上册，人民出版社 1979 年版，第 39 页。

原罪来说明恶的起源，就是说，他把他应当加以说明的东西假定为一种具有历史形式的事实。"① 稍后在《哲学的贫困》中他又说："经济学家们都把分工、信用、货币等资产阶级生产关系说成是固定不变的、永恒的范畴。……经济学家们向我们解释了生产怎样在上述关系下进行，但是没有说明这些关系是怎样产生的，也就是说，没有说明产生这些关系的历史运动。"② 如果说在亚当·斯密和大卫·李嘉图等古典经济学者那里，其经济理论或多或少还触及经济问题的本质面分析，因而或多或少仍有可取之处的话，那么，自李嘉图体系解体之后，资产阶级经济理论一直都满足于现象面的描述和分析，从未涉足针对经济问题的本质面探索。

资产阶级经济学者长期习惯于现象面分析，还要标榜自己的研究属于"实证科学"，因而近乎"本能"地排斥本质面的分析，势必总是排斥马克思的政治经济学。这种方法论上的隔阂，在所谓"转形问题"上也得到了体现。从相关文献并不难看到这样一种现象，即：资产阶级经济学者根本不理解在所谓"转形问题"背后的马克思的独特方法论，从而也根本不理解体现这种方法论的马克思的独特叙述逻辑。也由于这个缘故，他们几乎不约而同地都试图通过所谓"转形问题"来否定马克思的劳动价值理论。最初是庞巴维克，近则是萨缪尔森。庞巴维克仅仅凭据《资本论》第三卷与第一卷"不一样"，便以为"发现"了它们的互相矛盾，并据此宣称马克思的体系"终结"了。我们今天读起来未免觉得可笑。萨缪尔森在其广为流传的《理解马克思的剥削概念：马克思的价值与竞争价格间所谓转化问题的概述》一文中也"发现"了许多"矛盾"，据此也宣称从第一卷的价值转形为第三卷的价格乃是"用橡皮擦来转形"(transform by taking an eraser and rubbing it out)，劳动价值论是多余的，直接从价格着手就好了。③

这里顺便多说几句萨缪尔森。由于他根本不理解马克思的叙述逻辑，

---

① 《马克思恩格斯选集》第1卷，人民出版社1995年版，第39—40页。

② 《马克思恩格斯全集》第4卷，人民出版社1958年版，第139—140页。

③ Paula A. Samuelson, "Understanding the Marxian Notion of Exploitation: A Summary of the So-Called Transformation Problem Between Marxian Value and Competitive Prices," *Journal of Economic Literature*, Vol. 9 (1971): 399—431

致使其论文到处充斥着对马克思的误解和曲解。单是这些也就罢了，严重问题在于，由于他对马克思经济理论的近乎“本能”的排斥乃至仇视心态，于是竟然不惜篡改马克思的话，以达到攻击马克思之目的。我看到的证据是：在上述提到的那篇论文的第九节，他直接援引了《资本论》第三卷第二章的一段话，引文是：“Surplus value [!] is therefore that disguise of profit [!] which must be removed before the real nature of profit [!] can be discovered. In profit [!], the relation between capital and labour is laid bare [III, Chapter II, p. 62] .”① 这段话的中译文是：“事实上，剩余价值（!）是利润（!）的表现形式。只有通过分析才能使利润（!）从剩余价值（!）中脱壳而出。在利润（!）中，资本和劳动的关系赤裸裸地暴露出来了。”② 查《资本论》中文版对应原文是：“实际上，利润是剩余价值的表现形式。而剩余价值只有通过分析才得以从利润中剥离出来。在剩余价值中，资本和劳动的关系赤裸裸地暴露出来了；在资本和利润的关系中，也就是在资本和剩余价值——它一方面表现为在流通过程中实现的、超过商品成本价格的余额，另一方面表现为一个通过它对总资本的关系而获得进一步规定的余额——的关系中，资本表现为一种对自身的关系，在这种关系中，资本作为原有的价值额，同它自身创造的新价值相区别。”③ 如果查《资本论》英文版，所对应的译文是：“In effect, profit is the form in which surplus-value presents itself to the view, and must initially be stripped by analysis to disclose the latter. In surplus-value, the relation between capital and labour is laid bare; ……”④ 不难看出，萨缪尔森篡改了马克思的话，他把“剩余价值”与“利润”弄颠倒了。鉴于他所援引的版本是相同的，而且他在引文中还加

---

① Paula A. Samuelson, “Understanding the Marxian Notion of Exploitation: A Summary of the So-Called Transformation Problem Between Marxian Value and Competitive Prices,” *Journal of Economic Literature*, Vol. 9 (1971): 417

② 外国经济学说研究会编：《现代国外经济学论文选》第 3 辑，商务印书馆 1982 年版，第 122 页。

③ 《资本论》第 3 卷，人民出版社 2004 年版，第 56—57 页。

④ Karl Marx, *Capital*, Vol. 3, translated by Institute of Marxism-Leninism (USSR) (Moscow: International Publishers, 1959), p. 30—31.

上了那么多的感叹号（!），所以我们有理由推测他是有意识的故意篡改，其目的很明显，就是因仇视而攻击！

萨缪尔森当然只是一个极端例子而已。在所谓“转形问题”争论的文献中，对马克思有关论述的许多误解或曲解，问题总的症结恰恰在于方法论。

（原文发表于《经济学家》2011 年第 6 期）

“转形”问题论争与20世纪马克思经济学在西方的命运

——纪念《资本论》第三卷发表120周年

顾海良[*]

今年是《资本论》第三卷发表120周年。百余年来，围绕《资本论》第三卷的主要理论展开的论争，特别是关于“转形”问题的论争，成为20世纪马克思经济学在西方发展的集中体现。甚至可以说，“转形”问题论争的起伏跌宕，更是20世纪马克思经济学在西方经济理论界命运多舛的最为贴近的写照。[①]

一、“转形”问题论争的出现与对马克思经济学的“补充”

西方学者所谓的“转形”问题（The Transformation Problem），指的是马克思在《资本论》第一卷和第三卷中论述的价值转化为生产价格问题。“转形”问题论争的发端，可以追溯到1885年《资本论》第二卷出版和1894年《资本论》第三卷出版这一时期。[②] 20世纪初，“转形”问题论争开始以对《资本论》第三卷关于价值转化为生产价格理论“补充”的形式出现。

冯·鲍特凯维兹在1906年发表的《关于马克思体系中价值计算和价格计算问题》和1907年发表的《对马克思〈资本论〉第三卷基本理论结

---

* 顾海良：中华人民共和国教育部社会科学委员会副主任，经济学教授。

① 本文所用的部分资料选自顾海良主编、常庆欣副主编：《百年论争——20世纪西方学者马克思经济学研究述要》，经济科学出版社2014年版。

② 顾海良：《恩格斯与“转形”问题的早期论争》，《当代经济研究》2014年第8期。

构的修正》[1] 这两篇文章中指出，除了明确加以说明的情况之外，马克思提到的价值实际上是交换关系的指数，“这是价值概念的本质，因为只有这样它才能根据马克思的价值规律在量上加以决定”[2]；而生产价格同价值一样，“也是交换关系的指数”，这时，“价值计算意味着按照价值规律决定商品交换关系，（生产）价格计算意味着按照利润率均等规律决定同样的交换关系”。[3] 他指出：可以很容易地看出，马克思使用的涉及价值向生产价格转形的程序是错误的，因为这种“程序没有严格地区分价值和（生产）价格计算的两个原理”。[4] 在鲍特凯维兹看来，马克思对“转形”过程的论述，只涉及投入用价值量计算、产出用生产价格量计算的情况，没有探讨投入也按照生产价格计算的“转形”过程。鲍特凯维兹认为，马克思注意到这一难题，如《资本论》第三卷曾提到，从“总计”上看，“这一切总是归结为这样的情形：加入某种商品的剩余价值多多少，加入另一种商品的剩余价值就少多少，因此，商品生产价格中包含的偏离价值的情况会互相抵消”。马克思信守的方法论原则就是：“总的说来，在整个资本主义生产中，一般规律作为一种占统治地位的趋势，始终只是以一种极其错综复杂和近似的方式，作为从不断波动中得出的、但永远不能确定的平均数来发生作用。”[5] 鲍特凯维兹误把马克思提出的需要解决的难题当作马克思不能解决的难题，据此试图用一组联立方程解决投入的成本价格在按生产价格计算时的“转形”过程和关系。鲍特凯维兹对“转形”问题的探索，基本上是在马克思已有论述基础上的“补充”或完善意义上的“修正”。

---

① Ladislaus Von Bortkiewicz, “Value and Price in the Marxian System,” *International Economic Papers*, No. 2 (1952): 5—60; “On the Correction of Marx's Fundamental Theoretical Construction in the Third Volume of Capital,” in *Karl Marx and the Close of His System*, ed. Paul M. Sweezy (New York: Augustus M. Kelley, 1949), pp. 197—221.

② Ladislaus Von Bortkiewicz, “Value and Price in the Marxian System,” in *Karl Marx: Critical Responses*, ed. Roberto Marchionatti Vol. 3 (London, New York: Routledge, 1998), p. 239.

③ Ladislaus Von Bortkiewicz, “Value and Price in the Marxian System,” in *Karl Marx: Critical Responses*, ed. Roberto Marchionatti Vol. 3 (London, New York: Routledge, 1998), p. 239.

④ Ladislaus Von Bortkiewicz, “Value and Price in the Marxian System,” in *Karl Marx: Critical Responses*, ed. Roberto Marchionatti Vol. 3 (London, New York: Routledge, 1998) p. 241.

⑤ 《马克思恩格斯文集》第7卷，人民出版社2009年版，第181页。

鲍特凯维兹的这两篇文章在当时并没有产生什么影响，经由保罗·斯威齐在1942年出版的《资本主义发展论》一书中的提示，[①] 这两篇文章才受到关注。但是，如曼德尔所认为的，鲍特凯维兹的这两篇文章还是构成"转形"问题论争的"第一个重要的转折点"[②]。斯威齐对鲍特凯维兹文章的得失作了评价，并提出一个新的联立方程组，同样希望对马克思"转形"问题作出"补充"性的"修正"。

在斯威齐对"转形"问题提示和评价的影响下，20世纪40年代末到50年代末，时有关于"转形"问题探索的新文献发表。如E. 曼德尔所指出的，"一系列作者通过研究社会总产品在劳动分工的不同部门的分配，在各种各样的假定下，设计出不同的计算（生产）价格和价值的方法，得到了或多或少不同于马克思的结论"[③]。这"一系列作者"及其著述，主要有J. 温特尼茨在1948年发表的《价值和价格：所谓"转形"问题的解决》、M. 多布1955年发表的《关于价值问题的探讨》、L. 米克1956年出版的《劳动价值学说史的研究》和同年发表的《关于"转形"的若干问题的探讨》，以及F. 塞顿1957年发表的《关于"转形问题"》等。这一时期，对"转形"问题的新的探讨，主要限于马克思主义经济学研究的"学术"圈内，还是以"补充"马克思经济学既有理论为基本出发点，有着显著的"完善"或"修正"马克思经济学的取向。

温特尼茨认为，"'转形'问题和一个被广泛争论的问题相关，这就是，在产业资本主义和完全竞争背景下，产品价格结构能否按李嘉图和马克思假定的那样，从由劳动所决定的价值中合乎逻辑地推导出来"[④]。在他看来，马克思以价值为基础的投入资本来计算平均利润率确实存在问题，"如果我们以等价交换为基础，并认为在（生产）价格发生变化时

① P. M. Sweezy, *Theory of Capitalist Development* (New York: Monthly Review Press, 1970, first published 1942), pp. 112—125.

② Ernest Mandel, introduction to *Ricardo*, *Marx*, *Sraffa*: *The Langston Memorial Volume* by Ernest Mandel and Alan Freeman (Schocken Books, 1985), p. ix.

③ Ernest Mandel, introduction to *Ricardo*, *Marx*, *Sraffa*: *The Langston Memorial Volume* by Ernest Mandel and Alan Freeman (Schocken Books, 1985), p. ix.

④ J. Winternitz, "Values and Prices: A Solution of the So-Called Transformation Problem," *The Economic Journal*, Vol. 58, No. 230 (Jun. 1948): 276.

始终保持利润率平均化，那么，马克思的‘转形’方法就是正确的”，然而，“这种计算平均利润率的简单方法与资本主义的事实不相符合，因为资本主义生产一经确立，（生产）价格不再是由价值相等的交换条件决定，而是由利润率的平均实现来决定”。这样，“在产业资本主义一般情况下，要坚持资本家的投入必须以生产价格为前提来计算利润率的这一假设”[①]。据此，温特尼茨试图建立“一种令人满意的、不需要特殊设定的、直截了当的代数分析方法”[②]。他的结论就是：“将这种‘转形’方法应用于简单再生产的方程式，就会发现它不仅对于这种特殊的‘转形’是不变的，而且对于每个以同样的方式影响投入和产出的‘转形’也都是不变的。除此之外，这种‘转形’还能在扩大再生产的条件下得到，因为上述等式仅仅设定了不同部门之间积累率的函数关系，在‘转形’过程中，其关系也会发生相应变化。”[③] 米克对温特尼茨的解决方法作了肯定性的评价，认为温特尼茨“清除了鲍特凯维兹解决方法中的冗余内容和不必要的假定”，而且“对那些持有将投入和产出的要素都考虑在内时价值就不能转化为价格的观点的人来说，温特尼茨的解决方法是一个有效的回击”。[④]

与温特尼茨的论文发表相隔大约10年，塞顿在《关于“转形问题”》一文中，以里昂惕夫投入—产出分析为基本框架，将“转形”问题的分析建立在n部门经济中，并假设所有的n种产品可以作为投入用于所有的n个部门中。塞顿的研究在当时产生了较为广泛的影响。霍华德和金认为：“塞顿的文章在‘转型’问题的现代讨论中是一个界标，他提供了在许多部门经济中价格可以由劳动价值决定的证明，他的公式被后来研究该问题的

---

① J. Winternitz, “Values and Prices: A Solution of the So-Called Transformation Problem,” *The Economic Journal*, Vol. 58, No. 230 (Jun. 1948): 278.

② J. Winternitz, “Values and Prices: A Solution of the So-Called Transformation Problem,” *The Economic Journal*, Vol. 58, No. 230 (Jun. 1948): 278.

③ J. Winternitz, “Values and Prices: A Solution of the So-Called Transformation Problem,” *The Economic Journal*, Vol. 58, No. 230 (Jun. 1948): 280.

④ Ronald L. Meek, “Some Notes on the ‘Transformation Problem’,” *The Economic Journal*, Vol. 66, No. 261 (Mar. 1956): 102—103.

大多数的数量经济学家所采纳，仅仅作了很小的变动。”①

塞顿在他论文结束处提出的一个“重要的告诫”，对后来“转形”问题在西方的发展有着重要的影响。他提出：“马克思的‘转形’过程概念的内在连续性和确定性，以及他由此概念引出的推论，经过本文的分析已完全证明是正确的。但是，构建其学说的理论基础却未经推敲，如果没有这些基本理论，整个‘转形’理论将失去其本质的意义和存在的价值。据我所知，所有部门的剥削率都相等的假设就从未得到证实，而生产资本品的部门的资本有机构成比例一定会比其他部门高的假设也无法确认其真伪。最重要的是，整个剩余价值学说的理论基石，即对于除劳动力以外的其他生产要素的价值的否定，实质上是一种断言而不是一种真正的认识。对于未来的马克思经济学研究的重点，应该放在考察这些对理论构建有基础性意义的先入之见上，而不需再研究已经在本文中得到充分证明的逻辑结构。”②这一“重要的告诫”，成为后来“转形”问题论争的重点，关于价值向生产价格“转形”逻辑的探索转向了对劳动价值论这一“基础理论”本身的论争，关于“转形”问题论争的范围也由马克思主义经济学“圈子”延伸到整个西方经济学界，对马克思主义经济学的现代“解读”成为“转形”问题论争的新取向。

二、“转形”问题论争的延伸与对马克思经济学的现代“解读”

1960年，P. 斯拉法的《用商品生产商品》的出版，使得“转形”问题论争发生了深刻变化。在《用商品生产商品》中，斯拉法构建了投入—产出方程体系，对新古典边际主义理论作出批判。在斯拉法模型中，价格和物质量之间的关系完全独立于价值，从而使得“转形”问题论争，“开始从

① ［英］M. C. 霍华德、［美］J. E. 金：《马克思主义经济学史：1929—1990》，顾海良、张新等译，中央编译出版社2003年版，第320页。

② F. Seton, “The ‘Transformation Problem’,” *The Review of Economic Studies*, Vol. 24, No. 3 (Jun. 1957): 160.

对马克思的价值理论构建的技术性批判，转向对经济分析上劳动价值论是不必要的、而且是应当被抛弃的证明”①。对传统的“转形”问题论争，出现了认为价值体系是一种“多余的”解决方法的观点，尽管这里所讲的“多余的”不等于是“错误的”。如伊藤诚所评价的，这时，“参与论争的学者的数量及其多样性以及所考察的理论问题涉及的范围，都使得这次论争成为经济理论历史上最为显著的漫长的论争之一”。②

P. A. 萨缪尔森在1971年发表的《理解马克思的剥削概念：马克思的价值与竞争价格间所谓转化问题概述》一文提出，沿着鲍特凯维兹—斯维齐的线路形成的成本价格转化为以生产价格计算的“转形”程序，只在一种特殊的情形下，即在所有资本都具有“相同的内部资本构成”的情形下，才是有效的；因而马克思的生产价格理论完全缺乏一般性，其结果与直接从用物质术语表示的投入—产出技术数据构建的价格方程体系得到的结果完全一样。他由此以调侃的口吻断言，“转形”问题的计算方法，不过是对“两个互不协调的理论体系的思考，写下一个，然后拿橡皮擦把它擦掉，填下另外一个。瞧！你已经完成了你的‘转形’计算了”③。他的结论就是：“马克思《资本论》第一卷的劳动价值论似乎是一种迂回，对于理解竞争条件下的资本主义是不必要的。而剩余价值理论对于不完全竞争和垄断竞争的这两个重要问题的分析，也几乎或完全没有帮助。”④

萨缪尔森是1970年诺贝尔经济学奖得主，他在1971年提出“橡皮擦算法”的观点自然引起更多的关注。他的观点在很大程度上打破了自庞巴维克以来西方主流经济学一致认定的马克思价值理论是“错误的”成见，因而受到完全否定劳动价值论的一些主流经济学家的抨击。A. 勒纳认为，

---

① Ernest Mandel, introduction in *Ricardo, Marx, Sraffa: The Langston Memorial Volume*, eds. Ernest Mandel and Alan Freeman (Schocken Books, 1985), p. xi.

② Makoto Itoh, "The Value Controversy Reconsidered," in *Radical Economics*, eds. Bruce Roberts and Susan Feiner (Kluwer Academic Publishers, 1992), p. 53.

③ Paul A. Samuelson, "Understanding the Marxian Notion of Exploitation: A Summary of the So-Called Transformation Problem Between Marxian Values and Competitive Prices," *Journal of Economic Literature*, Vol. 9, No. 2 (Jun. 1971): 400.

④ Paul A. Samuelson, "Understanding the Marxian Notion of Exploitation: A Summary of the So-Called Transformation Problem Between Marxian Values and Competitive Prices," *Journal of Economic Literature*, Vol. 9, No. 2 (Jun. 1971): 408.

萨缪尔森对马克思劳动价值论作出了“不合理的让步” (*illegal concessions*),[①] 因为这一“让步”暴露了庞巴维克观点是如此的失败，劳动价值论似乎变得是可以接受了，至少在逻辑上是可以接受的。从对劳动价值论是“错误的”指责转变为是“多余的”指责，不能为西方一些主流经济学家所容忍。G. 索斯沃斯则持相反的观点，他认为萨缪尔森的论述是对马克思的曲解，这一曲解无非是要极力说明马克思不过是一个“卑微的后李嘉图主义者”，因而马克思“不仅可以被忽视，而且应该被忽视”。萨缪尔森“打哈哈”式的用语，实际上是为了实现抵制当时对马克思经济学兴趣日益增加的政治目的。索斯沃斯认为，马克思经济学不是“像教给大多数学生相信的那样是一种简单而纯粹的政治辩护。尽管它需要发展，但它提供的是一种理解现实的更好的工具”[②]。

1973年，森岛通夫在《马克思的经济学》一书中认为，马克思的生产价格概念只有在产业是“线性相关”的情况下才是有效的；在实际工资水平和剥削率都存在的条件下，马克思的价值体系和（生产）价格体系并非互不相容。“如果加以修正和附加某些限制条件的话，马克思的很多命题是正确的，不过这些条件是相当严格的，因而人们会认为马克思在解决‘转形’问题上是不成功的……但是马克思的‘转形’问题并不是想要确立价值和价格之间的比例，相反，他是想证明个别的剥削与个别的利润不成比例。”[③] 冯·魏茨泽克在《森岛通夫论马克思》一文中认为，森岛通夫对马克思的理论充满同情，这使他避免了像萨缪尔森这样的主流经济学家在解释马克思理论时所犯的错误，“在把马克思经济学和现代数理经济学进行比较时，森岛通夫似乎基本认同了马克思的结论。在我看来，这远远好于我们的经济学家对待马克思的态度，他们根本就没有试图对马克思理论进行

---

① A. Lerner, “A Note on ‘Understanding the Marxian Notion of Exploitation’,” *Journal of Economic Literature*, Vol. 10, No. 1 (1972): 50—61.

② G. Southworth, “Samuelson on Marx: A Note, Review of Radical Political Economy,” in *Karl Marx's Economics: Critical Assessments*, ed. Cunningham Wood, Vol. Ⅲ, p. 320.

③ Michio Morishima, *Marx's Economics: A Dual Theory of Value and Growth* (Cambridge University Press, 1973), p. 85.

严肃的思考，而只是随大流去批评马克思的观点”[①]。

1974年，W.J.鲍莫尔在《价值转形：马克思的“真实”含义》一文中认为，自鲍特凯维兹以来，对“转形”问题的量上的解决方法的论争，在马克思看来其实是无关紧要的问题；马克思“转形”问题的“真实意图”，是用数学模型说明通过竞争实现剩余价值在不同资本之间进行收入分配的问题，“转形”问题的关键在于剩余价值是如何转化为不同资本所有权收益的，如转化为利润、利息等。对马克思的这一“真实意图”来说，鲍莫尔强调，价值以及价值到生产价格的“转形”是“必不可少的”前提。[②]

在新李嘉图主义学派中，伊恩·斯蒂德曼1977年在《按照斯拉法思想研究马克思》一书中，依据斯拉法《用商品生产商品》中提出的基本理论和方法，附和了萨缪尔森的观点，认为斯拉法体系是马克思体系的替代物。他认为，生产条件和支付给工人的实际工资这两者，均由商品的物质数量决定，进而决定利润率及商品的生产价格；各种商品中所包含的劳动数量本身也完全由生产条件所决定，因此，劳动价值不再能决定利润率或生产价格；在一个竞争性资本主义中，利润率不等于S/(C+V)，不存在从剩余价值到利润，从价值到生产价格的“转形”，因为利润和生产价格可以无需考虑任何价值量而被决定；不需要价值度量也能决定社会劳动的配置。[③] 因此，他认为，“转形”问题完全不必求助于价值和剩余价值理论，劳动价值论是“多余的”和“不必要的”，“与其让劳动价值论绕着脖子阻碍思考，不如干脆将它丢在一边而集中精力发展一种内部连贯一致的资本主义发展理论”[④]。

斯蒂德曼这种所谓“按照斯拉法”对马克思“转形”问题研究的结

---

① Von Weizsacker, “Morishima on Marx,” *The Economic Journal*, Vol. 83, No. 322 (Dec. 1973): 1253.

② W. J. Baumol, “The Transformation of Values: What Marx ‘Really’ Meant: An Interpretation,” *Journal of Economic Literature*, Vol. 12, No. 1 (Mar. 1974): 51—62.

③ [英] 扬·斯蒂德曼：《按照斯拉法思想研究马克思》，吴剑敏、史晋川译，商务印书馆1991年版，第2页。

④ [美] 伊恩·斯蒂德曼、保罗·斯威齐：《价值问题的论战》，陈东威译，商务印书馆1990年版，第10页。

论，在西方经济学界引起激烈论争。伊藤诚在《联合生产：斯蒂德曼遗留的问题》一文中认为，斯蒂德曼把马克思价值理论的要点狭隘地归结为均衡价格的确定，并指责马克思的价值理论是自相矛盾的，这是由于斯蒂德曼忽视了价值形式理论，片面地从技术方面去理解价值概念。对于马克思来说，伊藤诚认为，价值理论完全不是仅仅确定"平衡价格的手段。它首先是一种用以阐明资本主义社会的历史规定性的理论"[①]，其本质在于阐明资本主义社会关系以及它的特殊形式和机制。

谢赫在1977年发表的《马克思的价值理论和"转形"问题》中指出，从鲍特凯维兹最初的"转形程序"论述，到后来塞顿"变体"的研究，"所有这些'解法'都存在着同样的基本缺陷，他们在证明'从价值推导出价格的形式上的可能性'的同时，明显地割断了马克思在他自己的'转形程序'中特别强调的（生产）价格和价值量之间的重要联系"。[②]谢赫强调，马克思的价值理论并不是对古典政治经济学价值理论的简单继承，而是一种完全不同的新学说。他以爱因斯坦的相对论对于牛顿力学的关系为例指出："在爱因斯坦和牛顿之间有着广泛的差别，有着导源于不同的方法论、不同的分析目标等等上的区别，一直延伸到概念和计算上的区别。换句话说，在这两种分析方式上，有一个托马斯·库恩所说的'范式突破'（paradigm break）"。[③] 在谢赫看来，"把'转形'问题简化为仅仅是计算问题，简直就是把马克思经济学转变为新古典经济学……如果这样的话，马克思也就只能被看作是'多余的'了"。[④] 谢赫的主要结论就是："'转形'不是'从价值到价格'的'转形'，而不过是从

---

① ［美］伊恩·斯蒂德曼、保罗·斯威齐：《价值问题的论战》，陈东威译，商务印书馆1990年版，第152页。

② Anwar Shaikh, "Marx's Theory of Value and the 'Transformation Problem'," in *The Subtle Anatomy of Capitalism*, ed. Jesse Schwartz (Santa Monica: Goodyear Publishing Company, 1977), p. 107.

③ Anwar Shaikh, "Marx's Theory of Value and the 'Transformation Problem'," in *The Subtle Anatomy of Capitalism*, ed. Jesse Schwartz (Santa Monica: Goodyear Publishing Company, 1977), p. 107.

④ Anwar Shaikh, "Marx's Theory of Value and the 'Transformation Problem'," in *The Subtle Anatomy of Capitalism*, ed. Jesse Schwartz (Santa Monica: Goodyear Publishing Company, 1977), pp. 109～110.

价值的一种形式（直接价格）向另一种形式（生产价格）的转化”；这里的“转形”，是一种纯粹的形式变化，“从直接价格到生产价格的转化不涉及整个体系的任何实质性的变化”“马克思在这种价值理论的基础上推导出的规律，不能从以生产价格为起点的理论推导出来”。[①]

以萨缪尔森为代表的这种“多余性”观点，受到了西方一些马克思主义经济学家的批判，他们几乎无一例外地强调，马克思的价值理论不像其他类型的理论，并不只是为了决定均衡价格，更重要的是为了阐明资本和工人在剩余价值生产上的关系。因此，“如果在古典和马克思主义传统中，认为经济学作为社会科学的任务，在于揭示价格背后的以人类劳动为基础的社会关系的本质，那么劳动价值论不仅远远不是多余的，反而是必不可少的”。[②] 但是，也必须看到，萨缪尔森和斯蒂德曼的观点也是对马克思主义经济学提出的严重挑战。如伊藤诚所认为的，20 世纪 70 年代初开始的“转形”问题的新论争，“把由鲍特凯维兹定义的‘转形’问题和庞巴维克传统中对劳动价值论的广泛质疑结合在了一起”；由此而产生的诸如“多余性”这样的观点，“在年轻的西方学者中产生了意想不到的后果，这些学者现在意识到，马克思主义经济理论同新古典和新李嘉图主义经济学一样，可能值得进行数学分析。与此同时，他们被斯拉法沿着相同的思路进行的批判所感染”。[③]

三、“转形”问题论争的拓展与对马克思经济学的多维“重塑”

20 世纪 80 年代中期以来，“转形”问题论争呈现新的样式，进一步

---

① Anwar Shaikh, “Marx's Theory of Value and the ‘Transformation Problem’,” in *The Subtle Anatomy of Capitalism*, ed. Jesse Schwartz (Santa Monica: Goodyear Publishing Company, 1977), p. 134.

② Makoto Itoh, “The Value Controversy Reconsidered,” in *Radical Economics*, Bruce Roberts and Susan Feinereds (Kluwer Academic Publishers, 1992), pp. 59—60.

③ Makoto Itoh, “The Value Controversy Reconsidered”, in *Radical Economics*, Bruce Roberts and Susan Feinereds (Kluwer Academic Publishers, 1992), p. 59.

演变为新古典主义、新李嘉图主义和新马克思主义学派之间对抗的论争态势，伊藤诚将其评价为"转形"论争"三足鼎立"格局的出现。① 对"转形"问题论争从补充性的"修正"到"多余性"和"重新构造"的论证，再到"多维塑造"的变化，成为理解20世纪马克思经济学在西方演进的主要线索，也成为理解20世纪和21世纪之交马克思经济学在西方命运的基本视角。

斯拉法《用商品生产商品》的发表是新李嘉图主义这一经济思想流派产生的标识。新李嘉图主义尽管对新古典主义理论中的边际主义要素作了批判，但是它同新古典主义理论一样，坚持的还是均衡分析方法。因此，它必然同新古典主义理论一样，对资本主义发展的不平衡和相互联系的特征，不可能提供一种完全的和有效的分析工具。斯蒂德曼"按照斯拉法"对"转形"问题的探讨，受到多方面的质疑。R. D. 沃尔夫、A. 卡拉瑞和B. 罗伯茨认为，包括新李嘉图主义经济学在内的诸多经济学流派，草率地将马克思和李嘉图的理论都归于"古典经济学"框架之下，并将马克思理论仅仅看做是李嘉图学术观点的发展，而没有看到他们之间的区别。作为古典经济学家的李嘉图从来没有把资本主义当作一种独特的生产体系，而这恰恰是马克思坚持并试图加以证明的根本的社会理论观点；古典经济学把所思考的社会和经济现象当成是一种简单的自然秩序，而马克思则把对资本主义与对其他经济社会形态的研究完全区分开来。"为了这个目的，马克思不仅把劳动力看作一种商品，而且对他从古典理论中继承的价值概念进行了'转形'。"② 这一基本认识，在"转形"问题的新探索中，诸如"新解决方法"、沿着质的一面阐述问题、概率近似方法和"跨期一元体系"等中得到集中体现。

一是"新解决方法"或"新解释"问题。这是20世纪80年代产生

---

① Makoto Itoh, "The Value Controversy Reconsidered", in *Radical Economics*, Bruce Roberts and Susan Feinereds (Kluwer Academic Publishers, 1992), p. 53.

② R. D. Wolff, A. Callari and B. Roberts, "A Marxian Alternative to The Traditional 'Transformation Problem'," *Review of Radical Political Economics*, Vol. 16, No. 2/3 (Summer/Fall 1984): 115—135. Also in *Karl Marx's Economics: Critical Assessments*, ed. Cunningham Wood, Vol. V: 451—475, 116.

的“转形”问题的新的论述。“新解释”的一些原创性贡献，主要体现在D. K. 弗利、G. 杜梅尼尔和A. 利皮兹等的相关著述中。① 弗利认为，从经济思想史的角度看，“劳动价值论堪比伽利略和牛顿在物理领域进行的哲学的和理论的创新”②。弗利按照自己对劳动价值论的理解，试图消弭他所认为的“转形”问题论争中的混乱和迷惘。与弗利相比，杜梅尼尔对劳动价值论理解的视角相对狭窄，把劳动价值论仅仅看作是一种剥削的社会学。他认为：“‘转形’问题不是一个从价值引出生产价格的理论”，而“价值和（生产）价格之间的关系完全独立于利润率平均化的事实……并不意味着劳动价值论与分析资本主义无关。相反，对剥削理论而言，它是核心的内容”，因为“资本主义生产方式是建立在占有剩余劳动基础之上的阶级社会的一个新变种……从而价值概念是资本主义剥削理论的一个必要部分，也是马克思《资本论》分析中的一个首要目标”③。法因对此多有质疑，他指出：“对于围绕价值形式展开的价值理论、劳动力价值、货币价值和结构及资本主义动态等关键问题，‘新解释’一个都没有解决。更有甚者，‘新解释’把劳动价值论搁在一边，并把它狭隘化为一种（静态）的剥削理论。”④

利皮兹对“转形”问题作出新的数学证明，提出“马克思‘转形’定理”的三点结论：第一，对于每一个“产出结构而言，存在着一种且仅仅存在一种可使利润平均化的资本主义价值再分配；第二，如果选择这样的计量单位，能使得以价值表示的价值增殖额等于纯产品的价格总值，那么利润总额就等于剩余价值总额；第三，平均利润率是剥削率、

① D. K. Foley, “The Value of Money, the Value of labour Power and the Marxian Transformation Problem,” *Review of Radical Political Economics*, Vol. 14, No. 2 (1982): 37—47; G. Duménil, “Beyond the Transformation Riddle: a labour Theory of Value,” *Science & Society*, Vol. XLVII, No. 4 (1983—1984): 427—450; A. Lipietz, “The So-Called ‘transformation problem’ revisited,” *Journal of Economic Theory*, Vol. 26, No. 1 (1982): 59—88.

② Ducan Foley, “Recent Developments in the labour Theory of Value,” *Review of Radical Political Economics*, Vol. 32, No. 1 (2000): 2.

③ G. Duménil and D. Lévy, *The Economics of the Profit Rate: Competition, Crises and Historical Tendencies in Capitalism*. Aldershot, (UK: Edward Elgar Publishing, 1993), pp. 48—49.

④ B. Fine, “Transforming the Transformation Problem: Why the ‘New Interpretation’ Is a Wrong Turning,” *Review of Radical Political Economics*, Vol. 36, No. 1 (Winter, 2004): 18.

每个部门的生产技术函数以及社会劳动在部门间分配的函数，因而也是产出结构的函数"①。利皮兹沿用的尽管是"转形"问题论争中传统的数学方法，但他还是力求赋予这一论证多维"重塑"。

二是有关质的方面阐述问题的理论发展。这一理论强调价值分析的质的方面是理解"转形"问题的焦点。价值和生产价格之间的联系是抽象层次不同的范畴之间的转化，是一种抽象的不同层次之间的联系，而不是一种纯粹的逻辑上的数学程序。B. 法因和 A. 菲力欧对"转形"问题的质的解决方法作了积极探索。

法因和菲力欧指出，马克思的价值理论是无法在量的基础上建立起来的，并不像那些寻找数学方法来解决问题的人认为的那样。② 他们认为，重要的是，价值是作为社会关系的结果而存在的，因此不是要在价值或价格体系之间作出选择，而是要对它们之间的关系进行理论上的认知和分析层面上的解释。质的解释当然也遇到了量的分析的支持者的批判，认为质的阐述为许多马克思主义者提供了"避难所"。显然，这种质的解释不可能终结有关"转形"问题的论争，实际上，马克思本人就高度重视价值理论量的方面的问题，马克思本人也非常关注价值和价格之间数量关系的分析。在马克思看来，对"转形"问题单纯地从量的方面或孤立地从质的方面的研究都是偏颇的，而且在"转形"问题上量的分析和质的研究也是难以分割的。

三是对"转形"问题的概率方法（probabilistic approach）的分析。这一分析较为直接地回应了斯蒂德曼在《按照斯拉法思想研究马克思》中提出的观点。E. 法杰恩和 M. 马考维在对这一统计方法的阐发中，提出了解决"转形"问题的新观点。③ 在他们看来，有关这个问题的根本性的，同时也是最容易被误解的假定，就是平均利润率的假定。他们批判

---

① A. Lipietz, "The So-Called 'Transformation Problem' Revisited," *Journal of Economic Theory*, Vol. 26, No. 1 (Feb. 1982): 58—59, in *Karl Marx's Economics: Critical Assessments*, ed. Cunningham Wood, Vol. Ⅲ: 821.

② B. Fine and A. Saad-Filho, *Marx's "Capital" (Fifth Edition)* (London and New York: Pluto Press, 2010).

③ E. Farjoun and M. Machover, *Laws of Chaos: A Probabilistic Approach to Political Economy* (London, 1983).

有关利润率假定中的决定论，提出了一种非决定论的模型。在这种模型中，利润率只能在概率的基础上决定。传统方法认为所有部门的利润率是相等的，是因为所有理论家都认为，通过竞争形成的利润率的均等化是一种真实存在的经验。事实上，利润率总是不同的，这一点从经验上和市场分析中看都是如此。

概率方法的分析认为，市场上的交换关系通过自由市场过程按照生产价格调整。商品的价格可以在买卖双方之间进行自由协商，但是价格的可变性受到一个未知参数的限制。这种方法与斯拉法方法不同的是，它认为生产价格不是研究的对象，存在的只是价值体系（生产的单个价值）和市场价格（在市场上形成的可观察得到的交换关系）。马克思认为，具体的交换关系受经济规律，尤其是价值规律的支配。这就意味着，即使市场价格是“开放的”，价值规律仍然支配和调节它们。价值和价格之间的联系可以模型化为一种概率计算，而这其中不存在绝对的均衡趋势。

四是对“转形”问题的“跨期一元体系解释”（Temporal Single System Interpretation，TSSI)。这一解释较多地利用数学工具，对马克思劳动价值论存在“内在不一致”及“多余的”观点作了反驳。在 TSSI 看来，先前关于“转形”问题的讨论，包括鲍特凯维兹、斯威齐、塞顿、森岛通夫和斯蒂德曼等的观点，几乎都是建立在以“同期”（simultaneous）为基础的“转形”模型上的，因此，都无法解释价值向价格转化的内涵。弗里曼、克莱曼和威尔斯等认为，建立在“同期”解释基础上的“转形”问题论争，把价值体系和生产价格体系看作是同时决定的，造成了这两个体系之间的分离，把“转形”问题转变为一个“虚假问题”（spurious problem)。[①] 从这种“同期”视角出发，得出的只能是价值体系的“多余性”和放弃马克思经济学的结论。

TSSI 认为，“转形”是在时间顺序中发生的。在这一过程中，先要有一个由经济的技术条件决定的价值体系，以此为源头推导出价格体系，

---

① *The New Value Controversy and the Foundations of Economics*, eds.（Edward A. Freeman, A. Kliman and A. Wells Elgar Publishing，2004).

而后两个体系之间出现“跨期”联系。从总体上看，“跨期一元体系”与传统的“转形”问题的区别在于：在传统的“转形”问题中，价格与价值是两个各自独立的“二元体系”；且当期的价值“转形”与下期的“转形”基本上没有任何联系，是一种“单期的体系”。在TSSI中，价值体系与价格体系在时间维度中得到统一，每一期通过“转形”后得到的价格被看做是其后一期还未“转形”的价值，因而将原有的独立的、分裂的单期“二元体系”，综合为跨期的“一元体系”。之所以称之为“跨期”，是因为使用了非均衡的和动态的方法，强调建立在历期成本基础之上的价值和价格的相继决定，与建立在当期价值和价格基础上的同时计算相对应；之所以称之为“一元体系”，是因为价值和价格被决定时存在着相互依赖的关系。

克莱曼认为，“同期主义同物质主义交织在一起，难以分离”。[①] TSSI认为的“物质主义”，是对斯蒂德曼所说的“以物质为基础的分析（physically based analysis）”和“物质数量方法（physical quantities approach）”的简称。物质主义认为，“物质数量”或者更精确地说技术和工人的实际工资，是价值、剩余价值、生产价格、平均利润以及利润率的唯一的直接决定因素。这里的技术指的是物质投入和物质产出之间的关系，实际工资指的是用物质度量的工资。当给定数量的投入与以前相比有了更大的产出时，技术进步就发生了。如果一个工人与以前相比能够消费更多的商品和服务，其实际工资就在上升，无论这种情况是发生在其货币工资增加还是商品和服务变得更加便宜的条件下，都是如此。在克莱曼看来，所有的同期主义解释和理论都隶属于物质主义，揭示物质主义的理论失误是“非常重要的”。他认为，对“转形”问题论争中存在价值和生产价格之间“内部不一致”的观点几乎毫无例外都可以归结到这一点上，同期主义和价值规律根本无法兼容，当把马克思的理论构建为一种同期主义理论时，毫无疑问马克思的价值理论就变得存在内部

① Andrew Kliman, *Reclaiming Marx's "Capital": A Refutation of the Myth of Inconsistency* (Lexington Books, 2007), p. 35.

的不一致了。[1] 如果表明马克思自己事实上是一个同期主义者，或者他犯下的错误必须通过同期主义的方法来修正，那么他的价值理论注定会存在内部不一致。TSSI 认为，自从鲍特凯维兹以来，整个“转形”问题论争完全被物质主义的错误解释所支配。

TSSI 被认为是一种严格的和“一般性马克思价值理论形式——一种用来分析马克思框架下的经济学的不同的范式”[2]。TSSI 模型被认为维护了马克思理论的内部一致性，并且证明了“在一种完全地一般的形式上马克思那些经常被批评为错误的命题”[3]，这些评价使得 TSSI 与“新解释”相比成为一种“明显的值得推荐的更好的解释方法”[4]。维尼奇亚尼认为，在跨期一元方法下，马克思的命题得到了维护：“（1）所有马克思的总价值—总价格相等是成立的；（2）价值不可能为负；（3）利润不能是正的，除非剩余价值是正的；（4）价值生产不再和价格与利润决定无关；（5）利润率不随利润的分配而变化；（6）奢侈部门的生产影响一般利润率；（7）节约劳动的技术的变化会引起利润率的下降。”[5]

TSSI 对先前关于马克思“转形”问题所有解释的全盘否定，也招致多方面的激烈批判。TSSI 的批判者认为，TSSI 是对“拯救马克思”的进一步的“溃退”。G. 蒙乔维认为，TSSI 真正缺乏的是对斯拉法之后还需要劳动价值论的问题作出清晰的解释。[6] 围绕 TSSI 的观点展开的论争，成为 21 世纪以来马克思价值理论和“转形”问题论争的焦点。莱伯曼把 TSSI 称为马克思主义的“新正统”。他指出，“马克思主义政治经济学中

---

① Andrew Kliman, *Reclaiming Marx's "Capital": A Refutation of the Myth of Inconsistency* (Lexington Books, 2007), p. 36.

② A. Freeman and G. Carchedieds., *Marx and Non-equilibrium Economics* (Edward Elgar Publishing, 1996), p. xiii.

③ A. Freeman and G. Carchedieds., *Marx and Non-equilibrium Economics* (Edward Elgar Publishing, 1996), p. xviii.

④ A. Kliman and T. Mc Glone, "A Temporal Single-System Interpretation of Marx's Value Theory", *Review of Political Economy* 11 (1999): 35.

⑤ Roberto Veneziani, "The Temporal Single-System Interpretation of Marx's Economics: A Critical Evaluation", *Metroeconomica*, Vol. 55, No. 1 (2004): 97.

⑥ G. Mongiovi, "Vulgar economy in Marxian Garb: A critique of Temporal Single-System Marxism," *Review of Radical Political Economics*, Vol. 34, No. 4 (2002): 393—416.

的新正统，超越了只是主张把马克思主义的基本概念作为继续发展批判性的和革命性社会科学的富有成效的基础。新正统马克思主义宣称，马克思的表述无论是价值理论还是对资本主义积累和危机的分析，是完全正确的；马克思并没有犯什么错误，他留给我们的体系在所有要素上都是完整的，马克思远远超越他的时代，但却在倒霉的 20 世纪被完全误解了"。[①] 弗利在对《马克思和非均衡经济学》进行评论时认为："一元体系解释完全认可了马克思对转形问题的处理"。他的结论是：该书对马克思"价值理论的阅读的贡献是巨大而坚实的"。但他们"在跨期一元体系的基础上建立的替代性例子、模型和方法等尝试，应该被认为是试探性的，还需要作出进一步的评判和修正"。[②]

四、"转形"问题视界中马克思经济学在西方命运的思考

在马克思经济学中，价值转化为生产价格的理论是劳动价值论和剩余价值论发展紧密相连的成果。一方面，生产价格作为价值的转化形式，对其形成机制和形成过程的理解，是以劳动价值论为基础的，不理解价值实体、价值实现及其转化机制，就不可能搞清抽象层次上的价值向具体层次上的生产价格转化的逻辑过程；另一方面，生产价格中的平均利润是剩余价值的转化形式，是以剩余价值理论为前提的，不理解剩余价值的本质、来源和基本形式等基本问题，就不可能搞清剩余价值到利润、利润到平均利润的内在转化关系。因此，"转形"问题的论争，在根本上就是关于马克思劳动价值论和剩余价值论的科学内涵及其经济学意义的论争。

有关"转形"问题的论争已有超过百年的历史，是 20 世纪西方关于

---

① David Laibman, "Rhetoric and Substance in Value Theory: An Appraisal of the New Orthodox Marxism," *Science & Society*, Vol. 64, No. 3 (Fall, 2000): 312.

② Duncan K. Foley, "Review of Marx and Non-Equilibrium Economics by Alan Freeman and Guglielmo Carchedi (eds)," *Eastern Economic Journal*, Vol. 23, No. 4 (1997): 496.

马克思经济学理论论争的焦点问题之一，但也是一个至今仍然悬而未决的问题。如果说“转形”问题百年论争有所共识的话，那就是马克思经济学理论意义上的“转形”问题确实是存在的。正是在对“转形”问题长期的热烈论争中，正是在参与论争各方在展示各自的理念、视角、方法、过程和结论中，才有可能发现马克思经济思想百年探究的轨迹，才有可能真正体会到马克思经济学历久弥新的理论价值和学术魅力所在。这不免使人想起20世纪中叶西方一位著名经济学家（同时也是一位顽固的马克思经济学的反对者）约瑟夫·熊彼特，在感慨于马克思经济学的“伟大”时所说的一番话。他谈道：“大多数智力或想象力的创作，经过短的不过饭后一小时，长的达到一个世纪的时间，就永远消失了。但有一些创作却不是这样，它们遭受几度隐没，复又重现，它们不是作为文化遗产中不可辨认的成分而出现，而是穿着自己的服装，带着人们能看到的、摸到的自己的瘢痕而重现。这些创作，我们完全可以称之为伟大的创作——这个把伟大与生命力联结一起的称谓不会不恰当。从这个意义上说，无疑这伟大一词适合于马克思的理论。”[①]确实，马克思经济学正是在其曲折的发展过程中，显示其“伟大的”理论上和学术上的感召力。

“转形”问题在西方经济学界论争的时落时起，与马克思经济学自身的“隐没”和“复兴”有着直接关系。西方主流经济学关注“转形”问题较多时，不只是学术兴趣上或新方法运用上的动力，更多的是对马克思经济学“复兴”的一种本能反应。例如，20个世纪70年代初，西方一些主流经济学家对“转形”问题的异常关注，不只是因为斯拉法主义的出现或新李嘉图主义的兴起，更多的是因为当时马克思经济学的“复兴”。K. 屈内在出版于1972年的《经济学和马克思主义》一书中，曾对20世纪60年代末70年代初马克思经济学在西方“复兴”的原因和状况作过阐释。他认为，“有三个不同的理由可以说明我们谈论‘马克思复兴’是适当的：第一，在当前，由朋友和敌人围绕马克思展开的一般性辩论更加活跃；第二，‘学术’经济学开始吸收由马克思发展起来的某些

---

① ［美］约瑟夫·熊彼特：《资本主义、社会主义与民主》，吴良健译，商务印书馆1999年版，第43页。

思想，特别是有关增长理论的思想；第三，现代经济学中出现的一些新的、非正统的经济学流派开始积极倡导'更高阶段'（在黑格尔或后马克思主义的意义上）的马克思主义"。而且马克思经济思想对当时西方经济学的发展，正产生着三个方面的影响：一是"马克思为现代宏观经济理论创建了基础"；二是"马克思不只是经济学研究中许多理论的先驱者，而且为继续发展这些理论奠定了基础"；三是"尽管马克思在未来的社会主义社会问题上保持沉默，但是马克思至少是在《政治经济学批判大纲》中对远至自动化时代的社会制度变革进行了概略的叙述"。[①] 屈内看到，西方不同的经济学流派"对马克思的批判的考察表明，拒绝马克思的理论通常不是因为这些理论的经济内容，而是因为这些理论的社会和政治含义"[②]。"转形"问题百年论争给我们的重要启示就是，西方的某些主流经济学对马克思经济学中诸如价值问题、剩余价值问题、"转形"问题等的"解决"，在根本上是要"终结"马克思经济学本身。

百余年来，"转形"问题以各种方式的解决和再解决，以及各种经济思想流派之间的交锋和再交锋，体现的正是马克思经济学在西方经济学界曲折发展的世纪历程。德赛认为，这一时期，如果说，一直"存在对'转形'问题的兴趣，那不是因为在技术上这个问题难以解决，而是因为不同的人希望从它的解决中或解决方法缺乏的内容中得出不同的东西"。[③] 比如，对早先的庞巴维克来说，"转形"问题无法解决意味着马克思认为利润源自剥削的观点是错误的；后来的"主流经济学家把'转形'问题作为一个类似分析技术练习的问题加以解决，可能是希望证明这个问题是一个无关紧要的问题，可以在不丧失任何东西的情况下消去这个问题"[④]。而对于众多马克思主义者而言，如果这个问题在不提供资本主义

① Karl Kühne, *Economics and Marxism*, Vol. 1, English Translation Edition, translated by Robert Shaw (Macmillan Press Ltd, 1979), p. 3, 5.

② Karl Kühne, *Economics and Marxism*, Vol. 1, English Translation Edition, translated by Robert Shaw (Macmillan Press Ltd, 1979), p. 42.

③ Meghnad Desai, "The Transformation Problem," *Journal of Economic Surveys*, Vol. 2, No. 4 (1988): 297.

④ Meghnad Desai, "The Transformation Problem," *Journal of Economic Surveys*, Vol. 2, No. 4 (1988): 297.

的根本弊端和历史暂时性的本质的无可辩驳证据的情况下得以解决了，那将是非常令人遗憾和痛惜的。马克思主义者“继续反对‘转形’问题可以被简化为一个数学的、数量的问题，并坚持提出和解决了‘转形’问题中存在的错误的问题”①。当然，也有一些还想借助马克思经济学声誉，却打算放弃马克思经济学基本原理的人，他们“认为原来的‘转形’问题像挂在左翼马克思主义者和马克思主义政党的脖子上的磨盘。他们认为这个问题中充满了错误的和教条式的利润理论和阶级斗争理论。如果利润率能够被证明不只是源自对劳动的剥削，那么就能够和非劳动要素形成联盟并能更好的赢取政治权力”②。显然，放弃劳动价值论和剩余价值论的马克思经济学，将失去它的灵魂和基石，也将失去它的当代功能和科学价值。如莫斯利所认为的，“为了让马克思的颠覆性的剥削理论站不住脚，资本主义的意识形态有必要去表明马克思的理论无效之处，从而动摇其理论”。③

“转形”问题的百年论争表明，马克思经济学理论问题的论争，不能否认其中存在的经济学分析工具的新运用和方法的新突破的意义，不能模糊其中体现的意识形态之间的对立与纷争，但同时也不能忽视“回到马克思”、“重读”和“再重读”马克思经济学文本的重要意义。在对“转形”问题中“马克思的理论并不存在逻辑不一致之处”的辩护中，莫斯利认为，马克思在将不变资本和可变资本投入的价值转化为生产价格上并没有失败，而且他的两个总量等式总是能同时成立的。“争论中所谓的逻辑不一致性源于对马克思的理论的逻辑结构的误读，尤其是来自于对于不变和可变资本投入的决定方法的误读”。如果一个人能够正确地理解马克思的理论的逻辑结构，那么，他就能认识到马克思在《资本论》第三卷提出的生产价格理论不仅是完整的而且具有一致性。莫斯利的判断是：“不存在‘转形’问题，至少在马克思尚未解决这一问题的意义上

---

① Meghnad Desai，“The Transformation Problem，” *Journal of Economic Surveys*，Vol. 2，No. 4（1988）：297.

② Meghnad Desai，“The Transformation Problem，” *Journal of Economic Surveys*，Vol. 2，No. 4（1988）：297.

③ Fred Moseley，“Recent Interpretations of the ‘Transformation Problem’，” *Rethinking Marxism*，Vol. 23，No. 2（Apr. 2011）：186.

是不存在的"。[①] 在莫斯利看来，马克思已经解决了自己的"转形"问题，很多人提出的"转形"问题是他们自己的问题。马克思经济学也包括马克思整个理论的这一命运，或许是缺乏对马克思基本文本的把握和理解的结果。

回望20世纪马克思经济学在西方的命运，我们应该承认，"转形"问题（也包括劳动价值论和剩余价值论）这样的争论，大概只有在西方经济学境遇中才可能出现。在这种境遇下，对马克思经济学基本理论的质疑、反对乃至攻击才可能完全地暴露出来。这种境遇在这一时期的苏联和东欧国家的经济学界难以存在，当马克思经济学受到过多的非学术性的"保护"时，就难以在直面各种理论及其流派的交流、交融和交锋中推进自身的发展。例如，当马克思经济学缺乏现代分析手段时，就难以在理论经济学质态研究向量化分析转变中体现自身的时代性，也难以在同样的现代分析手段的学术平台上彰显马克思经济学自身的现代性。以西方经济学界的这种境遇为背景，展示"转形"问题论争的思想史过程，能够弥合这一时期我们对马克思经济学历史发展的隔膜，也能够开放我们对马克思经济学理论研究的新视域。

（原文发表于《中国高校社会科学》2014年第6期）

---

① Fred Moseley, "Recent Interpretations of the 'Transformation Problem'," *Rethinking Marxism*, Vol. 23, No. 2 (Apr. 2011): 187.

利润率的决定机制及其变动趋势研究

——基于劳动价值论的新解释

朱　奎*

一、引　　言

利润率是投资、就业、收入分配和经济周期等理论中的一个重要解释变量，但相关研究至今不但未形成一个比较成熟的理论体系，甚至争议颇多。在新古典分析传统中，利润作为资本报酬并没有赋予比其他要素报酬更重要的地位，利润率决定于时间偏好或资本边际生产力这些外生给定的技术条件。但实践证明，利润率与引起成本变化的实际工资、技术变迁等因素高度相关，因此，从这个角度说，研究利润率大小的决定及其变动趋势必须向“古典剩余传统”回归，但研究视角及方法必须进行重大转换，因为现在已不具备古典经济学家理论成立的前提条件。

在资本主义进入垄断阶段后，马克思所描述的利润率趋于下降规律受到了种种置疑。斯威齐（P. Sweezy，1942）和巴兰（P. Baran，1973）主张用剩余增长的规律代替马克思的利润率趋于下降规律。斯威齐认为，一般情况下，提高资本有机构成和提高剩余价值率是同步进行的。在资本有机构成提高的背后，隐藏着资本的积累过程，在这里同时存在着一些压低和抬高利润率的力量。布劳格（M. Blaug，1992）也认为存在一些阻止利润率下降的因素，如劳动生产率比工资提高更快、节约、技术引进以及对外贸易等，利润率究竟如何变化是不确定的。

* 朱奎：上海财经大学马克思主义研究院副研究员，经济学博士。

迪金森（H. Dickinson，1957）利用新古典的分析工具揭示资本有机构成与剥削率之间的关系。他认为，在实际工资保持不变的情况下，利润率随着资本有机构成的提高而提高，只有在非常特殊的情况下（资本积累超过某一临界点），利润率才会下降。米克（R. Meek，1960）的统计数据非完全地验证了迪金森的结论。罗宾逊（J. Robinson，1962）指出，各部门资本有机构成不一致时，其利润率和剩余价值率不可能同时一致，进而否定了马克思关于剩余价值率不变这个假定，这显然是忽视了价值向生产价格转化问题的存在。罗宾逊同时还指出，资本积累和技术进步不一定意味着每人所用资本的增加，技术革新不一定都是资本密集型的，而且在劳动生产率提高的情况下，虽然实际工资不变，但商品价值的下降降低了可变资本的价值，剥削率随之提高，这有助于抑制利润率的下降。萨缪尔森（P. Samuelson，1957）认为，在实际工资不变的情况下，如果一项技术革新确实被资本家所采用，利润率一定会上升，技术进步、实际工资不变和利润率下降三种情形不可能同时存在。置盐信雄（N. Okishio，1961）对此提供了证明，这个观点被称之为“置盐定理”(Okishio Theorem)。罗默（J. Roemer，1978）也曾利用新古典分析工具对实际工资、技术革新和利润率变化三者之间的关系进行过系统的分析，并得出类似的观点。布伦纳（R. Brenner，1998）认为，马克思忽视了资本生产力的作用，进而犯了马歇尔式的错误，而且理性的资本家不会采用降低其利润率的技术。萨查里亚斯（A. Zacharias，2002）认为布伦纳的资本生产力概念缺乏价值理论基础。另外，新技术的采用在降低成本方面是没有限度的，因此采用新技术的企业完全可以在极低的价格下获得极高的利润率，因此这并不构成反驳马克思的证据。

赞成马克思的学者也从不同角度对利润率趋于下降的规律进行了探讨，克莱因（L. Klein，1947）把马克思的利润率公式$\frac{s}{c+v}$改写为$\frac{s\,[1-c/(c+v)]}{v}$之后，用资本主义资本积累收益下降造成了20世纪二三十年代“大萧条”这个事实，说明马克思资本有机构成提高造成利润率下降论断的正确性。但是，克莱因的分析是以剩余价值率不变为前提的，并且忽略了各种起反作用的因素。耶夫（D. Yaffe，1973）则认为，只有在效率更高、获利最大的条件下，资本“重构”才能克服危机，资本才能存活下去。从这个意义上说，资本主义危机是与利润率下降的长期趋势相对立的、最强有力的反作用趋势，由于存在反作用趋势，利润率下降不是线性的，某些时期只是以潜伏的形式出现，而在其他时期则表现得或强或弱，并以一个危机周期的形式表现出来。曼德尔（E. Mandel，1962、1967、1972）用社会必要劳动时间随着新技术普遍使用而降低，来说明最先使用新技术的个别资本家所获得的超额利润的暂时性，以及整个社会资本家平均利润率的降低过程，并把这种过程看成价值规律的客观作用。在曼德尔看来，积累是利润率的函数。他认为利润率的波动主要是由于剥削率的改变，而剥削率的变化取决于阶级斗争，而不是技术变化。不仅如此，曼德尔还从流通领域对利润率下降进行了考察。拉加德（C. Lagarde，2003）认为，利润率趋于下降规律应从纯资本主义生产方式的层次上理解，但是他认为，该规律的标准解释并不能推出资本有机构成必然提高的结论，因此拉加德集中分析了剩余价值在不变资本和可变资本之间的分配，从剩余价值积累和有效劳动增长之间张力的角度出发，说明资本主义不能克服现有劳动时间的限制，因此利润率在长期中必然是下降的。

综观以上对利润率趋于下降规律的理论探讨，迄今为止的研究存在几个方面的局限：一是为利润率趋于下降规律辩护的观点缺乏缜密的逻辑论证，要么是在简单地重复着马克思的论断，要么是背离了马克思主义经济学的理论基础和研究方法。二是反对利润率趋于下降规律的研究，有的回避了马克思所作的前提假设；有的虽然考虑到了多重因素对利润率变化的综合影响，但采用的是非马克思主义的分析方法。不论是否赞同马克思的论断，相关文献都没有建立起动态模型作出系统而精确的分析。

为此，本文试图采用动态研究方法，综合考虑决定利润率大小及其变化趋势的诸多因素，建立关于利润率变化的多变量动态模型，以此来分析和探讨利润率的决定机制及其变化趋势问题。在此应该强调的是，由于现实中国民收入的统计变量偏离了价值范畴，无法用价格变量去精确地考察马克思的利润率趋于下降规律，只能起到辅助性的统计验证作用，本文涉及的利润率均指价值利润率，而非价格利润率。利润率函数自变量中的外生变量和内生变量（包括价值变量和价格变量）均是对价值利润率产生直接或间接影响的分析因子。本文的分析框架为：第二部分考察了利润率趋于下降规律的经典解释，并从价值范畴的角度，根据马克思的假定对马克思的论证逻辑进行了重新梳理；第三部分建立了包含资本有机构成、实际工资和技术等变量的多变量动态模型，实际工资和技术等变量通过影响资本有机构成、可变资本与剩余价值的相对量，进而对利润率变化产生间接的影响，在此基础上对利润率趋于下降规律进行全面的考察；第四部分简要地论述了关于利润率趋于下降规律的统计验证问题；第五部分得出结论。

二、关于利润率趋于下降规律的经典解释

利润率的长期变化规律是古典经济学研究的一个重要范畴。斯密、李嘉图和约翰·穆勒都预期长期利润率会下降。不过，他们的论证角度和理由并不相同。

斯密对利润率下降的预期主要来自两方面的原因[①]：一是投资机会的减少；二是资本产出比率上升。李嘉图则认为，农业报酬递减会提高农产品的相对价格，进而提高工人的货币工资，导致了利润率的下降。但是，李嘉图同时也认为，农业生产技术的进步将会延缓利润率下降的趋势，通过进口廉价的农产品也具有这种效果。穆勒发展了斯密和李嘉图的理论，认为利润率受到人口增长、资本积累和生产技术的影响，并且认为这些因素是同时起作用的。穆勒同样也论述了一些抑制利润率下降的因素，但是他认为资本积累的压力对利润率造成的影响是决定性的。

显然，古典经济学家所作的前提假设已失去了存在的合理性。与古典经济学家不同，马克思论证了在技术进步和工人实际工资下降的情况

① 柳欣、郭金兴、王彩玲：《资本理论与货币理论》，人民出版社2006年版，第128—129页。

下，利润率最终将趋于下降。马克思认为，随着生产力的日益发展，资本有机构成不断提高，结果在劳动剥削程度不变甚至提高的情况下，利润率趋于下降，“因此，一般利润率日益下降的趋势，只是劳动的社会生产力日益发展**在资本主义生产方式下所特有的表现**”①。如果用 s_i 和 c_i、v_i 分别表示第 i 部门的剩余价值和不变资本、可变资本，那么利润率可以表示为：

$$r=\frac{\sum_i s_i}{\sum_i (c_i+v_i)}=\frac{\sum_i s_i/\sum_i v_i}{\sum_i (c_i+v_i)/\sum_i v_i}=\frac{e}{k+1}$$

马克思认为，k（资本有机构成）是不断上升的，而不论 e（剩余价值率）不变还是上升，利润率 r 都是趋于下降的。同时，马克思还提到了一些阻止利润率下降的因素。② 马克思在这里提到的诸多抑制利润率下降的因素后来成了争论的焦点。不过，马克思忽视了资本周转速度的加快和不断加大的非生产领域投资比重等因素，而这些因素在现代社会对利润率下降的抑制作用越来越明显。

以上的分析显然包含了一个前提条件：资本有机构成不断提高，而且比剩余价值率的提高更快。竞争促使劳动生产率提高，从而缩短必要劳动时间，使得剩余价值率有上升的趋势。同时，现代科技的发展使复杂劳动与简单劳动的差距扩大，劳动时间的变化往往不是体现在外延的变化上，更多是体现在内涵的变化上，从而劳动密度大大提高（程恩富、汪桂进、朱奎，2005），这对于提高剩余价值率也起到了重要作用。实际上，剥削率的变化取决于阶级斗争，而不只是技术变化。因而单从资本有机构成的提高不足以导出利润率趋于下降的结论，除非资本有机构成上升没有限度，而剩余价值率上升存在一个限度。但是，就某一时期来说，剩余价值的绝对量是有限度的，而剩余价值率是个相对量，其提高没有限度。

马克思认为资本有机构成的提高必然会导致平均利润率的下降，然而，资本家为什么会进行导致利润率下降的技术创新呢？这和资本家追

① 《资本论》第 3 卷，人民出版社 2004 年版，第 237 页。

② 《资本论》第 3 卷，人民出版社 2004 年版，第 263—268 页。

求利润最大化的动机是存在根本性冲突的，不过，这并不构成反驳利润率趋于下降规律的证据，这一点可以用图 1 进行解释。

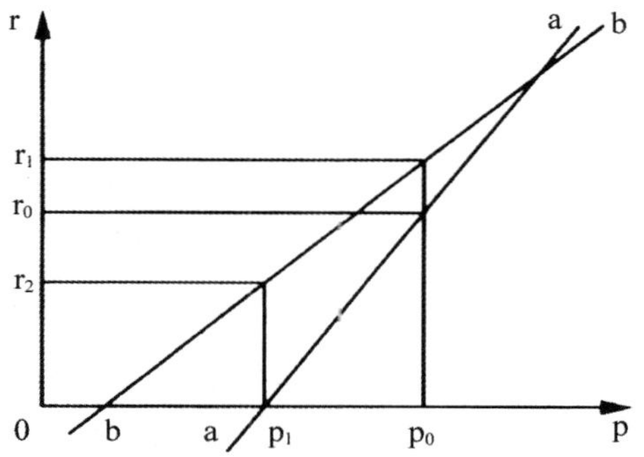

图 1 竞争导致利润率下降悖论的多头非合作博弈

假定一个简单的多头非合作博弈情形：（1）市场初始状态用方法 aa 进行生产，最初价格为 p_0，相应的利润率为 r_0；（2）市场主体之间为非合作关系，不存在任何约定；（3）市场主体采用新技术目的是为了提高利润率。这样，在初始状态下创新资本采用新技术（方法 bb）显然是有利可图的，因为它可以得到较高的利润率 r_1，但这种情形不可能持续长久，因为其他的资本所有者必然也采用新的技术进行生产，进而价格竞争导致价格（p_1）和利润率 r_2 的双重下跌。所以，对于资本所有者来说，不是是否可以得到较高的利润率问题，而是是否可以生存下去的问题，这和"囚徒困境"的结果比较类似。从这里可以看出，马克思是从社会总资本层面研究单个资本追逐较高利润率和社会总资本利润率下降之间的冲突的。

根据以上分析，我们并不能得出技术进步必然会导致利润率下降的结论。马克思的利润率趋于下降规律是隐含了资本有机构成不断上升这个前提条件的。实际上，由于竞争的压力，劳动生产率加速提高，尽管生产资料的数量可能有所增加，但其价值也会不变甚至会减少。既然资本有机构成的提高是一个或有的事实，那么利润率下降本身也要视情况而定。不仅如此，这里还包含着方法论上的缺陷：它假定价值增殖的使用价值基础、社会分工体系和资本积累的主导部门在长期没有变化。古典经济学家琼斯（R. Jones，1833）曾经提到，产业部门的多样化具有刺激资本积累的作用。马克思在《资本论》第三卷引征了琼斯的这个观点，但他并没有将这一点正式列入利润率下降的抵消因素。因为一旦引入由产品创新带来的部门多样化，马克思的利润率下降理论的方法论基础就会为之动摇[①]，而且没有任何理由或事实能证明劳动生产率提高的速度必定小于资本有机构成提高的速度。资本有机构成不断提高不仅从理论上无法说明，更没有得到实践检验。20 世纪后期以来，不但资本价值构成呈下降趋势，资本技术构成也不断下降。吉尔曼（J. Gillman，1957）、艾尔蒂斯（W. Eltis，1992）曾作过统计检验，并未发现资本有机构成有何规律性的变化。自 20 世纪以来，西方主流经济学已经放弃了资本产出比具有长期上升倾向这一假设。

那么，资本有机构成提高是否必然会导致利润率趋于下降，资本有机构成又是否必然会不断提高，以及实际工资、技术进步等因素是否会对利润率变动具有重要影响？现有文献并未给出具有一般意义的解释，我们必须在综合考虑这些因素的基础上，建立关于利润率变化的一般理论分析框架，以揭示利润率变化的内在机制和动力及其发展趋势。

三、一个含有多变量的动态模型

马克思在论述利润率趋于下降规律时，没有考虑实际工资和技术进步等因素对资本有机构成和剩余价值率等变量的影响，我们先遵循这些隐含条件，建立一个简单的动态模型。假设：(1) 预付资本由不变资本 c 和可变资本 v 组成；(2) 技术进步使得资本有机构成提高，但不影响实际工资、剩余价值率等变量；(3) 利润率 r、剩余价值 s、不变资本 c 和可变资本 v 均是时间 t 的函数。利润率 $r=\frac{s}{c+v}$，两边取对数并对时间 t 求导：

---

① 张宇、孟捷、卢荻主编：《高级政治经济学》，中国人民大学出版社 2006 年版，第 411 页。

$$\frac{dr/dt}{r}=\frac{ds/dt}{s}-\frac{dc/dt+dv/dt}{c+v}=G_r\ (G_r\text{ 为利润率的增长率})$$

为方便起见，假定资本家消费占剩余价值的比率 δ 固定，则上式中不变资本和可变资本的增量等于扣除消费之后剩下的剩余价值：

$$\frac{dc+dv}{dt}=s(1-\delta)$$

因此，$G_r=\frac{ds/dt}{s}-\frac{s\ (1-\delta)}{c+v}$。在此，我们定义$\frac{ds/dt}{s}$为剩余价值增长率 G_s，$\frac{s(1-\delta)}{c+v}$为积累利润率 r_a，则可导出以下三个推论：(1) 如果 $G_s>r_a$，则 $G_r>0$，利润率 r 趋于上升；(2) 如果 $G_s<r_a$，则 $G_r<0$，利润率 r 趋于下降；(3) 如果 $G_s=r_a$，则 $G_r=0$，利润率 r 不变。

显然，利润率和积累利润率是同向变动的，利润率最终趋向均衡利润率（此时，$G_s=r_a$），除非 G_s 和 r_a 始终存在偏离。如果只把资本有机构成和剩余价值率看作是内生变量，当剩余价值率不变或下降时，G_s 等于或小于 0，总是小于积累利润率的，所以利润率总是趋于下降；当剩余价值率提高时，利润率趋于下降必须满足 $G_s<r_a$ 这个条件，也就是说，资本有机构成和剩余价值率两者的变动必须要满足一定的关系，马克思所说的利润率趋于下降规律正是推论二的情形。

应该注意的是，在第二个推论中，并不包含资本有机构成不断上升这个前提条件，只要满足 $G_s<r_a$ 这个条件，利润率就会趋于下降，因此马克思关于资本有机构成不断提高的前提在这里显得并不必要。

利润率 r 是资本有机构成 k 和剩余价值率 e 的函数，因此利润率 r 的全微分 dr 可表示为：$dr=(\partial r/\partial k)dk+(\partial r/\partial e)de$。在利润率函数中，自变量资本有机构成由技术进步决定，而剩余价值率在由非经济因素决定的同时，还受到实际工资和技术进步的影响。技术进步改变了生活资料的价值，进而改变了劳动力的价值，而实际工资并不对剩余价值率以及产品价值产生直接的影响，而是通过改变分配状况，即可变资本和剩余价值的相对量，进而对剩余价值率产生间接的影响，最终影响到利润率的变化。当然，在现实生活中，资本周转速度、多样化生产、产品创新、非生产领域投资比重变化以及供求因素都会影响利润率的变化[①]。因此，可以把利润率看成是实际工资、技术进步等变量的函数。如果用 W_r 表示实际工资，T 表示技术进步，N_e 表示非经济因素，资本周转速度、多样化生产、产品创新、非生产领域投资比重变化及供求等因素用 φ 表示，那么利润率函数可表示为：$r=f(W_r,T,N_e,\varphi)$，则利润率 r 的全微分（变化量）可表示为：

$$dr=(\partial r/\partial W_r)dW_r+(\partial r/\partial T)dT+(\partial r/\partial N_e)dN_e+(\partial r/\partial \varphi)d\varphi$$

如果把 N_e 和 φ 均看作是外生变量，则上式可简化为：

$$dr=(\partial r/\partial W_r)dW_r+(\partial r/\partial T)dT$$

一般情况下，实际工资与利润率是呈反向变化的。但是在劳动力价值下降的条件下，实际工资的提高也不会导致利润率的下降。名义工资可能因为劳动力价值的下降而降低，因而就可以提高剩余价值率，从而提高利润率。由于技术进步对劳动力价值是有影响的，因此技术进步对利润率的确切影响是与工资—利润相对份额变化有关（J. Roemer，1978）。在劳动力价值不变和技术进步的条件下，工人获得的生活资料的数量虽然增加了，但原有的必要劳动与剩余劳动的划分比例并没有改变。因此，在劳动力价值不变时，实际工资的增加，改变的只是劳动者的生活资料数量，不会降低利润率。

然而，实际的工资往往与劳动生产率高度相关，在实际工资高的地方，工人往往更加积极和勤快（Krishna Bharadwaj，1992），这一点可以通过一个单一的产品模型来说明。

在单一的产品模型中，生产周期固定，总产出用 Y_t 表示，劳动投入为 L，实际工资为 W_r，以 θ 表示劳动生产率，则 t 期总产出 $Y_t=\theta L$。因此，利润率可以表示为总产出与总资本投入的差额再除以总资本投入：

$$r=\frac{Y_t-Y_{t-1}}{Y_{t-1}}=\frac{\theta L-LW_r}{LW_r}=\frac{\theta}{W_r}-1$$

---

① 非经济因素主要指资本家和工人之间的相对谈判地位。资本家的谈判地位上升，则剩余价值分配有利于资本家，剩余价值率上升；反之则相反。在本文中，为了集中分析核心变量实际工资和技术进步，我们把非经济因素以及资本周转速度、多样化生产、产品创新、非生产领域投资比重变化及供求等因素均看成是外生变量。

在劳动生产力固定不变的情况下，实际工资与利润率呈反向关系，但是，一般来说，尤其是随着人力资本在生产中的地位越来越重要，实际工资与劳动生产率是密切相关的，实际工资高意味着劳动生产率也较高；反之则相反，因此，上式应当改写为：$r=\frac{\theta(W_r)}{W_r}-1$。

因此，利润率与实际工资之间的关系就取决于劳动产率对实际工资的弹性。如果劳动生产率的提高幅度超过实际工资的上涨幅度，利润率与实际工资呈正向变动关系，否则，利润率与实际工资之间将呈反向关系。

如果实际工资不变，利润率如何变化？置盐定理认为，对于一项降低成本的创新来说，如果实际工资没有提高而利润率下降是不可能的。实际工资并不是引起利润率变动的唯一原因，利润率还受到资本有机构成、剩余价值率、劳动生产率和劳动力价值等多重因素的影响。马克思在分析利润率下降规律时也曾指出："不管这是由于工作日的延长或强化，还是由于劳动生产力的发展而引起的工资价值下降，那么，剩余价值量，从而绝对利润量，就必然会增加，尽管可变资本同不变资本相比是相对地减少了。"①

在利润率的解释变量中，资本有机构成是从一个与技术变化特点有关的假设推导出来的。利润率和价值构成高低相关，而技术构成状况意义不大，因为资本所有者关心的是影响利润率大小的资本投入，而资本投入多少是由资本的价值所决定的。因此，技术创新必然会导致竞争优势的产生，或降低不变资本投入以降低生产成本，或催生一个新的产业（资本有机构成高低不确定）以开辟新的市场。

单个资本为了打击竞争对手和扩大产品市场份额，不断地采用新技术来降低成本，这样没有采用新技术的资本利润率水平就会绝对下降，因为产品价格相对于成本来说下降了，而且其利润率要低于采用新技术的资本，因为后者成本的下降幅度大于产品价格下降的幅度。采用新技术的资本利润率要高于未采用新技术的资本，但是这并不意味着它绝对

① 《资本论》第3卷，人民出版社1975年版，第244页。

地高于未采用新技术之前的市场利润率，这取决于新技术在多大程度上降低了它的成本。

部分资本采用新技术之后，只要产品价格不低于未采用新技术的资本的成本，那么未采用新技术的资本就可以继续存在。如果采用新技术的资本利润率上升不足以弥补未采用新技术的资本利润率下降，那么行业利润率则下降；反之则相反。[①]

假定初始状态时，某行业不同资本采用完全相同的生产方法，初始价格和利润率分别为 p_0、r_0，则价格和利润率的关系可用图 2 表示：

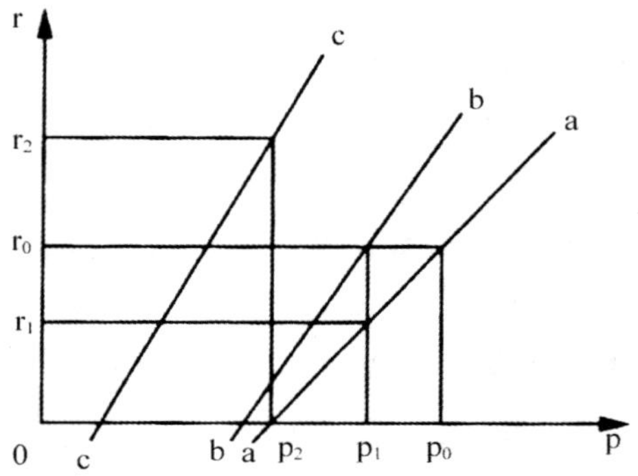

图 2　竞争和利润率变化之间关系

新技术的采用使得 aa 线移至 bb 的位置，这样，新的生产方法会导致产品价格下降并使未采用新技术的资本失去部分市场份额。竞争使得价格下降为 p_1，采用新技术的资本利润率为 r_0，未采用新技术的资本利润率下降为 r_1，平均利润率便介于 r_0 和 r_1 之间。

在以上分析中，隐含了一个前提条件：

采用新技术的资本在不降低利润率的条件下无法把产品价格降至 p_1 以下。实际上，无法排除这种情形的存在，如 cc 线所示，相对应的新技术的采用使得价格降至 p_2，而利润率升至 r_2。这样，平均利润率高于原来的 r_0，未采用新技术的资本有可能退出市场，因为在 p_2 价格下毫无利

① R. Brenner, "Uneven Development and the Long Downturn: The Advanced Capitalist Economies from Boom to Stagnation, 1950—1998," *New Left Review*, (May/ Jun. 1998, Special Issue): 25.

润可言。也就是说，新技术采用的结果可能是导致利润率下降，也有可能使得利润率上升或不变。

因此，如果同时把实际工资和技术进步等因素看成是内生变量，从动态的角度来看，利润率如何变化及其变化大小的度量最终要取决于这些变量的全增量。在不同条件下，利润率变化趋势呈现出不同的特征，关于利润率变动的统计数据验证了这一点。

四、关于利润率变动趋势的实证检验

经济增长的长期经验似乎并不支持古典经济学家和马克思关于利润率趋于下降的判断。卡尔多（N. Kaldor，1956，1958）认为，任何解释经济增长和资本积累的理论模型都应该以六个“程式化事实”（Stylized Facts）为起点。他的“程式化事实”明确包含了利润率在长期中保持不变的结论。虽然在这些“程式化事实”中，资本有机构成不断增长，但是不断提高的劳动生产率会使产出不断增加，从而可以保持利润率不变。在资本主义国家经济发展过程中，利润率的变化都存在特定的历史背景和具体的影响因素。

吉尔曼（1957）对美国1849—1952年间制造业的资本有机构成、剩余价值率和利润率进行了统计检验。他在统计验证中发现，在1919年前后利润率变动趋势发生明显的断裂，1919年之前，资本有机构成和剥削率明显上升，但是资本有机构成的提高为剥削率提高所抵消，因此利润率变化不明显。1919年后，这三个比率几乎都没有发生变化。由于这些概念马克思都是用价值来表示的，而价值数据在实际生活中很难计算，因此吉尔曼用公布的价格数据来替代，但是他的统计验证并未导出关于利润率变化的任何规律。因此，吉尔曼认为，马克思的利润率趋于下降规律只适用于资本主义发展的早期阶段，或者必须对马克思的定理重新进行表述。

罗松（B. Rowthorn，1980）鉴于价值数据难以获得，用资本产出比来代替资本有机构成这个概念。他认为，这虽然不是最好的办法，但资本产出比的提高可以反映第二次世界大战后资本技术构成因固定资本部分的增加而不断提高的事实，虽然资本有机构成并不按同一比例在提高。罗松用统计资料说明英、美、法等11个国家资本产出比在不断提高，但是他认为，与这种提高同时发生的劳动生产率提高并未使得资本品的总价值也增加，相反，因单位产品价值的下降，每个工人所使用的物资设备在增加，但资本有机构成却并没有提高。

从资本主义国家利润率变化的轨迹来看，利润率的变化受经济周期的影响比较明显。布伦纳（2002）根据他的资本生产力的概念，对二战后主要资本主义国家利润率的变化进行了统计，发现利润率波动并不存在一般性的变化规律，而是与经济增长周期性的波动一致。20世纪70年代前后利润率出现了明显的波动（见表1），布伦纳把利润率水平出现如此大的变化归因于周期性的经济波动。在战后的20年，西方以需求管理为主要内容的凯恩斯主义经济政策刺激了经济增长，利润率水平普遍提高。20世纪70年代后，“滞胀”造成了经济衰退，利润率水平大幅下降。萨查里亚斯根据美国劳工统计局的数据对布伦纳进行了批驳[①]。萨查里亚斯发现，1949—1996年间美国制造业的净国内生产总值与净固定资本存量之比以及资本生产力（以单位资本产出衡量）均呈下降趋势。萨查里亚斯得出结论：布伦纳的统计检验和他的理论基础是矛盾的。

表1 主要资本主义国家20世纪70年代前后利润率变化

国家	制造业净利润率（%）		私人企业净利润率（%）	
	1950—1970年	1970—1993年	1950—1970年	1970—1993年
美国	24.35	14.5	12.9	9.9
德国	23.1	10.9	23.2	13.8
日本	40.4	20.4	21.6	17.2
七国集团	26.2	15.7	17.6	13.3

资料来源：[美] 罗伯特·布伦纳：《繁荣与泡沫——全球视角中的美国经济》，经济科学出版社2003年版，第3页。

① A. Zacharias, “Competition and Profitability: A Critique of Robert Brenner,” *Review of Radical Political Economics* 34 (2002): 19—34.

李民骐、朱安东（2005）统计了1869—2000年美国私人部门利润率的变化情况，发现存在四次起伏比较大的利润率波动，第一次是从19世纪中期到19世纪末20世纪初，第二次是从20世纪初到20世纪30年代，第三次是从20世纪40年代到20世纪70年代，第四次是从20世纪80年代开始的，至今还未结束。这四次长波有两次是比较完整的，它们从上升阶段到下降阶段，再到危机的时间大约是40年。在前三次长波中，利润率是趋于下降的，而目前处于新自由主义长波的顶峰或稍过一点的位置，因此利润率和利润份额都有所上升（见表2）。

表2 利润率、利润份额与长波（美国，1869—2000年）

阶段长波	整个阶段的平均值（%）		最高的十年（%）（其中最后一年）	
	利润率	利润份额	利润率	利润份额
自由竞争资本主义（1869—1897年）	17.5	25.4	24.2（1882）	32.6（1883）
私人垄断资本主义（1890—1940年）	13.0（14.0）*	22.0（23.8）	14.4（1913，1929）	25.2（1913）
国家垄断资本主义（1941—1982年）	11.9	14.3	13.1（1949，1968）	16.1（1943）
新自由主义资本主义（1983—2000年）	12.7	16.3	13.2（1998）	16.6（1998）

资料来源：李民骐、朱安东：《当前世界的基本状况与资本主义的历史趋势》，《高校理论战线》2005年第5期，第57页，表中带*的数值是根据1898—1929年间的数据计算获得。

李民骐和朱安东对此进行了解释。他们认为，马克思关于资本有机构成不断上升的论断符合美国19世纪的情况，但是20世纪美国的资本有机构成不但没有上升，有时还是下降的。他们认为，美国利润率水平的下降是由工资和税收成本不断提高造成的。显然，这是受到了沃勒斯坦（I. Wallerstein，2003）和韦斯科普夫（T. Weisskopf，1979）的影响。韦斯科普夫把战后近三十年间的利润率下降归因于实际工资份额的上升，但他同时认为，这种上升在很大程度上是防御性的。工人阶级不能成功地使实际工资所得与实际劳动生产率同步增长，他们只能比资本家阶级稍微成功地使自己免遭长期贸易条件恶化的伤害。① 而沃勒斯坦则是把工资成本、税收成本和环境成本的上升看作是资本主义发展长期的历史趋势，以此来解释资本主义的结构性经济危机。

五、结 论 和 说 明

吉尔曼等人的统计验证，并未得出资本有机构成提高和利润率趋于下降的结论。马克思关于利润率趋于下降规律的论述是对资本主义经济发展长期趋势的一个判断，或许 100 多年的利润率波动轨迹不足以对马克思的论断作出验证。另外，现存的统计资料都是用价格计算的，不适于检验马克思的论断，因为它们建立在不同的概念基础之上。目前在统计验证过程中，如何把市场参数还原为价值形式及如何避免价值转形对利润率计算的影响仍未得到解决。最为重要的是，利润率趋于下降规律本身在理论上需要重新审视。

利润率趋于下降规律以剩余价值增长率严格小于积累利润率为前提条件，但是这种情形不具有一般性，而且，资本有机构成不断提高不但在理论上无法证实，在实践中也无法得到统计验证，资本主义工业经济时期是满足这个前提条件的，但是资本主义进入垄断时期以来，尤其是随着知识经济的不断发展，模型内的变量都发生了实质性的变化，利润率变化趋势也自然呈现出新的特征。

实际上，资本有机构成和剩余价值率是实际工资和技术进步等变量的函数。一般来说，实际工资与利润率呈反向变动关系，但如果实际工资和劳动生产率高度相关，那么利润率与实际工资之间的关系就取决于劳动生产率对实际工资的弹性。同时，技术进步在降低成本刺激竞争的同时，对利润率并不产生确定性的影响。因此，必须要综合考虑实际工

① T. Weisskopf, "Marxian Crisis Theory and the Rate of Profit in the Postwar US Economy," *Cambridge Journal of Economics* 3 (1979): 341—378.

资和技术进步等因素对资本有机构成和剩余价值率的影响，同时还要考虑非经济因素、资本周转速度、多样化生产、产品创新和非生产领域投资比重的变化等对利润率的影响，才可以清晰地描绘出利润率的变动轨迹。

（原文发表于《财经研究》2008 年第 7 期）

对国外学者非议马克思利润率下降规律的分析

彭必源*

马克思认为，在资本积累和劳动生产率不断提高的条件下，生产资本中不变资本的比重会不断增加而可变资本的比重会不断下降，在剩余价值率不变或提高的情况下，平均利润率会趋于下降。马克思称之为一般利润率下降规律，学术界简称为利润率下降规律。马克思在阐述利润率下降规律时，还分析了阻碍或延缓这一规律的主要因素。但国外的许多学者对马克思利润率下降规律的论述并不认同，并提出了许多非议。本文通过对国外学者非议马克思利润率下降规律的观点的分析，认为国外学者提出的否定马克思利润率下降规律的观点是不能成立的。

一、国外学者对马克思利润率下降规律的非议

1. 马克思假定剩余价值率不变是不合理的。

布劳格认为，在马克思利润率公式里，剥削率的提高可能超过资本有机构成的提高，使利润率上升。而马克思简单地假定剩余价值率不变，这是一个笨拙的假定。①

2. 剩余价值率是不断提高的，利润率并不一定下降。

罗默等人认为，马克思表述利润率不断下降的公式是：$\pi=s/(c+v)=ev(c+v)=e/(k+1)$，在这里 π 为利润率，s 为剩余价值量，e 为剥削

---

* 彭必源：孝感学院经济与管理学院教授。

① 陈学明、张志孚主编：《当代国外马克思主义研究名著提要》（中卷），重庆出版社 1997 年版，第 86 页。

率，k 为资本有机构成。对马克思的观点，即 k 的提高一方面减少了生产中使用的活劳动数量，另一方面剥削率的相对提高，不足以抵消 k 的提高，罗默等人并不赞成，他们认为，可以证明 k 的提高总是会被 e 的提高所抵消，π 不一定下降。① 布劳格也认为，在劳动生产率提高时，即每人产品数在增加时 s/v 可以无限增大，足以抵消 c/v 的上升。②

3. 在技术进步的条件下利润率总是上升的。

罗默认为，马克思忽视了技术进步对提高利润率的作用。资本有机构成的提高总是和技术进步联系在一起，重大的技术进步可以大大提高价值利润率的变动范围，从而也大大提高价格利润率的变动范围。如果技术革新前社会最小价值利润率和最大价值利润率的变动范围是（V_{min}，V_{max}），重大的技术革新后的社会，这个范围是（V^{*}_{min}，V^{*}_{max}），并且 $V^{*}_{min} \geqslant V_{max}$，那么，革新后的社会价格利润率 π^{*} 肯定高于革新前的 π，也即 $\pi^{*} > \pi$。如果 i 为社会中发生重大技术革新的某部门或企业，技术革新前有 $V_{min} \geqslant minV_i$，$V_{max} \leqslant maxV_i$，那么 i 的重大技术革新使 $minV_i{}^{*} \geqslant maxV_i$，结果就是社会的 $\pi^{*} > \pi$。③

4. 在劳动生产率提高的条件下，剩余价值率不变和实际工资不变的假定不能同时成立。

罗宾逊认为，在劳动生产率提高的情况下，实际工资不变和剥削率不变这两个假设在利润率下降的观点中不能同时并存。因为，假如剥削率不变，实际工资就会随着劳动生产率的提高而提高，故马克思只有放弃他关于实际工资趋向不变的观点，才能说明利润率下降的趋势。④

5. 马克思没有分析资本节约性的技术进步对利润率的影响。

---

① 陈学明、张志孚主编：《当代国外马克思主义研究名著提要》（中卷），重庆出版社 1997 年版，第 311 页。

② 陈学明、张志孚主编：《当代国外马克思主义研究名著提要》（中卷），重庆出版社 1997 年版，第 87 页。

③ 陈学明、张志孚主编：《当代国外马克思主义研究名著提要》（中卷），重庆出版社 1997 年版，第 311 页。

④ 陈学明、张志孚主编：《当代国外马克思主义研究名著提要》（中卷），重庆出版社 1997 年版，第 289 页。

罗宾逊认为，资本节约性的技术进步并不导致资本有机构成的提高，只会导致利润率的上升。一个有机构成不变或下降的世界是完全想象得到的（由于节省时间、节省资本的发明）。对于这样一个世界，马克思的分析将没有用武之地，他那部分依存于利润率下降趋势的危机理论全部都要破产。①

6. 马克思关于利润率下降趋势的规律是简单的同义反复，不科学。

罗宾逊认为，马克思关于利润率下降趋势的规律是简单的同义反复，马克思认为当剥削率不变，利润率随着劳动者人均资本使用量的增加而下降。若资本更新期不变，c+v 表示资本存量，当 s/v 不变，c/v 上升，则 s/(c+v) 下降。这是同义反复。②

莫斯科斯卡认为，马克思的利润率下降规律，“这是一个动态的，而不是一个历史的规律，它没有表达一个历史事实，即利润率下降，而只是表达了两个变量之间的相互依存，即 1. 当剥削率不变时，利润率下降。2. 当利润率不变时，剩余价值率上升。因此，该规律只表达了一种机能性的关系，而且像‘利润率下降趋势规律一样’，也可以把它叫做‘剩余价值率上升趋势规律’”。③

布劳格指出，马克思认为利润率是趋于下降的，但同时又存在着几个因素阻止这一下降趋势，如劳动生产率比工资率增加更快，节约资本的技术的引进以及外贸的扩展等。既然如此，这些因素共同作用的结果，利润率到底是下降还是上升，是不一定的。凭什么肯定利润率必然下降呢？而且阻止利润率下降的因素正是由下降本身引起的，利润率及发展趋势就更难确定。④

---

① 陈学明、张志孚主编：《当代国外马克思主义研究名著提要》（中卷），重庆出版社 1997 年版，第 298 页。

② 陈学明、张志孚主编：《当代国外马克思主义研究名著提要》（中卷），重庆出版社 1997 年版，第 289 页。

③ ［英］M. C 霍华德、J. E 金：《马克思主义经济学说史（1929—1990）》，中央编译出版社 2003 年版，第 135—136 页。

④ 陈学明、张志孚主编：《当代国外马克思主义研究名著提要》（中卷），重庆出版社 1997 年版，第 95 页。

二、对国外学者非议马克思利润率下降规律的分析

1. 剩余价值率不变不是马克思的一个严格不变的假定。

马克思在论述利润率下降规律时，有时候是假定剩余价值率不变，但也曾假定在剩余价值率提高的情况下，利润率也可能下降。可见，剩余价值率不变的假定不是严格不变的。马克思指出："在劳动剥削程度不变甚至提高的情况下，剩余价值率会表现为一个不断下降的一般利润率。"[①] 马克思还指出："利润率趋向下降，和剩余价值率趋向提高，从而和劳动剥削程度趋向提高是结合在一起的。""剩余价值率提高与利润率降低，这二者只是劳动生产率的提高在资本主义下借以表现的特殊形式。"[②] 因此，剩余价值率不变并不是马克思利润率下降规律的前提。国外学者利用剩余价值率不变假定来攻击马克思的利润率下降规律是站不住脚的。

2. 剩余价值率的提高是有限制的。

因剩余价值率的提高速度超过资本有机构成提高的速度，出现利润率上升现象，不能作为否认利润率下降规律的依据。

首先，马克思认为，在劳动生产率提高的情况下，剩余价值率的提高并不能完全抵消资本有机构成提高所带来的利润率的下降。马克思指出："劳动生产率的提高不能完全补偿劳动量的（相对）减少，或者说，剩余劳动和所花费的资本的比例不是按照所使用的劳动的相对量减少的同一比例增长，这种情况之所以造成，部分地是由于：只有当一定的投资领域的劳动生产率有了发展，……必要劳动量才会减少，即使在这些领域，劳动生产率的发展也是不平衡的，并且还会有各种抵销因素发生作用；例如，工人……不会容许工资绝对降到最低限度，反而会努力争取在量上分享一些增长的共同财富。"[③] 从马克思的论述中可以看出：一

---

① 《资本论》第 3 卷，人民出版社 2004 年版，第 237 页。

② 《资本论》第 3 卷，人民出版社 2004 年版，第 267 页。

③ 马克思：《剩余价值理论》第 3 册，人民出版社 1975 年版，第 345 页。

是剩余价值率的提高是以减少必要劳动量，相应地扩大剩余劳动量为前提，而这又以劳动生产率的普遍提高为前提，而劳动生产率的普遍提高需要有一个过程。二是必要劳动量的下降还会受到工人的抵制。因此，并不能保证在任何条件下，劳动生产率提高，剩余价值率提高的速度就一定会大于资本有机构成提高的速度，从而使利润率上升。三是靠提高劳动的剥削程度来补偿工人人数的减少存在不可逾越的界限。马克思认为，在可变资本相对于不变资本减少的情况下，工人的人数就会减少，在工人人数减少的条件下，“两个每天劳动 12 小时的工人，即使可以只靠空气生活，根本不必为自己劳动，他们所提供的剩余价值量也不能和 24 个每天只劳动 2 小时的工人所提供的剩余价值量相等，因此，就这方面来说，靠提高劳动剥削程度来补偿工人人数的减少，有某些不可逾越的界限；因此，这种补偿能够阻碍利润率的下降，但是不能制止它下降”①。

其次，所谓的 s/v 在技术进步和劳动生产率提高的条件下，是永无止境增长的观点是不能成立的。除了存在工人的生理因素和社会因素的阻碍之外，剩余价值率的无限制的提高，还隐含着必要劳动时间趋向无限小为前提，而这是不能成立的。马克思在分析按复利要求计算利润率的错误时指出：“但是剩余劳动的这种增加也是相对的，并且只有在一定界限内才有可能。要使它适应复利的要求，必要劳动时间在这种情况下就必须等于零，就像在前面所考察的那种情况下（剩余劳动时间）必须无止境地延长那样。”②

最后，即使在某一时期存在着剩余价值率的提高速度大于资本有机构成提高的速度，从而使利润率上升，也不与马克思利润率下降规律相矛盾。因为马克思多次说明过劳动剥削程度的提高是抵消或延缓利润率下降规律的重要因素。但“这个因素不会取消一般的规律”。③

3. 技术进步虽然会提高个别资本家的利润率，但必然导致平均利润率（一般利润率）的下降。

---

① 《资本论》第 3 卷，人民出版社 2004 年版，第 276 页。

② 马克思：《剩余价值理论》第 3 册，人民出版社 1975 年版，第 345 页。

③ 《资本论》第 3 卷，人民出版社 2004 年版，261 页。

新技术的采用必然会提高个别资本家的利润率，这是因为，新技术的采用会提高劳动生产率，使他生产的商品的个别劳动时间低于社会必要时间，他仍然按社会必要劳动时间销售所生产的商品，从而就可以获得相应的超额利润，其利润率必然上升。随着这项技术的普及，新技术成为社会的平均生产条件，这时，首先使用新技术的资本家生产商品的个别劳动时间与社会必要劳动时间的差额也就消失了，他和其他资本家一样也只能获得平均利润。但是，这种新技术的使用却使整个社会的资本有机构成提高了，相对于不变资本而言，可变资本的比重下降了，从而生产剩余价值的活劳动相对减少了，在其他条件不变的情况下一般利润率也就趋向下降。

4. 工资率的变化不是利润率下降或上升的根本原因。

首先，关于马克思在劳动生产率提高的条件下，剩余价值率和实际工资两个同时不变的假定是虚构的。马克思没有否认在劳动生产率提高的情况下，如果剩余价值率不变，实际工资可能提高的情况，在分析生产资料价值下降时，他指出："因而，在这种情况下，工资的价值仍会和以前一样，不过它代表较多的其他商品（使用价值）。但是利润率还是会提高，尽管剩余价值率在前提不变的情况下不可能提高。"①

其次，工资率与利润率只是在特定的条件下才存在某种关联。马克思指出："工资一般降低的结果，是剩余价值和剩余价值率的一般提高，并且在其他条件不变的情况下，还有利润率的一般提高，虽然比例不同"。②"利润率的提高或降低——由［劳动的］供求的变化，或者由必需品价格（同奢侈品相比）暂时的提高或降低……造成的工资的提高或降低所决定的利润率的提高或降低——同利润率提高或降低的一般规律没有任何关系。"③

最后，马克思反对用工资率的变化来说明利润率的变化。马克思认为，利润率是多种因素影响的，只有理解了形成利润率的各种关系，才能对工资与利润率之间的相互影响进行分析。对此，马克思明确批判过

① 马克思：《剩余价值理论》第3册，人民出版社1975年版，第241页。
② 《资本论》第3卷，人民出版社2004年版，第225页。
③ 马克思：《剩余价值理论》第3册，人民出版社1975年版，第345页。

李嘉图利润率下降理论的错误前提，即："利润率……的提高或下降只能同工资的提高或下降成反比。"① 并指出，"最荒谬的莫过于用工资率的提高来说明利润率的降低了，虽然这种情况在例外的场合也是存在的"②。

5. 节约资本的技术进步可能提高利润率，并不与利润率下降规律相矛盾。

首先，马克思认为，节约资本的技术进步，会产生利润率的提高，并不与利润率下降规律相矛盾。马克思的利润率下降规律已经充分考虑了节约资本的技术进步所造成的利润率提高作用。马克思指出："当然，在所有这些部门，不变资本变得便宜，在对工人的剥削不变时，会提高利润率。"③

其次，不能通过单个商品价格下降来判断利润率的下降。马克思专门分析了在技术进步、劳动生产率提高的条件下，在单个商品中节约资本的技术，并不能保证利润率的提高。马克思指出："例如，一码布的价格由 3 先令下降到 $1\frac{2}{3}$ 先令；如果我们知道，在价格跌落以前，其中 $1\frac{2}{3}$ 先令是不变资本如棉纱等等，$\frac{2}{3}$ 先令是工资，$\frac{2}{3}$ 先令是利润，而在价格跌落以后，其中 1 先令是不变资本，$\frac{1}{3}$ 先令是工资，$\frac{1}{3}$ 先令是利润，那么，我们还是不知道，利润率是否保持不变。这取决于全部预付资本是否增加，增加多少，以及在一定时间内多生产了多少码。"④

最后，节约资本的技术只表现为商品中不变资本消耗的减少，仍然可能导致利润率的下降。如果节约资本的技术不是表现为不变资本价值的下降，只是表现为商品中不变资本消耗的减少，则这种节约资本的技术普遍采用仍然会导致利润率下降。这是因为，在商品中不变资本消耗的减少和活劳动消耗的减少是劳动生产率提高的标志或表现，但是劳动生产率的提高，则是以新机器设备或新技术的采用为前提，因此必然要

① 马克思：《剩余价值理论》第 2 卷，人民出版社 1975 年版，第 499 页。
② 《资本论》第 3 卷，人民出版社 2004 年版，第 267 页。
③ 《资本论》第 3 卷，人民出版社 2004 年版，第 295 页。
④ 《资本论》第 3 卷，人民出版社 2004 年版，第 256 页。

有固定资本投资的增加，而这种新的固定资本投资的增加，必然又会改变不变资本和可变资本的相对比例，从而提高资本的有机构成，导致利润率的下降。所以，马克思指出，“我们不应当把单个商品的相对费用的减少以及这个费用中代表机器磨损部分的减少，和不变资本价值同可变资本价值相比的相对增加，混为一谈，”[①] 对此，马克思还强调指出：“关于在利润率的下降上表现出来的不变资本和可变资本的比率和随着劳动生产率的发展在单个商品及其价格上表现出来的同一比率之间的差别，我们已经多次指出过了。”[②]

6. 马克思的利润率下降规律揭示了利润率趋向下降的必然性，不是同义反复。

马克思指出：在机器大工业出现以后，“那么，一向使经济学家感到麻烦的困难，即说明利润率下降，就会让位给相反的困难，即说明这种下降为什么不是更大、更快。必然有某些起反作用的影响在发生作用，来阻挠和抵消这个一般规律的作用，使它只有趋势的性质”[③]。马克思的利润率下降规律，具有如下特点：

一是利润率下降规律不是说利润率会一直不间断地下降。利润率下降规律是指在技术进步、劳动生产率提高的前提下，相对于不变资本而言，可变资本在总资本中的比例越来越低，活劳动的比例不断下降，在其他条件不变的情况下，利润率有下降的趋势。

二是不能用利润率下降规律来解释某个时期具体一般利润率的高低。这是因为，还存在着剩余价值率提高，工资被压低到劳动力价值以下，不变资本各要素变得便宜和相对人口过剩等阻碍和抵消利润下降的因素，这些阻碍因素所发挥的作用的大小，在不同时期是不可能完全相同的，因此，要求运用马克思的利润率下降规律来解释某个时期具体的利润率水平是不恰当的。

三是在资本主义社会不能取消利润率下降规律。在资本积累不断增加和劳动生产率不断提高的条件下，虽然也存在各种阻碍利润率下降的

---

① 《资本论》第 3 卷，人民出版社 2004 年版，第 266 页。
② 《资本论》第 3 卷，人民出版社 2004 年版，第 290 页。
③ 《资本论》第 3 卷，人民出版社 2004 年版，第 258 页。

因素，但是，只要存在由资本积累和劳动生产率的提高所造成的资本有机构成的提高，就必然会出现不变资本的比重不断增加，可变资本的比重不断下降的趋势，从而也就存在着利润率下降的趋势。各种起阻碍作用的因素，只能延缓这种趋势，而不能取消这种趋势。

四是阻碍利润率下降的各种因素是构成利润率下降规律的组成部分。即引起利润率下降的因素同时也是阻碍利润率下降的原因。对于阻碍利润率下降的这些因素，马克思指出，“它不如说会使一般的规律作为一种趋势来发生作用，即成为这样一种规律，它的绝对的实现被起反作用的各种情况所阻碍、延缓和减弱”①。所以，各种阻碍利润率下降的因素，在马克思看来，不仅不与利润率下降规律相矛盾，相反，它们是构成利润率下降规律的一个组成部分。

（原文发表于《当代经济研究》2008 年第 1 期）

① 《资本论》第 3 卷，人民出版社 2004 年版，第 261 页。

十二

国际贸易理论

马克思主义的全球化理论及其从经典到现代的发展

张　宇*

20世纪90年代以后，经济全球化的潮流迅猛发展，关于全球化的理论争论也愈演愈烈，如何准确把握全球化的实质和发展趋势，制定明智合理的应对策略，是马克思主义理论所面临的一个无法回避的重大课题。本文的目的是：挖掘和整理马克思主义关于全球化特别是经济全球化的理论，总结马克思主义经济学者关于全球化理论的发展历史，探索这一理论的精神实质、内在逻辑和主要贡献，阐明它的理论和现实意义。

一、经典的全球化理论

马克思主义是关于人类社会或世界历史发展规律的理论，这一理论涉及的所有重要问题和揭示的所有基本命题都是世界性或全球性的，全球化问题无疑是马克思主义理论的一个中心议题。也许正因为如此，在马克思主义经典作家的文献中并没有提出过一个专门的全球化理论，它很自然地包含在了整个马克思主义理论体系中。实际上，有关全球化问题的几乎所有的方面，他们都有过论述和提示，涉及了国际分工、国际贸易、国际价值、国际货币、国际剥削、国际投资、殖民主义、民族问题、国际主义和世界革命等众多问题，其主要思想见于《共产党宣言》《德意志意识形态》《资本论》《政治经济学批判手稿》《剩余价值理论》《不列颠在印度的统治》《关于自由贸易问题的演说》《保护关税制度和自

* 张宇：中国人民大学经济学院教授，博士生导师。

由贸易》等文献中，给我们留下了十分宝贵的理论遗产。[①] 马克思和恩格斯关于全球化的思想可以概括为以下几个方面。

1. 全球化与世界历史。

德国古典哲学家黑格尔曾经提出过这样一个深刻的哲学命题，即人类的历史最终要从民族的历史走向世界的历史。康德则提出了要做“世界公民”的理想。德国古典哲学家的宏大历史感给马克思恩格斯以深刻的影响。他们批判性地继承了这一思想，形成了自己的世界历史理论。

马克思恩格斯认为，人类社会从各民族的历史向全世界历史的转变，是资本主义的首创。在《共产党宣言》中，马克思恩格斯对于资产阶级在创造世界历史过程中的革命性作了充分的说明，他们说：

“不断扩大产品销路的需要，驱使资产阶级奔走于全球各地。它必须到处落户，到处开发，到处建立联系。

“资产阶级，由于开拓了世界市场，使一切国家的生产和消费都成为世界性的了。……过去那种地方的和民族的自给自足和闭关自守状态，被各民族的各方面的互相往来和各方面的互相依赖所代替了。物质的生产是如此，精神的生产也是如此。

“资产阶级，由于一切生产工具的迅速改进，由于交通的极其便利，把一切民族甚至最野蛮的民族都卷到文明中来了。它的商品的低廉价格，是它用来摧毁一切万里长城、征服野蛮人最顽强的仇外心理的重炮。它迫使一切民族——如果它们不想灭亡的话——采用资产阶级的生产方式；它迫使它们在自己那里推行所谓的文明，即变成资产者。一句话，它按照自己的面貌为自己创造出一个世界。”[②]

在马克思看来，资产阶级的这种历史首创性不是来自于黑格尔所说的神秘的“绝对理念”和“自由精神”，而是根源于资本的本性。对于剩

---

① 不过，就政治经济学理论来说，遗憾是有的。马克思生前曾经有一个庞大的经济学研究计划，这就是通常人们所说的“六册计划”。在这一计划中，对外贸易和世界市场不仅具有重要的地位，而且成了对资本主义进行全面整体考察的总结。但是，由于种种原因，马克思的“六册计划”未能实现，《资本论》就成了马克思经济理论最重要的经典著作。在这一经典著作中，对外贸易和世界市场被抽象掉了，这样，对于国际经济问题的研究就成了马克思经济学的一个薄弱环节。

② 《马克思恩格斯选集》第1卷，人民出版社1995年版，第276页。

余价值的无止境的贪欲使资本充满了不断膨胀和扩张的冲动，它力求冲破各种地域的限制，用兵舰、火炮和廉价的商品摧毁了一切古老民族的万里长城，迫使“他们在自己那里推行所谓的文明”，为自己的生存和发展寻求更大的发展空间。因此，“创造世界市场的趋势已经直接包含在资本的概念本身中。任何界限都表现为必须克服的限制”①。“资本一方面要力求摧毁交往即交换的一切地方限制，征服整个地球作为它的市场，另一方面，它又力求用时间去消灭空间，就是说，把商品从一个地方转移到另一个地方所花费的时间缩减到最低限度。”②“资产阶级社会的真实任务是建立世界市场（至少是一个轮廓）和以这种市场为基础的生产。”③马克思这些论述深刻揭示了经济全球化的本质和内在逻辑。

资产阶级创造全球市场的冲动完全是出于最大限度攫取剩余价值的贪婪本性，但是，当它这样做的时候，它却成了推动历史发展的不自觉的工具。马克思和恩格斯从世界历史的发展趋势中，看到了人类社会光明的未来。他们认为，世界历史的真正实现，就是人类个体的解放和共产主义的诞生，在共产主义社会中，“每个人的自由发展是一切人的自由发展的条件”④。而个人的这种自由全面的发展只有在历史转变为世界历史的前提下才有可能。因为，只有这样，单个人才能摆脱种种民族局限和地域局限而同整个世界的生产（同时也是精神生产）发生实际联系，才能获得利用全球的这种全面生产（人们的创造）的能力。随着资产阶级的发展，随着贸易自由的实现和世界市场的建立，随着工业生产以及与之相适应的生活条件的趋于一致，各国人民之间的民族分隔和对立日益消失。“因此，无产阶级只有在世界历史意义上才能存在，就像共产主义——它的事业——只有作为‘世界历史性的’存在才有可能实现一样。”⑤ 正是在这个意义上，马克思对资产阶级的历史使命和全球化的前景作了这样的概括：“资产阶级历史时期负有为新世界创造物质基础的使

---

① 《马克思恩格斯全集》第30卷，人民出版社1995年版，第388页。
② 《马克思恩格斯全集》第30卷，人民出版社1995年版，第538页。
③ 《马克思恩格斯全集》第29卷，人民出版社1972年版，第348页。
④ 《马克思恩格斯选集》第1卷，人民出版社1995年版，第294页。
⑤ 《马克思恩格斯选集》第1卷，人民出版社1995年版，第87页。

命：一方面要造成以全人类互相依赖为基础的普遍交往，以及进行这种交往的工具，另一方面要发展人的生产力，把物质生产变成对自然力的科学统治。资产阶级的工业和商业正为新世界创造这些物质条件，正像地质变革创造了地球表层一样。只有在伟大的社会革命支配了资产阶级时代的成果，支配了世界市场和现代生产力，并且使这一切都服从于最先进的民族的共同监督的时候，人类的进步才会不再像可怕的异教神怪那样，只有用被杀害者的头颅做酒杯才能喝下甜美的酒浆。”①

2. 资本主义全球化的矛盾。

正统的经济自由主义理论中，从来就是田园诗占统治地位，互惠互利、平等自愿被看成是形成世界经济体系的唯一纽带。这一理论的古典形式以亚当·斯密的绝对成本学说和李嘉图的比较成本理论为代表，它的现代形式则是著名的赫克歇尔一奥林一萨缪尔森的要素禀赋学说(H—O—S模型)。马克思并不完全否定自由贸易理论中所包含的某些科学成分，但是，他更多的是把这一理论看作是资产阶级经济学的一种虚伪辩护。如果“我们把目光从资产阶级文明的故乡转向殖民地的时候，资产阶级文明的极端伪善和它的野蛮本性就赤裸裸地呈现在我们面前，它在故乡还装出一副体面的样子，而在殖民地它就丝毫不加掩饰了”②。在分析资本原始积累的过程中，马克思用大量的事实证明，资本主义世界体系的产生并不完全依赖于自发市场和自由贸易，相反，对殖民地的征服在资本的原始积累过程中起了决定性作用：它促进了贸易和航运的发展，为工场手工业的发展提供了广阔的市场，通过对市场的垄断而加速了资本的积累，依靠直接的掠夺获得了大量的财富，这些财富在宗主国转化为资本。因此，马克思这样说：

“美洲金银产地的发现，土著居民的被剿灭、被奴役和被埋葬于矿井，对东印度开始进行的征服和掠夺，非洲变成商业性地猎获黑人的场所——这一切标志着资本主义生产时代的曙光。这些田园诗式的过程是原始积累的主要因素。接踵而来的是欧洲各国以地球为战场而进行的商

---

① 《马克思恩格斯选集》第1卷，人民出版社1995年版，第773页。

② 《马克思恩格斯选集》第1卷，人民出版社1995年版，第772页。

业战争。

"原始积累的不同因素，多少是按时间顺序特别分配在西班牙、葡萄牙、荷兰、法国和英国。在英国，这些因素在17世纪末系统地综合为殖民制度、国债制度、现代税收制度和保护关税制度。这些方法一部分是以最残酷的暴力为基础，例如殖民制度就是这样。但所有这些方法都利用国家权力，也就是利用集中的、有组织的社会暴力，来大力促进从封建生产方式向资本主义生产方式的转变过程，缩短过渡时间。暴力是每一个孕育着新社会的旧社会的助产婆。暴力本身就是一种经济力。"①

通过殖民统治而建立起来的资本主义世界体系必然是不平等的，马克思把这种不平等的体系看作是城乡对立运动的国际形式，马克思认为，资产阶级"正像它使农村从属于城市一样，它使未开化和半开化的国家从属于文明的国家，使农民的民族从属于资产阶级的民族，使东方从属于西方"②。

恩格斯则对19世纪末的世界体系作了这样的描述："英国是农业世界的大工业中心，是工业太阳，日益增多的生产谷物和棉花的卫星都围绕着它运转。"③ 这样，随着全球化的发展，存在于资本主义制度内部的无产阶级与资产阶级的矛盾就发展成为世界范围内宗主国与附属国的矛盾。恩格斯在1858年致马克思的一封信中谈到了这种情况。他说："英国无产阶级实际上日益资产阶级化了，因而这一所有民族中最资产阶级化的民族，看来想把事情最终弄到这样的地步，即除了资产阶级，它还要有资产阶级化的贵族和资产阶级化的无产阶级。自然，对一个剥削全世界的民族来说，这在某种程度上是有道理的。"④

马克思和恩格斯的这一观点，预示了中心外围理论的基本思想。⑤ 但是，马克思的观点与后来的依附理论除了相同之处外，也存在不可忽视的重要差别。依附论特别是激进的依附论对世界资本主义体系和经济的

---

① 《资本论》第1卷，人民出版社2004年版，第860—861、861页。

② 《马克思恩格斯选集》第1卷，人民出版社1995年版，第277页。

③ 《马克思恩格斯选集》第4卷，人民出版社1995年版，第425页。

④ 《马克思恩格斯选集》第4卷，人民出版社1995年版，第552页。

⑤ 参见郭寿玉：《资本主义南北经济关系新论——马克思主义中心外围论》，首都师范大学出版社1993年版。

全球化采取了强烈批判的态度，而马克思的思维逻辑中则充满了辩证法。一方面，他深刻地揭露和强烈地谴责了资本主义殖民统治对被统治民族所造成的空前的灾难，指责他们破坏了本地的公社，摧毁了本地的工业，夷平了本地社会中最伟大和崇高的一切，从而毁灭了当地的文明，结果是，殖民地的人民失掉了他们的旧世界而没有获得一个新世界，这就使他们所遭受的灾难具有了一种特殊悲惨的色彩。另一方面，马克思承认，与落后国家存在的各种原始和封建的制度相比，资本主义中心国的生产方式和社会文明无疑是先进的，殖民统治者们在世界市场上追求最大程度的垄断利润的同时，他们不得不修筑铁路、开办工厂、引进现代科学和教育，从而不自觉地承担了为新世界创造物质基础的历史使命。他认为，“工业较发达的国家向工业较不发达的国家所显示的，只是后者未来的景象”①。在评价不列颠对印度的统治的两篇著名论文中，马克思深刻分析了殖民统治所造成的这种毁灭与创造并存的矛盾后果，并得出这样的结论，即英国对印度的统治具有双重使命：一个是破坏的使命，即消灭旧的亚洲式的社会；另一个是重建的使命，即在亚洲为西方式的社会并最终为创造一个新的世界奠定物质基础。② 在下面这段经典性论述中，马克思对于殖民统治的这种矛盾后果发表了令人震撼和深思的评论，他这样写道：

“从人的感情上来说，亲眼看到这无数辛勤经营的宗法制的祥和无害的社会组织一个个土崩瓦解，被投入苦海，亲眼看到它们的每个成员既丧失自己的古老形式的文明又丧失祖传的谋生手段，是会感到难过的；但是我们不应该忘记，这些田园风味的农村公社不管看起来怎样祥和无害，却始终是东方专制制度的牢固基础，它们使人的头脑局限在极小的范围内，成为迷信的驯服工具，成为传统规则的奴隶，表现不出任何伟大的作为和历史首创精神。我们不应该忘记那些不开化的人的利己主义，他们把全部注意力集中在一块小得可怜的土地上，静静地看着一个个帝国的崩溃、各种难以形容的残暴行为和大城市居民的被屠杀，就像观看

---

① 《资本论》第1卷，人民出版社2004年版，第8页。

② 参见《马克思恩格斯选集》第1卷，人民出版社1995年版，第771页。

自然现象那样无动于衷；至于他们自己，只要哪个侵略者肯于垂顾他们一下，他们就成为这个侵略者的驯顺的猎获物。我们不应该忘记，这种有损尊严的、停滞不前的、单调苟安的生活，这种消极被动的生存，在另一方面反而产生了野性的、盲目的、放纵的破坏力量，甚至使杀生害命在印度斯坦成为一种宗教仪式。我们不应该忘记，这些小小的公社带着种姓划分和奴隶制度的污痕；它们使人屈服于外界环境，而不是把人提高为环境的主宰；它们把自动发展的社会状态变成了一成不变的自然命运，因而造成了对自然的野蛮的崇拜，从身为自然主宰的人竟然向猴子哈努曼和母牛撒巴拉虔诚地叩拜这个事实，就可以看出这种崇拜是多么糟蹋人了。

"的确，英国在印度斯坦造成社会革命完全是受极卑鄙的利益所驱使，而且谋取这些利益的方式也很愚蠢。但是问题不在这里。问题在于，如果亚洲的社会状态没有一个根本的革命，人类能不能实现自己的命运？如果不能，那么，英国不管干了多少罪行，它造成这个革命毕竟是充当了历史的不自觉的工具。"①

马克思揭露了世界资本主义体系的对抗性质，但并不否认发达资本主义国家在这一体系中的领先地位；他谴责资本主义宗主国对殖民地人民残酷而卑劣的统治，但也承认这一统治在不自觉中推动了殖民地国家的社会革命和经济发展；他承认社会发展的一般规律，但又看到了落后国家可以在占有资本主义一切文明成果的基础上跨越资本主义的卡夫丁峡谷直接进入社会主义的可能性。② 这是唯物史观的光辉典范。

3. 国际价值与国际剥削。

马克思认为，世界体系中的不平等结构不是固定不变的，而是随着资本主义生产方式的发展而发展的。在资本原始积累时期，商业上的霸权造成工业上的优势，殖民制度起着决定性的作用。而在中心国家的资本主义生产方式最终确立其统治地位之后，工业上的霸权带来商业上的霸权，技术上的优势成为中心国家支配地位的物质基础，自由贸易成为

① 《马克思恩格斯选集》第1卷，人民出版社1995年版，第765—766页。

② 在给查苏利奇的信中，马克思阐述了这一观点。参见《马克思恩格斯选集》第3卷，人民出版社1995年版。

支配世界经济秩序的基本原则，结果是，中心区大工业的产品“摧毁中国、印度等等的旧生产方式，把它改造成为商品生产，其中也包括以国际分工为基础的商品生产（也就是改造成为具有适合于资本主义生产的形式的生产）……他们的办法是按低于现有的价格出售，从而摧毁了旧的生产方式，因为这种生产方式不能同较便宜地生产商品的资本主义生产方式进行竞争”[①]。从此以后，中心国对外围国家支配从主要依靠暴力上的优势转变为主要依赖于经济上的优势，市场机制代替殖民统治而成为维持中心与外围之间的不平等关系的主要工具，随之而来的是与资本主义生产方式相适应的新国际分工体系，它使地球的一部分成为主要从事农业的生产地区，以服务于另一部分主要从事工业生产的地区。那么，建立自由契约和等价交换基础上的市场机制怎么能够再生产出中心与外围的不平等关系呢？对于这一问题，自由贸易论者也许会感到不可思议，而马克思则回答说：“如果说自由贸易的信徒弄不懂一国如何牺牲别国而致富，那么我们对此不应该感到意外，因为这些先生们同样不想懂得，在每一个国家内，一个阶级是如何牺牲另一个阶级而致富的。”[②]

这一问题把我们引向对国际价值和国际剥削的讨论。

对于国际价值和国际剥削问题，马克思没有系统的说明，只有一些重要的提示。在《资本论》第一卷中分析工资的国民差异时，马克思对于国际价值问题发表了这样一段经典性的论述：

“国家不同，劳动的中等强度也就不同；有的国家高些，有的国家低些。于是各国的平均数形成一个阶梯，它的计量单位是世界劳动的平均单位。因此，强度较大的国民劳动比强度较小的国民劳动，会在同一时间内生产出更多的价值，从而表现为更多的货币。但是，价值规律在其国际范围的应用，还会由于下述情况而发生更大的变化：只要生产效率较高的国家没有因竞争而被迫把它们的商品的出售价格降低到和商品的价值相等的程度，生产效率较高的国民劳动在世界市场上也被算作强度较大的劳动。一个国家的资本主义生产越发达，那里的国民劳动的强度

① 《马克思恩格斯全集》第49卷，人民出版社1982年版，第311页。

② 《马克思恩格斯选集》第1卷，人民出版社1995年版，第229页。

和生产率，就越超过国际水平。因此，不同国家在同一劳动时间内所生产的同种商品的不同量，有不同的国际价值，从而表现为不同的价格，即表现为按各自的国际价值而不同的货币额。”①

马克思的上述论述明确提出了国际价值这一概念，成为后来马克思主义经济学界讨论国际价值问题的出发点。但是，由于这一论述非常简短，而且在后来的文献中马克思也未曾作过更为具体的阐述，因此，对于国际价值的内涵、特点和形成机制学术界一直众说纷纭，争论不休。其中，最引人瞩目的是关于不等价交换问题的争论，争论的焦点是，在国际交换中是否存在不等价交换问题。关于这一问题，马克思在《剩余价值理论》中说过这样的话：“即使从李嘉图理论的角度来看……一个国家的三个工作日也可能同另一个国家的一个工作日交换。价值规律在这里有了重大的变化。或者说，不同国家的工作日相互间的比例，可能像一个国家内熟练的、复杂的劳动同不熟练的、简单的劳动的比例一样。在这种情况下，比较富有的国家剥削比较贫穷的国家，甚至当后者……从交换中得到好处的时候，情况也是这样。”②

在《经济学手稿（1857—1858年）》中，马克思也有过类似的说法：“两个国家可以根据利润规律进行交换，两国都获利，但一国总是吃亏。利润可以低于剩余价值，也就是说，资本可以通过交换获得利润，然而并没有在严格的意义上实现价值增殖，因此，不仅单个资本家之间，而且国家之间可以不断进行交换，甚至反复进行规模越来越大的交换，然而双方的赢利无须因此而相等。一国可以不断攫取另一国的一部分剩余劳动而在交换中不付任何代价，不过这里的尺度不同于资本家和工人之间的交换的尺度。”③

马克思的这段说明为解决国际不等价交换问题提供了一把钥匙。在《资本论》第三卷中讨论对外贸易的作用时，马克思对这一问题的性质有过更明确的论述：“投在对外贸易上的资本能提供较高的利润率，首先因为这里是和生产条件较为不利的其他国家所生产的商品进行竞争，所以，

---

① 《资本论》第1卷，人民出版社2004年版，第645页。

② 《马克思恩格斯全集》第26卷第3册，人民出版社1974年版，第112页。

③ 《马克思恩格斯全集》第46卷下册，人民出版社1980年版，第401—402页。

比较发达的国家高于商品的价值出售自己的商品，虽然比它的竞争国卖得便宜。在这里，只要比较发达的国家的劳动作为比重较高的劳动来使用，利润率就会提高，因为这种劳动没有被作为质量较高的劳动来支付报酬，却被作为质量较高的劳动来出售。对有商品输入和输出的国家来说，同样的情况也都可能发生；就是说，这种国家所付出的实物形式的对象化劳动多于它所得到的，但是它由此得到的商品比它自己所能生产的更便宜。这好比一个工厂主采用了一种尚未普遍采用的新发明，他卖得比他的竞争者便宜，但仍然高于他的商品的个别价值出售，就是说，他把他所使用的劳动的特别高的生产力作为剩余劳动来实现。因此，他实现了一个超额利润。"[①]

在同一处，马克思还顺便谈到了国际剥削的另一种重要形式，即对外投资。马克思指出，"投在殖民地等处的资本，它们能提供较高的利润率，是因为在那里，由于发展程度较低，利润率一般较高，由于使用奴隶和苦力等等"[②]。并且肯定，这种投资也参与利润的平均化。在为《资本论》所做的增补中，恩格斯第一次也是唯一的一次在讨论国际贸易问题时明确提出了生产价格问题，他说："在国内单个生产者之间进行的零售贸易中，商品平均说来是按照价值出售的，但是在国际贸易中，由于上面所说的理由，通常都不是如此。这种情况完全和现在的世界相反。现在，生产价格适用于国际贸易和批发商业"[③]。恩格斯的这一观点是对马克思国际价值理论的重大发展。

4. 保护关税与自由贸易。

在马克思的概念中，全球化是不平等的。在全球化的过程中，不同国家之间既存在着相互依赖，也存在着相互冲突甚至对立，在同一个国家内部，不同阶级和不同利益集团在全球化过程中获得的利益也各不相同，因此，对全球化必然会有人赞成，有人反对，保护关税与自由贸易就是资本主义国家对待全球化的两种不同政策。对于资本主义国家的这两种政策，马克思和恩格斯曾经做过深入的研究，并先后发表了《保护

---

① 《资本论》第3卷，人民出版社2004年版，第264—265页。

② 《资本论》第3卷，人民出版社2004年版，第265页。

③ 《资本论》第3卷，人民出版社2004年版，第1023页。

关税派、自由贸易派和工人阶级》《保护关税制度和自由贸易》等重要文献，他们从工人阶级的立场出发，阐述了自己对于保护关税与自由贸易、全球化与反全球化问题的看法。

他们认为，资产阶级以国家和民族的名义所实行的保护关税制度，不过是制造工厂主剥夺独立劳动者，使国民生产资料和生活资料转化为资本，强制缩短由旧的生产方式向现代生产方式过渡的一种人为的手段。保护关税在 17 世纪产生的时期是这样，在 19 世纪许多年代仍然是这样。一个资本主义国家，当它在进行资本原始积累、建立自己的工业体系的时候，它都倾向于实行保护关税制度。因此，无论是英国、德国、法国还是美国，都毫无例外地实行过保护关税制度。“保护关税制度不仅可以有益于还在继续同封建制度作斗争的尚未充分发展的资本家阶级，而且也可以有益于像美国这样一个国家——它从未见过封建制度、但是已经达到势必从农业向工业过渡这一发展阶段——的新兴资本家阶级。”[①] 因此，保护关税制度并不是资本主义生产方式的正常条件，而是处于幼年时期的资产阶级为了聚集力量而实行的自我保护政策。一旦资本主义成长起来，这一制度“对于任何一个有希望获得成功而力求在世界市场上取得独立地位的国家都会变成不能忍受的镣铐”[②]。保护关税制度存在着一系列根本弊端：“保护关税制度再好也不过是一种无穷螺旋，你永远不会知道什么时候才会把它转到头。你保护一个工业部门，同时也就直接或间接地损害了其他一切工业部门，因此你就必须把它们也保护起来。这样一来你又会给你原先保护的那个工业部门造成损失，你就必须补偿它的亏损，这一补偿又会像前面的情况一样，影响到其他一切部门，并且使它们也有权利要求补偿，——就这样继续下去……［没有尽头］。”[③]

“保护关税制度最糟糕的一点就是一旦实行起来，就不容易再摆脱了。”[④] “立法机关采用了保护关税制度以后，就造成了一些同这一制度有

① 《马克思恩格斯全集》第 21 卷，人民出版社 1965 年版，第 419 页。
② 《马克思恩格斯全集》第 21 卷，人民出版社 1965 年版，第 431 页。
③ 《马克思恩格斯全集》第 21 卷，人民出版社 1965 年版，第 419 页。
④ 《马克思恩格斯全集》第 21 卷，人民出版社 1965 年版，第 421 页。

了很大的利害关系的集团，并且对这些集团承担了责任。”① “这样便发生了自由贸易派同保护关税派之间的长期而顽强的斗争；双方对于这一斗争的领导权很快就会从直接有利害关系的人手中转入职业政治家、各传统政党的头目们的手中，对这些人有好处的不是解决问题，而是问题永远悬而不决；在花去大量的时间、精力和金钱以后，实行了有时是有利于这一方、有时是有利于那一方的一系列妥协，这些妥协虽然决不是重大的，但也是朝自由贸易方向的缓慢进步……”②

“生产方法的改进在当代是这样迅速地接连不断地出现，是这样突然而彻底地改变着整个的工业部门的性质，以致昨天还可能有不少好处的一种保护关税率，到今天就变了。……昨天保护本国工业的措施，今天变成了对外国进口商的奖励”。③

因此，资本主义发展到一定阶段以后，保护关税制度必然要被自由贸易政策所取代。与保护关税制度相比，“自由贸易是现代资本主义生产的正常条件。只有实行自由贸易，蒸汽、电力、机器的巨大生产力才能够获得充分的发展”④。而所谓的自由贸易，实质上是资本的自由，它要“排除一些仍然阻碍着资本前进的民族障碍”⑤，“它就是意味着取消关税、消费税、以及直接妨碍生产和交换的一切捐税”⑥。资本主义生产方式在本质上是以自由竞争为基础的，它要求突破一切空间上的限制，最大限度地攫取剩余价值，因此，“在古典政治经济学著作里所阐述的一切规律，只有在贸易的一切束缚都被解除、竞争不仅在某一个国家内而且在全世界范围内获得绝对自由的前提下，才是完全正确的”⑦。

在马克思和恩格斯看来，保护关税与自由贸易、国家主义与全球主义反映了资本主义发展的不同阶段和资产阶级内部不同利益集团的不同要求，对工人阶级来说，它的实质和结局是一样的。无论是保护关税制

---

① 《马克思恩格斯全集》第21卷，人民出版社1965年版，第429页。
② 《马克思恩格斯全集》第21卷，人民出版社1965年版，第422—423页。
③ 《马克思恩格斯全集》第21卷，人民出版社1965年版，第420—421页。
④ 《马克思恩格斯全集》第21卷，人民出版社1965年版，第416页。
⑤ 《马克思恩格斯选集》第1卷，人民出版社1995年版，第227页。
⑥ 《马克思恩格斯全集》第12卷，人民出版社1962年版，第143页。
⑦ 《马克思恩格斯全集》第4卷，人民出版社1958年版，第294页。

度还是自由贸易，都是“在现代资本主义生产制度的范围内兜圈子”[①]。就保护关税来说，它虽然能够在一定程度上维持现状，避免使本国工人阶级由于外国竞争者而被抛到街头。但是，实行保护关税使本国资本家在国内以垄断价格，在国外以倾销价格出售自己的商品，这就等于“把剩余价值送给国外，而用克扣工资的办法来获取利润”[②]。就自由贸易来说，它虽然能够扩大生产力，降低消费品的价格，但是，它促进了劳动者之间的竞争，强化劳动对资本的依附，对工人来说“摆脱羁绊的资本对他的奴役并不亚于受关税束缚的资本对他的奴役”[③]。因此，对于以消灭资本主义制度为目标的社会主义者来说，“是实行保护关税制度还是实行自由贸易，对于最终结局是没有什么意义的”[④]。

尽管如此，马克思和恩格斯还是认为，相对保护关税来说，自由贸易代表了生产力发展的方向，自由贸易是进步的，而保护关税制度则是保守的。因此，他们的立场是：“我们赞成自由贸易，因为在实行自由贸易以后，政治经济学的全部规律及其最惊人的矛盾将在更大的范围内，在更广的区域里，在全世界的土地上发生作用；因为所有这些矛盾一旦拧在一起，互相冲突起来，就会引起一场斗争，而这场斗争的结局则将是无产阶级的解放”[⑤]。“但总的说来，保护关税制度在现今是保守的，而自由贸易制度却起着破坏的作用。自由贸易引起过去民族的瓦解，使无产阶级和资产阶级间的对立达到了顶点。总而言之，自由贸易制度加速了社会革命。先生们，也只有在这种革命意义上我才赞成自由贸易。”[⑥]

5. 全球化的未来。

马克思认为，随着世界市场的形成，资本主义经济危机也成为世界性的了，在世界市场上，“整个国家的生产既不是用它的直接需要，也不是用扩大生产所必需的各种生产要素的分配来衡量。因此，再生产过程

① 《马克思恩格斯全集》第21卷，人民出版社1965年版，第429页。
② 《马克思恩格斯全集》第36卷，人民出版社1974年版，第275页。
③ 《马克思恩格斯选集》第1卷，人民出版社1995年版，第227页。
④ 《马克思恩格斯全集》第21卷，人民出版社1965年版，第431页。
⑤ 《马克思恩格斯全集》第4卷，人民出版社1958年版，第295—296页。
⑥ 《马克思恩格斯选集》第1卷，人民出版社1995年版，第229页。

并不取决于同一国家内相互适应的等价物的生产，而是取决于这些等价物在别国市场上的生产，取决于世界市场吸收这些等价物的力量和取决于世界市场的扩大。这样，就产生了越来越大的失调的可能性，从而也就是危机的可能性”[①]。这样，经济的全球化就把生产与消费、个别企业的有组织性与整个社会生产的无组织性的矛盾推向了一个更高的阶段和更广的范围，“资产阶级生产的一切矛盾，在普遍的世界市场危机中集中地暴露出来”[②]。“世界市场危机必须看作资产阶级经济一切矛盾的现实综合和强制平衡。”[③] 随着资本主义全球化的不断发展，世界性经济危机也会不断深化，资本主义制度的扩张将会走到它的终点，代之而起的将是一个自由人的联合体，在那里每个人的自由发展是一切人的自由发展的条件。而“人对人的剥削一消灭，民族对民族的剥削就会随之消灭”，“民族内部的阶级对立一消失，民族之间的敌对关系就会随之消失”[④]。人类社会将由此而进入大同世界。

二、帝国主义与全球化

从马克思去世到20世纪30年代，马克思主义经济学发展出现了一个新的高潮，以列宁、卢森堡、希法亭、布哈林等为代表的马克思主义者，分析了当时资本主义经济发展的新变化，形成了帝国主义理论，从而使马克思主义和马克思主义的全球化理论发展到了一个新的阶段。运用帝国主义的理论范式，这些马克思主义者对资本主义发展新特征进行了分析，并对帝国主义阶段资本主义对外扩张的趋势和后果作了新的说明。在《资本积累》这一力作中，卢森堡从马克思的再生产理论出发，证明了对外扩张对资本主义的生存和发展的决定性作用。她强调，由于剩余价值实现的困难，资本主义必须靠向非资本主义社会的不断扩张来

---

① 《马克思恩格斯全集》第48卷，人民出版社1985年版，第147页。
② 《马克思恩格斯全集》第26卷第2册，人民出版社1973年版，第610页。
③ 《马克思恩格斯全集》第26卷第2册，人民出版社1973年版，第582页。
④ 《马克思恩格斯选集》第1卷，人民出版社1995年版，第291页。

求得生存。而一旦资本主义用完了扩张空间，就不可避免地产生最后的危机。希法亭是马克思主义的帝国主义理论的最重要的代表人物之一，在《金融资本》这一马克思主义经济学的杰作中，他运用马克思主义的基本理论分析了资本主义的最新发展，这种发展被他概括为：一方面表现为由于卡特尔和托拉斯的形成而“扬弃自由竞争”，另一方面表现为银行资本和产业资本之间越来越密切的关系，这导致了金融资本的统治。①

希法亭论证了金融资本对外扩张的必然性。他这样写道：“金融资本所希望的不是自由，而是统治；它对个别资本家的独立性毫无兴趣，而是要求对后者的束缚。它厌恶竞争的无政府状态，希求组织，当然只是为了能够在越来越高的阶段上展开竞争。但是，为了达到这种目的，维持和加强自己的优势，它需要国家通过关税政策和税收政策保证其国内市场，并有助于它征服外国市场。它需要政治上强大的国家，这个国家在其商业政策上不必考虑其他国家的对立利益。它需要强大的国家使自己的金融利益延伸到国外，并运用自己的政治力量把于己有利的供给合同和贸易协定强加给小国。它需要的是这样一个国家，这个国家能在世界各地进行干预，以便能把整个世界转变为自己金融资本的投资场所。最后，金融资本需要一个足够强大的国家，以便能够推行扩张政策并吞并新殖民地。”②

列宁的《帝国主义是资本主义的最高阶段》是帝国主义理论的集大成者和最经典的文献。在书中，列宁明确把“全世界资本主义经济在其国际相互关系上的总的情况”作为理论考察的对象，从而把马克思在《资本论》中所抽象掉的国际经济关系重新纳入了政治经济学的视野。他指出，垄断是帝国主义不同于自由资本主义的根本特征，并从垄断出发揭示了资本主义全球扩张的必然性，提出了资本主义世界体系的概念，这就是：与商品输出不同的资本输出具有了特别的意义；瓜分世界的资本家国际垄断同盟已经形成；最大资本主义国家已经把世界上的领土瓜

① ［德］鲁道夫·希法亭：《金融资本——资本主义最新发展的研究》，商务印书馆1994年版，第1页。

② ［德］鲁道夫·希法亭：《金融资本——资本主义最新发展的研究》，商务印书馆1994年版，第385页。

分完毕，从而“资本主义已成为极少数‘先进’国对世界上绝大多数居民实行殖民压迫和金融扼杀的世界体系”①。

列宁以马克思和恩格斯的经典理论为基础并结合时代的变化，阐明了帝国主义时代世界资本主义体系的性质和无产阶级革命的总战略。

(1) 帝国主义是一个世界性的剥削体系。帝国主义的特点就是现在全世界已经划分为两部分，一部分是人数众多的被压迫民族，另一部分是人数甚少的拥有巨量财富和强大军事实力的压迫民族。

(2) 帝国主义是资本主义发展的最高阶段和资本主义体系的总危机阶段，是腐朽的、寄生的和垂死的资本主义，是社会主义革命的前夜，它创造了能够实现社会主义的一切客观前提，成为无产阶级社会主义革命的时代。

(3) 由于资本主义发展不平衡，社会主义可以在一国获得胜利。“经济和政治发展的不平衡是资本主义的绝对规律。由此就应得出结论：社会主义可能首先在少数甚至在单独一个资本主义国家内获得胜利。”② 但社会主义革命是世界性的，只有这一革命扩展到全世界后，社会主义革命才能最终取得胜利。

(4) “工人没有祖国”——这就是说：他们的经济状况不是民族的，而是国际的；他们的阶级敌人是国际的；他们的解放条件也是国际性的；他们的国际团结比民族团结更为重要。③

(5) 社会主义的利益，世界社会主义利益高于民族的利益，高于国家的利益，无产阶级国际主义要求一国的无产阶级斗争服从全世界无产阶级斗争的利益，并有决心为推翻国际资本而承担最大的民族牺牲。④

列宁既反对发达资本主义国家的民族主义即殖民主义和大国沙文主义，也反对落后国家的民族主义，即民粹主义。列宁秉承马克思和恩格斯的立场，坚持认为资本主义的发展对落后国家是一种进步。在与俄国民粹主义者进行的争论中，列宁深刻地阐明了这一观点。列宁把民粹主

① 《列宁选集》第2卷，人民出版社1995年版，第578—579页。

② 《列宁选集》第2卷，人民出版社1995年版，第554页。

③ 参见《列宁全集》第35卷，人民出版社1959年版，第234—235页。

④ 参见《列宁选集》第4卷，人民出版社1995年版，第274页。

义的观点概括为三个重要特点：（1）认为资本主义在俄国是一种衰落、退步。（2）认为整个俄国经济制度有独特性，农民及其村社被看作是比资本主义更高更好的东西。（3）忽视“知识分子”和全国法律政治制度与一定社会阶级的物质利益有联系。[1] 列宁认为，民粹主义是从浪漫的、小资产阶级的观点出发同资本主义作战，把任何历史现实主义都抛弃了。它在资本主义发展初期有进步意义，而在资本主义有了相当发展后则成为一种有害的反动的理论，因为它使社会思想发生混乱，助长停滞现象和各种亚洲式的东西，力图阻止和扭转国家向资本主义方向的发展。在此基础上，列宁阐明了无产阶级的民族政策的双重任务，即：一方面要反对一切民族主义，不仅要一般地承认各民族完全平等，而且要承认建立国家方面的平等，即承认民族自决权、民族分离权；另一方面，正是为了同一切民族的各种民族主义进行有效的斗争，必须坚持无产阶级斗争和无产阶级组织的统一，不管资产阶级如何力求造成民族隔绝，必须使各无产阶级组织极紧密地结成一个跨民族的共同体。[2]

随着帝国主义时代的到来，资本主义社会出现了许多重要的变化，马克思主义阵营中的修正主义思潮逐步抬头，社会主义运动发生了历史性的分裂，形成了“左”“中”“右”三个派别。以列宁为代表的左派社会主义者，继承并发展了马克思和恩格斯的经典理论。而以伯恩斯坦等为代表的右派修正主义者和考茨基等为代表的中派修正主义者则对经典的马克思主义理论提出了质疑。修正主义者否定资本主义社会由自由竞争向垄断发展的趋势，宣扬资本的“民主化”和“有组织的资本主义”，认为现代资本主义能够克服经济危机，生存能力日益增强。基于对资本主义的上述认识，修正主义者放弃了无产阶级革命和无产阶级专政的立场，提出了通过民主与和平方式向社会主义过渡的主张，民族利益和民主原则被置于阶级利益之上，无产阶级的国际主义被所谓的“社会沙文主义”所代替。1914—1919 年第一次世界大战期间，大部分第二国际的领导人在“爱国主义”和“保卫祖国”的口号下与本国民族资本主义政

① 参见《列宁选集》第 1 卷，人民出版社 1995 年版，第 118 页。
② 参见《列宁选集》第 2 卷，人民出版社 1995 年版，第 401 页。

府结成了“神圣同盟”。列宁把这种行为宣布为对无产阶级国际主义的背叛，并通过建立共产国际来推动国际无产阶级的联合，实现无产阶级的统一目标。在国际主义与民族主义之间的艰难选择中，世界社会主义运动发生了尖锐的历史性的分裂。

三、全球视野中的不发达问题

第二次世界大战后，社会主义与资本主义的历史性决战进入了相持阶段。一方面，一大批殖民地人民获得了独立和解放，许多国家走上了社会主义道路，帝国主义势力大大削弱，世界殖民体系被瓦解了，两大阵营的并存成为世界体系的基本特征，资本主义的全球化由于社会主义阵营的出现而受到遏制；另一方面，马克思主义经典作家设想的资本主义崩溃和世界社会主义革命胜利的想法也并没有成为现实，资本主义在欧美等发达国家得到了巩固和发展，以至于出现了第二次世界大战后资本主义经济发展的“黄金时代”。斯大林看到了这种情况，并就当时的世界格局在理论上进行了概括，他说：“可见，现在有两种稳定。一端是资本主义达到稳定，它在巩固它现有的地位并且在继续发展。另一端是苏维埃制度达到稳定，它在巩固它所夺得的阵地并且在继续走向胜利。”“为什么一种稳定和另一种稳定同时并存呢？怎么会产生这两端的呢？因为世界上再没有单一的无所不包的资本主义了。因为世界已经分裂成两个阵营——以英、美资产阶级为首的资本主义阵营和以苏联为首的社会主义阵营。因为国际形势将愈来愈取决于这两个阵营间的力量对比……”①

两个阵营的并存使全球化的发展进入了一个新的阶段，它的特点是：统一的资本主义世界体系被两极对立的结构所取代，无产阶级革命和社会主义运动的中心从发达资本主义国家转移到了不发达国家。

十月革命胜利的初期，列宁坚持马克思和恩格斯的经典观点，认为

---

① 《斯大林选集》上卷，人民出版社1979年版，第325页。

世界社会主义的前途取决于发达资本主义国家的无产阶级革命，而俄国的十月革命则成为“欧洲社会主义变革的序幕”，它将推动欧洲革命的爆发，导致全世界社会主义的胜利。因此，俄国革命、欧洲革命和世界革命是不可分割的统一的过程，换句话说，如果欧洲无产阶级短期内不发生革命运动，俄国革命是不可能坚持下去并获得最后胜利的。但是，列宁的这种认识并没有被现实的历史发展所证明。第一次世界大战结束后欧洲许多国家接连爆发的无产阶级革命，并没有形成不可抗拒的历史潮流，相反，很快就陷入了失败的低潮，俄国无产阶级不得不在帝国主义世界的包围中孤军奋战，一国建成社会主义成了不得已而为之的选择。然而，在西方革命陷入低潮的同时，东方民族民主革命的浪潮却汹涌澎湃，世界革命的重心从发达资本主义国家向落后的殖民地和半殖民地国家转移，世界形势的变化使列宁得出了这样的结论：“斗争的结局归根到底取决于这一点：俄国、印度、中国等等构成世界人口的绝大多数。正是这大多数的人口，最近几年来也非常迅速地卷入了争取自身解放的斗争中，所以在这个意义上讲来，对世界斗争问题的最终解决不能有丝毫的怀疑”①。

这种新的革命理论和革命战略被实践证明是明智的。十月革命后，民族民主革命成了无产阶级革命的主角。历史证明，落后国家通过全面融入资本主义世界体系和迅速发展资本主义来为社会主义革命创造条件，并进而实现向社会主义过渡的想法是不现实的，特殊的历史环境和特殊的历史任务使无产阶级革命与反帝反封建的民族民主革命合二为一，这种革命在中国被毛泽东称作新民主主义革命，它的历史根据主要有二：

其一，进入19世纪末20世纪初，资本主义由自由竞争阶段发展到垄断阶段，帝国主义把其统治的触角延伸到世界各地，通过自身的努力建立资本主义现代化强国的路已经被堵死。

其二，旧中国是一个经济、文化十分落后的半封建半殖民地国家。在这种历史条件下成长起来的民族资本主义力量弱小，且具有两面性，它没有能力进行彻底的反帝反封建的斗争并最终取得胜利。

---

① 《列宁全集》第33卷，人民出版社1957年版，第453—454页。

这样，走社会主义道路成了中国历史发展的必然选择。因此，中国的资产阶级革命已经不是旧式的一般的资产阶级民主革命，而是新式的特殊的资产阶级革命，即新民主主义革命。对此，毛泽东曾作过这样的说明："这种新民主主义的革命是世界无产阶级社会主义革命的一部分，它是坚决地反对帝国主义即国际资本主义的。它在政治上是几个革命阶级联合起来对于帝国主义者和汉奸反动派的专政，反对把中国社会造成资产阶级专政的社会。它在经济上是把帝国主义者和汉奸反动派的大资本大企业收归国家经营，把地主阶级的土地分配给农民所有，同时保存一般的私人资本主义的企业，并不废除富农经济。因此，这种新式的民主革命，虽然在一方面是替资本主义扫清道路，但在另一方面又是替社会主义创造前提。中国现时的革命阶段，是为了终结殖民地、半殖民地、半封建社会和建立社会主义社会之间的一个过渡的阶段，是一个新民主主义的革命过程。这个过程是从第一次世界大战和俄国十月革命之后才发生的，在中国则是从一九一九年五四运动开始的。所谓新民主主义的革命，就是在无产阶级领导之下的人民大众的反帝反封建的革命。中国的社会必须经过这个革命，才能进一步发展到社会主义的社会去，否则是不可能的。"①

毛泽东的新民主主义理论不仅是中国革命的理论总结，也反映了不发达国家社会主义道路的共同经验。第二次世界大战后，随着一大批殖民地国家获得独立并走上经济现代化之路，随着社会主义运动在不发达国家的蓬勃发展，不发达国家的发展问题受到了普遍的关注。但是在主流的发展经济学和现代化理论中，"传统"与"现代"被看作是截然对立的两种社会形态。现代社会即是以美国为首的资本主义发达国家，而第三世界不发达国家则属于落后的传统社会，处于低级阶段的传统社会应按照高级阶段的现代社会模式加以改造，才能实现现代化进入所谓的现代社会。罗斯托的《经济增长阶段论——非共产党宣言》是这一思想的代表。巴兰对这一流行的观点提出了挑战，他在 1952 年发表的《论落后问题的政治经济学》和 1954 年出版的《增长的政治经济学》被认为是最

---

① 《毛泽东选集》第 2 卷，人民出版社 1991 年版，第 647 页。

早系统探讨不发达问题的马克思主义经济学论著。① 在这些论著中，巴兰对于不发达国家的资本主义现代化之路提出了强烈的怀疑。他的主要观点是，落后国家的资本主义化并不能导致社会的进步和现代化，相反，资本主义与封建关系的结合造成了双重的剥削、变本加厉的腐败和更加明目张胆的不公正。他这样写道："在法国或英国这样一些发达国家，经济不断上升的中等阶层在很早的时期就提出了一种新的理性的世界观，并以此自豪地反对封建时代的中世纪蒙昧主义；而不发达国家的贫弱和初出茅庐的资产阶级却一无所求而只能顺应现存的秩序。他们生活在以特权为基础的社会里，但求分得一碗现成饭。他们在政治和经济上都要同国内封建领主或强大的外国投资者打交道，过去一百年间在落后地区发展起来的那些工商业都已迅速地被纳入垄断集团——寡头统治者的富豪伙伴——的控制下。其结果是，产生了一种封建主义和资本主义这两种世界的劣点兼而有之的政治经济混合体，而且有效地堵塞了经济增长的一切可能性。"②

巴兰的结论是，既然软弱的资产阶级不能领导落后国家的人民承担起自己的历史责任，那么，一种新的社会气质必将成为新时代的精神和指针。它将是集体力量的气质，主张社会利益高于少数人利益的信念，世界上的落后国家必然走向社会主义。巴兰的观点与毛泽东的新民主主义理论的结论不谋而合。这种理论上的相似并不是偶然的，它是20世纪的马克思主义者关于落后国家社会主义道路的一种新的共识。这一新共识与马克思、恩格斯和列宁等经典作家的观点的不同之处在于，在这些新的理论思考中，资本主义的全球扩张不再被认为是一种代表了生产力发展方向的进步的力量，相反，它被看成是不发达国家经济落后的主要原因。20世纪60年代之后在拉丁美洲兴起的依附理论对这一主题作了充分但又是极端的阐发。依附论的基本观点是，世界资本主义经济体系是一个由中心和外围组成的等级结构，在这一结构中，中心国家由于本身经济体系完整，又垄断着资金、技术、生产力、军事、政治等资源，成

① 参见［美］保罗·巴兰：《增长的政治经济学》，商务印书馆2000年版。

② 保罗·A. 巴兰：《论落后问题的政治经济学》，载［美］查尔斯·K. 威尔伯主编：《发达与不发达问题的政治经济学》，中国社会科学出版社1984年版，第131页。

了支配的一方，它通过从外围国家榨取剩余而获得发展，而外围国家则在贸易、金融、技术各方面都仰赖中心国家，形成对中心国家的“依附”。[①]

对于依附论的核心观点，弗兰克说：“历史研究表明，当代的不发达状态大部分是不发达的卫星国和现在发达的宗主国之间过去和当前经济等关系的历史产物。而且这些关系正是全世界制度整个结构和发展的一个主要组成部分。一种主要是错误的观点认为，这些不发达国家和它们国内大部分不发达地区的发展，必须依靠国际和本国的资本主义中心向它们扩散资本、机构和价值观等等来加以促进或给以刺激。以不发达国家过去经验为根据的历史观说明，恰恰相反，不发达国家只有在目前摆脱了大部分的这种扩散关系以后才有可能取得经济发展。”“我们必须做出结论：即：不发达并不是由于孤立于世界历史主流之外的那些地区中古老体制的存在和缺乏资本的原因所造成的，恰恰相反，不论过去或现在，造成不发达状态的正是造成经济发达（资本主义本身的发展）的同一个历史进程。”[②]

依附理论在一个全球和历史的视野下考察了资本主义和不发达国家的发展问题，批判了帝国主义对外围国家的剥削和束缚，揭示了资本主义世界体系的不平等性质，驳斥了西方主流经济学和现代化理论的经济发展理论，探索了不发达国家经济发展的特殊道路，丰富和发展了马克思主义的帝国主义理论和经济发展理论，具有重要的理论和现实意义。它标志着马克思主义者对于全球化问题的认识继帝国主义理论之后进入了一个新的阶段。

---

① 在众多持“依附”观点的学者中，所使用的分析方法与政治主张不尽相同。政治上，有的主张社会主义革命，有的则主张对资本主义制度进行结构性改革；从经济学观点上看，又分为以联合国拉丁美洲经济委员会为主的结构理论者和以弗兰克、阿明、多斯桑托斯与卡多索等为代表的马克思主义学者。

② 安德烈·冈德·弗兰克：《不发达的发展》，载［美］查尔斯·K. 威尔伯主编：《发达与不发达问题的政治经济学》，中国社会科学出版社 1984 年版，第 153 页。

四、对于全球化的认同与反对

依附论的历史功绩不能抹杀，但它的缺陷也不应忽视。无论是在马克思主义阵营之内还是在马克思主义阵营之外，它都招致了众多的批评。这种批评包括很多方面，如认为依附理论强调交换而忽视生产，强调外部因素而忽视内部因素，强调国际的冲突而忽视阶级冲突，没有正确认识资本主义的本质，对国际剥削的说明不清晰，其理论与一些新兴工业化国家经济发展的现实不符，等等。概括起来，这种批评大体可以归结为两个主要的方面：一是如何看待资本主义扩张对不发达国家的影响，二是如何解释国与国之间剥削和剩余的转移问题。

就第一个方面的问题来说，在马克思主义阵营之内，沃伦、哈里斯、布伦纳等为代表的所谓“正统的马克思主义者”对坚持依附论和世界体系理论的所谓“新马克思主义”者进行了系统的批评。[①] 他们认为，不发达国家的经济落后是由于其内部前资本主义生产关系的束缚造成的，而不是发达资本主义国家的剥削所致，资本主义在落后国家的扩张有利于落后国家的工业化和经济发展，因此，把中心与外围之间的关系描述成是一种“零和博弈”的观点是错误的。罗伯特·布伦纳认为，以市场经济和雇佣劳动为基础的资本主义生产关系具有提高效率和推动生产力发展的巨大动力，而前资本主义生产关系则不具有这样的动力。他把华伦斯坦等人主张的世界体系理论称作“新斯密主义——马克思主义”。他认为，“新斯密主义——马克思主义”的观点片面强调市场交换关系的扩张对资本主义发展的重要意义，而没有考虑生产关系和阶级结构在经济发展中的关键作用，没有考虑相对剩余价值的生产和资本积累对生产力发展的推动作用。[②] 比尔·沃伦在1980年出版的《帝国主义：资本主义的

① ［英］M. C. 霍华德和 J. E. 金：《马克思主义经济学史：1929—1990》第11章，中央编译出版社2003年版。

② Bobert Brenner, “The Origins of Capitalist Development: a Critique of Neo-Srnithian Marxism,” *New Left Review*, No. 104 (1977).

开拓者》一书中，从经济、政治、道德和文化等方面重申了资本主义的进步性，他指出，资本主义的功绩在于它解放了被前资本主义社会所束缚的个人的创造力，发展了大规模的工厂式的生产体系，塑造了公平、正义、宽容、独立的精神，建立了资产阶级议会民主制，促进了工人阶级的成长，从而为社会主义制度的产生创造了主观和客观的条件。因此，帝国主义的扩张对于落后国家的经济发展和社会进步是有利的。[①] 奈杰尔·哈里斯在《第三世界的裂变》一书中，从实证分析的角度证明了资本主义世界体系下外围资本主义成功发展的可能性。他以新兴工业国经济增长的成功经验说明坚持自由贸易和融入世界市场的积极作用。[②]

"正统马克思主义"的批评切中了"新马克思主义"理论的要害。在前面的说明中我们已经知道，虽然经典作家对资本主义和帝国主义的全球统治也进行了尖锐的批判，但是，在全球化问题上，他们的基本观点是：资本主义的全球发展是历史的必然，是通向共产主义的必要阶梯，对落后国家来说也有进步和有益的影响。因此，把资本主义中心国家与外围国家的关系看成是一种得失相抵的"零和博弈"的看法并不符合经典马克思主义的理论。在这一点上，"正统马克思主义"的观点的确符合马克思主义的正统。然而，"正统马克思主义"的观点也绝非无懈可击，并不总代表了马克思主义的正统。实际上"正统马克思主义"和"新马克思主义"一样都有明显的片面性。依附论特别是激进的依附论对世界资本主义体系和经济全球化采取了强烈批判的态度，而"正统马克思主义"则对世界资本主义体系和经济全球化采取了一边倒的支持态度，这在客观上与自由主义理论合流了。与此不同的是，马克思的思维逻辑中则充满了辩证法。一方面，马克思承认，与落后国家存在的各种原始和封建的制度相比，资本主义中心国的生产方式和社会文明无疑是先进的，殖民统治者们在世界市场上追求最大程度的垄断利润的同时，他们不得不修筑铁路、开办工厂、引进资本主义的生产方式和文明形态，促进落后国家生产力和科学、教育、文明的发展，从而不自觉地承担了为新世

---

① Bill Warren, "Imperialism: Pioneer of Capitalism," NLB, (1980).

② ［英］奈杰尔·哈里斯：《第三世界的裂变》，改革出版社 1991 年版。

界创造物质基础的历史使命。[①] 在这一点上，他的观点不同于民粹主义、民族主义、依附论、世界体系理论和各种反全球化理论。另一方面，他深刻地揭露和强烈地谴责了资本主义殖民统治对被统治民族所造成的空前灾难，指责他们破坏了本地的公社，摧毁了本地的工业，夷平了本地社会中最伟大和崇高的一切，从而毁灭了当地的文明，结果是，殖民地的人民失掉了他们的旧世界而没有获得一个新世界，这就使他们所遭受的灾难具有了一种特殊悲惨的色彩。这一点又使他的观点与所谓的“正统马克思主义”理论相区别。

经典马克思主义与所谓的“正统马克思主义”存在的另一个重要区别是，“正统马克思主义”在一定意义上可以说是“欧洲的马克思主义”，而马克思和恩格斯则不是。按照詹姆斯·布娄特的概括，所谓“欧洲马克思主义”的基本理念是：在世界的欧洲部分里，历史进步是自然出现的；世界的其余部分通过这种进步的扩散获得了其成果。社会主义革命将在欧洲人的世界里发生，然后社会主义将扩展到世界的其余部分，并且解放世界上一切地方的受苦的人们。在马克思主义阵营中，这种被称作是“欧洲中心扩散主义”的理念虽然是由马克思和恩格斯建立起来的，但是他们却不能被划作“欧洲马克思主义”的范畴之内。道理很简单，一个人如果要成为欧洲马克思主义者，他就必须完全认识另一种世界模式，而马克思和恩格斯没有并且不可能有那种认识。因为在马克思的时代，人们对欧洲之外社会和历史发展的状况知之甚少。但是在20世纪以后，人们已经掌握了足够多的关于非欧洲社会文明的状况以及它们对人类历史发展重要作用的知识，在这种情况下，“欧洲中心扩散主义”的理念就是站不住脚的了。[②]

对于依附论的第二个方面的批评主要集中于国际剥削和剩余的转移问题上。我们知道，依附论的核心观点是中心国对外围国剩余的榨取和剥削，然而对于这种榨取的机制和过程，这种理论并没有提出一个令人满意的说明。说法是有的，有的说法也不乏真知灼见。例如，多斯桑托

① 《资本论》第1卷，人民出版社2004年版，第8页。

② J. M. 布娄特：《马克思主义和以欧洲为中心的扩散主义》，载［美］罗纳德·H. 奇尔科特主编：《批判的范式：帝国主义政治经济学》，社会科学文献出版社2001年版。

斯曾经把剩余榨取机制概括为以下四种类型：(1) 国际价格。由于世界市场的垄断造成的不平等交换，使中心国通过国际价格吞占了不发达国家的成果。(2) 服务。由于知识产权的垄断，依附国生产的大量剩余通过服务费的形式（主要包括运费、保险费、技术服务费、商标和专利费）转移到发达国家。(3) 资本输出。通过资本输出和国际资本市场，中心国把全世界大部分劳动者置于国际资本的剥削之下，直接攫取外围国家的剩余。(4) 依附的积累机制。通过外债和所谓国际“援助”，使外围国对中心国的依附不断加深。① 萨米尔·阿明把塑造当代帝国主义统治和导致全球两极分化的机制概括为五种垄断，这五种垄断是：(1) 对新技术的垄断，(2) 对全球范围上的金融流动的垄断，(3) 对地球自然资源的获取的控制，(4) 对通讯和媒体的手段的控制，(5) 对大规模杀伤性武器的控制。② 多斯桑托斯和阿明的这些观点无疑是很有道理的，但是，它们更多的是经验之谈，而不是严密的理论。

在理论逻辑上系统说明国际剥削这一命题的有影响的成果，是希腊裔的法国马克思主义学者伊曼纽尔的《不平等交换》。伊曼纽尔在书中批判了李嘉图以来资产阶级经济学的自由贸易论与比较成本论。他指出，比较成本论是以资本不流动为理论前提的，但实际的情况是，资本可以在国际流动的，而劳动力则难以流动。资本的国际流动，导致了利润率的国际平均化，形成了世界市场统一的生产价格，劳动力的不能流动，导致了工资水平的巨大差异，中心国的工资远高于外围国。当工资不同的中心国与外围国使用同样的技术生产同样的产品在国际上出售时，由于国际利润率平均化，剩余价值的一部分就由低工资的穷国转移到了高工资的富国。③ 伊曼纽尔的不平等交换理论似乎弥补了依附论理论基础薄弱的缺点，因而，很快被一些依附论理论家所接受。但它同时引起了广泛的争论，这一争论把马克思主义经济学对于国际交换、国际价值和不

---

① [巴西] 特奥托尼奥·多斯桑托斯：《帝国主义与依附》，社会科学文献出版社 1999 年版。

② 参见萨米尔·阿明：《资本主义、帝国主义、全球主义》，载 [美] 罗纳德·H. 奇尔科特主编：《批判的范式：帝国主义政治经济学》，社会科学文献出版社 2001 年版。

③ 参见 [希腊] A. 伊曼纽尔：《不平等交换——对帝国主义贸易的研究》，中国对外经济贸易出版社 1988 年版。

平等交换的问题的研究推向了新的阶段，推动了马克思主义全球化理论的发展。伊曼纽尔的不平等交换理论指出了国际贸易中存在的不平等交换和剥削的事实，说明劳动力不流动条件下工资的差异对国际贸易的影响，是对马克思主义经济理论的一个贡献。但是，这一理论是以国际资本完全流动、劳动力完全不流动以及国际平均利润和国际生产价格为前提的，对于这些前提条件是否存在，国际学术界一直存在着争论。这一理论同样也存在着重交换而轻生产的缺点。此外，不平等交换理论把工资率作为国际贸易的唯一变量，而没有对工资率的运动作出科学的解释，这一点也受到了广泛的批评。

20 世纪 70 年代以后，一方面由于依附论本身在理论上存在的缺陷，另一方面由于现实中东亚新兴工业化国家的兴起，使依附理论出现了衰微的趋势，但是它的核心思想被随后兴起的世界体系理论所吸收和发扬了。70 年代美国学者伊曼努尔·华伦斯坦提出了一个以世界体系为分析单位、以核心——半外围——外围为基本结构的“世界体系”理论，进一步推进了马克思主义全球化理论的发展。[①] 在世界体系论学者看来，16 世纪开始形成的资本主义世界体系是第一个市场贸易充分发展且经济势力支配一切的世界经济，在这个体系中不同的地区执行不同的经济职能，这样就构成了世界体系的三级结构：最上层是主要生产高利润、高技术、高工资的多样产品的中心国，最下层是主要生产低利润、低技术、低工资且种类不多产品的外围国，介于其间的则是相对于中心处于外围位置，相对于外围则俨然中心、兼具被剥削与剥削者角色的半外围国家。这种三级结构避免了两极分化可能造成的尖锐对立，从而巩固了世界体系。各国在世界体系内的位置会有所变动，即：核心可能下降为半外围，外围可能上升为半外围，半外围可能上升为核心。资本主义体系本身的结构始终是有升有落，但不可能所有的国家都同时“发展”为国强民富的中心国。与自由贸易理论所主张的贸易对交换双方均有利的观点不同，

---

① 世界体系理论与马克思主义的关系比较复杂，一方面这一理论接受了马克思主义理论的许多基本概念，如资本积累、剥削、阶级和世界社会主义理想等，这一学派的一些重要成员如阿明也属于比较典型的马克思主义者；另一方面，这一理论又有许多非马克思主义的因素，这一学派的一些成员也不属于严格意义上的马克思主义者。

世界体系理论认为，资本主义世界体系之所以能够发展，其根本动力在于存在着不等价交换和剥削。在华伦斯坦看来，随着外围地区的低度开发和外围地区向半外围地区的转化，资产阶级的总剩余将不断减少，资本主义世界经济体系最终将由于它彻底统治世界而失去其发展的空间，从而陷入全面的危机，而取代这一体系的将是一个新的世界体系，即社会主义世界体系政府。

世界体系理论在吸收依附理论的主要论点之余，又有所创新。由于引入了一个半外围概念，从而赋予各个国家在世界体系中上下流动的可能性：核心可能下降为半外围，外围可能上升为半外围，半外围可能上升为核心，资本主义体系本身的结构始终是有起有落的一个动态体系。这样就避免了依附理论所具有的静态和宿命论倾向，形成了更加全面的历史性和全球性的理论视野。不过，世界体系理论也有值得商榷之处，其主要的缺陷与依附论大体相同，比如，它对资本主义历史作用采取了完全否定的态度；[①] 它对剩余价值的榨取这个核心概念同样没有一个清晰的说明；它对资本主义本质的认识侧重于市场的流通因素而不是生产过程；它侧重经验分析而缺乏理论深度；对于半外围国家的界定和形成的认识也很有争议；等等。如何在马克思主义理论框架中更加科学地说明世界体系的演变规律是一个有待解决的问题。

五、全球资本主义及其矛盾

20 世纪 80 年代以后，信息化的浪潮汹涌澎湃，两极世界骤然解体，新自由主义政策风靡世界，资本主义的全球化如脱缰之野马横冲直撞，

---

① 例如，华伦斯坦认为，历史资本主义不是代表了历史进步，而是代表了历史退步，创立资本主义不是一种荣耀，而是一种文化上的耻辱。他还指出："我相信，世界人口的大多数，无论从主观还是客观上说，物质上都不如在以往的历史体系下富裕。而且，我还认为，他们在政治上也不如以前。这个历史体系塑造出有关进步的意识形态来进行自我辩护，它对我们的影响如此之深，以至于我们甚至难以认识到这一体系的大量历史消极面，甚至像卡尔·马克思这样的历史资本主义的顽强斗士，也充分强调了它的历史进步作用。我完全不相信这一点。"（参见［美］伊曼努尔·华勒斯坦：《历史资本主义》，社会科学文献出版社 1999 年版，第 21 页。）

民族国家的固有疆界被冲得七零八落，人类社会和世界秩序正在经历着空前深刻的大转变。马克思主义者将如何看待这种深刻的社会转型呢？这涉及以下一些重要问题。

1. 全球化与资本主义的发展。

从20世纪末开始，资本主义进入了一个新的阶段，即全球资本主义的阶段。这种判断是有根据的。首先，随着冷战的结束、社会主义阵营的解体和新自由主义风靡一时，资本主义制度急剧扩散并遍及了世界的所有地区，资本主义全球化在地理上达到了极限。其次，全球资本主义的形成找到了自己坚实的技术基础。虽然资本主义生产方式总是处于不断扩张之中，总是在尝试着突破各种时空的限制，但是只有到了20世纪末，由于信息革命的广泛普及和信息技术成为基本的技术范式，资本主义经济体系才真正具有了全球性质。其原因正如卡斯特所说，信息化的全球经济不同于世界经济。在世界经济中，资本积累在世界各地进行，而在全球经济中，全球能变成一个单位而以即时或是在选定的时间内运作。[①] 信息技术对于全球资本主义扩张的意义在于，它赋予资本和生产难以想象的流动性，生产和地区总是在不停地转换，以便于资本对抗劳动创造有利条件，同时尽量避免社会和国家的干涉，并导致了新的国际分工和生产过程的跨国化。再次，跨国资本的迅猛发展造就了一种新的全球性的权力中心，它在推动全球一体化和促进世界经济、政治和文化的同质化的同时，导致了社会的分裂以及超国家组织和次国家组织的出现，资本主义生产方式第一次以真正的全球化状态存在，如德里克所说，资本主义的叙事已不再是欧洲历史的叙事，非欧洲资本主义社会也首次宣称在资本主义的历史中占有一席之地。[②] 从制度形态来看，国际经济或世界经济不同于全球经济之处就在于，前者尊重国家主权，通过大量的贸易、投资和贷款将一个尚未融合的整体的各个自主的部分联系起来，而全球化则使各个组成部分不断相互融合，并赋予它一种特有的力量，这种力量日益挣脱国家的控制，使所有物质的和社会的空间逐步服从资本

---

① 参见［美］曼纽尔·卡斯特：《网络社会的崛起》，社会科学文献出版社2001年版，第119页。

② 参见［美］阿里夫·德里克：《跨国资本时代的后殖民批评》，北京大学出版社2004年版，第151页。

的法则。[①] 当然，这样一种全球化的资本主义既是信息革命的产物，同时也是资本主义制度充分发展的必然结果。对于剩余价值的无止境的贪欲使资本充满了不断扩张的冲动，它力求冲破地域的限制，不断扩展自己的生存空间。这种扩张过程按照阿明的概括，从19世纪末到现在分为如下三个阶段：从1880年左右到1945年是“垄断的民族的资本主义”，1945年到1980年是“社会的和国家的资本主义”，1980年以后则是“在放纵的全球化背景下的非社会的新自由主义”。这最后一个阶段并不能持久，因为它关死了所有能克服危机、通向新一轮扩张的大门，使资本主义陷入了致命的停滞。[②]

以上观点从不同角度说明了世界体系的性质和一些特点。

2. 全球化与金融化。

在20世纪80年代以来的经济全球化浪潮中，金融全球化势头尤为迅猛，金融资本急剧膨胀，世界性金融危机频繁爆发，以至于法国学者让－克洛德·德罗奈得出这样的结论：继国家垄断资本主义之后，资本主义进入了一个新的历史阶段，即金融垄断资本主义阶段。他认为，由于金融及其衍生产品的发展，金融资本在时间和空间上，对资本的使用价值的生产实现了全面的、不间断的、有效的控制，资本的增殖不再仅仅通过价值和使用价值的转换来实现，金融因素在资本增殖中逐渐占据主导和统治地位。从这个意义上说，金融垄断资本是资本对人类社会生产的最高统治，它把生产的社会化又向前推进了一步。[③] 法国调节学派的弗朗索瓦·沙奈则把这种变化称作世界积累的金融化。[④] 应当说，全球化与金融化的并行发展是有着深刻的经济基础的。法国调节学派的利佩兹从资本主义生产模式的转变出发解释了金融化的趋势，他认为，在福特主义生产方式出现危机之后，新泰勒主义或自由的生产模式主导了发达

① 参见［法］雅克·阿达：《经济全球化》，中央编译出版社2000年版，第3—4页。

② 参见［埃及］萨米尔·阿明：《资本主义的危机》，社会科学文献出版社2003年版，第29—32页。

③ 转引自李其庆主编：《全球化与新自由主义》，广西师范大学出版社2003年版，第98页。李惠斌主编：《全球化与现代性批判》，广西师范大学出版社2003年版，第105—109页。

④ 参见［法］弗朗索瓦·沙奈：《金融全球化》，中央编译出版社2001年版。

资本主义国家的生产过程，与之相适应的分配是沙漏型的，即中产阶级受挤压，下层劳动者的收入大幅度降低，而少数富人的收入显著增加，结果收入向储蓄阶层和金融资产阶层集中，导致了金融资产的不断增加。① 英国马克思主义学者戴维·哈维也认为，金融资本的膨胀是资本主义从福特主义向灵活积累体制过渡的一个重要特征。它意味着资本积累在时间和空间上取得了更大的灵活性，货币资本相对于生产资本获得了更大的自主性。② 世界体系理论的重要代表人物阿锐基（Arighi，也有人译为阿尔利吉）从资本主义经济发展的“积累周期”出发说明了当前金融化的客观基础。他以马克思的资本总公式为基础概括了资本扩张的两个阶段，即物质资本扩张阶段（M—C）和金融资本扩张阶段（C—M）。在物质资本扩张阶段，货币资本被投资于生产部门以获得递增的收益，但是随着资本收益的递减，资本利润率开始下降，物质资本的扩张转向了金融资本的扩张。他认为，20 世纪 70 年代，在资本主义世界遇到了严重的长期的经济危机，工业部门利润率长期呈下降趋势，资本主义经济开始从生产扩张阶段向金融扩张阶段过渡，其首要特征是资本的大规模跨国流动以追逐高利润。③ 从根本上来说，资本主义经济的金融化趋势完全是资本主义发展的必然结果。因为，只有在金融资本这一形态上，资本才完全摆脱了物质形态的束缚，获得了最大限度的自主性和灵活性，才能最充分地表现出其最大限度追求价值增殖的本性。正如马克思所说，只有“在生息资本上，资本关系取得了它的最表面、最富有拜物教性质的形式”，“这个自动的物神，自行增殖的价值，会生出货币的货币，纯粹地表现出来了”。④ 但是，金融资本在本质上是虚拟性的，因此，与全球化相伴随的金融化的发展，使资本主义的矛盾和危机也发展到了顶点。

---

① 参见阿莱因·利佩兹：《后福特主义的运气和不幸》，载［加］罗伯特·阿尔布里坦等主编：《资本主义的发展阶段——繁荣、危机和全球化》，经济科学出版社 2003 年版。

② 参见［美］戴维·哈维：《后现代的状况》，商务印书馆 2003 年版，第 244 页。

③ 参见［意］杰奥瓦尼·阿锐基：《漫长的 20 世纪》，江苏人民出版社 2001 年版。吉尔瓦里·阿里希，杰逊·W. 摩尔：《从世界历史的角度看资本主义的发展》，［加］罗伯特·阿尔布里坦等主编：《资本主义的发展阶段——繁荣、危机和全球化》，经济科学出版社 2003 年版。

④ 《资本论》第 3 卷，人民出版社 2004 年版，第 440—441 页。

3. 全球化与帝国主义。

与信息化相伴随的资本在全球的急剧扩张，金融资本对世界统治的不断加深，世界范围内两极分化的日益加剧，美国霸权主义的严重膨胀，使得帝国主义理论再次引起了人们的关注。在 2002 年 11 月号《每月评论》上刊登的《重新发现帝国主义》一文中，美国生态马克思主义代表人物约翰·贝拉米·福斯特描述了这一变化："在 20 世纪的大部分时间里，帝国主义这个概念被排斥在资本主义世界主流政治话语体系之外。如今这种情况突然改变了，美国的知识分子和政治精英正在热情地倡导美国履行赤裸裸的'帝国主义'或'新帝国主义'使命……面对美利坚帝国的这种扩张企图，知识分子和政界名流不仅重新捡回帝国主义概念，也跟从 19 世纪初帝国主义的鼓吹者，倡导美国肩负起推广文明的伟大使命。当前主流媒体把美国同罗马帝国、大英帝国相提并论的现象比比皆是。"①

主流话语重新发现帝国主义仅仅意味着，美国所代表的，特别是其掌权者所主导的这个进程是不可避免的，已成为无法逃避的现实。但是，在马克思主义学者中，帝国主义则被看作是一个世界性的剥削体系，由列宁等创立的帝国主义理论的现实意义再次被人们肯定。例如，阿明认为，全球化是"意识形态的讨论，它被用于使帝国主义国家的资本的战略成为合法"，所谓的全球化就是帝国主义本身，它是资本主义的最高阶段和永久特征。② 巴拉特·布朗指出，20 世纪 40 年代以后的很多发展甚至大部分发展，不仅是资本主义的，而且也是帝国主义的，其含义是，由许多资本家集团对一些国家的全体人民进行全球经济剥削。③ 詹姆斯·佩特拉斯通过对权力、代表力量、阶级方面的不平等、收入和投资流等方面的比较得出结论说：流行的全球化理论是一种意识形态，是为了使阶级不平等合理化服务的。与全球化概念相比较，帝国主义概念具有更

---

① ［美］约翰·B. 福斯特：《重新发现帝国主义》，《国外理论动态》2004 年第 1 期。

② 参见萨米尔·阿明：《资本主义、帝国主义、全球主义》，载［美］罗纳德·H. 奇尔科特主编：《批判的范式：帝国主义政治经济学》，社会科学文献出版社 2001 年版。

③ 参见萨米尔·阿明：《资本主义、帝国主义、全球主义》，载［美］罗纳德·H. 奇尔科特主编：《批判的范式：帝国主义政治经济学》，社会科学文献出版社 2001 年版。

大的科学性和现实意义，它能够就资本、货物、技术在全球的运动的社会动力和不同国家与阶级之间的对立关系提供准确的理解。① 约翰·贝拉米·福斯特强调："资本集中化与中心化，中心地区的停滞趋势，帝国主义对边缘地区的剥削，金融资本的全球化，发达资本主义之间的帝国主义冲突，这些加在一起，就组成了今天世界总体画面，对于这个画面可以用垄断资本主义理论进行描述"。这个由美国领导的、全球化的垄断资本与霸权帝国主义世界时时刻刻要求我们做出明确的抉择：在屠杀的野蛮暴行和人道的社会主义之间做出选择。② 在资本主义目前的发展阶段，全球化、金融化与日益加剧的垄断化不可分割地联系在一起。斯威齐这样说，在最近的资本主义发展历史阶段内有三个最重要的基本发展趋势：(1) 经济增长比例普遍下降，(2) 推行垄断政策的跨国康采恩在世界范围内扩张，(3) 资本积累过程的金融化。这三种趋势之间存在着复杂的联系。③ 由于时代的不同，21 世纪的帝国主义与 19 世纪末和 20 世纪初的帝国主义自然会有所不同。这种不同最明显地表现为 21 世纪初的帝国主义是一个美国霸权的时代。因此，艾伦·M. 伍德说，所谓的新帝国主义，就是美国帝国主义。④ 新时代的帝国主义的另外一个重要特征是它是以全球为背景的，是全球化时代的帝国主义。正是这种新历史背景使激进的意大利马克思主义者麦克尔·哈特和安东尼奥·奈格里提出了这样一个极具争议的观点，这就是所谓的从帝国主义向帝国的过渡。他们认为，伴随着全球市场和生产的全球流水线的形成，一种新的主权形式正在出现，这就是帝国。与帝国主义相比，帝国不建立权力中心，不依赖固定的疆界和国界，它是一个无中心、无疆界的统治机器，它由一系列国家的和超国家的机体构成，这些机体在统治的单一的逻辑下整合。帝

---

① 参见詹姆斯·佩特拉斯：《全球化：一个批判性分析》，载［美］罗纳德·H. 奇尔科特主编：《批判的范式：帝国主义政治经济学》，社会科学文献出版社 2001 年版。

② 参见［美］约翰. 贝拉米·福斯特：《垄断资本与新的全球化》，张世鹏编译：《全球化与美国霸权》，北京大学出版社 2004 年版。

③ 参见［美］保罗·斯威齐：《再谈（或少谈）全球化》，转引自李其庆主编：《全球化与新自由主义》，广西师范大学出版社 2003 年版，第 138 页。

④ 参见［加］艾伦·M. 伍德：《新帝国主义与民族国家》，《国外理论动态》2004 年第 1 期。

国主义的世界地图的明显的民族国家的色彩，已经被合并、混合在帝国的彩虹中。必须根据这种新的变化制定新的革命战略。[①] 麦克尔·哈特和安东尼奥·奈格里的这一观点或许已经深刻预兆了全球化时代世界秩序的逻辑，只是由于他们过早地否定了民族国家的作用而使自己的理论在很大程度上成了一种想象，并因此受到了马克思主义者们的广泛的批评。

4. 资本主义全球化的不对称性[②]。

伊曼纽尔的《不平等的交换》理论把资本可能自由流动而劳动力不能自由流动当作国际不等价交换的主要根源，这一观点虽然在逻辑上和经验上存在一定的缺陷，但当今世界全球化的现实证明，这样一种思路有着深刻的洞察力。在全球化的滚滚浪潮中，发达国家只是一味推行商品和资本的自由流动，对来自发展中国家的移民却设置了重重障碍，劳动力市场的全球化远远落后于商品和资本的全球化，换言之，目前正在进行的资本主义的全球化是一种不对称全球化：货物和资本市场倾向于被全球化，而劳动力市场却被分割成许多板块，一方面是越来越全球化的经济，另一方面是不同政治社会的继续存在；在民族国家，价值规律是三维的，包括了商品、资本和劳动三个市场，而在世界市场，价值规律却是二维的，排斥了劳动力市场。[③] 这种扭曲了的价值规律必然导致资本主义世界体系的两极分化，使中心与外围的差距越来越大，使边缘国家的一切赶超企图都成为幻想。而所谓的自由主义思想则由于断然忽视资本主义内在两极分化的现象，使它的观点失去了任何意义，并成为一种地地道道的欺骗。除非它敢于宣布废除一切限制，向劳动者的迁移敞开一切边界，就像它允许资本和商品自由流动一样（萨米尔·阿明，2001，2003）这种不对称的全球化还导致了资本主义世界体系的另外一个根本性矛盾，即人权和民权的矛盾。人权是自由主义政治理念的核心，根据这一理念，个人的价值是至高无上的，《世界人权宣言》一开篇就宣

---

① 参见［美］麦克尔·哈特，［意］安东尼奥·奈格里：《帝国》，江苏人民出版社 2003 年版，第 1—6 页。

② 参见张宇、田方萌：《不对称的全球化》，《学习与探索》2003 年第 3 期。

③ 参见萨米尔·阿明：《资本主义、帝国主义、全球主义》，载［美］罗纳德·H. 奇尔科特主编：《批判的范式：帝国主义政治经济学》，社会科学文献出版社 2001 年版。

称“人人生而自由，在尊严和权利上一律平等”，但是，在主权国家存在的条件下，更为现实和有价值的权利不是普遍的人权，而是特殊的民权。一个人只有当他成为某一国家的合法公民时，才能享受到这一国家居民所特有的各种权利（包括选举、就业、福利和保障等），而外国人和外来的移民特别是所谓的非法移民则通常不享有这些权利。于是，自由主义意识形态就像华伦斯坦描述的那样陷入了深刻的矛盾之中：这一矛盾使资本主义不得不在无政府主义和种族主义之间摇摆。对此华伦斯坦这样说：“自由主义意识形态的矛盾是全面性的。如果人人享有同等的权利、各民族享有同等的权利，我们就难以维持资本主义世界经济体系一直具有的、并将永远具有的制度了。而如果公开承认这一点的话，资本主义世界经济体系将在危险（即一无所有的）阶级的眼里没有了合理性，而一种体系如果没有了合理性，也就存在不下去了。”[①]

5. 全球化与生态危机。

著名思想家卡尔·波拉尼在著名的《大转变》一书中提出了极其深刻而富有远见的“虚拟商品”的思想。他指出，资本主义生产赖以进行的自然、劳动和货币等条件本身并不是商品，但资本主义制度却把它们作为商品生产出来，其代价是人类的异化和堕落、对地球资源的无情破坏、助长金融投机、否定国家的货币权力。在《自然的理由——生态学马克思主义研究》一书中，詹姆斯·奥康纳据此发展了“资本主义双重矛盾和双重危机”的理论：第一种矛盾是资本和劳动的矛盾，这一矛盾表现为生产过剩的危机；第二种矛盾是资本和自然的矛盾，这一矛盾表现为“流动性危机”或者资本生产不足这种形式，它是由资本的增殖对自然和生态的破坏造成的。[②] 在资本主义的初期和经典作家的视野中，第一种矛盾和第一种危机占有中心地位。但是，随着资本主义全球扩张达到极限，随着所有的自然和社会资源都被卷入资本主义金钱游戏，第二种矛盾的重要性日益凸现出来。基斯·皮杰尔把资本对社会的控制分为

① ［美］伊曼努尔·华勒斯坦：《自由主义的终结》，社会科学文献出版社 2002 年版，第 160—161 页。

② 参见［美］詹姆斯·奥康纳：《自然的理由——生态学马克思主义研究》，南京大学出版社 2003 年版，第 283 页。

三个阶段：第一阶段是资本的原始积累，把商品关系强加于社会；第二阶段是生产过程的资本主义化；第三阶段是全部社会再生产受制于资本增殖的要求。在第三个阶段，资源枯竭的危机正在威胁着由资本主义秩序控制的全球秩序，这种危机表现为：处在原始积累阶段的地区面临着超自然的灾难，资本国际化受到阻碍并从生产领域向投机领域转移，中心国家在地理政治方面的扩张已经倒退到了弱肉强食的时代。[①] 阿明把资本主义生产方式的基本矛盾概括为这样三个方面：劳动者的异化，史无前例的世界范围内的两极分化，无力制止威胁人类未来的对自然资源的破坏，[②] 这种概括把对自然资源的破坏上升为资本主义的基本矛盾。华伦斯坦提出了当代世界体系面临的四个根本问题，其中之一便是生态危机。资本积累五个世纪来一直有赖于企业降低成本的能力，这实质上意味着过度使用世界资源，花费大量的人类共同成本，这种状况已经难以维持，但是如果要解决这一问题，有效地保护资源和治理污染，这势必会降低全球的利润率。[③]

六、小　　结

在全球化问题上，存在着若干不同的理论范式，如自由贸易理论、民族主义理论、现代化理论、文明冲突理论等，马克思主义的全球化理论不同之处在于：

(1) 它以历史唯物主义为基础，从生产力与生产关系的矛盾运动中解释了全球化现象产生和发展的必然规律和客观过程。

(2) 把全球化理解为一种特殊的社会历史现象，当作资本本质的外在表现和资本主义经济关系不断扩张的产物。

---

① 参见基斯·皮杰尔：《国际关系与资本主义秩序》，载［加］罗伯特·阿尔布里坦等主编：《资本主义的发展阶段》，经济科学出版社2003年版。

② 参见［法］萨米尔·阿明：《世界一体化的挑战》，社会科学文献出版社2003年版，第251页。

③ 参见［美］伊曼努尔·华勒斯坦：《自由主义的终结》，社会科学文献出版社2001年版，第141页。

(3) 它揭示了全球化的矛盾性后果，即一方面是生产社会化在全球的展开，另一方面是资本主义基本矛盾在全球的发展。

(4) 它承认全球化过程中各民族之间的相互依赖和共同利益，同时强调了中心国对外围国的剥削和它们之间存在的对立。

(5) 它具有鲜明的阶级立场，坚持从无产阶级和广大劳动群众的利益出发分析全球化的利弊得失，制定应对全球化的政策。

(6) 它坚信人类社会最终要走向全球的或世界的历史，各民族之间最终要走向融合和统一，并把这一理想与资本主义向共产主义的过渡联系起来。

(7) 它兼顾国际主义与民族主义，既强调全世界无产阶级的共同利益和各民族之间的相互依赖，又承认各民族的差异以及它们之间的独立、平等和自决权。

(8) 它认同全球化的趋势，支持对外开放的战略，然而又绝不无条件地放弃国家的独立性和自主性，它追求的是全球化中的自主发展或以国家为基点的开放战略。

马克思主义的全球化理论为我们科学认识全球化的本质和发展规律，正确制定全球化时代社会经济的发展战略奠定了理论基础，它们的科学价值和现实意义也将不断地被实践所证实。

（原文发表于《政治经济学评论》2004 年第 3 期）

国际价值论对价值规律的修正及其意义

任　力　王宁宁*

马克思有一宏大的研究资本主义的写作计划，他于1857年至1858年间，曾先后拟出《政治经济学批判》的“五篇计划”和“六册计划”。国际价值论是这一计划的重要组成部分。然而，马克思生前并未完成这一计划，他没有系统地研究国际价值规律。我们只能从《政治经济学批判》《资本论》《剩余价值理论》等著作中探析马克思的国际价值理论的思想。国际价值论是价值规律在国际交换中的运用。由于理论运用所处的国际市场环境与国内市场环境具有很大的差异，因而，国际价值规律也出现许多新的特点。本文的主要任务就是探讨国际价值论对于价值规律相比较出现的一些新特点以及其意义。

一、马克思的国际价值论思想的提出

“国际价值”这一概念是马克思在写作《资本论》第一卷第二十章时首次明确提出的。他在论述工资的国民差异时提出，“不同国家在同一劳动时间内所生产的同种商品的不同量，有不同的国际价值”①。国际价值是否就是价值规律在国际范围内的简单套用呢？马克思的回答是否定的，他在不同场合多次指出国际价值是对价值规律的修正。这里列举几例：如马克思在讲述劳动强度一节中，指出“甚至在这种情况下，平均的劳

* 任力：厦门大学经济学系教授，博士生导师。王宁宁：厦门大学公共事务学院研究生。

① 英文中用的是 unequal international value (Matsui，1970)，《资本论》中译为“不同的国际价值”，但从前后文来看，译为“不等的国际价值“似乎更妥。

动强度在不同的国家仍然是不同的，因而，会使价值规律在不同国家的工作日的应用上有所变化”①。在论述生产力不同的两个国家商品交易时，马克思指出，“价值规律在国际上的应用”，会由于不同的情况而发生不同的变化。在讲富国和穷国之间的商品交换问题时指出，“一个国家的三个工作日也可能同另一个国家的一个工作日交换。价值规律在这里有了重大的变化”②。看来，马克思已经注意到国际条件下，价值规律会发生新的变化，出现许多新的特点。那么这些新的变化是什么？如国际价值量由什么决定？是否具有国际平均利润率，是否存在国际生产价格的形成规律等问题呢？尽管马克思承认国际价值论具有许多新的特点，而且他也提出了许多正确的观点。但由于他在有生之年仅仅完成“资本一般”的写作，无暇顾及“对外贸易”或者“世界市场”等曾经计划的部分的写作，对国际价值论涉及甚少。下面，我们试图以马克思的思想来理解价值规律在国际范围内运用时的修正。

二、国际价值论是价值规律在国际市场上运用的修正

1. 价值规律作用的环境发生了变化。

经济规律作为一种客观存在，它是经济现象和经济过程内在、本质、必然的联系，体现着经济过程的必然趋势。任何经济规律都是在一定的客观经济条件基础上产生和发生作用的，并随着客观经济条件的变化而随之改变。对此，恩格斯在1888年《共产党宣言》的英文版序言中指出了类似道理，“这些原理的实际运用，正如《宣言》中所说的，随时随地都要以当时的历史条件为转移”③。在《资本论》第一卷中，马克思揭示了资本主义积累的一般规律。他在对这个规律作了完整表述后指出：“像其他一切规律一样，这个规律的实现也会由于各种各样的情况而有所变

① 《资本论》第1卷，人民出版社2004年版，第645页。

② 《马克思恩格斯全集》第26卷第3册，人民出版社1974年版，第112页。

③ 《马克思恩格斯选集》第1卷，人民出版社1995年版，第248页。

化，不过对这些情况的分析不属于这里的范围。”[①] 在这里，马克思实际要表明的是：资本主义积累一般规律作为一个经济规律，和其他规律有着同样的性质，有着一般性和共性。它们的共性之一就是，规律所揭示的一般性，在实践中、在运用中会有所变化。这充分说明，原理和原理的运用之间是不能完全画等号的，原理在实际运用中会发生变化，会对原理所揭示的一般特征、规律作出修正。价值规律在国内与国际两种环境下时，也会遇到类似问题。在国内运用时，它的主体是一个相对独立的国家或者地区，存在共同市场，具有相对一致的经济贸易法律，不存在阻碍商品贸易的壁垒，国家不出面干涉商品交换等情况。在国际市场上则不一样了。此时，参与交换的主体通常代表某一国家或者地区的标准或者准则、技术水平，国家之间存在各种关税及贸易壁垒，各个国家的政府主动出面干涉商品交换，以维护本国资本家的利益。这种环境上的差异决定了国际范围内的竞争与国内的竞争不一样，从而使价格对价值产生更经常、更普遍、幅度更大、范围更广的偏离。

2. 国际价值量的决定。

马克思的价值规律是，商品的价值量是由生产商品的社会必要劳动时间决定，商品交换以价值量为基础，实行等价交换，价格是价值的货币表现形式，价格围绕价值波动。需要说明的是，这一规律是以一个封闭的经济体作为前提的，其中一般等价物是统一的，存在商品、资本等要素以及劳动力的自由流动。价值规律中提到的社会必要劳动时间是指，在社会现有的社会正常生产条件下，在社会平均的劳动熟练程度与劳动程度下生产某种使用价值所需要的时间。但在国际上时，在世界市场上，能否由此推论，某种商品的国际价值是由该类商品的国际社会必要劳动时间决定的呢？

先来看马克思的论述，他说：“在一个国家内，只有超过国民平均水平的强度，才会改变单纯按劳动的持续时间进行的价值计量。在以各个国家作为组成部分的世界市场上，情形就不同了。国家不同，劳动的中等强度也就不同；有的国家高些，有的国家低些。于是各国的平均数形

① 《资本论》第1卷，人民出版社2004年版，第742页。

成一个阶梯，它的计量单位是世界劳动的平均单位。”① 马克思的论述说明了，计量国际价值量的劳动强度不是各国的中等劳动强度，而是“世界劳动的平均单位”。这里只强调“劳动强度”的大小，而不提“劳动熟练强度”的高低。可见，马克思没有采用“国际社会必要劳动时间”的提法，而提“世界劳动的平均单位”。为什么呢？因为这两者是不能等同的。在世界市场上，商品的国际价值不再取决于各国的社会必要劳动时间，而是取决于“世界劳动的平均单位”。例如，在世界市场上，“棉花的价值尺度不是由英国的劳动小时，而是由世界市场上的平均必要劳动时间来决定”②。按照马克思的有关思想，我们可以把价值由国内的社会必要劳动时间的决定规律理解为“大数定律”，而“世界平均必要劳动时间”，则由加权平均数规律决定。因为，国内劳动强度的分布类似正态分布，即大多集中在中间，而两头少；而在国际上，强度分布可能是均匀分布，呈现中川信义所讲的“位阶（1983）”③，而非中间大、两头小的情况。因此，计量单位只能用“世界劳动强度的平均单位”。此外，劳动强度的修正，还有一个差别，即马克思所讲的：“只要生产效率较高的国家没有因竞争而被迫把它们的商品的出售价格降低到和商品的价值相等的程度，生产效率较高的国民劳动在世界市场上也被算作强度较大的劳动。”国际价值是参与交换的国家的商品价值的加权平均，每个参与国都是其中一个“权重”，参与国的多少会影响“权重”的大小，所以在一定时期国际价值并非固定不变的。而在国内，一定时期下，由于市场的统一性，参与交易的全部性，技术水平的相对固定性，故商品价值是基本不变的。

当然，有的学者否认世界劳动的存在，如日本马克思主义经济学者游仲勋认为，只有通过劳动力的国际转移，世界劳动这一概念才能成立；木原行雄也认为，若劳动力的国际转移不存在，世界劳动这一概念也不能成立。不过，中川信义认为，劳动力不在国际转移并不会影响世界劳动的成立，而只会导致国际价值规律的修正。世界劳动不是直接的东西，

① 《资本论》第1卷，人民出版社2004年版，第645页。

② 《马克思恩格斯全集》第47卷，人民出版社1979年版，第405页。

③ ［日］中川信义《国际价值论的若干理论问题》，《经济学动态》2003年第11期。

而是通过世界市场的国际交换的间接表现。借助国际交换，使各国劳动成为世界劳动的一部分。

3. 在世界市场上，国际生产价格的变化。

世界市场上国际生产价格的形成规律不同于在国内生产价格的形成规律。国内的生产价格的形成是个别价值转化为市场价值，市场价值转化为生产价格。而国际市场上，生产价格是以资本主义垄断价格表现出来的。马克思指出，“在国际贸易上，对各国的商品交换来说，不同国家的利润率的差别，是一件无所谓的事情一样”。[①] 这就意味着，应当把国际价值计算与国际生产价格区别开来。国际生产价格并不等于国别生产价格加权基础上的平均数值。在国际市场上，国际价值不会转化为国际生产价格。恩格斯指出：“在国内单个生产者之间进行的零售贸易中，商品平均说来是按价值出售的，但是在国际贸易中，由于上面所说的理由，通常都不是如此。这种情况完全和现在的世界相反。现在，生产价格适用于国际贸易与批发商业，但在城市零售贸易中，价格的形成则是由完全不同的利润率来调节的。”[②] 在国际情况下，“价格平均起来达到几乎完全接近价值的程度就需要更长的期间了”[③]。国际交换以生产价格、垄断价格的形式表现出来。另一方面，马克思是否具有国际平均利润率的思想？笔者认为，由于《资本论》是一部未完成的著作，马克思在这一问题上是有不一致的地方。从《资本论》第三卷平均利润率形成规律来看，马克思在写作第二篇“利润转化为平均利润”时，是具备这一思想的，但是，他在《资本论》第一卷“工资的国民差异”中，却没有使用这一思想，他认为价值规律在国际范围内运用时，会出现更多、更复杂的情况，需要较多的修正。因为世界市场与国内市场不同，在国内市场上，厂商的个别价值会转化为市场价值，平均利润率的形成规律促使市场价值再转化为生产价格。马克思论述这些转变时，体现了几点假设：第一，存在国际交换，因为没有国际贸易，就没有国际价值；第二，劳动与资本自由流动；第三，完全竞争的市场（但在垄断等非完全竞争市场下，

① 《资本论》第 3 卷，人民出版社 2004 年版，第 199 页。
② 《资本论》第 3 卷，人民出版社 2004 年版，第 1023—1024 页。
③ 《资本论》第 3 卷，人民出版社 2004 年版，第 1016 页。

并不违反价值规律)。需要说明的是，尽管这三个条件并不影响价值的形成，但影响平均利润率的形成，进而影响生产价格的形成。最后要说明的是，商品交换是以国际生产价格作为交换基础，但是“不同商品的价格不管最初用什么方式来互相确定或调节，它们的变动总是受价值规律的支配”[①]。有的同志假设世界市场的运行与国内市场一样，将价值规律在国内的运用规律简单地套用于国际市场，从而得出国际利润率形成规律、国际价值转化为国际生产价格，国际价值量由国际必要劳动时间决定等所谓的规律。但在马克思经济学中，对国际规律的分析并非如此简单。在世界市场上，国际资本不像国内资本那样容易流动，而是很难流动，这样国际市场价值转化为生产价格将受阻。而且，国际上不平衡的生产力所引起的国内价值与国际价值的不协调有关，具有较高生产力国家生产价格上升以及利润率上升，具有较低生产力国家生产价格下降以及利润率下降。可以看出，国际市场价值并不形成统一的生产价格。Matsui（1970）认为，当资本没有国际流动时，将没有世界市场价格围绕生产价格水平波动的情况。不可能形成国际市场价值的概念。[②] 其原因在于，在世界市场上，资本与劳动的自由流动是不可能的。无疑地，资本主义的进步倾向于促进资本与劳动的逐步流动，但同时也有强烈的趋势抑制这样的运动。

显然，在国际市场上，由于资本与劳动不能自由流动，各国别价值不能转化为国际生产价格，那么国际贸易中的生产价格又是怎样形成的呢？我们认为，这种情况下，生产价格的形成主要有两种情况：一是发达国家为了特定目的采取的垄断定价法，即在商品价值的基础上，采取垄断高价或者垄断低价。二是区域性的国际市场下，由于区域性资本与劳动的自由流动，区域性的国别价值可以转化为区域性的国际生产价格。马克思曾指出，比较发达的国家对殖民贸易中，“投在对外贸易上的资本能提供较高的利润率，首先因为这里是和生产条件较为不利的其他国家所生产的商品进行竞争，所以，比较发达的国家高于商品的价值出售自

---

① 《资本论》第 3 卷，人民出版社 2004 年版，第 197 页。

② K. Matsui, “The Marxian Theory of International Value,” *Kyoto University Economy Review* No. 40 (Feb. 1970): 1—17.

己的商品，虽然比它的竞争国卖得便宜”[①]。这种情况正说明了在国际贸易中比较发达国家定价的随意性，而非由于国际生产价格的形成。

4. 一般等价物的修正。

在国际贸易中，国内货币需要转化成国际“硬通货”——世界货币。在国内交换的情况下，货币变更对交易对方没有影响。即使货值变动，其影响也会随着交易双方买卖角色的换位而改变，但在国际市场上情况就不一样了。作为贸易一方，掌握国际货币的主导权时，该国就能通过调控该国际货币而影响交换价值，以及货币自己也作为一种商品，它的价格围绕价值波动，从而影响国际贸易中商品的价格。“在世界贸易中，商品普遍地展开自己的价值。”[②] 对此，马克思曾指出，当货币超越国内流通领域时，将失去价值符号的地方形式，以恢复贵金属的本来面目。此时，汇率将影响价值规律的作用内容及形式。“货币的相对价值在资本主义生产方式较发达的国家里，比在资本主义生产方式不太发达的国家里要小。由此可以得出结论：名义工资，即表现为货币的劳动力的等价物，在前一种国家会比在后一种国家高；但这决不是说，实际工资即供工人支配的生活资料也是这样。”[③] 国际上货币的相对价值的差异。一个国家的资本主义生产越发达，那里的国民劳动的强度和生产率，就超过国际水平。因此，不同国家在同一劳动时间内所生产的同种商品的不同量，有不同的国际价值，从而表现为不同的价格，即表现为按各自的国际价值而不同的货币额。所以，货币的相对价值在资本主义生产方式较发达的国家里，比在资本主义生产方式不太发达的国家里小。

5. 国际价值论揭示了国际剥削关系。

以上四个方面说明国际价值与价值规律在国内运用时的量差异，这一点则是说明质的差异。国际价值质的方面说明不同国家之间交换关系，即富国剥削穷国，穷国的工人也参与剥削穷国的工人的情况。“不同国家的工作日相互间的比例，可能像一个国家内熟练的、复杂的劳动同不熟练的、简单的劳动的比例一样。在这种情况下，比较富有的国家剥削比

---

① 《资本论》第 3 卷，人民出版社 2004 年版，第 264 页。

② 《资本论》第 1 卷，人民出版社 2004 年版，第 166 页。

③ 《资本论》第 1 卷，人民出版社 2004 年版，第 645—646 页。

较贫穷的国家”[①]。以上的修正，意味着国际交换价格对国际价值的高位偏离，尽管国际交换价格与国际价值的总和仍然相等，但必然的情况是，有的得到太多，有的失去太多，从而产生马克思所谓的富国对穷国的剥削。这种剥削关系与国内的剥削关系具有不同的特点：国际竞争中，富国对穷国的相对优势地位在一定时期内始终存在。而国内，价值规律作用的结果是激励竞争与创新，促进优胜劣汰，生产力高低的生产者经常变换角色，在一个时期的生产力先进者可能在另一个时期成为生产力低的生产者，因此，剥削的角色也经常转换。其更进一步的原因在于三点：其一，在国际范围内，国际经济分工秩序由富国制定，穷国只能参与。其二，由于技术变化的特点，即路径依赖性所决定。一个国家形成的技术发展模式一旦形成，长期内很难改变。但是发达国家采取技术保密、出口限制等严格措施强化技术进步的这一特点。而在国内情况就不一样，由于国内对技术扩散、传播，政府的限制相对较少，以及国内人力资本的流动性，因而国内的先进技术容易扩散与传播到相对落后的生产者手中，从而改变生产者技术高低的格局。其三，国内资本能及时流动，国际市场上资本流动很困难，因而在国际市场难以把价值转化为生产价格。

三、国际价值论的理论意义

第一，解决了李嘉图比较生产成本学说的难题。李嘉图的比较生产成本学说遇到的困难。马克思通过对价值规律的修正，批判性地吸收了李嘉图比较生产成本学说的合理内核，对国际交换作出了合理的解释。在世界商品交换中，李嘉图放弃了劳动价值论，转而在斯密的“绝对优势理论”的基础上提出了比较优势理论。马克思并不全部否认“比较生产成本学说”，他以劳动价值论为基础解释了为什么能进行交换，并进一步指出这种交换是不等量的劳动交换，存在富国剥削穷国的情况，这种商品交换也有利于穷国。马克思指出：在国际贸易中，“两国都获利，但

① 《马克思恩格斯全集》第26册第3册，人民出版社1974年版，第112页。

一国总是吃亏”。两国都获利，说明了马克思吸收了比较生产成本学说的合理内核，通过交换，穷国可以取得相对低廉的产品；一国总是吃亏，则是指存在剥削。

第二，国际价值论是对价值规律的深化和发展。马克思的国际价值论是对价值规律在国际范围内的运用和修正。这里，马克思对价值规律的分析是基于一个封闭的经济体为对象的，国际价值是在开放经济下对价值规律的深化与具体运用。由于规律所应用的环境发生了变化，因而在价值量决定、生产价格的形成方面出现了新的特点，一般等价物也影响国际交换的商品价值，但总体上，并没有违反价值规律的实质。

第三，国际价值论是理解资本主义世界生产关系的基础。国际价值论是说明国际剥削的理论基础。马克思说明了国际生产关系中最简单的经济关系。根据国际价值交换商品的关系。马克思是从生产关系的角度分析资本主义社会的运动规律。在对待国际贸易的问题上，马克思也突出了生产关系分析的这一基本特点。马克思的这一理论不同于西方贸易理论，无论是古典经济学的国际贸易理论，还是新古典贸易理论，或者新贸易理论，都没有深入国际贸易背后探究其所隐含的生产关系。事实上，可以用国际价值论来说明为什么会存在发达国家与不发达国家的持久差距的根源：其一，发达国家在技术领域的领先地位会由于技术变化的路径依赖性，使发达国家持续地优于发展中国家。正如巴兰在解释不发达国家与发达国家之间持续存在的贫富分化及生产率差异时，在《增长的政治经济学》中所指出的那样：富裕的资本主义国家既有阻止不发达国家发展的强烈动机，又通过创造依附关系具备这种能力。它们有一种让落后地区永远保持落后的动机，因为这可以使其对外围地区的资本输出或商品贸易更有利可图。伊曼纽尔（1982）与施马赫（1973）等人则指出，外围经济上对发达国家的技术的依赖造成了第三世界无法接触到最先进的技术，对这些不适宜的生产方法的运用严重地破坏了它们的发展。其次，国际资本化流动使发达国家比发展中国家更易于进行贸易、融资。其三，发达国家在国际经济活动中掌握着世界货币的主导权。这些方面都强化了国际剥削关系。

第四，国际价值论具有很强的现实意义。它可以指导我们积极参与国际经济活动，推动新的国际经济新秩序的形成；积极主动地参与国际汇率体制的改革中，使中国经济尽可能少受“世界货币”变动的影响；加快自身技术进步，改变不合理的进出口格局，一方面在发挥比较优势，发展出口“劳动密集型”产品，另一方面，加强自主创新与引进创新，改变技术进步的传统路径，发展高新技术产品出口。

四、小　　结

马克思提出了国际价值论的思想，但是他未作深入研究。他的国际价值论不是根本否定劳动价值论，而是对价值规律的修正。这些思想散见在马克思的著作中。本文初步总结了这些思想，可以得出由于国际价值论适用环境的变化，国际价值论对价值规律的修正表现为价值量的决定、国际生产价格、一般物价物、国际生产关系等方面。国际价值论的这些修工具有重要意义，它发展了劳动价值论，解决了李嘉图的“比较生产成本”学说的难题，揭示了富国剥削穷国的国际经济关系，对中国参与国际经济活动具有一定的现实意义。

（原文发表于《社会科学家》2006年第1期）

也谈国际价值规律及其作用的特征

何干强*

世界范围的国际分工必然产生国际经济关系，最一般的国际经济关系就是国际商品流通即国际贸易。马克思主义经济学揭示出：国际商品流通的基本规律是国际价值规律；它是最一般的商品价值规律在国际经济流通领域的表现形式。国际价值在国际乃至全球范围起作用，它在概念上与在一国范围内起作用的国别价值既有联系又有区别。从表现形态看，弄清国际价值规律和国内价值规律的共性与区别，对中国作为发展中国家，科学地对经济开放实践实行宏观调控具有重要的指导意义。经济学界对国际价值及其运动规律虽有一定研讨，但是并未形成共识。本文也想谈些意见，向学界请教，希望推进本专题研讨的深化。

一、关于国际价值的概念

国际价值和国别价值是参与国际交换的商品价值的不同规定性。理解国际价值规律，有必要弄清国际价值的科学概念。国际价值相对于一国内部的商品价值而言，它存在于国际经济贸易关系中。不同国家的商品价值，用世界货币作为统一的价值尺度来衡量和比较，所表现出的价值，就是国际价值。

国际价值与国别价值既有联系又有区别。自从产生了国际贸易，一国内部的商品，只要参与国际交换，其价值就取得了国际价值的新规定

* 何干强：南京财经大学经济学院教授，中国社会科学院马克思主义研究院特聘研究员。

性。在学术界，对国内交换的商品价值有国度价值、国民价值、国内价值、国别价值等多种称谓；其中国别价值这个概念能反映出不同国家的国内价值存在区别，相对于国际价值而言，似较确切。由于不同国家的历史发展进程存在差别，从而生产力发展水平的高低、社会分工的深化程度、人口数量、种族状况和地域范围等都会存在差异，这些都影响到商品交换关系的广度和深度，这就使同种商品的国别价值显示出质和量的差别。从质上看，国别价值的价值实体作为社会劳动和抽象人类劳动，其抽象程度将显示出差别：一个社会分工不太发达、人口较少的国家的商品的价值实体作为社会平均劳动[①]，显然不如一个人口众多、社会分工十分发达的国家的商品价值实体的抽象程度高。从量上看，用于衡量同种商品的国别价值量的社会必要劳动时间，由于不同国家生产率发展的水平高低不同，也会显示出很大的差别，这一点下面将具体论述。

国别价值在商品价值的货币表现形式上差别就更加明显。一国内部交换的商品，用本国货币作为商品的价值尺度和价格表现，与不同国家的货币名称、货币标准，都存在差别，因此，同种商品的国别价格是各不相同的。不同商品的国别价格即使都有明确的标价，人们仍然无法比较它们实际价值的高低。

国际价值存在于不同国家之间的商品交换关系中，它与在国际商品交换关系中起基本作用的国际市场价值是一个意思。既然参与国际交换的是不同国家生产的国别商品，那么只要是参与国际交换的商品，就同时存在国别价值和国际价值，只不过这两者的决定机制和衡量标准存在着国别和国际的区别，从而在价值性质和价值量的规定上产生了差别。可见，国别价值和国际价值是参与国际交换的商品价值的同时并存的不同规定性。

我们知道，只有理解马克思揭示的生产商品的劳动二重性原理，才能科学理解一国内部交换的商品价值的本质。参与国际交换的商品就是走出国门的国内商品，要科学地理解国际价值，也必须以劳动二重性原

① 马克思指出，简单平均劳动“在不同的国家和不同的文化时代具有不同的性质”。见《资本论》第 1 卷，人民出版社 2004 年版，第 58 页。

理为指导，从商品有两因素出发。

参与国际交换的商品与国内交换的商品一样，具有使用价值和价值，前者由生产过程中的具体有用劳动创造，后者由同一生产过程中的抽象劳动创造。但是，对于参与国际交换的商品来说，商品两因素有自己的特征：首先，其使用价值必须满足国际市场的需求（至少有一个外国市场的需求），这是商品具有国际价值的前提；其次，其国际价值在国内价值基础上形成，虽然也是抽象人类劳动的凝结，但却是用国际统一标准来衡量的抽象人类劳动或世界社会劳动的凝结。

我们应当坚持用历史的、发展的观点理解国际价值，充分认识它是以国际分工为联系的世界市场形成和发展为条件的。我们知道，国别价值在一国内部，经历了从商品交换偶然发生，到交换逐步扩大并越来越大，直到发展为一国范围内的广泛流通等许多历史阶段，其价值内容作为凝结的抽象人类劳动，才达到了一国范围各种社会劳动的抽象高度；与此相应，它的价值形式经历了个别的价值形态、扩大的价值形态、一般的价值形态，才形成国别价值的货币形态。国际价值作为抽象人类劳动的凝结，其抽象程度也是随着国际贸易的逐步拓展而提高的。虽然发生在两个或几个国家之间、某个洲区范围的许多国家之间乃至全球各国之间交换的商品中包含的价值都可称之为国际价值，但是，只有国际交换关系真正拓展到全球，也就是在国际贸易全球化的阶段，国际价值中的抽象人类劳动才名副其实地达到全世界的人类各种劳动的抽象高度，国际价值才真正与抽象人类劳动的凝结这个概念相符合。而国际价值的货币形态只能是世界各国都认可的贵金属黄金。在现代条件下，国际货币或世界货币虽然可以用少数几个国家或十多个国家（如欧盟）的所谓硬通货纸币来代表，但是最终仍然要用黄金来衡量其真实价值。①

因此，国际交换的商品及其国际价值，是国内商品及其国别价值进一步发展的结果。国际价值体现的是商品物掩盖下的、全世界或全球范围的人与人之间不同社会劳动的交换关系。可以说，人类社会自产生商品以来，直到商品交换关系进入国际贸易普遍化的全球化阶段，商品价

① 参见何干强：《论唯物史观的经济分析范式》，《中国社会科学》2007年第5期。

值作为凝结的抽象人类劳动才达到全世界各种社会劳动这样的高度抽象程度，商品的价值才真正实现了概念的规定性。换句话说，商品作为通过交换来实现的人的社会劳动这种本性决定了它的价值必然发展为与全球商品交换相适应的国际价值。

二、国际价值规律和国别价值规律的共性

商品价值在生产劳动中形成，它具有的客观现实性，会在商品交换关系中产生必然的、同一的现象即规律。国别价值和国际价值的规律分别是在一国内部和在国际范围决定商品生产和商品交换的基本规律。国别价值规律的基本含义是，一国内部的商品交换以国别价值为基础，商品的价值量由生产或再生产该商品的社会必要劳动时间决定；国际价值规律的基本含义则是，在国际或世界范围的商品交换以国际价值为基础，商品价值量由生产或再生产该商品的“世界劳动的平均单位”① 来衡量。国际价值规律和国别价值规律是商品价值在不同范围的存在和运动形式，它们有基本的共同点。

第一，它们都是在商品流通一般关系中表现出的规律。

国际价值和国别价值本质上是相同的，两者都是人类劳动创造的商品的价值，都是抽象人类劳动的凝结；它们都在商品交换这种物掩盖下的社会关系（通常表现为自主选择、自由交换、买卖中的竞争、供求关系的变化等）中表现出来。这些关系表现为经济规律，体现的都是不包含生产资料所有制关系的商品、货币相互之间的交换、流通关系。马克思指出：“作为商品而进入流通的产品，不论是在什么生产方式的基础上生产出来的，——不论是在原始共同体的基础上，还是在奴隶生产的基础上，还是在小农民和小市民的生产的基础上，还是在资本主义生产的基础上生产出来的，——都不会改变自己的作为商品的性质；作为商品，

① 《资本论》第1卷，人民出版社2004年版，第645页。

它们都要经历交换过程和随之发生的形态变化。”[①] 因此，国别价值规律和国际价值规律它们本身都属于商品生产和交换的一般关系范畴，在理解它们本身的时候都不应当引入生产资料所有制关系。因此，认识当代国际价值规律本身，应当先撇开资本关系；但是，在研究较为具体的经济关系时，就需要把这种生产和流通的一般关系与生产资料所有制关系结合起来。

第二，它们都是历史的范畴。

任何商品只要进入国内和国际市场，其国别价值和国际价值都不是一成不变的，都将随着科技进步、劳动生产率的提高和社会经济的发展而变化，这种变化必然表现在国别价值规律和国际价值规律的作用范围和程度上。从历史发展过程和趋势看，商品货币关系绝不是天然、永恒的经济关系，因而国别价值规律和国际价值规律都是在人类历史发展的一定阶段才出现并逐步扩大作用范围和程度的，终究都要随着商品货币关系的消亡而消亡。

第三，它们都表现出生产同种商品的生产率高的劳动在同一时间能比生产率低的劳动创造出较多价值。

在国别价值规律作用下，同种商品生产率高的劳动在同一时间能创造出较多的国别社会价值。马克思指出，对于大宗同类或同种国内商品来说，“生产力特别高的劳动起了自乘的劳动的作用，或者说，在同样的时间内，它所创造的价值比同种社会平均劳动要多”[②]。在国际价值规律作用下，国际上生产同种商品的生产率高的国民劳动或国别劳动，在同一时间能创造出较多的国际价值。马克思指出：“强度较大的国民劳动比强度较小的国民劳动，会在同一时间内生产出更多的价值，……只要生产效率较高的国家没有因竞争而被迫把它们的商品出售价格降低到和商品的价值相等的程度，生产效率较高的国民劳动在世界市场上也被算作强度较大的劳动。”[③] 也就是说，生产效率较高的国家可以在同一时间内生产出更多的国际价值。

① 《资本论》第3卷，人民出版社2004年版，第362—363页。
② 《资本论》第1卷，人民出版社2004年版，第370页。
③ 《资本论》第1卷，人民出版社2004年版，第645页。

第四，它们在现实经济中都与一定历史条件下的生产资料所有制关系结合着起作用。

国别价值规律和国际价值规律都是在商品流通一般关系（W—G—W）中表现出来的最一般的经济规律，它们本身的作用机制并不取决于生产过程中的生产资料所有制关系或生产关系。但是，在现实的、具体的经济中，商品交换总是与直接生产过程或生产环节联系在一起的，而生产过程总是处在一定历史条件下的所有制关系之中，因此，国别、国际价值规律都是与一定历史条件下的生产关系结合着起作用的。在现代市场经济社会，除极少数原始、落后地区外，国别、国际价值规律要么是与资本主义生产关系，要么是与社会主义生产关系结合起作用；从全球经济看，这种结合所起作用的态势，显然取决于何种性质的生产资料所有制关系或生产关系占主要地位。

三、国际价值规律作用和国别价值规律的区别

深入理解国际价值规律，必须遵循唯物辩证法，不但要弄清它与国别价值规律的异中之同，还有必要弄清它们的同中之异。这里对两者的区别做一简单梳理。

第一，两者形成和存在的历史前提不同。

在人类社会的历史上，一般来说，一国内部的国别价值规律的形成先于国际价值规律。正如恩格斯指出的：“马克思的价值规律对于整个简单商品生产时期来说便是普遍适用的，也就是说，直到简单商品生产由于资本主义生产形成的出现而发生变化之前是普遍适用的。”“马克思的价值规律，从开始出现使产品转化为商品的那种交换时起，直至公元15世纪止这个时期内，在经济上是普遍适用的。但是，商品交换在有文字记载的历史之前就开始了。在埃及，至少可以追溯到公元前3500年，也许是5000年；在巴比伦，可以追溯到公元前4000年，也许是6000年；

因此，价值规律已经在长达5000年至7000年的时期内起支配作用。”①但是，商品的国际价值规律只是在国际贸易产生之后，在社会分工由国内拓展到国外，在国际社会分工逐步发生、发展的条件下形成国际商品交换和流通才逐步形成的。

第二，两者对商品交换起决定作用的价值在质和量的规定上不同。

从质上看，国别价值实体的规定是一国内部的正常质量或中等强度的抽象人类劳动；国际价值实体的规定是抽象程度高于各个国内价值实体的世界范围的抽象人类劳动。从量上看，衡量国内价值的是社会必要劳动时间；衡量国际价值的是“世界劳动的平均单位”。② 这两者主要差别是：

一是形成价值的劳动的生产率基础不同。国别价值是在一国内部投入市场的同种商品所有生产者的个别劳动时间基础上形成的。劳动生产率较低，从而个别劳动时间大于社会必要劳动时间的个别生产者，也参加了国别价值的形成。国际价值则是在投入国际市场的商品基础上形成的，商品生产者一般在所在国内部的同种商品生产中劳动生产率都是较高的，通常会高于平均劳动生产率，这样才有资格参加国际贸易。

二是对劳动量的衡量标准不同。在一国内部，如果一种商品的个别劳动时间等于这种商品的社会必要劳动时间，个别劳动的单纯持续时间可以直接计量国别价值；如果高于社会必要劳动时间，个别劳动就不能算作正常质量的劳动，要较多的个别劳动时间才能折算成这种商品的国别价值，时间一长将被市场所淘汰；如果低于社会必要劳动时间，就意味着个别劳动的质量或强度超过了生产这种商品的国民劳动平均水平，就能折算成较多国别价值。但是，国际市场是用世界劳动的平均单位来衡量国际价值的。无论各国投入商品的衡量国别价值的国别社会必要劳

① 《资本论》第3卷，人民出版社2004年版，第1018—1019页。
② 《资本论》第1卷，人民出版社2004年版，第645页。

动的一小时高于或低于“世界劳动的平均单位”的一小时，都是正常的劳动。它们的国别价值所含“世界劳动的平均单位”高低不同，会排列成阶梯状态。[①] 这里发生的争议是，国际价值是否可以用国际“社会必要劳动时间”来表示？对此，一种观点持肯定意见，认为“世界劳动的平均单位就是在世界经济的一般条件下生产某种商品所需要的国际社会必要劳动时间”。[②] 另一种观点则认为，不宜把国内价值的“社会必要劳动时间”套用到国际价值上，把它看作是各国生产该商品所需的国内社会必要劳动时间的加权平均。马克思没有用“国际社会必要劳动时间”作为国际价值量的单位，而是用“世界劳动的平均单位”，这有他的道理。有学者指出，国内生产商品的劳动强度的分布类似正态分布，即大多集中在中间，而两头少；而在国际上，劳动强度分布可能是均匀分布，呈现“位阶”状态，而非中间大、两头小的情况。因此，计量单位只能用“世界劳动强度的平均单位”。[③] 这是正确的。

三是与劳动生产率的关系不同。商品的国别价值量与生产这种商品的社会必要劳动的生产率成反比。但是在世界市场上，商品的国际价值与该国生产这种商品的劳动生产率成正比；[④] 一国与别国相比，劳动生产率越高，质量和强度相同的工作日中包含世界劳动的平均单位量就越多。正如马克思指出的，“价值规律在其国际范围的应用，还会由于下述情况而发生更大的变化：只要生产效率较高的国家没有因竞争而被迫把他们的商品的出售价格降低到和商品的价值相等的程度，生产效率较高的国

---

① 马克思指出，“在一个国家内，只有超过国民平均水平的强度，才会改变单纯按劳动的持续时间进行的价值计量。在以各个国家作为组成部分的世界市场上，情形就不同了。国家不同，劳动的中等强度也就不同；有的国家高些，有的国家低些。于是各国的平均数形成一个阶梯，它的计量单位是世界劳动的平均单位。”（《资本论》第1卷，人民出版社2004年版，第645页）

② 参见杨国昌、钟伟：《从马克思的国际价值理论看国际剥削的新变化》，《当代经济研究》1999年第9期。

③ 参见任力、王宁宁：《国际价值论对价值规律的修正及其意义》，《社会科学家》2006年第1期。

④ 这同在一国范围内，在对同一部门劳动生产率高低不同的个别生产者相互做比较时，劳动生产率较高的生产者在同样时间内能够创造较多的社会价值是同样的道理。参见何干强：《也谈劳动生产率同价值创造的关系》，《教学与研究》2011年第7期。

民劳动在世界市场上也被算作强度较大的劳动"①。

四是价值的货币表现不同。在国内市场，国别价值的货币表现是本国货币或国别货币。在世界市场上，国际价值的货币表现是世界货币，其本质形态是本身有价值的黄金，而不是任何国家的纸币；即使现实经济中的世界货币由某些国家或地区的纸币来充当，也是因为它们具有国际信用，可以兑换成黄金或具有实际价值的商品，否则就失去了世界货币的本质规定性。

这里有必要弄清马克思提出的"货币的相对价值"范畴。它在概念上其实是单位世界货币所含的国别价值。由于不同国家国民劳动的强度和生产率存在差别，国民劳动强度较大和生产率较高的国家在同样劳动时间能生产较多的世界平均劳动单位量，所以同样时间的国别劳动量可以表现为不同的世界货币。反过来，世界货币或黄金货币的相对价值即黄金货币中的国别劳动时间的含量就会存在差异。马克思指出，"货币的相对价值在资本主义生产方式较发达的国家里，比在资本主义生产方式不太发达的国家里要小"②。

例如，假定 a 国国民劳动强度较大和生产率较高，8 个小时（t_a）可以生产的国际价值的货币表现是 15 克金（G）；b 国 8 个小时（t_b）可以生产的国际价值的货币表现是 4 克金（G）。那么，货币的相对价值在 a 国：$G_a=t_a/G=8/15\approx0.53$（每克金的 a 国劳动时间）；货币的相对价值在 b 国：$G_b=t_b/G=8/4=2$（每克金的 b 国劳动时间）。显然，$G_a>G_b$。这说明，黄金货币的相对价值在社会生产力比较发达的 a 国要小于社会生产力发展较低的 b 国。

第三，两者结合资本关系的表现形态不同。

国内价值规律在资本主义经济条件下，是与资本关系相结合起作用

① 《资本论》第 1 卷，人民出版社 2004 年版，第 645 页。这里要注意的是，通常，劳动强度大的劳动，单位时间生产的商品多，因而生产率就高。但是，在有的情况下，马克思是把劳动强度与劳动生产率两个概念区分开来的，这样，比较劳动生产率的高低，是以劳动强度相同为前提的，例如，在比较不同国家劳动生产率时，就是以不同国家的工作日强度相同为前提的，在此前提下，如果一国一个工作日劳动生产率高于后者，则生产的同种商品多于另一国。

② 《资本论》第 1 卷，人民出版社 2004 年版，第 645 页。

的；在资本、劳动力自由流动的条件下，由于平均利润率规律起作用，国内价值规律表现为生产价格规律的形态。国际价值规律在当代虽然也是与资本关系相结合起作用的，但是资本、劳动力的流动却不如一国范围内自由，资本在不少国家之间或者在不少国家的某些生产部门之间的流动是受限制的，尤其是劳动力，除了在某些区域范围内可以自由流动之外，一般来说还不能全球自由流动。所以，国际价值规律可以在劳动力和资本具备自由流动条件的局部地区内部形成地区性国际生产价格，但是却缺乏形成世界范围的国际生产价格的必要条件。在现实经济中，在欧洲同盟经济区有统一的货币，资本、劳动力可以自由流动，具有形成平均利润率的现实可能性，可以形成该区域内的国际生产价格。但是，全球范围的国际生产价格规律目前尚不存在。

关于国际价值能否转化为全球性国际生产价格？学术界是有争议的。由于马克思对此没有明确的论述；恩格斯虽然针对欧洲某些地区的国际贸易说过“生产价格适用于国际贸易和批发商业”,[①] 但是也没有明确论述整个世界经济关系中是否形成生产价格，这给后人留下了争议的空间。目前一种观点认为，在世界市场中，国际价值会转化为国际生产价格。这是因为在世界市场上，等量资本要求获得等量利润的规律依然要发挥作用，激烈竞争引发的生产要素在国际间自由流动会导致投入世界市场的资本的利润率趋于平均化，从而商品的国际价值也就转化为全球性的国际生产价格。这里又有两种看法：一种看法认为，当今国际价值已经转化为生产价格，在当前国际经济关系逐步走向全球化和一体化的形势

① 《资本论》第3卷，人民出版社2004年版，第1023页。恩格斯指出：“威尼斯人、热那亚人、汉撒同盟的人、荷兰人——每个民族都各有特殊的利润率，甚至每个销售市场当初都或多或少各有特殊的利润率。这些不同的团体利润率的平均化，是通过相反的道路，即通过竞争来实现的。首先，同一个民族在不同市场上的利润率得到平均化。如果威尼斯的商品在亚历山大里亚得到的利润大于在塞浦路斯、君士坦丁堡或特拉比曾德得到的利润，那么，威尼斯人就会把更多的资本投入对亚历山大里亚的贸易，而把相应的资本从其他市场的贸易中抽出。然后，在向同一些市场输出同种商品或类似商品的各民族之间，也必然会逐渐发生利润率平均化，其中有些民族往往会遭到破坏，从而退出历史舞台。”（《资本论》第3卷，人民出版社1975年，第1022页）恩格斯这里显然指的是欧洲一定区域范围的国际贸易中形成平均利润率的状况，而不是世界性范围的平均利润率。

下，看来这种转化是不可避免的。[①] 另一种看法认为，国际价值转化为生产价格需要一个相当长的发展过程，从长远看，这个趋势是必然的。[②] 另一种观点则认为，目前并不具备国际价值转化为国际生产价格的条件，这是因为在民族国家界限分明和民族经济利益存在的历史条件下，资本难以在国际自由流动，劳动力更难以自由流动，事实上各国之间都存在着阻碍这些生产要素自由流动的多种壁垒，因此无法形成平均利润，也就难以形成国际生产价格。[③] 笔者认为，不能简单地把国内价值向国内生产价格转化的规律直接套用到世界经济关系中来，目前国际价值确实不具备转化为全球性国际生产价格的条件，至于未来是否实现转化，则要看生产要素在全球自由流动障碍是否能够真正破除。

四、国际价值规律作用后果的特征

研究国际价值规律必须充分认识它的作用后果。这种认识越全面越深入，越有助于在发展市场经济和国际贸易的实践中掌握主动权。

国际价值规律与国别价值规律在作用后果上都具有两面性：一方面，它们都能促进商品生产者之间的竞争，从而推动社会生产力的发展；另一方面，它们的作用都具有自发性，从而包含危机的可能性，这是由商品的内在矛盾决定的。马克思指出，"商品内在的使用价值和价值的对立，私人劳动同时必须表现为直接社会劳动的对立，特殊的具体的劳动同时只是当作抽象的一般的劳动的对立，物的人格化和人格的物化的对立，——这种内在的矛盾在商品形态变化的对立中取得了发展的运动形式。因此，这些形式包含着危机的可能性，但仅仅是可能性。"[④] 值得强

---

① 何炼成、何林：《国际价值新论》，《当代经济研究》2003 年第 7 期。目前，不少关于国际贸易的教科书都已认为，国际市场价格围绕着国际生产价格上下波动，或国际贸易的商品按国际生产价格交换。

② 陈永志、李细满：《马克思的国际价值理论与当代国际价值的变化》，《当代经济研究》2007 年第 1 期。

③ 参见任力、王宁宁：《国际价值论对价值规律的修正及其意义》，《社会科学家》2006 年第 1 期。

④ 《资本论》第 1 卷，人民出版社 2004 年版，第 135 页。

调的是，国际价值规律的作用导致的危机可能性既可能是世界经济危机，又可能是一国的国内经济危机。后者显然与国家的对外贸易相联系。一个国家如果不能调节好国内商品流通和国际贸易之间的关系，国内各生产部门之间社会再生产比例关系就有可能出现失衡，由此而发生经济危机。

但是，国际价值规律作用的基础和范围毕竟与国别价值规律有明显的区别，因而在作用的后果上也具有不同于国别价值规律的特征，主要包括以下几点。

第一，生产力发达国家的企业可以持久地获得超额利润。

我们知道，国别价值规律会促使商品生产者采用新生产方法，降低商品个别价值，以高于其他生产者个别价值而低于社会价值来出售自己的商品，获取超额剩余价值。但是，在国内，新的生产方法与一般的生产方法相比，毕竟都建立在国内的基本技术基础之上，新方法的信息传播也不存在大的障碍，而价值规律又会作为竞争的强制规律，迫使他的竞争者也尽快地采用新的生产方式。所以，“当新的生产方式被普遍采用，因而比较便宜地生产出来的商品的个别价值和它的社会价值之间的差额消失的时候，这个超额剩余价值也就消失”[①]。所以，国别价值规律作用的结果一般不会使新生产方法的生产者长久地获得超额剩余价值。但是，国际价值规律作用的结果则不同。由于生产力发达国家的企业掌握的先进生产方法建立在生产力落后国家不具备的高新技术基础之上，不同国家企业之间的技术信息传播也存在语言、地理等方面的诸多障碍，所以，发达国家的企业往往可以持续地以高于自己的国别价值、低于国际价值的国际市场价格在国际市场上出售自己的商品，较长时间地获得国际超额剩余价值。

第二，生产力落后国家的企业会长期落后。

国别价值规律的作用会造成优胜劣汰，同一部门劳动生产率落后的企业如果不尽快采用先进生产方法，必然被淘汰。国际价值规律虽然同样起优胜劣汰的作用，然而国际市场淘汰的生产率落后国家的企业不一

① 《资本论》第1卷，人民出版社2004年版，第370页。

定就是该国的落后企业，商品只要在本国有市场，它就仍然可以在本国生存。在国内市场，价值规律作用的结果会使生产同种商品的企业“两头小、中间大”，即劳动生产率最高或最低的企业少，劳动生产率呈中间状态的企业占多数；但是在国际上，国别企业劳动生产率的差别却由于国际阻碍先进生产方法传播的种种因素的存在，将会呈由高到低的阶梯状长期存在，使生产力落后国家的生产力持续地落后。

第三，按国际价值交换会产生不平等经济关系。

国别价值规律要求商品按社会必要劳动时间交换，形成等社会价值交换的平等关系，这里不存在先进企业对落后企业的剥削关系；但是在生产率高的发达国家和生产率低的不发达国家之间的国别商品按国际价值交换，却可能形成不平等的剥削关系。马克思指出：“在一个国家内，亏损和盈利是平衡的。在不同国家的相互关系中，情况就不是这样。即使从李嘉图理论的角度看，——这一点是萨伊没有注意到的，——一个国家的三个工作日也可能同另一个国家的一个工作日交换。价值规律在这里有了重大的变化。或者说，不同国家的工作日相互间的比例，可能像一个国家内熟练的、复杂的劳动同不熟练的、简单的劳动的比例一样。在这种情况下，比较富有的国家剥削比较贫穷的国家，甚至当后者像约·斯·穆勒在《略论政治经济学的某些有待解决的问题》一书中所指出的那样从交换中得到好处的时候，情况也是这样。”① 这里，马克思揭示出国际价值规律与国内价值规律作用后果的一大重要区别是，发达国家与落后国家的等国际价值的商品交换存在不平等的剥削关系。

关于按国际价值交换是否存在剥削关系，理论界存在不同看法。一种观点则认为，由于发达国家的一个工作日劳动强度大，或属于复杂劳动，本身就能包含不发达国家的三个工作日，所以，以国际价值为基础的交换就是等价交换，按国际价值进行的等价交换是不存在价值转移的，这种交换也就不存在剥削关系。

有学者认为，发达国家的垄断资本凭借其在国际流通领域中的垄断地位规定垄断价格，使发展中国家出口到发达国家的商品价格长期低于

① 《马克思恩格斯全集》第26卷第3册，人民出版社1974年版，第112页。

国际价值，而从发达国家进口的商品价格长期高于国际价值，这样，发展中国家创造的一部分价值就转移到发达国家，这才是剥削行为产生的原因。①

另一种观点则认为，在国际贸易中，即使按国际价值交换，也存在富国或生产率高的国家剥削穷国或生产率低的国家这种不平等关系，这是因为在国际商品交换中价值规律的作用发生了变化，商品不是指一国范围内的国民价值（国别价值）相等的交换，而是指国际价值相等的交换，前者是等量劳动的交换，而后者一般是不等量劳动的交换，会出现这两国之间三个劳动日和一个劳动日相交换的情形，会发生剩余价值的转移，这使前者剥削了后者。②

还有学者指出，在国际市场上，虽然两国的交换是自愿的和互利的，穷国企业一般而言也能从这种交换中赚到按国内水平计量的社会平均利润，否则它就不会从事对外贸易，但是我们不能因此否认这种交易的不平等性质。③

这里引起争议的关键在于如何理解“一个国家的三个工作日也可能同另一个国家的一个工作日交换”中是否属于不平等交换。我认为，如果从贫富国家劳动复杂程度、劳动强度差别的视角看三个工作日和一个工作日交换，这种交换关系当然不存在剥削关系。但是，马克思指出的“比较富有的国家剥削比较贫穷的国家”并不属于这种情况，而是指世界平均劳动含义上的等质劳动量的三个工作日和一个工作日交换。为什么这里指的是等质劳动（复杂程度、劳动强度相等）的工作日？因为这里是就劳动生产率而言的。须知马克思是把劳动生产率与劳动强度、劳动复杂程度分开表述的。虽然劳动强度大、复杂程度高的劳动通常是生产率高的劳动，但是，生产过程中的主观条件相同或等质的工作日也可以

---

① 赵战波：《〈资本论〉中的国际价值理论分析》，《山西大学学报（哲学社会科学版）》1998年第1期。

② 杨圣明：《经济全球化与国际价值问题》，《中国社会科学院研究生院学报》2002年第6期；吴颖华、刘海超：《国际贸易中不平等交换的原因分析》，《理论探索》2007年第2期。

③ 杜亚斌：《论贸易全球化的政治经济学》，《南京大学学报（哲学·人文科学·社会科学版）》2001年第2期。

由于客观条件好（如生产工具先进）而形成较高的劳动生产率。[1] 由于发达国家劳动生产率高，按国际标准与不发达国家的世界平均劳动含量相等的一个工作日可以生产出不发达国家三倍的同种商品，因此，按照国际价值交换，就可以交换不发达国家的三个工作日劳动量的其他商品，通过这种交换，等于不发达国家的两个工作日被发达国家无偿地占有了，因此，这种国际价值交换是存在着发达国家对不发达国家的剥削关系的。

第四，形成有利于发达国家的国际分工。

从再生产的角度来看，国别价值规律的作用会推进商品流通，促使一系列不受当事人控制的、相互依赖的社会分工联系发展起来。这种自发形成的社会分工在历史进程中虽然对于个别生产者会产生有利或不利的影响，但是对于民族经济整体发展则只存在是否有利于社会生产力发展的问题，不存在对本国有利、对别国不利这种问题；即使发生不同商品生产者之间的不等价交换关系，也是一方之所失为一方之所得，整个国家的民族经济得失相当，没有什么增减。但是，国际价值规律作用的结果却由于存在上述“一个国家的三个工作日同另一个国家的一个工作日交换”这样的不平等交换关系，生产率高的先进国家可以利用获得的国际剥削得来的利益更快地发展先进科学技术，更快提高劳动生产率，长此以往，就势必在国际商品交换关系中处于越来越有利的地位，而生产率落后国家则处于越来越不利的地位，这就形成越来越不合理的、对发达国家有利、对不发达国家不利的国际社会分工格局。

上述国际价值规律作用后果表现出的特征是单纯从这个规律本身视角而言的。需要注意的是，在现实国际贸易中，起作用的并不单纯是国际价值规律，尽管它在流通领域发挥着普遍的作用。但是，对国际贸易起决定性作用的是一定历史条件下由生产关系决定的基本经济规律，国际价值规律是附属于后者的。

---

① 参见何干强：《也谈劳动生产率同价值创造的关系》，《教学与研究》2011 年第 7 期。

五、遵循国际价值规律，科学调控对外经济关系

1. 几点基本认识。

马克思的国际价值论揭示了国际经济关系的最一般的规律。概括以上阐释，我们至少可以得出下述认识。

第一，虽然国际价值规律表现在国际商品流通领域，但是对商品的国际价值起决定作用的是生产领域的劳动生产率。因此，理解国际贸易必须着眼于流通与生产的相互联系。

第二，国际价值是商品进行国际交换的内在尺度或衡量标准。国民劳动强度较大和生产率较高的国家在同样劳动时间能生产较多的国际价值，从而在国际分工和国际贸易中处于有利的地位。

第三，生产率高的国家与生产率低的国家是按国际价值相互交换商品的，即使撇开资本主义生产关系，就其交换关系本身来看，也不是平等关系，而是存在不平等的剥削关系。这与一国范围内按国别价值交换这种平等关系是不同的。

第四，在现实中，国际价值规律是与一定的生产关系或所有制关系结合起作用的。现代发达资本主义国家追求剩余价值和超额垄断利润的本性会通过价格垄断、高新技术垄断、金融资本控制等帝国主义剥削手段使流通领域按国际价值交换本身存在的不平等关系更加扩大，使劳动生产率落后国家所受的剥削更加严重、深化。

2. 用马克思的国际价值论指导调控对外经济关系。

如果上述基本理解是正确的，那么，我国作为生产率还比较落后的发展中国家，在国际贸易领域就应当增强遵循国际价值规律的意识，着眼于在生产领域提高劳动生产率，并对现代帝国主义的剥削本性保持高度警惕。这样才能真正贯彻落实好我们党的科学发展观。从宏观调控看，应当认真实施科教兴国战略，发挥社会主义的国家经济职能和生产关系能集中力量办大事的制度优势，组织“产、学、研”结合，发扬“两弹一星”精神，动员广大劳动者在生产领域自主创新，大力发展自主知识

产权的高新技术；“人无我有，人有我优”，从根本上提高民族产业及其产品的国际竞争力；要转变进出口方式，严格控制有损于民族工业独立自主的外国产品进口，阻止“市场换技术”；在力求对外经济关系与国内经济运行综合平衡的前提下，要支持出口中国自主产品（product in China），下决心制止滥用外资，减少出口那些依赖外国品牌、用本国资源加工的“贴牌商品”（made in China），走巩固和发展独立自主民族经济体系的经济国际化道路。

3. 破除对西方资产阶级国际贸易理论的迷信。

关于马克思的国际价值论对我国经济对外开放特别是对国际贸易实践的指导意义，经济学界一般是认同的。不过，也存在重要分歧。一种观点认为，马克思的国际价值论与西方国际贸易理论具有更多的互补性而非歧义性。持这种观点的学者其实更强调西方经济学源于李嘉图的比较优势论对国际贸易实践的指导作用。另一种观点则认为，马克思的国际价值论坚持历史唯物论，从生产与流通相统一的角度，全面揭示了一国生产力的发展水平同它在国际商品生产和流通中地位的内在联系；而比较优势论主要关注流通领域本身，并从富国利益出发，存在很大片面性和虚伪性。笔者持这种观点。有学者指出，如果按照西方比较优势理论，中国由资源禀赋决定，就应选择与比较优势相符合的产业和技术结构，这不外乎是大力发展劳动密集型的、技术含量低的产业，这样中国将陷入“比较优势陷阱”。而中国要突破在国际分工中的不利格局，就应提出综合比较优势和竞争优势理论，培育和发展知识产权优势，对出口企业进行自主技术创新的政策扶持，推进自我品牌培育。[①] 我认为，这种观点依据的正是马克思的国际价值论，因而是值得国家经济管理部门重视的。

（原文发表于《政治经济学评论》2013 年第 1 期）

① 参见程恩富、丁晓钦：《构建知识产权优势理论与战略》，《当代经济研究》2003 年第 9 期；李真、马艳：《国际不平等交换理论的再探索》，《当代经济研究》2009 年第 4 期。

国际价值与等价交换

余　斌*

马克思在《资本论》中提到了“国际价值”一词，后来学术界展开了关于国际价值和国别价值的讨论，其中有不少误区，还有人竟以为马克思没有提到过的“国别价值”也是马克思创立的概念。[①] 而澄清马克思关于国际价值的阐述，对于我们追求国际经济新秩序以及深入理解价值的形成都具有十分重要的意义。

一、国际价值与国别价值

何干强认为，不同国家的商品价值，用世界货币作为统一的价值尺度来衡量和比较，所表现出的价值，就是国际价值。而国内交换的商品价值，在学术界有国度价值、国民价值、国内价值、国别价值等多种称谓；其中国别价值这个概念能反映出不同国家的国内价值存在区别，相对于国际价值而言，似较确切。[②]

杨圣明认为，所谓国际价值量就是生产某种商品所消耗的国际社会的平均必要劳动时间（又称国际社会平均必要劳动量）。[③]

袁文祺认为，在世界市场上，商品的国际价值是由“世界劳动的平均单位”，即由在世界经济现有的生产条件下，在世界平均劳动熟练程度

* 余斌：中国社会科学院马克思主义研究院研究员。

① 冯春萍：《国别价值与国际价值》，《思想政治教学》1999 年 Z1 期。

② 何干强：《也谈国际价值规律及其作用的特征》，《政治经济学评论》2013 年第 1 期。

③ 杨圣明：《马克思国际价值理论及其中国化问题》，《经济学动态》2011 年第 8 期。

和劳动强度下，生产某种使用价值所需要的劳动时间决定的。也可以说，是由世界必要劳动时间所决定的。①

杨国昌等把“世界劳动的平均单位”看作是各国生产该商品所需的国内社会必要劳动时间（或该商品国别生产价格）的加权平均。②

李荣林等认为，一国社会平均必要劳动耗费所决定的价值就是国别价值，而由世界劳动的平均单位或者国别价值的平均数所决定的价值就是国际价值。③

王天义认为，当商品超越国家的界限进入世界市场时，其价值就由国际社会平均必要劳动时间来决定。通过“世界劳动的平均单位”这个计量单位，可以将每个国家的社会平均必要劳动还原为国际社会平均必要劳动。而“世界劳动的平均单位”，是指在世界平均的劳动熟练程度和劳动强度下，生产某种商品所需要的国际社会平均必要劳动时间。每个国家生产商品所耗费的社会平均必要劳动，在国际市场上表现为国别价值。至于一个国家商品的国别价值，在多大程度上还原为国际价值，它会因各国的经济技术水平、劳动强度以及劳动生产率的不同而不同。在经济全球化时代，国内价值必然要向国际价值靠拢，并逐渐以国际价值标准取代国内价值标准。不能实现为国际价值的商品在国内也无法实现其国内价值了。④

黄亚钧则认为，要使商品的国际价值由生产该商品所需要的世界平均必要劳动时间决定，只有在两种情况下才会发生：一是所有同类商品生产国生产出来的所有产品都进入世界市场，参加国际间的商品交换，在世界市场上实现其价值；二是所有同类商品生产国生产出来的所有产品都按一定的比例进入世界市场，参加国际间的商品交换，也就是说这些产品的出口和内销的比例都一致。否则，如果参加国际贸易的商品生

---

① 袁文祺：《评现代国际贸易中的不等价交换和“价值转移论”》，《中国社会科学》1982年第4期。

② 杨国昌、钟伟：《从马克思的国际价值理论看国际剥削的新变化》，《当代经济研究》1999年第9期。

③ 李荣林、史祺：《马克思的国际价值理论与西方国际贸易学说》，《南开经济研究》2000年第5期。

④ 王天义：《马克思关于世界市场与国际价值的理论》，《理论前沿》2002年第7期。

产国只是生产这种商品中劳动生产率水平较高的国家，或者劳动生产率水平较高的国家生产出来的产品在国际商品交换中占据多数，那么世界市场上实际形成的国际价值就可能要低于世界平均必要劳动意义上的价值。因此，决定商品国际价值的世界必要劳动时间只能看作是所有同类出口商品中加权平均的社会必要劳动时间。如果一个国家的一种产品独占了世界市场，这个国家生产这种商品所包含的国别价值就应该看作是这种商品的国际价值，而不管这个国家的劳动生产率水平如何，也不管其他国家同时是否在生产这种产品，也不管这些国家生产出来的产品所耗费的劳动是否在一定范围内得到了社会承认。①

其实，马克思是这样提到“世界劳动的平均单位”的：“每一个国家都有一个中等的劳动强度，在这个强度以下的劳动，在生产一种商品时所耗费的时间要多于社会必要劳动时间，所以不能算作正常质量的劳动。在一个国家内，只有超过国民平均水平的强度，才会改变单纯按劳动的持续时间进行的价值计量。在以各个国家作为组成部分的世界市场上，情形就不同了。国家不同，劳动的中等强度也就不同；有的国家高些，有的国家低些。于是各国的平均数形成一个阶梯，它的计量单位是世界劳动的平均单位。因此，强度较大的国民劳动比强度较小的国民劳动，会在同一时间内生产出更多的价值，从而表现为更多的货币。”②

这说明，“世界劳动的平均单位”是马克思用来计量各国劳动的中等强度的，是一个与时间无关的量。它也跟某种具体商品的生产无关，而是跟所有种类的商品生产有关。其实，在此之前，马克思就已经谈道，“十小时工作日中一个强度较大的小时，同十二小时工作日中一个较松弛的小时相比，包含相同的或者更多的劳动，即已耗费的劳动力。因此，强度较大的一小时的产品同较松弛的 $1\frac{1}{5}$ 小时的产品相比，具有相同的或者更多的价值”③。与马克思的祖国德国相比，当时英国工厂立法确立

---

① 黄亚钧：《国际价值的形成与国际贸易的不等价交换——论价值规律在国际上运用的重大变化》，《复旦学报（社会科学版）》1983 年第 4 期。

② 《资本论》第 1 卷，人民出版社 2004 年版，第 645 页。

③ 《资本论》第 1 卷，人民出版社 2004 年版，第 472 页。

的工作日较短，英国工人普遍的劳动强度相对较大。在进行国际比较时，马克思自然会注意到这一点。

在提到“国际价值”时，马克思是这样说的：“一个国家的资本主义生产越发达，那里的国民劳动的强度和生产率，就越超过国际水平。因此，不同国家在同一劳动时间内所生产的同种商品的不同量，有不同的国际价值，从而表现为不同的价格，即表现为按各自的国际价值而不同的货币额。”① 陈隆深认为，这是以同量商品有相同的国际价值为前提的。②

的确，马克思在这里所说的“不同的国际价值”不是针对同量的同种商品，而是针对以不同量的同种商品表现出来的不同国家的“同一劳动时间”。如果说，这里体现出国际价值与国别价值的区别，那就只是在于前者反映出不同国家间劳动强度和生产率的差别，而后者不计各国劳动强度和生产率的差别。也就是说，前者在“同一劳动时间”表现出的价值量不同，而后者在“同一劳动时间”表现出的价值量相同。而马克思也的确提到过，“不管生产力发生了什么变化，同一劳动在同样的时间内提供的价值量总是相同的”③。正因为这样，马克思才会指出，价值规律在其国际范围内的应用发生了变化。④

显然，由于强度和生产率不同，因此，不可能用“各国生产该商品所需的国内社会必要劳动时间”即所谓国别价值的平均值或加权平均值来计算某商品的国际价值的，也谈不上什么“在世界经济现有的生产条件下，在世界平均劳动熟练程度和劳动强度下”生产的问题。在这里，要计算某商品的国际价值，需要将超过国际水平的发达国家的国民劳动的强度和生产率与国际水平作比较，确定一个换算系数，再用这个系数乘以发达国家的生产时间，然后再与处于国际水平的国家的生产时间进行平均或加权平均。而这个换算系数其实就是“同一劳动时间”里两个（或两类）国家生产的该商品的不同量之间的比值。因此，可以直接用劳

---

① 《资本论》第1卷，人民出版社2004年版，第645页。
② 陈隆深：《关于国际价值的若干问题》，《国际贸易》1983年第6期。
③ 《资本论》第1卷，人民出版社2004年版，第60页。
④ 《资本论》第1卷，人民出版社2004年版，第645页。

动强度和生产率处于国际水平的国家的国别价值作为该商品的国际价值。于是，发达国家在同一劳动时间因为生产的商品量多，这“同一劳动时间”的国际价值自然就大。如果世界市场上的某一商品只是由劳动强度超过国际水平的发达国家提供，那么该商品的国际价值也会高于其国别价值，前者等于后者乘以劳动强度的换算系数。

二、世界市场中的竞争

黄亚钧认为，从商品出口国竞争的角度来看，世界市场上同种商品生产国之间的竞争无法达到这样一种压力：足以把世界所需要的商品总量提供到世界市场上来。从商品进口国竞争的角度来看，世界市场上同种商品消费国之间的竞争也无法达到这样一种程度：所需求量恰好有那么大，足以把世界商品总量按照国际价值吸收掉。因此，作为国际价值规律实现的外部条件的世界市场上买卖双方的竞争，完全有理由认为是一种带有垄断性质的、意义特殊的竞争。这种竞争，只能把世界商品总量中的一部分提供到世界市场上来，对于游离在世界市场之外，占世界商品总量相当大一部分的商品是不包括在内的。[①]

其实，处于竞争对立面的供求双方，只有一方能够处于优势中，或处于本方竞争乏力中，而不可能双方都处于优势中。同时，生产过剩是资本主义生产的特征之一，因此，从一般意义上讲出口的竞争会大于进口的竞争，除非出口方形成垄断。

另外，世界市场在哪里呢？难道会有相当大一部分的商品进入市场而不进入世界市场么？在《对华贸易》一文中，马克思提道：“1844 年，米契尔先生曾将各种质料的土布的一些样品送到英国去，并且注明其价格。同他通信的人告诉他，他们不能在曼彻斯特依照他所开列的价格生产那种布匹，更不能将其运往中国。”[②] 马克思分析了“为什么当时世界

① 黄亚钧：《国际价值的形成与国家贸易的不等价交换——论价值规律在国际上应用的重大变化》，《复旦学报（社会科学版）》1983 年第 4 期。

② 《马克思恩格斯全集》第 13 卷，人民出版社 1962 年版，第 603 页。

上最先进的工厂制度出卖其布匹的价格竟不能比最原始的织机上用手工织成的更便宜”，其结论我们曾经指出过。① 这里要说的是，当年中国的土布因为廉价而阻止英国工厂生产同样的产品进入中国，就已经是参与世界市场竞争而成为世界市场上的商品了，尽管生产和消费它的都只是当地的中国人。

其实，在《共产党宣言》中马克思和恩格斯早就指出：“资产阶级，由于开拓了世界市场，使一切国家的生产和消费都成为世界性的了。”② 中国自产自销的粮食由于进口粮食的存在，已经参与到了世界市场的竞争中，成为世界市场中的商品。中国国内的粮食市场对于向中国出口粮食的加拿大等国直接就是他们的国外市场和世界市场的一部分。中国单向出口的商品，其留在国内消费的部分，也是世界市场上商品的一部分，其价格与供求也受国外市场的影响。房地产是不动产，虽然不能进出口，但由于外资进入中国投资房地产，中国的房地产也是世界市场上的商品。即便中国的房地产市场没有外资介入，但由于它直接影响到国内的工资成本和生产成本，因此，它也随着这些成本进入参与世界市场竞争的商品生产中，而成为世界市场上的商品。正是由于沿海一些发达地区工业用地用房的成本上升，那里的一些企业转移到东南亚一些相关成本较低的国家。更何况，今天中国几乎所有产业所使用的生产工具都不是纯粹传统的生产工具，都是多多少少根据世界市场上的现代生产力加以改造过的工具，其使用的原材料也是多多少少地用现代方式生产出来的，从而其生产的商品都不能视为脱离世界市场的商品。

三、“国际价值”中的不等价交换

袁文祺认为，在世界范围内，按照国际价值量进行的商品交换，就是等价交换。各国劳动生产率水平的差异，只能使各国产品的国别价值

① 余斌：《45个十分钟读懂〈资本论〉》，东方出版社2011年版，第51页。

② 《马克思恩格斯选集》第1卷，人民出版社1995年版，第276页。

高于或低于国际价值，而不会成为现代国际商品交换中不等价交换产生的因素；同时，也不会导致在现代国际贸易中由劳动生产率水平低的国家向劳动生产率水平高的国家发生所谓“价值转移”的现象。某些国家由于劳动生产率水平较低，而造成其商品的国别价值高于国际价值，尽管这些国家生产同一产品所耗费的劳动时间超过了世界必要劳动时间，但是，超出世界必要劳动时间的劳动，在世界范围内不能算作是正常质量的劳动，所以也就不能形成价值。发展中的第三世界国家生产的国别价值高于国际价值的商品，在世界市场上按照国际价值进行交换时，超出国际价值的那一部分国别价值就根本不可能向劳动生产率水平较高的发达国家转移，因为根本无“值”可转。①

陈隆深则认为，劳动生产率的差异与劳动强度的差异不同，因为生产力的变化并不影响表现为价值的劳动。在世界市场上，生产效率较高的国民劳动被算作强度较大的劳动，同等国际价值的交换表现为不等劳动时间的交换，这种交换是不等价交换，是比较发达的国家高于商品的价值出售自己的商品，是贫国向富国的价值转移。形式上的平等掩盖着实质上的不平等，这种情况就像资本和劳动之间的交换一样。②

其实，在谈到不同国家劳动生产率的水平差异时，马克思是这样说的：“只要生产效率较高的国家没有因竞争而被迫把它们的商品的出售价格降低到和商品的价值相等的程度，生产效率较高的国民劳动在世界市场上也被算作强度较大的劳动。”③ 注意，在这里，虽然生产效率较高的国民劳动被算作强度较大的劳动，但并不影响其商品的“价值”，而只是影响到商品的“价格”，使后者高于前者。也许有人会说，前者是国别价值，后者是国际价值。但如果我们用真的“强度较大的劳动”替换这个“被算作”的“强度较大的劳动”，马克思还会说竞争会或应当把商品的国际价值降到其国别价值吗？

撇开国际市场，马克思曾经提到，如果卖者之间的竞争压力没有大

---

① 袁文祺：《评现代国际贸易中的不等价交换和“价值转移论”》，《中国社会科学》1982年第4期。

② 陈隆深：《关于国际价值的若干问题》，《国际贸易》1983年第6期。

③ 《资本论》第1卷，人民出版社2004年版，第645页。

到足以迫使他们把社会需要所要求的商品量“带到市场上来，商品就必然会高于它们的市场价值出售”[①]。但是，假如某一种商品的价格上涨，“那么另一种商品的价格就不免要相应地下跌，因为商品的价格不过是以货币来表示的别种商品和它交换的比例”[②]。因此，即便是在一国的市场内，如果某一商品因为竞争乏力而高于它们的市场价值出售，就存在价值转移的问题，其生产商就剥削了其他商品的生产商。事实上，马克思在谈到“比较富有的国家剥削比较贫穷的国家”时，就提到了“在一个国家内，亏损和盈利是平衡的”[③]。这其实就是承认在一国内部也有局部的价值转移问题。列宁也曾指出，农民小私有者以投机价格出卖余粮的自由，就是“剥削工人的自由”[④]。实际上，只要是不同商品之间的比较，就存在这一问题。而在世界市场上，两国交换的必然是不同的商品（或不同质量的同种商品，比如一国出口初级加工产品，进口高级加工的同类产品）而不可能是同一质量的同种商品。两国的商品都可以按照必要劳动时间生产出来的，但只要其中一国商品的竞争乏力导致其必要劳动时间进而国际价值被高估，该国就会成为国际贸易中的剥削一方，两国的商品交换就不再是等价交换。

显然，这里的问题与袁文祺所说的超出必要劳动时间的劳动不形成价值的问题无关，后者只涉及同种同质商品的生产。同时，陈隆深所谓“同等国际价值的交换表现为不等劳动时间的交换”，只是因为这里的“国际价值”并不是真正的国际价值，而是“被算作”的“国际价值”。

四、回归国际价值的等价交换

恩格斯曾经提道，“中世纪的农民相当准确地知道，要制造他换来的物品，需要多少劳动时间。村里的铁匠和车匠就在他眼前干活；裁缝和

① 《资本论》第3卷，人民出版社2004年版，第202页。
② 《马克思恩格斯选集》第1卷，人民出版社1995年版，第340页。
③ 《马克思恩格斯全集》第26卷第3册，人民出版社1974年版，第112页。
④ 《列宁全集》第39卷，人民出版社1986年版，第424页。

鞋匠也是这样”，因此“在这里，花在这些产品上的劳动时间不仅对于互相交换的产品量的数量规定来说是唯一合适的尺度；在这里，也根本不可能有别的尺度。不然的话，难道可以设想，农民和手工业者竟如此愚蠢，以致有人会拿10小时劳动的产品来和另一个人1小时劳动的产品交换吗？”①

但是，马克思指出：“要使商品互相交换的价格接近于符合它们的价值，只需要：1. 不同商品的交换，不再是纯粹偶然的或仅仅一时的现象；2. 就直接的商品交换来说，这些商品是双方按照大体符合彼此需要的数量来生产的，这一点是由交换双方在销售时取得的经验来确定的，因此是从连续不断的交换本身中产生的结果；3. 就出售来说，没有任何自然的或人为的垄断能使立约双方的一方高于价值出售，或迫使一方低于价值抛售。”②

因此，如果中世纪农村里的裁缝处于垄断地位，或者因为他垄断了缝制技术，或者因为裁缝数量少而忙不过来，不能把村里需要所要求的服装商品量带到市场上来，那么裁缝一小时的劳动都能够换取农民多于一小时的劳动。而农民要实现与裁缝的等价交换，就必须摆脱被垄断地位，或者同样把农产品的生产或其技术垄断起来，或者学会缝制，突破裁缝的技术垄断。实际上，等价交换的价值规律作为内在规律，只有通过交换双方之间的竞争，“他们互相施加的压力来实现，正是通过这种竞争和压力，各种偏离得以互相抵消”③。

恩格斯很早就注意到了竞争的作用。在其早年著作《国民经济学批判大纲》中，恩格斯批评李嘉图等人：“难道经济学家根本没有想到，一旦竞争被撇开，那就保证不了生产者正是按照他的生产费用来卖自己的商品吗？”④ 顾海良认为，恩格斯这时“通过分析竞争的作用和竞争所造成的价格与价值的不一致，否定了价值的客观存在，否定了劳动决定价

① 《资本论》第3卷，人民出版社2004年版，第1016页。
② 《资本论》第3卷，人民出版社2004年版，第198页。
③ 《资本论》第3卷，人民出版社2004年版，第996页。
④ 《马克思恩格斯文集》第1卷，人民出版社2009年版，第64页。

值”[①]。这种说法是不对的。恩格斯没有否定生产费用，又怎么会否定了劳动决定价值呢？恩格斯只是批评李嘉图的劳动价值论忽略了竞争的作用。实际上，李嘉图的劳动价值论与后来马克思的劳动价值论相比，存在许多的缺陷。恩格斯凭借他亲身实践的感受，很自然地就发现了理论家的不足。离开了竞争，劳动价值论就不能充分地得到实现。

现如今，西方经济学鼓吹比较优势理论，缓和竞争，就是要保持发达国家对于生产效率较高的生产部门的垄断，而让发展中国家始终陷入生产效率较低的困境，从而保证发达国家对于发展中国家的剥削。因此，就今天处于国际贸易劣势地位的发展中国家而言，要建立国际经济新秩序，实现国际贸易的等价交换，“就必须进入发达国家具有比较优势的产业领域”[②] 进行竞争，打破发达国家的“人为的垄断”，迫使生产效率较高的国家把它们的商品的出售价格降低到和商品的价值相等的程度，回归真实的国际价值，使其生产效率较高的国民劳动在世界市场上不再被算作强度较大的劳动。

在这方面有一个很好的例子：法国发明用甜菜制糖以后，在制糖业方面曾经是世界第一大国，1870 年垄断权还是属于它的。德国当时才开始从事这一行业。但是，从 1882 年起，法国糖厂主开始叫嚷，德国的糖居然渗入法国市场。德国的竞争不到 12 年，发现甜菜的法国就丧失了从发现中得到的收入。[③]

事实上，这些年来发达国家的一些产业不断地向发展中国家转移，这表明，发达国家较高效率的生产工艺，发展中国家也同样能够掌握，只是发展中国家的这些生产仍然被垄断在发达国家的跨国公司手中，发展中国家仍然受着剥削。霍布森曾经预言中国会扭转局势，压倒西方工业民族，使自己生产的更廉价的产品充斥于它们的市场，直到中国逐渐地获得对自己原来的“保护者”和“文明传播者”的金融控制。[④] 如今，

---

① 顾海良：《马克思：从劳动价值论异议者向赞成者的转变——1843—1847 年马克思劳动价值论发展研究》，《海派经济学》2003 年第 1 期。

② 余斌：《45 个十分钟读懂〈资本论〉》，东方出版社 2011 年版，第 18 页。

③ 《列宁全集》第 54 卷，人民出版社 1990 年版，第 231 页。

④ 《列宁全集》第 54 卷，人民出版社 1990 年版，第 475 页。

虽然中国的廉价商品的确充斥于西方国家的市场，但外资已经垄断了中国大多数产业，中国不仅没有对外形成金融控制，反而自己的金融还处于被控制之中。①

这说明，包括中国在内的发展中国家还需要团结起来采取各种措施，如自主创新和产业升级等，并注重发展本国企业，才能对发达国家和跨国公司施加更大的竞争压力，才能维护自身的利益。

（原文发表于《福建论坛（人文社会科学版）》2014 年第 5 期）

① 余斌：《45 个十分钟读懂〈资本论〉》，东方出版社 2011 年版，第 165 页。

十三

经济危机理论

马克思主义危机理论札记

林金忠*

一、引　　言

自1825年英国爆发第一次经济危机以来，资本主义世界从未间断过周期性爆发的危机。一般地说，资产阶级经济学者并不否认资本主义发生危机的客观事实，但资产阶级正统经济理论有一个作为预设条件的基本意识形态信奉，即否认经济危机内在于资本主义生产方式本身。基于这一信奉，资本主义经济制度被视为具有内在自我调节能力的自组织系统，经济学研究的任务在于辨认这一系统得以维持的具体条件。新古典经济学的供求均衡分析框架是最具代表性的。在这种框架之下，追逐私利的竞争力量自发地驱使市场供求关系趋于均衡，即便某个方面出现暂时失衡也会通过系统自身的自发调适能力而自动地得以矫正，使之自动地回到均衡状态，因而整个经济系统被认为具有内在的稳定性。很显然，均衡分析框架体现了资产阶级经济理论的基本意识形态信奉。在这种框架之下，暂时的失衡，包括经济危机在内的种种剧烈经济波动，在逻辑上都只能被视为外在因素所导致的，而非内在于资本主义生产方式本身。

基于上述认识，每当资本主义经济处于繁荣阶段时，资产阶级经济学者便声称资本主义危机已经被有效克服了，而每当经济繁荣烟消云散之际，他们又会争相提出针对特定危机所做的种种相当具体的理论解释。

* 林金忠：厦门大学经济研究所教授，博士生导师。

20世纪90年代的危机可解释为80年代的粗心大意的借贷膨胀所导致的，80年代的危机就被说成是70年代后期过度的政府开支所导致的，而70年代中期的危机则被解释为石油价格高涨和越南战争中的过度财政支出所导致的，再往前推，1929—1933年大危机则是当时不恰当的金融政策所导致的……资本主义经济在过去200年间危机不断，而在资产阶级经济学者眼里，每次危机都有一个很具体的原因，但其中没有一个原因不是外在于资本主义生产方式本身。

资产阶级正统经济理论对待危机的上述方式和态度，甚至就连某些资产阶级学者都不敢置信。凯恩斯和凯恩斯主义便是例证。然而问题在于，虽说凯恩斯质疑乃至抨击了古典学派关于宏观经济自发调节功能的理论，但是，他的著作在许多方面其实仍然保留在古典分析框架之内。虽说凯恩斯理论在某种意义上可以解释资本主义经济的周期性波动，但凯恩斯也并不认为这种波动是内在于资本主义生产方式的，并且他认为这种波动是可以通过适当的政策来加以医治的。在凯恩斯主义看来，资本主义危机只是制度安排和政策回应上的问题，因此克服危机的出路在于适当的制度安排和政策改革。

与资产阶级经济理论关于危机的似是而非的肤浅论调形成强烈对比的，是马克思主义的危机理论。纵观有关文献，我认为，马克思主义危机理论具有两个基本特点：第一，它试图从资本主义生产方式自身的内在矛盾中去寻找资本主义周期性危机的根源和生成机制，而不像资产阶级经济学者那样仅仅停留在外在的和抽象的意义上去解释危机现象；第二，它试图从周期性危机中演绎出资本主义发展的历史趋向，并由此而引出社会主义制度存在的历史合理性，这当然是资产阶级正统经济学关于危机的理论中所完全没有的。

关于马克思主义危机理论，一个不容否认的基本事实是，马克思并没有提出一个成系统的危机理论，我们所能见到的是散见于马克思著作中的涉及危机的片段性和间接性论述。在马克思的众多著作中，《经济学手稿（1857—1858年）》中涉及危机问题的论述是相对最多的。尽管这些论述随处闪烁着远远超越资产阶级经济学的智见和洞察力，但其思辨式的抽象性特征也是显而易见的，在许多方面甚至是令人困惑的。在不同的时期和不同的场合，马克思曾经从不同的视角论及资本主义危机，如从利润率下降趋势，从生产过剩趋向，从消费不足倾向，从资本主义各生产部门的比例失调趋向，以及从相对于劳动的资本过度积累趋向等不同的视角，而马克思并没有对这些不同视角之间的内在逻辑联系做一个必要的梳理和整合。

西蒙·克拉克曾在《马克思的危机理论》一书中指出："危机理论在马克思主义传统中扮演着核心角色，而与此同时，它又是马克思主义理论中最为薄弱和最少得到阐发的领域。"危机理论在马克思主义传统中之所以如此重要，是因为"这一理论，在改良与革命之间，在社会民主党与社会主义之间划出了一条界线，前者寻求在资本主义框架范围之内的制度改良，而后者则追求建立一个全然不同的新社会"[①]。或许正是因为这个缘故，自马克思去世后，如何具体解读马克思的有关论述，并构筑一个前后一贯的，可用以解释现实生活中的资本主义经济危机现象的，以及可用于指导无产阶级革命的马克思主义危机理论，成为马克思主义者的一项重要任务。而正是在这种解读的过程中，在马克思主义内部曾经存在着激烈的争论，争论的结果便是形成了各式各样的危机理论，而每一种理论都被冠以"马克思主义"危机理论。迄今为止，马克思主义危机理论中出现了三种具有代表性的不同理论即"消费不足论"、"生产失调论"和"利润率下降趋势论"。纵观历史，马克思主义关于危机理论的争论曾经是19世纪末和20世纪初的"修正主义大辩论"中的一个关键问题；随后在20—30年代，以及在50—60年代，也曾先后成为马克思主义者研究和争论的一个热点；但自70年代起，一方面随着社会主义国家内部政治意识形态的僵化，另一方面随着西方左派知识分子热情的消退，这种争论也就随之逐渐降温；特别是90年代以来，随着全球性社会主义实践运动的退潮，关于马克思主义危机理论的研究似乎也随之销声匿迹了。

这篇文章试图通过重新解读马克思关于资本主义危机的有关论述，结合对已有理论的评析，为读者提供一个关于马克思主义危机理论的概

---

① Simon Clarke, *Marx's Theory of Crisis* (London: Macmillan, 1994), p. 7.

貌，展示其中尚未解决的理论问题。除引言外，本文的内容是这样安排的：第二部分将回顾性概述马克思主义危机理论的发展脉络，第三至第五部分将分别就马克思关于危机问题论述的三种解读加以重新审视和评析；第六部分将给出若干结论。

二、马克思主义危机理论的发展脉络：一个概述

资本主义危机问题乃是马克思和恩格斯早期研究经济理论的一个出发点，而且1857年马克思恢复了对经济理论的专门研究也与此有关。从时间上看，恩格斯比马克思更早研究经济问题。恩格斯在早期著作《政治经济学批判大纲》(1843年)中论及资本主义危机，这可能是马克思主义危机理论的最早论述。在该著作中，恩格斯的危机理论最初是建立在“市场无政府状态”的基础之上的。他是从供求关系的视角去分析危机现象的，其中特别强调了竞争的作用，将竞争视为导致资本主义危机趋向的一个基本决定力量。恩格斯认为，竞争压力使得资本主义呈现出常态性的生产过剩趋向，因而危机是一种经常性和系统性现象，它既是资本主义的活力之所在，也是资本主义的局限之所在。但是，恩格斯并没有清晰地解释为什么在竞争压力之下生产的快速发展一定就会导致生产过剩，从而导致危机，他只是简单地提到资本家、工人和土地所有者在竞争压力之下难以自保，发现他们自己成为多余的，因为在竞争中总是强者胜而弱者将被淘汰出局。在稍后的《英国工人阶级状况》(写于1844—1845年)一书中，恩格斯仍旧还是把资本主义的危机与竞争，与经济活动主体无法事前知道供求关系，从而与市场供求关系必定要出现不平衡和波动等联系在一起。

在晚年著作《反杜林论》(1878年)中，恩格斯坚决反对拉萨尔和杜林关于资本主义危机的“消费不足论”，而主张“生产过剩论”。恩格斯指出，所谓消费不足，那是“千年的古老现象”，而经济危机只是在资本主义生产方式下才出现的。在恩格斯看来，消费不足仅仅是危机的一个先决条件，它并不能告诉我们为什么危机发生在现在，而不发生在过去。

恩格斯还指出，虽然生产过剩并不是绝对的，但它与“生产的无政府状态”相联系。在恩格斯看来，“生产的无政府状态”成为系统性的生产过剩的根源。何以如此呢？恩格斯仍旧还是沿用早期主张的从竞争和供求关系的视角去分析危机的观点，他认为：资本主义生产的无政府状态驱使单个工业资本家不断地改进机器，提高生产力，如此就导致了现代工业生产能力的无限制的扩张。但这种生产能力的扩张却遇到了市场扩张的限制，因为市场在广度和深度上的扩张所服从的是另外的不同规律，它或多或少地没有那么多的活力。于是，市场扩张就跟不上生产扩张的步伐，供求关系不平衡、系统性的生产过剩就变得难以避免了。

恩格斯的《反杜林论》后来在某种意义上成为正统马克思主义的教科书。在他之后，第二国际的理论家们基本上是从《反杜林论》了解马克思主义的。他们所理解的马克思主义危机理论，其实也并非主要来自马克思的论著，而是主要来自上述恩格斯关于危机问题的论述，尤其是来自《反杜林论》。

在第二国际的马克思主义者那里，危机理论的研究重心放在资本主义危机的根源和历史趋势问题上，对危机根源的不同理解直接与资本主义危机的历史趋势，因而与社会主义的前景相关联。所谓“修正主义大辩论”表面上关乎政治路线之争，但理论根源则在于对马克思主义危机理论的不同理解，而这一辩论是如此激烈，以至于最终导致了第二国际分裂乃至破产。

“修正主义大辩论”起因于伯恩斯坦和图干－巴伦诺夫斯基(M. Tugan-Baranovsky)的挑战。伯恩斯坦反对当时德国社会民主党从经济危机推导出资本主义崩溃的观点，他说：“如果社会主义的胜利是建立在一种经济必然性之上的话，那么，就必须去证明现有社会秩序发生必然的经济崩溃。”伯恩斯坦本人坚信，这样一种证明是不可能的，因而社会主义不可能从经济崩溃方面找到其必然性。至于说到马克思曾经提到的资本主义生产方式的“否定之否定”规律，伯恩斯坦认为那只是一个“黑格尔辩证法的圈套”，“黑格尔矛盾辩证法的一碟残羹剩菜”而已。

因此，在伯恩斯坦看来，所谓“资本主义崩溃”纯属“思辨式的推测”[①]。在否定资本主义崩溃的必然性的基础上，伯恩斯坦提出的正面观点是，卡特尔垄断组织能够克服市场无政府状态，因此结论是：经济危机并不会导致资本主义灭亡，也很难从危机理论中推导出社会主义革命的客观必然性。与伯恩斯坦相似，或许也可以说是作为伯恩斯坦上述理论的一个具体补充，图干－巴伦诺夫斯基否认消费不足倾向存在的客观必然性，由此去否认资本主义的危机趋向和社会主义革命的客观必然性。

应对伯恩斯坦和图干－巴伦诺夫斯基的上述理论挑战，作为第二国际首屈一指的理论家的卡尔·考茨基，却根本上回避了上述挑战的一个关键点，即社会主义必然性不可能从经济危机方面去寻找。不仅如此，考茨基反而也跟伯恩斯坦一样，也否认“资本主义崩溃论”，他说：“马克思和恩格斯从来就没有说过资本主义崩溃论这样一种具体的理论。”考茨基也否认马克思曾经主张的关于无产阶级趋向贫困化，并从中引出无产阶级革命的观点。他认为，实际情况正好是相反的，马克思和恩格斯所预见到的“并非仅仅是无产阶级贫困化的增长，还预见到无产阶级得到训练、组织化程度的增强，以及阶级趋于成熟和更具力量”。因此，“无产阶级的成熟和力量的增强，不仅是马克思关于资本主义灭亡理论的一个基本组成部分，而且还是确切无疑的一部分”[②]。因此，以伯恩斯坦与考茨基之间争论为主的所谓“修正主义大辩论”，其实并没有触及“资本主义崩溃论”这一关键问题。在辩论中，伯恩斯坦与考茨基两人实际上都否定了马克思关于资本主义崩溃的理论。

在回应伯恩斯坦和图干－巴伦诺夫斯基的挑战中，第二国际的马克思主义者们也试图将危机理论建立在更为坚实的基础之上。然而，他们中的绝大多数人除了复述已有的正统观点之外似乎无所作为，比如考茨基只是将生产过剩的长期趋势与恩格斯早期基于竞争和供求关系的“市场无政府状态”的危机理论联系起来，其观点只是大致复述了恩格斯讲

---

① E. Bernstein, *The Preconditions of Socialism* (Cambridge: Cambridge University Press, 1993).（该书德文初版于 1899 年）

② Henryk Grossman, *The Law of Accumulation and Breakdown of the Capitalist System (1929)* (London: Pluto Press, 1992), Chap. 1.

过的话。在第二国际的马克思主义者中，对危机理论或许称得上有着自己阐述的唯有罗莎·卢森堡和鲁道夫·希法亭二人。卢森堡在《资本积累》一书中运用马克思的再生产理论图式分析了资本主义危机的必然性，形成了马克思主义危机理论中的“消费不足论”。她的基本观点是，资本主义生产依赖于非资本主义市场（主要是指第三世界殖民地）的存在，资本主义生产的扩张同时意味着非资本主义市场的“资本主义化”；照此逻辑，当非资本主义市场的开拓遇到障碍时，资本主义生产过剩危机便接踵而至了，而当全球非资本主义市场完全被“资本主义化”之日，也就是资本主义生产方式的末日来临之时。与卢森堡不同，希法亭在《金融资本》一书中虽然也依据马克思关于资本主义生产方式的分析，但他所强调的是资本主义发展的新阶段——垄断阶段，认为危机主要是根源于资本主义生产部门之间的比例失调，而垄断组织——尤其是垄断金融组织——可以从根本上克服这种比例失调。他的观点，也就成了马克思主义危机理论中“生产失调论”的较早的也较为前后一贯的一种版本。

卢森堡和希法亭二人关于危机理论的论述，为后来马克思主义危机理论分裂为“消费不足论”与“生产失调论”两大阵营奠定了基础。起初这两种理论也并非是相互不兼容的，因为消费不足可以被视为生产失调的一种特定形式，然而，它们之间的分歧在整个20世纪20年代逐渐扩大，以至于到了30年代末，在马克思主义正统理论中只能容忍“消费不足论”，而“生产失调论”则被斥为社会民主党的修正主义观点。于是，在20—30年代的马克思主义危机理论中，“消费不足论”便成为居主导地位的一种理论，这种状况一直延续到60年代。保罗·斯威齐为这一段争论的历史作了较好的综述。①

如上所述，恩格斯曾经反对过“消费不足论”。这种危机理论之所以曾经在较长时期内能够占据主导地位，其中一个重要原因是该理论在某种意义上借助于凯恩斯主义的影响力，虽然说它并不等同凯恩斯主义。认识到这一点，也就不难理解为什么“消费不足论”的统治地位在20世纪60年代后期受到了挑战，正如凯恩斯主义也在同一时期受到了挑战一

① P. Sweezy, *The Theory of Capitalist Development* (London: Dobson, 1946).

样。60—70年代新危机的一个显著特点是，在其开始阶段上并不以大量失业为特征，而以利润率下降和投资锐减为特征，资本积累在都市中心地带的利润率呈显著下降趋势，紧接着是增长率下降和失业率上升，与之相伴随的不是通货紧缩，而是持续攀升的通货膨胀。这种所谓的“滞胀”，是凯恩斯主义有效需求分析框架之下的消费不足理论所无法解释的，也是通过推行凯恩斯主义政策所无法克服的。在马克思主义危机理论中，无论是基于“消费不足论”还是“生产失调论”，危机都是被视为生产与消费之间的某种断裂，表现为日益增加的库存因难以出售而累积，而利润率下降只是生产过剩的一个结果。然而，在60年代后期和70年代的危机中，利润率下降似乎并不作为危机的结果，而是作为危机的原因。这种现象导致了马克思主义者摈弃了“消费不足论”，而改弦易辙以利润率下降为基础去解释资本主义危机，于是，一种新的危机理论——“利润率下降趋势论”便应运而生了。这种理论在70年代被确立为居主导地位的马克思主义危机理论，并一直延续到了现在。

在70年代，同样都持“利润率下降趋势论”的马克思主义者仍然还是争论不休，在两种观点间展开了激烈的争论：一种观点相信，促成危机的利润率下降乃是不断上升的工资侵蚀了利润所导致的，而另一种观点则把利润率下降现象与马克思的“利润率下降趋势规律”联系起来了。争论的焦点是：利润率下降究竟是工资上升而侵蚀利润的结果，亦即要么起因于工人阶级力量的日益壮大，要么则起因于相对于劳动力的资本过度积累所导致的工资上升，从而侵蚀利润的结果；抑或是马克思所说的“利润率下降趋势规律”的表现，亦即作为资本有机构成的提高所导致的利润率下降趋势的结果。前一种观点把危机视为收入分配变动的结果，因而被后一种观点指责为“新李嘉图主义”；而后一种观点则把危机视为生产技术变动的结果，这又被前一种观点指责为“原教旨主义”。令人惊讶的是，虽然这两种观点都大量援引马克思的论著，但它们双方都未能从早期的马克思主义传统中得到足够的支持。从争论的结果来看，后一种观点显然占了上风，成了危机理论中居统治地位的正统马克思主义观点。

70年代马克思主义危机理论的发展，是与日益深化的资本主义经济危机相联系的，也与依托于战后资本主义繁荣的社会民主党的政治危机相联系。当时马克思主义者与资产阶级学者有着共同的理论研究目标，那就是解释危机。马克思主义者研究方法的独特性在于，试图将危机的基础归结为资本主义生产方式的矛盾，认为解决危机的根本出路不在于改良，而在于阶级斗争。当时的意识形态期望是，日益深化的危机将会打碎社会民主党的改良美梦，促成政治和意识形态的极化趋向。虽说当时很少人真的相信社会主义力量将必然地在这种极化趋向中取胜，但多数人至少相信，通过这种极化可以使得社会主义运动重新回到其历史发展进程的正轨上来。基于这些历史背景，在 70 年代，以“利润率下降趋势论”为主的危机理论一度成为马克思主义研究的一个热点领域。

然而，好景不长，实际历史进程全然不同于 70 年代马克思主义者的那种乐观期望。诚然，危机激发了预期中的阶级斗争，但是，这种阶级斗争在性质上并不是将工人阶级推向社会主义运动的轨道上来。挫折和失败感终究击碎了组织起来的工人阶级的希望和热情，并导致了整个工人运动迷失方向。到了 80 年代，特别是苏联入侵阿富汗之后，很大一部分左派激进知识分子迅速地丧失了对社会主义的信仰，恰似他们在 70 年代获得这种信仰一样地迅速。他们放弃了马克思主义性质的危机理论，不再将 70 年代的危机视为资本主义生产方式内在矛盾的表现，而是视之为从战后繁荣的“福特主义”转向信息时代的“后福特主义”的一个转变阶段。到了 90 年代之后，随着社会主义运动遭遇重大变故，随着冷战结束，也随着社会主义左派力量的普遍退潮，马克思主义研究迅速地变成了冷门，而马克思主义危机理论也随之趋于式微，乃至于几近销声匿迹了。

总结马克思主义危机理论发展的历史脉络，西蒙·克拉克写道：“社会主义理论与现实生活中的阶级斗争实践之间存在着一个鸿沟。尽管马克思主义已经正确地预想到资本主义危机，然而它为危机促成的阶级斗争所能提供的指导作用却微乎其微。”[①] 我认为，这一说法是不无道理的，由此，消除这一鸿沟便需要重新审视马克思主义的危机理论本身，尤其

① Simon Clarke, *Marx's Theory of Crisis* (London: Macmillan, 1994), pp. 9—10.

是需要重新回到马克思。

三、马克思主义危机理论之一:“生产失调论”

生产失调,指的是生产部门间的比例失调。资产阶级经济学者已经认识到资本主义生产会出现比例失调问题,但他们认为这种失调通常是由于诸如农业歉收或因战争而导致商业中断等外在原因所导致的结果,并且始终相信这种生产失调问题可以通过竞争和供求关系的自发调适而自发地和平顺地得到解决。其主要理由是:某一生产部门出现供给不足时其产品价格将上涨,而供给过量时其产品价格则下降;价格变动意味着利润率的相应变动,这将诱致资本从供给过量的生产部门转入供给不足的生产部门,从而矫正了生产失调。由此,资产阶级经济学者相当推崇臭名昭著的“萨伊定律”,因为它否定了总体生产过剩的可能性。马克思在研究这种经济理论时所要面临的是这样一个问题,即:总体生产过剩是否可能作为一种有别于生产失调的现象而存在,抑或二者压根就是一回事?

马克思指出,关于“萨伊定律”的讨论在逻辑上是相当混乱的。依此逻辑,供给与需求相等被视为供给的商品与作为需求对象的商品在价值上的等值。但是,马克思说,这种相等纯属名义上的,因为商品作为一个价值,其“供给只有同货币相交换才能实现,而作为同货币交换的对象,供给取决于……自己的使用价值;但是作为使用价值,供给取决于对它的现有需求量,取决于对它的需要程度。但是作为使用价值,供给决不是由物化在它本身中的劳动时间来计量的,而是用一种和它作为交换价值的性质毫无关系的尺度来计量的”[①]。由此可见,宣称商品的供给会创造出对它自身的需求(所谓“萨伊定律”),这种说法背后已经包含着逻辑上的混乱。

资产阶级经济学者在生产失调现象中所看到的只是供求不平衡问题,

---

① 《马克思恩格斯全集》第46卷上册,人民出版社1979年版,第395页。

亦即某些商品生产太多了，而另一些商品生产太少了，因而自然看不到总体生产过剩问题。基于此，他们才断定，这种生产失调可以通过市场本身的正常运行而得到矫正。但是，马克思指出，这种认识实际上忽略了货币作为资本再生产与商品流通的中介所发挥的作用。李嘉图简单地以为商品交换的价格与其价值相对应，因而认为在这种意义上交换过程本身可以忽略不计；产品或以产品形态出现的资本本身就是交换价值，而交换行为只是使其发生了形态上的变化而已。若是按此说法，即价值等价作为一个预设条件，那么，生产的比例就仅仅涉及价值在其中得以体现的特定使用价值的适量供给问题了。然而，马克思指出，问题并非简单地只是使用价值的适量供给问题，而是使用价值转化为价值的能力问题。他写道："在这里人们又忘记了，从事生产的资本所要求的，不是某种特定的使用价值，而是自为存在的价值，即货币；不是在流通手段这个规定上的货币，而是作为财富的一般形式的货币，或者说，它一方面是作为资本的实现形式，另一方面是作为资本复归到它原来的休眠状态的形式"①。因此，并不是价值生产之是否充足问题，也不是使用价值生产之是否适量问题，问题在于价值与使用价值之间的基本矛盾，而这种矛盾内在于社会生产的资本主义形态，在这样一种社会生产形态中，使用价值仅仅是作为资本增殖的手段才被生产出来的。资本家购买商品并不作为使用价值，而是作为扩张资本的手段。若是他能够预期到购买生产资料和劳动力并非有利可图，他就会以货币形态持有资本，因而流通将会中断，这里就潜存着危机了。由此我们可以看到，为什么生产失调并不仅仅表现为生产部门间在供求上的不平衡，而是表现为总体上的生产过剩，为什么特殊商品的短缺并不表现为其他商品的短缺，而总是表现为货币的短缺。在这一点上，马克思与李嘉图等资产阶级经济学者的根本不同之处在于，他没有将产生生产过剩的可能性与人们的需要相关联，而是与资本增殖、从而与资本主义生产的本质相关联。我认为，马克思的深刻见解切中要害，远胜于资产阶级经济学者。

必须指出的是，一般地说，马克思并不简单地反对供求关系对生产

① 《马克思恩格斯全集》第46卷上册，人民出版社1979年版，第395—396页。

的调节作用。马克思所要表达的真实含义是，倘若仅仅停留在供求层面上去理解生产部门间的比例失调问题，那么，根本就没有理由推出生产比例失调必然地会导致危机，因为正如李嘉图所预期的那样，供求关系的相互作用有可能矫正生产的比例不平衡。李嘉图认为，既然生产本身是由生产成本（从而获利）来调节的，因而它也调节了自身。倘若某一特定生产部门的资本没有实现其自身价值增殖，它就会在一定程度上从该部门抽出，转入需要它的其他部门。针对这种观点，马克思提出了两点看法：第一，在一个总体性的危机中，问题并不在于资本在哪一个生产部门更能获利，而在于在所有的部门都不能获利，因而，“在生产过剩的普遍危机中，矛盾并不是出现在各种生产资本之间，而是出现在产业资本与借贷资本之间，即出现在直接包含在生产过程中的资本和在生产过程以外独立（相对独立）地作为货币出现的资本之间。”第二，资本积累的基本趋向是突破各种障碍，因而打破各种比例关系，而供求关系作用之下资本在各部门之间的重新分配仅仅是一个次要的趋向而已。实现资本在各生产部门间均衡分布的“这种平衡的必然性本身就是以不平衡、不协调为前提……所谓合乎比例生产（这一点李嘉图等人早已提到过），如果只是指资本有按照正确比例分配自己的趋势，那么，由于资本无限度地追求超额劳动、超额生产率、超额消费等等，它同样有超越这种比例的必然趋势”①。

马克思进一步分析道：资本因无限度地追求自身增殖而必然地造成生产比例失调趋势，乃是由竞争所强制驱动的一个客观趋势。他说：“在竞争中，资本的这种内在趋势表现为一种由他人的资本对它施加的强制，这种强制驱使它越过正确的比例而不断地前进，前进！”② 在这里，竞争的积极意义在于资本主义生产的内在趋势作为一种外部力量强加于个别资本家。竞争，通过供求关系的压力作用，决定了资本主义生产只能在生产比例协调的限度之内；但是，竞争又通过驱使资本家竭力发展生产力而导致资本主义生产总是超出其生产比例协调的限度。在一个生产部

① 《马克思恩格斯全集》第46卷上册，人民出版社1979年版，第397页。
② 《马克思恩格斯全集》第46卷上册，人民出版社1979年版，第397页。

门超出其市场限度时，将促使与它互补的生产部门接着也出现生产过剩，由此可见生产失调并不局限于一个生产部门，而必然总是总体性的现象。在竞争驱使下资本主义生产出现比例失调的趋势，与竞争再一次将比例协调强加于与资本的趋势，这两种趋势是交替作用的，因而生产比例协调的实际恢复就反而成为一种纯属偶然的事了。

综上所述，我们可以对马克思的观点作一个归纳。马克思认为，资本追求自身增殖的内在本性，在竞争的压力之下驱使每个资本家都寻求通过在更大生产规模上引进新的生产方法以增加利润，因而不顾市场限度地发展生产力，这便成为内在于资本主义生产方式的一种趋向。单个部门生产发展的动力并不取决于对其产品的需求，而取决于通过推进生产力而获取剩余价值的机会。结果是，虽然资本主义生产的增长同时也意味着世界市场的开发，但生产力的发展并不是均匀进行的，也不会合乎生产比例协调的要求，因此竞争强制性地使得资本主义各生产部门的不协调发展成为一种常态趋向。供求关系的相互作用对生产比例的失调趋向是一种抵消力量，因为某种特定商品的生产过剩将导致该商品价格下跌。基于这一点，李嘉图等资产阶级经济学者认为利润率的不均等分布导致资本会平顺地从过度发展的生产部门流入发展不足的生产部门。然而，一方面，利润刺激并不是由供求关系决定的，而是由生产发展的不均匀所决定的，因此前者（供求关系）充其量只能作为对生产比例的失调趋向的一种抵消力量，而非决定性力量；另一方面，这种抵消力量只是在面临特定商品生产过剩时才发生其作用。既然这些生产过剩的商品已经被生产出来了，市场只能因过度扩张的生产部门的商品贬值和生产能力的销毁而扮演着一种抵消作用。这样一来，就驱使那些遭受损失的资本家减少购买，于是，生产过剩便立即蔓延到经济总体，而所有生产部门的资本家也就因此而面临遭受损失的前景，资本主义危机难以避免地到来了。

在上述分析中，马克思与资产阶级经济学者的主要不同在于，他区分了特定部门的生产过剩与总体上的生产过剩，而资产阶级经济学者所看到的只是特定部门的生产过剩，因而未能清楚地作出这种区分。从马克思的论述中，我们看到的一个整体思想似乎是：“生产失调论”只是对危机现象的一种表层解释，危机的根源最后还是归结为资本主义生产方式的内在矛盾，即，在竞争的强制驱动之下资本无限制地发展生产力，因而冲破生产部门间的比例的趋向与生产比例协调作为一种客观上限制了资本的获利限度的趋向这两种趋向之间的矛盾。这一矛盾决定了生产失调与总体生产过剩成为资本主义生产方式的一种常态现象。我认为，这是对危机现象的深层次的本质揭示，但是很显然，以此去解释资本主义危机的内在原因毫无疑问仍旧是相当抽象的，因为危机的具体发生机制仍旧是模糊不清的。

四、马克思主义危机理论之二："消费不足论"

马克思似乎已经意识到上述有关论述的不足了。关于特定部门的生产过剩与总体上的生产过剩之间关系的讨论，他似乎是想说明资本主义生产方式的危机趋向乃基于资本主义生产发展的必然的比例失调，这种比例失调内在于资本主义生产的性质，并体现了资本主义积累的最基本的趋势。显然，这里存在着一对矛盾，即无限度地发展生产力的趋向与将生产限定于获取利润的限度之内这两者之间的矛盾。然而，马克思所感兴趣的似乎并不是将这一矛盾引向对危机的具体发生机制的解释，而是进而在更一般也更抽象的层面去构想这一对矛盾。他说："这里的问题还不在于说明生产过剩的规定性，而只是分析最初包含在资本关系本身中的生产过剩的萌芽。"① 正是马克思在这方面的构想，后来常被解读为给"消费不足论"提供了经典理论依据，被解读为生产的无限发展与人民群众的有限的消费能力之间的矛盾。我必须承认，马克思在这方面的构想是相当晦涩和很难解读的，但也正是因此要特别注意。

马克思的出发点是，生产过剩趋向不能仅仅被视为生产比例失调偶然性出现的结果，如考茨基那样说成是"市场无政府状态"，而应被视为资本主义生产的一个内在的基本特征。然而，事情远未到此为止。马克

① 《马克思恩格斯全集》第46卷上册，人民出版社1979年版，第403页。

思写道："生产和价值增殖之间的矛盾——资本按其概念来说就是这两者的统一体——还必须从更加内在的方面去理解，而不应单纯看作一个过程的或者不如说各个过程的总体的各个要素互不相关的，表面上互相独立的现象。更进一步考察问题，首先就会看到一个限制，这不是一般生产固有的限制，而是以资本为基础的生产固有的限制。这种限制是二重的，或者更确切地说，是从两个方向来看的同一个限制。这里只要指出资本包含着一种特殊的对生产的限制——这种限制同资本要超越生产的任何界限的一般趋势是矛盾的——就足以揭示出生产过剩的基础，揭示出发达的资本的基本矛盾；就足以完全揭示出，资本并不像经济学家们认为的那样，是生产力发展的绝对形式，资本既不是生产力发展的绝对形式，也不是与生产力发展绝对一致的财富形式。"①

在这一段散发着浓郁思辨气息的引文中，我们解读出两个要点：其一，资本主义生产存在着一种限制，一种内在于资本主义生产方式的特有的限制；其二，这种限制是与资本本性上总是超越任何限制的趋向是相互矛盾的，生产过剩便根源于这一矛盾。那么，这是一种怎样的限制呢？马克思接着就为我们提出了四种形式的限制，即："（1）必要劳动是活劳动能力的交换价值的界限，或产业人口的工资的界限；（2）剩余价值是剩余劳动时间的界限，就相对剩余劳动时间来说，是生产力发展的界限；（3）这就是说，向货币的转化，交换价值本身，是生产的界限；换句话说，以价值为基础的交换，或以交换为基础的价值是生产的界限。这就是说：（4）使用价值的生产受交换价值的限制；换句话说，现实的财富要成为生产的对象，必须采取一定的，与自身不同的形式，即不是绝对和自身同一的形式。"②

基于上述这些形式的限制的客观存在，生产过剩从而危机是必然的结果。马克思甚至进一步断言："很明显，资本的发展程度越高，它就越是成为生产的界限，从而也越是成为消费的界限，至于使资本成为生产和交往的棘手的界限的其他矛盾就不用谈了。"③ 在这里，马克思似乎想

① 《马克思恩格斯全集》第46卷上册，人民出版社1979年版，第399页。
② 《马克思恩格斯全集》第46卷上册，人民出版社1979年版，第399—400页。
③ 《马克思恩格斯全集》第46卷上册，人民出版社1979年版，第400页。

表达这样的思想，即，资本主义生产方式所固有的内在限制与其总是要冲破这种限制的趋向之间的矛盾，由此而产生的生产过剩和危机将随着资本主义发展程度的提高而逐步趋于加深加重，危机将逐步地趋于深重。这一思想，后来在《资本论》第一卷第二十四章第七节论及资本主义积累的历史趋势中得到了进一步阐述，由此而断言“资本主义私有制的丧钟就要响了”[①]。

在这里，值得我们关注的是，正是上述马克思提到的四种形式限制中的第一种，后来被解读为马克思主义危机理论中的“消费不足论”的主要经典依据，即资本主义危机趋向乃是内在于资本主义生产方式的这样一个矛盾的表现，亦即生产力发展趋向与最小限度的人民群众的消费需要之间的矛盾，甚而具体引申为危机作为生产供给跑到消费需求前面的实现形式。依我的体会，这种解读其实包含着两层意思：其一是剩余劳动与必要劳动之间的此消彼长方式的对立，前者越大后者便越小，但后者又无法等于零，因而便对前者构成了一个绝对限制；其二，剩余劳动产品的价值实现受到必要劳动产品数量的限制，用通俗易懂的话讲，资本家所能获取的利润受制于广大劳动人民的消费能力。我发现，主张“消费不足论”的许多马克思主义研究者以不同的表述方式说出了这两层意思中的一层或两层。[②]

乍看之下，这种解读似乎十分精彩，然而问题却并非如此简单。作为一种危机理论，“消费不足论”显然是不充分的。试想：虽然我们并不能说工人阶级的需求对于剩余产品的价值实现毫无作用，但是，工人的需求对应于必要劳动，因而倘若除了工人阶级的需求以外别无其他需求来源，那么一个合乎逻辑的推论便会是资本主义生产将每时每刻都一直处于危机状态。这显然是根本不可能的，是与基本事实相违背的。

因此，我以为正确的理解应该是：虽然我们可以看到马克思处处强

---

① 《资本论》第 1 卷，人民出版社 2004 年版，第 874 页。

② R. Rosdolsky，*The Making of Marx's Capital*（London：Pluto Press，1977），p. 326. M. Itoh，*Value and Crisis*（London：Pluto Press，1980），pp. 96—98. A. G. Lallier，*The Economics of Marx's Grundrisse*（London：Macmillan，1989），pp. 100—101.

调剩余产品的价值实现问题作为资本主义再生产的一个重要限制，但更应该看到的是，这一问题牵涉到资本主义生产的各个方面；作为剩余产品的价值实现之基础的需求源泉，虽然包含着工人阶级的消费性需求，但更多的还是资本家相互之间的生产性需求；资本主义生产越是发达，劳动分工越是发达，对中间产品的需求所占比重便越高，因而剩余产品的价值实现更多地依赖于生产性需求。由此可见，剩余价值的实现问题并不能被简化为工人阶级的有限的消费问题，而应当与剩余价值的再投资联系在一起。当马克思说“必要劳动是活劳动能力的交换价值的界限，或产业人口的工资界限”这句话时，他所指的并不是人民群众的有限的消费能力，而是指这样一点，即，只有当工人的工资以能够生产和占有剩余价值的必要劳动为限度时，他们才有可能被资本所雇佣。在这里，问题并不在于资本积累有一个绝对的限制，而在于内在于资本主义生产的诸多限制；应该加以强调的一个关键点则在于，虽说一个特定的危机可以因各种具体原因（包括偶发因素）而发生，但最终的根源则在于资本无限地扩张其生产力超出了获取利润的限制。作为资本主义生产的限制，马克思所强调的是利润，而不是工人阶级的有限消费能力。总而言之，马克思的有关论述最后还是回到了作为资本的内在限度的生产与增殖之间的矛盾。资本趋向于无限度地扩张其生产力，但与此同时，资本主义生产的目的在于占有和实现剩余价值。后者便成为资本主义生产的内在限度，而资本又总是寻求突破这种限度。必要劳动是一个限度，但不是作为需求来源的那种限度，而是作为剩余价值来源的限度。

不过，我认为，虽然上述这样解读似乎更符合马克思的本意，也与他的论述的整体逻辑更为一致，但是到此为止马克思对危机的阐述仍旧停留在抽象层次上。

马克思继而还提出对于交换的两个具体的限度，这些限度都是资本视为障碍而要加以克服的。第一个限度是，只有当剩余劳动与剩余劳动相交换时，资本主义生产才是再生产。剩余劳动与剩余劳动相交换乃是已生产出来的剩余价值得以实现的条件。第二个限度是，资本总是企图通过将必要劳动压缩到最低水平来扩大剩余劳动，这就使得需要实现的剩余价值不断增加。[1] 然而，扩大剩余价值生产的趋向与限制工人需求的趋向之间的矛盾，还是不能作为危机理论中的“消费不足论”之充分依据。这是因为，马克思已经注意到了，劳动生产率越是提高，榨取剩余价值的难度也随之越大，因而在利润不断增加的同时，利润率却趋于下降。随着资本的扩大，劳动生产率更大比例的提高便成为获取更多剩余价值所必需的。倘若不能获取更多的剩余价值，资本就宁可从流通领域（从而生产领域）中撤出。马克思写道：“我们已经看到，相对剩余价值增加的比例比生产力要小得多，而且这个比例不断降低，生产力已经达到的程度越高，这个比例就降得越低。但是产品的数量却以相同的比例增加。”[2] 资本主义的发展导致了需要实现价值的剩余价值大量增加，导致凝结着剩余价值的商品数量的大量增加，而与此同时，提高利润率，从而防止总体利润率水平的下降，却变得越来越困难了。在这里，我们似乎看到了马克思主义危机理论中的“利润率下降趋势论”。

五、马克思主义危机理论之三：“利润率下降趋势论”

利润率下降趋势之说，曾经是古典经济学的一个老问题[3]，这一问题甚至在20世纪20—30年代关于报酬递增问题的争论中还被反复涉及。众所周知，马克思谈论利润率下降趋势是与他的资本有机构成提高趋势密切相关的。后来，马克思主义者关于危机理论中的“利润率下降趋势论”的争论，关键问题恰恰也与资本有机构成这一概念有关。

为了弄清事情的来龙去脉，我们要面对的与此相关的基本问题包括：资本有机构成的提高是否属于一般性趋势？资本有机构成的提高与相对过剩人口的形成是否存在着必然的联系？能否从资本有机构成的提高趋势合乎逻辑地推导出利润率下降趋势规律？资本有机构成的提高趋势与

---

① 《马克思恩格斯全集》第46卷上册，人民出版社1979年版，第403—404页。

② 《马克思恩格斯全集》第46卷上册，人民出版社1979年版，第409—410页。

③ 参见W. 埃尔蒂斯：《下降的利润率》，见［英］约翰·伊特韦尔等编：《新帕尔格雷夫经济学大辞典》第2卷，经济科学出版社1996年版，第296—300页。

资本主义危机之间是什么样的关系呢？下面，我根据对马克思论述的解读，依此探讨这些问题。

资本有机构成这一概念，最初出现在 1847 年 12 月马克思关于工资的系列演讲稿中[①]，这比他运用这一概念去解释利润率下降趋势规律大约要早 10 年。在演讲稿中，马克思使用这一概念去反对马尔萨斯主义观点，目的在于说明人口过多并不是相对于生活资料的有限生产的人口自然增长的结果，而是资本积累的结果，是工人在生产过程中被替代的结果。马克思指出，在生产力增长的过程中，转化为机器和原材料的那部分生产资本与用于支付工资的那部分资本不成比例地增长，这是资本与劳动关系的本质所必然要导致的一个一般规律。这一规律对工人阶级是不利的，因为它导致了相对于资本的过剩人口。然而，马尔萨斯主义者却声称人口增长速度快于雇佣手段或生活资料增长的速度这样一条所谓的“人口规律”，其实质在于将社会规律转变成了自然规律。在这里，马克思所说的资本有机构成概念实际上涉及将资本划分为两个部分，一部分是投资于劳动力的资本，另一部分是投资于生产资料的资本；生产技术变动导致资本构成上的相应变动，他称之为资本有机构成提高。但可以肯定的是，他还没有将这一概念与利润率下降趋势联系在一起。

在上述关于资本有机构成提高对工人阶级的影响的论述中，马克思的出发点是资本有机构成提高乃是劳动生产率不断提高的结果，因为劳动生产率提高意味着每个劳动者使用更多的机器，加工更大数量的原材料。然而，这里马上就引出了这样一个问题，即：资本的价值关系的变动并不必然地反映为技术关系的变动；劳动生产率的提高固然意味着每个劳动者使用更多的机器，加工更大数量的原材料，但同时也降低了劳动力价值和生产资料的价值，于是便存在着这样一种可能性，即，如果劳动力价值并没有显著降低，而生产资料的价值降低幅度大于其数量增长的幅度，那么，资本有机构成就可能不但不会提高，反而下降了。看样子，马克思似乎也已经意识到这样一点了，他试图改进资本有机构成这个概念本身。于是，在他亲自整理出版的《资本论》第一卷中，马克

① 《马克思恩格斯全集》第 6 卷，人民出版社 1979 年版，第 635—660 页。

思区分了资本的技术构成与资本的价值构成，前者是指生产资料与活劳动之间的物质关系，而后者是指不变资本与可变资本之间的价值关系。接着他把资本有机构成更为清楚地定义为“由资本技术构成决定并且反映技术构成变化的资本价值构成”[①]。

然而，我们必须看到的是，即便在这种定义改进之后，关于资本有机构成提高趋势之说依旧还是牵涉到多个变量之间的量的关系问题。实质性问题是：资本有机构成的提高是否属于一种一般性或规律性的趋势？在这个问题上，我个人的见解是，马克思的分析至少在数量关系的逻辑上存在着漏洞。一方面，他所说的资本有机构成提高在方法论上属于一种比较静态分析的范畴，亦即局部的量的变动始终都假设其他的量保持不变这一前提条件（所谓 ceteris paribus）；可是另一方面，他却断言资本有机构成提高乃是一种一般性的趋势，亦即资本主义积累的规律性的特征。如此一来，资本有机构成提高趋势之说便难以避免地招致诸多批评。许多马克思的批评者们一向认为，“资本有机构成”这个概念是毫无道理的，马克思使用这个概念的目的在于保护其资本有机构成趋于提高的假说，因而为其利润率下降趋势规律提供逻辑上的支持，却忽略有可能否定这一假说的价值关系的变动。对此，本·费恩（B. Fine）和 L. 哈利斯（L. Harris）试图回应这种批评，他们认为，要区分技术变动的即时性的影响与长期性的影响，即时性影响可以从价值变动中抽身出来，而长期性影响则伴随着价值的相应变动。[②] 我认为，这种批评并非是全无道理的，而这种回应仍旧是软弱无力的。

特别应该注意的是，马克思引入资本有机构成这一重要概念，在 1847 年 12 月马克思关于工资的系列演讲稿中原先是用于论证资本主义技术进步，从而劳动生产率提高对工人阶级的影响，主要体现于相对人口过剩方面，而不是为了说明利润率下降趋势。这一点，在《资本论》第一卷中也还是如此。马克思的核心论点是，伴随着资本积累过程，随着资本有机构成的提高，其必然结果便是相对过剩人口的形成。以此，马

---

① 《资本论》第 1 卷，人民出版社 2004 年版，第 707 页。

② B. Fine and L. Harris, *Rereading Capital* (New York: Columbia University Press, 1979), pp. 59—60.

克思试图阐明体现了资本主义生产方式本身所固有矛盾的资本积累的历史局限性。其实，类似的论点在古典经济学中也能找到，比如李嘉图的《政治经济学及赋税原理》第三版对《论机器》一章所添加的补充部分中，也谈到了机器使用、劳动生产率提高的直接影响是导致“技术性失业”的增加。马克思与李嘉图不同之处在于：一是马克思引进了不变资本与可变资本的概念以取代李嘉图的固定资本与流动资本概念，他的分析借助于资本有机构成这个概念；二是马克思对这种影响的历史趋向的认识完全不同于李嘉图，因为李嘉图深信，从长远来看就业将得到恢复，因为利润的增加将会提高资本积累率，从而增加就业总量，而马克思则认为那是资本积累的一种历史趋向，可以引申到资本主义生产方式的历史局限性方面。不过，我认为，在认识马克思的资本有机构成提高与相对过剩人口形成的关系这一问题上，马克思与李嘉图之间的差别并不是问题要害之所在，要害在于：马克思的分析在方法论上仍旧属于比较静态分析的范畴，换言之，当马克思从资本有机构成提高推导出相对过剩人口时，他实际上已经隐含地假设了劳动力价值和资本总量保持不变这一前提条件；倘若放松这些假设，那么，在劳动力价值下降和资本绝对量增大的情况下，所谓相对过剩人口之说便不是必然成立的，因为劳动力价值下降意味着给定的资本总额可以雇佣更多数量的劳动者，而资本绝对量的增大则意味着就业绝对量的增加。

这里顺便附带指出，马克思似乎并没有充分意识到这种逻辑上的漏洞，他将上述关于资本有机构成提高与相对过剩人口形成之间的关系沿用到《资本论》第一卷第二十三章中。依照其内在逻辑，资本有机构成提高趋向一方面在物质属性上意味着工人被排斥于生产过程之外，这就是所谓相对过剩人口的形成之说，另一方面在价值属性上则意味着可变资本的增加幅度相对于不变资本而言相对缓慢，这就是所谓的无产阶级贫困化趋向之说。其实，这两个方面的推论在逻辑上都是牵强的。我认为，这一点应该归因于马克思所处时代的局限，因为那时的资本主义经济仍以第一和第二产业占绝对多数，第三产业还相当落后。他没有也无法预见到资本主义生产方式下产业结构变动的长时段历史趋势，第三产业的发展吸纳了被第一和第二产业排挤出来的相对过剩劳动力，当然也不可能会预见到当代资本主义进入后工业化社会的经济结构之变动。其中，尤其值得一提的是，在马克思所研究的历史跨度之内，第三产业仍十分落后。在19世纪上半叶，工人阶级所从事的第三产业主要还仅限于家庭仆役这种形式。这一点已被马克思所注意到了，[①] 后来也经历史学家们所证实。比如，在19世纪初，仅仆人就占伦敦总人口的15%；在1851年前后，英国的仆人总人数已超过了100万人。家庭仆役作为一种低层次的服务性行业，其经济意义在当时并不明显，因此当时的学者不易从中觉察到第三产业在工业化过程中对吸纳从第一和第二产业中被排挤出来的剩余劳动力的作用。事实上，忽略第三产业在工业化进程中的作用的经济学家和历史学家远不止马克思一人，据哈特威尔(R. M. Hartwell) 1970年的一篇题为《工业革命期间英国经济中的第三产业》的论文所述，几乎所有的历史学家和经济学家都忽视了第三产业在英国18至19世纪的经济增长中的作用。[②]

马克思首次将资本有机构成这一概念与利润率下降趋势联系起来，是在《经济学手稿（1857—1858年）》中。但即便在那里，马克思也没有将这种联系阐述得足够透彻。他花费了相当篇幅去考察剩余价值与利润之间的关系，而考察这一关系就需要相应地考虑到固定资本与流动资本之间、生产时间与流通时间之间的关系，以便确定使得剩余价值转化为利润率的资本的幅度。经过冗长的考察之后，马克思最后又回到了他自己提出的关键问题，即，尽管是在利润大量增加的前提下，资本有机构成的提高趋势以及相应的利润率下降趋势的可能性问题。他写道："利润率取决于——假定剩余价值不变，剩余劳动同必要劳动的比例不变——与活劳动相交换的那部分资本同以原料和生产资料形式存在的那部分资本之间的比例。……相对剩余价值，资本创造价值的能力越是增长，利润率也就按相同的比例越是下降。"[③]

从马克思的分析中，我们看不出资本有机构成提高与利润率下降趋

---

① 《资本论》第1卷，人民出版社2004年版，第509页。

② ［法］F. 布罗代尔：《15至18世纪的物质文明、经济和资本主义》第3卷，生活·读书·新知三联书店1993年版，第655、695页。

③ 《马克思恩格斯全集》第46卷下册，人民出版社1979年版，第265页。

势之间有什么逻辑上一般性的和必然的联系。如果有什么联系的话，那么也是在这样一种特定情形之下，即，假设剩余价值率和资本总额是给定的，于是利润率下降趋势便直接地作为资本有机构成提高趋势的结果。但是，马克思显然已经意识到了，剩余价值率的提高，对于资本有机构成提高对利润率的影响，将是一个相反的抵消因素；而且，看样子马克思也已经意识到了，剩余价值率的提高并不是一个偶然的抵消因素，而是与资本有机构成的提高有着内在联系的因素，因为它们是劳动生产率不断提高的两个互补的结果。然而，即便如此，马克思却始终没有提到这样一种可能的特殊情形，即，剩余价值率的提高幅度大到足以完全抵消资本有机构成提高对利润率所带来的影响，在这种情形之下，结果是利润率上升了而不是下降了。在无法否定这种可能的特殊情形的条件下，关于资本有机构成提高与利润率下降趋势之间的联系，始终都无法成为一个一般性的和必然的规律。可问题恰恰在于，马克思似乎已经将这种联系视为一个一般性的和必然的规律了，他说："从剩余价值转化为利润形式这一过程中直接得出的两个规律如下：（1）剩余价值表现为利润时所表示的比例，总是小于剩余价值在其直接的现实中实际占有的比例。……（2）第二个重要规律是，……利润率具有随着资本的发展而下降的趋势，既随着资本的生产力的发展而下降，也随着资本已经表现为物化价值的规模的发展，随着劳动以及生产力的资本化的规模的发展而下降。"①

在另一处他甚至认为利润率下降趋势是"最重要的规律"。他说："这从每一方面来说都是现代政治经济学的最重要的规律，是理解最困难的关系的最本质的规律。从历史的观点来看，这是最重要的规律。这一规律虽然十分简单，可是直到现在还没有人能理解，更没有被自觉地表述出来。"②

为什么如此重要呢？在接下来的论述中，我们看到，马克思的目的在于从这一"最重要的规律"中引申出资本主义生产方式的历史趋向。他写道："资本本身在其历史发展中所造成的生产力的发展，在达到一定点以后，就会不是造成而是消除资本的自行增殖。超过一定点，生产力

① 《马克思恩格斯全集》第46卷下册，人民出版社1979年版，第283—285页。
② 《马克思恩格斯全集》第46卷下册，人民出版社1979年版，第267页。

的发展就变成对资本的一种限制；因此，超过一定点，资本关系就变成对劳动生产力发展的一种限制。一旦达到这一点，资本即雇佣劳动……就必然会作为桎梏被打碎。”①

我觉得，可能正是上述这些论断，给后来马克思主义者将危机与利润率下降趋势联系起来，从而形成了在当今仍居主导地位的马克思主义危机理论中的“利润率下降趋势论”提供了经典理论依据。然而，纵观马克思的论述，除了只言片语之外，我们始终都看不到马克思曾经明确地将危机与利润率下降趋势联系起来的完整的表述。就在上面一段引文之后，马克思从利润率下降趋势直接引申出资本主义生产方式的历史趋势和最终结局，他花费了相当长的篇幅为资本主义的历史前景描绘出一幅末日般的景象。或许我们可以把这一末日景象想象为资本主义的最后一次危机总爆发的情形吧，然而，问题依旧还在于：马克思却始终没有明确地告诉我们，利润率下降何以会必然地导致危机呢？

六、结　语

到此为止，关于马克思主义危机理论的探讨还远未结束。但限于篇幅，我必须就此搁笔了。下面仅就前面分析引出若干结论，权作本文的一个简短结语。

纵观马克思关于资本主义危机的有关论述，其最有深度也最有价值的一点在于，他将危机根源归结为资本主义生产方式的内在矛盾本身，这一点贯穿了马克思所有的论著，也成为马克思主义危机理论与资产阶级危机理论的基本分野之所在。值得一提的是，在论及危机问题最多的《经济学手稿（1857—1858年）》中，马克思把资本主义生产方式内部的矛盾具体化为生产与剩余价值的实现之间的矛盾，这种矛盾在资本家那里的表现形式是他所生产的产品与市场限度障碍之间的矛盾。但是，马克思同时又说，对于资本来说，这些限度障碍是可以突破的。剩余价值

① 《马克思恩格斯全集》第46卷下册，人民出版社1979年版，第268页。

实现的条件，就是资本主义生产进一步发展的条件，而这种发展是通过资本主义生产方式的深度和广度的拓展来实现的，即：一方面通过科技进步而最终实现相对剩余价值的生产，另一方面则通过对外扩张而实现世界市场的开发。在这里，我们似乎看到了资本有能力突破一切障碍，从而资本主义生产方式的内在矛盾驱使它无限向前推进。然而，事实是，资本依旧是矛盾。它只能暂时性地搁置矛盾，却不可能根本性地解决矛盾。要点是，资本主义发展既不是无限度的，也并非面临固定的限度，资本主义发展是一个“活的矛盾”。因此，至关重要的是要看到矛盾的两个方面。李嘉图看到的是资本主义生产的无限增长趋向，却忽略了流通上的障碍，因此他只看到矛盾的积极的一面；而与李嘉图相反，西斯蒙第强调资本主义生产在消费方面的障碍，却忽略了资本冲破障碍的内在驱动能力，因而他所看到的只是矛盾的消极的一面。[①]

但是，我们同时应看到的是，马克思关于危机与资本主义生产方式的内在矛盾的论述还仅仅是停留在最抽象的层面上。问题在于，这一矛盾能否被进一步具体化，从而能够对资本主义积累的危机趋向有一个更为确切的认识，亦即能否构筑一个能够解释危机发生的内在机制的可辩驳的统一的马克思主义危机理论呢？一个基本事实是，马克思并没有提出一个成系统的危机理论，我们所能见到的只是涉及危机的片段性和间接性论述，而且从这些论述中去解读马克思的思想的确是相当困难的。从这个意义上说，在马克思主义传统中的三种不同的解读，以及由此而形成的三种不同的马克思主义危机理论（即“生产失调论”、“消费不足论”和“利润率下降趋势论”），都是对马克思主义危机理论的有益探讨，其积极意义是可以肯定的。但另一方面，通过重新解读马克思的有关论述，同时我也认为这三种理论均未能完整地和令人信服地把握住马克思关于危机的思想，也谈不到已经构筑出一个能够解释危机发生的内在机制的可辩驳的统一的马克思主义危机理论了。

一般地说，这三种危机理论被认为是彼此不相容的，曾经历过尖锐的理论和政治上的争论。然而，颇为奇怪的是，在马克思的《经济学手

① 《马克思恩格斯全集》第46卷下册，人民出版社1979年版，第394—396页。

稿（1857—1858年）》中以及在后来的著作中，我们却可以清楚地看到这三种理论是“和平共处”的，马克思似乎并不认为它们之间有什么不一致之处。在《经济学手稿（1857—1858年）》中，正如在他的其他早期著作中一样，马克思基本上是抽象地谈论危机，并且至少表面上似乎是以“消费不足论”观点看问题的，他把商品生产过剩与市场开发的限度联系起来。然而，也是在这部手稿中，在谈到了较为具体的危机问题时，他又将危机问题与“生产失调论”联系起来了，他试图阐明“生产失调论”与总体生产过剩之间的内在关系。最后，还是在这部手稿中，马克思第一次提到了利润率下降趋势的长期性规律问题，并隐晦地将它与危机联系起来。马克思的这种处理方式，似乎给后来的马克思主义者这样一个启示，即，能否将三种不同的危机理论彼此调和起来，以整合出一个统一的马克思主义危机理论呢？据我所知，有人确实进行了这种尝试，比如西蒙·克拉克，虽然他一方面承认“利润率下降趋势规律对于理解资本主义积累的危机趋向究竟具有怎样的重要意义，这个问题尚有待于进一步考察”，但另一方面他又强调“利润率下降趋势论”在当代马克思主义危机理论中的主导地位（看样子他本人也持这一观点）。他指出：利润率下降趋势用于解释总体生产过剩是可能的，只是马克思未曾试图去做这种尝试；利润率下降趋势与危机联系起来，这与“生产失调论”以及与“消费不足论”之间都并不互相排斥，因此这三种危机理论彼此之间原则上并不是相互不一致的。[①] 但是，我认为，克拉克的这种处理方式仅仅在表面上看似具有合理性，而实质上根本是无济于事的。这是因为，如前已述，利润率下降趋势本身就不是一个业已经过很好阐述和论证过的“规律”，我们又如何能以它为基础去与另外两种危机理论相整合呢？因此，我最后还是认为问题尚未得到根本解决，如何构筑一个能够解释危机发生的内在机制的可辩驳的统一的马克思主义危机理论，仍旧是摆在当代马克思主义者面前的一项任务。

（原文发表于《政治经济学评论》2009年第1期）

① Simon Clarke，*Marx's Theory of Crisis*（London：Macmillan，1994），pp. 116—117.

马克思主义危机理论和 1975—2008 年美国经济的利润率

谢富胜　李　安　朱安东*

一、引　　言

2007 年始于美国次贷市场的金融危机爆发以来，不同学派的学者对其根源进行了大量的研究。西方主流学者认为这场危机产生于市场失灵、监管不力、金融发展过度、信息不充分和贪婪或恐慌等因素，并认为这些因素并非内生于资本主义本身。这种自我指涉性（Self-reference）的解释忽略了产生这些问题的结构性前提，在现象之间寻找因果联系。国外马克思主义学者则将其归因为 20 世纪 70 年代中期以来新自由主义的发展，特别是在此背景下金融业的过度发展，即“金融化”。虽然马克思主义的观点对于理解当前的金融危机占有方法论上的优势，但正如莱伯曼所警示的：“我们怎么才能运用我们对基本矛盾的理解对危机进行更高深的分析，我们怎么才能避免不是苍白无力地重申资本主义就是危机和空谈总危机，就是摆出次贷危机、金融衍生品、援助计划、最新进展等无穷无尽的细节？”① 马克思主义经济学认为，利润率是资本主义宏观经济动态波动的重要决定因素。通过 1975—2008 年经验数据来分析美国经济中利润率的波动及其决定因素，能更好地甄别经济周期波动，尤其是本次危机的根源。

---

* 谢富胜：中国人民大学经济学院教授。李安：中国人民大学经济学院硕士研究生。朱安东：清华大学马克思主义学院副教授。

① D. Laibman, “The Onset of Great Depression Ⅱ,” *Science & Society*, Vol. 73, No. 3 (2009).

本文第二部分简要评述了国外马克思主义学者对当前危机的分析；第三部分在评述各种马克思主义经济危机理论的基础上，对利润率下降论和马克思主义的货币、信用和金融危机理论进行新的综合；第四部分计算1975—2008年美国非金融公司部门（Non-Financial Corporate Business，NFCB）的季度利润率，通过初步和进一步分解揭示利润率下降的具体原因；第五部分分别计算1975—2008年美国非金融公司部门参与金融活动后的年度利润率和金融部门的年度利润率，分析金融化的发展及其内在矛盾如何导致当前的危机；最后为结论和技术性附录。

二、国外马克思主义学者对当前危机的分析综述

针对当前的美国金融危机，国外马克思主义学者对其性质、根源、传导机制进行了全面的分析，提出了不尽相同的理论解释。（1）生产过剩论。布伦纳和每月评论派认为，1973年以来的长期生产过剩造成了经济停滞，迫使发达国家通过降息、放松管制、金融化和推动资本的全球投机等手段拉动经济增长和延缓危机的发生。但是，长期生产过剩背景下生产与消费的矛盾、金融化背景下投机与生产的矛盾、全球化背景下国家间的矛盾最终引发了当前的金融危机。布伦纳将这一时期的生产过剩归因于来自日、欧和新兴经济体的竞争。每月评论派秉承了斯威齐和巴兰的垄断资本理论，认为垄断造成的消费和投资不足导致了生产过剩和停滞。[①]（2）金融化或金融掠夺论。20世纪80年代以来，资本越来越多地转向金融领域，从金融渠道而非贸易和商品生产中获得了更多利润，形成了新的金融化积累模式。拉帕维查斯认为，由于产业资本对银行贷款的依赖下降了，金融化从控制产业资本转向了控制个人，银行通过不断扩张次贷等个人金融业务从家庭部门的收入中直接榨取利润，进行

---

① ［美］布伦纳：《全球生产能力过剩与1973年以来的美国经济史》（上、下），《国外理论动态》2006年第2、3期。J. Foster and F. Magdoff，*The Great Financial Crisis*（New York：Monthly Review Press，2009）。

"金融掠夺"。[①] 迪姆斯基认为，金融化中的投机性和预期的不确定性造成了这种积累模式的不稳定性，抵押贷款市场中贷方设置的剥削性信用关系是当前危机的根源。当 2007 年利息率提高、房价下降和次贷违约率快速提高同时发生时，经济中的流动性和偿付能力遭到了致命的打击，进而通过证券化链条引发了整个金融系统的危机。[②] (3) 新自由主义体制失败论。科茨认为，放松管制、削减福利、私有化、打击工会和加剧劳动力市场竞争等措施，有利于增强资产阶级的力量，进一步扩大了社会的不平等。风险极高的金融投机催生了一系列大资产泡沫，形成了通过金融泡沫拉动经济增长的新自由主义社会积累结构。随着债务规模的扩大，经济中的债务负担和金融业的脆弱性不断加重，进而引发了危机。这意味着新自由主义体制已经到了穷途末路。[③]

生产过剩论正确地试图从产业资本运动中寻找危机的基础，却片面地将生产过剩归因于流通领域中的竞争或垄断程度。[④] 虽然马克思肯定了竞争如何迫使资本家不断提高生产力和扩大再生产，也肯定了资本的集中与积聚将造成生产过剩和停滞，但是竞争或垄断程度只是将资本主义生产的内在规律表现出来的资本的外部运动。金融化或金融掠夺论分析了危机最先爆发于金融领域的内在过程和具体机制，但未从产业资本和金融业相结合的角度解释金融化的内在矛盾，也未回答为何产业资本先于金融业出现问题却没有爆发危机，以及为何美国的长期贸易逆差和资本流入没有提前诱发危机；而且对金融化和资本全球流动的有效监管并不能从根本上避免危机的发生。新自由主义体制失败论从 30 多年的较长视角分析了危机爆发的制度背景，从宏观层面描述了引致危机的诸多因素，但没有结合经济运行过程中各种因素的具体作用来分析资本积累过程的内在矛盾是如何引致危机的。

上述三种理论都结合新自由主义和金融化等资本主义的最新进展解

---

① C. Lapavitsas, "Financialised Capitalism," *Historical Materialism*, Vol. 17, No. 2 (2009).

② G. Dymski, "The Political Economy of the Subprime Meltdown," *Working-paper* (Sep. 2008).

③ 科茨：《目前金融和经济危机》，《当代经济研究》2009 年第 8 期。

④ M. Lebowitz, *Following Marx* (Leiden: Brill, 2009), pp. 273—297.

释了当前的金融危机，对于我们认识危机的根源和形成机理大有裨益。虽然上述学者都坚持了马克思主义经济学的研究方法，但由于他们的研究角度不同，这些理论解释缺乏一个统一的分析框架，甚至混淆了危机的原因、形式和结果。与以研究经济运作为中心的西方主流分析方法不同，马克思主义经济学着重以资本积累为中心的研究方法。我们需要以马克思的利润率下降理论为基础，发展一个系统的马克思主义经济危机理论，并在实证基础上更深刻地审视30多年来劳资之间以及资本与资本之间的矛盾运动及其与危机的联系。

三、马克思主义经济危机理论：一项新的综合

马克思在其著作中从不同角度分析了资本主义经济危机，但没有对此进行必要的整合。发展一个逻辑一致的、能解释现实的资本主义经济危机的危机理论是马克思主义者的重要任务。在此过程中，后来的学者在解读马克思文本的基础上逐渐形成了消费不足论、比例失调论、利润挤压论和利润率下降论四个代表性理论流派，各持己见地寻求危机的主因，造成了马克思主义危机理论的分野甚至相悖。① 同时，这些理论都着眼于产业资本积累的内在矛盾，相对忽视了马克思对货币、信用和金融的研究。下面我们根据曼德尔的分类，将上述危机理论分为单因论和多因论进行评述；在此基础上，对马克思主义危机理论进行一项新的综合。

1. 单因危机论述评。

单因论主要有消费不足论、比例失调论和利润挤压论。(1) 消费不足论。考茨基和斯威齐等认为，资本主义生产的无限扩张既会超过全社会的总消费力，又会使工人阶级的消费力萎缩，最终引发消费不足的危

① 许建康：《经济长波论及其各学派分歧的最大焦点》，《经济纵横》2009年第11期；[英] 约翰·伊特韦尔等编：《新帕尔格雷夫经济学大辞典》第3卷，经济科学出版社1996年版，第409页。

机。[①] 卢森堡认为，资本主义经济将强迫一切非资本主义的社会阶级转变为新增的消费力，但终将面临全社会消费力的极限，以致引发消费不足的危机。[②]（2）比例失调论。杜冈和希法亭等认为，只有通过某种手段维持投资在不同部门和企业之间的比例性，才能保证资本积累的秩序。但是，由于投资是由个别资本家分散决策的，而且存在竞争或垄断、技术创新和消费结构变化等因素，因而这种比例性必然受到破坏，进而引发比例失调的危机。[③]（3）利润挤压论。克罗蒂、格林和哈里森等认为，工人阶级力量的增强和过度积累导致的产业后备军缩小，将促使劳动生产率下降和实际工资率上升，进而提高收入分配中的工资份额。这将挤压总利润中用于积累的部分，使积累下降，最终引发危机。[④]

这三种单因的危机理论在马克思的文本中都能找到依据，因而都具有解释资本主义经济危机上的合理性，但是上述危机理论都具有一定的片面性。（1）消费不足理论将剩余价值的实现问题简化为工人阶级的有限消费问题，但是没有考虑资本家相互之间的投资需求；卢森堡只是在资本一般的意义上说明危机，忽视了现实的危机只能产生于许多资本之间的竞争。[⑤]（2）受制于竞争从外部施加的强制性，资本必须不断扩大再生产和追求自身的增殖，这使资本积累的不平衡性成为一种常态；比例失调是更深层次的危机的结果，而非原因。[⑥]（3）消费不足和比例失调论实质上都是从价值实现角度寻找危机的根源，很容易导出修正主义的观点：似乎提高工资或用外部手段保持生产的比例性就能避免危机。实现

① ［日］伊藤诚：《价值与危机》，宋群译，中国社会科学出版社1990年版，第102页；［美］保罗·斯威齐：《资本主义发展论》，陈观烈、秦亚男译，商务印书馆1997年版，第10章。

② ［比利时］欧内斯特·孟德尔：《〈资本论〉新英译本导言》，仇启华、杜章智译，中共中央党校出版社1991年版，第177页。

③ ［比利时］曼德尔：《论马克思主义经济学》（上卷），廉佩直译，商务印书馆1964年版，第386页。

④ ［日］伊藤诚：《价值与危机》，宋群译，中国社会科学出版社1990年版，第106页。

⑤ ［联邦德国］罗曼·罗斯多尔斯基：《马克思〈资本论〉的形成》，魏埙等译，山东人民出版社1992年版，第70—79页。

⑥ ［英］M.C.霍华德、J.E.金：《马克思主义经济学史》，顾海良等译，中央编译出版社2003年版，第314页。

问题在资本主义经济中始终存在，但是资本主义经济并非总处在危机之中，因此二者不是危机的充分条件。（4）利润挤压只是危机前的短期现象，不是危机的直接原因。它在现实中将导致两个结果：或者资本用机器替代劳动力，从而降低对劳动力的需求和压低工资；或者资本加紧分化工人阶级以重夺优势。

以上三种理论都把危机归因于资本主义经济的一个方面，但是危机的原因却在于资本积累过程所固有的多重限制。危机的发生通常意味着供求关系、不同部门或企业之间的比例关系和劳资关系同时发生紧张，因此必须把三者相互结合起来才能正确地分析危机。

2. 作为多因论的利润率下降论：批评与辩护。

按照马克思的定义，价值利润率（p）可用以下公式表达：

$$p=s/(c+v) \tag{1}$$

其中 s 为剩余价值，v 为可变资本，c 为不变资本。将（1）式的分子和分母同时除以 v，我们得到 $p=(s/v)/(c/v+1)$，其中 s/v 为剩余价值率，c/v 为资本有机构成。马克思指出，资本追求价值增殖和相互之间的竞争不断提高资本有机构成，导致利润率在长期中下降，在促进人口过剩的同时，还促进生产过剩、资本过剩、投机和危机。[①]

资本有机构成提高引起利润率下降在马克思主义者中引起过激烈的争论，同时形成了三类批评：（1）利润率下降本身不会发生。因为个别资本仅在预期到利润率会提高时才采用新的生产方法，所以以技术创新为基础的积累不会使利润率下降——即“置盐定理”；[②] 米克等学者用战后等时期利润率的上升反驳这一理论。[③]（2）利润率下降的内在机制并不确定。斯威齐认为马克思在这里假定剩余价值率不变，然而资本有机构成提高会提高劳动生产率，加之产业后备军扩大造成的工资下降，剩余

① 参见《马克思恩格斯全集》第46卷，人民出版社2003年版，第270页。

② ［日］置盐信雄：《技术变革与利润率》，骆桢、李怡乐译，《教学与研究》2010年第7期。

③ ［英］M.C. 霍华德、J.E. 金：《马克思主义经济学史》，顾海良等译，中央编译出版社2003年版，第319页。

价值率最终会提高，且不一定比有机构成提高得慢。① 新李嘉图主义者认为生产率提高将使不变资本贬值并进一步减弱资本有机构成的提高；有机构成提高本身有利于资本更有效地压制劳动，从而提高剩余价值率。②（3）利润率下降论缺乏整体性和历史性。一些学者认为利润率下降论忽视了生产和流通、剩余价值生产和实现之间的矛盾，且假定价值增殖的使用价值基础和资本积累的主导部门在长期中没有变化。相反，产业部门的多样化可以刺激资本积累，并使利润率恢复。此外，利润率下降论是一个不受具体历史时间约束的抽象趋势，与资本积累的现实动态无关。③

这些批评都没有全面地理解利润率下降论。（1）在动态过程中，个别资本采用新的生产方法会通过获得超额利润和扩大利润总量提高个别利润率，但是竞争会使新的生产方法普遍化，进而降低资本整体的平均利润率。④ 20世纪60、70年代的滞胀危机等历史上的大危机发生前都伴有利润率的下降。⑤（2）马克思在分析剩余价值率、资本有机构成和利润率之间的联系时，并未简单地假定剩余价值率不变，他明确指出剩余价值率提高和利润率下降相结合是生产率提高在资本主义经济中表现出来的特殊性。⑥ 新李嘉图主义者的批评以比较静态学为基础，但是技术进步的长期动态趋势仍是资本替代劳动，这会进一步压低工资并提高资本有机构成。⑦（3）因为利润率下降反映了资本主义再生产过程的整体问题，所以弄清危机是集中在生产还是流通领域既基本上毫无意义，又可能混

① ［美］保罗·斯威齐：《资本主义发展论》，陈观烈、秦亚男译，商务印书馆1997年版，第118—124页。

② ［英］本·法因、［美］劳伦斯·哈里斯：《重读〈资本论〉》，魏埙等译，山东人民出版社1993年版 第64—71页。

③ 孟捷：《马克思主义经济学的创造性转化》，经济科学出版社2001年版，第104—105页。

④ 《马克思恩格斯全集》第46卷，人民出版社2003年版，第294页。

⑤ G. Dumenil and D. Levy, "Why Does Profitability Matter," *Review of Radical Political Economics*, Vol. 25, No. 1 (1993).

⑥ 《马克思恩格斯全集》第46卷，人民出版社2003年版，第3章（数学例子，第58—82页）。

⑦ ［比利时］欧内斯特·孟德尔：《〈资本论〉新英译本导言》，仇启华、杜章智译，中共中央党校出版社1991年版，第172页。

淆利润率下降的原因和表现形式。消费只是作为结果，而不是起决定作用的目的出现的。[①] 资本有机构成提高正是技术创新和主导产业在长期中变化的体现，新部门在长期中同样不能避免资本有机构成的提高和利润率下降。[②] 利润率趋向下降总是寓于资本积累的现实动态之中，并且在长波的下降期和周期的衰落期表现出来。

在长期中资本有机构成的提高构成资本积累过程的真正限制。但在垄断资本主义阶段，不变资本的节约可能是技术高度发达的工业部门中企业竞争的核心，劳动高度密集型的服务业也可抵消有机构成的持续增长，因而有机构成趋向缓慢提高或相对稳定在一定的高度。[③] 因此，除资本有机构成外，还必须考虑马克思提到过的、促使利润率周期下降的另外两个因素：工资提高导致的剩余价值率下降以及商品价值实现问题。[④] 因此利润率下降理论实际上是一种多因论。

在资本主义经济中，利润率是决定资本家利润预期的主要因素。利润率通过利润预期和投资率影响总产量和就业量。在利润率下降条件下，为了保证利润量不变或增加，必须使投资增加的比例大于利润率下降的比例。但是不断增加的投资，达到一定程度时，又引起利润率的进一步下降，不仅降低资本家的利润预期，而且投资的增长也难以持续下去，最终引起经济中总产出和就业水平的下降。积累得越多就越难积累，只有通过一场危机才能恢复积累的秩序。利润率的周期性下降揭示了经济周期波动的基本机制，周期中蕴含的利润率长期下降趋势反映了资本积累的内在矛盾。正是在这个意义上，马克思认为利润率趋向下降规律是现代政治经济学中最重要的规律，是理解最困难的关系的最本质规律。[⑤]

---

① 参见《马克思恩格斯全集》第26卷第2册，人民出版社1973年版，第573—574页。

② 《马克思恩格斯全集》第46卷，人民出版社2003年版，第263页。

③ [美] J. G 施瓦茨：《资本主义的精妙剖析》，魏埙等译，山东人民出版社1992年版，第292—293页。

④ [美] 保罗·斯威齐：《资本主义发展论》，陈观烈、秦亚男译，商务印书馆1997年版，第167页。

⑤ 参见《马克思恩格斯全集》第31卷，人民出版社1998年版，第148页。

3. 马克思主义危机理论：一项新的综合。

利润率下降意味着积累状况的恶化并预示着危机的发生，作为一种多因论的利润率下降论符合马克思的本意。进一步，现实的危机只能从资本的现实运动、竞争和信用中引出。① 在简单商品经济中，始终存在着货币作为价值尺度与作为交易媒介的潜在矛盾。② 在资本主义经济中，信用通过借贷资本、银行资本和虚拟资本等的具体运动扬弃了资本积累的限制，但同时使这些限制具有了最普遍的形式，进而引发危机，这一过程的基础仍然是货币。③ 一项完备的危机理论既要将导致利润率下降的多种原因综合起来，又要将信用关系的具体运动考虑为引发危机的内生过程。

(1) 利润率公式的新综合。

为了利用统计资料从经验上甄别利润率下降的具体机制，国外诸多学者对马克思的价值利润率公式进行了新的分解，例如莫斯利、莱伯曼和莫汉等学者将利润率公式分解为利润份额和资本产出效率的乘积；而韦斯科普夫的方法综合并区分了利润份额、价值实现和有机构成等因素对利润率的影响，更适合我们当前的研究。④ 按照韦斯科普夫的方法，利润率可表示为：

$$r=\Pi/K=(\Pi/Y)\times(Y/Y^{*})\times(Y^{*}/K) \tag{2}$$

其中 r 为利润率，Π 为利润，K 为资本存量，Y 为产出，Y^{*} 为潜在产出；Π/K 为利润率，Π/Y 为利润份额，Y/Y^{*} 为产能利用率，Y^{*}/K 为产能资本比。工资份额上升将使利润份额下降；剩余价值实现困难及其引致的投资下降，最终表现为产能利用率下降。其他条件不变，这两

① 《马克思恩格斯全集》第26卷第2册，人民出版社1973年版，第585页。

② D. Harvey, *The Limits to Capital* (Chicago: University of Chicago Press, 1982), Chap. 9.

③ 《马克思恩格斯全集》第46卷，人民出版社2003年版，第685页。

④ F. Moseley, "The Rate of Profit and the Future of Capitalism," *Review of Radical Political Economics*, Vol. 29, No. 4 (1997); D. Laibman, "The Falling Rate of Profit," *Science and Society*, Vol. 57 (1993); S. Mohun, "The Australian Rate of Profit," *Journal of Australian Political Economy*, No. 52 (2002); T. Weisskopf, "Marxian Crisis Theory and the Rate of Profit in the Postwar U. S. Economy," *Cambridge Journal of Economics*, Vol. 3, No. 4 (1979).

种情况都会导致利润率下降。

(2) 式的第三项可以被分解为：

$$Y^{*}/K=(Y^{*}/Y)\times(Y/W)\times(W/K) \quad (3)$$

其中 W 为工资总额。(3) 式等号右侧的第三项是工资总额与资本存量之比，其倒数近似地表示了资本有机构成。其他条件不变，资本有机构成提高将通过产能资本比的下降而导致利润率下降。

(2) 式将前述部分独立的因素进行了整合，这些因素的相互作用造成了利润率的周期性波动。为了防止从公式出发，经验研究必须结合具体的货币、技术和劳资斗争来揭示三种因素在资本积累过程中的现实作用。

(2) 货币、信用和金融与危机的发生。

马克思揭示了资本积累规律的双重作用："随着资本主义生产方式的发展，利润率会下降，而利润量会随着所使用的资本量的增加而增加。"[①] 这必然导致"单个资本家为了生产地使用劳动所必需的资本最低限额，随着利润率的下降而增加"。[②] 资本加速积累的需要迫使资本家不得不更加依赖于生息资本；同时，达不到预付资本最低限额的大量分散的中小资本，由于利润预期的降低不得不进行各种金融投机；于是，催生了金融业的繁荣和泡沫。危机的发生以信用的扩张为先决条件。因此，关键是将实际因素和货币因素结合起来，分析危机的发生机制。

宇野学派将产业资本积累与借贷资本运动相结合，用负债式积累螺旋解释了危机的发生。[③] 当产业后备军和借贷资本供给充足时，工资和利息率都较低，产业资本可以获得较高的利润率并进入良性的负债式积累螺旋。随着积累的加快，当产业后备军相对缩小导致工资上升，借贷资本供给相对趋紧导致利息率上升时，利润率将下降。这使资本家更加依赖于负债式积累，但利润率的下降使贷款的偿付期限逐渐延长，

---

① 参见《马克思恩格斯全集》第 46 卷，人民出版社 2003 年版，第 276 页；并参见本卷第 242—251 页。

② 参见《马克思恩格斯全集》第 46 卷，人民出版社 2003 年版，第 279 页。

③ [日] 伊藤诚：《价值与危机》，宋群译，中国社会科学出版社 1990 年版，第 102 页。

还本付息日渐困难，借贷资本供给更加紧张，从而进一步引起利息率上升和利润率下降。利润率的持续下降最终使得资本家无力还本付息，只能通过变卖资产或以债养债保全积累，负债规模恶性膨胀，从而形成恶性的负债式积累螺旋，债务链条破裂的普遍发生将引发危机。

宇野学派的负债式积累螺旋危机理论深刻地揭示了黄金货币化制度下的危机机制。但是布雷顿森林体系终结之后，美元成为不兑现黄金的准国际储备货币。美国金融管理当局的货币供给几乎摆脱了任何物质上的限制，可以借助于各种所谓的金融创新保证资本的积累能力。信用关系借助于金融化进一步扩大，把资本主义经济发展成为最纯粹最巨大的赌博欺诈制度。产业资本既为了获得积累所需的货币资本而负债，又将负债用于运作各种金融资产以获得虚拟的利润和摆脱利润率下降的桎梏。金融资本不仅贷款给产业资本以参与剩余价值的分配，而且逐渐从一个适应产业资本积累的辅助系统，演变成使所有其他经济活动从属于自身的特权系统，使一切资本“都周期地患一种狂想病，企图不用生产过程作中介而赚到钱”①。金融化通过对整个社会关系领域的渗透不断再生产出新的金融积累能力，工人阶级通过负债和买卖金融产品使个人未来收入资本化。资本的国际流动在全球形成了投机热潮。

金融化无限制地创造信用货币的能力必然侵蚀作为价值尺度的货币基础。货币管理当局始终面临着通过信用创造维持资本积累与维护货币基础的合法性之间的深刻矛盾。金融本身并不产生新价值，其利润最终来源于产业资本的积累，因而金融业的持续发展依赖于新价值的不断流入。当产业资本越来越多地参与金融投机时，新价值的创造将被削弱，进而整个金融化过程将逐渐陷入停滞。货币管理当局不得不通过不断注入更多的货币符号延续金融化过程，用货币流通量的泡沫性膨胀掩盖实体经济运动的低迷。当货币管理当局为了维护本国资本的整体利益而不得不提高利率以捍卫货币基础的合法性时，债务链条的破裂将通过债务压缩机制引发危机。

① 《马克思恩格斯全集》第45卷，人民出版社2003年版，第67—68页。

马克思主义危机理论的新综合表明，资本在积累过程中不断遇到自身的限制：实体资本的积累受到劳资斗争、价值实现和技术进步的影响而出现周期性波动；实体资本通过不断增强金融活动以改善资本盈利能力的同时，金融业自身也变为一个在经济活动中越发具有特权的积累机构；我们可以从经验上来分析实体资本参与金融活动后的利润率和金融部门本身的利润率；金融化的发展不仅进一步弱化了资本积累的能力，而且受到货币本身内在矛盾的限制。这些多重限制只能通过危机得以解决。

四、1975—2008 年美国实体经济利润率及其动态

为了延续韦斯科普夫的研究并与之比较，我们计算和分解了 1975—2008 年美国非金融公司部门的实体经济季度利润率。在此期间，美国全部商业部门的收入中平均有 76.7%来自企业部门，企业部门的收入中平均有 89.7%来自非金融公司部门，[①] 因而非金融公司部门利润率反映了美国实体经济的发展状况。

1. 利润率的计算及其影响因素的初步分解。

有很多不同的方法测算非金融公司部门的利润率，我们按照韦斯科普夫和杜梅尼尔的方法进行了测算。[②] 非金融公司部门实体经济利润率（r_{NFCB}）的分子为包含存货价值调整（IVA）和资本耗费调整（CCAdj）的税前利润加净利息支出；分母为固定资产（包括软件、设备和建筑物）加存货存量，即有形资产。r_{NFCB}不包含股票或债券的买卖或发行等金融活动的影响。马克思主义经济危机理论通常被用于分析税前利润率，它反映了非金融公司部门创造全部新价值的能力。图 1 绘出了非金融公司

---

① 根据美国商务部经济分析局编《国民收入和产出账户》表 1.13 和 1.14 相关数据计算。

② T. Weisskopf, “Marxian Crisis Theory and the Rate of Profit in the Postwar US Economy”; G. Dumenil and D. Levy, “The Real and Financial Components of Profitability,” *Review of Radical Political Economics*, Vol. 36, No. 1 (2004).

部门的实际产出和非金融公司部门实体经济利润率（r_{NFCB}）。

$$r_{NFCB}=\frac{\text{包含 IVA 和 CCAdj 的税前利润＋净利息支出}}{\text{有形资产}} \tag{4}$$

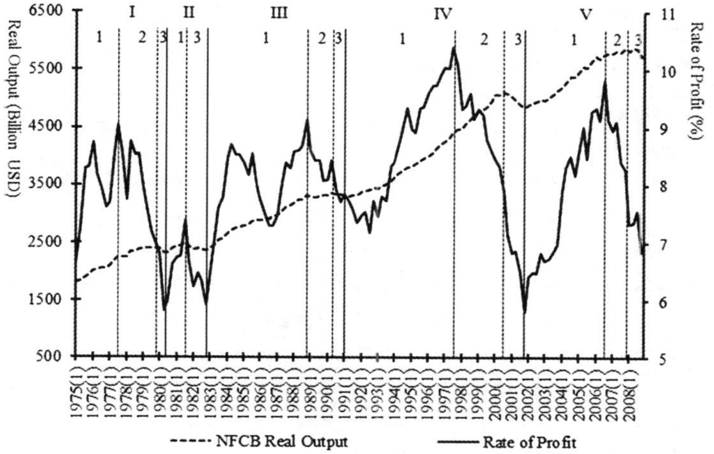

图 1 非金融公司部门实际产出和非金融公司部门实体经济利润率：周期和阶段的划分

资料来源：利润率根据（4）式计算。其中的"包含存货价值调整和资本耗费调整的税前利润"、"净利息支出"和非金融公司部门实际产出，来自美国商务部经济分析局编《国民收入和产出账户》表 1.14；有形资产来自美国联邦储备委员会编《资金流量账户》表 B.102。需要说明的是，本文中涉及的实际值都以 2005 年为基期进行了调整，1975—2000 年产业分类法为 SIC，2001 年后为 NAICS；除直接可得的季（年）度数据，季（年）度数据为当季各月（当年各季度）数据的平均值。

图 1 表明：(1) 实际产出显然长期上升，而非金融公司部门实体经济利润率明显周期性波动并存在某个稳定的范围，这说明生产过剩论关于利润率在这一时期基本停滞的判断可能是恰当的。(2) 每次非金融公司部门实体经济利润率的波动都先于实际产出的波动，而且在 1991 年以后波动更为剧烈，这可能与新经济下美国经济的金融化有关。

根据实际产出的波动，可将 1978—2008 年划分为五个周期；各个周期又可进一步划分为三个阶段：第一阶段从周期开始时的实际产出低谷到非金融公司部门实体经济利润率高峰，此时非金融公司部门实体经济利润率和实际产出同时增长，为扩张前期；第二阶段从非金融公司部门实体经济利润率高峰到实际产出高峰，此时非金融公司部门实体经济利润率开始下降、实际产出继续增长，为扩张后期；第三阶段从实际产出高峰到周期结束时的实际产出低谷，此时非金融公司部门实体经济利润率和实际产出同时下降，为收缩期。表 1 列出了周期和阶段的划分与各节点上的非金融公司部门实体经济利润率和实际产出。

表 1　非金融公司部门实际产出和利润率：周期和阶段的划分

周期	阶段	NBER 参考日期	本文日期	本文的节点	利润率（%）	实际产出（10 亿美元）
一		1975（1）	1975（1）	实际产出低谷	6.64	1810.9
	1					
			1977（3）	利润率高峰	9.04	2248.3
	2					
		1980（1）	1979（4）	实际产出高峰	6.98	2400.8
	3					
		1980（3）	1980（2）	实际产出低谷	5.82	2320.4
二	1					
		1981（3）	1981（3）	利润率和实际产出高峰	7.39	2488.3
	3					
		1982（4）	1982（4）	实际产出低谷	5.91	2351.8
三	1					
			1988（4）	利润率高峰	9.13	3314.8
	2					
		1990（3）	1990（2）	实际产出高峰	8.42	3352.5
	3					
		1991（1）	1991（1）	实际产出低谷	7.83	3298.8
四	1					
			1997（3）	利润率高峰	10.40	4412.2
	2					
		2001（1）	2000（3）	实际产出高峰	7.88	5117
	3					
		2001（4）	2001（4）	实际产出低谷	5.80	4863.1
五	1					
			2006（3）	利润率高峰	9.83	5789.9
	2					
		2007（4）	2007（4）	实际产出高峰	8.26	5904.1
	3					
			2008（4）	——	6.84	5736.7

注：非金融公司部门实体经济利润率和实际产出高峰在第二周期的同时出现与该周期时间跨度短有关，不影响整体分析。2008（4）以后非金融公司部门实际产出仍在下降，因而 2008（4）并非第五周期的终点，这可能会影响一些变量的计算。

表 1 表明：(1) 我们划分的周期节点中只有 4 个不同于美国国民经济研究局（NBER）的划分，且最多相差 2 个季度，因而反映了美国经济的整体状况并与其他研究具有可比性。(2) 非金融公司部门实体经济利润率在每个收缩期开始前的第二阶段就已下降的事实说明非金融公司部门实体经济利润率下降是实际产出下降的基础，因此第二阶段将是我们的分析重点。

为了分析 1975—2008 年非金融公司部门实体经济利润率在长期和周期中波动的具体原因，我们根据（2）式中四个基本变量的经验数据，来分析各个因素在多大程度上说明了非金融公司部门实体经济利润率的波动。表 2 列出了这段时期的非金融公司部门实体经济利润率及其三个影响因素的平均值。

表 2　利润率影响因素的初步分解：整个时期和各周期的平均值　　（%）

时期	整个时期	一	二	三	四	五
r_{NFCB}	8.04	7.85	6.45	8.01	8.51	7.88
Π/Y	17.59	17.82	16.01	17.84	17.45	17.55
Y/Y^*	79.08	80.47	74.89	79.52	80.54	76.20
Y^*/K	57.76	54.71	53.83	56.40	60.44	59.10

表 2 表明：（1）1975—2008 年实体经济利润率平均约为 8.04%，明显低于 1945—1974 年按同一方法计算出的 10.16%，说明实体经济利润率在近 30 多年来并没有得到有效恢复。（2）实体经济利润率围绕其长期趋势表现出周期性的波动，从第一至二周期趋于下降，在第三至四周期趋于上升，但第四周期收缩期时又降至 5.80%，第五周期趋于下降。（3）Π/Y 从第二周期最低平均 16.01%，恢复到第三至五周期的平均 17.5% 以上。这说明里根政府以来打击工会、削减福利和提高劳动力市场竞争程度等措施开始见效，这与科茨等的判断相吻合。（4）1975—2008 年 Y/Y^* 平均仅为 79.08%，明显低于 1948—1974 年的 83.55%，这说明价值实现问题更为严重。（5）Y^*/K 在第二周期下降，在第三至四周期连续上升，这可能与 20 世纪 70 年代末、80 年代初用机器替代劳动和 90 年代以来 IT 技术的广泛应用有关，进一步分解将说明这是否反映了 K/W 对利润率的影响。

由于我们的研究目的是分析利润率及其影响因素的变化而不是水平，因而需要进一步计算非金融公司部门实体经济利润率和三个变量随时间的增长率。将$(\dot{x})$定义为任意变量 x 从 t_1 季度到 t_2 季度随时间 t 的增长率，$(\dot{x})=[\ln x(t_2)-\ln x(t_1)]/(t_2-t_1)$（下同）。（2）式的增长率方程为：

$$(\dot{r}_{NFCB})=(\dot{\overline{\Pi/Y}})+(\dot{\overline{Y/Y^*}})+(\dot{\overline{Y^*/K}}) \tag{5}$$

表 3　利润率影响因素的初步分解：各阶段的增长率　　（%）

周期	一			二			三			四			五		
阶段	1	2	3	1	2	3	1	2	3	1	2	3	1	2	3
r_{NFCB}	3.10	−2.88	−9.10	4.78	−8.49	−4.48	1.81	−1.34	−2.45	1.09	−2.31	−6.11	2.78	−3.48	−4.74
阶段	1	2	3	1	2	3	1	2	3	1	2	3	1	2	3
Π/Y	2.01	−2.24	−6.17	4.44	−5.71	−3.13	0.95	−1.11	−1.14	0.66	−2.32	−4.15	2.81	−2.51	−2.56
Y/Y^*	1.23	−0.03	−3.15	−0.15	−3.16	−2.30	0.86	−0.49	−1.85	0.26	−0.35	−2.20	0.56	−0.20	−2.60
Y^*/K	−0.14	−0.61	0.22	0.49	0.38	0.96	−0.01	0.26	0.54	0.17	0.36	0.24	−0.59	−0.77	0.43

注：第二周期第二阶段各项数值为 1981（3）—1982（1）的增长率（下同）。

表 3 列出了非金融公司部门的利润率及其影响因素在各个阶段的增长率。表 3 表明：（1）Π/Y 是实体经济利润率周期波动的最主要原因，平均解释了第一阶段利润率上升的 74.37%，第二阶段利润率下降的 80.10%，第三阶段利润率下降的 61.23%。第二阶段 Π/Y 的下降印证了马克思关于工资和工资份额在危机的准备时期会普遍提高的判断。[①]（2）Y/Y^* 是非金融公司部门实体经济利润率周期波动的第二位原因，但在第二周期第一阶段与利润率的上升出现了微弱的不一致。（3）Y^*/K 与非金融公司部门实体经济利润率的周期波动在大部分阶段中并不一致，其原因需要进一步分解来说明。

2. 利润率影响因素的进一步理论分析。

利润率的影响因素包含价格因素和实际因素的两方面作用。W/Y（工资份额）表示 Π/Y 的相反变动，反映了产出品和工资品价格、实际工资率和实际劳动生产率的综合作用。K/W 与 Y^*/K 呈反方向变动，反映了资本品和工资品价格、实际资本劳动比和实际工资率的综合作用。为了具体地分析这些因素，有必要对相关变量做进一步分解。[②]

（1）W/Y 可以被分解为：

$$W/Y=(p_w/p_y)\times[w/(y/L)] \tag{6}$$

---

① 参见《马克思恩格斯全集》第 45 卷，人民出版社 2003 年版，第 457 页。

② 理论上 Y/Y^* 也可进一步分解为表示消费水平、投资水平和部门之间平衡性的变量，但由于与美国消费和投资结构、产业和企业之间的经济活动等有关的完备数据不可得，我们没有做进一步分解。

其中，y 为实际产出，p_y为产出价格指数，名义产出 $Y=y\times p_y$；w 为实际工资率，L 为劳动小时数，p_w为工资品价格指数，名义工资 $W=w\times L\times p_w$；y/L 为实际劳动生产率。可见，p_w/p_y或 w/（y/L）提高将使工资份额上升。(6) 式的增长率方程为：

$$(\dot{W/Y})=(\dot{p_w/p_y})+(\dot{w})—(\dot{y/L}) \tag{7}$$

$(\dot{W/Y})$和$(\dot{\Pi/Y})$的关系是：

$$(\dot{\Pi/Y})=(1-\dot{W/Y})=\frac{d(1-W/Y)/dt}{(1-W/Y)}$$
$$=-\frac{d(W/Y)/dt}{\Pi/Y}=-\frac{W}{\Pi}\times(\dot{W/Y}) \tag{8}$$

(2) Y^*/K 可以被分解为：

$$Y^*/K=(p_y/p_k)\times[(Y^*/L)/(k/L)] \tag{9}$$

其中 Y^* 为实际产能，Y^*/L 为潜在实际劳动生产率。可见，p_y/p_k或（Y^*/L）/（k/L）下降将使 Y^*/K 下降。(9) 式的增长率方程为：

$$(\dot{Y^*/K})=(\dot{p_y/p_k})+(\dot{Y^*/L})-(\dot{k/L}) \tag{10}$$

进一步，Y^*/K 的下降间接地反映了 K/W 的上升。K/W 可以被分解为：

$$K/W=(p_k/p_w)\times[(k/L)/w] \tag{11}$$

其中 p_k为资本品价格指数，k 为实际资本存量，$K=k\times p_k$。可见，p_k/p_w或实际资本—劳动比（k/L）提高将使有机构成上升，其中 k/L 提高被马克思看作长期中的更基本原因。(11) 式的增长率方程为：

$$(\dot{K/W})=(\dot{p_k/p_w})+(\dot{k/L})-(\dot{w}) \tag{12}$$

同时，K/W 提高在现实中通常伴随着技术创新、固定资本更新和更有效的管理，从而使 Y^*/L 提高。因而（10）式隐含了将 Y^*/K 下降归因于 k/L 提高的必要条件：k/L 提高应与（Y^*/L)/(k/L）下降同时发生，并且 p_y/p_k的变动不足以抵消（Y^*/L)/(k/L）的下降。

将（5）（7）（8）（10）和$(\dot{Y/Y^*})$综合起来可得：

$$(\dot{r_{NFCB}})=-\frac{W}{\Pi}\times[(\dot{p_w/p_y})+(\dot{w})-(\dot{y/L})]+(\dot{Y/Y^*})+$$
$$[(\dot{p_y/p_k})+(\dot{Y^*/L})-(\dot{k/L})] \tag{13}$$

3. 利润率影响因素进一步分解的经验分析。

为了从经验上分析非金融公司部门实体经济利润率波动的具体原因，我们计算了W/Y、Y/Y^* 和 K/W 所包含的价格因素和实际因素的增长率，结果如表 4 所示；为了甄别价格因素之间的关系，我们同时给出了 p_y、p_w和 p_k的增长率；表 5 列出了各因素增长率分阶段的平均值。

表 4 利润率影响因素的进一步分解：各阶段的增长率 (%)

周期	一			二			三			四			五		
阶段	1	2	3	1	2	3	1	2	3	1	2	3	1	2	3
W/Y	−0.44	0.49	1.10	−0.85	1.16	0.62	−0.20	0.25	0.24	−0.15	0.51	0.68	−0.57	0.64	0.57
p_w/p_y	0.40	0.57	1.16	0.26	−0.40	−0.01	0.24	0.34	0.68	0.33	0.43	0.15	0.18	0.62	0.20
w	0.43	−0.25	−0.95	−0.28	0.55	0.35	0.19	−0.31	−0.29	0.05	0.88	0.31	0.01	0.28	0.47
Y/L	1.27	−0.17	−0.90	0.82	−1.01	−0.28	0.63	−0.22	0.14	0.54	0.80	−0.22	0.76	0.26	0.10
Y/Y^*	1.23	−0.03	−3.15	−0.15	−3.16	−2.30	0.86	−0.48	−1.85	0.26	−0.35	−2.20	0.56	−0.20	−2.60
Y^*/K	−0.14	−0.61	0.22	0.49	0.38	0.96	−0.004	0.26	0.54	0.17	0.35	0.24	−0.59	−0.77	0.42
p_y/p_k	0.46	0.58	1.21	1.07	0.57	0.63	−0.03	0.39	−0.10	−0.21	−0.73	−0.35	0.05	−0.67	−0.39
Y^*/L	0.04	−0.14	2.25	0.97	2.16	2.02	−0.24	0.27	2.00	0.28	1.15	1.98	0.21	0.46	2.71
k/L	0.64	1.05	3.24	1.55	2.35	1.69	−0.26	0.40	1.35	−0.11	0.06	1.39	0.85	0.55	1.89
K/W	−0.65	0.15	1.82	0.51	1.62	0.72	−0.66	−0.03	1.07	−0.27	−0.51	1.28	0.61	0.33	1.61
p_k/p_w	−0.86	−1.15	−2.37	−1.33	−0.17	−0.62	−0.21	−0.73	−0.58	−0.11	0.31	0.20	−0.24	0.05	0.19
k/L	0.64	1.05	3.24	1.55	2.35	1.69	−0.26	0.40	1.35	−0.11	0.06	1.39	0.85	0.55	1.89
w	0.43	−0.25	−0.95	−0.28	0.55	0.35	0.19	−0.31	−0.29	0.05	0.88	0.31	0.01	0.28	0.47
p_y	1.10	1.87	2.44	2.16	1.59	1.18	0.55	0.84	0.67	0.33	0.18	0.31	0.52	0.14	0.11
p_w	1.50	2.44	3.59	2.41	1.19	1.17	0.79	1.18	1.35	0.66	0.61	0.46	0.71	0.76	0.31
p_k	0.64	1.29	1.22	1.08	1.02	0.55	0.58	0.45	0.77	0.55	0.91	0.66	0.47	0.81	0.50

资料来源：该表为（7）（10）（12）和（13）式的计算结果，其中 W、Y 和 Y^* 来自美国商务部经济分析局编《国民收入和产出账户》表 1.14；p_w来自美国劳工部劳工统计局编《消费者物价指数》，非金融公司部门名义产出和实际产出之比为 p_y；L 来自美国劳工部劳工统计局的斯普拉格和格雷泽提供的未公布的美国非金融公司部门劳动小时数据。k=（非住宅非金融企业实际固定资产一非住宅农业实际固定资产+住宅实际固定资产+实际存货），其中非住宅非金融企业实际固定资产、非住宅农业实际固定资产数据和住宅实际固定资产分别来自美国商务部经济分析局编《固定资产》表 4.1、4.2 和表 5.1、5.2；实际存货来自美国联邦储备委员会编《资金流量账户》表 B.102 以及美国商务部经济分析局编《国民收入和产出账户》表 5.7.9。

表 5 利润率影响因素的进一步分解：各因素增长率分阶段的平均值 （%）

阶段	1	2	3	阶段	1	2	3	阶段	1	2	3
W/Y	−0.44	0.61	0.64	K/W	−0.09	0.31	1.30	Y^*/K	−0.02	−0.08	0.48
p_w/p_y	0.28	0.31	0.44	p_k/p_w	−0.55	−0.34	−0.64	p_y/p_k	0.27	0.03	0.20
w	0.08	0.23	−0.02	k/L	0.54	0.88	1.91	Y^*/L	0.25	0.78	2.19
Y/L	0.80	−0.07	−0.23	w	0.08	0.23	−0.02	k/L	0.54	0.88	1.91

表 5 表明：（1）在扩张前期，实际劳动生产率的提高恢复了非金融公司部门的盈利能力；资本品价格相对于工资品价格的下降使有机构成下降；由于危机过后潜在实际劳动生产率的提高慢于实际资本劳动比，而产出品价格相对于资本品价格并未很快上涨，产能资本比小幅下降，进而减弱了非金融公司部门实体经济利润率的提高。（2）在扩张后期，实际工资率的增长和工资品价格相对于产出品价格的更快上升，推动了工资份额的上升；实际资本劳动比的上升成为有机构成和产能资本比上升的主要原因。（3）在收缩期，工资品的价格上升和实际劳动生产率的下降，使工资份额继续趋于上升；实际资本劳动比的上升是有机构成上升的最主要原因；由于潜在实际劳动生产率的上升快于实际资本劳动比，同时产出品价格比资本品价格上升得快，产能资本比趋于上升。为了揭示实际和价格因素导致非金融公司部门实体经济利润率下降的具体过程，下面我们结合表 4 详细分析各周期的第二阶段。

第一周期：（1）20 世纪 70 年代末高通胀下 p_w 的快速上升和福特制危机引起的 y/L 下降，推动了 W/Y 的上升；由于 1977—1979 年失业率平均达到了较高的 6.31%,[①] w 趋于下降。（2）生产过程的重组下企业用机器替代劳动提高了 k/L，这与 w 下降一起推动了 K/W 上升；但 p_w 的更快上涨减缓了这一过程。（3）福特制危机的持续和机器替代劳动导致的生产工人减少，使 Y^*/L 下降和 k/L 上升成为压低 Y^*/K 的主要原因；但高通胀下 p_y 的上升减弱了这一作用。（4）凯恩斯主义扩张总需求政策的延续使 Y/Y^* 的下降并不明显。

第二周期：（1）福特制危机的延续降低了 y/L，同时反凯恩斯主义政

① 美国劳工部劳工统计局编《失业率》，见美国劳工部官网。

策有效压低了 p_w，二者推动了 w 和 W/Y 的上升。(2) 资本主义生产过程重组提高了 k/L，并使 K/W 趋于上升；但通胀下降背景下 p_k 增长的放缓，与 w 上升一起减缓了 K/W 上升。(3) p_k 增长的放缓提高了 p_y 的相对增长程度，使 Y^*/K 趋于上升；但非生产工人比例的上升进一步降低了 Y^*/L 的增长速度，在一定程度上减缓了 Y^*/K 的上升。① (4) 国际债务危机引发的美国债务紧缩，使 Y/Y^* 下降较明显。

第三周期：(1) 1986 年以来打击工会的措施和美国通胀率的再次上升，使 p_w 提高较快，同时 w 趋于下降。生产过程向弹性化的转型进一步降低了生产工人的比例，从而使 y/L 趋于下降，这与 p_w 提高一起推升了 W/Y。(2) 20 世纪 80 年代末以来，生产过程逐渐趋于弹性化，② 直接增加非生产工人比例的大棒政策使 k/L 的增长趋于减缓，这与 p_w 上升和 w 下降一起压低了 K/W。(3) 由于生产过程转型期中 y/L 和 Y^*/L 表现不佳，同时高通胀下 p_y 提高较快，Y^*/K 趋于上升。(4) 1981 年以来美联储的连续降息促进了经济的复苏，进而减弱了 Y/Y^* 的下降。

第四周期：(1) 新经济下失业率从 1992 年的最高 7.6%降至 2000 年的 4%左右，因而 w 趋于上升，但 IT 技术扩散、基础设施投资增加等因素引起的 y/L 提高降低了 w 的相对提高程度；同时 p_w 上涨成为 W/Y 提高的主要原因。(2) IT 投资增长和新一轮固定资本更新推动了 k/L 和 p_k 的上升。但 w 的更快上升使 K/W 趋于下降。(3) 资本节约型的 IT 技术的扩散，推动 Y^*/L 比 k/L 提高得更快，进而提高了 Y^*/K。(4) 新经济下的繁荣使得 Y/Y^* 下降并不明显。

第五周期：(1) 21 世纪初股市泡沫的破裂降低了股票期权给非生产工人带来的收益，同时 IT 投资的增长及其对生产率增长的贡献也趋于减弱，因而 w 和 y/L 的增长率趋于下降；p_w 上升是这阶段 W/Y 提高的主要原因。(2) 新泡沫经济下投资的增加既提高了 p_k，又提高了 k/L，因而 K/W 趋于上升，但 w 的增长减弱了 K/W 上升。(3) 生产工人比例的

---

① 非生产工人为高于生产线监工层级（line-supervisor level）的管理者。参见美国商务部普查局编《制造业年度普查》，见美国商务部官网。

② 谢富胜：《企业网络》，《经济理论与经济管理》2006 年 7 期；D. Gordon, *Fat and Mean* (New York: The Free Press, 1996), Chap. 3。

下降和IT技术对生产率增长贡献的下降，降低了 Y^*/L 相对于 k/L 的增长速度，加之 p_k 增长较快，因而 Y^*/K 趋于下降。(4) 金融化带来的财富效应使 Y/Y^* 下降幅度很小。

五、1975—2008年美国经济的金融化利润率与当前的危机

上述分析表明，1975年以来美国生产过程的重组并没有使产业资本利润率得到根本性的恢复。借助于不兑现的美元的准国际储备货币地位，美国资本积累模式逐渐发生转向：产业资本更加依靠金融活动维持盈利能力；金融资本逐渐脱离产业资本循环，形成以未来价值索取权的占有为基础的独立系统；不受限制的美元供给通过境外美元循环进一步促进这种资本自行增殖过程。但是金融化促进经济增长的积累模式与美元作为国际价值尺度的职能之间的内在矛盾始终存在，危机的发生表明这种积累模式必须回到它的货币基础。下面我们参照杜梅尼尔等开创的方法，对美国经济的金融化利润率进行测算和分析。[①]

1. 非金融公司部门参与金融活动后的利润率及其动态。

非金融公司部门的实体经济活动和金融活动的划分具有一定程度的随意性，是否将与某些金融活动有关的现金流或资产算作利润或成本并没有公认的标准。为了在现有数据的范围内尽量完整地体现金融活动对利润率的影响，我们将非金融公司部门参与金融活动后利润率（r^*_{NFCB}）的分子取为实体经济利润加净金融收入，净金融收入等于利息收入、股息收入、资产持有收益（包括共同基金收益和美国对外直接投资收益）和海外收益之和（即金融收入），减去利息和股息支出（即金融成本）；分母取为资产净值，即有形资产减去净负债（负债减金融资产），再加上外国在美直接投资；为了排除通胀对债务的影响，分子还加上了一个调

① G. Dumenil and D. Levy, "The Real and Financial Components of Profitability," *Review of Radical Political Economics*, Vol. 36, No. 1 (2004).

整项，即通胀率乘以净负债。与杜梅尼尔的方法相比，股息支出在这里被算作金融成本的一部分在分子上予以扣除，这更好地体现了全部金融活动对积累的影响。为了比较，我们绘出了非金融公司部门参与金融活动后的年度利润率和实体经济年度利润率，结果如图 2 所示。

$$\text{非金融公司部门参与金融活动后利润率}=\frac{\text{包含存货价值调整和资本耗费调整的税前利润}+\text{净利息支出}+\text{净金融收入}+\text{调整项}}{\text{有形资产}-\text{净负债}+\text{外国在美直接投资}} \tag{14}$$

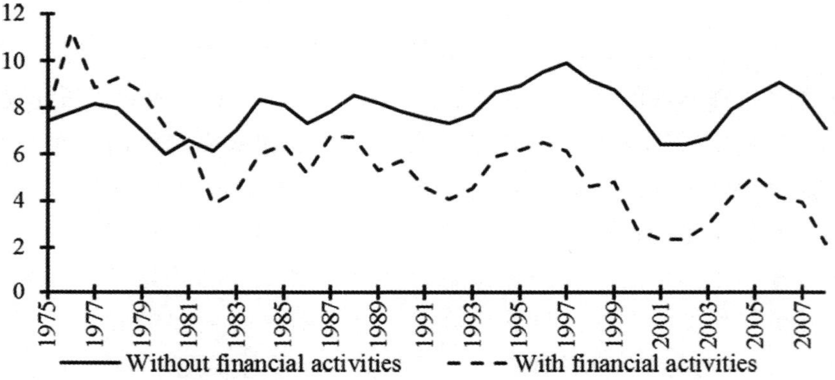

图 2 非金融公司部门的两种利润率（%）

资料来源：非金融公司部门实体经济利润率所用数据来源同图 1。非金融公司部门参与金融活动后利润率根据（14）式计算，其中净金融收入来自美国商务部经济分析局编《国民收入和产出账户》表 1.14 以及美国联邦储备委员会编《资金流量账户》表 R.102 和 F.102；调整项中的通胀率来自美国商务部经济分析局编《国民收入和产出账户》表 1.1.9；净负债和外国在美直接投资分别来自美国联邦储备委员会编《资金流量账户》表 B.102、L.102。

图 2 表明：（1）非金融公司部门参与金融活动后利润率基本上与非金融公司部门实体经济利润率同期波动。这说明非金融公司部门的金融活动与实体经济活动具有很强的相关性。（2）非金融公司部门参与金融活动后利润率的波动幅度明显大于非金融公司部门实体经济利润率，其波动幅度在 20 世纪 80 年代有所减小，但之后不断增大。这说明非金融公司部门的金融不稳定性随着金融活动的增加逐渐加强。（3）非金融公司部门参与金融活动后利润率在长期中趋于下降。1975—1981 年非金融公司部门参与金融活动后利润率高于非金融公司部门实体经济利润率，

此后始终低于后者。同时，二者的差距在 1982—1990 年基本稳定在约 2%，在 1991—2008 年逐渐增至 4.94%。这说明非金融公司的金融活动在 1975 年至 20 世纪 80 年代初开始增加，在 80 年代基本保持稳定，1991 年以后快速增加。这证实了我们对非金融公司部门金融活动变化的判断。

导致非金融公司部门参与金融活动后利润率周期波动和长期下降的最主要原因是利息和股息支出的变动。1975 年以来非金融公司部门盈利能力长期无法恢复，内部融资不足以满足资本再生产所需的现金流。同时，受到股东价值运动的影响，非金融公司部门的行为越来越短期化，把越来越多的现金流投向了股票回购以操纵股价和拉升企业的账面价值，这进一步削弱了内部融资的能力。在这两方面作用下，非金融公司部门的金融缺口从 1975 年的－83.6 亿美元增至 2008 年的 2324.2 亿美元，[①] 不得不依靠负债和发行股票等外部融资渠道获得资本再生产所需的现金流来维持积累和一定水平的利润率。但是，外部融资的代价是必须将越来越多的实体经济利润用于支付利息和股息。这不仅使得金融成本占实体经济利润的比例从 1975 年的 73%升至 2008 年的 115%，而且使金融成本超过了各项金融收入，使净金融收入从 1975 年的－452 亿美元降至 2008 年的－5908 亿美元，进而导致了非金融公司部门参与金融活动后利润率的周期波动和长期下降。

2. 金融部门的利润率及其动态。

金融部门的利润率表现了金融部门参与利润分配的地位。确定金融部门的范围必须满足两个条件：可以得到充分、可比的数据，计算出的利润率应该有意义。因为房地产部门的资产主要由家庭所有；各种基金不具有企业性质，不是独立的投资渠道，且其本身不创收；个人信贷机构为富人所有，采取委托管理形式，并非独立的企业部门；政府性金融机构不以营利为目的，所以这些部门不适于计算利润率。因此，我们将金融部门限定为商业银行、储蓄机构、信贷机构、人寿和财产保险公司、证券化产品发行机构、金融公司和证券经纪机构等七个部门。

---

① 金融缺口＝资产性支出－(内部融资额＋存货价值调整)。资料来源：美国联邦储备委员会编《资金流量账户》表 F.102。

有限定的金融部门（RFCB）利润率（r_{RFCB}）的分子为有限定金融部门的税后利润、业主税后收入、股息收入、资产持有收益（包括共同基金收益、股权收益和美国对外直接投资收益）、海外收益和调整项（通胀率乘以净负债）之和；分母为资产净值，即有形资产减去净负债（负债减金融资产），再加上外国在美直接投资。为了比较，我们绘出了有限定的金融部门的年度利润率和非金融公司部门参与金融活动后的年度利润率，结果如图 3 所示。

有限定的金融部门利润率＝

$$\frac{\text{税后收入}+\text{业主收入}+\text{股息收入}+\text{资产持有收益}+\text{海外收益}+\text{调整项}}{\text{有形资产}-\text{净负债}+\text{外国在美直接投资}} \tag{15}$$

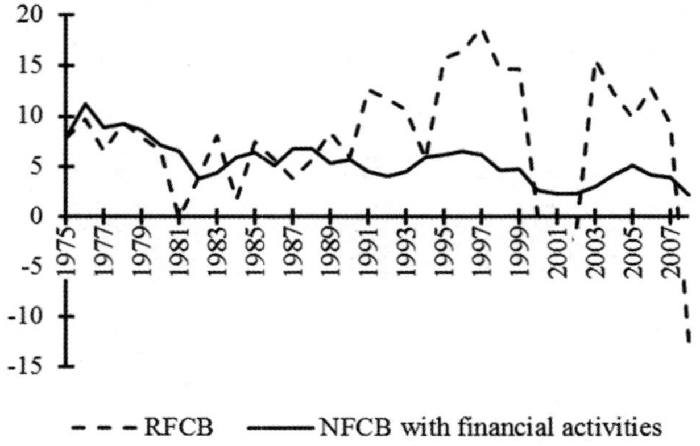

图 3　有限定的金融部门的利润率和非金融公司部门参与金融活动后的利润率（%）

资料来源：有限定的金融部门利润率根据（15）式计算，其中税后利润股息收入分别来自美国商务部经济分析局编《国民收入和产出账户》表 6.19、7.10；业主收入根据 Duménil & Lévy，The Real and Financial Components of Profitability 一文附录的方法进行计算，数据来自美国商务部经济分析局编《国民收入和产出账户》表 6.2、6.4、6.5、6.8、6.17 和 6.19，以及美国商务部经济分析局编《分产业核算的国内生产总值》；资产持有收益根据美国联邦储备委员会编《资金流量账户》表 F.102、F.109、F.114、F.115、F.116、F.117、F.126、F.127、F.129、F.229、L.102、L.109、L.114、L.115、L.116、L.117、L.126、L.127、L.129 和 L.229 进行计算；海外收益来自美国联邦储备委员会编《资金流量账户》表 F.102、L.102 和 L.229。有形资产来自美国商务部经济分析局编《固定资产》表 3.1ES；净负债来自美国联邦储备委员会编《资金流量账户》表 L.109、L.114、L.115、L.116、L.117、L.126、L.127 和 L.129；外国在美直接投资来自美国联邦储备委员会编《资金流量账户》表 L.229。

图3表明：(1) 有限定的金融部门利润率基本上与非金融公司部门参与金融活动后利润率同期波动，但在1991年后的大部分年份里明显高于非金融公司部门参与金融活动后利润率。这表明1991年后美国形成了新的金融化积累模式。(2) 如果不考虑20世纪80年代以来发生危机的时期，有限定的金融部门利润率在长期中呈现明显的上升趋势。这表明美国经济的金融化确实促进了有限定的金融部门参与价值分配的地位的提升。(3) 有限定的金融部门利润率的波动幅度明显高于非金融公司部门参与金融活动后利润率，在历次危机发生时都大幅度下降，并在1991年后波动得更为剧烈，例如从1999年的15.8%降至2001年的－2.1%，从2006年的13.5%降至2008年的－12.3%。这说明金融化本身的发展具有高度的不稳定性。

1975年后美国经济的金融化和1991年后新金融化积累模式的形成是美联储、金融业、非金融公司部门、家庭部门以及境外美元等多方面综合作用的结果，具体来看：(1) 20世纪七八十年代初为了抑制通胀而维持高利率政策导致的沃克尔冲击，和1975年以来利润率未得到有效恢复的事实，促使美联储在80年代中期以后不得不连续降低短期利率以刺激经济，信贷成本的下降推动了金融部门的发展。(2) 20世纪70年代作为金融业核心的银行业的经营困境迫使金融监管做出让步，银行获准进入投资银行业和保险业等领域，尤其是将抵押贷款证券化并售出，其获利焦点也相应地从净利息边际转向了收取多种业务的中介费，这使得证券化和金融创新快速膨胀。(3) 非金融公司部门利润率的下降迫使更多的资本投入无须经过生产过程就可获利的金融业。这拉升了有限定的金融部门利润率并逐渐形成一种正反馈，将更多的资本引入金融部门，1975—2008年有限定的金融部门和非金融公司部门的资产净值之比增加了127%。(4) 1975年以来家庭部门实际收入增长的停滞提升了其两方面信贷需求：以劳动力再生产为目的的“贫穷需求”和以进一步弥补收入不足为目的的“投机需求”。尤其是21世纪以来次贷等个人抵押贷款和这些贷款支持的证券化产品的扩张，形成了抵押贷款—房地产市场—证券化—衍生品联动的金融链条。(5) 20世纪70年代后欧洲美元和石油美元的流入为美国经济的金融化供应了巨大的流动性。美国的国际贸易逆差使发展中国家获得了高额的美元外汇储备。为了保持本币的低汇率，预防资本突然外逃和增加外汇储备的收益，发展中国家将大量外汇储备用于购买以美元计价的资产，进而增加了美国金融市场上的货币流通并压低了长期利率。①

3. 金融化的脆弱性、美联储的两难和当前的危机。

美国经济的金融化是以不断扩大的企业、个人和国际负债为基础的。2000年后美国经济逐渐步入了具有高度利息率弹性、风险极高的"庞齐金融"，同时通过金融化促进经济增长的需要和美元的国际价值尺度职能之间的矛盾不断加强。

（1）美国金融化的脆弱性。

表6列出了2000年以来与美国经济的金融化有关的一些重要指标。

表6 2000—2008年企业、个人和国际负债和美国的国际经济联系

年份	非金融公司部门利息支出占实体经济利润的比例（%）	家庭债务支出占可支配收入的比率（%）	美国贸易逆差（亿美元）	外国持有的美国金融资产（亿美元）	联邦基金利率（%）	30年期固定利率贷款利率（%）	通胀率（%）	美元与主要货币的实际汇率指数
2000	72.77	12.30	4174.26	10382.24	6.24	8.06	3.38	105.08
2001	82.93	12.84	3982.70	7828.70	3.89	6.97	2.83	112.54
2002	69.86	13.09	4591.51	7951.61	1.67	6.54	1.59	110.92
2003	60.71	13.20	5215.19	8583.03	1.13	5.82	2.27	97.85
2004	47.73	13.26	6311.30	15332.01	1.35	5.84	2.68	90.86
2005	47.05	13.70	7486.83	12473.47	3.21	5.87	3.39	90.67
2006	47.91	13.79	8035.47	20651.69	4.96	6.41	3.24	90.58
2007	56.27	13.87	7265.73	21294.60	5.02	6.34	2.85	86.40
2008	60.68	13.64	7060.68	5340.71	1.93	6.04	3.85	83.44

资料来源：（1）（3）（4）分别来自美国商务部经济分析局编《国民收入和产出账户》表1.14、7.11和4.1。（2）见美国联邦储备委员会编《家庭部门还本付息和贷款比

① 齐昊：《国外马克思主义视角中的美国金融危机》，柳欣、张宇主编：《政治经济学评论》2009卷（第1辑）（总第15辑），中国人民大学出版社2009年版，第149—165页。

率》。(5) 见美国联邦储备委员会编《部分利率》表 H. 15。(6) 见联邦住房抵押贷款公司编《30 年期固定利率贷款利率》。(7) 见美国劳工部劳工统计局编《消费者物价指数》。(8) 见美国联邦储备委员会编《外汇汇率》表 H. 10。

表 6 表明:

①非金融公司部门维持负债式积累的前提是有足够的利润可以还本付息，2000—2004 年美联储的降息将非金融公司部门的债务负担降低了 42%。但是非金融公司部门经营策略上的短期化、组织上的分化和不稳定化以及金融上的投机化迫使其不断扩大债务规模甚至以债养债，2000—2006 年净负债占有形资产的比例从 2%升至 7%，从而提高了积累的利息率弹性。

②有限定的金融部门对次贷等个人金融业务的推动使美国家庭债务支出占可支配收入的比例（Debt Service Ratio）在 2000—2007 年提高了 13%，同时家庭部门承担的总负债占可支配收入的比例在 2001 年后始终高于 100%。维持健康的个人债务关系的前提是个人有足够、稳定的可支配收入来偿付不断增加的本息。但是个人负债的增加实际上是以不确定性极高的未来收入作抵押的，极易因利息率提高、房价下降等冲击而使债务链条断裂。

③流入美国的境外美元在 2001—2007 年增长了 172%。这扩大了借贷资本供给，降低了长期利率，并通过推动企业和个人负债的扩张增加了经济的脆弱性。国际主权和非主权主体向美国投资的意愿取决于国家利益、对美元计价资产收益的预期和汇率等多重因素。境外美元的堆积和回流加大了美元贬值和美国通胀的可能性：2001—2007 年美元与主要货币的实际汇率指数下降了 23%，2002—2005 年通胀率上升了 113%。由于国际投资主体无法承担美元贬值导致的资产损失风险，同时美国金融化积累模式的基础越来越薄弱，2000 年以来的境外美元流入是不可持续的。

(2) 美联储货币政策操作目标的内在矛盾。

在一个利润主要通过金融活动形成的模式下，对于积累拥有战略地位的金融部门获得了政治和经济权力，经济政策因而必须反映金融化的规则。20 世纪 70 年代滞胀危机后，美联储认为应该通过控制金融不稳定性减弱经济的不稳定性，而控制金融不稳定性的渠道是调节货币流通量、控制通胀和稳定美元币值。美联储必须在维护美元作为国际储备货币的基础地位与促进金融化积累所需要的流动性之间的矛盾下，小心翼翼地扶持投机行为并公开地促使其合理化。[①]

在现实中，由于金融创新使得货币流通量越来越难以直接控制，美联储选择通过调控利率间接地调节货币量。21 世纪初互联网泡沫破裂后，为了快速拉动经济复苏，美联储在 4 年内将短期利率从 6%以上降至 1%左右。这推动了 2000 年以来的金融化及其财富效应，同时使得美国经济中的货币量超出了其质的规定性所允许的范围：2000—2007 年非金融公司部门的实际净增值增长了 14.72%，净增值增长了 30.52%，[②] 而经济中的流动性（M2）增长了 52.71%，[③] 货币量的增加严重超过了经济中创造新价值的能力；境外美元的流入进一步促进了货币量的膨胀，推动美国的通胀率连续上升，并降低了美元在国内和国际上的价值。

（3）危机的发生。

为了控制通胀和维系美元币值，美联储在 2004—2007 年将短期利率迅速提高 271%。短期利率的提高加重产业资本的利息负担，使非金融公司部门利息支出占实体经济利润率的比例在 2005—2007 年后上升约 9 个百分点，进而，如图 2 所示，促使非金融公司部门参与金融活动的利润率和实体经济利润率在 2005 年和 2006 年相继下降，减弱了经济增长的动力。

金融化在很大程度上依赖于经济中的借贷资本供给量，而充足的借贷资本量取决于一定水平的长短期利差。如表 6 所示，2001 年以来境外美元的大规模流入压低了美国的长期利率，因而一个较低的短期利率才能为银行提供合理的长短期利差。但是，2003 年以来，美联储的升息使长短期利差从 2004 年的 4.5%迅速降至 2007 年的 1.32%。长短期利差的缩小不利于经济中流动性和信贷供给的扩大，进而增加了金融化的脆弱性和不可持续性。2007 年，利息率的上升导致了家庭部门债务负担和次贷等贷款违约率的上升，进一步加重经济中的流动性问题和偿付能力问题，并最终通过证券化链条引发了一场全面的金融危机。

---

① ［美］布伦纳：《高盛的利益就是美国的利益》，《政治经济学评论》2010 年第 2 期。

② 美国商务部经济分析局编《国民收入和产出账户》表 1.14。

③ 美国联邦储备委员会编《货币存量指标》表 H. 6，见美国联邦储备委员会官网。

上述分析表明，促进金融化积累和维护货币基础合法性之间的内在矛盾是引发金融危机的直接根源。但金融化的发展导源于实体经济利润率的长期停滞。当产业资本试图通过金融活动恢复其利润率时，金融成本的提高反而压低了其实际得到的利润率。金融部门的发展必须依赖于新价值的不断流入，美联储宽松的货币政策短期内有利于金融化的持续，但同时也造成了整个经济中各个部门的脆弱性和风险的累积。美联储为了维护美元的地位和美国资本整体利益而调整货币政策的行为，引发了当前如此严重的金融危机。

六、结论和展望

我们认为，利润率在长期和周期中的波动是资本积累的核心机制；借助于韦斯科普夫的经典文献，可以将劳资斗争、价值实现和有机构成因素综合起来，用这些因素的相互作用解释利润率的波动或下降的具体根源；现实的经济危机必须将实际因素和货币、信用和金融因素结合进来；在利润率新综合基础上，我们发展了在黄金非货币化条件下经济危机从债务收缩型危机向金融化危机转化的逻辑框架。

经验研究表明：(1) 1975 年以来实体经济利润率并未得到有效恢复；利润份额的波动是利润率周期性波动的最主要原因；其具体机制在不同时期并不相同，资本主义生产过程在 1991 年之前的重组和 1991 年之后的弹性化，分别主要导致了机器和非生产工人对生产工人的替代，进而提高了工资份额；产能利用率是利润率周期性波动的第二位原因，在实体经济仍占主导的 1991 年前波动较大，在 1991 年后的金融化积累模式下对利润率波动的作用明显缩小；有机构成的波动与马克思的判断相一致，但资本品、消费品和产出品之间的比价关系在一定程度上抵消了有机构成对利润率的影响。(2) 对非金融企业部门金融化利润率和有限定的金融部门利润率的分析表明，20 世纪 90 年代初，美国形成了依靠金融活动进行积累的新模式；非金融企业部门参与金融活动不仅没有改善其盈利能力，反而进一步压低了其利润率；新金融化积累模式的形成确实极大地提高了金融部门利润率，使其在资本积累中拥有特殊的地位；金融化积累模式使美国经济更加脆弱和不稳定，美联储促进金融化积累和维护准国际储备货币合法性之间的内在矛盾必然引发当前的危机。

当前美国政府通过拯救金融系统来促进经济复苏，但不能从根本上解决矛盾，原因在于：经济复苏的基础在于实体经济的盈利能力的恢复，而美国经济已经空心化和金融化了；盈利能力的提高必然要求提高工人的价值创造能力，进而必须建立劳资妥协的生产关系，但是美国生产过程的重组使工人原子化、就业弹性化了，进而使必要的劳资协定难以达成，使劳动利用效率难以得到实质性改进；美联储采取如此宽松的货币政策只会通过转嫁危机来暂时缓解自身的矛盾，但这会进一步加深世界资本主义体系的内部矛盾，这一矛盾将可能以体系内其他国家或地区的危机表现出来。

一般寓于特殊之中，人类社会发展最基本的矛盾——生产力与生产关系的对立统一——在资本主义生产方式中表现为历史上特殊的经济运动规律。其本质构成了社会化生产与资本主义占有的基本矛盾及其发展的阶段性特征，而在资本运行的现象形态上，则突出地表现为利润率趋于下降的规律。一方面，科学技术在生产中日益自觉的应用，资本技术构成的不断提高，表明社会生产力具有无限扩大的趋势和潜力。这正是资本保值增殖的基本手段，但却与资本积累的目的和动力发生了根本性的冲突。于是在另一方面，生产力发展在资本主义制度下却颠倒地表现为资本利润率趋于下降的规律，说明生产力的发展在根本上受到了资本占有社会化生产这一生产关系的限制，受到了“以广大生产者群众的被剥夺和贫困化为基础的资本价值的保存和增殖”的限制。[①] 所以，资本积累“只能在一定的限制以内运动”[②]，必然是非连续的过程，内存于资本主义生产方式的“各种互相对抗的因素之间的冲突周期性地在危机中表现出来。危机永远只是现有矛盾的暂时的暴力的解决，永远只是使已经破坏的平衡得到瞬间恢复的暴力的爆发”[③]。

（原文发表于《中国社会科学》2010 年第 5 期）

① 《马克思恩格斯全集》第 46 卷，人民出版社 2003 年版，第 278 页。
② 《马克思恩格斯全集》第 46 卷，人民出版社 2003 年版，第 278 页。
③ 《马克思恩格斯全集》第 46 卷，人民出版社 2003 年版，第 277 页。

金融资本的积累与当前国际金融危机

陈享光　袁　辉*

美国的次贷危机从2007年春季开始显现，并迅速演变为金融危机，席卷了世界上主要的金融市场，同时对发达国家和发展中国家的实体经济产生巨大的负面影响，最终演变成一场全球性金融风暴，并可能触发全球经济的深度衰退。这次金融危机是金融资本在价值形式上过度积累所引发的矛盾的必然产物。在金融化、自由化和全球化的推动下，金融资本快速扩张，造成了货币资本和虚拟资本的过度积累，使得货币资本与现实资本、虚拟经济与实体经济之间的矛盾不断累积，过度积累的货币资本和虚拟资本不仅造成美国经济的内部失衡和经济泡沫化，而且造成外部失衡，促成世界范围的资本扩张和收缩运动，最终引发国际金融危机。本文从货币资本积累和虚拟资本积累这两种金融资本形式的积累角度出发，考察金融危机发生的机理，说明金融危机根源于金融资本的过度扩张和过度积累，并总结这次金融危机带给我们的教训和启示。

一、金融化、货币资本的积累与金融危机

资本，作为资本主义社会最活跃的要素，它以价值增殖为自己活动的唯一动机。从资本的逐利本性出发，20世纪70年代以来，资本主义生产方式在其内在矛盾运动的基础上，不断进行着调整。一方面，职能资本逐渐向银行资本和各种生息资本转移，造成货币、金融资本的不断累

* 陈享光：中国人民大学经济学院教授，博士生导师。袁辉：中国人民大学经济学院博士研究生。

积；另一方面，实体资本逐渐向虚拟资本转移，表现为大量过剩资本越来越多地集中在金融市场和无数金融工具的交易上。货币资本的积累构成虚拟资本积累的基础，而虚拟资本的发展又反过来促进了货币资本的积累，两者相互促进，相互强化，使得资本能够超越时间、空间和物质形态的局限实现利润最大化，然而这又必然促成脱离现实资本和实体经济的货币资本和虚拟资本的过度积累，这种过度积累不仅使资本原有的矛盾不断加深，而且不可避免地带来新的矛盾和问题。

资本的逐利本性驱使其不断冲破各种限制以获得与其本性相适应的存在形式和运动形式。最初，资本更多地采取职能资本的形式，在职能资本运动中游离出来的资本形式通常是与产业资本结合在一起的，但这些资本形式由于受产业资本运动的限制和产业资本运动中阶级矛盾的限制，存在一种脱离产业资本的运动趋势。货币资本的相对独立运动造成了不同于也不依赖于现实资本的货币资本的积累，特别是货币脱离了金本位的约束，货币资本的积累更不受生产活动和产业资本的羁绊。随着信用制度的发展，单纯的货币，不管是代表已经实现的资本，还是代表已经实现的收入，都会通过单纯的出借行为，通过货币向存款的转化而变为借贷资本。货币在资本主义生产的基础上转化为资本，并通过这个转化，由一个一定的价值变为一个自行增殖的价值。但货币资本的积累过程与货币实际转化为资本的过程是不相同的，这种积累可以表示各种和现实积累很不相同的要素，它可能是现实积累扩大的结果，也可能是各种和现实积累的扩大相伴随但和它完全不同的要素造成的结果，甚至是现实积累停滞的结果。尽管货币资本的积累有别于现实积累，但这种积累同样使得所有者能够以货币形式或对货币的直接索取权的形式占有资本和收入。事实上，仅仅由于这些和现实积累相伴随的要素扩大了借贷资本的积累，就总会在周期的一定阶段出现货币资本的过剩，并且这种过剩会随着信用的扩大而发展。因此，驱使生产过程突破资本主义界限的必然性也一定会随着货币资本的过剩而发展，产生贸易过剩、生产过剩、信用过剩。不过，在金融化程度较低的情况下，货币资本的积累通常难以成为危机的主导因素，以往的危机通常是现实资本积累、运动造成的经济失调的结果，货币资本的积累只是起推波助澜的作用。然而，随着金融化的发展，货币资本的过度积累及其引发的矛盾逐渐成为引发危机的一个新的主导因素。

资本在运动中具有不同的存在形态。存在形态不同，其流动性也不相同。在货币资本、生产资本和商品资本形态中，货币资本的流动性最强，其次是商品资本，生产资本的流动性最差。因为生产资本受生产过程的束缚，特别是固定资本部分一旦投入生产过程，其物质形态几乎排除了流动的可能性，这样，资本所有者的行为就会受到流动性的限制。而以货币形式或以对货币的直接索取权形式和所有权证书的形式占有资本和收入，则可以使所有者打破这种限制。事实上，资本在其发展过程中，不断在货币形式或对货币直接索取权形式和所有权证书形式上积累，这种积累固然促进了资本的流动和重组，但由于其自身特性和运动的相对独立性及随之而来的投机性，不可避免地会造成社会生产的扰动因素和新的矛盾的形成和累积，为此，资本主义国家曾通过金融和资本管制加以控制。而对金融和资本的管制与资本运动的趋势和目标相冲突，限制了资本的活动范围，抑制了资本的活力，因而从 20 世纪 80 年代开始，各主要资本主义国家纷纷解除金融和资本管制。在这种情况下，资本的逐利本性和金融机构的竞争，诱发了大量的金融创新，促进了金融衍生产品的快速增长。这些衍生产品使冒险行为更为快速便捷、成本更小，可以用来规避法律约束、扭曲价格发现的过程甚至操纵会计规则。[①] 同时，对利润的追逐刺激金融机构采用杠杆经营的模式，金融机构的资产规模远远高于自有资本的规模。在追求利润和流动性目标的驱使下，货币资本家和金融机构不断开拓次贷市场，并以“次级贷款”的债权为抵押，整合、分割、编制出一系列的证券化商品，并通过层层分割和金融技术设计，衍生出更多的虚拟金融商品，在全球范围内销售，从而导致了金融化的快速发展，引起金融资产占国内生产总值的比例快速提高。在欧元区国家，这一比例在 1995 年为 180%，2005 年则上升到 303%。同期，英国这一比例从 278%上升至 359%，美国从 303%上升至 405%。

① Randall Dodd, Derivatives Market, “Sources of Vulnerability in US Financial Markets,” in *Financialization and the World Economy* (Edward Elgar, 2005), Chap. 6.

麦肯锡全球研究所称，全球金融资产占全球年度产出的比例，已从1980年的109%飙升至316%。2005年，全球核心资产存量已达140万亿美元。①

要提及的是，由于全球化的发展，当今发达资本主义国家的金融化和货币资本的积累已不局限在国内，也不再受国内因素的限制，而是能够借助金融资产的创造和全球范围内的行销以及对世界货币的主宰，影响货币资本的积累和各国储蓄的转移。全球化特别是金融全球化的发展，把不同国家的货币和金融市场逐渐联结起来，并且金融市场越来越自由化，这不仅可以集中全世界的储蓄，而且为资本所有者的投资提供了更多赚取利润的机会。因此，随着全球化的发展，金融化和货币资本的积累越来越具有全球性。

过度的金融化和货币资本的过度积累，不仅促使资本固有矛盾深化，而且累积和发展了新的矛盾。货币资本的过度积累导致货币资本的相对过剩，并且这种过剩会随着信用的扩大而发展。在这种情况下，生产和消费在借贷货币资本的支持下得以超出资本主义界限而增长，且随着货币资本虚拟价值泡沫化而把它推向极端。一旦这种货币资本虚拟价值泡沫破灭，金融危机便接踵而来。随着货币资本的不断积累，银行和信用不断扩张，并成为资本主义生产超过自身界限的有力工具，同时也成为推动消费超过自身界限的强有力工具。资本主义生产超过应有的界限会产生生产过剩的危机，借贷货币资本积累支持下的消费超过资本主义界限也同样会埋下金融危机的隐患。

马克思说："社会消费力既不是取决于绝对的生产力，也不是取决于绝对的消费力，而是取决于以对抗性的分配关系为基础的消费力；这种分配关系，使社会上大多数人的消费缩小到只能在相当狭小的界限以内变动的最低限度。其次，这个消费力还受到追求积累的欲望，扩大资本和扩大剩余价值生产规模的欲望的限制。"② 在货币资本过度积累的条件下，社会消费力的限制会由于借贷货币资本的支持而得到一定程度的缓

---

① ［英］马丁·沃尔夫：《从管理资本主义到金融资本主义》，《中国企业家》2007第14期。

② 《资本论》第3卷，人民出版社2004年版，第273页。

解，使得消费在一定范围内超过社会消费力规定的界限而增长，但是这种情况不可能长期维持下去。当借贷货币资本由于收入增长的限制不能正常回流时，依托借贷货币资本支持的消费增长终将会把金融体系拖到危机的境地。由于“货币资本的积累，大部分不外是对生产的这种索取权的积累，是这种索取权的市场价格即幻想的资本价值的积累”①，这就决定了，货币资本积累中的相当大部分必然是虚拟的，完全像价值符号，只是对价值的权利证书。在货币资本过度积累基础上对生产和消费的借贷货币资本的支持就难免存在金融泡沫，当泡沫破灭时，借贷货币资本的虚拟价值大幅度缩水，危机也就到来了。美国次贷危机就是这样发生的。长期形成的货币资本的过度积累和随之而来的借贷货币资本的过剩，刺激了美国次贷市场的发展，房地产市场呈现一时繁荣，并不断泡沫化。然而，随着房地产市场泡沫的破灭，次贷市场资金断流，引发次贷危机，导致金融体系的连锁反应，引起全面的金融危机，并在世界范围内蔓延开来。因此，货币资本的过度积累成为生产和消费超出其自身界限的最有力手段，也是引起这次金融危机的直接原因。

由于经济全球化的发展，货币资本的过度积累在世界范围展开。由于一国货币资本的过度积累造成其国内货币资本相对过剩，而生产资本和商品资本相对不足，因此，过剩的货币资本就在国外金融市场寻求有利的投资/投机机会。当货币资本大规模流向国外金融市场时，就会对一些国家或区域性金融市场造成冲击，成为这些国家或区域性金融市场动荡甚至危机的直接原因。而过剩货币资本或货币成为转移国际储蓄和输入商品的工具，又不可避免地造成国际经济不平衡和相关国家对其货币或货币索取权的过度积累。美国是一个典型的货币资本过度积累的国家，国民储蓄率很低。由于既要维持高的消费率，又要避免储蓄率低而影响其现实的资本积累，因此，美国主要依靠经常账户赤字及其他补充性手段发行国债来解决国内的矛盾和不平衡。实际上，向美国出口获得的任何商业结余都是对美国经济的信贷，同时也是获得世界货币的渠道。出口盈余的国家持有美国国债，弥补了美国现实积累的不足。这自然会造

① 《资本论》第3卷，人民出版社2004年版，第531页。

成其他国家对美国货币或货币索取权的积累。这种情况虽然可以暂时缓解美国的国内不平衡，但并不能从根本上解决问题。不仅如此，由于是借助于货币资本的积累实现对他国储蓄和商品的控制和支配，就会促使国内生产和消费进一步超出由其生产关系和分配关系所决定的界限，所以，当矛盾发展到一定程度，人们不能以持续的收入流或货币流支持生产和消费时，危机就会加速爆发。危机一旦发生，货币资本的虚拟性质得以充分暴露，社会获取实际货币资本的能力因此大幅下降，并通过国际贸易和国际资本流动等渠道影响国际金融市场和世界经济，而积累其货币或货币索取权的国家，则将蒙受巨大损失。因此，全球化条件下由货币资本过度积累导致的金融危机具有全球性的特点。

二、虚拟资本的积累与金融危机

随着货币资本的不断积累，以有价证券形式存在的虚拟资本得到快速发展，特别是20世纪80年代开始的世界范围的私有化浪潮和金融自由化浪潮，极大地促进了虚拟资本市场的发展和虚拟资本的快速积累。虚拟资本的过度积累不仅造成财富的集中和收入分配状况的恶化，而且极大地强化了虚拟资本对实体资本的相对独立性，造成偏离实体经济的资产泡沫化，助长了金融市场的投机性和不稳定性，导致金融风险的不断累积，最终诱发金融危机进而经济危机。

虚拟资本与信用制度和未来收益的资本化过程密切相关，是能够带来收益的以纸制复本形式表现的资本。马克思通过对银行资本的考察指出："银行家资本的最大部分纯粹是虚拟的，是由债权（汇票），国债券（它代表过去的资本）和股票（对未来收益的支取凭证）构成的"。[①] 在当代，货币资本的积累，一方面促成银行资本以及非银行金融资本的发展和壮大；另一方面，货币资本越来越多地采取虚拟资本的形式，货币资本的过度积累必然带来虚拟资本的过度积累。

---

① 《资本论》第3卷，人民出版社2004年版，第532页。

虚拟资本就其实质来说，“只是代表已积累的对于未来生产的索取权或权利证书”①，因此，虚拟资本的积累依然可以归结为对劳动占有权的积累。马克思指出：“有价证券不仅是对资本价值的所有权证书，从而也是对这种价值的未来再生产的所有权证书，而且同时是对未来的价值增殖的所有权证书，即对整个资本家阶级必然从工人阶级身上榨取的剩余价值的份额（利息等等）的所有权证书。……资本主义社会极有权势的那部分人竭力追求这种积累形式，以便支配生产和积累的实际运动”。②可见，虚拟资本的积累尽管不同于现实资本的积累，但它依然会造成资本和劳动之间矛盾的积累，造成财富在一些人手中的积累和他们在生产中获取收益权利的积累，从而造成劳动者收入增长的限制和收入差距的扩大。不仅如此，由于货币资本的不确定性，虚拟资本的过度积累必然造成与实体经济的脱节和矛盾，导致金融风险的累积，造成资本的扩张和收缩运动，在一定条件下引发危机。

虚拟资本的虚拟性是指虚拟资本的货币价值是虚拟的。构成虚拟资本的有价证券，即使是对收益的可靠支取凭证（例如国家证券），或者是现实资本的所有权证书（例如股票），“它们所代表的资本的货币价值也完全是虚拟的，是不以它们至少部分地代表的现实资本的价值为转移的；既然它们只是代表取得收益的要求权，并不是代表资本，那么，取得同一收益的要求权就会表现在不断变动的虚拟货币资本上”。③ 人们之所以购买和持有这些虚拟资本，一方面，是因为它们能在一定时期内获得一定的收益；另一方面，可以通过出售这些虚拟资本而得到资本价值的补偿。它们的市场价值会随着有权索取的收益的大小和可靠程度而发生变化。更重要的是，在没有任何现实积累的时候，虚拟资本的积累，可以通过各种纯技术的手段而实现，“一切东西都会增加一倍和两倍，以至变为纯粹幻想的怪物一样”。④ 这个在社会上存在的、理论上可以无限扩张的部分，形成过剩资本的一个“大吸收器”。更何况在金融化的条件下，

① 《资本论》第3卷，人民出版社2004年版，第531页。

② 《马克思恩格斯全集》第49卷，人民出版社1982年版，第418—419页。

③ 《资本论》第3卷，人民出版社2004年版，第532页。

④ 《资本论》第3卷，人民出版社2004年版，第535页。

这部分资本具备了自我创造的能力。同时，较高的利润率和流动性，吸引着实体资本向虚拟资本转化。这样，货币资本的积累和伴随货币资本积累进行的虚拟资本的过度积累，不可避免地会导致资产的泡沫化。因为，过剩的货币资本不断转向虚拟资本领域和其他易于泡沫化的资产，促使虚拟资产和易于泡沫化的资产的价格不断上升，这种上升在一定时期也会刺激相关领域实际投资的增加。然而，这些领域的资产泡沫终究会破灭，从而引起危机。

由于构成虚拟资本的有价证券的市场价格不是由现实的收入决定的，而是由预期得到的、预先计算的收入决定的，因此，有价证券的市场价值不可避免地、部分地具有投机的性质。随着市场的扩张，投机因素将越来越主导着交易的过程。在一个由信用与金融支持的发达经济中，虚拟资本会导致趋利性的自我膨胀，从而放大内在的投机因素，只不过它不再通过空头汇票的形式表现出来，而是通过复杂的金融衍生产品伪装起来，直至危机爆发才显露出它的本性。

明斯基分析了现代金融方式中的投机性以及由此引起的金融脆弱性。他区分了反映长期预期的资本资产价格与反映短期预期的当前产出价格，提出三种金融方式[①]，即套利金融、投机金融和庞兹金融。在一个充满不确定性与投机的市场上，SPV 的融资方式（在资产证券化中扮演重要角色的特殊目的机构通过发行短期证券来融资，然后投资于更长期限的资产支持证券或企业债券，通过两者的息差收入来赚取利润）即使最初是套利金融，也很容易演变成投机金融、庞兹金融，从而造成金融系统的不稳定，在一定条件下引发金融动荡和危机。

如今的金融市场出现了新的参与者，特别是对冲基金和私人股本基金，从而更具有投机性。对冲基金的数量已从 1990 年的 610 家激增至 2007 年第一季度的 9575 家，其管理的资产价值约为 1.6 万亿美元。2006 年，私人股本筹资总额达到创纪录水平，684 家私人股本基金的筹资总额高达 4320 亿美元。[②] 与传统基金一般投资于股票和债券不同，对冲基金

---

① ［日］伊藤诚、［希］考斯达斯·拉帕维查斯：《货币金融政治经济学》，经济科学出版社 2001 年版，第 189 页。

② ［英］马丁·沃尔夫：《从管理资本主义到金融资本主义》，《中国企业家》2007 第 14 期。

扮演着典型的投机和套利角色。虚拟资本的过度积累无疑会导致金融市场的过度投机，在这种情况下，尽管虚拟资本的价格始终依赖于“预期得到的、预先计算的收入”，这一收入在一定限度内可以自我维持和自我膨胀，而一旦回流延迟，预期的现金流在一定时期内不能实现，危机就爆发了。并且，在危机爆发之前，由于乐观预期、信息不对称、欺诈等因素，引起金融市场上投机因素增加。而这样一种未来预期的现金流往往源于某一实际商品价格的不断上涨，或者实际生产、贸易过程的实现，尽管这种商品价格的上涨或生产、贸易过程的实现完全可以是假想的。这在投机的情况下尤其如此。

虚拟资本处在不断扩张和收缩的运动中，这种扩张和收缩运动容易引起货币危机或加剧货币危机和经济危机的程度。在资本循环运动中，商品资本同时也是货币资本，是表现在商品价格上的一定的价值额。作为使用价值，它是一定量的有用物品，这些物品在危机期间出现过剩。但是，作为货币资本自身，作为可能的货币资本，它总是处在不断地扩张和收缩运动中。在危机前夕和危机期间，商品资本作为可能的货币资本的属性会表现为收缩运动，虚拟资本（如生息的证券）在作为货币资本而在证券交易所内流通的时候，也是如此。在扩张时期，虚拟资本的所有者在市场上获取货币或货币资本的能力增强，带动实体经济的扩张。但它们的价格会随着利息的提高或者信用的普遍缺乏或者有权要求的收入减少而下降，引起作为可能货币资本的收缩，这时虚拟的货币资本大大减少，从而其所有者在市场上获得货币的能力也大大减弱，这不仅会造成生产和消费增长的限制，而且由于获取货币或货币资本的能力下降，可能会阻碍货币和资本的流通，造成货币和经济危机。

可见，在金融化条件下，虚拟资本的过度积累不仅会造成虚拟资本与现实资本的脱节与矛盾，而且由于虚拟资本的虚拟性、投机性和所代表的货币资本的过度扩张和收缩运动，还会造成虚拟货币资本价值的不稳定和金融风险的累积，从而孕育着危机的种子，一旦矛盾和风险累积到一定程度，危机就将不可避免地爆发。

全球化使虚拟资本积累的相对独立性发展到了极点，造成一些国家仅仅是所有权或收益权证书的积累，这种积累与实体资本积累完全脱离开来。主导世界货币的国家通过贸易和货币或货币资本的输出，引起相关国家对其货币或货币形式索取权的积累，而这些国家实际积累的增加有赖于国际资源的实际转移，在这种情况下，所有权证书或收益权证书的国际发行成为实现这种国际资源转移的手段。其结果是：一方是所有权证书或收益权证书的积累，另一方则是实际的资本积累。当货币资本和虚拟资本的过度积累引起的相对过剩增加到一定程度，进而由扩张转向收缩时，虚拟资本或生息证券所代表的货币资本价值就大为减少，其持有国将因此遭受巨大的经济损失。这时由于从市场上获取货币或货币资本的能力大为下降，从而造成贸易和货币、资本流动的巨大限制，引起连锁反应，使危机扩散和蔓延，并自我强化。因此，全球化条件下资本主义国家虚拟资本的过度积累所带来的危机具有全球性特征。

三、结论和建议

上述分析表明，在高度金融化的情况下，货币资本和虚拟资本的过度积累是引发金融危机的直接原因。这次发端于美国的金融危机正是这样爆发的。在美国，货币资本和虚拟资本的过度积累支撑了借贷资本的扩张和房地产金融的快速发展，房地产由于金融资本的支持和投机而价格走高；无法承担虚高房价的民众，在借贷资本的支持下成为次贷市场的需求主体；大量的金融机构提供了次级贷款，并在此基础上创造了许多组合债券和金融衍生产品；一些金融机构和社会上、国际上的其他剩余资本成为这些组合债券和金融衍生产品的最终投资者。为了分散次级贷款的违约风险，在信用评级机构的协助下，一些机构以次级贷款为基础，发放了数额更为巨大的住房抵押贷款支持债券（MBS），之后又将信用评级比较低的住房抵押贷款支持债券反复衍生为担保债务凭证（CDO）、担保债务凭证平方等，同时，借助信贷违约掉期（CDS），为风险资产的违约风险进行保险。金融衍生工具的不断创新和大量发行催生了似乎永无止境的国内、国际资金的注入，甚至有些机构投资者不惜以高杠杆借贷进行投资。而金融的自由化使得这些场外衍生交易工具

（CDS等）的交易脱离了政府的监管，以至于在危机爆发时，各国政府竟不能准确估算出次级贷款及其衍生产品的规模。尽管资产的证券化可以将风险在国内、国际上不断地转移，但是却不会减少，更不能消灭风险，甚至还会放大风险。以次贷为基础的金融衍生产品的运行状况直接或间接地取决于次级贷款的运行状况，而次级贷款的运行状况又取决于房地产价格的涨落，这就使得巨大的虚拟资本对房地产价格的波动十分敏感。为了防止这一过程中可能引发的通货膨胀，美联储连续上调联邦基金利率，导致住房抵押贷款市场利息率的上升和房地产价格的下降，贷款者无法以新借款偿还原来的抵押贷款，从而违约率上升。次级贷款运行状况的恶化，进一步危及各种各样的衍生产品，预期现金流的无法实现造成这些虚拟资本的价值大幅度缩水。随着有价证券价格的下跌，按照现价计算的原则，金融机构不得不作出大量的资产减记，从而引起经营杠杆率进一步上升，为了维持或降低原有的杠杆比率，在新的股权投资不足的情况下，金融机构只能压缩其资产负债表。货币市场利息率的上升和金融机构（尤其是银行）资产负债表的压缩，造成信贷紧缩，进而引起了经济的衰退。另外，虚拟资本还通过托宾的q值效应、金融加速器效应、财富效应、信心和预期等影响企业依靠自有资本的投资和企业与居民的消费，逐步将自身的危机扩大、传导至实体经济。

由于投资或投机于美国金融市场上的资本是全球性的，所以，通过贸易、资本流动和汇率等渠道，次贷危机也从美国的金融市场蔓延至全球的金融市场，从美国的实体经济传导至全球的实体经济，对世界各国产生了巨大影响，中国自然也难以独善其身。实际上，由于中国过多地积累了对美国的货币或货币形式的索取权以及所有权证书和收益权证书，遭受的损失更大。我们应从这次危机中吸取教训，并采取措施，避免遭受此类危机造成的损失。为此建议如下：

第一，防止过度金融化。一国金融化的发展应当与其社会经济发展的需要相适应，过度金融化不仅达不到金融促进经济发展的目的，而且还将带来过度的投机和难以控制的风险，埋下危机的隐患。简单金融衍生工具的使用，如期货等，有利于分散和规避风险，促进实体经济的发展。但是，过度的金融化将会极大地强化实物运动和价值运动的相对独立性，造成难以控制的经济不平衡和金融不稳定。在全球化的条件下，复杂金融工具的反复衍生和过度证券化不但不能最终消灭风险，还有可能在全球范围内传递和放大风险，进而引起全球性金融危机。我们要认识到金融市场特别是衍生金融市场的两面性，它既能提高资本的配置效率，也可能制造巨大的资产泡沫。对仍处于发展中阶段的中国来说，金融化的发展必须是有节制的，要采取切实可行的措施，避免盲目推行金融市场的自由化和证券化，促进金融市场的有序发展。同时，还应该加强审计和信息披露的力度，减少信息不对称带来的盲目投资。

第二，鼓励资源向生产性部门流动，避免金融资本的过度积累。货币资本的积累实质上是对货币形式或对货币索取权的积累，在其积累过程中总会在一定阶段出现货币资本的过剩，并且这种过剩会随着信用的扩大而发展，结果导致贸易过剩、生产过剩和信用过剩。因此，需要通过适度的管制或调控措施控制货币资本的积累，如控制货币的资本化，避免货币资本的过度累积。虚拟资本的膨胀从本质上说是非生产性的，它并不增加一国的实际财富，各种金融游戏在浪费了大量实物资源的同时，还吸引人力资本向金融部门集中，从而降低整个经济的资源配置效率。所以，政府在限制复杂金融衍生工具使用的同时，还应该出台各种政策鼓励资本、人才向生产性部门流动。特别是在全球化的条件下，要避免对外国货币形式或货币索取权和虚拟资本的过度积累，以防止国外金融资本的过度积累所引发的危机使我国遭受重大的损失。

第三，加强对国际储备和国际投资的管理。在全球化条件下，一国金融资本的过度积累不可避免地导致其他国家对其货币或货币索取权的过度积累和虚拟资本的积累，当金融过度积累引发危机时，将引起所代表的货币资本的大幅度减少，从而造成资本的损失。为此，必须加强对国际储备和对外投资的管理。目前，我国的外汇储备居世界第一位，也是美国最大的债权国之一，次贷危机和美元的贬值将导致美元资产价值的缩水。为减少我国国际储蓄的损失和国际投资的损失，一方面，要加强对国际储备的总量控制和结构管理，避免过度累积和结构不合理造成的损失；另一方面，要加强对外投资及其管理，控制金融性投资，增加对战略性资源和产业的投资，以更好地服务于我国长期经济发展的需要。

在国际货币金融体系没有发生根本性改变之前，我们必须防止对他国货币或货币索取权的过度积累，防止对国际虚拟资本的过度积累。

第四，加强对国际金融资本的管控。国外金融资本的积累不可避免地造成金融资本的国际扩张，从而造成全球性影响，特别是金融资本的国际流动会对我国经济和金融市场造成严重冲击。格拉贝尔认为，国际资本的流动对发展中国家而言，会导致货币风险、资本外逃风险、金融脆弱性风险、传染风险甚至主权风险。[①] 因此，面对金融资本的过度积累，需要采取切实有效的措施进行管控，避免我国经济和金融市场受到国际金融资本的冲击而引发经济和金融危机。

（原文发表于《中国人民大学学报》2009 年第 4 期）

① Ilene Grabel, "Averting Crisis: Assessing Measures to Manage Financial Integration in Emerging Economies," in *Financialization and the World Economy* (Edward Elgar, 2005), Chap. 15.

“六册结构”视野中的马克思经济危机理论

刘明远*

一、引　　言

学术界至今仍有许多人误以为，马克思在《资本论》中最后完成了自己的经济危机理论。持有这种观点的学者往往把《资本论》等同于马克思经济学，认为《资本论》是马克思全部经济学著作的最终形式，因而它包括了马克思研究资本主义生产方式所有成熟的经济学理论，其中包括经济危机理论。由于这个原因，他们在考察马克思经济危机理论形成史的时候，往往将其设定为“马克思经济危机理论的产生、发展与形成”，考察往往沿着马克思《经济学手稿（1857—1858 年）》《经济学手稿（1861—1863 年）》《经济学手稿（1863—1865 年）》《资本论》这样的顺序进行，最后把《资本论》中的危机理论看作是马克思危机理论走向成熟或最终完成的标志。这样做的直接后果是给理解马克思经济危机理论带来了混乱，人们从不同层面的危机要素形式中看到了引起危机的不同原因，进而提出各种各样的危机论，即比例失调论、资本积累论、利润率下降趋势论、消费不足论、商品过剩论、资本过剩论，等等。多年来，人们为了搞清楚马克思危机理论究竟属于哪一种或哪几种，不断进行激烈的学术争论，很难达成共识。究其原因，主要在于人们不是以“六册结构”的视野即马克思经济学的整体看待马克思的危机理论，而是

* 刘明远：中国人民大学经济学院副教授。

将其局限在《资本论》范围内，把“资本一般”层面上的危机理论看作马克思危机理论的总体形式，结果造成了误解。

本文从马克思经济学著作“六册结构”的角度解析马克思的危机理论，说明在“六册结构”的逻辑体系中，《资本论》层面上的危机理论仅仅属于危机理论的一般形式，这样的理论在马克思危机理论总体形式中仅仅属于危机的最一般的因素、条件、可能性，即危机的要素形式，把危机理论的一般形式看作总体形式必然导致对危机理论的片面化认识，把危机的要素形式当作危机的原因，进而形成片面的结论。

二、马克思危机理论的方法论特征

在开始写作《经济学手稿（1857—1858 年）》不久，马克思为自己的整个经济学著作写了一个《导言》，以十分精炼的方式阐述了“政治经济学的方法”等内容，在此基础上，提出了第一个经济学著作分篇计划，即“五篇结构”计划。在这个计划中，最后一项的标题是“世界市场和危机”。在马克思后来为“五篇结构”计划甚至“六册结构”计划提出的一系列方案中，虽然不再把“危机”与“世界市场”册的标题并列提出，但从这些方案的提示中可以看出，“危机”仍然是“世界市场”册最后要集中概括的对象。马克思为什么要把对危机理论的概括放在整个著作的最后集中进行呢？这与“危机”的特殊规定性以及马克思政治经济学的方法有关。

在马克思看来，经济危机是本质上具有统一关系的要素出现彼此独立后的强制统一，是资产阶级经济关系一切矛盾的现实综合和强制平衡，是资产阶级经济的一切矛盾的表现，是资本主义各种矛盾充分展开后的结果。而这一切只有在世界市场中才能充分地表现出来。“世界市场危机必须看做资产阶级经济一切矛盾的现实综合和强制平衡。”① 资产阶级生产的一切矛盾，在普遍的世界市场危机中集中地暴露出来，而在局部的

① 《马克思恩格斯全集》第 26 卷第 2 册，人民出版社 1973 年版，第 582 页。

(按内容和范围来说是局部的）危机中只是分散地、孤立地、片面地暴露出来。这意味着分析资本主义生产方式的每个矛盾，同时就是分析形成危机并决定危机表现形式的要素形式，马克思经济学“六册结构”体系从抽象上升到具体的所有的理论叙述同时就是在阐述危机理论，分析资本主义生产方式的矛盾逐渐展开的过程同时就是逐渐引出危机的要素或规定性，就是由危机的可能性转变为现实性，由局部危机转变为普遍的世界市场危机。马克思危机理论的这种特殊的表现形式决定了其理论体系的特殊性，即从危机最抽象的元素形式开始，到危机的最具体形式世界市场危机，在这样一个从抽象上升到具体、从一般到特殊的逻辑体系中，资本主义经济制度的各种矛盾依次展开，在这些矛盾的对立统一关系中包含着危机的要素、条件和潜在的可能性也依次出现，而且出现的逻辑顺序也是从抽象到具体、从一般到特殊、从简单到复杂，它是一个随着资本主义生产方式的矛盾逐步展开，同时危机理论也不断深化的过程。

由于种种原因，马克思未能完成他宏大的经济学著作的写作计划，实际完成的经济学著作《资本论》大致相当于“资本一般”的研究范围和所述内容。这样，事实上也就等于说马克思还未能在资本主义一切矛盾充分展开后对危机进行全面的综合和概括。《资本论》对危机理论的阐述还仅仅是整个理论体系较为抽象的部分，还处在尚未完成的阶段，危机还有许多因素、条件、可能性，只有在分析更加具体的关系时，才能加以考察。

在马克思的经济学体系中，危机既是一个抽象范畴又是一个具体范畴，而且是一个总体意义上的具体范畴。它既有十分抽象的规定又有非常具体的内容，在资本主义生产方式中，经济危机表现为经济关系内部对立统一的两个方面的分离、分裂和独立，也表现为两者的强制统一。所以，资本主义经济关系的矛盾从本质到现象、从抽象到具体、从简单到复杂，都是危机存在的因素、条件和可能性。从这个意义上说，分析资产阶级经济的每一个矛盾，也就是分析形成危机并决定危机表现形式的规律性；马克思关于资本主义经济的全部理论同时也就是危机理论。

马克思的经济危机理论是按照马克思经济学的方法论构建的。马克思经济学理论最基本、最一般的方法是辩证唯物主义和历史唯物主义方法，但它又具体分为两种类型：一类是表现形式的方法，如逻辑和历史相统一的方法、从抽象到具体的方法、系统的方法等；另一类是表现内容的方法，如矛盾分析方法、均衡分析方法、静态和动态分析方法、实证与规范分析法等。表现形式的方法规定了危机理论发展的逻辑顺序和发展趋势，表现内容的方法规定了经济危机理论的展开方式和实现条件。

马克思把危机看作是一种经济关系的对立和统一的运动。经济的正常运转意味着它的内在要素处于统一的状态，一旦这些要素彼此分离和彼此独立，其发展的趋势就是使这些已经彼此分离和彼此独立的因素趋于统一，而这种统一的过程就是危机。这种对立与统一的矛盾运动过程在现实中表现为代表着一个经历两个对立阶段的运动过程，如果这个过程本质上是两个阶段的统一，那么，这个运动同样本质上也是两个阶段的分离和彼此独立。由于它们有内在联系，所以，“有内在联系的因素的独立只能强制地作为具有破坏性的过程表现出来。正是在危机中，它们的统一、不同因素的统一才显示出来。相互联系和相互补充的因素所具有的彼此的独立性被强制地消灭了。因此，危机表现为各个彼此独立的因素的统一。没有表面上彼此无关的各个因素的这种内在统一，也就没有危机”[①]。所以，从这个意义上讲，资本主义经济关系的矛盾运动包含着经济危机的要素形式，矛盾的积累包含着危机要素的积累，矛盾的发展包含着危机的要素形式的发展，揭示了危机的要素形式，只有通过分析矛盾才能实现。

马克思在批判资产阶级政治经济学方法论的基础上确定“从抽象到具体的方法”，才是政治经济学科学的叙述方法。他按照这种方法在不同的层次上构建了自己经济学著作的逻辑结构体系。例如，就整个经济学著作而言，他安排了“六册结构”体系；在《资本论》层次上，他安排了资本的生产过程、资本的流通过程、资本主义生产的总过程、剩余价值理论史。这样，马克思的经济学著作实际上是由一系列不同层次的按照从抽象到具体方法构建的一个有机的著作整体。只有通过这个著作整

① 《马克思恩格斯全集》第26卷第2册，人民出版社1973年版，第571页。

体才能完整、准确地在思维的进程中再现资本主义经济关系的总体。这个再现过程如马克思描述的那样："在这些危机中综合起来的各个因素，必然在资产阶级经济的每一个领域中出现并得到阐明。我们越是深入地研究这种经济，一方面，这个矛盾的越来越新的规定就必然被阐明；另一方面，这个矛盾的比较抽象的形式会再现并包含在它的比较具体的形式中这一点，也必然会被说明。"①

三、《资本论》中危机的要素形式

按照马克思在《经济学手稿（1857—1858年）》和《剩余价值理论》中的阐述，"资本一般"层面上出现的危机理论只有危机的两种元素形式，以及在此基础上逐步发展了的危机的潜在的可能性或危机的要素。也就是说，《资本论》阐述的危机理论只是包含了危机最一般的可能性或最抽象的形式，以及得到进一步发展的危机的可能性或得到进一步发展了的危机的抽象形式。其中第一卷中阐述的危机的两种形式，即商品形态变化本身包含的危机的可能性和货币作为支付手段职能包含的危机的可能性，属于危机的两种元素形式或最一般的可能性。除此之外，并未增加危机的任何新的要素，这里只是潜在地包含着危机的要素，"因为生产过程就是剩余价值的占有，因而也是剩余价值的生产。但是在生产过程本身，这一点是表现不出来的，因为这里不仅谈不到再生产出来的价值的实现，也谈不到剩余价值的实现"②。在阐述资本流通过程的第二卷中，第一卷考察资本的形态变化时已经显露出来的危机的萌芽形式才初次显露出来。不过，"在论述再生产的这一部分只能做不充分的叙述"，还"需要在《资本和利润》一章中加以补充"。③ 在阐述"资本主义生产总过程"的第三卷中，由于总再生产过程表现为"资本的生产阶段和资本的流通过程的统一"，所以，"这里包含着得到进一步发展的危机的可

① 《马克思恩格斯全集》第26卷第2册，人民出版社1973年版，第582页。
② 《马克思恩格斯全集》第26卷第2册，人民出版社1973年版，第585页。
③ 《马克思恩格斯全集》第26卷第2册，人民出版社1973年版，第586页。

能性，或者说，包含着得到进一步发展了的危机的抽象形式"①。但是，由于《资本论》所考察的是"资本的一般性质"，并未包括资本主义生产的比较具体的形式。所以，《资本论》第三卷对"危机的萌芽形式"所做的补充，基本上没有超出"资本一般"的范围。

在《资本论》的原理部分中，包含着这样一些危机的要素形式：

（1）生产力与商品经济一定程度的发展，是生产普遍过剩危机的基础。历史上，工场手工业尽管大大地促进了生产力的发展，但其生产能力满足市场需求的能力有限，还不足以导致普遍的生产过剩危机。到了资本主义机器大工业时代，生产的技术限制逐渐被打破，从而使资本本身的扩张力突然增强，这样"一旦与大工业相适应的一般生产条件形成起来，这种生产方式就获得了一种弹性，一种突然地跳跃式地扩展的能力，只有原料和销售市场才是它的限制"②。当机器大工业对整个国民生产产生绝对影响时，巨大的生产能力能够满足任何形式、任何规模的市场需求，而市场却日益成为生产发展的主要制约因素，结果使生产过剩危机的可能性变成了现实。所以，机器大工业是危机的可能性向现实性转化的物质基础，是形成普遍生产过剩危机的生产力条件。"当机器工业如此根深蒂固，以致对整个国民生产产生决定性影响时……才开始出现不断重复的周期，它们的各个相继的阶段都为时数年，而且它们总是以一场普遍危机的爆发而告终。"③ 商品经济是资本主义生产方式的自然条件。马克思曾指出，资本主义商品生产一开始就是发达的商品生产，发达的商品生产使商品内在矛盾的各种形式得到了充分的体现，而资本主义生产方式的矛盾展开只有在商品内在矛盾能够充分展开的地方才能实现。

（2）经济危机的萌芽形式、元素形式或最一般的形式。在商品货币关系存在的条件下，商品形态变化本身，即买和卖的分离，包含着危机的可能性；货币作为支付手段的职能，在两个不同的、彼此分开的时刻执行着价值尺度和价值实现的职能，这里也包含着危机的可能性。危机

① 《马克思恩格斯全集》第26卷第2册，人民出版社1973年版，第586页。
② 《资本论》第1卷，人民出版社2004年版，第519页。
③ 《马克思恩格斯全集》第49卷，人民出版社1982年版，第240—241页。

的这两种萌芽形式、元素形式或最一般的形式，它们是形成危机的基础，现实中的经济危机尽管其形式多种多样，但从根本上说，都能够找到这两种元素形式。“危机的一般可能性就是资本的形式上的形态变化本身，就是买和卖在时间上和空间上的彼此分离。但是这决不是危机的原因。因为这无非是危机的最一般的形式，即危机本身的最一般的表现。但是，不能说危机的抽象形式就是危机的原因。如果有人要问危机的原因，那末他想知道的就是，为什么危机的抽象形式、危机的可能性的形式会从可能性变为现实性。”①

（3）由商品形态变化转变为资本形态变化。对于资本主义经济危机而言，这是一个具有决定意义的条件。马克思指出，只要资本也是商品并且只是商品，那么包含在这个形式中的危机的一般可能性，即买和卖的分离，也就包含在资本的运动中。此外，鉴于不同商品的形态变化是相互联系的，所以，一种商品转化为货币是因为另一种商品从货币形式再转化为商品。因此，买和卖的分离在这里进一步表现为：一笔资本从商品形式转化为货币形式，相应地另一笔资本就必须从货币形式再转化为商品形式，一笔资本发生第一形态变化，相应地另一笔资本就必须发生第二形态变化；一笔资本离开生产过程，相应地另一笔资本就必须回到生产过程。不同资本的再生产过程和流通过程的这种相互联结和彼此交叉，一方面由于分工而成为必然，另一方面又是偶然的，因此，对于危机内容的规定已经扩大了。其次，作为支付手段的货币形式产生的危机的可能性，在考察资本时，这种可能性转化为现实性的更现实得多的基础已经显露出来了。例如，织布厂主必须支付全部不变资本，如棉纱、亚麻、织布机、木材、煤炭等，但他出卖布给商人得到的却是一张汇票，当商人到期支付不出货币时，就会发生普遍的危机。这种在考察货币作为支付手段时发现的危机的可能性，在资本主义生产中，我们已经看到了使危机的可能性转变为现实性的条件。所以，在商品流通和货币流通中发展起来的矛盾，包括危机的可能性，以及潜在危机的进一步发展，必然会在资本关系中展现出来，因为实际上只是在资本关系发展的基础

① 《马克思恩格斯全集》第26卷第2册，人民出版社1973年版，第588页。

上才有发达的商品流通和货币流通。

(4) 随着资本积累，生产有无限扩大的趋势，但劳动人民的购买力相对缩小，两者之间的矛盾周期性激化，也是危机的要素之一。在这个要素存在的条件下，一方面资本的所有者把国民收入中越来越多的部分用于资本积累，从而使生产能力越来越大，另一方面民众的有效需求购买力相对缩小，结果使生产与消费之间的失衡加剧，最终导致危机的发生。这是生产相对过剩危机具有决定意义的要素。"而构成现代生产过剩的基础的，正是生产力的不可遏止的发展和由此产生的大规模的生产，这种大规模的生产是在这样的条件下进行的：一方面，广大的生产者的消费只限于必需品的范围，另一方面，资本家的利润成为生产的界限。"[①] 资本主义生产过剩的根源在于资本主义基本矛盾。

(5) 商品的生产与流通表现为资本的生产过程与流通过程的统一，而且这种关系在整个国民经济中占据主体地位。资本的生产过程与流通过程的统一，两者既存在分离的可能性，也存在统一的必然性，所以这里包含着危机的要素。如果用马克思的话说，就是："如果这两个阶段只是彼此分离而不成为某种统一的东西，那就不可能强制地恢复它们的统一，就不可能有危机。如果它们只是统一的而彼此不会分离，那就不可能强制地把它们分离，而这种分离还是危机。危机就是强制地使已经独立的因素恢复统一，并且强制地使实质上统一的因素变为独立的东西。"[②]

(6) 资本循环连续不断进行的实现条件与实现形式之间的矛盾，实现形式不能确保循环的连续性，因而存在循环中断的可能性。一旦循环中断，危机就会爆发。所以，这里包含着危机的要素。

(7) 周期性经济危机的物质基础。"这种由一些互相连结的周转组成的长达若干年的周期（资本被它的固定组成部分束缚在这种周期之内），为周期性的危机造成了物质基础。在周期性的危机中，营业要依次通过松弛、中等活跃、急剧上升和危机这几个时期。虽然资本投入的那段期

---

① 《马克思恩格斯全集》第 26 卷第 2 册，人民出版社 1973 年版，第 603 页。

② 《马克思恩格斯全集》第 26 卷第 2 册，人民出版社 1973 年版，第 586 页。

间是极不相同和极不一致的，但危机总是大规模新投资的起点。因此，就整个社会考察，危机又或多或少地是下一个周转周期的新的物质基础。”①

(8) 社会资本再生产顺利进行的实现条件与实现形式之间存在着矛盾，实现形式不能满足实现条件的要求，造成社会再生产周期性比例失调、结构失衡，最终通过危机强制恢复均衡。

(9)“大工业的技术手段使得有可能把大量增长的产品非常迅速地变成追加的生产资料，并且更加迅速地把商品从世界的一端运到世界的另一端。如果这些商品的低廉价格最初为它们开辟了新的市场并扩大了旧的市场，那么这些商品的过剩会逐渐地缩小整个市场，直到它们突然被排挤出市场为止。因此，商业的兴衰就同社会资本的交替运动结合在一起，社会资本在自己的积累过程中有时在构成上发生根本变革，有时又在已经达到的技术基础上增长。所有这一切影响，都会促使生产规模突然膨胀和收缩。”②

(10) 社会一般利润率有下降趋势。随着资本有机构成的提高，一般利润率有下降的趋势。资本主义基本矛盾通过利润率下降同时利润量增长的规律展开为剩余价值生产和剩余价值实现的矛盾，生产扩大和价值增殖的矛盾、人口过剩和资本过剩的矛盾，等等。这些矛盾的激化就是危机。危机只能暂时克服这些矛盾，并使矛盾更加深刻和扩大。

总之，在与“资本一般”考察的内容基本一致的《资本论》中，只能在矛盾展开的环节上出现若干危机的要素形式，这些要素形式均属于危机的抽象形式或危机的可能性，从危机的可能性到现实性还有许多中介环节，即危机的因素、条件、可能性，只有在“世界市场”层面上，危机才发展为整体，才形成完整的危机理论。

---

① 《资本论》第2卷，人民出版社2004年版，第206—207页。

② 《马克思恩格斯全集》第49卷，人民出版社1982年版，第240页。

四、"竞争""信用""股份资本"等篇中危机的要素形式

竞争、信用属于"许多资本"之间关系的范畴，它们都是资本之间相互作用的杠杆形式。在竞争中，小资本被大资本吞噬，使资本越来越集中到少数人手中；在竞争中，企业全力推进技术创新，从而使社会生产力提高；在竞争中，资本有机构成不断提高，从而使社会一般利润率下降……总之，竞争使各种经济规律得以贯彻。在发达的信用关系下，社会闲散资金被最大限度转化为资本，使社会生产的扩张能力大大超过资本积累对它的限制，从而为生产过度扩张与商业过度繁荣创造了条件。股份资本本身是信用关系发展的产物，建立在信用基础上的股份制能够充分地动员社会闲散资金加入到资本的行列，能够实现小资本对大资本的支配，还是资本进行投机活动的最有效的手段之一。

"现实危机只能从资本主义生产的现实运动、竞争和信用中引出。"①而在阐述"资本一般"的层面上，"资本主义生产的现实运动、竞争和信用"等还不属于这个层面详细考察的对象。在"竞争"的专门学说中，将详细阐述资本主义社会错综复杂的竞争关系："许多资本的相互作用；资本家阶级与土地所有者、雇佣工人之间的竞争；土地所有者、雇佣工人内部的竞争；竞争的实际运动（供给和需求；市场价格的现实运动；利润平均化过程）；竞争的作用；各种类型的竞争与实现形式；垄断与竞争；对竞争学说的历史考察。"② 在资本主义社会，各利益主体为了实现自身利益最大化，必然展开激烈竞争。即使每个竞争者以理智的方式参与竞争，但就整个社会而言，也表现为无政府状态的竞争，因而很难做

---

① 《马克思恩格斯全集》第 26 卷第 2 册，人民出版社 1973 年版，第 585 页。

② 本文列举了马克思经济学著作"六册结构"计划中"竞争""信用""股份资本""土地所有制""雇佣劳动""国家""对外贸易""世界市场"等篇、册的内容，这些内容引自本文作者的另一篇论文《马克思经济学著作"六册结构"计划内容研究》，该文对这些内容的来源与确定有详细的论证。

到理智。一旦某些行业、产业、产品生产有利可图，资本就会蜂拥而至，直至供给严重地超过需求，使绝大多数投资者陷入困境。这样的过程一旦在所有的行业、产业、产品生产中被复制，普遍生产过剩危机就要爆发了。但是，事实上，当经济进入周期的繁荣阶段，竞争者的非理性竞争逐渐占据上风，滥设企业、证券投机、高负债经营，经济一旦出现减缓的迹象，危机就会爆发。经济危机爆发后，每一个资本家为了尽量减少损失，把损失转嫁给别人，争先恐后、夺路而逃，结果使危机加剧。不仅如此，随着利润率的下降，资本过剩，资本家之间展开激烈的竞争，结果使生产过剩加剧，只好通过经济危机来得到强制的暂时的解决。满足社会经济顺利运行的均衡与连续性条件，从抽象到具体，表现为一个十分复杂的体系，其内在发展趋势都要通过竞争的强制作用来实现。所以，现实经济生活中所有均衡与连续性关系都会在竞争中周期性地走向失衡与中断，又周期性地得以恢复。资本的这种现实运动是在竞争中强制实现的，因而竞争中包含着危机的可能性，它是周期性经济危机的强制实现形式。总之，在资本主义社会，构成社会的三大阶级之间、各阶级内部存在着复杂的竞争关系，尤其是许多资本之间的竞争，小资本被大资本吞噬，使资本越来越集中到少数人手中；在竞争中，企业全力推进技术创新，从而使社会生产力提高；在竞争中，资本有机构成不断提高，从而使社会一般利润率下降；竞争使经济危机以更加猛烈的方式爆发。总之，资本主义经济危机周期性发生的规律通过竞争而实现。

信用是许多资本之间关系的媒介，马克思的关于信用的学说涉及这样一些内容："信用制度（前资本主义信用制度与资本主义信用制度）；信用形式（私人信用）、信用工具；资本主义信用的作用（各种收入转化为资本）；利息与利息率（多样性、决定因素、影响因素、平均利息率）；信用与产业周期的关系（利息率在产业周期中通过的循环）；信用制度和通货变动的关系；信用的收缩与扩张对社会经济的影响；银行机构与银行制度。货币市场；信用过剩；对信用理论史的考察。"

透过上述内容，我们发现危机的要素形式进一步增加了：

（1）现代资本主义制度是"再生产过程的全部联系都是以信用为基

础的生产制度"[①]，信用渗透在资本主义全部经济关系之中。因此，信用对危机影响的可能性、对危机的传播和破坏力量都大大加强了。

（2）通过汇集社会的闲散资金并对其进行再分配，"促使每个生产领域不是按照这个领域的资本家自有资本的数额，而是按照他们生产的需要，去支配整个资本家阶级的资本"。[②] 这就为资本主义生产的盲目扩大和过度膨胀创造了条件。特别是在工业高涨时期，更是使生产的发展不顾有支付能力的需求而跳跃式增长，从而孕育了日后更加猛烈的危机。"在有利情况的刺激下，信用使大量不断增长着的社会财富涌入生产，使新资本涌入生产，这些新资本的所有者都急不可待地要增殖资本，总是在等待着适当的时机。"[③]

（3）现代信用制度所促成的商人资本的独立化和商人资本的特别巨大的发展，不仅使它自身的运动在一定界限内不受再生产过程的限制，而且甚至还会驱使再生产过程越出它的各种限制，进而形成虚假的社会需求。

（4）赊买赊卖的商业信用形式已经使生产过程同流通过程分离开来，而通过票据贴现或以当时卖不出去的商品为抵押进行贷款的银行信用形式更使这种分离扩大化和严重化。银行信用创造出使商品资本向货币资本转化得以预先实现的形式，即缩短流通的形式，也就是信用使货币形式的回流不以实际回流的时间为转移。这种情况无论对产业资本家还是商业资本家都是如此。但是，这种在繁荣时期回流迅速而可靠的假象，在回流时间内保持下去，因为信用的回流会代替实际的回流。这样，实际的生产过剩便被掩盖起来了。

（5）信用是投机的基础和欺诈行为的一种最有效的工具。各种投机行为，都属于人为地使再生产过程猛烈扩大的体系。此外，投机常常是发生在生产过剩已经严重的时期。它是生产过剩的暂时出路，但是，这样它又加速了危机的来临和加强危机的力量。总之，信用不顾资本自身的界限而将再生产过程强化到极限，使资本主义基本矛盾以及作为

① 《资本论》第3卷，人民出版社2004年版，第555页。

② 《马克思恩格斯全集》第26卷第2册，人民出版社1973年版，第233—234页。

③ 《马克思恩格斯全集》第49卷，人民出版社1982年版，第240页。

其表现的生产和流通的矛盾、生产和消费的矛盾尖锐化起来。于是，“信用制度表现为生产过剩和商业过度投机的主要杠杆”，“加速了这种矛盾的暴力的爆发，即危机，因而促进了旧生产方式解体的各要素”。[①]

(6) 在一个信用关系发达的社会，以货币为媒介的交易为信用交易所代替，“一个接一个的支付链条和抵消支付”成了交易活动的普遍形式。

(7) 信用危机、货币危机以产业危机的倒置形式表现出来。

(8) 信用与产业周期。

(9) 信用是各利益主体之间发生经济关系的媒介。建立在信用基础上的交换关系表现为债权债务关系，这种关系的横向发展与纵向延伸往往形成债务链条。只要有信用的支持，生产与商业可以在短期内迅速膨胀，形成虚假繁荣，随着经济的泡沫化与破灭，债务链条中断，商业危机爆发。建立在信用基础上的股份资本，它充分动员了社会闲散资金并将其转化为资本，从而促进了生产的扩大，但与此同时却挤占了消费基金，结果加深了生产与消费之间的矛盾。

“股份资本”产生与发展的基础是“信用”，在“股份资本”的专门学说中，其内容大致有：“信用关系的发展与股份制；股份公司与股份资本（对资本主义生产的影响）；股票、虚拟资本与创业利润；股票市场与证券交易所；股份资本推动社会矛盾的加深与展开；股份资本发展的历史趋势；对股份制学说的历史考察。”相对于单个私人资本而言，股份资本可以充分地动员社会闲散资金转化为资本，这种由集中而形成的大资本拥有发展资本与技术密集型产业的优势，因而可以形成小资本无法企及的生产能力，以更大规模、更高的效率促进生产力的发展。但与此同时，消费处于相对萎缩状态，生产资料日益集中到少数大资本手里。这种发展趋势表明，股份资本的形成与发展加深了资本主义的基本矛盾。信用的发展为自己创造了股份资本，股份资本的发展为自己创造了股票市场与证券交易所，股票市场与证券交易所为投机提供了场所。证券交易所的极度投机，使证券资产泡沫化，随着泡沫的破灭，证券市场崩溃，

① 《资本论》第3卷，人民出版社2004年版，第499—500页。

危机爆发。

总之，"竞争""信用""股份资本"等篇中包含着危机的要素形式，这些形式使危机的可能性得到了进一步发展。

五、"土地所有制""雇佣劳动"等册中危机的要素形式

研究结果表明，"土地所有制"册应当包括以下一些内容："资本创造了资本主义土地所有制；农业中资本主义发展的不同道路；资本主义土地所有权关系在经济上的实现形式（租金，各种赋税，作为租税的地租）；农业生产力的发展、科技进步对农业的作用、土地肥力递减规律；地租有上涨趋势；资本主义农业中的竞争与垄断；资本主义土地所有权关系的扬弃（土地所有权和农民同国家的关系；土地国有化）；农业劳动的专门问题；农业中的特殊剥削形式；土地所有权理论史。"这些内容中，包含着危机的新要素，例如：

（1）受土地私有权垄断、土地资源的稀缺性、农业耕作技术进步与效率提高等因素的影响，地租有上涨的趋势，作为一种应对方式，农业资本家扩大耕作面积，改进农业种养殖技术，增加产量，以降低成本、增加收益，以此向土地所有者交付地租并弥补因农产品价格下跌而造成的损失，这样做的结果使农产品供给过剩，使农业陷入危机。大量的中小农户为了糊口和缴纳地租，不得不维持生产规模的持续增长。结果，即使在农业危机期间，农业生产不仅没有缩减，反而有增加的趋势。这就进一步加深了农业生产的增长同农产品市场相对缩小之间的矛盾，造成农产品持续过剩，使资本主义农业陷于长期的慢性危机之中。

（2）农产品价格的波动对产业周期的影响：如果农产品价格持续上涨，会增加工业成本，减少工业品需求，工业品生产过剩加剧；如果农产品价格暴跌，农业部门陷入危机，进而波及工业部门。农产品的一部分作为生产资料用于生产消费，一部分作为生活资料用于生活消费，所以，农业生产的顺利进行不仅要求农产品的生产与工业产品生产保持比

例关系，农产品生产内部用于生产资料的部分与用于生活资料的部分也要保持比例关系。随着农业种植技术、养殖技术与耕作方式的进步，农业生产不仅实现了机械化、电气化和化学化，而且已发展成为工业化、专业化和社会化的现代大农业。这种大农业一方面使农业劳动生产率大大提高，农产品供给持续增长；另一方面又不断加快农业中生产集中和资本集中的过程，农场兼并加剧，中小农场大批破产，资本主义大农场迅速扩展。结果，资本主义基本矛盾进一步加深，导致资本主义世界性农业危机更加严重。

(3) 农产品供给减少，价格上涨，会加剧工业利润下降、产品生产过剩，从而孕育着危机。地租的上涨导致土地价格的上升，进而推动房地产价格上涨，在信用与投机行为的驱动下，房地产泡沫化，随着泡沫的破裂，金融危机爆发。

根据马克思的提示和学术界的研究推测，“雇佣劳动”册应当包括以下一些内容：“地产向雇佣劳动转化；必要生活资料的平均范围（其中的历史与文化、生活方式等因素）；雇佣工人再生产的条件；工人专门技能的形成机制、对物质利益关系的影响（资本对劳动力需求的减少、工人内部的竞争与工人技能的形成与更新机制）；工资的现实运动；工资‘各种各样的形式’；工人之间的竞争；工资平均化趋势；非生产的雇佣劳动问题；工人阶级的斗争；工会的作用；雇佣劳动理论史。”这些内容中，同样包含着危机的要素形式。例如：到了机器大工业时代，资本的发展不仅需要相对过剩的人口，而且也有了相对过剩人口的形成机制；资本积累的增长和资本有机构成的提高，使资本总额中的不变资本所占比重不断增加，而可变资本所占比重相对减少，从而使一部分工人不断被“游离”出来。“既然这种过剩人口只是对资本主义剥削的暂时需要相对而言才存在，它就可以突然膨胀，也可以突然收缩。”[①] 正是在过剩人口的这种激烈变动的基础上，形成社会再生产过程的周期性的起伏跌宕。不仅如此，在相对过剩人口存在的条件下，工人之间的竞争为资本家把工人工资压低到劳动力价值之下提

① 《马克思恩格斯全集》第49卷，人民出版社1982年版，第238页。

供了可能。工人工资降低，资本所得增加，进一步加剧了生产与消费之间的矛盾，从而成为危机的要素之一。

总之，危机的要素形式在这个层面上继续增加，由于受材料和篇幅的限制，这里只能列举少数几点。

六、“国家”“对外贸易”等册中危机的要素形式

研究表明，“国家”册应当包括以下内容：“资产阶级社会在国家形式上的概括（国家通过法制调整和维持三大阶级之间的既定关系）；国家的经济职能及其实现形式；非生产阶级；税、国债、公共信用；人口、移民、殖民地；国家形式与经济结构；国家理论史。”这些内容中同样包含着危机的更加具体的要素形式，只是受篇幅所限，这里仅列举少数几点：

（1）假设国家不担负经济职能，实行自由放任的经济制度，资本主义基本矛盾也会自然发展，其总趋势是逐步加深，越来越尖锐，最终以周期性激化、周期性经济危机的方式表现出来。假设国家履行经济调节、市场监管、社会管理和公共服务等职能，如果这些行为符合社会化大生产的客观要求，则可缓解资本主义基本矛盾，减轻危机；否则，将会加深矛盾，加重危机。由于资本主义经济制度的局限性与社会化大生产的复杂性，资本主义国家无论履行还是不履行干预经济的职能，均无法从根本上克服危机的周期性爆发。

（2）占有和支配一定规模的国民收入，是国家履行其经济职能的物质基础。国家通过征税、收费、创办和经营国有企业、发行债券等途径获得收入，然后通过对这些收入的再分配和支出，满足自己履行经济职能的需要。国家履行经济职能的目的是为了促进社会的和谐发展，其中经济和谐是发展的基础。经济的和谐发展须保持社会经济重大比例关系的协调，须防止两极分化。为此，从理论上说，国家必须采取财政、货币、产业、收入分配等政策，通过举办公共工程、提供社会保障与社会福利、推动科学技术进步、控制货币发行量等具体措施，实现充分就业、

经济增长、物价稳定、收支平衡等目标。但是，在资本主义条件下，由于资本主义基本矛盾的存在，政府对经济的干预往往在缓解了经济总量某些方面失衡的同时，造成某些方面新的更大的失衡。例如，政府在入不敷出的条件下，仍然通过举债维持庞大的支出计划，寅吃卯粮、负债累累，造成国家财政收支过度失衡，这种状况一旦与经济衰退相叠加，就会发生支付危机。如果政府的政策刺激某些行业过度发展、过度投机，也会酿成新的危机。总之，在资本主义条件下，政府对经济的干预过少，往往会造成经济的比例失调；干预过多，也会造成比例失调；适度干预很难把握。在现代社会，因政府不适当干预造成的经济危机时有发生，政府已经是周期性经济危机创造者之一。

根据马克思的提示与学术界的研究，“对外贸易”册应当包括以下内容：“生产的国际关系；国际分工、国际交换；对外贸易与社会资本再生产；殖民地、输出与输入；货币作为国际铸币、汇率；国家对外（维护主权利益、自由贸易和保护关税）；对外贸易理论史。”根据这些内容以及经济危机的历史表现，“对外贸易”册包含着更多的危机的要素形式，但这里只能列举其中的几点。

(1) 在“六册结构”计划阐述基本原理的层面上，“对外贸易”属于被抽象掉的因素，社会资本再生产的实现条件也只是一些“一般条件”，尚未考虑民族国家之间的贸易关系，一旦把这些更为具体的因素考虑在内，社会资本再生产的实现条件就增加了新的内容。也就是说，当民族国家社会资本再生产平衡关系遭到破坏时，通过对外贸易可以起到“补救”作用。因为对外贸易“可以增加某个国家的剩余产品能转化的形式和能用来消费掉的形式”①，例如，当某国内以不变资本的实物形式存在的剩余产品部分，可以转化为别国以个人消费品形式存在的剩余产品形式；反之亦然。对外贸易能够在一定程度上缓解生产过剩，使再生产可以暂时继续进行。但是，这也仅仅限于在一定范围内和一定程度上对再生产过程和危机起补救和缓解的作用，并不能从根本上避免和克服危机。

(2) 对外贸易在缓解生产过剩的同时，也表现为危机的一个新的因

---

① 《马克思恩格斯全集》第48卷，人民出版社1982年版，第146、147页。

素和条件。它增加了危机的可能性，加速了危机的传播，扩大了危机的范围。

(3) 过度的国际贸易是引发世界市场危机的直接原因之一。信用膨胀和生产的盲目扩大，使一国的对外贸易极度扩张，过多的出口超过了世界市场的承受能力，商品资本无法转化为货币资本；过多的进口，支付逆差，外汇流出。一切国家同时出口过剩或同时进口过剩，物价在一切国家上涨，信用在一切国家过度膨胀。接着就在一切国家发生同样的总崩溃。

(4) 对外贸易的发展使一个国家的再生产条件发生了根本性变化，即形成再生产条件国际化。"整个国家的生产既不是用它的直接需要，也不是用扩大生产所必需的各种生产要素的分配来衡量。因此，再生产过程并不取决于同一国家内相互适应的等价物的生产，而是取决于这些等价物在别国市场上的生产，取决于世界市场吸收这些等价物的力量和取决于世界市场的扩大。这样，就产生了越来越大的失调的可能性，从而也就是危机的可能性。"① 因此，对外贸易也"不是单纯补偿各种要素（按价值说也是这样）"，而是还有其他的职能和作用。当资本主义的基本矛盾以及作为它的表现的生产和消费的矛盾、生产和流通的矛盾等等的激化而最后引起危机时，对外贸易不仅不能阻止危机的爆发，而且它本身还会"把矛盾推入更广的范围，为这些矛盾开辟更广阔的活动场所"。② 特别是对发达的资本主义国家来说，对外贸易把它同世界上许多其他国家和地区联系起来，把它们变成商品的销售市场和原料供应地，从而加强了它的危机向其他国家扩大的可能性和范围，使其他各国也发生危机的连锁反应。这样，便最后促成普遍的世界市场危机。

① 《马克思恩格斯全集》第48卷，人民出版社1982年版，第147页。
② 《资本论》第2卷，人民出版社2004年版，第525页。

七、“世界市场”册中危机的要素形式及其总体概括

根据马克思的提示与学术界的研究，“世界市场”册应当包括以下内容：“资产阶级社会越出国家的界限；生产以及它的每一个要素都表现为总体，同时一切矛盾都展开了；世界市场构成总体的前提和承担者；危机，以交换价值为基础的生产方式和社会形式的解体，于是，危机就是普遍表示超越这个前提；迫使采取新的历史形式，个人劳动实际转化为社会劳动及相反的情况；世界市场理论史。”这些内容表明，逻辑进程达到这一阶段，资本主义的一切矛盾已经充分展开，不再抽象掉什么要素，范畴与资本主义生产方式完全符合。由于资本主义经济危机是资本主义各种矛盾充分展开后的结果，所以危机的要素形式在这一阶段全部表现出来，并且得到综合与概括，从而形成了危机理论总体。这一阶段的概括主要包括以下几个方面。

1. 对危机本质关系的概括。

这项概括将依次说明资本主义经济危机本质上是生产相对过剩的危机，且表现为周期性；生产相对过剩危机形成的根源、机制；资本主义发展到世界市场阶段，危机表现为总体，成为世界市场危机。这项概括使以下结论有了更充实的理论基础：“世界市场危机必须看作资产阶级经济一切矛盾的现实综合和强制平衡。”① 因为“资产阶级生产的一切矛盾，在普遍的世界市场危机中集中地暴露出来”。② 危机永远只是现有矛盾的暂时的暴力的解决，永远只是使已经破坏的平衡得到瞬间恢复的暴力的爆发。世界市场危机具有普遍性和统一性，各个国家发生危机的时间趋于一致，并处于统一的世界经济周期中。各国生产相互联系和相互依赖的加深，必然使社会资本再生产过程具有世界周期性，从而使危机也具有世界同步性，这是一种必然趋势。

---

① 《马克思恩格斯全集》第26卷第2册，人民出版社1973年版，第582页。

② 《马克思恩格斯全集》第26卷第2册，人民出版社1973年版，第610页。

2. 周期性经济危机是一个辩证的发展过程。

其核心要点有：“危机表现出各个彼此独立的因素的统一。没有表面上彼此无关的各个因素的这种内在统一，也就没有危机。”① 所以，“危机无非是生产过程中已经彼此独立的阶段强制地实现统一”。因为，“相互联系和不可分离的因素彼此脱离，因此它们的统一要通过强制的方法实现，它们的相互联系要通过强加在它们的彼此独立性上的暴力来完成”。② 马克思对危机现象的这种辩证表述不仅说出了危机的本质、形成危机的条件、爆发危机的客观必然性，也说出了他对危机问题的认识从根本上与李嘉图等人的差异。所以，这两段经典表述属于马克思经济危机理论最为核心的内容，作为主线，它贯穿于马克思危机理论的整个体系中。

3. 对危机理论体系逻辑结构的概括。

危机理论体系的起点是危机最一般、最抽象的可能性，即危机的元素形式，终点是“世界市场危机”。在起点与终点之间，危机的要素形式按照从抽象到具体的逻辑顺序依次出现，本文在“马克思危机理论的方法论特征”一节中已经做了阐述。

4. 对危机理论的概括。

一旦理论阐述到了“世界市场”层面，资本主义生产方式的各种矛盾已充分展开，危机的所有要素形式都被揭示出来，并且以分散的方式分布在理论体系的多个环节上。由于理论阐述已经从抽象回到具体，所以有必要在这个层面上对危机的要素形式进行总体概括，使其成为一个有机的整体。这样的一种概括自然应当从最抽象的元素形式开始，然后沿着“六册结构”体系的逻辑顺序依次展开，最后以“世界市场危机”结束，从而完成对危机的要素形式的总体概括。

5. 对世界市场危机及其要素的概括。

这项内容很可能涉及以下一些要素。

(1) 周期性资本主义经济危机具有世界性。“世界市场是资本主义生产方式的基础和生活条件”，因而也是这一生产方式的矛盾的集中体现的

① 《马克思恩格斯全集》第 26 卷第 2 册，人民出版社 1973 年版，第 571 页。
② 《马克思恩格斯全集》第 26 卷第 2 册，人民出版社 1973 年版，第 581 页。

世界市场危机得以形成和发展的基础和条件。世界市场的形成加速了资本主义的普遍发展，促使各资本主义国家达到自身内部产生生产过剩的成熟程度，同时也加强了世界各国和地区的广泛的经济联系和相互依赖关系，从而使危机发展成为普遍的世界市场危机。世界市场作为国内市场的延伸和补充，可以在一定程度上缓解资本主义生产同国内市场相对狭小的矛盾。然而这种作用是非常有限的。世界市场有其外部界限，尽管它潜在地能够扩大，但在一定的时间内是有限的。资产阶级用夺取新市场的办法来克服危机，"这不过是资产阶级在准备更全面更猛烈的危机的一种办法"[①]。世界市场空间的扩大，使生产和流通、买和卖分离更加严重，流通时间更加延长，商品资本所占比重绝对增加，从而使信用膨胀，期限延长，使危机潜在的可能性转化为现实性的条件更为成熟。

(2) 经济危机总是首先发生在经济实力最为强大的国家中占支配地位的产业。

(3) 在国际贸易中占绝对优势的工业强国形成世界市场危机的策源地和中心。

(4) 危机中心国的危机对其他国家的影响程度，主要取决于它们之间贸易、金融、投资方面联系、融合的紧密程度。

(5) 国际贸易、国际金融是危机传播的主要途径。

(6) 一国在危机前已经生产过剩，在对外贸易上造成出口过多和进口过多，支付差额为逆差，从而导致贵金属流出。贵金属的流出促使该国爆发经济危机，危机的爆发又会造成贵金属流向的反弹而重新流入。一国贵金属流入，在另一国表现为贵金属流出，于是危机便在另一国重演。

(7) 再生产能力迅猛增长的条件下，保护关税限制了市场空间，更容易造成生产过剩，酿成危机。

(8) 国际信用是形成世界市场危机的两大基本要素之一：信用使全部交换活动集中在商业手中，一旦信用链条中断，危机就爆发。"在信用中，资本主义生产方式为自己创造出适合于生产过程规模的、缩短流通

① 《马克思恩格斯全集》第4卷，人民出版社1965年版，第472页。

过程的必要形式，而由这种生产方式同时形成的世界市场，有助于在每个个别场合把这种形式的作用掩盖起来，并且为这种形式的扩大提供非常广阔的余地。”① 在世界市场上，信用回流代替实际回流的现象更加严重，从而会更加长久地把实际的生产过剩掩盖起来，孕育着危机更加猛烈地爆发。随着市场距离的延伸，信用期限延长，投机因素增加，一旦遇到价格革命，会引起债务链条中断。

6. 危机的双重作用。

世界市场危机是双重的：它一方面是对现有资本主义矛盾的暂时的暴力解决和瞬间的强制平衡，资本主义正是通过危机为自己开辟道路，并得以存在和发展；另一方面又为资本主义矛盾的进一步加深和平衡的更加严重的破坏创造了条件，推动资本最终超越自己的资本主义前提，并促使人类社会“采取新的历史形式”。②

八、结　束　语

在“六册结构”计划中，经济危机是一个总体范畴或最为具体的范畴，因而被安排在“世界市场”册的最后进行总体概括。此前出现的都是危机的要素形式，即随着理论体系从抽象到具体地展开，矛盾不断深化，危机的要素形式依次被揭示出来，直到“世界市场”层面，这些形式才得以充分表现，危机才发展为总体范畴，对危机的要素形式才能进行总体概括，危机理论才最终成为一个有机的整体，才具备了总体意义上的“许多规定的综合与多样性的统一”。危机的要素形式属于危机的个别的、分散的、局部的、片面的规定性，因而它们反映的只是危机的某些局部的、片面的特征和关系，通过这些要素形式，人们还不能认识危机的总体形式，即现实危机或世界市场危机。正因为如此，马克思反对用危机的“要素形式”或“抽象形式”说明危机，更不能把这些形式看

① 《马克思恩格斯全集》第49卷，人民出版社1982年版，第292页。

② 《马克思恩格斯全集》第46卷上册，人民出版社1980年版，第178页。

做是危机的原因。只有把危机的要素形式放在总体中，放在它们的相互联系中，才能认识现实危机，才能揭示危机的根源。本文从“六册结构”计划的角度对马克思危机理论做了解读，这项研究工作不仅有助于我们全面、深入、准确地认识马克思危机理论，也有助于我们正确地认识和解释现实危机。

（原文发表于《政治经济学评论》2015 年第 2 期）

十四
所谓“马克思恩格斯对立”问题

国外对恩格斯《资本论》第二卷编辑工作的评价

徐　洋*

2012年8月《马克思恩格斯全集》历史考证版最后一个分卷MEGA②Ⅱ/4.3出版以后，马克思恩格斯著作编辑中的“马克思恩格斯问题”被推向新的热度。就《资本论》来说，所谓“马克思恩格斯问题”，指的是恩格斯在编辑出版《资本论》第二册和第三册的过程中是否准确地把握了马克思的思路的问题。这个问题在1885年恩格斯出版《资本论》第二卷之后差不多就出现了，由于各种因素的推动，在20世纪70年代之后达到高峰。[①] 不过当时参与讨论的各方中，只有少数人是在仔细研究了马克思恩格斯的原始手稿之后才发表意见的，多数人主要基于自己的倾向、猜测以及一些旁证材料来发言。21世纪初，《资本论》第二册、第三册手稿和恩格斯的第二册、第三册编辑稿、刊印稿陆续在MEGA中发表完毕，由此《资本论》中的马克思恩格斯问题再度被推到聚光灯下。本文仅就《资本论》第二卷来介绍100多年来这一方面的情况。由于在《资本论》创作史上“第二卷”所指存在歧义，而“第二册”则内涵单一，所以本文行文主要使用《资本论》第二册来指称“资本的流通过程”这一部分。

在切入正题之前，可以简要看一看马克思写作《资本论》第二册和恩格斯编辑《资本论》第二册的概况。

---

* 徐洋：中共中央编译局马列部编审。

① 参看MEGA② Ⅱ/12. S. 501。

一、马克思撰写《资本论》第二册的概况

马克思1865年第一次以“资本的流通过程”为标题撰写《资本论》第二册，是为第二册第Ⅰ稿。1867年9月《资本论》第一卷出版以后，马克思继续为《资本论》第二册和第三册创作多份手稿。1867—1870年，马克思为《资本论》第二册创作的主要手稿有第Ⅱ稿、“第Ⅲ稿”① 和第Ⅳ稿。1870—1876年这六年中，马克思没有为《资本论》第二册创作手稿。1876—1882年，马克思又为《资本论》第二册创作了多份手稿，主要有第Ⅴ、Ⅵ、Ⅶ、Ⅷ稿。加上其他没有编号的手稿，马克思共为第二册留下了十几份手稿。关于这些手稿的确切写作时间，曾经有不少争论；以前人们还一直认为恩格斯在《资本论》第二册序言中的一个判断是正确的，即第Ⅳ稿比第Ⅱ稿写得早。现在MEGA② Ⅱ/4.3确认，所有这些罗马数字的顺序就是这些手稿开始写作的时间顺序。②

乍一看，马克思写了很多手稿，恩格斯的选择余地很大。但仔细分析，则不然。这些手稿写作时间距离很远，篇幅相差悬殊，性质各异，对象有差别，逻辑不一致，有重叠交叉，有空缺疏漏。它们中的任何一份手稿都不适合单独作为第二册的付排稿，也不能通过把各手稿简单相加的方式形成付排稿。必须对它们加以改造。

二、恩格斯编辑《资本论》第二册的概况

恩格斯在马克思逝世后，并没有急于进行《资本论》第二册的编辑

---

① 第Ⅲ稿（Manuskript Ⅲ）这一概念源自恩格斯，马克思自己只是在一个装有多份手稿的封皮上写了罗马数字Ⅲ，并写了“属于第二册”字样，并未称之为“第Ⅲ稿”。其实第Ⅲ稿并非一份手稿，而是几份独立的手稿；也并非全部论述第二册，而是还有论述第Ⅲ册的手稿。参看徐洋：《试论〈马克思恩格斯全集〉历史考证版（MEGA②）第二部分的主要内容和学术价值》，《马克思主义与现实》2013年第10期。

② MEGA② Ⅱ/4.3.S.423.

工作，而是首先做了几件其他紧要的事情，例如完成《资本论》第一卷德文第三版的编辑，撰写《家庭、私有制和国家的起源》，等等。据MEGA编者考证，恩格斯实际上正式编辑《资本论》第二册的时间只有9个月（1884年6月[①]—1885年2月），而不像一些人通常认为的那样，长达两年。当然，这9个月并未包含恩格斯寻找、研究手稿的时间。在这9个月里，恩格斯编制了一份MEGA编者称为“编辑稿”（Redaktionsmanuskript）的工作稿。这份编辑稿是《资本论》第二册正式编辑工作第一阶段的成果。20世纪二三十年代开始，苏联学者称这份手稿为“付排稿样”（Druckvorlage）或“编辑样本”（Redaktionsexemplar）。在这个编辑稿之后，才是誊清后送到汉堡奥托·迈斯纳的出版社去的付排稿，而付排稿并没有流传下来。因而Redaktionsmanuskript的名称要比以前的Druckvorlage或Redaktionsexemplar更为准确。

为了编制这份编辑稿，恩格斯需要做两个方面的工作。（1）文本、结构方面：选择文稿、划分篇章结构、拟定各级标题；（2）文字和表述方面：增补；删除；合并、概括；改动。

由于任何一稿都有自身的缺陷，恩格斯不得不从多份手稿中选择合适的段落拼接成一个外观上完整的文本。恩格斯的选文标准是：“总是把最后的文稿作为根据，并参照了以前的文稿”[②]。恩格斯按照手稿从晚到早的顺序，主要用第Ⅶ、Ⅵ、Ⅴ稿编成《资本论》第二册第一篇第1、2、3、4章。凑巧的是，这三稿从篇幅上看，晚写的总是比早写的要短；从内容上看，晚写的总是比早写的要少。于是恩格斯在全部采用第Ⅶ稿后，在第Ⅶ稿马克思中断之处，找到第Ⅵ稿大致可以接上的地方继续采用第Ⅵ稿；在第Ⅵ稿马克思中断之处，找到第Ⅴ稿大致可以接上的地方继续采用第Ⅴ稿。第5章“流通时间”和第6章“流通费用”，恩格斯在第Ⅳ稿和第Ⅱ稿中，没有采用他认为写得较晚的第Ⅱ稿，而是采用了他认为写得较早的第Ⅳ稿。第二篇除了开头选用了第Ⅳ稿的最

---

① 参看MEGA[②]Ⅱ/12资料卷的“引言”和“产生和流传”。

② 《马克思恩格斯文集》第6卷，人民出版社2009年版，第9页。

后部分外，主体部分都是采自第Ⅱ稿。第三篇是恩格斯通过对第Ⅱ稿第3章和第Ⅷ稿进行了复杂的文本拼接而编成的。恩格斯在《资本论》第二版序言的后面交代了自己采用手稿的大致情况，但是只有逐字逐句对比马克思的手稿和恩格斯的编辑稿、刊印稿后，才能搞清楚更为详细的情况。[①]

由于马克思的手稿主要是为自己搞清楚问题而写的，因而在逻辑关系、遣词造句等各方面都打上了很深的草稿的烙印，还有不少笔误以及语法和计算方面的问题。因此恩格斯不得不对马克思的文字进行加工。他在文字和表述方面的工作，大致可以分为增补、删除、合并概括、改动四类。恩格斯在《序言》中交代，他“所改写和插入的文句，总共还不到10个印刷页”[②]，但是就《资本论》第二册来说，恩格斯在大多数情况下并没有指出哪些地方是他增补或改写的。[③] 同样，只有逐字逐句对比马克思的手稿和恩格斯的编辑稿、刊印稿后，才能搞清楚恩格斯到底改动了哪些地方。[④]

1885年，恩格斯完成了自己的历史使命，出版了《资本论》第二册(卷)。

---

① 参看MEGA② Ⅱ/12资料卷的“恩格斯采自马克思手稿用于编辑稿的段落一览表（‘出处表’）”。

② 《马克思恩格斯文集》第6卷，人民出版社2009年版，第3—4页。

③ 在为《资本论》第三卷写的序言中，恩格斯说：“在我所作的改动或增补已经超出单纯编辑的范围的地方，或在我必须利用马克思提供的实际材料，哪怕尽可能按照马克思的精神而自行得出结论的地方，我都用方括号括起来，并附上我的姓名的缩写。我加的脚注有时没有用括号；但是，凡是注的末尾附有我的姓名的缩写的地方，这个注就全部由我负责。”按照编辑学的通例，凡方括号里的文字，均为编者所加。在《资本论》第2册刊印稿中，恩格斯只在一处正文用了方括号（《马克思恩格斯文集》第6卷，人民出版社2009年版，第315—316页），并在若干脚注后面注明由“弗恩”所加。恩格斯没有为他编定的第二册中他所增补的大部分文字加方括号，可能的一个原因大概是他觉得这些增补并没有“超出单纯编辑的范围”。顺便指出，MEGA版和《马克思恩格斯全集》中文第二版由于把方括号保留给编者，原编者恩格斯原来用的方括号在MEGA版和中文第二版中改为六角括号（在《马克思恩格斯全集》俄文第二版和中文第一版中为花括号，而在英文版全集中改为双斜线）。

④ 参看MEGA② Ⅱ/12资料卷的“编辑稿与马克思手稿文本差异一览表（‘差异表’）”。

三、对恩格斯《资本论》第二册编辑工作评价的历史回顾

1. 最初的评价。

同《资本论》第一卷（乃至第三卷）相比，阅读《资本论》第二卷（册）的人要少得多，对第二卷的评论也要少得多。

人们一开始主要是把恩格斯编辑出版的《资本论》完全当作马克思本人的著作来评论。考茨基在翻译发表《哲学的贫困》时，写了一篇文章《〈哲学的贫困〉和〈资本论〉》发表在1886年的《新时代》，该文阐述了《资本论》第二册的一些理论要点。这是最早正面阐述《资本论》第二册的理论内容的文章之一。当时德国的历史学派国民经济学家看来对第二册很失望。威廉·莱克西斯（Wilhelm Lexis）在1885年指出，《资本论》第二册是“对循环公式的小逻辑式的阐述”，应该是“纯粹的形式主义”，作者在价值理论上“陷入迷途”。尤利乌斯·莱尔在1886年认为，《资本论》第二册“一点也不令人满意”，他认为如果马克思根本不研究各种循环形式，也不会使他的经济学考察受到不利影响。俄国当时发表的三份对《资本论》第二卷的评论，也难掩其失望情绪。评论者认为第二卷行文枯燥抽象，缺乏文学风格和历史材料。[①]

恩格斯对读者的失望早有预见。早在1883年9月18日，恩格斯致信考茨基说：“第二册会使庸俗的社会主义者大失所望。这一册的内容，几乎只是对资本家阶级内部发生的过程作了极其科学、非常精确的研究，没有任何东西可供编造空泛的字眼和响亮的词句。”1884年2月5日，恩格斯致信拉甫罗夫说：“第二册是纯学术性的，谈的都是有关资产阶级本身中间的相互关系问题。”《资本论》第二册出版以后，面对大家的抱怨，恩格斯1885年11月13日致信丹尼尔逊说：“在这一卷里，理论阐发得确实是精辟高深，庸俗的读者是不会花力气去深入领会它们并坚持到底的。

① MEGA② Ⅱ/13. S. 569—570.

目前德国的情况就是如此。”1886 年 11 月 9 日恩格斯再次致信丹尼尔逊说：“德国报刊对第二卷的评论愚蠢到了极点。”①

或许同上述评论相关，最早时有人认为恩格斯的编辑工作做得过少。韦尔纳·桑巴特在谈到《资本论》第三卷恩格斯的刊印稿的时候认为，恩格斯在他的编辑工作中过于严谨，要是他对马克思的手稿进行内容上的加工，把它作为《资本论》第三卷出版，从而减轻读者的阅读负担，那就更好了。②

就在同一时期，已经有人开始怀疑恩格斯误解了马克思，歪曲了马克思的意图，对马克思手稿的通俗化使其走了样。③

2. 梁赞诺夫的评价。

莫斯科马克思恩格斯研究院的建立者、第一个《马克思恩格斯全集》历史考证版（MEGA①）的创始人达维德·梁赞诺夫是第一个把马克思的原始手稿同恩格斯的书籍版本进行认真比较的人。梁赞诺夫说，经过比较后不禁产生了疑问：恩格斯在编辑的时候或许存在凭主观行事的情况？他还说：“我对已发现的手稿的内容越熟悉，我的这种想法就越强烈。”④

尽管如此，梁赞诺夫对恩格斯编辑出版《资本论》第二册和第三册的工作的评价还是很高的。他在 20 世纪 20 年代早期对青年工人所作的教育讲座中说：“幸运的是，恩格斯完成了这一工作的主要部分。他出版了第二卷和第三卷。为了使你们能够评价恩格斯这一工作的充分意义，我要对你们说：如果没有恩格斯，那就几乎没有任何人能够完成这一工

① 《马克思恩格斯全集》第 36 卷，人民出版社 1974 年版，第 63、102、375、555 页。

② 参看 Gerald Hubmann，“Unvollendete Klassiker. Edition—sphilologische Konstellationen bei Marx und anderen Klassikern der Sozialwissenschaft”，in Harald Bluhm，Karsten Fischer，Marcus Llanque（Hg.），Ideenpolitik. Geschichtliche Konstellationen und gegenwärtige Konflikte，Berlin，2011。

③ 参看［德］卡尔·埃里希·福尔格拉夫和于尔根·荣尼克尔：《马克思说的是自己的话吗？——关于恩格斯编辑出版的〈资本论〉第三卷的基本手稿》，《马克思恩格斯列宁斯大林研究》1996 年第 1 期，第 9—12 页；Klaus Müller，“‘Anti—engelsismus’，der Fall der Profitrate und die Okonomischen Manuskripte des Karl Marx von 1867/1868”，in Marxistischen Blätter，Heft 1—13，2013。

④ 参看［民主德国］：曼·克利姆：《恩格斯文献传记》，湖南人民出版社 1986 年版，第 516—517 页。

作。……把全部手稿以它们的原始形式（恩格斯拥有的就是这种形式的手稿）重新制造出来的希望非常渺茫，我们只能够通过恩格斯的编辑工作来学习《资本论》第一卷之外的其余部分，我们的后代也是如此。”①

3. 考茨基的评价。

考茨基 1926 年以恩格斯编辑的《资本论》第二卷 1893 年德文第二版为底本出版了《资本论》第二卷大众版（Volksaus gabe）。② 考茨基版本最引起后人注意的地方，不是它在版本学、校勘学上的成败得失，而是他就如何处理马克思手稿和恩格斯编辑稿之间的关系而发表的意见。考茨基在《编者序言》中说：“我们不可能像我们的一些朋友期望的，走得太远。”所谓“走得太远”，应该就是指根据马克思的手稿对恩格斯的刊印稿“做手术”。随后考茨基就写了以下著名的话：

“现在有一种猜测越来越强烈，认为恩格斯并没有总是完全理解马克思的思路，并没有总是按照马克思的思路编排和编辑手稿。于是我的一些朋友表达了这一愿望：我应当根据马克思的手稿来检查和改正恩格斯编成的文本。

“我不能满足这一要求。我们设想一下，我成功地重复了恩格斯花了将近 10 年所做的巨大工作，并且在这一点上或者那一点上得出了不同于恩格斯的结论。那么读者能够凭什么来确证，恰恰是我的理解而不是恩格斯的理解更加接近马克思的思路呢？

“要消除所有的疑虑，就有必要给予批评者自己作出评判的机会。这就意味着，必须按照原样发表马克思的全部手稿。而这样花费巨大人力得到的将是一本不可辨读的书，将只会引起少数马克思研究者的兴趣。只有一家拥有丰富辅助工具和众多人力的学术机构才能完成这项定然意义重大的任务。”

考茨基明确否定了重新编纂《资本论》第二卷、第三卷的做法。他

---

① D. Rjazanov, Marx und Engels nicht nur für Anfanger, aus dem Russischen von Rainer Traub, Rotbuch Verlag Berlin, 1973, S. 174.

② Das Kapital, Kritik der politischen Ökonomie von Karl Marx. Zweiter Band. Buch II: Der Zirkulationsprozessdes Kapitals. Herausgegeben von Friedrich Engels. Volksausgabe. Besorgtvon Karl Kautsky unter Mitwirkung von Benedikt Kautsky. Berlin, J. H. W. Dietz Nachfolger, G. m. b. H., 1926；本文所引考茨基文字均出自考茨基为该书写的《前言》。

说：“假如马克思来完成这两卷，那么我相信，本书中发表的很多阐述和计算都会被消除。但是马克思不会简单地将它们删掉，而是会用寥寥几个句子对这里已经在很多页做了各种阐述的同样的思路加以简明扼要的概括。这一点只有马克思能够做到，这一点任何其他人都不能为他做到。恩格斯根本没有想过，把文本以这种方式塑造成可以阅读的。我们就更加不敢斗胆妄想了。”

考茨基是这样评价恩格斯的编辑工作的：“没有任何人能够取代恩格斯在我们之前所做的惊人的工作。正如同马克思的名字联系在一起一样，《资本论》第二卷和第三卷也将持久地同弗里德里希·恩格斯的名字联系在一起。《资本论》第二卷和第三卷可能是我们两位导师的紧密合作的最重要和最有成果的体现，由于这种紧密合作，他们创造了如此强大的理论。”

4. 苏联马克思恩格斯列宁研究院《资本论》第二卷大众版。

1933 年，莫斯科苏共中央马克思恩格斯列宁研究院出版了《资本论》第二卷德文大众版[①]，其底本仍然是恩格斯编辑出版的《资本论》第二卷 1893 年德文第二版。阿多拉茨基在 1932 年为《资本论》大众版全部三卷撰写总前言时，对考茨基的《资本论》第二卷大众版作了严厉批判，却并没有明确赞扬恩格斯的编辑工作。可能恩格斯的贡献对苏联学者来说是不言而喻的。

不过研究院《资本论》第二卷大众版的一个做法却非常重要。这一版的编者在《资本论》第二卷编者说明中指出：“本卷的底本是迈斯纳出版社 1893 年第二版。在对文本进行学术加工的过程中，利用了恩格斯口授的付印稿样和马克思的手稿。通过比较发现了第二版中的一系列印刷错误，并予以清除。最重要的此类改正在脚注中标明。如果同一个错误在第二版和付印稿样中都存在，则在脚注中只指出前者。”也就是说，在编辑《资本论》第二卷大众版的时候，编者把恩格斯出版的刊印稿同恩

① Karl Marx，Das Kapital. Kritik der Politischen Ökonomie. Herausgegeben von Friedrich Engels. Volksausgabe. Besorgt vom Marx—Engels—Lenin—Institut. Zweiter Band. Buch Ⅱ：Der Zirkulationsprozess des Kapitals，Verlagsgenossenschaft，Ausl ändischer Arbeiter in der UdSSR，Moskau，1933；本文所引该书编者文字出自该书《编者说明》。

格斯留下的中间阶段的编辑稿和马克思的手稿作了对比，并以后两者为依据对恩格斯出版的刊印稿中的书写错误和印刷错误作了修改。这从方法论上看对于《资本论》第二卷形成史的研究具有重要的突破性意义，因为该版第一次公开表示，在恩格斯的刊印稿、恩格斯的编辑稿和马克思的手稿之间可能存在差别。

5. 吕贝尔重新编辑《资本论》第二卷。

吕贝尔以西方“马克思学”巨擘的形象为人们所知。他不满意恩格斯编辑的《资本论》第二卷刊印稿，就自己动手编了一个《资本论》第二卷［全名为：“《资本论》第二卷材料。第二册。《资本的流通过程》(1869—1879)”］，载于《卡尔·马克思著作》(经济学Ⅱ)。

吕贝尔为他编译的《卡尔·马克思著作》(经济学Ⅱ) 撰写的引言的最后一节叫作“恩格斯，《资本论》的编者”。吕贝尔说，尽管马克思生前曾希望恩格斯按照马克思的精神出版手稿，但是恩格斯只把自己限制在编者的范围内，努力让马克思成为唯一的作者。“恩格斯既没有为一部需要构建的著作生产材料，也没有从这些材料中构建这部著作，他只是赋予这部著作一个外观。”吕贝尔把这种做法称为“折中方案” (cette formule mitoyenne)，认为这种做法的优点是能够恪守编者身份，同作者保持清晰界线，它的缺点则是“使得那些仅仅是草稿、有时是没有希望的尝试的文字被看作完成的‘著作’”。吕贝尔在这里对恩格斯的编辑成就给予很高评价。他说：“总体看来，作为马克思遗作的第一个出版者，他所做的工作非常了不起。”①

吕贝尔对恩格斯编辑《资本论》第二卷的评价集中体现在他为他自己编译的《资本论》第二卷撰写的引言中。概括起来说，吕贝尔的观点是：恩格斯编辑出版《资本论》第二卷是巨大的贡献，但他的错误在于在形式上给予《资本论》第二卷以完成的著作的形象。吕贝尔说：“无论

---

① “恩格斯，《资本论》的编者”见：Karl Marl，OEuvres，Economie，Ⅱ，édition établie et Annotée par Marxmilien Rubel，Bibliothèque de la Pléiade，1968，p. CXXI—CXXVI. 英译文见 Joseph O' Malley and Keith Algozin (ed.)，*Rubel on Karl Marx*：*Five Essays* (Cambridge University Press，1981)，pp. 177—182；中译文参看［法］吕贝尔：《恩格斯是〈资本论〉的校订人》，《现代外国哲学社会科学文摘》1983 第 2 期。曾枝盛编选：《吕贝尔马克思学文集》上卷，北京师范大学出版社 2009 年版，第 206—212 页。

恩格斯为《资本论》的出版做了怎样的贡献——马克思的手稿非常潦草，我们很欣赏他能够辨认其字迹的智慧——但是不得不承认，在维护他朋友的声望的热情中，恩格斯犯了一个严重的错误，就是在内容上把第二卷当作一个已经完成的作品来出版，认为只是形式需要修改。……因此，我们可以说恩格斯为《资本论》第二卷既做得太多，又做得太少，他为第三卷做的也是如此：所谓多，就是赋予手稿以最终著作的外观；所谓少，就是从他的手稿选编中把这样一些重要手稿删去了……”[①]

四、MEGA对马克思恩格斯手稿的发表及其评价

在MEGA发表马克思的《资本论》第二册手稿和恩格斯的《资本论》第二册编辑稿之前，《马克思恩格斯全集》俄文第二版在补卷中发表了第二册第Ⅰ稿和第Ⅱ稿的第1、第3章。MEGA第二部分从1976年出版第一卷MEGAⅡ/1.1，到2012年出版MEGAⅡ/4.3，前后花了30多年时间，出齐了15卷23分册。内容涵盖1857—1882年期间的马克思的全部经济学手稿、刊印稿以及1883—1895年期间恩格斯在编辑《资本论》过程中留下的全部编辑稿。《资本论》第二册的材料分布在MEGAⅡ/4.1（第Ⅰ稿）、MEGAⅡ/4.3（第“Ⅲ”、Ⅳ稿）、MEGAⅡ/11（第Ⅱ、Ⅴ、Ⅵ、Ⅶ、Ⅷ稿）、MEGAⅡ/12（编辑稿）、MEGAⅡ/13（1885年刊印稿）。

MEGAⅡ/12编者（［日］大村泉；［日］早坂启造；［德］罗尔夫·黑克尔；［日］宫川彰；［日］大野节夫；［日］柴田信也；［日］八柳良次郎；［俄］柳德米拉·瓦西娜；［日］市原健志；［日］守健二）和MEGA[②]Ⅱ/13的编者（［日］大村泉；［日］早坂启造；［德］罗尔夫·黑克尔；［日］久保诚二郎；［日］宫川彰；［日］守健二；［日］大野节夫；［德］雷吉纳·罗特；［日］柴田信也；［日］八柳良次郎）在发表恩

① Karl Marl, OEuvres, Economie, Ⅱ, édition établie et Annotée par MarximilienRubel, Bibliothèque de la Pléiade, 1968, p. 501—502。

格斯《资本论》第二卷编辑稿和第二卷1885年刊印稿的过程中，把恩格斯的编辑稿同马克思的手稿逐字逐句作了比较。MEGA编者除了在相关卷次的“引言”和各稿的“产生和流传”中对恩格斯的编辑工作加以论述外，还通过一些专门的资料展示了马克思的手稿和恩格斯的编辑稿、刊印稿之间的不同。

MEGA② Ⅱ/12的资料卷中刊发的专门资料有：恩格斯编辑稿同马克思手稿章节划分比较（“章节划分比较”）；恩格斯采自马克思手稿用于编辑稿的段落一览表（“出处表”）；编辑稿与马克思手稿文本差异一览表（“差异表”）。MEGA Ⅱ/13的资料卷刊发的专门资料有：第一版、编辑稿和第二版章节划分比较；第一版与编辑稿文本差异一览表；第一版与第二版文本差异一览表。因此，MEGA② Ⅱ为《资本论》第二卷提供了一幅完整而详细的演变图景：马克思的手稿→恩格斯的编辑稿→恩格斯的刊印稿。

MEGA编者在评价恩格斯的编辑工作时，更多的只是提出问题。MEGA② Ⅱ/12的编者在引言中说：“如果从总体上考察恩格斯的编辑工作，那么就产生了这样一个问题：恩格斯对第二册的编辑是否符合马克思对第二册的原意？这就是所谓的马克思恩格斯问题，即对马克思恩格斯的理论见解的异同的讨论。就第二册来说，马克思的意图本身在很多情况下是不清楚的。流传下来的手稿没有完成，只有一部分可视为誊清稿；另外一部分手稿在写作过程中更多的是具有自己搞清楚问题的性质，而不是对已经获得的观点的阐述。”[①]

MEGA② Ⅱ/12的编者总结了两点。第一，“从恩格斯的编辑稿和马克思原稿之间的差异并不能一般性地得出结论说，恩格斯蓄意要对马克思的文本作出修改。大量的文本差异更多地只是为了对作为底本的文本的缺陷进行改善。”第二，“要考虑到马克思的手稿的未完成的性质”，既然马克思的手稿在很多问题上只是开了头而没有给出结论，既然马克思的手稿本身就经历了巨大的发展变化并且没有完成，那么“对恩格斯的改动进行评价就同对下面这样一个问题的回答联系在一起：如何评价马

---

① MEGA② Ⅱ/12. S. 501.

克思自己作出的发展”。[1]

总的说来，MEGA编者对恩格斯《资本论》第二册的编辑工作，既指出了成功之处，也指出了不足之处或者说可能有问题的地方。下面从两个方面简要介绍MEGA编者的观点。

第一方面，“5000处”改动。MEGA② Ⅱ/12在“引言”的一个脚注中说：“总计有差不多5000处文本改动收入‘文本差异一览表’，其中第一篇约1100处，第二篇约2500处，第三篇约1300处。”[2] 从此，“5000处”就成为国际《资本论》研究界乃至马克思恩格斯研究界几近街谈巷议的话题。但是怎样的改动算一处，其实是很难判断的。经我统计，MEGA② Ⅱ/12资料卷中“文本差异一览表”中列举的条目不到4000处。不过这些条目差别很大，有的一条中包含多个修改，有的只包括一个修改；有的是对马克思原稿大刀阔斧的改动，有的则只是把方括号改为圆括号，或者把外来词换成德文词（例如把individuell换成einzeln）。总的来看，表中所列绝大部分改动，都是语义变化很小的改动。由此看来，不如把“5000处”看作一个比喻的说法。究竟每一处改动如何，需要仔细研究后才能作出判断。

第二方面，选文、结构、标题方面的问题。这个方面尤其涉及恩格斯的编辑是否符合马克思的思路。马克思的第二册各手稿在结构、标题、逻辑各方面都有差异，尤其是涉及第二、三篇的手稿第Ⅱ稿和第Ⅷ稿在结构、标题方面有缺陷（第Ⅱ稿标题众多，但层次不甚清晰；第Ⅷ稿基本没有标题，由很多逻辑关系不甚密切的段落构成），因而恩格斯在把众多的文稿拼接成一个文稿时，必然要自己划分结构、拟定标题。MEGA② Ⅱ/12的编者和MEGA② Ⅱ/13的编者对恩格斯在选文和结构方面提出了一些批评意见，囿于篇幅，这里仅举一例。

这两卷编者批评恩格斯在编定第五章“流通时间”和第六章“流通费用”时，没有选用第Ⅱ稿，而是选用第Ⅳ稿。批评的理由有两点。一是第Ⅳ稿比第Ⅱ稿写得早，而根据恩格斯确定的选文标准，应当优先选

---

① MEGA② Ⅱ/12. S. 522—523.

② MEGA② Ⅱ/12. S. 511.

择第Ⅱ稿。二是马克思的想法应当是在第五章中像在第Ⅱ稿的相应部分一样，只讨论纯粹的流通时间，而第Ⅳ稿这里不仅讨论了流通时间，还讨论了生产时间；因而选用第Ⅳ稿，就违背了马克思的原意。

这两点批评理由中，第一点可以说差不多已经被 MEGAⅡ/4.3（编者为：［德］卡尔·埃里希·福尔格拉夫；［俄］拉里莎·米兹凯维奇）的研究成果否定了。MEGAⅡ/4.3 认为，第Ⅳ稿部分具有第Ⅱ稿的誊清稿的性质，两稿至少是交替写成的，因而不存在第Ⅳ稿早于第Ⅱ稿的问题；至少从开始写作的时间来看，第Ⅱ稿倒先于第Ⅳ稿。至于第二点，即马克思是否在这里的“流通时间”中计划只讨论纯粹的流通时间，当然可以作为学术问题进行研究。不过本文可以指出两点。第一，第Ⅱ稿的“流通时间”只有一个手稿页，如编为一章，可能招致篇幅不平衡的指责；第二，第二册刊印稿第五章“流通时间”既讨论生产时间也讨论流通时间的做法并非一无是处，这样做可以看作是第二篇第十二、十三、十四章的先声。吕贝尔在编辑自己的《资本论》第二卷的时候，连一开始的几章都是用的第Ⅳ稿，而舍弃了恩格斯采用的第Ⅶ、Ⅵ、Ⅴ稿。① 因而，MEGAⅡ/12 和 MEGAⅡ/13 编者关于第五章和第六章的批评，只能说可以作为一种观点来研究。

五、其他学者通过 MEGA 对恩格斯编辑工作的评价

MEGA 对第二册（和第三册）马克思手稿和恩格斯刊印稿的发表，也引起其他学者的强烈兴趣。这里介绍几位学者的观点。

意大利学者理查德·贝洛菲尔（Riccardo Bellofiore）、罗伯特·芬奇（Roboerto Fineschi）在为他们主编的一次国际马克思研究专家研讨会（2006 年 7 月 10 日至 13 日在意大利举行）的论文集《重读马克思——历史考证版之后的新视野》所写的导论中说：“马克思恩格斯著作新的历史

① Karl Marl, OEuvres, Economie, Ⅱ, édition établie et Annotée par MarximilienRubel, Bibliothèque de la Pléiade, 1968, p. 1686.

考证版——《马克思恩格斯全集》历史考证版第二版（MEGA[②]），为人们在一个坚实的文献学的基础上去彻底重新思考马克思思想的整体性提供了可能。”两位学者指出，在新的历史考证版之前，人们无法知道恩格斯在编辑工作中“介入程度是否贴切”，刊印稿“是否都如实地反映了马克思的意图”；“过去阅读马克思在很大程度上是通过恩格斯的眼睛，而现在则有可能根据马克思来阅读马克思”。[①]

德国学者米夏埃尔·海因里希（Michael Heinrich）2006年12月在伦敦“马克思理论的新方向”学术研讨会上发表了题为“解构《资本论》：MEGA中的马克思经济学手稿的新观点”的报告。报告指出，马克思的手稿显示出一个未完成的研究过程，而恩格斯则努力从这些手稿中提供出一本“可读的”书；MEGA摧毁了关于《资本论》是完成的、严整的著作的“传统观点”（因而是“解构”了传统认识）；《资本论》的完成的版本是不存在的，马克思本人一直认为需要对他的手稿作彻底修订。在指出《资本论》所有三卷都是恩格斯“塑造的”以后，海因里希说：“当我强调这些改动的时候，我的目的并不是指责恩格斯，他已经做到了以他拥有的手段能够做到的最好的程度。但是若以科学的方式来研究马克思的著作，那么我们就不得不回到马克思的原始手稿那里。”

德国学者贝尔特拉姆·舍福尔德（Bertram Schefold）在2007年出版的《马克思恩格斯年鉴》2006年卷中指出，从发表恩格斯编辑稿的MEGAⅡ/12可以看出，恩格斯是如何努力“将篇幅悬殊的各种草稿做成一个整体的”，经过恩格斯的工作，“那些本用来自己弄清问题的各种文本，变成了一本令人惊讶的逻辑连贯的书，其内容井井有条地呈现出来”。舍福尔德写道，从恩格斯的编辑稿来看，恩格斯对“资本的流通过程”这个理论体系似乎“没有什么原则性的困难”，在抠细节的时候，“甚至有时候比马克思还前后一贯”。关于恩格斯在修正概念、消除表述上的矛盾上所做的工作，舍福尔德说：“人们不能期望，马克思多年纠缠于其中的问题，恩格斯轻轻一笔就能够解决。但是他至少找到了起中介

① ［意］理查德·贝洛菲尔、［意］罗伯特·芬奇：《重读马克思——历史考证版之后的新视野》，东方出版社2010年版，第1页。

作用的表达。”舍福尔德同 MEGAⅡ/12、13 卷的编者一样，否定了恩格斯有“歪曲”的主观故意。他说，在没有深入进行研究之前，“目前人们只能确定，初步印象是没有任何迹象表明有歪曲的故意，一切迹象都表明了实事求是地忠于亡友这一愿望”。[①]

德国学者克劳斯·米勒（Klaus Müller）在 MEGA 第Ⅱ部分最后一个分卷即 MEGAⅡ/4.3 出版以后，发表文章《反恩格斯主义、利润率的下降和 1867—1868 年卡尔·马克思的经济学手稿》，[②] 集中评述了长久以来对恩格斯《资本论》编辑工作的各种评价，特别是批评了千方百计企图论证恩格斯进行了“伪造”的“恩格斯综合症”（Engelssyndrome）：“恩格斯的批评者期望在对长期未发表的原始文本的编辑工作中为他们鬼鬼祟祟的论题找到证据，来证明恩格斯对他的朋友的学说作了伪，或者至少强调的地方不对。这种‘恩格斯综合症’由来已久……”米勒举出若干反对这种恩格斯综合症的学者的观点，例如米夏埃尔·K. 克莱特克（Michael R. Krtke）、沃尔夫冈·扬（Wolfgang Jahn）、托马斯·库辛斯基（Thomas Kuszynski）、霍尔格·温德特（Holger Wendt）、沃尔夫冈·弗里茨·豪格（WolfgangFritz Haug）、格奥尔格·福尔贝尔特（Georg Fülberth）。他说，福尔贝尔特在通读了 MEGA[②] Ⅱ/11—14 各卷（马克思 1868—1882 年的所有《资本论》手稿和恩格斯 1883—1895 年的所有《资本论》编辑稿）后得出结论：“对于马克思的文本和恩格斯的编辑之间的关系问题……第二卷和第三卷的编辑语文学编者们在资料卷中他们的引言和他们的异文表里可能已经说出了最要紧的事情：恩格斯正确地再现了马克思；他只是在这里或者那里从各部分文本中把那些散见于遗稿各处的内在逻辑性建立起来。从迄今未发表的异文中制造出一份同民主德国时代发表的著作集版本（MEW）中的第二十四卷和第二十五卷（即《马克思恩格斯全集》德文版《资本论》第二卷和第三卷，也就是恩格斯编定的这两卷通行本。——引者注）完全不同的文本，大概是不可

① Betram Schefold，“Zirkulation，Produktivität und fixed Kapital. Zum Erscheinen des MEGA—Bandes Ⅱ/12”，inMarx-Engels-Jahrbuch 2006，Akademie Verlag，Berlin，2007.

② Klaus Müller，“‘Anti-engelsismus’，der Fall der Profitrate und die Ökonomischen Manuskripte des Karl Marx von 1867/1868”，in Marxistischen Blatter，Heft 1—13，2013.

能的。”

米勒本人在驳斥了所谓利润率趋向下降在马克思那里尚不确定的说法后，得出结论说：“原始手稿……也证明，任何人都不可能比恩格斯更好地理解马克思的观点并将之再现出来。……恩格斯第二册和第三册的刊印稿不是每一个字母都忠实原稿的拷贝。恩格斯必须挑选、分类、移位、压缩、作文体改善。尽管如此，恩格斯的刊印稿是充分真实可靠的。它既不包含任何一句在马克思的文本中不存在的陈述，也没有隐瞒马克思的文字中最重要的内容。原始文稿证明：那种把马克思和恩格斯拆开的企图，失败了。”

上述评论说明，只要我们认真研究马克思的手稿和恩格斯的刊印稿并不抱先入为主的成见，我们就能够发现两者的一致性。

六、恩格斯编辑出版《资本论》第二册的贡献

对于恩格斯编辑出版《资本论》第二册和第三册的贡献，包括中国在内的社会主义阵营的学者一般都是不吝溢美之词，高度赞扬。例如国内最新出版的一部《资本论》辅导读物、马克思主义理论研究和建设工程重点教材《〈资本论〉导读》是这样说的：“恩格斯与马克思共同创立了马克思主义，他在《资本论》的写作、编辑、出版和传播过程中做出了不可磨灭的贡献”，“恩格斯对于《资本论》的最大贡献，无疑是根据马克思留下的手稿编辑、出版了《资本论》第二卷和第三卷”，“正是因为恩格斯的出色的创造性工作，《资本论》第三卷（自然还有第二卷——引者注）才能以完整著作的形式问世”。[①]

人们一般都会引用列宁的下面这一段话来颂扬恩格斯编辑《资本论》的伟大贡献：“整理这两卷《资本论》，是一件很费力的工作。奥地利社会民主党人阿德勒说得很对：恩格斯出版《资本论》第二卷和第三卷，

① 《〈资本论〉导读》编写组编：《〈资本论〉导读》，高等教育出版社、人民出版社2012年版，第10—12页。

就是替他的天才朋友建立了一座庄严宏伟的纪念碑，无意中也把自己的名字不可磨灭地铭刻在上面了。的确，这两卷《资本论》是马克思和恩格斯两人的著作。”①

列宁的话是《资本论》第二、三册出版以来对恩格斯的编辑工作最准确、最传神的评价文字。这个评价中包含了两层意思。第一，恩格斯编辑出版了《资本论》第二册和第三册，这件事情本身是恩格斯对马克思主义的巨大贡献；第二，恩格斯因为编辑出版了《资本论》第二册和第三册，无意中成为《资本论》的作者之一。

我们先看第一点。前文已述，马克思出版《资本论》第一卷之后，第二卷（第二册和第三册）迟迟未能出版，引起坊间的质疑和猜测。最著名的一个是“何等卑鄙的”阿基尔·洛里亚。马克思甫一逝世，洛里亚就发表了题为《卡尔·马克思》的文章，说马克思“经常拿第二卷来威胁自己的反对者”，而“他根本没有想过”要写这个第二卷；这个第二卷无非是“马克思借以回避科学论据的狡猾诡计”。② 恩格斯发表《资本论》第二册和第三册，就用事实粉碎了这些无耻谰言。

恩格斯出版《资本论》第二册和第三册，就使得马克思的经济学理论完整起来。因此恩格斯做出的这一功绩对于马克思主义来说，怎样高度评价都不算过分。我们能够设想《资本论》只有第一卷的情景吗？MEGA 编者、德国学者埃克·考普夫（Eike Kopf）曾对贬低恩格斯编辑出版《资本论》的功绩、把恩格斯说成马克思主义的简化者的说法予以驳斥，他说：“恩格斯独自一人在将近 12 年的时间里完成了一项工作，这项工作在莫斯科、柏林、哈雷、仙台和东京的大约 50 位 MEGA 编者至少需要 3 年的时间才能完成！……恩格斯不仅在理论水平上和马克思相当，而且还能够向马克思建议，怎样撰写才能够将复杂的理论问题阐述得让并非哲学家、经济学家科班出身的一般读者容易理解。恩格斯的重要性之一在于宣传普及马克思的思想，但并不是肤浅化和庸俗化。恩格斯从马克思的遗稿中编辑出版了《资本论》第二卷和第三卷，这是恩

① 《列宁专题文集·论马克思主义》，人民出版社 2009 年版，第 58 页。

② 转引自恩格斯：《卡尔·马克思的逝世》，《马克思恩格斯全集》第 25 卷，人民出版社 2001 年版，第 613 页。

格斯的天才的功绩，我认为除恩格斯外任何人也不可能做到，即便今天的马克思批判者或者恩格斯批判者也不可能做得更好。在我看来，这是一个历史事实：没有恩格斯伟大的理论上的和方法上的才能，马克思早就会像19世纪其他许多著作家一样被遗忘了。没有恩格斯，我们今天可能根本不会这样多地谈论马克思的《资本论》。没有恩格斯，就没有马克思主义。”①

我们再看第二点。说恩格斯是《资本论》的作者之一，现在已经由MEGA第Ⅱ部分发表的文献证实了。一谈到MEGA第Ⅱ部分“《资本论》及其准备著作”，一般就认为这一部分的作者只有马克思一个人。而在已经出齐的MEGA第Ⅱ部分我们看到，这里不仅发表了马克思同《资本论》相关的全部经济学手稿，而且发表了恩格斯编辑整理的所有编辑稿，这些编辑稿似乎不能说作者只有马克思。MEGA编者通过仔细考辨，罗列出恩格斯编辑稿和刊印稿对马克思手稿的各种改动，特别是指出了其中恩格斯增补的文字（这些文字有一部分恩格斯自己已经指明），这些改动和增补的版权大概算在恩格斯身上比较合适。MEGA第Ⅱ部分还把著作权专属于恩格斯的两篇文献作为独立文献发表，即通常作为《资本论》第三卷的附录发表的“《资本论》增补”。所以今天我们可以说，“这两卷《资本论》是马克思和恩格斯两人的著作”这句话不是比喻，而是事实。

（原文发表于《国外理论动态》2014年第1期）

① ［德］埃克·考普夫：《创造性地运用马克思主义政治经济学！——马克思恩格斯生前〈资本论〉影响史和对〈资本论〉的主要攻击》。这是考普夫教授2012年4月6日在武汉大学马克思主义学院所作的学术演讲，中译文尚未发表。

MEGA②第Ⅱ部门与“《资本论》恩格斯编辑问题”

陈　浩*

肇始于1972年，划分为四大部门，计划收录马克思和恩格斯的全部文献，预计出版164卷的《马克思恩格斯著作全集》历史考证第2版（Zweite-Marx-Engels-Gesa-mtausgabe，简称MEGA②或“新MEGA”）①，自1989年起，先后历经苏联解体、两德合并和编辑人员流失、后续资金中断等重重波折，其编辑事业一度陷入低谷，面临随时可能被腰斩的命运。1990年后，得益于国际马克思恩格斯基金会（Internationale-Marx-Engels-Stiftung，简称IMES）的设立和扶植，几经编辑原则厘定、编辑人员改组、出版卷册压缩、出版社变更等一系列重大调整，MEGA②的编辑事业得以浴火重生，并以每年一到两卷的出版速度稳步推进。截至2012年9月，MEGA②的出版卷数已达60卷，超过全部114卷的半数以上。在这些已出版的卷册之中，最值得注目的，当属以2012年9月《经济学手稿（1863—1867年）》第3分册（MEGA② Ⅱ/4.3）的出版为标志，完整收录了“《资本论》及其手稿”（“Das Kapital” und Vorarbeiten），总编辑时间超过36年（1976—2012年），汇集俄罗斯（原苏联）、德国和日本几代编辑的共同努力，在MEGA②整体规划中占据重要位置

* 陈浩　中国人民大学马克思主义学院讲师。

① 就收录的内容的安排而言，MEGA②（Zweite-Marx-Engels-Gesamtausgabe）与MEW（Marx-Engels-Werkes）的最大区别，在于MEW相对只关心最终的文本（即所谓定稿），而MEGA②则主张忠实而又完整地收录马克思和恩格斯的全部文献（包括修改过程），MEGA②不仅要收录马克思和恩格斯的最终文本，而且还要将马克思和恩格斯的草稿和草案、笔记、摘录以及他们的修改、删除、插入、异文、对已出版物的栏外补充、下划线、旁线、记号等尽数加以收录。简言之，MEGA②力图将马克思和恩格斯所遗留下来的全部文献毫无遗漏地变成活字。在具体卷册方面，MEGA②原定164卷，1990年IMES接手之后，缩减为114卷。

的第Ⅱ部门（共计15卷23分册）[①] 的先行问世。

MEGA② 第Ⅱ部门编辑出版的最大意义，在于其完整收录了马克思1857—1881年间为准备全三卷《资本论》所写下的所有“原始稿”（Marx's original manuscripts），恩格斯在马克思去世以后为出版《资本论》第二卷、第三卷所完成的所有“编辑稿”（Engels' editorial manuscripts），以及两人编辑出版的所有“刊印稿”（Published edition of Capital）这三大部分内容。这些文献的公开出版，不仅使得详尽追溯马克思的《资本论》具体创作历程的研究第一次成为可能，而且使得著名的“《资本论》恩格斯编辑问题”研究第一次具备了坚实的文献学基础。

一、MEGA② 与《资本论》恩格斯编辑问题

恩格斯在马克思去世后编辑出版的《资本论》第二卷、第三卷是否忠实于马克思原始手稿的问题，是学界通称的“《资本论》恩格斯编辑问题”，自考茨基（1926年）以来，一直备受国际学界的关注。而解答这一难题的前提，是将马克思为《资本论》所写下的全部手稿与恩格斯编辑出版的通行版《资本论》第二卷、第三卷详加对比，找出其间的差异并加以判定。可惜在过去相当长的时期内，作为恩格斯编辑工作主要底本的马克思在1863—1881年间为《资本论》第二卷、第三卷写下的所谓“定稿”，由于种种原因一直未能公开出版。因此，在缺乏第一手文献佐证的情况下，国际学界过去进行的“恩格斯编辑问题”研究多少带有推测的性质。

---

① MEGA② 将马克思和恩格斯留存下来的所有文献，根据内容分为四大部门，即收录“著作与文章”的第Ⅰ部门，收录“《资本论》及其手稿”的第Ⅱ部门，收录“书信”的第Ⅲ部门，收录“笔记、摘要和批注”的第Ⅳ部门。需要指出是，根据内容来看，第Ⅱ部门原来应当划归第Ⅰ部门，不过，有鉴于《资本论》在马克思和恩格斯所有著作中的核心地位，其相关准备手稿的卷帙浩繁，以及编辑发行版本的复杂多样，国际马克思恩格斯基金会（IMES）将“《资本论》及其手稿”从第Ⅰ部门分离出来，独立组成第Ⅱ部门。第Ⅱ部门将马克思自1857写作《政治经济学批判大纲》（又名《经济学手稿（1857—1858年）》）起，为《资本论》所写下的全部手稿与片断，以及马克思自身、恩格斯在其身后编辑出版的不同版次、不同语种的《资本论》网罗殆尽，悉数收录。

考虑到这一点，对于“《资本论》恩格斯编辑问题”的研究来讲，MEGA②的文献学意义怎么高估都不过分。MEGA②第Ⅱ部门不仅第一次完整收录了马克思为创作《资本论》第二卷所写下的全部8份手稿（MEGA②Ⅱ/4.1，4.3，11）、为第三卷所写下的全部4份手稿（MEGA②Ⅱ/4.2，4.3，MEGA②Ⅱ/14），而且首次收录了恩格斯在编辑过程中所制作的评价其编辑工作至关重要的“恩格斯编辑原稿”（Redaktionsmanuskript，MEGA②Ⅱ/12）。所有这些文献的公开，为我们阅读马克思的手稿，对比研究恩格斯的编辑工作，提供了充足的文献学基础。换句话说，只有依据MEGA②的所有这些文献，基于文献解答“《资本论》恩格斯编辑问题”才第一次成为可能，“马克思恩格斯思想分担问题”才不至于流于无谓争论；同时，也只有在此基础之上，才有可能客观、公允地评价恩格斯的《资本论》编辑工作。

表1　MEGA②对《资本论》第二卷、第三卷的相关收录

《资本论》	收录内容	收录卷册	编辑负责人	出版时间
第二卷手稿、编辑原稿与刊行稿	1865年马克思第1稿	MEGA② Ⅱ/4.1	维戈茨基	1988年
	1868—1868马克思第3、4稿	MEGA② Ⅱ/4.3	福尔格拉夫	2012年
	1868—1881马克思第2稿、第5—8稿	MEGA② Ⅱ/11	瓦西娜、大谷祯之介	2008年
	1883—1884恩格斯编辑原稿	MEGA② Ⅱ/12	大村泉	2005年
	1885，1893恩格斯编辑刊行稿	MEGA② Ⅱ/13	大村泉	2008年
第三卷手稿、编辑原稿与刊行稿	1864—1865马克思第1稿（主要草稿）	MEGA② Ⅱ/4.2	福尔格拉夫	1992年
	1867—1868马克思第2、3稿	MEGA② Ⅱ/4.3	福尔格拉夫	2012年
	1871—1881马克思第4稿与恩格斯编辑稿	MEGA② Ⅱ/14	福尔格拉夫	2003年
	1894恩格斯编辑刊行稿	MEGA② Ⅱ/15	罗斯	2004年

二、MEGA②之后的研究论争及其问题

国际学界基于MEGA②展开的“《资本论》恩格斯编辑问题”研究论争，最先发生在较早接触相关第一手文献的MEGA②编辑者（参见表1）之间。概括来讲，鉴于各自不同的研究立场与论证方法，国际学界目前所铺陈的“《资本论》恩格斯编辑问题”研究论争，大体可分为以下三派。

1. 对立派。基于MEGA②的“《资本论》恩格斯编辑问题”研究论争，最初是由德国的福尔格拉夫（Carl—Erich Vollgraf，MEGA② Ⅱ/4.2，4.3，14编辑负责人）等人挑起的，福尔格拉夫在将马克思的“1864—1865年手稿”（MEGA② Ⅱ/4.2，马克思为《资本论》第三卷写下的最完整手稿，又称主要手稿）与恩格斯以此为主要底本编辑出版的“1894版《资本论》第三卷”（MEGA② Ⅱ/15，即通行版第三卷）详加对比之后“披露”：恩格斯出于将马克思的未完成手稿整理为“一部联贯的、尽可能完整的著作”的意图，不惜对手稿进行了数以千计的编辑处理与理论加工，福尔格拉夫将这些变更细分为“7类18种”。[①]这其中不但包括对具体术语和内容的变更，对原始文本细节的增删，而且还包括对篇章结构的标题和顺序的大范围调整。福尔格拉夫据此认定，恩格斯违背了自身在《资本论》序言中所一再宣称的忠实于原手稿的编辑原则，对马克思的手稿进行了远远超乎编辑者权限的加工和处理。福尔格拉夫因此建议MEGA②编委会弃用《资本论》第三卷（MEGA② Ⅱ/15）原书名，

① 福尔格拉夫把恩格斯关于马克思手稿所做的“7类18种”变更划分如下：1. 改变原文的编排：a. 划分章节，b. 调整位置，c. 变脚注为正文，d. 用类似的说法替换概念术语。2. 扩展原文：a. 内容上的补充，b. 现实化处理。3. 删除一些段落。4. 处理重复的地方。5. 润色原文：a. 分段、合并段落或增加铺垫语，b. 取消着重号。6. 订正：a. 订正内容，b. 统一概念术语，c. 修辞改动，d. 核准计算数字，e. 复核、补充和翻译引文。上述译文参考了罗夫·赫克尔：《恩格斯编辑〈资本论〉第二卷、第三卷的情况》，沈红文译，《国外理论动态》2011年第11期。

而代之以"卡尔·马克思：1864—1876 年经济学手稿，弗里德里希·恩格斯编辑出版为 1894 版《资本论》第三卷"字样，以标识恩格斯"越权"的编辑工作。(Vollgraf and Jüngnickel，2002 年)

2. 统一派。针对福尔格拉夫等人的观点，俄罗斯学者维戈茨基（Vitalij Vygodskij，MEGA② 编委会原成员，MEGA② Ⅱ/4.1 编辑负责人）提出"研究过程"和"叙述过程"两个重要概念，用以分别对应马克思的"原始稿"和恩格斯的"编辑稿"。在维戈茨基看来，福尔格拉夫所指出的恩格斯"编辑稿 "对马克思"原始稿"进行的"不当干涉"，不过是恩格斯基于出版的需要，将马克思自身原本的"研究过程"转化为读者可以理解的"叙述过程"，所进行的最低限度的加工，这一"转化"并未导致福尔格拉夫所谓的"编辑稿"对"原始稿"的原则性偏离。维戈茨基因而拒绝承认存在所谓"《资本论》恩格斯编辑问题"。(Vygodskij，1995 年)

3. 中间派。以日本的大村泉（Izumi Omura，MEGA② Ⅱ/12，13 编辑负责人）和大谷祯之介（Teinosuke Otani，MEGA② Ⅱ/11 编辑）等人为代表。这一派的特点在于强调指出马克思"原始稿"与恩格斯"编辑稿"在量上的差异，而反对就两者之间的差异程度进行定性分析。比如，为了具体详尽地呈现马克思"原始稿"与恩格斯"编辑稿"之间的具体差异，大村等在其所编辑 MEGA② Ⅱ/12[①] 的《附属材料》卷中，特别增加了"构成比较""出处一览""出入一览"三篇附录索引，悉数列举了

① MEGA② Ⅱ/12 收录的是恩格斯编辑《资本卷》第二卷时所制作的"编辑原稿"（Redaktionsmanuskript）。简单来讲，我们可以把"编辑原稿"看作从马克思"原始稿"到恩格斯"刊行稿"的过渡环节，从中我们可以清楚地看出恩格斯对马克思手稿的编辑与"修改"经过，这为研究者考察并评价恩格斯的编辑工作提供了最为可信和有效的第一手资料。就这一点而言，大村等人对第Ⅱ部门第 12 卷的促成与编辑意义非凡。另外，根据日本学者大野节夫的说法，在编辑《资本论》第三卷的过程中，恩格斯也曾制作过类似的"编辑原稿"，可惜在辗转流传中不幸遗传了。这使得《资本论》第二卷的恩格斯"编辑原稿"成了孤本。参见大野节夫：《新 MEGA 第Ⅱ部门第 12 卷编辑的现阶段》，《经济》2003 年第 5 期。

恩格斯“编辑稿”对于马克思“原始稿”所做的5000多处变更。[①] 但大村等同时又指出，考虑到马克思手稿的未完成性，不能简单根据“编辑稿”与“原始稿”之间存在差异这一点，得出恩格斯有意“篡改”马克思“原始稿”这一结论。作为马克思《资本论》第二卷主要手稿卷（MEGA[②] Ⅱ/11收录了第二卷8部手稿中的5部）的编辑，大谷同样反复指出，恩格斯“编辑稿”对马克思不同阶段写成的不同层次的“原始稿”不加区别的糅合做法，使得读者无法从中追溯马克思思想的具体发展轨迹，容易产生理解上的混乱，不过，大谷并未就此得出恩格斯背离马克思的结论。可以说，重指出差异而不轻下结论，是日本这一派学者的基本特色。(大村泉，1998年；大谷祯之介，2009年)

国内学界对于“《资本论》恩格斯编辑问题的研究”，大体可以“1863—1867年经济学手稿”（MEGA[②] Ⅱ/4.1，4.2）的刊行为界，分为前后两个阶段：第一阶段，汤在新、马健行、顾海良、张钟朴、孙承叔等诸位先生，以MEW和MEGA[②]已公开文献为基础，对《资本论》与“经济学手稿”的关系做了深入精粹的研究，并在一程度上旁涉讨论了恩格斯的编辑问题。第二阶段，得益于MEGA[②]相关卷册的陆续出版和国际最新研究工作，王锡君、卢晓萍、韩立新等学者撰文介绍基于MEGA[②]的“《资本论》恩格斯编辑问题”进展情况，并在研究方向与方法上进行了一些颇具启发性的分析和探索。总体而言，国内对这一问题的研究，由于多方面原因，相对尚比较薄弱。

福尔格拉夫和大村泉等根据MEGA[②]最新披露文献，依据考证方法，对恩格斯编辑马克思手稿时所做变更的悉数列举与归纳，构成了学界进一步探究“《资本论》恩格斯编辑问题”的文献与实证基础，这是福尔格

---

① 具体来讲，(1) 利用“结构比较”（Gliederungsvergleich）这一附录，大村等详细对比了“恩格斯编辑原稿”与马克思原始手稿之间在结构上的异同，以期确定马克思在写作《资本论》第二卷时所构想的篇节结构是否在恩格斯的编辑中得到了忠实的体现，以及体现时发生了怎样的改动。(2)“出处一览”（Provenienzverzeichnis）以具体到篇、章、节的形式，对恩格斯在编辑过程中对8部原始手稿的采用情况——包括是否按照手稿原有的顺序加以采用，是否对部分章节进行过重组，以及是否对手稿进行过省略、概括和跨越式编连——进行了翔实的记录。(3)“差异一览”（Abweichungsverzeichnis）以句子和单词为单位，逐一确认“恩格斯编辑原稿”和马克思手稿对应部分的异同，共计收录了恩格斯对马克思手稿所做的5000多处变更。

拉夫和大村泉等人的巨大研究功绩所在。

不过，在涉及如何看待并判定恩格斯所做的这些变更，即恩格斯“编辑稿”与马克思“原始稿”之间的差异问题上，福尔格拉夫等所开列的“判定标准”却不能尽如人意。换句话说，福尔格拉夫细分的“7类18种”判定标准确实具体而多样，能够很好解释说明恩格斯所做的几乎所有变更，可惜太过具体多样造成了相对欠缺普遍统一性，有直接将具体差异本身等同于原则背离和过分苛责恩格斯编辑工作的嫌疑；与之相对，维戈茨基的“研究过程”和“叙述过程”这一抽象判定标准倒是具备足够的普遍统一性，不过却又以丧失应有的区分度与辨别力，无法对具体变更做出有针对性的说明为代价，进而导致对恩格斯的所有变更不加甄别做正当化辩护。简言之，判定标准的选用不当，是福尔格拉夫等先期研究的问题所在。

三、基于MEGA②的研究思路设想

在研究“《资本论》恩格斯编辑问题”时，针对先期研究的“判定标准”不是太过具体，便是太过抽象的问题，我们可能有必要重新拟定一各方都能接受的“判定标准”。笼统来讲，这一新的标准至少应当满足以下两个条件，即一方面，有鉴于恩格斯对手稿所做变更的多样性与丰富性，我们需要运用足够“具体”多样的判定标准，这样才能有效解释说明每一具体的变更；另一方面，考虑到如果仅有足够“具体”而缺少足够“抽象”的判定标准，我们对不同变更所做的判定将会丧失逻辑上的连贯性与统一性，所以在设定“具体”判定标准的同时，我们可能又始终需要能够囊括所有变更的“抽象”判定标准，以便对诸多的具体变更进行定性分析。综合这两个方面，怎样将福尔格拉夫式的“具体”判定标准与维戈茨基式的“抽象”判定标准结合起来，构想出一种“多个判定标准合理组合”的研究方案，以便在“具体”与“抽象”两个向度上同时用力，考察评价恩格斯的《资本论》编辑工作，可能是值得我们进行探讨和继续深入的一种研究思路。

举例而言，我们可以将研究思路分成“列举变更”“判定差异”“必要性总结”三个大的步骤，并具体展开如下（参见表 2）。

第一步“列举变更”。以福尔格拉夫等人的先期工作为基础，罗列出恩格斯对马克思手稿所作的三类代表性典型性变更。(1) 主要术语变更；(2) 相关章节调整；(3) 所涉内容增删。

第二步“判定差异”。运用“抽象”和“具体”两类判定标准对这些变更的性质加以判定。(1) 抽象判定标准：a. 所作变更与手稿原始含义是否相符；b. 所作变更与手稿的原始论证相比，其理论说服力是否存在强弱变化。(2) 具体判定标准：选择对于特定变更最具针对性的具体判定标准，考察进行变更的依据是否恰当充分。

第三步“必要性总结”。以上述两个步骤为基础，综合权衡三个判定标准的应有比重，并考虑到可能存在的其他一些影响因素，总结判定所做变更的恰当性和必要性。

表 2　研究基本思路示意图

<table>
<tr><th colspan="2">第一步：列举变更</th><th colspan="5">第二步：判定差异</th><th>第三步：总　结</th></tr>
<tr><td rowspan="2"></td><td rowspan="2">变更/调整/增删</td><td colspan="2">抽象判定标准</td><td colspan="3">具体判定标准</td><td rowspan="2">变更必要性</td></tr>
<tr><td>与原始稿含义对比</td><td>相比原始稿说服力</td><td>术语统一</td><td>逻辑连贯</td><td>其　他</td></tr>
<tr><td rowspan="2">术语变更</td><td rowspan="2">第三卷原始稿第六、七章的“劳动能力”被变更为劳动力</td><td rowspan="2">相符</td><td rowspan="2">增强</td><td colspan="3">术语统一原则</td><td rowspan="2">有</td></tr>
<tr><td colspan="3">与已出版的第一、第二卷的“劳动力”用词相统一</td></tr>
<tr><td rowspan="2">章节调整</td><td rowspan="2">第三卷第一篇第二章“利润率”相关段落顺序存在较大调整</td><td rowspan="2">相符</td><td rowspan="2">减弱</td><td colspan="3">逻辑连贯原则</td><td rowspan="2">无</td></tr>
<tr><td colspan="3">调整导致“编辑稿”论证过程出现不应有的逻辑断裂与飞跃</td></tr>
<tr><td rowspan="2">内容增删</td><td rowspan="2">第二卷原始稿有 8 个，分为 1865—1870 年的Ⅰ-Ⅳ稿，1877—1881 年的Ⅴ-Ⅷ稿两组，编辑稿只用了其中的 6 个</td><td rowspan="2">不符</td><td rowspan="2">减弱</td><td colspan="3">优先采用成熟稿原则</td><td rowspan="2">待推敲</td></tr>
<tr><td colspan="3">弃用的编号为Ⅰ、Ⅲ两个手稿在写作时间上属于 1865—1870 年稍欠成熟手稿序列</td></tr>
</table>

以上是对研究基本思路的设想。另外值得强调指出的是，鉴于马克思“原始稿”与恩格斯“编辑稿”各自的复杂性，在具体运用这一研究思路对“《资本论》恩格斯编辑问题”加以研究时，我们还将至少面临以下两大难题：（1）怎样把握马克思“原始稿”具体思路。在“原始稿”中，马克思的多种思路没有最终定型，具有相当的开放性与丰富的解读可能性，因而如何从这些“原始稿”中厘定马克思的核心思路，把握马克思的明确意旨，将会成为我们所要面临的一大重点与难点。（2）怎样判定恩格斯“编辑稿”的变更性质。在具体编辑马克思的“原始稿”时，大到对众多“原始稿”的拣择，中到对相关论证的修正，小到对具体名词术语的确定，恩格斯的“编辑稿”均有涉及，且异常复杂，因而如何判定恩格斯对马克思所做变更的依据，以及怎样定性这种变更的性质与必要性，则是我们需要解答的另一大重点与难点。

考虑到上述两点，相比 MEGA②编辑们所看重的实证“定量”方法，我们可能有必要适当加强哲学“定性”方法的运用比重，比如像“典型个案与理论预设相结合”这样的研究方法，用以协助我们把握马克思的原始思路，判定恩格斯的变更依据与性质。具体来讲，这样的方法主要体现在为以下两个方面：(1)“代表性变更例证”的拣择上。基于研究的可操作性，在进行比较时，我们不可能对恩格斯的几千处变更与差异一一加以列举，而只能根据一定的“理论预设”，从中选取一些具有代表性的变更个案，进行典型性样本研究。(2)“具体判定标准”的选取。为了能够有针对性地解读各类具体变更，具体判定标准的选择同样必须具有代表性与典型性，这同样需要依据特定的“理论预设”进行相应的标准设定。此外，不论在上述哪种情况下，对于“理论与个案”之间的相符度与适用性，都需要在实际操作中不断加以调整。

以上是关于怎样利用 MEGA②的最新文献，在已有研究的基础之上，从研究思路和研究方法出发，对探究“《资本论》恩格斯编辑问题”所做的一点初步设想。

四、结　　语

之前的众多研究业已表明，马克思就《资本论》第二卷、第三卷所留下的大多是一些未（最终）完成（incompleteness）的“原始稿”，就其反复修改的痕迹和互有冲突的表述来看，在许多体系性的问题上，马克思尚未有最终的定论，因而其理论具有一定的开放性①；考虑到这一点，当面对这样的“原始稿 ”，恩格斯在马克思身后加以处理时，所做的就不仅是寻常意义上的编辑工作，更是不寻常意义上的对马克思的第一次“解读”，而这本身就是一项非凡的历史性成就。

总之，对于“《资本论》恩格斯编辑问题”来讲，MEGA② 第Ⅱ部门将所有相关手稿悉数公开出版，确实称得上是一重大的事件，因为这些公开的手稿首度为这项研究奠立了可靠的文献学基础。不过，有鉴于马克思手稿的未完成性，以及恩格斯在编辑过程所做变更的复杂性，在更多的研究者关注和探究、彻底解答这一难题之前，对于“《资本论》恩格斯编辑问题”而言，MEGA② 第Ⅱ部门的出版，又仅仅只是一个新的开始。

（原文发表于《政治经济学评论》2013 年第 2 期）

---

① 参见赫克尔和罗斯的相关研究。Rolf Hecker，“New Perspectives Opened by the Publication of Marx ‘Manuscripts of Capital’ Vol. Ⅱ”，in *Re-reading Marx：New Perspectives after the Critical Edition* (London，2009)，pp. 17—20；Regina Roth，“the Author Marx and His Editor Engels：Different Views on Volume 3 of Capital”，*Rethinking Marxism*，Vol. 14，No. 4 (2002)：59—72.

马克思放弃利润率趋于下降理论了吗?

——MEGA② Ⅱ出版后引发的新争论

谢富胜　汪家腾*

利润率是马克思主义经济学中最重要的概念之一。利润率决定并且影响了资本主义积累的条件，利润率不仅可以分析资本主义宏观经济的稳定性，也可以阐释资本主义发展的阶段性。① 古典经济学学者已经关注到随着资本主义的发展利润率趋于下降的经验事实。斯密认为，利润率下降是由资本积累引起竞争加剧导致的工资上涨和商品价格下降引起的；② 李嘉图认为，人口增长和土地边际收益递减引起了工资增加，进而导致了利润率的下降；③ 约翰·穆勒认为，商业风潮、生产改良、低廉必需品和工具的输入以及资本输出这几种因素是阻碍利润率下降的主要因素，但他也首次将利润率下降与经济危机（“商业风潮”）联系起来。④ 马克思指出，竞争是资本主义经济规律发挥作用的结果，而非原因。不同部门之间的竞争是引起利润率平均化从而形成一般利润率的原因，但是竞争不会导致一般利润率的下降。⑤

在由恩格斯编辑完成的《资本论》第三卷中，马克思指出，“一般利润率日益下降的趋势，只是劳动的社会生产力的日益发展在资本主义生产方式下所特有的表现”。⑥ 马克思提出一个著名的理论：竞争使得资本

---

* 谢富胜：中国人民大学经济学院教授，博士生导师。汪家腾：中国人民大学经济学院硕士研究生。

① G. Dumenil and D. Levy, *The Economics of the Profit Rate*. (*Aldershot*: *Edward Elgar*, 1993), pp. 4—12.

② ［英］亚当·斯密：《国民财富的性质和原因的研究》，商务印书馆 1972 年版，第 79 页。

③ ［英］大卫·李嘉图：《政治经济学及赋税原理》，商务印书馆 2009 年版，第 103 页。

④ ［英］约翰·穆勒：《政治经济学原理》，华夏出版社 1998 年版，第 690 页。

⑤ 《马克思恩格斯全集》第 46 卷下册，人民出版社 1980 年版，第 271 页。

⑥ 《资本论》第 3 卷，人民出版社 2004 年版，第 237 页。

通过提高劳动生产率来获得价值增殖，促使资本有机构成的提高导致利润率趋于下降。在长期，利润率的降低将破坏资本积累的基础，并且会使得作为一种历史制度的资本主义制度加速灭亡。在《资本论》第三卷出版后，许多对利润率的研究都是从理论与经验的正确性方面来评价马克思的这一理论的。相关争论主要围绕两条线索展开。第一条线索集中在逻辑上，即理论本身是否成立。其一是从有机构成和剩余价值率的关系出发，对该理论持否定态度；其二是基于斯拉法生产价格体系的数理模型上的“置盐定理”，即所有降低成本的技术必然使利润率上升。第二条线索则偏重于探究利润率下降与资本主义经济危机的关系。20 世纪 30 年代大萧条后，一些马克思主义者开始将有机构成上升作为危机理论的出发点；20 世纪 70 年代，曼德尔指出，牵动世界资本主义经济增长速度长期波动的核心问题是资本积累过程中利润率的长期变化趋势，他的研究开辟了随后大量的经验研究。①

2012 年 8 月，经过德国、日本和俄罗斯等国诸多马克思主义学者的多年努力，《马克思恩格斯全集》历史考证版第二版即 MEGA② 的第Ⅱ部分（《资本论》及其准备著作）已经全部出齐了。MEGA② Ⅱ发表的材料激起国际学术界的强烈兴趣，一些学者开始发文阐释新的解读，引起了新一轮的争论。迈克尔·海因里希教授在美刊《每月评论》上撰文，宣称对 MEGA② 文本的最新解读得出，马克思不仅“未能证明”利润率下降趋势，而且始终对该论断抱有怀疑。《资本论》第三卷所呈现出来的基于利润率下降的危机理论，只不过是恩格斯裁剪的结果，而马克思本人根本没有完整的危机理论。② 海因里希的文章立刻在学术界引起了激烈的反响，一些国家的马克思主义经济学者很快都参与到了这场讨论当中。例如，迈克尔·罗伯茨发表的批评海因里希的博客，不长时间内便收到来自各国马克思主义学者的 80 余篇长篇评论。

---

① ［英］M. C. 霍华德、J. E. 金：《马克思主义经济学史：1929—1990》，中央编译出版社 2003 年版，第 130—150、317—322 页。

② M. Heinrich, “Crisis Theory, the Law of the Tendency of the Profit Rate to Fall, and Marx’s Studies in the 1870s”, *Monthly Review*, No. 4 (2013).

一、“马克思放弃了利润率下降理论”：海因里希的新论点

海因里希是德国柏林工业与经济学院经济学的教授，其主要研究领域是马克思的经济学理论和政治经济学学说史，以及当代资本主义的发展。他为《资本论》三卷本撰写的导读，2012 年由《每月评论》出版社翻译出版。① 基于 MEGA 文本的阅读，他最基本的看法是始终将《资本论》当作一部未完成的著作。那么，海因里希又是如何解读马克思的利润率趋于下降理论的呢？

1. 马克思变化的“分析框架”。

海因里希一开始就提出，马克思“没有对危机理论做最终表述”，马克思的危机理论不仅在表述上不够清晰，而且在理论建构上根本没有完成，因为马克思的“分析框架”始终是飘忽不定的。其主要依据是：(1) 马克思对危机的态度发生了变化。在 1848 年出版的《共产党宣言》中，经济危机被看作是资本主义社会的直接威胁。1857—1858 年危机爆发，马克思密切关注形势并做了大量研究，形成了《政治经济学批判大纲》。然而，这场危机很快便过去了，资本主义国家并没有出现社会和政治的剧烈震荡。“1857—1858 年之后，马克思不再坚持资本主义经济会有一场最终的总崩溃的理论，也不再把危机与革命直接联系起来。”② (2) 马克思使用的概念和范畴发生了变化。例如，在《政治经济学批判大纲》中，马克思还没有对“抽象劳动”和“具体劳动”作出区分，而后又强调劳动的二重性理论是“理解政治经济学的关键”。又如，马克思原本打算将“资本一般”和“竞争中的资本”严格区分开来论述，但 1863 年以后他不再提及“资本一般”这个概念。(3) 马克思的写作计划发生了变化。

---

① M. Heinrich, *An Introduction to the Three Volumes of Karl Marx's Capital* (New York: Monthly Review Press, 2012).

② M. Heinrich., "Crisis Theory, the Law of the Tendency of the Profit Rate to Fall, and Marx's Studies in the 1870s," *Monthly Review*, No. 4 (2013).

在1857—1858年所作的《〈政治经济学批判〉导言》的序言中，马克思宣布了著名的“六册计划”（资本、土地所有制、雇佣劳动、国家、对外贸易、世界市场）；而1861—1863年，他发现六册计划过于庞杂以至于不可能全部完成，于是宣布将他的研究限制在资本这一册。由此，海因里希主张，过去公认的将《经济学手稿（1857—1858年）》、《经济学手稿（1861—1863年）》和《经济学手稿（1863—1865年）》合称为《资本论》的三个原稿的说法是“有问题的”，因为这种说法“暗示马克思的研究思路具有连续性，从而掩盖了马克思理论分析框架的转换”①。应当以1863年为界，将马克思的一系列手稿视为两部独立著作的原稿：1857—1863年，是6册的《政治经济学批判》；1863—1883年，是4册的《资本论》。

2. 利润率趋向下降规律的“失灵”。

对于马克思利润率趋向下降的规律，海因里希的诠释是：“在长期中，根据马克思的理论，利润率一定会下降。”基于这样一种绝对化的认识，海因里希开始了他的批评。

首先，用经验研究来检验利润率下降趋势是行不通的。他说：“马克思从这个‘规律’推出了一系列假说，而这些假说在理论上既不可能被证明，也不可能被证伪。‘规律’宣称，资本主义生产方式下，生产力的发展会导致利润率下降。即便过去的利润率下降了，也构不成支持该理论的证据——因为规律旨在描述未来，而从过去的事实得不出任何关于未来的结论；即便过去的利润率上升了，也构不成反驳——因为规律本身不要求利润率永远下降，只要求存在一个下降的趋势，而将来还是可能发生的。”②

其次，海因里希从利润率公式质疑马克思的利润率趋于下降规律。利润率可以用公式表示如下：

$$p=\frac{s/v}{1+c/v} \qquad (1)$$

---

① M. Heinrich, “Crisis Theory, the Law of the Tendency of the Profit Rate to Fall, and Marx's Studies in the 1870s,” *Monthly Review*, No. 4 (2013).

② M. Heinrich, “Crisis Theory, the Law of the Tendency of the Profit Rate to Fall, and Marx's Studies in the 1870s,” *Monthly Review*, No. 4 (2013).

其中，s表示剩余价值，c表示不变资本，v表示可变资本，p表示利润率。显然，利润率与剩余价值率s/v同向变化，与有机构成c/v反向变化。如果假设有机构成不断上升，同时剩余价值不变，那么利润率就自会下降。这就是马克思所说的利润率趋向下降的“规律本身”。尽管存在一系列“起反作用的因素”，但马克思认为，从长期来看这些反作用因素不足以逆转利润率下降的趋势。海因里希认为，问题不在于“规律本身”是否一定能够压过所有“起反作用的因素”，而在于“规律本身”在逻辑上就不成立。他认为，资本积累一方面导致有机构成提高，另一方面又导致剩余价值率上升，而这可能抵消利润率的下降。他强调，马克思得出的结论是建立在分子不变假设的基础上的，但剩余价值率不是不变的。马克思曾经阐述过相对剩余价值生产的机制：生产力发展表现为以节约劳动为主要特征的技术进步，工资品变得更便宜；在实际工资和工作日长度不变的情况下，工人的必要劳动时间减少，剩余劳动时间延长。因此，技术进步虽然导致有机构成提高（分母增大），但同时也导致剩余价值率提高（分子增大）。既然“没有证据表明何者变动更快”，我们也就无法确定利润率最终会朝哪个方向变动。海因里希说，马克思始终不能得出最终结论，于是就翻来覆去地断言利润率会下降，而越重复，他自己的怀疑也就越来越“明显”。

最后，马克思曾指出，相对剩余价值生产导致剩余价值率提高，虽然能在一定程度上抵消有机构成上升造成的利润率下降，但这种补偿是有一定限度的。“两个每天劳动12小时的工人，即使可以只靠空气生活，根本不必为自己劳动，他们所提供的剩余价值量也不能和24个每天只劳动2小时的工人所提供的剩余价值量相等。因此，就这方面来说，靠提高劳动剥削程度来补偿工人人数的减少，有某些不可逾越的界限；所以，这种补偿能够阻碍利润率下降，但是不能制止它下降。”[①] 海因里希认为这一证明是无效的：“只有当现在雇2个工人所必需的预付资本（c+v）至少和过去雇24个工人所需的预付资本一样多时，马克思的结论才是对

① 《资本论》第3卷，人民出版社2004年版，第276页。

的。”[①] 他认为在公式 p=s/（c+v）中，马克思只说明分子上的剩余价值 s 可能下降，但马克思没有考虑到处于分母上的预付资本（c+v）的贬值。随着生产力的发展，可变资本的价值 v 下降，这一下降不一定能为不变资本的价值 c 的上升所弥补，所以分母不一定会增加；而一旦分母和分子都减小，那么整个式子的变化也就不确定了。简言之，海因里希认为，生产力的发展使生产资料和生活资料都变得更加便宜，因此资本家需要投入的预付资本可能缩小，从而利润率可能升高。

3. 危机理论：马克思的还是恩格斯的？

海因里希认为，马克思的危机理论只是散布在作品各处的零星火花，缺乏一个完整的体系。在马克思的手稿中，有关利润率下降趋势的这部分手稿原本并没有划分章节，也没有小标题；所有的章节划分和小标题的添加，都是恩格斯做的。“恩格斯大幅度地修改了马克思留下的材料，拼凑出一个基于该‘规律’的第三章来。恩格斯对这些材料加以浓缩、删减、订正，并分为四部分。这就给读者造成一种印象：马克思已经有了一个基本完成的危机理论了。”[②]

海因里希认为，马克思在许多地方强调过工人有效需求不足的问题，这并不意味着他是个消费不足论者，但至少表明他认为完整的危机理论必须包括对生息资本和信用制度的分析；马克思也并未打算以利润率下降趋势作为基础，构建一个完全不涉及价值实现的危机理论。可是，马克思还没有完成对信用、国家银行等对象的研究就去世了。继承了遗留手稿的恩格斯非但没有沿着马克思的方向走下去，反而按照自己的理解“拼凑”出了一个仅仅基于有机构成提高和利润率下降的危机理论，对人们产生了极大的误导。所以，过去公认的第三卷中比较“系统”的危机理论，实际上是恩格斯意见的产物。

4. 马克思在 19 世纪 70 年代的研究：自我“怀疑”和自我“否定”。

进一步，海因里希提出了一个更加令人震惊的观点：马克思自己就

---

① M. Heinrich, “Crisis Theory, the Law of the Tendency of the Profit Rate to Fall, and Marx’s Studies in the 1870s,” *Monthly Review*, No. 4 (2013).

② M. Heinrich, “Crisis Theory, the Law of the Tendency of the Profit Rate to Fall, and Marx’s Studies in the 1870s,” *Monthly Review*, No. 4 (2013).

对利润率下降趋势有所怀疑，而且实际上已经承认自己无法完成《资本论》。

首先，海因里希声称马克思对利润率下降趋势存有怀疑：“对于利润率趋向下降的规律的怀疑，想必使马克思大伤脑筋。”[①] 他在文中举出了两个证据：（1）1875 年的题为《剩余价值和利润率的数学分析》的手稿中，马克思列举了一些利润率上升的数值例子。他说，马克思本来“试图通过大量的数学计算和多种条件分析，从数学上澄清剩余价值率与利润率之间的关系，证明‘利润率变动’的‘规律’。然而结果表明，利润率的各种变化都可能出现”[②]。（2）马克思在他自用的《资本论》第一卷（第二版）上加了一个批注，这个批注后来被恩格斯作为脚注保留在了《资本论》第一卷的第三、四版中：“为了以后备考，这里应当指出：如果扩大只是量上的扩大，那么同一生产部门中，较大和较小资本的利润都同预付资本的量成比例。如果量的扩大引起了质的变化，那么，较大资本的利润率就会同时提高。”[③]

其次，海因里希宣称，马克思已经承认无法完成《资本论》的创作——不仅是语言表述，还包括理论构建。他提出的唯一证据是 1879 年马克思致丹尼尔逊的信，说马克思在这封信中“终于写道，自己无法完成第二卷（包括《资本论》第二卷和第三卷）”。海因里希认为，这再一次表明马克思本人没有完整的危机理论，因为马克思本人希望建立的是一个包括了信用、国家、世界市场的危机理论，并且确信只有包括了这些范畴的危机理论才是正确的。这也是为什么马克思在晚年开始研究信用和美国、俄国的情况，甚至开始自学俄语。马克思之所以在生前没有出版《资本论》第三卷，是因为他自己觉得理论建构尚未完成。海因里希的意思是：如果马克思本人实际上都对这个规律有所怀疑，而且终其一生都不能证明其成立，那么利润率趋于下降以及建立在其上的危机理论

① M. Heinrich, “Crisis Theory, the Law of the Tendency of the Profit Rate to Fall, and Marx's Studies in the 1870s,” *Monthly Review*, No. 4 (2013).

② M. Heinrich, “Crisis Theory, the Law of the Tendency of the Profit Rate to Fall, and Marx's Studies in the 1870s,” *Monthly Review*, No. 4 (2013).

③ 《资本论》第 1 卷，人民出版社 2004 年版，第 725 页。

的正确性，也就不言自明了。

二、是否要“取消马克思”：对海因里希的反驳

海因里希的文章在英语世界的马克思主义学者之间激起了强烈反响。安德鲁·克里曼和阿兰·弗里曼等五位分别来自英国、美国和俄罗斯的马克思主义经济学家联合撰文，反驳海因里希。他们指出，海因里希的这篇文章是严重错误的，因为它不是传统意义上的对马克思理论的质疑、否定、补充，而是要凭不确切的证据直接“取消”马克思的理论。[①]

1. “稻草人靶子”：海因里希歪曲了马克思的本意。

克里曼等人指出，海因里希全部批判的前提，即他对利润率趋向下降的规律的理解，从一开始便是错误的。海因里希在将马克思的理论解说成利润率“一定”（must）会下降时，并没有给出直接的引文。然而，马克思的表述完全不同：“所以，这个规律只是作为一种趋势发生作用；它的作用，只有在一定情况下，并且经过一个长的时期，才会清楚地显示出来。”[②] 比较接近海因里希说法的文字仅有两处。一处是：“我们已经看到，实际上利润率从长远来说会下降。”[③] 可是，这里的“会”（will）和海因里希所说的“一定”（must）明显不同。另一处是：“不变资本同可变资本相比的这种逐渐增加，就必然会有这样的结果：在剩余价值率不变或资本对劳动的剥削程度不变的情况下，一般利润率会逐渐下降。”[④] 但这里马克思是在讨论“规律本身”，此处他假定剩余价值率不变，则利润率的下降就是一个数学上的直接结论。

可见，马克思的本意是：利润率在长期中会起决定性作用，不排除特定条件下发生下降的可能性。海因里希则对马克思的理论进行了歪曲，他认为马克思想证明的是：无论发生什么情况，利润率都一定会下降。

---

① A. Kilmanet et al, The Unmaking of Marx's Capital: Heinrich's Attempt to Eliminate Marx's Crisis Theory. MPRA Paper 48535, University Library of Munich, Germany, revised 22, No. 7, 2013.

② 《资本论》第3卷，人民出版社2004年版，第266页。

③ 《资本论》第3卷，人民出版社2004年版，第255页。

④ 《资本论》第3卷，人民出版社2004年版，第236页。

他先把马克思的“趋势”偷换成一种对未来的绝对的、必然的“预言”,然后加以批判。海因里希全部错误的根源,实际上都在于这种绝对的、机械的错误理解。克里曼等人文章中的一个类比非常生动地阐释了这一点。他说:“我们来考虑另一个解释现象的规律——万有引力定律。它解释的是物体为什么以及如何倾向于相互靠近。但如果海因里希是一位物理学家,他会在《每月物理评论》上发文(前面还要附上编辑的溢美之词),说万有引力定律断言,不管发生什么情况,两个物体一定会相互靠近。他会要求证明这一定律,接着把月亮绕地球运行而没有撞上地球的事实,当作证伪万有引力定律的证据。然后他会得意扬扬地宣布:万有引力定律失效了。”[①] 实际上,这不是海因里希第一次使用这种手法。典型的例子便是系统体现他思想的《马克思〈资本论〉三卷本导读》。虽然从书名看,这只是对马克思理论的一个介绍,但海因里希基本上是在批判或者“改造”马克思的理论。他常常自己构造一个“马克思的理论”,指出其“缺陷”,然后代之以自己的理论。问题是,他所批判的“理论”实际上往往根本就不是马克思要表达的意思。这就好像树立一个“稻草人靶子”然后进行戳刺,目的只是使自己的理论显得更加有说服力。

究竟该如何正确地理解马克思所说的“趋势”?克里曼等人认为,马克思与斯密、李嘉图等古典政治经济学家一样,只是试图解释当时被公认为事实的利润率下降。马克思说:“尽管这个规律经过上述说明显得如此简单,但是我们在以后的一篇中将会看到,以往的一切经济学都没有能把它揭示出来。经济学看到了这种现象,并且在各种自相矛盾的尝试中绞尽脑汁地去解释它。由于这个规律对资本主义生产极其重要,因此可以说,它是一个秘密,亚当·斯密以来的全部政治经济学一直围绕着揭开这个秘密兜圈子,而且亚·斯密以来的各种学派之间的区别,也就在于为揭开这个秘密进行不同的尝试……它们从来不能解开这个谜,这已不再是什么谜了。”[②] 所以,马克思的意思是:“如果观测到利润率的长

① A. Kilmanet et al, The Unmaking of Marx's Capital: Heinrich's Attempt to Eliminate Marx's Crisis Theory. MPRA Paper 48535, University Library of Munich, Germany, revised 22, No. 7, 2013.

② 《资本论》第3卷,人民出版社2004年版,第237—238页。

期下降，那么根本的原因是有机构成提高。”①

2. 需从长期趋势来看剩余价值率提高及其补偿作用。

怎样证明长期中有机构成上升一定超过其他因素，从而利润率确实存在下降的趋势呢？克里曼等人指出，要证明这一点，我们还是要回到马克思对资本主义生产方式和资本积累的基本假设上来。马克思认为，资本是不断追求增殖的价值，因而资本的不断积累就成为一个自发的、原初的动力；同时，技术的进步最主要的特征，便是节约人类的劳动。假定人口、工作日和劳动强度不变，社会在一个周期内提供的活劳动是一定的，但这些活劳动却被日复一日堆积起来的、越来越庞大的不变资本所摊薄，结果必然是利润率的下降。这是因为，活劳动即使全部转化为剩余价值（这代表了生产力高度发达，工资品极为廉价，以至于工资可以忽略不计），总量也是有限的，而资本积累是无限的。因此，马克思就用极限的思想证明了他的观点：在长期中，利润率最终将不可避免地趋向于下降。

更重要的是，马克思在他本人亲自修订、增补过的《资本论》第一卷中，也表达过类似的思想。“从两个工人身上榨不出从24个工人身上同样多的剩余价值。24个工人每人只要在12小时劳动中提供一小时剩余劳动，总共就提供24小时剩余劳动，而两个工人的全部劳动只不过是24小时。可见，利用机器生产剩余价值包含着一个内在的矛盾：在一定量资本所提供的剩余价值的两个因素中，机器要提高一个因素，要提高剩余价值率，就只有减少另一个因素，减少工人人数。”②

海因里希对公式（1）的批判，其问题在于：（1）假如海因里希这里谈论的是s和（c+v）的绝对量，那么（c+v）的减少说明社会的预付资本总量减少。这意味着资本积累出现了“逆转”，而这显然违背了马克思的前提假设。“要证明雇佣劳动的减少永远可以由剩余价值率的提高所弥补，从而利润率永远可以上升，海因里希假定而且必须假定资本没有积

---

① A. Kilmanet et al, The Unmaking of Marx's Capital: Heinrich's Attempt to Eliminate Marx's Crisis Theory. MPRA Paper 48535, University Library of Munich, Germany, revised 22, No. 7, 2013.

② 《资本论》第1卷，人民出版社2004年版，第702页。

累（disaccumulation）。”[①]（2）假如海因里希谈论的 s/（c＋v）只是一个比值，即使不变资本的价值趋近于 0，从而全部劳动都转化为剩余价值，那么利润率 p＝s/c 也会因为技术进步而下降。根据马克思的前提条件，资本主义生产方式下，生产力发展表现为采用了节约劳动的技术，等量劳动使用的资本量不断上升，也就是剩余价值和预付资本的比值 s/c 下降。

3. 马克思已完成了他的危机理论。

海因里希说马克思在致丹尼尔逊的信中承认自己无法完成《资本论》。但事实上马克思说了些什么呢？“在英国目前的工业危机还没有达到顶峰之前，我决不出版第二卷。这一次的现象是十分特殊的，在很多方面都和以往的现象不同，完全撇开其他各种正在变化着的情况不谈，这是很容易用下列事实来解释的：在英国的危机发生以前，在美国、南美洲、德国和奥地利等地就出现这样严重的、几乎持续五年之久的危机，还是从来没有过的事。因此，必须注视事件的目前进程，直到它们完全成熟，然后才能把它们‘消费’到‘生产上’，我的意思是‘理论上’。”[②]显然，这封信只说明马克思希望等待最新的材料来检验和丰富《资本论》，这恰恰反映了马克思作为一名思想家的严谨态度，而不能用来说明马克思“承认自己无法完成第二卷”[③]。

克里曼等列举大量事实表明，马克思确信《资本论》在理论建构上已经完成了。早在 1865 年 7 月 31 日，马克思就致信恩格斯说：“再写三章就可以结束理论部分（前三册）。然后还得写第四册，即历史文献部分；对我来说这是最容易的一部分，因为所有的问题都在前三册中解决了，最后这一册大半是以历史的形式重述一遍。但是我不能下决心在一个完整的东西还没有摆在我面前时，就送出任何一部分。不论我的著作

---

① A. Kilmanet et al，The Unmaking of Marx's Capital：Heinrich's Attempt to Eliminate Marx's Crisis Theory. MPRA Paper 48535，University Library of Munich，Germany，revised 22，No. 7，2013.

② 《马克思恩格斯全集》第 34 卷，人民出版社 1972 年版，第 345 页。

③ A. Kilmanet et al，The Unmaking of Marx's Capital：Heinrich's Attempt to Eliminate Marx's Crisis Theory. MPRA Paper 48535，University Library of Munich，Germany，revised 22，No. 7，2013.

有什么缺点，它们却有一个长处，即它们是一个艺术的整体。”① 可见，马克思认为理论问题基本上得到解决。1866年2月13日，马克思致信恩格斯说：“手稿虽已完成，但它现在的篇幅十分庞大，除我以外，任何人甚至连你在内都不能编纂出版。我正好于1月1日开始誊写和润色，工作进展得非常迅速，因为经过这么长的产痛以后，我自然乐于舐净这孩子。”② 马克思认为包含理论内容的手稿已经完成，所需要的仅仅是整理和“润色”，使之更加易读。1867年4月30日，马克思致信迈耶尔说：“我希望全部著作能够在明年这个时候出版。第二卷是理论部分的续篇和结尾，第三卷是十七世纪中叶以来的政治经济学理论史。”③ 也就是说，马克思在此时认为《资本论》的第二卷即将臻于可以付梓的境地。假如马克思对自己的理论有所怀疑，甚至根本没有完成危机理论的构建的话，以马克思一贯的态度，是不可能说出这番话的。1877年11月3日，马克思致信肖特说：“实际上，我开始写《资本论》的顺序同读者将要看到的顺序恰恰是相反的（即从第三部分——历史部分开始写），只不过是我最后着手写的第一卷当即做好了付印的准备，而其他两卷仍然处于一切研究工作最初阶段所具有的那种初稿形式。”④ 这里，马克思说他是先大体完成了第三卷和第二卷，再回过头去写第一卷的。尽管第三卷的完成只是理论意义上的，而形式上仍停留在“初稿”的阶段。

4. 马克思并未放弃利润率趋于下降规律。

海因里希认为，马克思在手稿中列举的一些利润率上升的情况，说明马克思无法证明自己的理论而感到困惑。克里曼等人指出，这种看法还是建立在错误的理解基础上的：如果马克思真的是想证明利润率在任何情况下都必然下降，那么每次马克思举出利润率上升的例子，自然就成了马克思“怀疑”和“不能证明”利润率下降趋势的证据了。⑤ 事实

① 《马克思恩格斯全集》第31卷，人民出版社1972年版，第135页。
② 《马克思恩格斯全集》第31卷，人民出版社1972年版，第181页。
③ 《马克思恩格斯全集》第31卷，人民出版社1972年版，第544页。
④ 《马克思恩格斯全集》第34卷，人民出版社1972年版，第285页。
⑤ A. Kilmanet et al，The Unmaking of Marx’s Capital：Heinrich’s Attempt to Eliminate Marx’s Crisis Theory. MPRA Paper 48535，University Library of Munich，Germany，revised 22，No. 7，2013.

上，如果阅读一下《资本论》第三卷第三篇，那么我们马上就会明白，这正是马克思进行研究的思路：首先假定大部分变量不变，再逐个放开。因此，马克思举出的数学例子只是他自然的研究过程而已，并不是什么“大伤脑筋”的表现。

就马克思在自用本旁边批注中的“提高”，应该如何理解，克里曼等人指出，这里的“提高”更可能只是单纯的笔误。因为联系这个页下注的上下文，不难看出，马克思在此处要阐述的是“规律本身”，也就是如果暂不考虑剩余价值率变化，有机构成上升会导致利润率下降这样一个自然结果。而“提高”完全是与上下文意思相反的。如果马克思本来要批注“提高”，那就好比伽利略轻描淡写地在自己的著作上写了一句“待考：地球是静止的”一样，令人匪夷所思——因为这是足以颠覆其整个体系的问题。

三、如何认识这场争论

我们可以看出，海因里希的所谓批判实际上并没有什么特别新颖的见解（他甚至完全避开了关于置盐定理的争论），不过是在重复着杜冈一巴拉诺夫等人早在19世纪末就提出过的诘难而已。在大部分研究者不熟悉德语且尚未对MEGA②进行仔细研究的情况下，作为为数不多的熟悉MEGA②原始文稿同时又能以英语写作的专家，海因里希的观点似乎具有某种特殊的可信度。一时间，问题似乎已经不在于趋于利润率下降理论是否正确，而在于马克思到底是否打算坚持这个理论本身。克里曼等人已经针对其每一个论点做了精辟反驳。下面，我们结合MEGA② Ⅱ版本编辑和马克思手稿的相关论述，围绕以下三个问题谈谈我们的看法。

1. 恩格斯“背叛”了马克思吗?

自恩格斯编辑出版《资本论》第二卷以来，怀疑他曲解了马克思的意思，使马克思的作品变得平庸了的观点就始终存在。马克思遗留下来多份手稿的不完整性和其思想一直处于发展过程的不连贯性，给恩格斯的编辑工作带来远比我们今天所能想象得要大的困难。为了提供一本可读的书，恩格斯给马克思原始手稿安排了相对系统完整的结构，在内容上做了大范围的重新调整，改变了部分概念和观念，增加了一些新的内容。[①] 例如，基于 MEGA[②] Ⅱ文本的比对研究表明，就《资本论》第三卷第三篇来说，恩格斯将马克思原始手稿中的第三章改为他编辑的书中的第三篇，将 200 多页的实例浓缩为 20 多页，划分三章并给所有强调的内容增加了标题，在第十三章增加了补充说明预付资本的利润率和成本价格利润率，第十五章将马克思的“结束”（Klappen）（“这个过程会导致资本主义生产的结束”，Dieser Proce? würde bald die capitalistische Production zum Klappen bringen，…”）替换成“崩溃”（Zusammenbruch），“这个过程很快就会使资本主义生产过程崩溃”并将这句话移到该段的结尾。[②]

正如克劳斯·穆勒在比照 MEGA[②] Ⅱ的 4.3 分卷后指出的，“恩格斯对马克思拟就的草稿进行谨慎而连贯的编辑……恩格斯采用了马克思原文的结构和所有核心内容……使整体有一个更加清晰的样式……所拟的标题精确地符合马克思原文的内容”[③]。如果我们比照马克思的其他手稿，我们会发现，恩格斯的改动是符合马克思的本意的。“表现为利润的剩余价值同预先存在的资本之比的减少。……这些矛盾会导致爆发，灾变，危机，这时，劳动暂时中断，很大一部分资本被消灭，这样就以暴力方式使资本回复到它能够继续发挥职能的水平。当然，这些矛盾会导致爆发，危机……这些定期发生的灾难会导致灾难以更大的规模重复发生，而最终将导致用暴力推翻资本。”[④] 恩格斯上述改动的那句话有一个限定句，“如果没有相反的趋势总是在向心力之旁又起离心作用”，马克思和恩格斯都没有说资本主义的消亡会因为利润率的下降而自动来临。因此，海因里希指责恩格斯强调了资本主义自动走向危机的观点更是站不住脚的。他也并没有任何证据证明，恩格斯严重地改动了或者违背了马克思

① B. Riccardo and F. Roberto，Re-reading Marx New Perspectives after the Critical Edition (Palgrave Macmillman，2009)，p. 43.

② Klaus Müller. Das Gesetz des tendenziellen Falls der allgemeinen Profitrate-Engels versus Marx? Zeitschrift für marxistische Erneuerung，2011，87 (11).

③ Klaus Müller. Das Gesetz des tendenziellen Falls der allgemeinen Profitrate-Engels versus Marx? Zeitschrift für marxistische Erneuerung，2011，87 (11).

④ 《马克思恩格斯全集》第 46 卷下册，人民出版社 1980 年版，第 269 页。

的思想；而且他自己也承认，19 世纪的编辑享有的自由要高于当代。事实上，对于散乱的马克思手稿，这些“浓缩、删减、订正”的工作恰恰是一名合格的编辑应该做的工作。“在恩格斯的版本中没有任何一句关于危机的陈述是马克思的草稿里没有包含的。”① 恩格斯所能做的只是将马克思已经存在的危机理论加以整理，使之更加清晰易读。过分夸大恩格斯对马克思的修改，渲染两人的分歧，甚至宣称恩格斯背离了马克思，都是不负责任的。

2. 马克思放弃了利润率趋向下降的理论了吗？

马克思在 1857—1858 年手稿中认为利润率的下降是“从每一个方面来说都是现代政治经济学的最重要的规律”②。他在 1861—1863 年手稿中进一步指出，“利润率在资本主义生产进程中有下降的趋势”③。克劳斯·穆勒指出：“即使在现在发表和更晚写的文稿中，也没有一点线索表明，马克思在这一问题上还摇摆不定。”④ 实际上马克思所分析的利润率下降是指预付资本的利润率下降，本意是指，随着资本积累的进行，资本主义生产会遇到它自身的限制，这种限制本身只能通过其进一步创新来克服。“引起一般利润率下降的同一些原因，又会产生反作用，阻碍、延缓并且部分地抵消这种下降。这些原因不会取消这个规律，但是会减弱它的作用。……它的作用，只有在一定情况下，并且经过一个长的时期，才会清楚地显示出来。”⑤

从理论上看，即使存在一系列使利润率上升的因素，马克思也丝毫没有怀疑这一规律。在 1861—1863 年手稿中，马克思放弃了剩余价值率不变的假定，指出“利润率下降——虽然剩余价值率这时保持不变或提高——是因为随着劳动生产力的发展，可变资本同不变资本相比减少了。

① Klaus Müller. Das Gesetz des tendenziellen Falls der allgemeinen Profitrate-Engels versus Marx? Zeitschrift für marxistische Erneuerung，2011，87（11）.

② 《马克思恩格斯全集》第 46 卷下册，人民出版社 1980 年版，第 267 页。

③ 《马克思恩格斯全集》第 48 卷，人民出版社 1985 年版，第 293 页。

④ 克劳斯·穆勒：《“反恩格斯主义”、利润率下降和马克思的 1867—1868 年经济学手稿》即将发表。（本文后发表于《马克思主义与现实》2016 年第 5 期。——编者注。）

⑤ 《资本论》第 3 卷，人民出版社 2004 年版，第 266 页。

因此，利润率下降不是因为劳动生产率降低了，而是因为劳动生产率提高了”[①]。在大纲中，他给出一个精妙的证明，“如果工作日中原来代表必要劳动的部分是 0.001，生产力提高为 1000 倍，那么资本的价值［剩余价值］就不是增加到 1000 倍，而是还增加不到 0.001 工作日；资本的价值增加了 0.001～0.000001，即 0.000999 工作日。”[②]

从经验研究来看，也证明了马克思利润率下降理论的正确性。按照海因里希的观点，一切自然科学的规律都无法证明——因为即便第一万次重复实验的结果与理论相符，还是不能保证第一万零一次实验的结果不违背理论。马克思说的是在长期中有机构成的上升必将压倒其他因素，从而利润率一定会呈现下降的趋势。如果长期中观察到了利润率的下降，那么马克思的理论就得到了证明。巴苏等研究了美国 1869—1992 年的利润率变动，认为长期内利润率呈现随机游走的“长波”变动，一旦控制了“反作用因素”的影响，则利润率确实存在随时间推移逐渐下降的趋势。[③] 李民骐等研究了整个资本主义世界自从 19 世纪中期开始的利润率及资本积累率的变化，从已经经历过的四个长波来看，利润率有下降的趋势。[④] 考克肖特等人研究了英国不同产业的利润率，发现尽管高有机构成的部门的剩余价值率也明显更高，但利润率和有机构成仍然显著负相关。[⑤] 这表明剩余价值率的提高不足以抵消有机构成提高引起的利润率下降趋势。

3. 如何看待马克思的危机理论。

与克里曼等人的观点不同的是，在马克思的著作中，我们所能见到的，只是马克思从不同角度涉及危机的片段性论述，他确实没有提出一个逻辑一致的危机理论。马克思的对危机的论述，其目的是指向资本主义生产方式本身。但是，正如马克思本人所指出的，“现实危机只能从资

---

① 《马克思恩格斯全集》第 26 卷第 2 册，人民出版社 1973 年版，第 498 页。

② 《马克思恩格斯全集》第 46 卷上册，人民出版社 1979 年版，第 304—305 页。

③ Basu Detal，“Is There a Tendency for the Rate of Profit to Fall? Econometric Evidence for the US Economy，1948—2007，” *Review of Radical Political Economics*，No. 45（Jan. 2013）.

④ 李民骐、朱安东：《世界利润率长波与资本主义的历史局限》，《海派经济学》2006 年第 16 期。

⑤ Paul Cockshott，Allin F. Cottrell，“Does Marx Need to Transform?” in Bellofiore ed. *Marxian Economics：A Reappraisal*（New York：Macmillan and St. Martin’s，1998），pp. 70—85.

本主义生产的现实运动、竞争和信用中引出”。[①] 在论述危机的相关分析中，马克思为什么主要着眼于资本主义生产呢？马克思本人指出了这样做的缘由：“这就是危机的两种形式上的可能性。……在没有信用的情况下，在没有货币执行支付手段的职能的情况下，也可能发生危机。但是，在没有第一种可能性的情况下，即在没有买和卖彼此分离的情况下，却不可能出现第二种可能性。”[②] “因此，如果说危机的发生是由于买和卖的彼此分离，那末，一旦货币执行支付手段的职能，危机就会发展为货币危机，在这种情况下，只要出现了危机的第一种形式，危机的这第二种形式就自然而然地要出现。因此，在研究为什么危机的一般可能性会变为现实性时，在研究危机的条件时，过分注意从货币作为支付手段的发展中产生的危机的形式，是完全多余的。”[③]

利润率的波动是资本积累的内在限制的松紧程度的表现，而利润率的下降是资本主义内在的多重社会经济矛盾加剧的集中体现。与利润率下降相联系的矛盾成了马克思论述的中心。随着利润率趋于下降，伴随着的直接剥削的条件与实现之间的矛盾、在对抗性的分配关系的基础上社会生产力与社会消费力之间的矛盾、价值增殖目标与实现增殖手段之间的矛盾、资本过剩和人口过剩之间的矛盾、生产力发展和与受到限制的资本积累之间的矛盾，共同表现出资本主义生产方式是一种历史的产物。因此，马克思基本上已经完成了危机理论的建构。

（原文发表于《政治经济学评论》2013 年第 2 期）

① 《马克思恩格斯全集》第 26 卷第 2 册，人民出版社 1973 年版，第 585 页。
② 《马克思恩格斯全集》第 26 卷第 2 册，人民出版社 1973 年版，第 587 页。
③ 《马克思恩格斯全集》第 26 卷第 2 册，人民出版社 1973 年版，第 587—588 页。

马克思恩格斯与李斯特

——关于自由贸易与保护关税问题

黄 瑾*

关于自由贸易和保护关税的争论，一直伴随着经济理论发展的全过程。主流经济学鼓吹自由贸易所带来的好处，认为发展中国家只有更全面地融入世界才能发展国家经济，闭关自守的做法只能导致国家的衰落。非主流经济学则对自由贸易抱有强烈的不信任感，强调国家干预，主张幼稚产业保护。2007 年张夏准和赖纳特分别出版《好心办坏事——丰裕国家、失灵的政策和发展中国家面临的威胁》和《富国如何致富而穷国为什么总是那么贫困》，主张发展中国家坚持国家干预和保护民族工业的方向。马丁·沃尔夫、艾伦·温特思、阿尔温德·潘纳加里亚和安妮·克鲁格等相继在《金融时报》撰文展开批评，再一次引发了自由贸易和保护关税的争论。① 追溯这场争论的起源，弗·李斯特以国家经济学对抗亚当·斯密的“世界主义经济学”是经济思想史上众所周知的。马克思在《评弗里德里希·李斯特的著作〈政治经济学的国民体系〉》中对李斯特的坚定批判成了后者的“政治经济学”标签。然而，他们之间除了观点上的差异，是否存在共通之处呢？朱绍文、杨春学等从经济哲学、生产力理论等方面，强调李斯特的经济学说与古典经济学之间本质上的共同性。② 本文围绕自由贸易和保护关税问题，既分析它在马克思经济研究中的地位，也对比马克思恩格斯与李斯特的理论分歧点与契合点，并

---

* 黄瑾：福建师范大学经济学院教授，博士。

① ［英］马丁·沃尔夫、艾伦·温特思：《自由贸易抑或贸易保护？——基于张夏准和赖纳特新著的评论》，《经济社会体制比较》2008 年第 5 期。

② 朱绍文：《经典经济学与现代经济学》，北京大学出版社 2000 年版。杨春学：《李斯特与斯密：一种比较分析》，《福建论坛（经济社会版）》2001 年第 9 期。

从中寻找有益于认识当前经济全球化趋势和中国经济未来发展的启示。本文还就《马克思恩格斯全集》中的两个注释提出异议。

一、自由贸易和保护关税：马克思早期关注的问题

从1838年曼彻斯特的工厂主科布顿和布莱特创立反谷物法同盟开始，英国工业资产阶级和土地贵族之间在《谷物法》问题上就贸易自由和关税保护的斗争就如火如荼地展开了。坚持言论自由的《莱茵报》刊登了不同观点的文章，其中包括当时正在英国的恩格斯写作的《国内危机》《各个政党的立场》《谷物法》等，分别发表于1842年12月9—10日、24日和27日。时任《莱茵报》编辑的马克思不可能不关注这一场经济辩论。正如1859年马克思回忆自己如何走上政治经济学研究之路时所自述的："1842—1843年间，我作为《莱茵报》的编辑，第一次遇到要对所谓物质利益发表意见的难事。莱茵省议会关于林木盗窃和地产分析的讨论，当时的莱茵省总督冯·沙培尔先生就摩泽尔农民状况同《莱茵报》展开的官方论战，最后，关于自由贸易和保护关税的辩论，是促使我去研究经济问题的最初动因。"①

《马克思恩格斯全集》给这段话提供了一个注释："指卡尔·马克思的著作《第六届莱茵省议会的辩论（第三篇论文）。关于林木盗窃法的辩论》和《摩泽尔记者的辩护》。"② 这个注释也许是为了强调马克思在林木盗窃和摩泽尔农民状况这两个问题上形成了纸质的研究成果，但与马克思自己明白无误的说明对比，这个缺省了自由贸易和保护关税的注释不免显得突兀。如果说林木盗窃和摩泽尔农民状况的讨论使马克思关注于私人利益，那么自由贸易和保护关税的辩论帮助马克思思考国家和民族利益背后的本质。正是以上三个关乎物质利益的苦恼问题，以及其后对黑格尔哲学的批判性分析，使马克思认识到探索社会历史发展的客观规

① 《马克思恩格斯全集》第31卷，人民出版社1998年版，第446页。

② 《马克思恩格斯全集》第31卷，人民出版社1998年版，第648页注释158。

律必须到社会经济和历史领域中去，并就此开始了最初的政治经济学研究。这个注释的提出也许还来源于恩格斯 1895 年致理·费舍的信：“因为我曾不止一次地听到马克思说，正是他对林木盗窃法和摩塞尔河地区农民处境的研究，推动他由纯政治转向研究经济关系，并从而走向社会主义。”① 这段说明无疑与马克思的自述不尽吻合，在这种情况下，当然要以马克思本人的说明为参考依据。恩格斯其后在谈到摩泽尔的文章时也坦承，“从当时我们谈论这件事到现在已经很久很久了，所以也不能排除弄错的可能性……”② 因此，不应该忽视自由贸易和保护关税问题对马克思经济研究发端所产生的影响，而这种影响与李斯特有着密切的联系。

在这个时期，关于自由贸易与保护关税的问题除了英国的谷物法争论，德国经济学家弗·李斯特的理论与政策也是马克思和恩格斯关注的焦点。1841 年，李斯特发表《政治经济学的国民体系。第 1 卷。国际贸易，贸易政策和德国关税同盟》一书。1843 年 10 月，马克思到达巴黎，在短短的数月内读了大量的有关政治经济学方面的书籍，其中就包括李斯特的《政治经济学的国民体系》。1844 年，马克思和恩格斯不约而同地想到要批判李斯特。1844 年 11 月，恩格斯有了批判李斯特的计划，“只要一有时间，我就写几本小册子，特别是反对李斯特的小册子（《马克思恩格斯全集》在此提供了一个注释：评李斯特的小册子，恩格斯没有写，但恩格斯 1845 年 2 月 15 日在《在爱北斐特的演说》中对德国的保护关税派观点，首先是对李斯特进行了批判）。”③ 1845 年 2 月，恩格斯完成了《在爱北斐特的演说》，从德国经济发展的实际与未来出发，批判了李斯特保护关税的观点；3 月，恩格斯计划扩充前述演说稿，主要从实际或结论方面批判李斯特：“我是想从实际方面对付李斯特，阐明他的体系的实际结论，因此我将把我在爱北斐特的演说中的一篇加以扩充……在这篇演说中我是简要地顺便这样做的。另外，根据毕尔格尔斯给赫斯的信，同时我也知道你个人的爱好，我估计，你批判他的理论前提会比批判他

---

① 《马克思恩格斯全集》第 39 卷，人民出版社 1974 年版，第 446 页。
② 《马克思恩格斯全集》第 39 卷，人民出版社 1974 年版，第 446 页。
③ 《马克思恩格斯全集》第 27 卷，人民出版社 1972 年版，第 11 页。

的结论更着重一些。”[①] 1846 年 10 月，恩格斯在致马克思的信中告知：“关于李斯特的文章即将完成。”[②] 由此可见，不是如前述注释所断言的，恩格斯没有写批判李斯特的小册子，而只是在 1845 年 2 月《在爱北斐特的演说》中批判了李斯特。很可能的情况是，恩格斯打算在演说稿的基础上充实完善，直至完成批判李斯特的小册子。至少可以肯定的是，这一工作在 1846 年 10 月仍然在继续。

1845 年 3 月，马克思写下《评弗里德里希·李斯特的著作〈政治经济学的国民体系〉》手稿。有学者从哲学高度给予很高的评价，认为它代表青年马克思从人本主义的劳动异化逻辑转向从客观现实出发的科学思路，是马克思主义哲学思想转变的重要环节。[③] 从经济学角度看，该文被普遍认为是马克思从理论前提——生产力理论方面对李斯特展开的批判。除此文之外，关于自由贸易和保护关税问题也是马克思批判的重要内容，并形成了马克思重要的经济学研究成果。众所周知，英国古典政治经济学是马克思主义的三大来源之一，德国经济学因德国落后的经济现实而长期被马克思所诟病，但作为出身德国的经济学家，马克思还是不可避免地受到影响。“我们这个出思想家的民族，直到现在为止，在政治经济学方面贡献如此少，这对于每一个德国人都是可悲的事实。这方面我们大名鼎鼎的人物，充其量不过是像劳和罗雪尔那样的编纂者，如果人们也会读到什么创见的话，那我们就会碰到像李斯特那样的保护关税论者……”[④] 在德国为数不多的有创见的学者中，李斯特对马克思经济学思想的形成产生了一定影响。恩格斯在驳斥有人指责马克思剽窃了洛贝尔图斯时写道：“1843 年，他在巴黎开始研究经济学时，是从伟大的英国人和法国人开始的。在德国人当中，他只知道劳和李斯特，而有这两个人，对他来说也就够了。”[⑤] 在这个阶段，马克思对李斯特的研究围绕

---

① 《马克思恩格斯全集》第 27 卷，人民出版社 1972 年版，第 30 页。

② 《马克思恩格斯全集》第 27 卷，人民出版社 1972 年版，第 67 页。

③ 张一兵：《人本主义逻辑的亚意图颠覆——马克思〈评李斯特〉的文本解读》，《江苏社会科学》1995 年第 6 期。

④ 《马克思恩格斯全集》第 16 卷，人民出版社 1964 年版，第 232 页。

⑤ 《资本论》第 2 卷，人民出版社 2004 年版，第 11 页。

自由贸易和保护关税问题，形成了一系列重要的论著。继《评弗里德里希·李斯特的著作〈政治经济学的国民体系〉》一文对生产力概念进行初步表述之后，1847 年马克思完成了《保护关税派、自由贸易派和工人阶级》和《道德化的批评和批评化的道德》，1848 年发行了《关于自由贸易的演说》。1859 年，在《政治经济学批判序言》中，马克思坦言自由贸易与保护关税研究在其早期经济学成果中的重要性。“在我们当时(1845—1848 年——引者注)从这方面或那方面向公众表达我们见解的各种著作中，我只提出我与恩格斯合著的‘共产党宣言’和我自己发表的‘关于自由贸易的演说’。”① 可以看出，马克思把《关于自由贸易的演说》视为同《共产党宣言》一样重要的代表性著作，而正是在对李斯特的批判中，马克思逐渐形成了较为成熟的关于自由贸易和保护关税的观点。

二、马克思恩格斯与李斯特的理论分歧点

1. 自由贸易和保护关税的本质。

当英国在不断扩张其海外市场、宣扬自由贸易理论时，李斯特以国家和民族利益为基点，强调采取不同国际贸易政策的原因在于经济发展水平不同的国家利益的差异。“历史这就向我们指出，限制政策并不只是出于凭空的理想，而是由于利益的分歧，由于各国在追求独立与优势方面的争夺，也就是由于国际竞争与战争的自然结果。”② 斯密主张自由贸易政策，因为当时的英国是世界上最发达的工业国，自由贸易会给英国带来巨大的经济利益。而李斯特主张保护关税政策是因为当时的德国工业竞争力尚弱于英国，自由贸易将损害德国工业的发展。因此，从国家利益的角度来看，不同的贸易主张都具有合理性。难怪布哈林认为，“无论是古典派还是历史学派，都是‘民族性的’，因为这两个派别都是历史产物和区域有限发展的产物”③。

---

① 《马克思恩格斯全集》第 13 卷，人民出版社 1962 年版，第 10 页。

② ［德］弗里德里希·李斯特：《政治经济学的国民体系》，商务印书馆 1961 年版，第 104 页。

③ ［俄］尼·布哈林：《食利者政治经济学》，商务印书馆 2002 年版，第 9 页。

与李斯特把自由贸易与保护关税视为国家和民族利益的体现不同，马克思和恩格斯则认为，自由贸易和保护关税本质上都是资产阶级利益的表现。

1847年，马克思指出："在德国，难道李斯特博士和他的学派曾经为小亚麻业、手工纺织业、手工业要求过保护关税吗？没有，他们要求实行保护关税，不过是为了用机器挤掉手工劳动，用现代的生产代替宗法式的生产。一句话，他们是想扩大资产阶级的统治，特别是大工业资本家的统治。"① 保护关税只是资产阶级反对封建主义和专制政权的武器，是资产阶级聚集自己的力量和实现国内自由贸易的手段。1848年，在《关于自由贸易的演说》中，马克思深刻揭示了自由贸易的本质。"在现在的社会条件下，到底什么是自由贸易呢？这就是资本的自由。排除一些仍然阻碍着资本前进的民族障碍，只不过是让资本能充分地自由活动罢了。"② 为此，自由贸易成为资本主义生产的正常条件。随着经济的发展，"保护关税制度对于任何一个有希望获得成功而力求在世界市场上取得独立地位的国家都会变成不能忍受的镣铐"③。因为关税保护导致了生产巨大发展与销售市场相对狭小的工业危机，要克服这个由保护关税制产生的经常的内在工业危机，只有为自己打开世界市场之门。总的看来，"保护关税制度不过是为了在某个国家建立大工业的手段，也就是使这个国家依赖于世界市场，然而，一旦它对世界市场有了依赖性，对自由贸易也就有了或多或少的依赖性"④。

针对李斯特所宣扬的国家经济学、国家利益，马克思和恩格斯批判其打着民族和国家经济发展幌子掩盖阶级利益剥削的本质。

在马克思和恩格斯看来，李斯特错误地把自由贸易主张视为英国国家利益的诉求，实际上自由贸易派是英国资产阶级力量的代表，同样，李斯特本人也认为国家或民族利益抹杀阶级利益，因此他提出的发展民族工业的主张也不过是发展资产阶级力量的要求，保护关税所要保护的

---

① 《马克思恩格斯全集》第4卷，人民出版社1958年版，第282页。
② 《马克思恩格斯选集》第1卷，人民出版社1995年版，第227页。
③ 《马克思恩格斯全集》第21卷，人民出版社1965年版，第431页。
④ 《马克思恩格斯选集》第1卷，人民出版社1995年版，第229页。

仅仅是资产阶级利益。所以，1852 年 8 月 6 日，恩格斯致信马克思，指出李斯特的愚蠢在于他根本不了解自由贸易并不是对英国包括无产阶级在内的国家最有利，而是对英国工业资产阶级最有利。“至于保护关税的倾向，这不碍事。所有的美国辉格党人都是工业保护关税派，不过他们还远不会因此而成为得比式的土地贵族保护关税派。他们也并不那么愚蠢，不至于像李斯特那样，根本不了解自由贸易对英国工业最有利。”① 可见，李斯特学说与英国古典政治经济学尽管在理论和政策主张上存在许多差别，但在性质上并不是完全不同的，正如英国经济学说史学家埃里克·罗尔指出的，“和他们一样，他基本上是工业资本主义的拥护者”②。

而在资本主义内部，之所以有时发生自由贸易和保护关税的争论，是因为资本主义发展的不同阶段和资产阶级内部存在不同的利益集团。③ “立法机关采用了保护关税制度以后，就造成了一些同这一制度有了很大的利害关系的集团，并且对这些集团承担了责任。而在这些与此有利害关系的集团——各种不同的工业部门——中，并不是每个集团在同一时间都同样决心面对公开的竞争。有些人会在后面拖拖拉拉地走，另一些人则已经不需要保护关税制度这个保姆。这种处境上的差别，将引起常见的议会走廊上的阴谋……”④ 因此，马克思和恩格斯认为，不论是以国家名义还是以民族名义实行的自由贸易或保护关税政策，都是维护资产阶级利益。“不管单个资产者同其他资产者进行多么激烈的斗争，资产者作为阶级是有共同利益的；这种共同性，正像它在国内是针对无产阶级的一样，在国外是针对其他国家的资产者的。这就是资产者所谓的他的民族性。”⑤ 正因为自由贸易和保护关税的争论始终都是在现代资本主义生产制度的范围内兜圈子，因此，对无产阶级来说并无本质上的差别。“聪明的资产者很清楚，不论占统治的是保护关税制度还是自由贸易制度，或者是以这两者的原则为基础的混合制度，工人得到的工资都不会

---

① 《马克思恩格斯全集》第 28 卷，人民出版社 1973 年版，第 93—94 页。

② ［英］埃里克·罗尔：《经济思想史》，商务印书馆 1981 年版，第 26 页。

③ 张宇、孟捷、卢荻主编：《高级政治经济学——马克思主义经济学的最新发展》，经济科学出版社 2002 年版，第 475 页。

④ 《马克思恩格斯全集》第 21 卷，人民出版社 1965 年版，第 429 页。

⑤ 《马克思恩格斯全集》第 42 卷，人民出版社 1979 年版，第 257 页。

多于他维持起码生活所绝对必需的。不论实行哪种制度，工人得到的都只能是维持他这架开动着的工作机所必需的。”①

2. 自由贸易和保护关税的作用。

为了与斯密的世界主义经济学相抗衡，李斯特建立了国家经济学，试图在各国当前利益和特有环境的基础上教导各个国家如何上升到工业发展阶段。基于“财富的生产力比之财富本身，不晓得要重要到多少倍”②，李斯特提出了国家干预经济的观点，具体就是实行贸易保护政策。国家如果只见眼前利益，盲目执行自由贸易开放市场，那么只会使民族工业衰弱，甚至导致国家经济、政治地位的衰落。李斯特多次批评那些因小失大的短视策略。“英国所付出的‘礼物’仅仅是交换价值，而法国所偿付的高昂代价却是力量的丧失”③。因此，“保护关税如果使价值有所牺牲的话，它却使生产力有了增长，足以抵偿损失而有余”④。

与李斯特把自由贸易与保护关税政策作为国家生产力发展的重要手段不同，马克思从无产阶级立场揭露了自由贸易的剥削性质。资本家及其御用文人吹嘘和欺骗工人阶级，自由贸易的伟大胜利在于物价下降，尤其是人民可以得到廉价的粮食；并且，贸易的扩大有利于增加对劳动的需求，进而提高工资。“资本的扩大是对工人最有利不过的事。”⑤ 马克思借无产阶级代表维尔特先生的话反驳道，实行自由贸易，食品价格的降低起初有利于工人，然而工人们由于相互间的竞争很快就会把自己降低到原来的挨饿受穷的生活水平。⑥ 这是资本主义“最低工资的规律”决定的。竞争具有把每一种商品的价格都降低到该商品的最低生产费用的作用，劳动这种商品也不能幸免，最低工资是劳动的自然价格，是要维持工人使他能勉强养活自己并在某种程度上延续自己的后代所必要的支出。由于不断地找到以更廉价更低劣的食品来维持劳动的新方法，最低工资也就不断降低。对于资本家来说，工人存在的全部价值只不过在于

① 《马克思恩格斯全集》第4卷，人民出版社1958年版，第68页。
② ［德］弗里德里希·李斯特：《政治经济学的国民体系》，商务印书馆1961年版，第118页。
③ ［德］弗里德里希·李斯特：《政治经济学的国民体系》，商务印书馆1961年版，第129页。
④ ［德］弗里德里希·李斯特：《政治经济学的国民体系》，商务印书馆1961年版，第128页。
⑤ 《马克思恩格斯选集》第1卷，人民出版社1995年版，第223页。
⑥ 《马克思恩格斯全集》第4卷，人民出版社1958年版，第299页。

他是一种生产力而已。“在自由贸易的情况下工人一定要经受经济规律的严厉打击”[1]。

3. 自由贸易和保护关税的未来。

在李斯特看来，在满足一些基本条件之后，就可以舍弃保护关税，采取自由贸易。这些条件包括各国经济发展水平的相近，各国平等相待结成广泛的同盟并实现持久和平。“要使一个世界共和国……也就是世界各国彼此承认有同等权利、放弃单独采取纠正行动的广泛同盟成为现实，只有多数国家在工业与文化、政治修养与权力达到尽可能近于同等的程度时才能办到。只有当这样的同盟在逐渐形成的过程中时，普遍自由贸易才能发展；只有由于这样一个同盟的结果，才能使一切国家像现在在政治上联合起来的各省各州一样亲，享有同样大的利益。”[2] 与斯密一样，李斯特明确主张各个国民经济政策的理想状态是“自由”，也就是实现全人类的联盟和在这种联盟下的自由贸易与和平合作。与斯密不同，李斯特强调：“在目前世界形势下，实行普遍自由贸易的结果是不会产生一个世界范围的共和国的，情形将适得其反，比较落后的国家将普遍屈服于工商业与海军强国的优势之下”[3]。

李斯特最后同斯密“殊途同归”。与此相异，马克思和恩格斯从资本主义生产方式历史发展角度揭示了自由贸易与保护关税的未来发展。恩格斯《在爱北斐特的演说（1845 年 2 月 15 日的演说）》中认为，在所有条件下德国能够从保护关税制度中得到的就是社会革命。“李斯特先生主张实行逐渐提高的保护关税，这种关税最后要提高到足以保证厂主们把持国内市场的水平；在一定时期内关税应该保持在这个高的水平上，然后才开始逐渐降低，经过若干年后就最后取消保护关税制度”。[4] 在这样一个理论愿景下，“即使假定我们能够在中立的市场上打败英国人，把他们的销售市场一个一个地夺过来，但是我们在这种几乎不可能的情况下

---

① 《马克思恩格斯选集》第 1 卷，人民出版社 1995 年版，第 227 页。

② ［德］弗里德里希·李斯特：《政治经济学的国民体系》，商务印书馆 1961 年版，第 112—113 页。

③ ［德］弗里德里希·李斯特：《政治经济学的国民体系》，商务印书馆 1961 年版，第 112 页。

④ 《马克思恩格斯全集》第 2 卷，人民出版社 1957 年版，第 619—620 页。

会赢得些什么呢？在最好的情况下我们只会重复英国人在我们之前就走过的那条工业发展的老路，而且我们迟早会面临英国人目前所处的那种境地，就是说，我们将处于社会革命的前夕。”① 之所以得出社会革命即将到来的结论，原因在于竞争将加剧并恶化国家内部的阶级矛盾。“德国工业的不断胜利必然要破坏英国的工业，并且只会加速英国人本来就已经面临着的无产阶级反对有产阶级的群众性起义。……这种革命立刻就会成为全欧洲的革命，并且毫不客气地粉碎我们的厂主对德国的工业垄断所抱的幻想。英国工业和德国工业和平共处是不能设想的，竞争已经使这样的事情成为不可能了。”② 而竞争之所以必然恶化阶级矛盾，在恩格斯看来，主要是因为在缺乏大的技术革命的背景下，市场的扩大主要起因于地理扩张。“我再说一遍，工业必须不断地发展才不至于落后和灭亡；它必须扩展，必须获得新的市场，不断增加新企业，否则它就不可能前进。但是，自从中国的港口开放以后，夺取新市场的可能性已经没有了，而只能加紧压榨现有的市场，加之将来工业的扩展要比现在缓慢得多，所以英国现在比以前更不能容忍竞争者了。”③ 这个斗争只能以一方的决定性胜利和他方的决定性失败而告终。“正如我们可以有把握地从已知的数学公理中得出新的定理一样，我们也可以有把握地从现存的经济关系和政治经济学的原理中得出社会革命即将到来的结论。”④

马克思从社会革命的角度拥护自由贸易。“我们赞成自由贸易，因为在实行自由贸易以后，政治经济学的全部规律及其最惊人的矛盾将在更大的范围内，在更广的区域里，在全世界的土地上发生作用。”⑤ “自由贸易引起过去民族的瓦解，使无产阶级和资产阶级间的对立达到了顶点。总而言之，自由贸易制度加速了社会革命。先生们，也只有在这种革命意义上我才赞成自由贸易。”⑥ 马克思明确指出，工人阶级之所以批判自由贸易并不是为了维护保护关税制度，工人阶级之所以支持自由贸易是

① 《马克思恩格斯全集》第 2 卷，人民出版社 1957 年版，第 622 页。
② 《马克思恩格斯全集》第 2 卷，人民出版社 1957 年版，第 622—623 页。
③ 《马克思恩格斯全集》第 2 卷，人民出版社 1957 年版，第 623 页。
④ 《马克思恩格斯全集》第 2 卷，人民出版社 1957 年版，第 624 页。
⑤ 《马克思恩格斯全集》第 4 卷，人民出版社 1958 年版，第 295—296 页。
⑥ 《马克思恩格斯选集》第 1 卷，人民出版社 1995 年版，第 229 页。

因为它会带来阶级的解放。

总之，相比于李斯特对自由贸易和保护关税的见解，马克思和恩格斯的分析是建立在历史唯物主义基础之上的，这使他们更加清楚地认识以世界市场为背景的资本主义时代的历史暂时性，更加深刻地阐述自由贸易和保护关税制度对无产阶级的破坏性影响。如果说在《1844 年经济学哲学手稿》中共产主义是价值论中的“应该”，《共产党宣言》揭示了共产主义不再是理论逻辑上的要求，而是现实历史的必然趋势，那么通过对自由贸易和保护关税问题的分析，马克思和恩格斯则从实际政策上表明，共产主义是符合社会发展客观规律的。在这个意义上，马克思把对自由贸易和保护关税问题的研究成果之一《关于自由贸易的演说》视为与《共产党宣言》具有同等重要的地位。

三、马克思恩格斯与李斯特的理论契合点

如同马克思在《评弗里德里希·李斯特的著作〈政治经济学的国民体系〉》中，尚未自觉意识到对一定历史条件下现实国家本身具体分析的重要性，到了 1881 年，马克思在《给维·伊·查苏利奇的复信草稿》中表达了与李斯特所强调的世界市场背景下落后国家发展生产力的理论相似的观点一样，在 19 世纪 40 年代，马克思主要是在揭示共产主义客观历史发展规律的层面上研究自由贸易和保护关税的本质问题。到了 1888 年，恩格斯为《关于自由贸易的演说》美国版撰写序言——《保护关税制度和自由贸易》，从历史角度探讨了自由贸易和保护关税制度对英国、美国和德国经济发展所起的作用，揭示了对外贸易政策实施的国家差别和历史阶段性特征。这在客观上肯定了李斯特在同古典经济学争论中所做出的实际结论的进步意义。

与李斯特相同，恩格斯主张在不同的经济发展阶段实行不同的贸易政策。斯密因为完全不考虑经济社会的历史发展阶段，从而也没有考虑到与这种发展阶段的差别相适应的对外贸易政策的差别。李斯特则强调：“历史教导我们的是，凡是先天的禀赋不薄，在财富、力量上要达到最高

度发展时所需的一切资源色色具备的那些国家，就可以，而且必须……按照它们自己的发展程度来改进它们的制度。改进的第一个阶段是，对比较先进的国家实行自由贸易，以此为手段，使自己脱离未开化状态，在农业上求得发展；第二个阶段是，用商业限制政策，促进工业、渔业、海运事业和国外贸易的发展；最后一个阶段是，当财富和力量已经达到了最高度以后，再行逐步恢复到自由贸易原则，在国内外市场进行无所限制的竞争，使从事于农工商业的人们在精神上不致松懈，并且可以鼓励他们不断努力于保持既得的优势地位”①。在第二个阶段，关税是作为建立与保护国内工业的主要手段。“要达到保护目的，对某些工业品可以实行禁止输入，或规定的税率事实上等于全部、或至少部分地禁止输入，或税率较前者略低，从而对输入发生限制作用。所有这些保护方式，没有一个是绝对有利或绝对有害的；究竟采取哪一个方式最为适当，要看国家特有环境和它的工业情况来决定。”②

恩格斯以美国为例说明外贸政策实施的国别性。美国在工业化的进程中，“那末在它面前就敞开着两条道路：或者是实行自由贸易，进行比如说五十年的费用极大的竞争斗争来反对领先于美国工业约一百年的英国工业；或者是用保护关税在比如说二十五年中堵住英国工业品的来路，几乎有绝对把握地坚信，二十五年以后自己就能够在自由的世界市场上占有一个地位。这两条道路中哪一条最经济、最短捷呢?”③ 美国在内战后选择了后一条道路，成功地建立起强大的民族工业。“保护关税制度不仅可以有益于还在继续同封建制度作斗争的尚未充分发展的资本家阶级”④ —— “保护关税成了它反对封建主义和专制政权的武器，是它聚集自己的力量和实现国内自由贸易的手段。”⑤ “而且也可以有益于像美国这样一个国家——它从未见过封建制度，但是已经达到势必从农业向工业过渡这一发展阶段——的新兴资本家阶级。”⑥ 相对落后的国家要抵制住

---

① ［德］弗里德里希·李斯特：《政治经济学的国民体系》，商务印书馆1961年版，第105页。

② ［德］弗里德里希·李斯特：《政治经济学的国民体系》，商务印书馆1961年版，第261页。

③ 《马克思恩格斯全集》第21卷，人民出版社1965年版，第418页。

④ 《马克思恩格斯全集》第21卷，人民出版社1965年版，第419页。

⑤ 《马克思恩格斯全集》第4卷，人民出版社1958年版，第459页。

⑥ 《马克思恩格斯全集》第21卷，人民出版社1965年版，第419页。

相对发达的资本主义国家（比如同时代的英国）的竞争，就应该用保护关税制度来防止外国工业品的侵入，并建立自己的大工业体系。

与李斯特相同，恩格斯揭示了资本主义国家贸易政策的两面性特征。英国长期奉行贸易保护和国家干预政策，当1815年英国成为一切最重要工业部门的世界贸易的实际垄断者时，英国贸易政策发生转向。“任何国家，如果靠了保护关税与海运限制政策，在工业与海运事业上达到了这样的高度发展，因此在自由竞争下已经再没有别的国家能同它相抗，当这个时候，代它设想，最聪明的办法莫过于把它爬上高枝时所用的梯子扔掉，然后向别的国家苦口宣传自由贸易的好处，用着那种过来人后悔莫及的语气告诉它们，它过去走了许多弯路，犯了许多错误，到现在才终于发现了自由贸易这个真理。”[①] “于是，古典政治经济学——法国重农学派及其英国继承者亚当·斯密和李嘉图——的自由贸易学说，就在约翰牛的国家里流行起来。”[②] 当时英国工厂主及其代言人即政治经济学家的任务就是，使其他一切国家都改信自由贸易的宗教，从而建立一个以英国为大工业中心的世界，而其他一切国家则成为从属的农业区。“自由贸易成了风行一时的口号。”[③] 但这仅仅是英国贸易政策的“自由”的一面，恩格斯以英国1857年设立的棉花供应协会为例揭示了贸易政策的另一面——表面鼓吹自由，实质实行保护和干预；只允许英国垄断，不允许他国垄断。“这整个棉花供应协会不过是自由贸易派自己设立的一个机关，其目的——完全与自由贸易的一切原则相矛盾——是通过奖金、贷款、赠送种籽、出租机器等等办法促使世界上凡是土壤和气候多少有点适合的地方都培植棉花。如果国家采取某种类似的做法，那是坏事，但是如果曼彻斯特的棉纺厂厂主（对于非洲的黑人和贝都英人等来说，这些人当然要比他们自己的国王更生疏得多）这样做，那是完全正确的。对 *laissez faire* 的一切说法，想不出比这个报告更妙的讽刺了。承认输入用美国棉花制成的英国货破坏了几乎所有其他国家的植棉业，而现在应该用人为的办法重新加以恢复，这也是很妙的！这些不幸的英国人认为

---

① ［德］弗里德里希·李斯特：《政治经济学的国民体系》，商务印书馆1961年版，第307页。

② 《马克思恩格斯全集》第21卷，人民出版社1965年版，第415页。

③ 《马克思恩格斯全集》第21卷，人民出版社1965年版，第415页。

自己对棉纺织业的垄断是一种伟大而自然的事，谁也不能对此有任何异议，而同一个世界市场所引起的美国对植棉业的垄断则甚至必须用反自由贸易的措施去消除！这个机构应当叫做：'使单个的纺纱厂厂主能在最贵的市场上买到棉花，使联合起来的纺纱厂厂主付给棉花生产者市场价值和生产费用间的差额的协会。'自然，这应该只是到受津贴的植棉业能自立时为止，但是要知道主张保护关税的李斯特先生希望的正是这一点！"[①] 由此不难看出，自由的基础是垄断，切不可被自由贸易的假象所迷惑。

除了在具体的对外贸易政策方面存在认识的一致外，马克思恩格斯与李斯特的理论契合点还表现在都强调国家的作用和历史分析方法的运用，但二者的性质存在不同。与古典学派抽象的、演绎的、静态的、不现实的分析方法不同，"历史学派进行了大规模地归纳研究，使用初级的原始资料，研究变革的社会制度。"[②] 李斯特基于 19 世纪 40 年代德国的具体国情而创立的国家经济学，就是"从民族的立场出发所理解的政治经济学。"[③] 他所提出的贸易保护主义理论及政策是从民族的立场出发所理解的政治经济学的具体化。马克思和恩格斯也强调历史分析方法的重要性。"人们在生产和交换时所处的条件，各个国家各不相同，而在每一个国家里，各个世代又各不相同。因此，政治经济学不可能对一切国家和一切历史时代都是一样的。……政治经济学本质上是一门历史的科学。它所涉及的是历史性的即经常变化的材料"[④]。因此，政治经济学不能放弃对人类社会个别发展阶段的考察，而必须详细了解各个国家经济发展的历史、内容和结果。尽管强调历史分析的重要性，但马克思和恩格斯反对一般地分析国家的主体作用，认为从国家的本质属性来看，社会生

---

① 《马克思恩格斯全集》第 29 卷，人民出版社 1972 年版，第 307 页。《Laissez faire，laissez aller》（"听之任之"）是资产阶级自由贸易派经济学家的信条：他们主张贸易自由，国家不干涉经济领域内的事务。这一注释，见《马克思恩格斯全集》第 29 卷，人民出版社 1972 年版，第 695 页注释 257。

② ［美］斯坦利·L. 布鲁：《经济思想史》，机械工业出版社 2003 年版，第 145 页。

③ ［民主德国］京特·法比翁克：《弗里德里希·李斯特》，商务印书馆 1983 年版，第 36 页。

④ 《马克思恩格斯选集》第 3 卷，人民出版社 1995 年版，第 489 页。

活的正常运行是统治阶级取得统治合法性的基础。[①] 因此，兴建基础设施、兴办教育等举措绝非统治阶级的“善心”，本质上是为了维护统治阶级的根本利益。在强调历史分析重要性的同时，马克思和恩格斯批判超历史的观点，而强调从现代生产力发展所具有的超越民族国家界限的世界历史视野辩证地看待民族主义以及资本主义生产方式及其国家所具有的历史性特征。马克思在《评弗里德里希·李斯特的著作〈政治经济学的国民体系〉》一文中提出：“凡是民族作为民族所做的事情，都是他们为人类社会而做的事情，他们的全部价值仅仅在于：每个民族都为其他民族完成了人类从中经历了自己发展的一个主要的使命（主要的方面）。”[②] 因此，各国具体事务的民族性与世界性是内在一致的。针对李斯特维护资本主义生产方式的观点，马克思从资本主义生产关系和“工业违背自己意志而无意识地创造生产力”的角度分析了资本主义工业，从而得出了与李斯特迥然不同的结论。

四、结　　论

与李斯特不同的是，马克思和恩格斯认为，认识自由贸易与保护关税应透过现象看本质，既要肯定一国对外贸易政策对于经济发展的实际作用，又要认清其背后的阶级利益本质。与李斯特相同的是，马克思和恩格斯认为，执行自由贸易和保护关税政策既要符合各国工业化发展的一般规律，更要从各国国情出发，选择自己的经济发展道路。

马克思恩格斯与李斯特在理论上的契合点对我国选择并制定对外贸易政策提供了若干启示：第一，一国在国际贸易活动中应当采取自由贸易还是保护关税，要以国家和民族的利益为基础，符合国家所处的经济发展阶段。在利益差别明显存在的情况下，否认和取消民族国家的界限不但是虚伪的，在实践中也是有害的。第二，政治经济学不是一门具有

---

① 《马克思恩格斯选集》第 3 卷，人民出版社 1995 年版，第 526 页。

② 《马克思恩格斯全集》第 42 卷，人民出版社 1979 年版，第 257 页。

普世性的科学，而是带有鲜明的国家性和民族性。在国际贸易理论和政策的研究中，更应特别重视其民族性。与马克思所处的早期世界市场相比，今天的全球化有很大的不同，由于社会主义国家以这样或那样的方式转向市场经济，以全球统一市场为基础的经济全球化正成为现实。此外，信息革命催生了以跨国公司为主导的模块化生产方式。如同恩格斯所说，19世纪的美国工业化不可能复制英国当时所处的那种状况，“当时英国工业的一切部门，或者说几乎一切部门都能够在自由市场上同外国竞争相对抗”①。在新的世界市场中，中国也不可能重复美国的工业化成功之路，因此，必须认真思考当前对外贸易战略乃至经济发展战略的转型。第三，自由贸易和保护关税往往打着国家和民族的旗号，实质是一定时期阶级利益的体现，是主流经济意识形态的具体化。当前必须警惕一些市场经济的空想主义者以及自由贸易的幻想家鼓吹国家或民族从比较优势中获得贸易利益。也许李斯特当年对斯密自由贸易理论的总结仍值得警醒。“（流行——引者注）学派对于市场的本质和特征，只是从世界主义观点而不是从政治观点来衡量的”②。因此，揭露并认清自由贸易和保护关税作为指导英国和美国工业化的经济意识形态的真相具有重要的意义。

（原文发表于《政治经济学评论》2011年第3期）

① 《马克思恩格斯全集》第21卷，人民出版社1965年版，第422页。

② ［德］弗里德里希·李斯特：《政治经济学的国民体系》，商务印书馆1961年版，第162页。

马克思和恩格斯低估了李斯特吗？

——“李斯特经济学”的再评价

高　岭　卢　荻*

近年来，国内外理论界掀起了“李斯特经济学热潮”。李斯特的一些研究者认为“马克思和恩格斯低估了李斯特在经济思想史中的重要地位”[①]。这就提出了一个问题：随着时代的发展，马克思主义政治经济学和“李斯特经济学”的价值都在不断被挖掘，究竟是马克思和恩格斯低估了李斯特，还是李斯特的追随者低估了马克思和恩格斯？这正是本文要回答的问题，也是马克思主义者不容回避的问题。“辩证法不崇拜任何东西，按其本质来说，它是批判的和革命的。”[②] 笔者试图秉承马克思的辩证法精神，对“李斯特经济学”进行再检视，以期澄清学术界尤其是李斯特的追随者对马克思和恩格斯在李斯特经济学问题上存在的误解。

一、李斯特的生产力理论的检视

生产力理论是“李斯特体系”的理论基石。[③] “李斯特对经济发展问题的思考是从‘生产力’开始的”，是基于对斯密代表的“流行学派”的价值理论的批判。[④] 在李斯特看来，(1)“流行学派把物质财富或交换价

---

* 高岭：中国人民大学经济学院博士研究生。卢荻，中国人民大学经济学院教授。

① 贾根良：《李斯特经济学的历史地位、性质与重大现实意义》，《学习与探索》2015 年第 1 期。

② 《马克思恩格斯文集》第 5 卷，人民出版社 2009 年版，第 22 页。

③ 《马克思恩格斯全集》第 42 卷，人民出版社 1979 年版，第 240 页。

④ 贾根良、陈国涛：《对李斯特经济学的一些澄清与发展》，《人文杂志》2015 年第 5 期。

值作为研究的唯一对象"①，斯密的研究"只是限于创造物质价值的人类活动"②；（2）斯密把财富的源泉归于劳动，可劳动本身就是一种结果，劳动的起因需要解释，而斯密的分工理论不足以解释；（3）"要解释经济现象，除了'价值理论'以外，还必须考虑到一个独立的'生产力理论'"③。可是，我们认为李斯特对流行学派的责难存在以下几个问题。

第一，斯密的理论体系的确是以（交换）价值为基石的，但他并没有把物质财富等同于交换价值。相反，把"物质财富"与"交换价值"等同的是李斯特。④ 实际上，"不论财富的社会的形式如何，使用价值总是构成财富的物质的内容"⑤，"使用价值即物质财富"⑥。由于对价值理论的浅尝辄止，李斯特不可能知道财富具有二重属性：使用价值是财富的自然属性，构成财富的物质内容；交换价值是财富的社会属性，构成"纯粹的社会财富"，二者统一于"商品"范畴。正是在这个意义上，马克思说："资本主义生产方式占统治地位的社会的财富，表现为'庞大的商品堆积'，单个的商品表现为这种财富的元素形式。"⑦ 斯密把财富的源泉从对象转移到创造财富的一般活动，并"抛开了创造财富的活动的一切规定性"。⑧ 这比前人进了一大步。但斯密并没有认识到"劳动并不是它所生产的使用价值即物质财富的唯一源泉"⑨。他错误地"宣布劳动一般，而且是它的社会的总体形式即作为分工的劳动，是物质财富或使用价值的唯一源泉"。⑩ 斯密在物质财富即使用价值的领域内"完全没有看到自然因素，可是在纯粹社会财富即交换价值的领域内，自然因素却追

---

① ［德］弗里德里希·李斯特：《政治经济学的国民体系》，商务印书馆 1961 年版，第 126 页。

② ［德］弗里德里希·李斯特：《政治经济学的国民体系》，商务印书馆 1961 年版，第 121 页。

③ ［德］弗里德里希·李斯特：《政治经济学的国民体系》，商务印书馆 1961 年版，第 122 页。

④ 这既可以理解为李斯特对斯密的价值论的误解，又可以理解为李斯特有意为之：只有把交换价值归于物质财富，李斯特才可能提出精神财富（精神生产力）——生产交换价值的能力。

⑤ 《马克思恩格斯文集》第 5 卷，人民出版社 2009 年版，第 49 页。

⑥ 《马克思恩格斯文集》第 5 卷，人民出版社 2009 年版，第 56 页。

⑦ 《马克思恩格斯文集》第 5 卷，人民出版社 2009 年版，第 47 页。

⑧ 《马克思恩格斯全集》第 46 卷上册，人民出版社 1979 年版，第 41 页。

⑨ 《资本论》第 1 卷，人民出版社 2004 年版，第 56 页。

⑩ 《马克思恩格斯全集》第 13 卷，人民出版社 1962 年版，第 49 页。

跟着他”。[①] 因此，李斯特说“斯密把交换价值的源泉归于劳动”，其实是高估了斯密。

第二，李斯特对劳动的起源的解释并不科学。根据唯物史观，“一切人类生存的第一个前提，也就是一切历史的第一个前提”[②] 是“人们为了能够‘创造历史’，必须能够生活”[③]，“因此第一个历史活动就是生产”满足人们生活“需要的资料，即生产物质生活本身”[④]，“而这种物质生活的生产即劳动”[⑤]。也就是说，人类劳动的起因根源于生存的本能，是生产物质生活资料的需要。这种物质生产一开始是为生产使用价值而进行的，“各种使用价值或商品体的总和……即表现了社会分工。这种分工是商品生产存在的条件”[⑥]。从这个角度看，斯密以分工为起点揭示商品生产以及劳动在生产中的作用，虽然存在不足，但并没有李斯特说的那么不堪。反观李斯特，李斯特认为劳动源于“对个人有激励、激发作用的精神力量”、可利用的“天然资源”、个人努力成果获得认可的“社会状况”及其相关因素。可以发现，囿于唯心主义哲学和缺乏理论抽象力的李斯特，不会认识到他所说的“精神力量”其实就是人的劳动意识，而这种意识内涵于人的“有目的的活动或劳动本身”；所谓的天然资源不过是“劳动对象”“劳动资料”，马克思称之为“劳动过程的简单要素”。[⑦] 这是就社会生产或劳动过程的“简单的、抽象的要素来说”，“它为人类生活的一切社会形式所共有”即生产一般。[⑧] 而“生产一般是一个抽象”，只有上升到具体，才能研究和揭示特定社会形态的生产活动。[⑨] “因此，说到生产，总是指在一定社会发展阶段上的生产——社会个人的生产。”[⑩] 或者说，“一切生产都是个人在一定社会形式中并借这种社会形式而进行

---

① 《马克思恩格斯全集》第 13 卷，人民出版社 1962 年版，第 49 页。
② 《马克思恩格斯选集》第 1 卷，人民出版社 1995 年版，第 78 页。
③ 《马克思恩格斯选集》第 1 卷，人民出版社 1995 年版，第 79 页。
④ 《马克思恩格斯选集》第 1 卷，人民出版社 1995 年版，第 79 页。
⑤ 《马克思恩格斯选集》第 1 卷，人民出版社 1995 年版，第 128 页。
⑥ 《资本论》第 1 卷，人民出版社 2004 年版，第 55 页。
⑦ 《资本论》第 1 卷，人民出版社 2004 年版，第 208 页。
⑧ 《资本论》第 1 卷，人民出版社 2004 年版，第 215 页。
⑨ 《马克思恩格斯选集》第 2 卷，人民出版社 1995 年版，第 3 页。
⑩ 《马克思恩格斯选集》第 2 卷，人民出版社 1995 年版，第 3 页。

的对自然的占有”[①]。从这个角度看，李斯特所说的推进劳动的“社会状况”不过是生产所依赖的社会形式即生产关系和上层建筑。如果撇去李斯特的唯心主义倾向，将李斯特的零散的“劳动起源论”加以辩证唯物主义和历史唯物主义的彻底改造就是马克思的社会生产理论。然而，李斯特却对其“劳动起源论”进行唯心主义的肆意发挥，提出了独立于（交换）价值理论的唯心主义的生产力理论。

第三，李斯特的生产力理论缺乏科学的理论支撑。李斯特的生产力系统包括体力劳动形成的物质生产力和脑力劳动、文化、制度等所谓“精神资本”形成的精神生产力。可是，李斯特并没有建构“生产力”这个核心范畴。在没有阐明生产力的情况下，李斯特就由生产力衍生出“物质生产力”“精神生产力”。这不是科学的研究进程。李斯特大谈特谈发展生产力，强调生产力对一个国家的发展何等重要，却闭口不提“什么是生产力”，“生产力的本质是什么”。即使李斯特强调发展生产力，也只是局限于资本主义生产关系，因而不能历史地看待资本主义生产力发展的极限。

事实上，迄今为止，只有马克思科学地建构了“生产力”范畴，并基于唯物史观在此基础上建构了“生产力系统理论”。[②] 在本质上，“生产力不过是那种在直接生产过程中被运用（或至少是适于运用）的要素”[③]。或者说“‘生产力的要素’和‘劳动过程的要素’不过是同一个问题的两种不同的提法”[④]。劳动者的体力劳动作用于生产资料形成物质生产力，脑力劳动作用于生产资料形成精神生产力。随着劳动过程的发展，“生产过程成了科学的应用，而科学反过来成了生产过程的因素即所谓职

① 《马克思恩格斯选集》第2卷，人民出版社1995年版，第5页。

② 孙喜杰、曹荫全初步考察了马克思的生产力系统理论（孙喜杰、曹荫全：《简论马克思的生产力系统理论》，《哲学研究》2006年第5期）；王峰明按照系统论进一步梳理、整合了马克思的生产力系统理论（王峰明：《生产力："是什么"与"什么是"——从"系统论"看马克思的"生产力"理论》，《上海财经大学学报》2009年第6期）。

③ ［美］威廉姆·肖：《马克思的历史理论》，阮仁慧等译，重庆出版社2007年版，第14页。

④ 王峰明：《生产力："是什么"与"什么是"——从"系统论"看马克思的"生产力"理论》，《上海财经大学学报》2009年第6期。

能”，精神生产力的作用越来越大。[①] 物质生产力和精神生产力及其相互关系构成生产力总和，“人们所达到的生产力的总和决定着社会状况”[②]。可见，与李斯特一样，马克思同样重视生产力，尤其是精神生产力的作用。

李斯特强调精神生产力没有错，错的是他对精神生产力作了“新的‘唯灵论’的解释”[③]。他把精神生产力解释为一种“精神本质，无限的生产力”[④]，“表现为独立的精神本质——幽灵，表现为纯粹的人格化，即上帝”[⑤]。按照李斯特的生产力理论，凡是能推动生产力发展，有益于社会的一切因素都是生产力，物的因素是物质生产力，非物的因素是精神生产力。对此，马克思讥讽道：“在现代制度下，如果弯腰驼背，四肢畸形，某些肌肉的片面发展和加强等，使你更有生产能力（更有劳动能力），那么你的弯腰驼背，你的四肢畸形，你的片面的肌肉运动，就是一种生产力。如果你精神空虚比你充沛的精神活动更富有生产能力，那么你的精神空虚就是一种生产力，等等，等等。如果一种职业的单调使你更有能力从事这项职业，那么单调就是一种生产力。”[⑥] 这实质是一种由唯心主义滋生的“泛生产力论”，把生产力本身和生产力的影响因素混为一谈。“劳动生产力是由多种情况决定的，其中包括：工人的平均熟练程度，科学的发展水平和它在工艺上应用的程度，生产过程的社会结合，生产资料的规模和效能，以及自然条件。”[⑦] 诚然，这些因素影响生产力发展，但我们并不能因此就把它们直接视为生产力。“只有在生产活动内部并对其起物质性作用的东西，才可看作生产力。”[⑧]

---

① 《马克思恩格斯全集》第47卷，人民出版社1979年版，第570页。
② 《马克思恩格斯选集》第1卷，人民出版社1995年版，第80页。
③ 《马克思恩格斯全集》第42卷，人民出版社1979年版，第241页。
④ 《马克思恩格斯全集》第42卷，人民出版社1979年版，第250页。
⑤ 《马克思恩格斯全集》第42卷，人民出版社1979年版，第261页。
⑥ 《马克思恩格斯全集》第42卷，人民出版社1979年版，第261—262页。
⑦ 《资本论》第1卷，人民出版社2004年版，第53页。
⑧ ［英］G. A. 科恩：《卡尔·马克思的历史理论——一种辩护》，段忠桥译，高等教育出版社2008年版，第51页。

二、李斯特的保护主义理论的检视

李斯特总结欧洲国家（尤其是英国）的兴衰史时指出，发达国家凭借对落后国家“进口原料等初级产品并出口工业制成品”的贸易模式走向强盛，发展中国家则因为向发达国家“出口原料等初级产品并进口工业制成品”而走向衰落。“李斯特经济学”认为，这个于发达国家有利、于发展中国家有害的贸易模式是自由贸易造成的。自由贸易使发展中国家的工业（制造业）受到冲击，幼稚的高新技术产业在竞争中夭折，因而只能在全球价值链的低端按比较优势集中生产和出口初级产品。为了扭转在国际分工中的不利局面，建立和完善工业化体系，实现落后向发达的转变，发展中国家必须推行保护主义。

李斯特的保护主义理论似乎与马克思和恩格斯的全球化理论是一致的。这也是学术界的主流观点。贾根良教授长期致力于“李斯特经济学”的研究，他就认为马克思恩格斯和李斯特在落后的民族国家如何自主发展民族经济问题上达成了一致，即只有实施保护主义，后进国家才能摆脱对发达国家的依附，走出边缘，从而实现民族独立、经济自主和国家强盛。① 然而，事实并非如此。李斯特的保护主义与马克思和恩格斯的全球化理论的确有相似的地方，但远说不上一致。诚然，马克思和恩格斯“并没有提出过一个专门的全球化理论”，但他们留下了丰厚的思想遗产，“其主要思想散见于《共产党宣言》、《德意志意识形态》、《资本论》、《政治经济学批判手稿》、《剩余价值理论》、《不列颠在印度的统治》、《关于自由贸易问题的演说》、《保护关税制度和自由贸易》等文献”。② 这些文献的思想又集中反映在马克思对英国资本主义扩张对爱尔兰和印度的影响的分析上，我们可以从中发掘马克思和恩格斯对全球化时代的后进国

---

① 贾根良、陈国涛：《经济民族主义与马克思主义：比较与启示》，《马克思主义研究》2013 年第 9 期。

② 张宇：《马克思主义的全球化理论及其从经典到现代的发展》，《政治经济学评论》2004 年第 3 期。

家跨越“不发展”的路径选择的认识。

在马克思看来，爱尔兰的贫困和不幸并不主要是由先前生产方式的任何一种内部差异造成的，而是由外部（英国）的压迫和剥削造成的。资本主义在爱尔兰发展不足的主要原因是缺乏保护性的关税，爱尔兰的工业没能在与英国的竞争中生存下来。[①] 因此，英国的帝国主义扩张对爱尔兰的影响主要是消极的、负面的。可是，英国在印度的扩张和统治却产生了不同于在爱尔兰的影响。[②] “从遥远的古代直到十九世纪最初十年，无论印度的政治变化多么大，可是它的社会状况却始终没有改变。曾经产生了无数纺工和织工的手纺车和手织机是印度社会结构的枢纽。”[③] “不列颠侵略者打碎了印度的手织机，毁掉了它的手纺车。”[④] “不列颠的蒸汽和不列颠的科学在印度斯坦全境把农业和手工业的结合彻底摧毁了。”[⑤] 印度原有的“村社制度”，“这些细小刻板的社会机体大部分已被破坏，并且正在完全归于消灭，这与其说是由于不列颠的收税官和不列颠的士兵粗暴干涉，还不如说是英国的蒸汽和英国的自由贸易造成的结果”。[⑥] 英国工业资本家为了降低工厂所需要的棉花和其他原料的价格而在印度修筑铁路，印度由此开始了“由铁路产生的现代工业”，这“必然会瓦解印度种姓制度所凭借的传统分工方式，而种姓制度则是印度进步和强盛道路上的基本障碍”。[⑦] 因此，英国对印度的资本主义征服通过资本主义工业化而起到了一种进步的（尽管是野蛮的）作用。[⑧]

英国资本主义扩张在爱尔兰、印度产生的这两种不同结果，其实是马克思主义的全球化理论分流的一个始源事实。“正统马克思主义”继承

---

① ［英］安东尼·．布鲁厄：《马克思主义的帝国主义理论——一个批判性的考察》，陆俊译，重庆出版社 2003 年版，第 48 页。

② 这是就英国资本主义生产方式的渗透和自由贸易摧毁了印度的落后的封建生产方式，使得资本主义生产方式在印度得以萌芽和发展而言，因此，这并不意味着英国的帝国主义扩张对印度的无产阶级是幸事，相反，无产阶级的生活更加悲惨。

③ 《马克思恩格斯全集》第 9 卷，人民出版社 1961 年版，第 146 页。

④ 《马克思恩格斯全集》第 9 卷，人民出版社 1961 年版，第 146 页。

⑤ 《马克思恩格斯全集》第 9 卷，人民出版社 1961 年版，第 147 页。

⑥ 《马克思恩格斯全集》第 9 卷，人民出版社 1961 年版，第 148 页。

⑦ 《马克思恩格斯全集》第 9 卷，人民出版社 1961 年版，第 250 页。

⑧ 虽然在英国的殖民统治下，印度最终没能完成工业化。

和发展了马克思对印度的分析范式，认为每个国家的发展主要取决于其内部的结构，尤其取决于占统治地位的生产方式的性质，外部的力量主要是通过改变生产组织来发挥其作用的。与之相对的是“新马克思主义”吸收和发展了马克思对爱尔兰的分析范式，形成了“中心—外围”理论或依附理论，它把资本主义当作一个地区对另一个地区的剥削系统，一些地方的发展是以世界大多数地方“不发达的发展”为代价的。[①] 不同的分析范式决定它们有不同的政策主张。“正统马克思主义”的全球化理论注重资本主义扩张在发展生产力中的进步作用，强调资本主义生产方式在全球范围的扩散效应，因而在政策主张上倾向于开放和自由竞争。这与新自由主义宣扬的资本主义“自然的发展路径”和“自然的政治经济体制”相似，但这种相似只是一种幻觉。[②] 与之相反，“新马克思主义”的依附理论注重资本主义扩张中的“森林法则”，强调资本主义生产方式在全球范围的“马太效应”，因而在政策主张上倾向于保护主义。这正是李斯特的保护主义的政策信条。李斯特经济学认为如果落后国家与发达国家展开自由竞争，落后国家必将走向衰落或“不发达的发展”。这潜在地认定资本主义世界是一个“中心—外围”体系，处于外围的落后国家只有通过保护主义隔离中心国家的渗透和竞争，才有可能建立和完善工业化体系，从而成长为“中心国家”。

因此，就“新马克思主义”的依附理论来说，笔者赞成贾根良教授的看法，即李斯特的保护主义和依附论的确存在思想上的一致性。可是，依附论不过是马克思主义的全球化理论的一个分流。我们不能因为李斯特的保护主义与“新马克思主义”的依附论有共识，就说李斯特与马克思在后进国家的发展问题上达成了共识，否则就是以偏概全。何况，与之针锋相对的“正统马克思主义”强烈反对依附论把不发展归结为发达国家的竞争和渗透，认为不发展是经济体自身落后的生产方式造成的结果，只有积极融入资本主义全球化竞争，才能消除“不发展”。[③] “正统马

① ［英］安东尼·布鲁厄：《马克思主义的帝国主义理论——一个批判性的考察》，陆俊译，重庆出版社 2003 年版，第 16 页。

② 卢荻：《马克思主义经济学的全球化理论：一个阐释》，《天津商业大学学报》2012 年第 1 期。

③ 卢荻（2012）对依附论和正统马克思主义理论的分歧做了深刻分析。

克思主义”对“新马克思主义”的批判或者说依附论的缺陷同样适用于李斯特的保护主义。从本质上看，“新马克思主义”和正统的马克思主义理论不存在孰优孰劣的问题，两者各有洞见也各有偏颇。正如布鲁厄所说，“历史记载告诉我们，这两种对立的立场都有正确的地方，资本主义已经产生巨大的技术和经济进步，也造成了经济发展的巨大地域差异”。[①] 资本主义竞争中的“扩散效应”和“马太效应”与资本主义全球化进程相伴而生，就像一枚硬币的两面。

辩证法是马克思主义经济学的根本方法，这决定了马克思、恩格斯的全球化理论是辩证的，是对依附论和正统马克思主义理论的超越。[②] 全球化究竟是促进还是阻碍后进国家的工业化进程取决于这两种效应平衡后的净效应，而这种净效应决定于后进国家的政治经济体制，尤其是占主导地位的生产方式及其内部结构。正如新自由主义不是后进国家走向“发展的发达”的一剂良药，保护主义亦可作如是观。笔者不否认历史上有保护主义的成功案例，问题是成功的经济体实现了发展究竟是因为保护主义，还是因为优化了政治经济体制、改善了生产方式（生产组织或劳动过程）？按照马克思的辩证法思想，内部的生产结构起决定性作用，而不是外部环境，外部环境通过影响生产结构发生作用。换言之，如果内部的生产结构不能对外部环境做出反应和调整，外部环境的影响就微乎其微。保护主义或依附论的根本缺陷就在于“忽视了后进经济体在全球化进程中的自我适应和调节能力以及发展路径选择的自主性”[③]。

当然，李斯特的追随者可以为其辩护说，李斯特的保护主义理论其实考虑了资本主义全球化的扩散效应，因为李斯特的对外贸易政策不是固定的，而是随着经济发展阶段的演进作灵活调整。在经济发展初期，落后国家就要积极融入全球化，借助外部竞争和先进生产方式的渗透来革新本国落后的生产方式；当先进的生产方式基本确立，经济水平有了

① ［英］安东尼·布鲁厄：《马克思主义的帝国主义理论——一个批判性的考察》，陆俊译，重庆出版社2003年版，第16页。

② 张宇：《马克思主义的全球化理论及其从经典到现代的发展》，《政治经济学评论》2004年第3期。遗憾的是，至今尚未形成一个统一的马克思主义的全球化理论，如何沟通新马克思主义和正统马克思主义仍是马克思主义经济学今后的重要课题。

③ 卢荻：《马克思主义经济学的全球化理论：一个阐释》，《天津商业大学学报》2012年第1期。

一定发展时，为了建立完善的工业化体系，落后国家必须推行保护主义以隔绝外部的先进国家的竞争；当工业化体系完全确立，国内制造业水平足以和发达国家一较高下（最好比对方更有竞争力）时，打开国门，积极参与全球化。在李斯特的追随者看来，这才是李斯特的保护主义的全貌。我们承认“李斯特经济学”肯定了全球化的扩散效应，并不仅仅是着眼于马太效应。但李斯特经济学对后者的重视远远高于前者，甚至可以说，李斯特经济学并不相信资本主义扩张的扩散效应，而更加笃信全球化只会给后进国家带来灾难（比如“比较优势陷阱”）。贾根良教授在论证马克思、恩格斯和李斯特的一致性时，仅仅援引马克思对爱尔兰问题的评述和恩格斯对德国制宪问题的评述，丝毫没有提及马克思对英国资本主义扩张对印度的影响的分析。[①] 这不仅表明贾根良教授对马克思、恩格斯的全球化理论的认知是片面的，还潜在地表明李斯特的追随者对资本主义扩张的积极效应的一面讳莫如深。

从整体上看，李斯特的保护主义理论兼顾了全球化的扩散效应和马太效应。可是，这并不代表李斯特的分析进程坚持了辩证法。李斯特实际是形而上学地对待全球化对后进国家的两种后果的。在经济发展的未开化阶段，李斯特看到的是全球化的积极效应；在经济发展的成长阶段，李斯特看到的是全球化的消极效应；在经济发展的扩张阶段，李斯特只关心本国作为发达经济体从资本主义扩张中的获益，至于这种扩张对后进国家或发达国家产生什么后果，李斯特是毫不关心的。李斯特在这个阶段其实有意创造为自身服务的“中心—外围”体系或者说在推行一种“新帝国主义”。[②] 李斯特看不到全球化对后进国家在未开化阶段的消极效应、成长阶段的积极效应，这是一种形而上学。李斯特及其追随者能够摆脱这个责难的唯一出路，是论证全球化对后进国家在未开化阶段的净效应是正的，而在成长阶段的净效应是负的，然而（新）李斯特经济学并没有对此作进一步阐释。

---

① 贾根良、陈国涛：《经济民族主义与马克思主义：比较与启示》，《马克思主义研究》2013 年第 9 期。

② 关于新帝国主义的论述，可参阅［英］哈维：《新帝国主义》，初立忠译，社会科学文献出版社 2009 年版。

李斯特从交换而不是生产、从外部环境而不是内在结构揭示后进国家的发展路径，这种视角不能解释处于同一发展阶段的经济体卷入全球化或资本主义体系却有不同后果的现象。殖民扩张时代的爱尔兰和德国的社会结构基本是一致的，即占统治地位的是封建的生产方式，而印度是另一种社会结构——占统治地位的是亚细亚的生产方式。在马克思看来，落后国家或地区的资本主义发展的前景关键在于先前的社会结构。[①]爱尔兰、德国的封建生产方式的衰败为资本主义的发展创造了有利的环境，这个有利的环境需要保护主义的庇护；而印度的亚细亚的生产方式却做不到，外来的资本主义征服反而能摧毁亚细亚的生产方式，催生资本主义萌芽和资本主义生产关系的发展。[②] 这是李斯特的保护主义理论所不能解释的：印度和爱尔兰同属于发展的未开化阶段，而前者拥抱全球化有益，后者（如果能）拥抱保护主义有益。可是，正如以上分析的那样，马克思主义的全球化理论没有这个障碍。

贾根良教授在揭示英国由盛而衰的内在规律时指出，“英国的崛起是保护主义的产物，而霸主地位的丧失则恰恰是自由主义之过；英国在第二次工业革命中丧失领先地位的根本原因在于对自由贸易信条的迷信”[③]。这样的立论其实是对李斯特的保护主义学说的“修正”。李斯特“把不发达说成是外部影响的产物”，因而把保护主义视为欠发达国家实现“有发展的增长”的必经之路。[④] 至此，保护主义就完成了它的使命，退出了历史舞台。而贾根良教授把英国霸主地位的丧失归于贸易自由表明，他认为保护主义退出历史舞台是英国的失策。这等于说保护主义也是发达国家长盛不衰的一剂良药。这样，保护主义就成了资本主义发展的常态，不论是发达国家还是落后国家。这不仅与马克思对资本主义的看法截然

① ［英］安东尼·布鲁厄：《马克思主义的帝国主义理论——一个批判性的考察》，陆俊译，重庆出版社 2003 年版，第 37 页。

② 这是因为封建制度包含着一种土地私有权的形式，而亚细亚生产方式是建立在土地村社所有制基础上。参阅［英］安东尼·布鲁厄：《马克思主义的帝国主义理论——一个批判性的考察》，陆俊译，重庆出版社 2003 年版，第 37 页。

③ 邓久根、贾根良：《英国因何丧失了第二次工业革命的领先地位》，《经济社会体制比较》2015 年第 4 期。

④ ［英］安东尼·布鲁厄：《马克思主义的帝国主义理论——一个批判性的考察》，陆俊译，重庆出版社 2003 年版，第 18 页。

不同，也是对李斯特的保护主义理论的背离。[①] 在李斯特看来，“当工业已经得到充分发展，可以与各国、尤其是先进国家进行自由竞争时，就需要回到自由贸易”[②]。按照李斯特的逻辑，第一次工业革命后的英国的工业水平世界领先，理应开展自由贸易和竞争，英国也的确是这么做的。而李斯特的追随者贾根良教授却反过来说是英国的自由贸易害了英国，“自由贸易政策使英国财政受惠，但却忽视了英国的工业发展”[③]。按照这个逻辑，自由贸易政策自始至终、彻头彻尾都是个坏政策，只有不间断地坚持保护主义政策，工业竞争力才能万古长青。这样，李斯特的保护主义理论根本不需要经济发展阶段的制约，不能不说是对李斯特的保护主义的“修正”。

这种“修正”其实是不得已而为之，因为根据李斯特的保护主义理论，工业革命后的英国与其他国家实质上是一种“中心—外围”关系，推行全球化的自由贸易有利于英国的利益。可是，英国却在自由贸易的浪潮中走向了衰落，这是李斯特的保护主义理论所不能解释的。贾根良教授试图用“修正的保护主义”解释英国由盛转衰的机理。在分析中，贾根良教授“专注于交换领域的考察，即强调世界市场而非经济体内部的决定性作用”，即强调世界市场塑造经济体的决定性作用，强调交换方式塑造了生产方式。[④] 这种由交换主导的分析范式违背了生产是社会再生产的起点的客观规律，因而不可能揭示英国由盛转衰的真正原因。

要揭开英国由盛转衰的谜团，必须以生产为起点。谢富胜对资本主义生产组织变迁的考察，为分析这个问题提供了一个马克思主义的分析框架。在18世纪60年代蒸汽机的发明和采用使英国开始了工业革命最后的、最具决定性的阶段，不断扩大着生产组织的规模。但是，直到19世纪70—90年代，英国工厂仍然普遍是生产和资本集中程度很低的、小

---

① 张宇：《马克思主义的全球化理论及其从经典到现代的发展》，《政治经济学评论》2004年第3期。

② 贾根良、陈国涛：《对李斯特经济学的一些澄清与发展》，《人文杂志》2015年第5期。

③ 邓久根、贾根良：《英国因何丧失了第二次工业革命的领先地位?》，《经济社会体制比较》2015年第4期。

④ 这也是依附论的分析范式，参阅卢荻：《马克思主义经济学的全球化理论：一个阐释》，《天津商业大学学报》2012年第1期。

规模的生产组织。这些生产组织几乎都是单一工厂，从事某一行业中间或最终产品生产过程中特定阶段的专业化生产。高度区域集中和垂直专业化的分工结构促成了英国“世界工厂”的地位。可是，19 世纪 70 年代，尽管很多新技术是英国发明的，但英国的工厂主不愿意进行新技术投资，结果这些技术创新在其他国家得到采用，这就解释了为何是美国、德国而不是英国引领第二次技术革命。最重要的是，随着第二次技术革命出现的新型炼钢法、内燃机、电力和各种标准化技术，使美国和德国完成了从单一工厂向大规模的多部门科层式生产组织的演变，而英国由于固有的刚性的行业或部门分工结构及制度化的劳资关系，英国的工厂最终没有实现由单一工厂向垂直一体化的大规模生产组织的转变。美国由此取代了英国的世界工业领导地位。[①]

英国工厂没有能够像美国、德国的工厂一样从单一工厂转向垂直一体化的多部门科层组织，英国的殖民扩张和自由贸易政策是其中一个原因，其他原因包括工厂的落后的管理结构、制度化的劳资关系、工人的非正规化教育等。英国的制造业的衰落是这些因素共同作用的结果。贾根良教授将之归因于自由贸易，实为以偏概全，除非能证明其他因素都是自由贸易这个外部因素的衍生物。诚然，自由贸易模式对塑造分工和生产组织形式有影响，但并不必然是决定性影响。这既涉及生产组织的自我适应和调整能力——向高级的生产组织形式演化，又涉及外部力量(国家）的干预。因此，笔者不赞成贾根良教授把英国的衰落归因于迷信自由贸易的观点。与其说是英国对自由贸易的迷信，不如说是对自由竞争的市场机制的迷信导致了英国霸主地位的丧失。英国盛行的自由主义导致众多资本在追逐利润中涌入金融领域，而不是生产领域，这势必造成生产性投资不足。这正是“英国国内投资不足”的主要原因。[②] 如果英国政府针对商业银行只重视商业和海外贸易业务、不重视国内制造业投资的现象进行干预，引导商业银行服务于制造业，使金融业服务于制造

① 谢富胜：《分工、技术与生产组织变迁》，经济科学出版社 2005 年版，第 165、174—178、174—176、178、176—178、177—178 页。

② 邓久根、贾根良：《英国因何丧失了第二次工业革命的领先地位?》，《经济社会体制比较》2015 年第 4 期。

业，英国的制造业或许就不会衰落。如果政府对制度化的劳资关系进行干预调整，制度化的劳资关系或许就不会成为工厂向更高级的生产组织演变的障碍。很不幸，英国被斯密提倡的“看不见的手”困住了，政府只是无为的“守夜人”。

三、“李斯特经济学”的性质的检视

马克思以1830年为分水岭，把政治经济学的性质划分为古典政治经济学和庸俗经济学。自1830年至今，政治经济学要么是对古典政治经济学的发展，要么是对庸俗经济学的发展。现在的问题是李斯特经济学的性质如何定位？对研究政治经济学的德国专家，马克思是这样评价的：“当他们能够不偏不倚地研究政治经济学时，在德国的现实中没有现代的经济关系。而当这些关系出现时，他们所处的境况已经不再容许他们在资产阶级的视野之内进行不偏不倚的研究了。”[①] 恩格斯说得更直接：“德国人早已证明，在一切科学领域内，他们与其余的文明民族不相上下，在大部分领域内甚至胜过它们。只有一门科学，在它的大师们当中，没有一个德国人的名字，这就是政治经济学。”[②] 可见，马克思和恩格斯更倾向于把李斯特界定为庸俗经济学家。为进一步论证这个命题，笔者从“李斯特经济学”的分析框架、理论基础及其意识形态三个方面展开。

李斯特建构政治经济学的国民体系时，“更多地依靠观察进行推理，而不是依靠抽象的前提进行推理”。[③] 按马克思的话说，就是从直接的现实出发，也就是历史学派所谓的历史分析法。这并不是科学的研究方法。“从实在和具体开始，从现实的前提开始，……似乎是正确的。但是，更仔细地考察起来，这是错误的。”[④] 要建构政治经济学的国民体系，首先必须按照从具体到抽象的方法，从混沌的表象中“蒸发”出最抽象的规

---

① 《马克思恩格斯文集》第5卷，人民出版社2009年版，第16页。
② 《马克思恩格斯选集》第2卷，人民出版社1972年版，第115页。
③ ［美］约瑟夫·熊彼特：《经济分析史》第1卷，朱泱等译，商务印书馆2009年版，第259页。
④ 《马克思恩格斯全集》第30卷，人民出版社1995年版，第41页。

定，然后从抽象的规定出发，建构理论体系揭示国民经济发展规律。可是，由于过分强调历史分析，排斥或不重视抽象演绎，李斯特只是从浩瀚的欧洲国家，尤其是英国的兴衰史，概括了一些彼此相关的政策信条，但并没有一个标准的分析范式，没有一个严谨的理论体系，尤其缺少任何经济学体系都不可或缺的价值理论，因而严格说“李斯特经济学”并不成立。① 对此，李斯特的追随者会辩护说：“李斯特并不热衷于建构一种新的理论体系，他最为关心的是在英国的排挤性竞争中，他的国家如何才能不沦落为英国的附庸。”② 可是，缺乏理论体系支撑的“李斯特经济学”注定像新自由主义经济学一样，只有政策信条而“没有结构视野”。③

李斯特经济学透过历史发现重商主义强调的“进口原料并出口制成品”是国家致富的一剂良药，是国家崛起的一种普遍的真理。④ 李斯特经济学理所当然地接受了重商学派的这个政策信条，从来不问也不探索其理论支撑是什么、是否科学。因此，李斯特经济学只能像布道一般宣示，落后国家以初级产品交换发达国家的工业制成品会导致富国越来越富，穷国越来越穷。如有教徒质疑教义的可信性，李斯特经济学会回答：这是历史的经验教训的总结，是不会错的。殊不知“归纳和演绎，正如综合和分析一样，必然是属于一个整体的。不应当牺牲一个而把另一个捧到天上去，应当设法把每一个都用到该用的地方，但是只有记住它们是属于一个整体，它们是相辅相成的，才能做到这一点”。⑤ 简言之，由归纳法得到的论题只有用抽象的演绎得到证实才完成了理论上的自洽。李斯特经济学并没有为其“国富国穷论”提供理论支撑，因而不能说“进口原料并出口制成品”的国富论是一个科学命题。这固然是历史学派的方法论的缺陷——牺牲抽象演绎而把归纳法捧上天——的产物，更因为

① 这些政策信条有重视精神生产力的培育和发展、制造业立国、对外关税保护对内自由竞争等，说它们彼此相关是因为它们都是围绕发展生产力展开的，生产力理论不仅是李斯特的所谓“国家主义经济学”的基石，还是其政策体系的核心。

② 贾根良：《李斯特经济学的历史地位、性质与重大现实意义》，《学习与探索》2015 年第 1 期。

③ 卢荻：《重塑中国模式》，《政治经济学评论》2015 年第 1 期。

④ 贾根良教授把这个原则进一步发展为“价值链高端保护说”，参阅贾根良：《新李斯特经济学作为一个学派何以成立》，《教学与研究》2015 年第 3 期；贾根良：《李斯特经济学的历史地位、性质与重大现实意义》，《学习与探索》2015 年第 1 期。

⑤ 《马克思恩格斯选集》第 4 卷，人民出版社 1995 年版，第 335 页。

李斯特经济学没有劳动价值论。换言之，即使李斯特经济学克服了方法论的缺陷，也不可能揭示“财富透过对外贸易从落后国家流向发达国家的发生机制”。

要揭示财富透过对外贸易从国家流向发达国家的发生机制，离不开劳动价值论，而李斯特对劳动价值论不屑一顾。因为贬低劳动价值论，李斯特经济学不可能认识到国际贸易实质是价值在国际的再分配。在这个问题上，李嘉图在资产阶级经济思想史上达到了资产阶级经济学家视野所能达到的最高界限。马克思建构的价值转形理论即生产价格理论使李嘉图的劳动价值论和国际贸易理论更进了一步。虽然马克思本人没有将其生产价格理论扩展到国际交换领域，但他留下了研究国际贸易利益分配机制的框架和纲领。丁重阳和丁堡骏按照马克思的框架和纲领，成功地建构了国际生产价格理论。[1] 根据马克思的国际生产价格理论，发达国家生产的制成品的资本有机构成高于欠发达国家生产的初级品，从而发达国家生产的商品的国别价值低于欠发达国家的国别价值。这样，按照国际生产价格的交换原则，发达国家就能够透过等价交换“占有比自己国内创造的剩余价值多”的价值。[2] 只要国际交换中的商品的资本有机构成存在差异，商品的资本有机构成相对高的“一国可以不断攫取另一国的一部分剩余劳动而在交换中不付任何代价”[3]。这就解释了“出口制成品进口初级品”是国家致富的原则的原因。

李斯特看到德国在国际贸易的利益分配格局中处于劣势，于是主张贸易保护把外国竞争对手堵在外面。可是，他对于国内工人阶级与资产阶级之间的利益分配格局却避而不谈，一味强调作为整体的国民财富。在国际交换领域，剩余价值（李斯特所说的财富）从落后国家流向发达国家；在国内交换领域，剩余价值从雇佣工人流向资本家。李斯特肯定前者，却不敢正视后者。国际剥削和国内剥削都是通过自由交换实现的，

---

① 丁重阳、丁堡骏：《试论马克思劳动价值论在国际交换领域的运用和发展》，《毛泽东邓小平理论研究》2013 年第 4 期。

② 丁重阳、丁堡骏：《试论马克思劳动价值论在国际交换领域的运用和发展》，《毛泽东邓小平理论研究》2013 年第 4 期。

③ 《马克思恩格斯全集》第 46 卷下册，人民出版社 1980 年版，第 402 页。

国际贸易不过是国内贸易在地理空间的拓展，本质是一样的。李斯特却辩护说：“一国范围以内的贸易自由与国与国之间的贸易自由……这两者的性质与作用都截然不同，犹如天渊之别。”[①] 李斯特主张对外保护对内贸易自由，实际是为国内资本自由剥削劳动打开方便之门。正如马克思所说，德国资产者“害怕谈他的私利，而谈国家利益”[②]，“既然只要不再是英国人而是德国资产者自己对同胞进行剥削，而且剥削得甚至比外国人对他们的剥削更加厉害，保护关税才能使他发财”[③]。

李斯特害怕谈德国资产者“所渴求的恶的交换价值，而谈生产力”，并指责以斯密为代表的“流行学派”没有把交换价值和生产力区分开来。[④] 这种指责是没有道理的。马克思说得很明白，斯密等没有把交换价值和生产力分开是因为“这样分开是一种任意的抽象，是因为这样分开是不可能的而且必然停留于一般词句”[⑤]。“在现代制度下，生产力不仅在于它也许使人的劳动更有效或者使自然的力量和社会的力量更富于成效，而且它同样还在于使劳动更加便宜或者使劳动对工人来说生产效率更低了。因此，生产力从一开始就是由交换价值决定的。”[⑥] 李斯特粗暴地把生产力与交换价值强行分开，把“生产力表现为一种无限高于交换价值的本质”，实际是要为资产阶级辩护。[⑦] 正如马克思所说，“政治经济学所研究的材料的特殊性质，把人们心中最激烈、最卑鄙、最恶劣的感情，把代表私人利益的复仇女神召唤到战场上”反对不利于自己以及所属阶级利益的研究。[⑧] 李斯特要在“工业的统治造成的对大多数人的奴役已经成为众所周知的事实这样一个不合时宜的时机，企图建立工业的统治”，他就必须创造一套新理论为工业资产阶级、为不生产阶级辩护。[⑨]

---

① ［德］弗里德里希·李斯特：《政治经济学的国民体系》，陈万煦译，商务印书馆1961年版，第16页。

② 《马克思恩格斯全集》第42卷，人民出版社1979年版，第240页。

③ 《马克思恩格斯全集》第42卷，人民出版社1979年版，第250页。

④ 《马克思恩格斯全集》第42卷，人民出版社1979年版，第240页。

⑤ 《马克思恩格斯全集》第42卷，人民出版社1979年版，第260页。

⑥ 《马克思恩格斯全集》第42卷，人民出版社1979年版，第263页。

⑦ 《马克思恩格斯全集》第42卷，人民出版社1979年版，第261页。

⑧ 《资本论》第1卷，人民出版社2004年版，第10页。

⑨ 《马克思恩格斯全集》第42卷，人民出版社1979年版，第239页。

就像萨伊等庸俗经济学家提出新价值论与劳动价值论对抗一样，李斯特提出了新的生产力理论，并以此重构了生产劳动论。不过，李斯特选择了与传统的庸俗经济学家不同的道路。李斯特不去论证古典政治经济学家所批判的非生产阶级创造（交换）价值，相反，李斯特肯定他们的劳动不生产（交换）价值，生产的是比（交换）价值更重要的东西——财富的生产力。这样，李斯特就基于其独特的生产力理论重构了生产劳动理论。它比传统的庸俗经济学的价值论更有威力。在传统的庸俗价值论中，非生产阶级与生产阶级的地位是平等的——同是（交换）价值的创造者，而在李斯特的生产劳动理论中，非生产阶级的地位远高于生产阶级，因为前者生产的是财富的生产力，后者生产的是交换价值即财富本身，而“财富的生产力比之财富本身，不晓得要重要到多少倍”①。

与所有的庸俗经济学家创立新价值论一样，李斯特重构生产劳动论也是以攻击劳动价值论为逻辑起点的。李斯特批评以斯密为代表的流行学派，认为“按照这个学派的说法，一个养猪的是社会中具有生产能力的成员，一个教育家却反而不是生产者。供出售的风笛或口琴的制造者是生产者，而大作曲家或音乐名家，却由于他表演的东西不能具体地摆在市场，就属于非生产性质……像牛顿、瓦特或刻普勒这样一种人的生产性，却不及一匹马、一头驴或一头拖重的牛”②。其实，李斯特不过是在重复施托尔希、西尼尔等庸俗经济学家的陈词滥调，力图把社会上存在的一切职能都说成是生产劳动。马克思对这种论调早有论断，“只有把生产的资本主义形式看作生产的绝对形式，从而看作生产的唯一自然形式的这种资产阶级狭隘性”，才会认为“凡是进行生产，以产品或某种使用价值为结果，总之，以某种成果为结果的一切劳动，都是生产劳动”。③

按照李斯特的生产劳动论，“凡是能产生现实的或想象的使用价值的活动或服务，都是生产劳动”。李斯特并不是这种观点的创造者。在他之前，西尼尔就问过：“钢琴制造者要算是生产劳动者，而钢琴演奏者倒不

---

① ［德］弗里德里希·李斯特：《政治经济学的国民体系》，陈万煦译，商务印书馆1961年版，第118页。

② ［德］弗里德里希·李斯特：《政治经济学的国民体系》，陈万煦译，商务印书馆1961年版，第126页。

③ 《马克思恩格斯全集》第49卷，人民出版社1982年版，第100页。

算，虽然没有钢琴演奏者，钢琴也就成了毫无意义的东西，这不是岂有此理吗?”马克思回答得很干脆：“事实的确如此。钢琴制造者再生产了资本；钢琴演奏者只是用自己的劳动同收入相交换。但钢琴演奏者生产了音乐，满足了我们的音乐感，不是也在某种意义上生产了音乐感吗?事实上他是这样做了：他的劳动是生产了某种东西；但他的劳动并不因此就是经济意义上的生产劳动；就像生产了幻觉的疯子的劳动不是生产劳动一样。劳动只有在它生产了它自己的对立面时才是生产劳动”。①

事实上，在政治经济学中，“生产劳动是劳动的这样一种规定，这种规定本身同劳动的一定内容，同劳动的特殊有用性或劳动所借以表现的特殊使用价值绝对没有关系。所以，同一内容的劳动可以是生产劳动，也可以是非生产劳动”。② 这意味着“青少年和成年人的教师”可以是生产劳动者，也可以是非生产劳动者③：“给别人上课的教师不是生产劳动者。但是，如果一个教师同其他人一起作为雇佣劳动者被聘入一个学院，用自己的劳动来为贩卖知识的学院所有者增殖货币，他就是生产劳动者。”④ 因此，我们不能形而上学地把教育这样的“非物质生产的结果”简单划为生产劳动或非生产劳动，而要根据其所处的具体的生产关系判定。⑤ 作为非物质生产的结果的一种形式的产品或服务，它“只是劳动的特殊使用价值的表现，因为服务不是作为物而有用，而是作为活动而有用……在资本主义生产中，我给，为了你做；表现出物质财富与活劳动之间的极其特殊的关系。因为在这种服务的购买中完全不包括劳动和资本的特殊关系”。“没有人会购买医疗的或法律的‘服务’作为手段，来把这样支出的货币转化为资本。”⑥ 所以，服务在资本主义生产中并不构

---

① 《马克思恩格斯全集》第46卷上册，人民出版社1979年版，第264页。

② 《马克思恩格斯全集》第49卷，人民出版社1982年版，第105页。

③ [德] 弗里德里希·李斯特：《政治经济学的国民体系》，陈万煦译，商务印书馆1961年版，第127页。

④ 《马克思恩格斯全集》第49卷，人民出版社1982年版，第106页。

⑤ 非物质生产的结果有两种形式：(1) 非物质生产的结果是这样一种商品，这种商品脱离生产者而存在，因而可以在生产与消费当中作为商品来流通，如书籍、绘画，以及所有与艺术家所进行的艺术活动相分离的艺术品；(2) 产品同生产行为不可分离，如教师，音乐家等。参阅《马克思恩格斯全集》第49卷，人民出版社1982年版，第109—110页。

⑥ 《马克思恩格斯全集》第49卷，人民出版社1982年版，第108—109页。

成生产劳动。

李斯特把资本主义生产过程当作一般人类劳动过程看待，给使用价值或服务换了一个新词“生产力”，说它是新词，是因为李斯特给“生产力”注入了唯心主义的血液。就像西尼尔摆出一副高傲的样子说，“照斯密看来，犹太人的立法者是非生产劳动者”①，李斯特同样高傲地说，照斯密看来，“医师、法官和行政官”是非生产劳动者，岂有此理！② 其实，“这些家伙在对斯密的反驳中发表的庸俗的美文学，不过表明他们是‘有教养的资本家’的代表”，他们甚至“连那些同财富的生产毫不相干的职能和活动，也加以承认”。③ 按照他们的逻辑，一切职业都具生产性，“哲学家生产观念，诗人生产诗，牧师生产说教，教授生产讲授提纲，等等。罪犯生产罪行”。④ 诚然，“这些不同职业发展着不同的人类精神能力，创造新的需要和满足新需要的新方式”，推动了生产力。⑤ 可是，资本主义生产的本质是生产剩余价值，没有生产剩余价值的劳动也是生产劳动，只不过不是资本主义社会的生产劳动。

李斯特“如此拘守于自己的资产阶级固定观念”，以致认为如果把牛顿这样一种人称为“非生产劳动者”，“那就是侮辱他们”。⑥ 殊不知“单是‘劳动者’这个名称”就会使牛顿感到被侮辱了。⑦ 在资本主义生产中，成为生产劳动者绝非幸事。生产劳动者“不仅苦于资本主义生产的发展，而且苦于资本主义生产的不发展”⑧。讽刺的是，资产阶级经济学家一直煞费苦心地想要为非生产阶级争取这个仅属于雇佣工人的、表面光鲜实质惨烈的称号。马克思对此有非常深刻的见解：“一切在自己的专业方面毫无创造的‘非生产的’经济学家，都反对生产劳动和非生产劳动的区分。但是，对于资产者来说，‘非生产的’经济学家们的这种立场，一方面表示阿谀奉

① 《马克思恩格斯全集》第 26 卷第 1 册，人民出版社 1972 年版，第 299 页。

② ［德］弗里德里希·李斯特：《政治经济学的国民体系》，陈万煦译，商务印书馆 1961 年版，第 127 页。

③ 《马克思恩格斯全集》第 26 卷第 1 册，人民出版社 1972 年版，第 300 页。

④ 《马克思恩格斯全集》第 26 卷第 1 册，人民出版社 1972 年版，第 415 页。

⑤ 《马克思恩格斯全集》第 26 卷第 1 册，人民出版社 1972 年版，第 415 页。

⑥ 《马克思恩格斯全集》第 26 卷第 1 册，人民出版社 1972 年版，第 299 页。

⑦ 《马克思恩格斯全集》第 26 卷第 1 册，人民出版社 1972 年版，第 299 页。

⑧ 《马克思恩格斯文集》第 5 卷，人民出版社 2009 年版，第 9 页。

承，力图把一切职能都说成是为资产者生产财富服务的职能；另一方面表示力图证明资产阶级世界是最美好的世界，在这个世界中一切都是有用的，而资产者本人又是如此有教养，以致能理解这一点。”① 因此，在马克思、恩格斯的视野中，李斯特是不折不扣的庸俗经济学家。

四、小　　结

在推进中国特色社会主义经济建设和建构中国特色社会主义经济理论体系过程中，百花齐放、百家争鸣的学术氛围无疑是极其重要的。然而，在百花齐放中，总有某一个或某些学派倾向于高估其坚持和拥护的学说，“李斯特学派”就是其中之一。李斯特的追随者为给李斯特及其学说“正名”，抛出了石破天惊的“马克思和恩格斯低估了李斯特”论题。笔者对此提出质疑，绝不是教条主义在作祟，相反，马克思的辩证法从来都是批判的、革命的，不崇拜任何事物。笔者正是秉承马克思的辩证法精神，实事求是地对“李斯特经济学”进行再评价。通过检视“李斯特经济学”的基石——生产力理论、李斯特的保护主义理论、“李斯特经济学”的性质，我们发现马克思、恩格斯当年对李斯特及其学说的判词并没有过时，李斯特仍然是不折不扣的庸俗经济学家。不过，这并没有否定李斯特及其追随者“在实际材料的专门的研究方面能够写出极有价值的著作，可是一旦说到政治经济学的一般理论时，他们中间任何一个人所说的任何一句话都不可信”。② 李斯特的追随者不能因为李斯特经济学“在个别的常常是极其精巧的研究方面作了不少事情”③，就断言李斯特经济学不是庸俗经济学或者马克思、恩格斯低估了李斯特。

（原文发表于《政治经济学评论》2017 年第 1 期）

---

① 《马克思恩格斯全集》第 26 卷第 1 册，人民出版社 1972 年版，第 302—303 页。

② 中共中央马克思恩格斯列宁斯大林著作编译局编：《列宁专题文集：论辩证唯物主义和历史唯物主义》，人民出版社 2009 年版，第 124—125 页。

③ 《马克思恩格斯全集》第 27 卷，人民出版社 1972 年版，第 246 页。

后　记

正如法国当代哲学家阿尔都塞所说，人们“都以各自不同的方式在《资本论》这个茫茫森林中为自己开辟道路”①。不同的学者从各自的学科领域研读《资本论》，即使在政治经济学专业内部，对《资本论》的基本原理和方法也存在不同的理解和解读。

《对〈资本论〉若干理论问题争论的看法》（上、下册）一书以专题形式汇总了中国理论界长期以来尤其是自 20 世纪 90 年代以降对《资本论》重要理论问题的探索，它可以被视为一部经济理论发展史，既呈现了马克思主义经济学的主线和脉络，又体现了政治经济学者对《资本论》的孜孜追求，在越辩越明中不断推动理论的发展和深入。《资本论》对于中国特色社会主义政治经济学来说，是取之不尽用之不竭的理论源泉，希望这本书的出版有助于提高理论界对《资本论》相关问题的学习和认知。

本书以论文形式汇编，受时间和篇幅限制，在论文搜集方面难免挂一漏万。而对于收录本书的论文作者，我们表示由衷的敬意和感谢。同时还要感谢福建师范大学 2014 级、2015 级、2016 级国家经济学基础人才培养基地，以及 2015 级经济学、金融学、工商管理、财务管理、国际经济与贸易、市场营销专业的同学们，他们负责本书大部分的文字录入工作，做了一件很有意义的事。

编　　者

2017 年 5 月

① ［法］路易·阿尔都塞、艾蒂安·巴里巴尔：《读〈资本论〉》，中央编译出版社 2008 年版，第 2 页。